서울대학교 교육학총서 2

학문과 교육【중 II】

교육본위의 삶

장 상 호

서울대학교출판문화원

Academic Discipline and Education:
Educational Life in its own Context

Sang-Ho Chang

Seoul National University Press

간행사

대학에서 한 학문분야를 가르치고 연구할 수 있는 학과와 연구소를 설치한다는 것은 학문이 독립적으로 발전할 수 있는 기반을 마련하는 데 필수적인 요건이다. 서울대학교의 교육학과는 1946년 10월 서울대학교의 창립과 함께 사범대학의 한 학과로 설치되었으며, 교육연구소는 1963년 10월 교육이론 및 교육실제의 문제를 전문적으로 연구하여 우리나라 교육의 발전에 기여함을 목적으로 설립되었다. 서울대학교 교육연구소의 교육학 전문서 편찬사업의 일환으로 발간되는 "서울대학교 교육학총서"는 우리나라 교육학을 세계적인 수준으로 끌어올림과 동시에 교육학 분야의 지적 자산을 축적하기 위한 것이다. 이 총서는 단지 서양의 교육이론을 소개하는 책이 아니라 저자 자신의 연구·분석과 이론체계를 반영한 것으로서 우리나라 교육학의 발전과정을 여실히 보여줄 것이다. 따라서 이 총서는 교재용 개론서가 아니라 이론적인 포괄성을 지닌 연구서적인 것이다. 서울대학교 교육학총서가 우리나라 교육학 발전의 견인차 역할을 담당하고, 교육학에 관심 있는 사람들에게 필독서가 될 수 있기를 기대한다.

2000. 5.

서울대학교 교육연구소 교육학총서 기획위원

머리말

이 저서는 필자가 근 15년에 걸쳐 ≪학문과 교육≫이라는 주제로 추진해 온 일련의 연구프로젝트에 대한 보고서의 일부이다. 그중에서 세 권(I, II, III)으로 구성된 ≪중권≫이 추궁했던 문제는 "교육이란 무엇인가?"이다. 이 질문은 평소에 그에 대한 해답을 이미 알고 있다고 자부해 온 학도들에게 던져진 것이다. 이 질문이 요구하는 작업이 얼마나 근원적인 것인가를 보이기 위해 사전에 필자는 ≪상권≫에서 "학문이란 무엇인가?"라는 질문에 대한 해답을 궁구한 바 있다. 그로부터 얻어낸 새로운 교육관은 다시 ≪하권≫의 질문, 즉 "교육적 인식론이란 무엇인가?"라는 질문에 대한 해답을 얻는 토대가 되었다. 이로써 이 상·중·하의 시리즈는 학문, 교육, 그리고 그들 사이의 관계라는 항목들을 모두 포괄한 셈이다. 이런 전반의 구도에서 ≪상권≫과 ≪하권≫을 매개하는 ≪중권≫이 차지하는 비중은 매우 크다고 해야 할 것이다.

교육의 실제가 그 어느 때보다 위기로 느껴지는 오늘날 이처럼 이론적인 문제에 매달리는 것이 일반 사람들에게는 일견 한가하게 보일 수도 있다. 그러나 그 한가해 보이는 작업이야말로 학자에게 주어진 가장 절실한 실제의 문제이며, 그 문제가 해소되어야 비로소 교육의 실제를 향도하는 교육학자로서의 임무를 수행할 고유한 자격을 갖출 수 있게 된다. 일반 사람도 어떻든 그들 나름의 교육에 대한 개념을 갖게 마련이고,

그들의 그릇되거나 혼돈된 개념에서부터 실제의 문제가 비롯될 수도 있다. 눈코 뜰 겨를도 없는 상황이 전개될수록 교육학자들은 교육의 실제와 일정한 거리를 유지하면서, 그 안에 작용하는 온갖 통속적인 인식과 관념의 허점을 대체할 보다 심층적인 이론을 구축해 나가는 과제를 수행해야 할 것이다.

교육은 이제까지 상당부분 그것을 제대로 감식할 수 없는 사람들에게 맡겨지고 희롱을 당해 왔다. 자신이 쓰고 있는 개념에 대한 깊은 반성 없이 무턱대고 교육이 잘못되고 있다고 말하는 사람들이 많다. 주로 학교라는 제도에 의해 좌우되는 그들의 관심은 일류학교를 거쳐 출세의 길을 보장받는 것에 초점이 맞추어져 있다. 자신이나 자녀들에게 더 많은 진학의 기회가 주어지기를 바라고, 기왕이면 그 학교가 일류학교이기를 원한다. 이 이외에도 각계각층이 학교에 주문하는 항목들은 다양하다. 그들에게 있어 그 잡다한 기대에 부응하면 '잘하는 교육'이고, 기대에 호응하지 못하면 '잘못된 교육'이 된다. 교육은 이와 같은 방식으로 세속의 온갖 기대를 충족시키는 것, 혹은 그 기대를 좌절시키는 온갖 나쁜 것의 대명사로 취급된다. 잘못된 개념에서 비롯된 불만은 문제를 더욱 가중시키며, 이에 따라 더 많은 불만이 표출된다.

개념적 성찰을 거치지 않은 불만은 소모적이다. 단편적이거나 분명하지 않은 맥락 속에서 그 말을 흩뿌리고 있는 상황에서는 어떤 결실도 기대하기 어렵다. 문제의 근원이 이처럼 개념적 성찰의 결여에 있다면, 그 일차적인 해법을 건실한 학문적인 탐구에서 찾는 것이 올바른 순서이다. 지도를 작성하는 것과 영토를 소유하는 것이 구분되듯이 교육학을 잘 하는 것과 교육을 잘 하는 것은 전혀 다른 목표이다. 교육학자가 교육이라는 사실을 만들지는 않는다. 그러나 그 사실을 사실로서 드러내는 작업은 그것을 어떤 시각으로 보아야 하느냐 하는 문제에서 심각한 선택을 요구한다. 이 점에서 교육적 사실은 우리의 논의와 인식과정에서 이론적으로 결정된다고 할 수 있다. 교육에 대해 논의할 때 혹은 우리의 삶에서 교육을 실현하려고 할 때, 먼저 교육 자체의 내재성에 대한 올바른 인식이 전제된다는 것은 말할 필요도 없다.

불행히도, 현존하는 교육학은 그 기대에 전혀 부응하지 못하고 있다. 교육학자들의 현실참여가 이제까지 부진했다고는 볼 수 없다. 사실을 말하면, 지금 진행되고 있는 학교교육의 상당한 부분은 교육학자들이 음으로나 양으로 관여해 온 소산이다. 그럼에도 불구하고 아직도 사태가 개선되지 않고 있는 이유 중의 하나는 전문가로서 그 처방에 참여하는 교육학자들 스스로가 개념상의 치명적인 범주착오에 빠져 있기 때문이다. 그들은 일반 사람들이 교육의 실제적인 문제로 규정한 것을 의심의 여지없이 그대로 받아들이고, 그것을 기존하는 대학의 제반 분과학문, 즉 철학, 심리학, 사회학, 행정학, 공학 등의 개념을 빌어 해결하는 방법을 모색하여 왔던 것이다. 무수한 외래 학문의 개념들을 무차별하게 적용함으로써 막상 우리의 삶에 잠재된 교육현상은 단지 착각된 허구로 존재해 왔을 뿐, 그 실체 그대로 나타나거나 인정받지 못하고 외래적 사실로 왜곡되거나 억압되는 처지에 놓이게 된 것이다.

교육학도들이 잘못된 개념들을 가지고 현실의 변혁에 참여함으로써 오히려 개념적 오류를 더 가중시키고 있다는 충격적인 자각은 필자의 학문생활에서 참으로 뒤늦게 찾아왔다. 그 이전의 필자는 학적 인맥이나 배경에 있어 남부러울 것이 없는 '교육심리학도'였다. 이 분야에서 높은 지식을 갖추는 것과 교육에 대해 이해하는 것 사이에는 아무런 상관이 없다는 것을 뼈저리게 깨달은 것은 불과 20~25년 전이다. 필자는 심리학자는 될 수 있을지언정 결코 교육학자가 아니었다. 교육이 무엇인지에 대한 어떤 체계적인 생각조차 갖추지 못한 필자가 교육학자라고 자처할 수 있는가? 필자는 단지 교육학과에 소속해 있다는 것만으로 교육학자로서의 정당성을 인정받고 있었던 것이다. 그 관습의 껍질 안에서 안주할 수는 없는 노릇이다.

심리학적 개념으로 교육현상을 이해할 수 없다는 것은 너무도 명백하다. 그것은 오류이며, 그 점이 진리를 탐구하는 학자의 길을 택한 필자에게 견딜 수 없는 양심의 가책을 안겨주었다. 그 고통을 피하는 가장 쉬운 길은 교육학과를 떠나 심리학과로 자리를 옮기는 것이다. 그러나 그 선택은 마치 자신을 낳아준 부모나 고향을 떠나는 것 같은 배신처럼 느껴졌다. 자신이 소속해 왔던 분과학문에 문제가 있다면, 그것을 회피하기보다는 적극적으로 개선하려고 하는 것이 옳다. 교육학자로서 잘못된 길을 걸어왔다는 사실 자체를 깨달은 것만으로도 너무도 중요한 발견이 아닌가! 그렇다면 이제부터 옳은 길을 개척하는 데 앞장서 보자. 이것이 필자가 학문생활의 후반부에서 가질 수 있었던 오직 하나의 희망이며, 해결해야만 하는 힘겨운 과제였다.

오늘날 각종의 세계는 학문적 개념의 빛에 의해 점차 고유한 특성을 드러내고 있다. 학문이 탐구하는 사실들은 보통 사람들이 육안으로 볼 수 있는 것이 아니라는 점은 널리 알려진 사실이다. 학문의 역사는, 일상적 삶을 영위하는 사람들의 시각에 의해 형상화될 수 있다는 생각이 끝났을 때, 비로소 진정한 의미의 세계의 본질이 드러날 수 있다는 사실을 예증하였다. 마찬가지로 교육도 추리의 대상이며, 이는 교육학도들의 끊임없는 반성적 사고를 통해서 그 존재성이 밝혀질 수 있을 것이다. "교육이란 무엇인가?"라는 무지의 자각을 출발점으로 시작된 그 작업은 필자가 그동안 길들여져 왔던 교육학적 전통과 역사를 해체하고, 그 위에 새로운 이론을 구축하는 이중의 부담을 안겨주었다.

교육은 하나의 고유한 현상이다. 이것저것 교육에 대한 단편적인 생각을 한 바구니에 집어넣는다고 해서 교육학의 지식이 되는 것은 아니다. 마치 복잡한 퍼즐을 맞추는 경우처럼 생각의 단편들이 하나의 체제 속에 연대성과 통일성으로 흡수될 수 있을 때 비로소 하나의 현상으로 드러날 수 있다. 캄캄한 어둠 속에서 많은 선별과 시행착오가 불가피하였다. 통일된 개념체제 안에 자리잡을 수 없을 때, 아무리 분명하고 그럴듯한 생각일지라도 미련 없이 삭제되었다. 의외로 처음에는 좀 이상하다 싶던 생각이 빈 공간을 채우거나 여타의 개념과 연결되어 갔다. 그 과정에서 교육이라는 세계가 진정으로 존재한다는 가정이 어렴풋이나마 점차 확인되기에 이르렀다.

교육은 이제까지 그 어떤 분과학문도 개념화하지 못한 고유한 인식대상이었다. 그 대상은 그 자체를 진지하게 이해하려는 학자의 출현을 기다리고 있었다. 교육은 그 넓이와 깊이를 헤아리기 어려운 거대한 산이었다. 그동안 미개척지로서 은폐되거나 소외되었던 교육이 우리에게 하고 싶은 말이 너무도 많은 듯했다. 느긋하게 교육이 하는 말에 경청하면서 그것에 논리를 부여하는 작업이 한동안 진행되었다. "새 술은 새 부대로!"라는 말대로, 교육에 대한 이전의 용어로는 새로운 생각을 표현할 수 없었기 때문에, 새로운 용어의 도입이 불가피하였다. 작업의 성과는 꾸준하게 쌓여갔다. 그 내용은 물리적으로 한 권의 책으로 담아내기 어려울 정도로 불어났기 때문에, 마지막 단계에서 ≪중권 I≫, ≪중권II≫, ≪중권 III≫으로 나누어 출간하기로 결정하였다. 독자의 선택을 돕기 위해서 그 각각의 취지와 내용을 다음에 간략하게 소개하겠다.

≪중권 I≫은 교육이라는 고유한 고장이 지도상의 어디에 위치하고 있는지를 밝히려고 하였다. 마치 서로 다른 고장이 그러하듯이 고유한 현상은 그 고유의 맥락을 갖는다. 교육은 교육 아닌 것과 차별화되는 맥락을 가질 것이다. 그런데 지금의 교육학은 그 맥락의 규정에 실패하였다. ≪중권 I≫은 지금의 교육학의 위상이 틀린 것임을 지적하고, 새로운 교육관을 정립해 나갈 수 있는 정착지를 지목한다. 전자는 기존의 것을 기점으로 삼을 수 있지만, 후자는 아직 알려지지 않은 곳의 맥락을 규정하는 일이기 때문에 모든 것이 새롭다. 새로운 맥락을 지시하는 데 이미 알려진 외부의 개념을 사용하면 그 외부세계에로 환원될 위험이 따르며, 그렇다고 해서 전혀 알려지지 않은 개념을 사용하면, 그것을 처음으로 접하는 사람들에게 당혹함과 난해함을 준다. ≪중권 I≫은 불가피 그 중간의 길을 걸으면서 교육의 양상이 자리한 고장을 안내하였다.

≪중권 II≫는 교육이라는 고장 안에 들어설 수 있는 도시의 규모를 대략이나마 짐작할 수 있게 하려는 데 역점을 두었다. 미개척지를 한꺼번에 조망할 방도는 지금으로서 불가능하지만 그 안에 아담한 도시를 세울 수 있다는 믿음을 주는 최소한의 청사진은 제시될 수 있어야 한다. 이런 취

지에서 ≪중권 II≫는 하나의 자율적인 분과학문으로서 교육학이 갖추어야 할 최소한의 내용을 제시하려고 노력하였다. 먼저 교육을 구성하고 있는 요소와 외부와의 경계를 구획할 수 있어야 한다. 그 교육의 세계는 어떻든 여타의 세계와 이웃하면서 유지되고 발전할 수 있을 것이다. 이에 대한 모종이 추정도 포함되어야 한다. 그 세계가 발전하는 데에는 평가가 제대로 이루어질 수 있어야 할 것이다. 그 모든 부분을 대충이나마 예정해 보려는 시도가 ≪중권 II≫를 통해서 이루어졌다.

≪중권 I≫과 ≪중권 II≫의 논의는 이전의 교육학이 도외시하거나 충분히 감식하지 못한 교육의 윤곽을 파악하고 있을 뿐, 아직도 전인미답의 미개발지역으로서의 불분명한 점을 포함하고 있다. 그에 대한 임시방편의 추정을 확신으로 받아들이는 일은 매우 위험하다. 학문의 참된 면모는 끊임없는 탐구이다. 어떤 결론보다는 탐구할 가치가 있는 미지의 질문의 확보가 더 소중하다. 그 점에서 ≪중권 III≫은 앞으로 교육연구가 밝혀 나가야 할 새로운 지평의 영역을 10가지로 나누어 제시하였다. 그 각각에서 실제로 이루어질 수 있는 구체적인 문제들이 무엇인지를 밝힘으로써, 연구문제가 없어서 연구를 못한다는 불평을 적어도 불식시키려고 노력했다. 서로 연관된 이들의 빈 공간을 채우는 데에 앞으로 수십 년이 필요할 것이다.

교육학을 자율화하는 과제는 멀고 험할 것이다. 그 과정에서 본서의 시도나 작업적 성과가 하나의 교두보가 될 수 있기를 희망한다. 탈고하고 있는 지금의 소감은 한 마디로 그동안 뱃속에 가득 채워졌던 어설픈 생각을 어느 정도 배설해 낸 기분이다. 교육학자로서 늘 느껴 왔던 채무를 다소나마 경감시킨 느낌도 든다. 여기에 제시된 것이 최종의 것이 될 수 없다는 것은 말할 필요조차 없다. 다만 앞에서 간략히 소개한 ≪중권≫의 내용은 교육학의 자율화가 실제로 가능한 일인가, 그리고 그 과제를 수행하기 위해 어떤 험난한 산을 넘어야 하는가 하는 문제와 관련하여, 이제까지 교육학의 역사에서 찾아보기 어려운 예외적인 범례가 될 수 있으리라는 확신은 가지고 있다. 적어도 이전과는 다른 방향의 진로선택이 가능하다는 것이 부분적으로나마 입증된 셈이다.

여기서 제시된 필자의 개념이나 입장이 필자의 것인 한에 있어서, 그리고 이 논의가 필자 자신의 마음을 명료하게 만드는 것인 만큼, 하나의 분명한 증거로서의 가치를 갖고 있지만 지금의 단계에서는 어디까지나 개인적인 견해에 속한다고 보아야 할 것이다. 이런 주관의 한계를 극복할 수 있는 유일한 길은 논의를 통해 독자를 포함하는 다른 사람들과 더불어 공감적 현실을 만들어내는 것이다. 이런 필자의 시도가 얼마나 성공할지는 모르지만, 이 글을 통해 필자의 체험적 근거가 독자에게도 재생될 수 있다면 교육에 대한 필자의 새로운 논의는 단지 개인적인 것 이상의 것이 될 것이다. 이 점에서 필자의 제안은 독자의 엄중하고 세심한 검증을 기다리고 있다.

학문생활에서 적당한 타협이란 있을 수 없다. 그런 것을 생각했더라면 이 작업은 처음부터 시작되지도 않았을 것이다. 필자는 교육학의 미래에 참여하는 느낌으로 이 저서를 집필하였다. 이 말은 당장 현 단계에서 이 저서에 대한 관심이나 호평을 기대하지 않는다는 말이다. 교육학에 대한 남다른 애정을 가지고 이 작업을 했으나, 모든 교육학자들에게 당장 그 진의가 전달되기는 어려울 것으로 본다. 교육학 자체의 지식을 만드는 것에 주관적인 것 혹은 위험스러운 것이라는 딱지를 붙여 경계하거나 교육의 모든 것이 이미 자명한 사실로 밝혀진 것처럼 느끼는 독자는 무슨 엉뚱한 이야기인가 하는 의구심을 가질 수 있다. 더구나 우리나라의 경우에는 선진국의 학자들이 만들어 놓은 지식을 그대로 수입하면 된다는 또 하나의 종속이 작용하고 있다. 그들에게는 본서의 논의가 전혀 믿음의 근거가 되기 어려울 것이다.

새로운 대안이 나오기 전에는 자신이 늘 가졌던 생각이 기득권을 행사하기 마련이다. 진정한 창조력을 가진 학자가 경원받는 분위기도 있는 것이 사실이다. 필자의 작업은 지금의 교육학을 믿고 있고, 그것을 기반으로 활동하고 있는 대부분의 교육학도들에게 받아들이기 어려운 고통을 줄 수도 있다. 개중에는 교육학에 대한 필자의 비평이 자신이 거주하고 있는 동네에 대한 모독이라고 생각하거나 혹은 이 내용의 어떤 부분에 대해 적대감을 갖거나 혐오스러운 태도를 취하는 교육학자도 있을 것이다. 이는 이 작업을 수행하기 이전에 필자가 취했던 태도를 회고하는 것만으로도 충분히 이해할 수 있는 부분이다. 그러나 기존의 교육학이 안고 있는 개념상의 오류는 교육의 위기와 더불어 점점 더 심각한 문제로 등장할 것으로 예상되기 때문에 그런 저항에는 한계가 있을 것으로 믿는다. 이 믿음 역시 필자가 어쩔 수 없이 받아들여야만 했던 다른 하나의 중요한 경험에 근거하고 있다.

이 저서에 대한 정당한 평가는 기존의 교육학을 떠나는 어느 정도의 비약이 있어야만 가능하다. 평소 교육에 관해서 뭔가 명백하게 보이던 것에 대해 깊은 회의를 갖고, 자신의 지식이 갖고 있는 한계를 절박하게 느끼고 있는 교육학자들에게 이 저서는 다소의 호감과 공감을 얻어낼 수 있을 것으로 본다. 외래학문의 개념으로 결코 교육을 해명할 수 없다는 자각에 이른 교육학자, 선진 외국에 나가 재충전하려는 시도에서 신통한 해답을 얻지 못한 학자, 그리고 교육학개론의 강의에 대해 부담을 느끼고 그것을 기피해 왔던 교육학자에게 이 저서가 하나의 대안으로서의 가치를 어느 정도 인정받을 수도 있지 않을까 하는 낙관적인 기대도 해본다.

본서에서 차츰 밝혀지겠지만, 교육적인 삶은 그 내재율에 따를 용의가 있는 사람들의 것이다. 올바른 교육관이 올바른 교육의 충분조건은 아니다. 후자는 전자보다 더 많은 조건을 만족시켜야 한다. 그러나 그릇된 교육관을 갖고 있는 사람에게 올바른 교육을 기대하기는 어렵다. 교육에 대한 기존의 관점에 의문을 제기하고, 그것에 수반하는 오류나 편견을 교정하고, 더 나은 심층의 이해에 도달하는 것은 일반 사람들에게도 매우 중요한 과제이다. 그렇다면, 이 저서의 독자는 교육학도들이나 학교교사들과 같은 특수한 집단에 국한될 수는 없다. 이런 관점에서 필자는 오래 전부터 교육에 대한 이해는 모든 사람들에게 필수교양이라는 입장을 견지해 왔다. 본서가 그런 취지에 동조하는 사람들의 것이 되었으면 하는 소망을 가져 본다.

그런 징후가 이미 ≪상권≫을 읽은 독자들로부터 나오고 있다는 것은 고무적이다. 이들 가운데에는 교육학이라는 전공영역과는 직접 관련짓기 어려운 다양한 분야의 사람들이 포함된다. 어떤 연유로 본 시리즈 작업에 주목하였는지 모르지만, 후속 작업에서 무언가 색다른 호기심과 기대를 갖게 한다는 반응이 많았다. 이것은 교육학이 단지 교직과목에 그치지 않고 모든 사람들의 교양과목이 될 수 있어야 한다는 앞선 소신과 일치한다. 그들이 필자를 후원하는 방식은 매우 특이했는데, 그것은 후속 작품이 언제 출간되어 나오느냐 하는 독촉이었다. 그것은 마냥 더뎌지려는 이 작업을 추진해 나가는 데 있어 활력소의 역할을 했다.

새로운 길을 개척하는 데에는 항상 모호함과 싸워야 하는 고달픔이 따르기 마련이다. 기존의 학문공동체에서 당연하게 받아들이고 있는 교육관에 도전하고, 남겨진 의문의 공백을 나름의 생각으로 짜서 채워 넣는 일을 감당하는 동안 '한국교육원리연구회'의 회원들과 한때 필자의 지도를 받았던 서울대 교육학과의 제자들이 마음의 후원자가 되어 주었다. 그들은 이 작업이 필자의 것만이 아니라 우리의 것이 될 수 있고, 또한 되어야만 한다는 신뢰와 공감의 안온한 공간을 마련해 주었다. 일부는 좀 극단이라는 생각도 하고 있는 듯하고, 받아들일 독자를 고려하여 좀 더 완곡한 표현을 권장하기도 하였다. 이런 주위의 반응에도 불구하고 본서의 내용에 대한 최종적인 결정은 언제나 필자의 것이었으며, 따라서 그 책임은 전적으로 본인에게 있다.

본서가 세상에 나오기까지 음으로 양으로 공헌한 사람들이 많지만, 특히 실명을 밝히고 싶은 두 사람이 있다. ≪중권 II≫와 ≪중권 III≫의 집필은 서울대학교를 퇴임한 후에 관악산의 전경이 한눈에 바라보이는 '삶과교육연구소'에서 이루어졌다. 그 동안 필자의 논지에 공감하는 동지들의 모임이 여기에서 주기적으로 이루어져 왔다. 그 최적의 연구공간을 마련해 준 대원강업주식회사 허승호 대표이사님의 각별한 배려에 늘 감사한다. 이번 연구와 집필은 또 한 명의 동행자와 함께 생활하면서 이루어졌다. 한국교원대학교의 최성욱 교수가 불편하고 번거로운 일을 자상하게 처리해 주었으며, 마지막 단계에서 초고를 교정하고 다듬는 일까지 기꺼이 감당하였다. 그의 변함없는 온정 역시 감사한다.

2009년 7월
관악산 기슭의 연구소에서
장상호

차 례

일러두기

1. 본 저서에서 번역된 외국의 자료들을 인용할 때에는 원래의 출판 연도를 먼저 표기하거나 생략하고, 그 뒤에 그것이 다른 나라의 말로 번역되어 출판된 연도를 병기하였다. 그리고 각 출판 연도 사이에는 빗금을 두어 구분하였다.
   예를 들어 헤겔 《정신현상학》의 경우 (1808/1988)이나 (/1988)로 표기되며, 1808은 정신현상학이 독일어로 출판된 연도를, 1988은 그것이 외국어로(이 경우에는 우리말로) 번역되어 출판된 연도를 나타낸다.
2. 본 저서의 각 장에서 외국학자들의 이름이 처음 인용될 때에는 우리말로 발음되는 대로 표기하고, 그 뒤에 원래의 이름을 괄호 안에 묶어 제시하였다. 단, 외국학자들의 이름이 많이 거론되는 경우에는 번거로움을 피하기 위하여 원래의 이름을 그대로 제시하였다.

제 1 장

교육의 자율성

세상 사람들의 가장 큰 관심사 중 하나는 '교육의 정상화'이다. 그것은 무엇을 의미하는가? 이 질문에 대한 해답을 구함에 있어서 먼저 해결되어야 할 것은 바로 교육 자체가 무엇이냐 하는 것이다. 교육의 자율성이란 그렇게 해명된 교육이 그 자체로서 타의 간여를 받아서는 안 된다는 것이다. 진정 그 교육의 세계가 존재한다면, 그것은 역사적으로, 그리고 지금 이 시대의 매순간에도 그것이 정상적으로 진행되고 있다고 보아야 한다. 그렇지 못하다면 개념상 그것을 교육이라고 부를 수 없을 것이다.

그렇다면 이처럼 교육의 정상화라는 말이 새삼스럽게 그토록 자주 등장하는 원인은 무엇일까? 그 원인은 다양하겠지만 그중 크게 문제가 되는 것은 두 가지다. 그 하나는 세간의 사람들이 교육에 대해서 만족하지 못하고 있는 것을 반증한다는 점이다. 무언가 제대로 되고 있지 못할 때 그것의 정상화라는 주제가 나오는 것은 자연스럽다. 다른 하나의 원인은 교육에 대한 잘못된 인식과 관련되어 있다. 논리적으로 비정상적인 교육을 교육이라고 지칭할 수는 없다. 본장은 이 두 가지 원인 가운데 후자의 문제를 해소함으로써 전자의 과제를 해결할 수 있는 실마리를 찾을 수 있는 길을 모색하고자 한다.

지금까지의 교육론에서 볼 수 있는 가장 두드러진 특징은 교육을 한정된 의미를 가진 하나의 고유한 현상 혹은 사실로 규정하는 것을 보류하고 단지 다양한 외재적 과제를 수행하는 기능을 중심으로 교육을 규정하는 방식을 택하여 왔다는 점이다. 이를 약칭하여 '기능주의적 교육관'[1]이라고 하자. 갑은 교육이 A라는 목표를 달성하는 것이라고 주장하고, 을은 교육은 B라는 목표를 달성하는 것이라고 주장한다. 이때 A와 B라는 목표는 내재적인 것이 아니라 외재적인 것이다. 그처럼 외재적인 목표를 허용한다면, C, D, E … 등등 세상사의 모든 것이 교육의 목표가 되지 말라는 보장이 없다.

정작 중요한 사항은 그 다양한 외재적 목표를 달성하는 수단으로서 교육의 내재적인 것이 무엇이냐 하는 것이다. 이때 대개의 기능주의 교육관은 앞에서 지적했듯이 그 중요한 문제를 회피하면서 교육은 단지 그때그때 주어진 외재적 목표에 따라서 해결되어야 할 과제로 남긴다. 과제만 남고 교육의 실재는 오리무중인 셈이다. 교육을 규정함에 있어서 이처럼 그 이외의 사실들을 개입시키는 논리가 허용되는 상황에서 온갖 중구난방의 혼란만 가중되고 있는 것이 현실이다. 이런 상황에 대한 가장 적절한 비유는 약의 성분을 밝히지 않은 채 그 약의 효과만을 앞세우는 '엉터리 약장사'이다. 말하자면, 교육이 진정 무엇인지에 대한 심각한 논증이 없이 교육이 할 수 있는 것만을 내세우고 있는 것이다.

그 해법에 더 속을 수는 없다. 교육의 정상화보다는 교육관의 정상화가 선결과제이다. 이 주제는 바로 삶에서 이루어지는 본위의 선택과 관계된다. 우리는 다양한 것이 복합된 일상적인 삶을 영위하고 있다. 그 가운데 어떠한 세계를 선택하느냐에 따라 우리의 태도 역시 선택된 세계에 부합

---

1) 그 용어를 사용하여 이하의 주제를 다룰 것이지만, 먼저 지적되어야 할 것은 이 용어에서 '기능주의'는 철학이나 사회학에서 일컫는 것과 직접적인 관련이 없다는 점이다. 단지 교육을 규정함에 있어서 그 내용이 무엇인지를 밝히지 않은 채 오로지 그 기능만을 주장하고 내세우는 경우를 약칭하기 위해 '기능주의적'이라는 수식어를 사용한 것이다. 혼동을 피하기 위해서 '결과론적'이라거나 혹은 '도구주의적'이라는 용어를 사용하는 것이 어떤가 하는 점도 고려되었지만 마땅하지 않았다. '결과론적'은 이미 일어난 결과를 두고 하는 말에 해당하며, '도구주의적'은 실용주의 노선의 또 다른 교육관을 연상시키기 때문이다.

히는 것으로 변모해야 된다. 적어도 우리 각자는 자신이 자유롭게 선택한 세계에 종사하는 동안에는 그것에만 열중하고 전념하지 않으면 안 된다. 해당하는 세계 자체의 고유한 가치를 무시하고 이것을 다른 세계의 가치 실현을 위한 수단으로만 볼 경우, 해당 세계의 고유한 양상이 본래의 것과는 다르게 뒤틀려 버린다.

교육의 경우에도 마찬가지다. 일반적으로 말해서 교육의 가치나 목표는 교육의 내재가치와 외재가치를 합한 것이다. 그중 외재적 가치는 교육의 효용성에 관계되는 것으로서 그것은 거의 무한대로 열려 있다. 그러나 교육적 활동 자체의 합리성을 그 활동 밖에서 찾는 것은 교육의 진정한 가치를 평가하는 방식이 아니다. 교육이 아무리 다른 것들과 관련되는 측면이 있고 또 그 관련된 것들에 의해서 가치를 규정받을 수 있다고 하더라도 그것들은 교육의 고유한 입장에 비추어 보면 부차적인 것이다. 그럼에도 교육의 고유한 가치가 세상 사람들에게 제대로 인식되지 못하는 것은 교육의 내재성을 무시하고 그 외재성에만 관심을 갖기 때문이다.

이 개념의 문제를 해결하기 위해서는 교육을 여타의 세계를 위한 하나의 특이한 기능으로 규정할 것이 아니라 그 자체의 내재적 속성을 드러낼 수 있는 개념체제의 탐색이 이루어져야 한다. 그 첫 출발로서 논자는 이전의 교육론들과는 근본적으로 다른 접근을 보여주는 '교육본위론(an endogenous theory of education)'을 제안하였다(장상호, 1991, 1994a, 1997b, 2005a, 2009). 이는 이제까지의 기능주의적 교육관이 택한 뒤틀려진 논리를 바로 세우려는 혁명적인 시도의 하나였다. 먼저 교육학의 자율적인 개념체제를 구축하여 교육의 내재적 속성 자체가 무엇인지를 규명하고, 그 교육이 어떤 외재적 기능을 할 것인지는 차차 검증해 나가야 할 경험적 문제로 남겨 놓은 것이다.

교육본위론에 따르면, 교육은 일단의 기능, 기술, 과제 혹은 그 과제를 수행하는 전략이 아니라 하나의 고유한 삶의 양상이다. 그 양상을 드러냄에 있어서 맥락의 전환이라는 까다로운 작업을 거쳐야만 하였다. 그 작업은 교육의 전체적인 양상을 구조의 형태로 드러내고, 그것을 울타리로 삼아 교육의 안쪽(내재)과 바깥쪽(외재)을 구분하는 방식으로 진행되었다. 이로써 교육의 가치를 그 내재와 외재로 나누어 논의할 수 있는 여건이 비로소 마련되었다. 그처럼 교육현상을 하나의 자율적인 체제로 전면에 부각시킬 수 있는 학문적 체제를 구축하는 과정에서 그 주장에 포함된 각각의 명제들이 갖는 의미 역시 다른 명제들과의 관계 속에서 규정될 수 있도록 하였다. 이 때문에 불가피하게 독자에게 생소한 용어를 도입할 수밖에 없었다.

교육본위론의 관점을 따르면, 교육의 자율성은 기본적으로 교육이라는 구조가 갖는 각각의 요소를 존중함으로써만 유지될 수 있다. 이러한 시도는 교육을 마치 하나의 놀이처럼 자율적인 세계의 하나로 드러나게 하려는 의도를 담고 있다. 교육의 요소와 그 조합방식이 바로 그 내재율이 된다. 교육의 놀이는 그 그물망과 같은 내재율의 범위를 벗어나지 않는 방식으로 진행되어야 한다. 교육은 그 나름의 내재율이 허용하는 경험을 제공한다. 교육의 내재적 가치란 교육이라는 놀이의 안과 밖을 구분하고 그 안에서 자체에 몰입하고 보람을 느끼는 것을 말한다. 그 내재율의 이탈은 곧바로 '교육의 경계로부터의 이탈'을 의미한다. 그 내재율이 무엇이며, 그 이탈의 양태가 어떤 것인지를 이제부터 소상하게 밝힐 것이다.

우리의 삶에서 교육의 고유한 가치, 활동, 공간, 인간관계 등을 규정하는 핵심은 바로 그것의 특수한 내재율이다. 본장은 그 가운데 교육의 내재율이 어떻게 교육적 인간관계(educative relationship)를 규제하는지를 논의할 것이다. 교육적 주체(an educative subject)는 바로 교육의 내재율에 따르는 우리 자신의 한 측면을 지칭하는 것이다. 교육본위론에 따르면, 스승은 하화의 내재율을 따르는 자연인의 어느 측면을 지칭하며, 제자는 상구의 내재율을 따르는 자연인의 특수한 측면을 지칭한다. 만약 두 자연인 갑과 을이 그 각각의 내재율을 따른다면 이들 사이에는 어느 때 어느 곳에서나 교육적인 교섭이 가능하다.

1.1 교육관의 정상화

1.1.1 삶에서 본위의 선택[2)]

오늘날의 삶은 다원적이다. 그 중심이 하나가 아니라 여럿이라는 뜻이다. 삶의 구석구석에는 예컨대, 정치, 경제, 사회, 문화, 종교, 교육이라는 서로 이질적인 세계들이 잠복해 있다. 이들 각종의 세계들은 각기 고유한 특징을 지니고 있기 때문에 그 가운데 어느 하나가 다른 것을 대신할 수 없다. 자연인으로서 개인의 삶은 각종의 이질적인 세계들이 중첩된 교차로에 위치하고 있으며, 개인은 흔히 그 이질적인 세계의 경계를 넘나들면서 생활한다. 그 각각에 대한 그의 적응양태를 바꾸지 않으면, 그 세계 안에 진입하기 어렵다. 세계들은 또한 서로 다른 목적을 추구한다. 그 가운데 어떤 것이 더 중요한 것이라는 판단이 어렵다. 삶의 균형 있는 발전이란 삶을 구성하고 있는 그 개별적인 세계들의 고유한 가치와 목표에 대한 특별한 배려가 있을 때 달성될 수 있다.

온전한 삶을 영위하고자 한다면, 가능한 한 모든 종류의 가치를 공립시키는 것이 바람직하다. 권력, 물질적 풍요, 높은 지위의 획득 등은 누구나 다소간 가지고 있는 욕망이며, 세속적 가치는 그 욕망의 만족과 관련이 있다. 이러한 가치기준에 따라 삶의 희노애락(喜怒哀樂)이 결정되는 사태를 우리는 얼마나 많이 보아 왔는가! 우리가 추구하는 가치는 의식주 등에서의 안락함에만 국한되지 않는다. 그것만으로 '잘 산다'고 단정하기 어렵다. 흔히 말하는 진, 선, 미와 같은 수도적 가치들은 세속적이거나 공리

2) 이 주제는 ≪학문과 교육≫이라는 본 시리즈 작업에서 매우 중요한 입장으로 취급되어 왔다. 삶에서 학문 혹은 교육을 밝힌다는 것은 여타의 세계를 그 작업에서 당분간 배제한다는 것을 의미한다. ≪상권≫에서는 이 입장이 학문의 세계를 해명하는 데 적용되었고, ≪중권≫에서는 교육의 세계를 해명하는 데 적용되고 있는 것이다. 이런 일관된 기본입장을 더 자세하게 알고 싶은 독자는 이 부분을 읽기 전에 ≪학문과 교육(상권)≫(장상호, 1997a)의 '1.2 새로운 접근(pp. 57-107)' 혹은 그 하위주제인 '1.2.5 본위의 선택(pp. 98-107)'을 참조하기 바란다.

적인 목적과는 무관하게 추구될 때 온전히 드러날 수 있다. 여기에 그 모든 것과는 구분되는 교육의 고유한 가치가 또한 추가될 수 있을 것이다. 이들을 동시에 고려하면서 병립시킬 수 있다면 그 삶은 그만큼 풍요로운 것이 될 것이다.

그런데 우리는 실제의 삶 속에서 있을 수 있는 모든 가치를 갈등이 없이 조화롭게 실현하기가 어려운 상황에 처할 때가 많다. 동쪽으로 가고자 하는 사람은 서쪽으로 가는 것을 포기해야 하듯이 하나를 성취하기 위해서는 다른 것을 포기하거나 유보해야 된다. 이처럼 그들의 조화와 공립이 불가능할 경우, 여러 가치들 가운데 어느 것을 더 우선의 것으로 택할 것이냐 하는 문제가 발생한다. 삶에서 여러 세계를 참여하면서 그중에 하나의 특수한 세계를 택한다는 것은 가치의 선택의 문제이며, 그러한 선택을 하고자 하는 순간에 다양한 가치기준들 가운데 어느 것에 우선순위를 부여해야 하는지를 결정하지 않으면 안 된다.

이른바 '복수의 실재(multiple realities)'라는 개념을 도입한 슈츠(Schutz, 1973)의 말을 빌리면 각종의 세계는 그 특이한 실재의 악센트로 나타난다. 그 악센트의 선택은 한 개인[3]의 전반적인 인생관으로 귀결될 수도 있고, 삶의 다양성에 대한 그때그때의 태도전환의 양상으로 나타날 수도 있다. 일생동안 재물에는 신경을 쓰지 않고 오직 예술작업에만 몰두하는 사람의 경우 전자에 속하며, 하루 중에도 어떤 때는 예술작업을 하면서 다른 때는 경제생활에 충실하게 임하는 경우는 후자에 해당한다. 하나의 세계가 선택되면 그것과 관련된 가치, 관심이나 범주가 전면으로 뚜렷하게 드러나고, 다른 세계들의 것은 배경으로 후퇴하는 세계이행의 과정이 일어나기 마련이다. 그러한 이행이 제대로 이루어지지 않을 때, 우리는 범주착오에 따른 가치혼란과 비능률을 감수하지 않으면 안 된다.

구체적이며 복합적인 사태마다 모종의 선택을 요구한다. 그러한 선택

3) 본위를 선택하는 주체는 개인이나 집단 모두에게 해당한다. 그러나 여기에서는 주로 개인의 경우를 그 예로 삼고 있다.

이 이루어지는 순간 어김없이 가치의 개입이 작용하는 것이다. 죽지 못해서 억지로 그림을 그린다면, 예술 활동은 경제적 가치를 위한 수단의 차원에서만 의미를 지닌다. 예술적 가치를 희생하고 예술을 수단으로 삼아 축재를 하는 사람을 마냥 비난할 수는 없다. 반대로 돈벌이라는 결과를 가져온다고 해서 예술을 숭상하지 않거나 비하할 필요도 없다. 그러나 예술은 대중에 의해서 규정되지 않으며, 예술에서 베스트셀러가 가장 우수한 작품도 아니다. 돈벌이 때문에 예술을 숭상하거나 좋아하는 것은 다소 천박하다고 생각하는 사람은 예술적 작품에 전념하기 위해서 세속계적인 것과 단호한 싸움을 해야만 한다.

그 부분을 분명하게 하기 위해서 '본위(本位)'라는 용어를 사용하기로 한다. 장기적인 것이든 일시적이든 우리의 삶은 무엇을 본위로 삼느냐에 따라 본질과 비본질, 유관과 무관, 전경과 배경, 중심과 주변, 실재와 비실재에 대한 범주규정과 그 가치판단에 있어서 엄청난 차이를 지니게 된다. 우리는 삶을 통하여 여러 세계들에 참여하게 되는데 그 가운데 어느 하나의 세계에 종사하게 될 때, 그 세계는 내재 · 본질 · 유관 · 전경 · 중심 · 실재가 되며, 그 이외의 세계들은 외재 · 비본질 · 무관 · 배경 · 주변 · 비실재가 된다. 본위의 선택에 따라서 수단과 목적의 관계는 전도된다. 가령, 우리는 누구나 음식을 먹고 살아가야 되지만, 이 경우 "먹기 위해서 산다"는 것과 "살기 위해서 먹는다"는 것은 전혀 다른 선택의 삶이다. 그렇기는 하지만 우리가 어떤 것을 절대적인 의미에서 목적과 수단 가운데 하나로 분류하는 것은 잘못이다. 왜냐하면 그것은 입장의 선택과 관련되어 있어서 목적도 되고 수단도 될 수 있기 때문이다.

흔히 가치규정과 관련하여 내재적 가치(intrinsic value)와 외재적 가치(extrinsic value)라는 주제(Lemos, 1994; Lewis, 1946; MacIntyre, 1981)가 등장하는 것도 바로 이 본위의 선택과 직접적으로 관련되어 있다. 한 사람이 어떠한 활동을 할 때 그 활동의 가치를 내재적으로 규정하느냐 혹은 외재적으로 규정하느냐에 따라 그 행위에 심대한 차이를 보인다. 가령, 어떤 사람에게 에베레스트 산에 등정하는 이유를 물었을 때, 등정 자체를 위대한 도전으로 생각하는 경우와 그것이 가져오는 특정한 이득을 따지는 경우가 있을 수 있다. 전자의 경우에 그 사람은 등정 자체의 순수함을 견지하기 위하여 필요하다면 어떠한 대가든 지불할 용의가 있을 것이다. 반면 후자의 경우에 그 사람은 오히려 등정에 대한 어떠한 대가를 요구하게 된다. 등정의 두 가지 이유가 어떠한 차이를 지니는지는 등정이라는 목표가 달성되었을 때 특히 현저하게 나타난다. 전자의 경우에는 활동의 목표가 실현될수록 더욱 더 그 활동을 추구할 것이다. 그러나 후자의 경우에는 목표가 실현되는 순간 활동은 중지되고 만다.

이러한 차이는 인간사의 거의 모든 분야에서 발견된다. 산책이나 테니스, 혹은 '정직함'에 그 사실을 적용해 보자. 산책이나 테니스를 하는 것은 건강을 위해서라는 식으로 전자를 건강의 수단으로 생각할 수도 있지만, 이러한 일면적인 가치규정은 건강을 해치면서도 산책을 하거나 테니스를 치는 사람이 있다는 사실을 설명하지 못한다. 산책이나 테니스라는 운동을 그 자체로서 좋아하는 사람에게 그것은 단지 수단이 아니라 목적 자체인 것이다. 또한 같은 정직한 행동이라고 하더라도 그것이 내재적 삶의 양상이냐 혹은 삶의 수완이냐에 따라 커다란 차이가 파생된다. 전자는 불리한 상황에서도 대가를 지불하면서까지 지켜야 하는 것임에 비해서, 후자[4]는 기대하는 대가가 없는 경우에 쉽게 저버릴 수 있는 것이다.

이 단계의 논의에서 우리는 본위 사이의 매우 특수한 관계를 주목할 필요가 있다. 그것은 우리의 인식활동과 그 대상 사이의 관계에 관한 것이다. 그 전형적인 것이 정치학과 정치, 경제학과 경제, 사회학과 사회, 문화인류학과 문화, 혹은 교육과 교육학 등이 될 것이다. 이들 사이에 어떤 관계가 있는 것인가 하는 점이다. 엄격하게 말하면, 이 두 세계는 그 내용이나 추구하는 목적에 있어서 전적으로 다르며, 따라서 선택 상황에서 본위

4) 도덕적 가치보다는 물질적 가치를 더 중요하게 생각하는 사람은 경우에 따라 물건을 훔칠 수 있다. 장사꾼이 정직한 것은 거래를 성실하게 하지 않으면 후일에 지장이 생기고, 자신의 이윤을 위한 길이 막힐 염려가 있기 때문이다. 이 부분은 가끔 "정직이 최선의 정책이다"라는 말로 표현되기도 한다.

의 문제가 제기될 수 있다. 예컨대, 정치의 목적은 정의를 실현하는 것이며, 정치학의 목적은 그 정치현상에 관한 이론을 구성하는 것이다. 정치가가 하는 활동과 정치학자가 하는 활동도 다르다. 그러나 이들 사이에는 미묘하고 불가분한 관계가 있다. 그것은 학문이 그 대상세계의 존재를 우리의 인식의 수준에서 밝힌다는 점에서 후자는 전자를 많은 경우 전제한다는 사실이다. 그 점을 이하에서 더 자세하게 다루어 보기로 한다.

이론이 사실을 만든다는 말이 있다. 없는 사실을 이론이 만든다는 것인가? 그렇지는 않다. 사실은 개념과 독립하여 존재한다. 그러나 아무리 우리 주변에 의미 있는 사실이 있다고 하더라도 그것을 이해하는 인식의 틀이 없는 한, 그것은 우리의 주목의 대상이 될 수 없다. 세상의 모든 사태와 사실은 우리의 인식의 망을 거쳐서 비로소 우리에게 알려진다. 긴 세월에 걸쳐서 사실 자체는 크게 변하지 않더라도 그들에 대한 우리의 인식내용은 놀라울 정도로 급격하게 확장되고 발전하고 있다. 이제까지 긴 학문의 역사를 통해서 그토록 많이 '발견한 새로운 사실들'은 엄격한 의미에서 새로운 것이 아니고, 그에 해당하는 개념의 발전과 직접적으로 관련되어 있다.

우리의 삶은 다양한 종류의 사실들로 구성되어 있으며, 그것은 너무도 많은 차원을 내포하고 있다. 우리가 그 전체를 이해할 수 있는 방도는 없고 불가피하게 그 가운데 일부를 선택적으로 인식할 수 있을 뿐이다. 다차원의 사태를 단지 제한된 차원으로 인식한다고 할 때, 전자에 대한 인식의 내용은 자연히 후자의 것으로 축소된 양상으로 나타난다. 이때 어떤 인식의 차원을 선택하느냐 하는 것이 그 양상에 큰 차이를 가져오는 요인이 된다. 프랭클(Frankl, 1969)이 그의 '차원적 존재론(dimensional ontology)'을 설명하기 위하여 사용한 <그림 1.1>은 이에 관한 직관적인 이해를 돕는다. 그림에 나타난 원통은 3차원의 실재이다. 그러나 그것을 단지 2차원의 것으로 이해하려고 할 때, 수직의 차원에서는 '원'으로 나타나며, 수평의 차원에서는 '사각형'으로 나타나는 것을 볼 수 있다.

이와 같은 존재론의 법칙은 각 분과학문들의 지식과 그 차이를 인식하

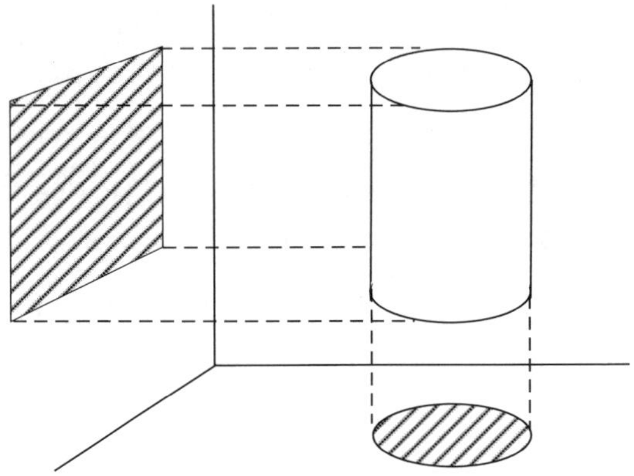

<그림 1.1> 차원적 존재론적 법칙

는 데에도 그대로 적용할 수 있다. 분과학문은 우리의 삶에서 그들의 관심대상만을 한정해서 포착할 수 있는 그물을 만들어 낸다. 그것이 바로 그 분야의 학문적 체제와 이론에 해당한다. 그 지식이 자율적인 것만큼 우리의 삶은 분과학문들을 통하여 각각 다른 양상으로 선택되어 드러난다. 각각의 분과학문들이 각기 삶의 다양한 양상들을 드러내는 만큼 우리의 삶에 대한 이해의 폭은 증대된다. 논자는 다른 글(장상호, 1990)에서 그 점을 예증할 수 있는 사태를 이렇게 묘사한 바 있다.

> 여기에 두 사람이 책상을 사이에 두고 서로 말을 주고받는 하나의 일상적인 사태를 들어보자. 이것은 자연현상으로 파악될 수 있다. 책상은 물리학자에게는 전자, 양자, 중성자의 집합체로 보이며, 화학자에게는 일정한 유기물의 결합체로 보이며, 생물학자에게는 나무세포의 복합체로 보인다. 사람도 물리, 화학, 생물의 차원에서 이해될 수 있다. 그 두 사람이 공중에 떠오르지 않은 것은 중력의 지배를 받는 대상이기 때문이다. 그들의 주고받는 말은 물리학적으로 보면 일정한 음(音)의 진동에 불과하다. 그러나 우리는 그 사태를 사회과학의 개념과 이론에 의하여 사회적 현상으로 설명할 수 있다. 심리학적인 개념을 빌어, 이제 우리는 비로소 한 사람은 노이로제 증세를 호소하고 있고 다른 한 사람은 그것을 진단하고 있다는 사실을 안다. 양자가 형과 동생이 아닌 환자와 치료자의 관계라는 것을 알려주는 것은 사회학적인 개념 덕분이다. 문화인류학자는 아마도 이 상황

> 을 주술적인 관례의 일부라는 관점에서 바라볼지도 모른다. 한편, 경제학자는 치료자의 봉사가 갖는 경제적인 희소성에 비추어 환자가 지불해야 하는 대금을 계산하고 있을지도 모른다. 이 장면은 인문과학의 시각으로 볼 때 또 다른 의미를 갖게 된다. 언어학자는 그들이 주고받는 소리를 기호체제의 흥미 있는 교환현상으로 분석할 수 있을 것이다. 문학가는 그것을 소설적인 주제로 메모해 둘 수 있다. 역사학자는 누가, 언제, 어디서, 무슨 목적으로 만난 것인지를 추궁할지도 모른다. 한편, 철학자는 의자라는 구체적인 실체와 그것의 현상학적인 형상간의 인식론적인 관계를 생각하고 있을지도 모른다. 그러나 예술적 지평은 우리의 시각을 전혀 다른 세계로 안내한다. 예술가에게는 그 의자가 바로크시대의 예술품이며, 두 사람들 간의 동작이 뉴턴의 제3법칙으로 설명할 수 없는 율동미를 가지고 있다고 느낄지도 모른다. 이 외에도 이 단순한 사태는 이루 열거할 수 없는 학문적인 지평으로 열려 있다(pp. 46-47).

이 글을 통하여 독자는 어떠한 범주의 안목을 선택해서 바라보느냐에 따라 하나의 구체적인 사태가 각기 다른 사실들로 규정된다는 것을 실감할 수 있었으면 좋겠다. 그 제반 사실들은 삶의 한 측면이라는 점에서 <그림 1.1>의 해석이 가능하다. 그러나 여기에서 오해가 있어서는 안 될 대목은 그 각각의 측면은 그 자체로서 하나의 세계를 대변한다는 점이다. 앞에서 물리 · 화학 · 생물 · 심리 · 문화 · 경제 · 언어 · 문학 · 역사 · 철학 · 예술이라는 세계를 말하였지만, 이들은 주지하다시피 각각 그들 나름의 총체성을 갖고 있다. 특정한 하나의 사태를 이 다양한 세계들 가운데 어느 하나의 세계에 속하는 사례로 해석한다는 것은 그 사태를 해당 세계의 고유한 맥락과 결부시킨다는 것을 의미한다.

고유한 현상으로서 분과학문의 대상은 그 나름의 맥락과 구조를 갖는다. 구조란 그것을 이루는 요소들이 있고, 그 요소들이 서로 연관을 맺어 그 내부의 총체적인 의미를 구성하는 것을 말한다. 그런데 있을 수 있는 다양한 관점들 가운데 어느 하나를 선택한다는 것은 매우 중요한 의미를 갖는다. 왜냐하면 그것은 다른 관점들을 배제한다는 것을 의미하기 때문이다. 각 분과학문의 학자들이 우리의 삶을 자신들이 몸담고 있는 분과학문의 특정한 사실로 전환시키려고 하는 것은 이러한 범주의 선택에서 독자성과 자율성을 확보하고 인정받기 위함이다.

우리가 오늘날 '자율적 학문'으로 지칭하는 분과학문의 지식은 그처럼 대상을 전체로 파악할 수 있는 인식체제를 갖춤으로써 가능하게 된 것이다. 그렇다면 각각의 분과학문들이 지니고 있는 고유한 안목은 어떻게 확보될 수 있었는가? 앞의 인용에서는 마치 분과학문들의 지식들이 이미 주어진 것처럼 이야기되고 있지만, 사실 그것이 발견되고 창안된 초기의 단계에서 수많은 시행착오와 반성적 통찰을 요구했다. 그 작업이 얼마나 어려운 일인지를 실감하기 위하여 <그림 1.2>를 통해서 실험을 해 보기로 하자.[5)]

〈그림 1.2〉 어떤 지각적인 대상

흑과 백을 배경으로 하여 세부적인 선과 면을 보여주고 있는 사태는 다양한 해석을 허용한다. 그중 어떤 것이 정답이고 다른 것은 오답으로 판정할 수 있는 것이 아니다. 만약 각자가 어떠한 관점을 택하고 이를 통하여 하나의 그럴듯한 전체적 형태를 구성할 수만 있다면, 그 모두가 정답

5) 이 그림은 ≪학문과 교육(상권)≫(장상호, 1997a)에서 분과학문의 대상이 갖는 구조성을 설명하는 데 이미 활용한 바 있다(pp. 522-533를 참조).

이 된다. 독자도 그림 속에 담겨 있는 대상이 무엇일지를 한 번 추측해 보라. 그 과제는 그림의 각 세부사항들을 하나로 통합시켜 해석할 만한 전체적인 형태를 찾는 것과 관련되어 있다. 그것을 발견하는 것만큼 여러분은 하나의 고유한 사실을 발견하는 데 공헌한 셈이다.

그 다양한 해석들 가운데 하나를 보여주는 사례가 <그림 1.3>이다. 이 해석은 우리에게 <그림 1.2>에 담겨 있는 세부적인 것들을 어떠한 목장에서 발견할 수 있는 상황의 일부로 해석할 것을 종용하고 있다. 놀라운 사실은 우리가 그러한 해석을 일단 받아들이게 되면, 이 해석에서 제외되는 그림의 어떠한 부분들은 비본질적인 것으로 치부된다는 점이다. 사태를 인식하는 데 있어서 본위의 선택이 얼마나 중요한 것인가를 실감할 수 있는 대목이다.

〈그림 1.3〉 지각적인 대상의 형태

우리의 삶은 마치 <그림 1.2>의 경우처럼 여러 종류의 사실로 해석할 수 있는 다양한 사실들을 내포하고 있다. 그 사실의 종류가 얼마나 많은가 하는 질문에 대한 해답은 그것을 해석할 수 있는 얼마나 많은 개념범주를 우리가 갖추고 있느냐에 달려 있다. 각 분과학문은 그 고유한 대상이 드러나는 방식의 개념범주를 발견하고 창안함으로써 각각 그 대상의

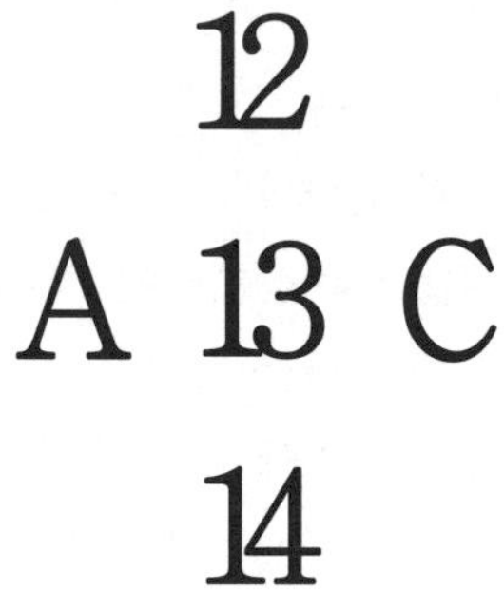

〈그림 1.4〉 맥락에 따른 인식의 차이

본질을 규정하는 경연에 참여해 왔다. 이처럼 분과학문의 지식은 아직 그것이 무엇인지 분명하게 규정되지 않고 남겨진 사태를 그 분과학문이 탐구하는 대상의 특정한 사례로 배타적으로 해석하게 하는 강력한 힘을 발휘한다. <그림 1.4>는 이 점의 직관적인 이해를 돕는다.

숫자체제와 문자체제는 전혀 다른 범주에 속한다. <그림 1.4>에서 그 두 체제가 교차하는 중앙의 13은 그것을 수직선상의 숫자체제 속에 편입시키느냐, 아니면 수평선상의 문자체제 속에 편입시키느냐에 따라 전혀 다르게 인식되고 해석된다. 그것은 숫자 12와 14의 사이에 있는 것으로 보는 경우 13으로 해석되지만, 문자 A와 C의 사이에 있는 것으로 보는 경우 B로 해석되는 것이다. 우리의 삶 속에도 13과 같이 그 맥락이 아직 확정되지 않은 구체적인 사태들이 많다.

어떠한 삶의 사태를 다양한 세계들 가운데 어느 세계에 속하는 사례로 포섭하여 해석할 것인가는 그 사태 자체만 갖고서는 결정할 수가 없다. 거기에는 특정한 인식체제가 동원되기 마련이며, 어느 하나의 인식체제를 선택하자마자 그것은 다른 인식체제의 개입을 거부한다. 이러한 사실을 분과학문의 경우에 적용하여 말하면, 하나의 분과학문이 드러내고 있는 현상은 다른 분과학문들의 개념이나 지식을 통해서는 도저히 포착할 수 없다는 뜻이 된다. 지금까지 대학의 자율적인 분과학문들은 그 대상세계를 바로 그런 방식으로 밝히고 드러내는 데 성공한 경우이다. 그 각각은 <그림 1.1>의 차원적 존재의 한 축을 만들어 내려고 하였고, <그림 1.2>에서 <그림 1.3>의 현상을 부각시키는 작업의 과정을 거쳐서 그 대상세계의 총체적인 면모를 드러냈다. 그렇게 함으로써 <그림 1.4>의 경우처럼 여타의 세계와의 교차영역에서 그 고유한 맥락의 해석을 가능하게 하는 강력한 지원세력이 될 수 있었던 것이다.

우리가 이제까지 인식의 본위문제를 다루게 된 것은 다음 절의 주제를 더욱 분명하게 하기 위한 길잡이의 의미가 있다. 본장의 주제인 '교육의 자율성'은 교육이 그 본연의 양상을 보일 수 있게 하는 것이다. 그런데 그것은 그 교육의 전모가 인식의 수준에서 올바르게 밝혀질 것을 전제한다. 진정 우리의 삶에서 교육적 사실 혹은 교육현상은 위의 원칙이 적용되어 제대로 포착되어 왔는가? 이는 교육의 정상화와 교육학의 정상화를 연관시키는 매우 중요한 질문이 될 수 있다. 후자가 문제가 있다면, 전자가 제대로 부각될 수 없는 것이다. 진정 그 원칙이 교육학에서 정상적으로 지켜지고 있는가? 비정상적이라면 그 양태는 어떠한가? 그 문제를 어떻게 극복할 수 있는가? 이제부터 그 특수한 문제를 추궁해 보기로 하자.

1.1.2 교육과 그 본위의 선택

삶의 공간은 교육뿐만이 아니라 여타의 모든 세계들이 동시에 교차되는 영역이라는 점에 예외가 있을 수 없다. 우리는 앞에서 삶이 정치·경제·사회·문화·종교·교육 등과 같은 이질적인 세계로 구성되어 있음을 지적했다. 이들 사이의 차이는 부분이 아니라 전체라는 사실이 강조되었다. 그 가운데 우리의 관심은 교육이다. 교육을 말하기 위해서 가끔 교육 아닌 것을 말하고는 있지만, 이 경우 후자는 전자와의 대비를 통하여 교육의 전반적인 구조와 그 구조의 특징들을 풍부하게 드러내기 위하여 동원된 것으로서 의미를 지닐 뿐이다. 본서가 흔히 교육의 외부의 세계로서 대비하는 대상은 세속계(mundane worlds)와 수도계(transcendental worlds)이다. 전자는 정치, 경제, 사회를 통칭한 것이며, 후자는 문화와 종교 가운데 인간으로서 우리 자신의 위대성을 실현하고 입증하는 세계를 지칭한다. 그 가운데에는 진리를 추구하는 학문계, 선을 추구하는 도덕계, 그리고 미를 추구하는 예술계가 포함된다. 거기에는 그 진입의 수준을 구분하는 품위(transtalent)[6)]의 위계가 존재한다.

만약 교육이 그 세속계나 수도계와는 구분되는 세계의 하나라면, 교육을 본위로 하는 인식체제가 필요할 것이다. 그 요청에 부응하고자 한 것이 바로 교육본위론이다(장상호, 1991, 1994, 2005a, 2009). 그 논의를 위해 개략하면, 교육은 한 개인이 위치한 수도계의 품위를 소재로 위로는 상구교육(ascending education)을 추구하고, 아래로는 하화교육(descending education)을 추구하는 것으로 되어 있다. 상구교육은 그 주체가 소재로 택한 품위를 한 단계 더 올리는 과정이며, 하화교육은 그 주체가 그런 상구교육을 돕는 과정에 해당한다. 이들 각각은 그 나름의 내재율을 가지고 있으며, 또한 서로를 수단으로 협동교육(educooperation)[7)]이라는 세계를 이룬다.

이하의 논의에서는 편의상 이상의 세계구분을 활용하기로 한다.[8)] 우리의 삶은 세속계나 수도계, 또는 교육계 등과 같은 제반 특정한 세계가 교차하며, 그 영역은 그중 무엇을 본위로 삼느냐에 따라 매번 달리 규정될 뿐만 아니라 가치의 면에서 상이한 평가가 나올 수 있다. 가령 교육과 세

---

6) 이 개념은 대충 서양의 'arete' 혹은 동양의 '덕'에 호응하는 것으로 발전시킨 것이다. 흔히 "높은 경지에 도달했다"는 말을 하는데, 그 경지에 해당하는 것으로 이해해도 무방할 것이다. 그러나 그 정확한 의미를 알고자 하는 독자는 ≪학문과 교육(중권 I)≫(장상호, 2005a, pp. 462-503)을 참고하기 바란다.

7) 교육본위론이 제시하는 협동교육이란 상구교육과 하화교육이 서로 결합한 양상을 말한다. 이때 상구교육은 '매개상구교육'이라는 보다 특수한 말로 지칭하는 것이 옳다. 이와 대비되는 '독행상구교육'에 관한 것은 후속연구의 과제로 남겨놓고 있다.

8) 여기에서 사실과 개념의 불가분성이라는 문제에 봉착한다. 그러나 개념의 문제를 떠나서 사실의 문제가 논의되는 것이 불가능하다는 점을 인정하기 바란다. 여기에서 택한 교육에 관한 관점이 무엇인가 하는 점은 이미 ≪학문과 교육(중권 I)≫(장상호, 2005a)에서 충분히 논의했지만 후속하는 소절(1.1.6)에서 재론할 것이다. 이 가운데 후자만을 참고로 하는 독자는 논의의 순서가 거꾸로 되었다는 인상도 받을지 모르겠다.

속계의 하나인 경제가 교차하는 영역을 '경제+교육'으로 지칭하기로 하자. 그 영역이 그 상태 그대로 공존할 수 있다면, 언제든지 환영할 일이다. 그러나 교육과 경제의 공존이 불가능한 경우에 본위의 선택이 불가피하다. 그 영역 가운데 본위로 선택된 것이 내재적인 것으로 되고, 선택되지 못한 것이 외재적으로 된다. 만약 경제를 택하는 경우, 경제적인 사실이 내재변인이 되며, 교육은 경제를 둘러싼 외재변인으로 해석되는 것이다. 가치의 측면에서도 경제의 가치가 내재가치가 되며, 교육은 그 외재의 가치로 취급된다. 속말로 "돈을 벌기 위하여 교육한다"는 입장과 "교육을 하기 위하여 돈을 번다"는 두 입장 가운데 전자에 손을 들어주는 것이다.

이제 교육과 수도계의 하나인 과학과 교육이 교차하는 '과학+교육'의 상황을 생각해 보자. 이때 '교육'과 '과학'이 어떻게 조화를 유지하도록 하느냐 하는 것이 문제로 등장할 수 있으며, 이를 위해 가능하다면 양편의 공존이 바람직하다는 것은 말할 필요도 없다. 그러나 그것이 불가능할 경우, 만약 강조점이 '과학'에 주어진다면 그 영역은 '과학을 위한 교육'이 되는 것이고, 반대로 강조점이 '교육'에 주어진다면 그 영역은 '교육을 위한 과학'이 된다. 후자의 경우, 과학은 교육을 위한 하나의 수단에 불과한 것이기 때문에 경우에 따라 다른 소재, 예컨대 음악이나 바둑 등으로 대체되어도 상관이 없다. 그러나 그것은 어디까지나 교육을 본위로 하는 입장일 경우에 그러한 것이며, 만약 과학을 본위로 하는 경우에는 과학이 내재적 목표가 되며, 교육은 단지 그 목표를 달성하는 수단의 취급을 받게 된다.

반복되는 말이지만, 이런 본위의 선택에 대한 논의는 그 논의에 포함된 세계들의 자율성을 전제로 성립된다는 점을 강조하지 않을 수 없다. 그렇다면 각각의 세계가 그 나름의 자율성을 갖게 되는 경위가 무엇인지에 대한 의문점이 생긴다. 그 점은 그 자체로서 매우 흥미있는 주제지만 여기서 길게 다룰 성질의 것이 아니다. 다만 다음의 논의를 진전시키기 위해서 '기능적 자율화(functional autonomy)'라는 특수한 기제가 있는 점을 지적할 필요를 느낀다. 이 개념은 원래 올포트(Allport, 1961)가 인간의 성장을 연구하는 과정에서 인간의 동기가 고착된 것이 아니라 계속 변화한다는 사실을 드러내기 위하여 창안한 것이다. 한 개인이 생존을 도모하거나 특수한 상황에 적응하기 위하여 이에 필요한 활동을 그것이 제공하는 생존과 적응의 기능 때문에 수행하게 될 수 있다. 그러나 특정한 활동을 수행하게 된 기능적인 동기는 삶의 어느 단계에 이르게 되면 그 활동 자체의 추구를 위한 것으로 변모되면서 자율화될 수 있다는 것이 기능적 자율화라는 개념이 의미하는 것이다. 일부 특별한 정신적 장애가 있는 사람을 제외한 대부분의 건강한 사람은 애초에 그가 갖고 있었던 기능적 동기에 고착되기보다는 삶의 과정에서 기능 이상의 새로운 의미를 찾고 이를 추구하는 방향으로 성장하게 된다는 것이 올포트의 주장이다.

이 주장을 받아들인다면 어떠한 활동을 수행하는 동기나 목적을 애초의 기능적인 것에만 소급하여 한정하려는 것은 큰 잘못이다. 특정한 활동이나 세계는 처음에는 다른 무엇을 위한 수단으로서 생겨났지만, 차츰 그것이 지니고 있는 자체의 내재적 가치가 있음을 인정받게 되는 경우를 삶 속에서 흔하게 본다. 그 전형적인 사례의 하나로서 마라톤은 그 기원을 따진다면 전승(戰勝)을 알리는 하나의 수단에 불과하였다. 각종의 첨단 소통수단이 발달하여 소통이라는 기능의 차원에서는 더 이상 쓸모가 없어진 오늘날에도 마라톤은 그것의 고유한 가치가 부각되면서 올림픽의 꽃으로 인정받고 있다. 사람들은 처음에는 적을 무찌르기 위한 수단으로 칼싸움을 하다가 검도의 세계를 알게 되었을 것이다. 그런데 오늘날 검도는 적을 무찌른다는 기능적인 용도와는 무관하게 그것의 내재적인 가치를 추구하는 종사자들을 확보하고 있다. 이전에는 먹이를 얻고 돈을 벌기 위해서 사냥, 고기잡이, 활쏘기를 하였을 것으로 짐작이 되는데, 오늘날에는 수많은 사람들이 오히려 돈을 써가면서까지 그 활동에 몰입하고 있다. 처음에는 건강을 위하여 테니스를 시작한 사람이 테니스 자체의 묘미에 사로잡혀 그 후에는 오히려 건강에 해가 될 정도까지 테니스에 몰입하는 것을 볼 수 있다.

여기에서 다시 강조되어야 할 부분이 있다. 그것은 기능적인 자율화는 그 활동의 기능과 활동의 구조가 분리되는 것을 의미한다는 사실이다. 테니스의 경우를 예로 들어 보자. 어떤 사람이 건강 증진을 위하여 이 운동을 시작했다고 치자. 건강은 다른 활동을 통해서도 얼마든지 실현될 수 있기 때문에 건강 증진이라는 기능만을 가지고 테니스의 내재적 가치를 말하는 것은 부적합하다. 그 부분을 해소하는 것이 바로 다른 운동들이나 활동들, 예컨대, 수영이나 등산, 조깅과 구분되는 테니스만의 고유한 자율적인 구조이다. 그런 조건을 갖추었을 경우에만 테니스라는 활동을 통해서 경험할 수 있는 고유한 가치가 있다는 점을 인정할 수 있는 것이다. 테니스의 이러한 내재적 가치는 그 활동과 다른 활동을 통해서는 결코 실현될 수 없다. 내재적 가치는 이처럼 우리가 영위하는 삶의 고유한 양상을 전제하며, 그 해당 영역 자체를 발전시켜 나가는 핵심요소이다. 각각의 세계가 자율적인 구조의 조건을 갖추자마자 그 내재적 가치를 내세우는 것은 바로 이런 이유에서이다.

앞에서 교육의 자율성을 설명하기 위해서 기능적 자율화의 현상을 살폈는데, 이를 두고 두 가지 해석이 가능할 것이다. 그 하나는 그 활동들이 외재적인 것으로부터 차츰 내재적인 것으로 발전해 나갔다는 해석이다. 위의 설명은 그런 노선을 강조했다. 그러나 다른 해석도 가능하다. 그것은 원래 그 나름의 실재와 가치가 내재되어 있는 세계나 활동이지만 그것이 우리의 체험 안에서 인식되는 데 시간이 걸렸다는 해석이다. 두 가지 해석 가운데 전자의 것을 택하더라도 일단 자율적인 세계로서의 그 활동의 안과 밖이 구분되었다는 결과에 있어서 차이가 없다. 또한 특정한 사람의 몸에서 기능적으로 자율화된 그 활동은 적어도 그 해당 개인에게는 그 활동이 애초에 지니고 있던 기능과는 별개로 그 자체로서 추구된다고 보아야 한다.

하나의 자율적인 세계와 그것을 대상으로 삼아 연구하는 분과학문은 서로 구분되어야 할 것이다. 그러나 이들 사이에는 서로 불가분의 관계가 있다. 후자는 전자를 전제하고 있고, 그 전제를 이론적으로 충족시키려고 노력한다. 사실 우리가 앞에서 세속계의 하나로서 '경제계', 수도계의 하나로서 '과학계'의 예를 들었는데, 그 세계들의 독자적인 내재율은 이미 해당 분과학문들에서 밝혀진 사실이고, 일반인들도 이에 쉽게 동의하는 편이다. 목하 우리의 문제는 '교육계'가 그런 자율적인 세계의 하나로 들어갈 수 있는가 하는 점이다. 원칙상 우리가 영위하고 있는 삶 안에는 교육현상이 존재하고 있다는 것이 바로 교육학을 성립시키는 하나의 이론적 전제이다. 본장의 주제인 '교육의 자율성' 역시 그 이론적 전제가 충족되었다는 것을 전제한다. 그 개념적 전제를 충족시킨 교육은 그 활동 안에 파묻혀 몰입하는 고유한 흥취, 보람, 희열 등의 내재적 가치를 갖추고 있다는 것이다.

그러나 독자 가운데는 그 전제에 동의하지 않을 사람들도 있을 것이다. 그 이유는 교육 자체에서 비롯하는 것이 아니라 그것을 바라보는 관점의 부재나 왜곡에서 비롯한다. 일상의 삶에서 사실상 교육의 내재가치를 실현하고 있으면서도 통상 학교중심의 관례적 상황을 교육으로 생각하는 대부분의 사람들은 거의 공리적인 이유와 동기에서 교육을 한다고 생각할 것이다. 혹은 처음부터 그 공리적인 이유와 동기를 만족시키는 것이 교육이라는 닫힌 생각을 하고 있을 경우가 많다. 이처럼 교육과 그 관점의 괴리에 대한 것은 이하의 논의에서 다룰 주제이다. 그러나 그 이전에 교육이 하나의 자율적인 세계의 하나임을 인정하기 어려운 독자는 이상에서 설명한 기능적 자율화라는 개념을 유념하면서 지금부터는 교육이 외부 세계의 목적 달성을 위한 수단적 위치에 있다가 점차 그 자체로 향유하고 즐길 만한 가치가 있는 것으로 자율화되는 경로를 점검해 보는 것이 도움이 될 것이다.

스포츠에 참여하는 사람들의 목적이 하나일 수 없듯이 교육에 참여하는 목적도 하나일 수는 없다. 어떤 사람은 처음에는 세속계나 수도계의 목적을 달성하는 수단이라는 관점에서 교육에 접근했을 수 있다. 이 경우 가능하기만 하면 교육적 기능을 기계에 넘겨줄 수도 있다. 이는 마치 테니스 경기를 기계로 대행하게 하는 상황과 비슷하다. 이런 경우 교육의 기능은 사회화나 문화화와 구분되지 않으며, 그 효율의 면에서 후자가 전자보다 더 능률적인 것으로 평가될 수도 있다. 교육을 통하여 교육의 고유한 내재적 가치를 추구하게 되는 과정은 교육을 수단으로 행하는 과정 다음에 진행된다. 그 과정 가운데 첫 번째 단계는 교육이 점차 기능성을 지니는 것에서 벗어나 고유한 실체적 구조와 속성을 지니는 것으로 경험되기 시작하는 단계이다. 이를 통하여 비본질적인 것들이 배경으로 후퇴하고, 좀 더 본질적인 것들이 전면에 등장하면서 교육적 기능과 교육적 활동이 구분되기 시작한다. 그 다음으로 사람들은 세속적 기능이나 수도적 기능 등으로 환원될 수 없는 교육 활동 속에 내재된 고유한 가치를 체험하고, 그 속성에 점차 매료됨으로써 교육의 가치 자체를 추구하는 것을 목적으로 삼게 된다. 강조해 둘 부분은, 순수한 의미의 교육은 그처럼 교육을 자체로 애호하는 사람들에 의해서만 유지될 수 있다는 사실이다. 어떤 경로로 그러한 사람들이 출현하는가 하는 문제는 앞으로 많은 연구를 통해서 해명되어야 할 부분이다.

그 후속연구를 기대하면서 여기서는 우리에게 널리 알려진 역사상의 인물인 퇴계 이황을 예로 들어 그 과정을 가상적으로 기술해 보도록 하겠다. 이황(/1985)의 ≪도산십이곡(陶山十二曲)≫ 가운데 일부(제8곡, 9곡, 10곡, 12곡)에는 우리의 생활세계는 서로 혼동되어서는 안 될 다양한 종류의 세계들로 구성되어 있음을 전제하고 있다. 더 나아가 이황 스스로 수도계와 교육계에 충실했던 자신의 삶을 노래하고 있는 것이 드러나 있어 보인다. 우리는 그런 해석[9]의 맥락을 따라서 이제부터 이황이 자신의 삶 속에서 점차로 교육의 기능적 자율화를 이루어나가는 과정을 하나의 가상적인 시나리오 형식으로 간략하게 이해하는 순서를 밟아보자.

우리는 누구나 자신을 위해서 만든 세계에 태어나는 것이 아니라 불문곡직하고 그 속에서 살지 않으면 안 되는 세계 속에서 태어난다. 세속계는 그중의 하나로 그 세속에 적응하는 것이 삶에서 불가피하다. 이황도

9) 이 부분은 ≪학문과 교육(상권)≫(장상호, 1997)의 도입부(1.3.5)에서 더 자세하게 다루었다.

그 예외가 될 수 없었을 것이다. 젊은 시절 이황은 처세에 뜻을 두고 당시 그런 목적에 부응하는 학교체계의 과정을 거쳐서 등과에 이르게 된다. 그것을 발판으로 중앙에서 대사성, 대제학, 좌찬성 등의 벼슬을 누리고 지내는 동안 그는 세속이 무엇이며, 그것을 목적으로 하는 교육의 의미가 무엇인지에 대한 반성을 하게 된다.

권력, 재산, 지위는 그 자체로서 나쁘다고 할 수 없으나, 그것들을 얻고 유지하기 위해서는 온갖 계략이 필요하다. 이황은 권력을 잡기 위해서 강권과 위협이 이용되는 것을 주변에서 숱하게 목격했을 것이다. 장사에서 큰 이득을 보려면, 언제나 정직하게 살아갈 수만은 없다. 경우에 따라 타인을 기만하지 않으면 안 된다. 이런 세속적 삶에 적응하려면, 표리부동이 불가피한 수단으로 요청되기도 한다. 높은 지위의 사람 앞에서 마음에도 없는 아부를 하는 것을 보고, 자신도 여기에서 예외가 될 수 없음을 알고 심한 양심의 가책을 느꼈을지도 모른다. 이러한 갖가지 수단을 동원하여 힘들게 얻은 권력, 재산, 지위 등은 더구나 외적인 상황 변화에 따라 언제든지 박탈되거나 사라질 위험이 있는 것이다.

부귀영화의 획득 방법에만 부심하는 삶은 인간다운 인간이 되려는 목적을 소홀히 하고 손상시킨다. 세속에서는 마음의 왜곡과 번뇌를 초래하는 그릇된 행실에 해당하는 것임을 알면서도 그렇게 생활하지 않으면 안 되며, 잘못된 인습과 거짓된 실재를 따르지 않으면 안 되는 경우도 있다. 경제가 추구하는 특수한 가치가 단일가치로 등장하면 황금만능이라는 문제가 생겨난다. 의식주의 생활조건은 이전보다 상당히 개선되고 풍부하게 되었지만, 사람들의 마음속에 불만과 공허감이 싹튼다. 그러한 심적 상실감과 곤궁함에서 탈출할 수 있는 하나의 유망한 통로가 바로 수도계이다. 이황은 그런 자신의 과거 경험을 거울삼아 세속중심의 학교체제를 하나의 폐해로 규정하고, 도산서당(陶山書堂)이라는 사립학교를 설립하여 그 폐해를 극복하고자 하였다. 중앙에서 벼슬을 하면서도 과거에 대한 향수가 많아서 더러 낙향하여 수도에 전념한 경우도 많았다. 다음의 노래에서 그런 본위의 변화를 엿볼 수 있다.

당시(當時)에 녀ᄃᆞᆫ 길ᄒᆞᆯ 몃 ᄒᆡᄅᆞᆯ ᄇᆞ려 두고,
어듸 가 ᄃᆞ니다가 이제야 도라온고?
이제나 도라오나니 년 ᄃᆡ ᄆᆞᅀᆞᆷ 마로리. (제10곡)

이 노래는 이황이 수도계와 세속계의 가치를 함께 섬길 수 없는 이황의 입장이 잘 반영되어 있다. 이 노래 안에 자신이 걸어온 벼슬길이 '외도(外道)'에 해당하는 것으로 반성되고 있으며, 벼슬길을 목적으로 이루어지는 학교체제에 대한 적응도 역시 외도에 불과하다는 자각이 내포되어 있다. 한동안 세속계에 묻혀 지냈지만 그러한 삶의 양상이 올바른 선택이 못됨을 깨닫고, 전심전력을 다하여 다시 학문수행의 길을 걷고자 한다는 그의 의지를 읽을 수 있다. 이황은 그 점을 다시 다음과 같이 노래한다.

고인(古人)도 날 몯 보고 나도 고인 몯 뵈.
고인을 못 뵈도 녀던 길 알ᄑᆡ 잇ᄂᆡ,
녀던 길 알ᄑᆡ 잇거든 아니 녀고 엇뎔고. (제9곡)

수도계의 한 가지 특징은 세속계의 경우처럼 의무나 강제의 길이 아니라는 점이다. 의무나 강제가 아님에도 불구하고 선인들이 그러한 세계를 자발적으로 선택하여 추구한 데에는 분명 이유가 있을 것이다. 그 수도계의 내용이 무엇일까? 이황은 이런 호기심을 가지고 그 실재와 가치를 실감하려면 스스로 그 길에 들어서서 걸어가지 않으면 안 된다는 결심을 하기에 이른다. 그 수도계의 하나가 바로 성리학이다. 세속적 허위의식과 가면을 과감하게 벗어 던지고 그 길을 걸으면서 그는 눈앞에서 전개되는 점입가경을 경험한다.

수도계의 장점은 그 안에서 자신의 변화를 꾀함으로써 더 높은 세계에 접할 수 있다는 것이다. 흔히 누구나 다 같은 세상을 산다고 생각하기 쉽다. 그러나 그 생각은 옳지 않다. 우리 자신의 수양의 정도에 따라 세상은 전혀 다르게 경험되기 마련이다. 겉으로 같은 세상살이를 하고 있는 듯하지만, 그 경험의 내용에는 천양지차가 있다. 그것이 바로 품위라는 개념의

핵심이다. 다음의 노래는 그 새로운 깨달음을 읊고 있다.

뇌정(雷霆)이 파산(破山)ᄒᆞ야도 농자(聾者)ᄂᆞᆫ 몯 듣ᄂᆞ니
백일(白日)이 중천(中天)ᄒᆞ야도 고자(瞽者)ᄂᆞᆫ 몯 보ᄂᆞ니
우리는 이목총명(耳目聰明) 남자로 농고(聾瞽) ᄀᆞᆮ디 마로리. (제8곡)

단지 산다는 것이 문제가 아니라, 어느 수준의 품위에서 사느냐가 문제인 것이다. 수도계에서 세속계의 지위와 무관한 또 하나의 계급이 형성되며, 선진과 후진은 세상에 대한 전혀 다른 경험을 한다. 이황은 그 차이를 귀머거리, 눈먼 봉사, 그리고 보통사람의 경우와 대비한다. 그런 지위의 차이에 따른 경험은 우리 자신의 내면 상태에 근거하고 있는 것이기 때문에 세속적 지위와는 달리 외부의 일시적 요인에 의하여 박탈될 위험이 전혀 없다. 수도계에서는 이후의 품위가 이전의 품위를 무효화하는 가운데 종국에는 최정상의 품위가 모든 것을 제압한다. 이황도 한때 최정상의 품위에 오르는 것을 목적으로 삼아 정진해 보았다.

그러나 그 과정에서 그는 또 다른 깨달음에 이른다. 인생의 종말은 죽음이지만, 죽음을 위한 준비가 바로 인생의 목적이 될 수는 없다. 최고의 품위에 도달한 사람에게 모든 영광이 주어진다면, 그 최고의 품위에 이르지 못한 대다수는 실패자가 될 것이며, 그들이 수행해 온 교육은 무용지물이 되고 말 것이다. 누구나 완전에 도달하려고 하지만, 아직까지 완전에 도달해 본 사람은 없다. 우리 각자는 완전을 향하여 끝도 없이 이어져 있는 그 길의 어딘가에 위치해 있으며, 그에 상응하는 중간적인 품위를 지니고 있는 것이다. 인간은 누구나 불완전하며, 진정한 행복은 완전에 도달함에 있는 것이 아니라, 지금의 불완전한 지위를 벗어나는 매번의 과정을 사랑하는 것이다. 다음의 노래가 그 새로운 깨달음을 잘 함축하고 있다.

우부(愚夫)도 알며 ᄒᆞ거니 긔 아니 쉬운가?
성인(聖人)도 몯다 ᄒᆞ시니 긔 아니 어려운가?
쉽거나 어렵거낫 듕에 늙ᄂᆞᆫ 주를 몰래라. (제12곡)

≪노산십이곡≫의 종결에 해당하는 이 노래는 이전의 노래에서 나타난 내용과 크게 대비된다. 그중 놀라운 것은 품위에 대한 인식의 급격한 반전이다. 제8곡에서 품위의 차이는 귀머거리와 보통사람의 차이만큼이나 절대적이고 엄청나게 큰 것으로 부각되었지만, 지금 이 노래에서는 그 차이가 상대적인 것으로 완화되어 있다. 세상 사람들은 어느 하나의 잣대를 갖고 어리석은 사람과 현명한 사람을 구분한 뒤, 전자에게는 모든 것이 어렵고 후자에게는 모든 것이 쉬운 것인 양 생각한다. 이황이 보기에 이는 크게 잘못된 것이다. 알고 보면 성인들도 그들이 해결할 수 없는 많은 어려운 문제들을 갖고 있다. 또한 어리석다는 사람도, 알고 보면, 전적으로 어리석다고는 볼 수 없는 구석이 있다. 그들도 자기들 나름으로 아는 것을 지니고 있으며, 이를 토대로 세상에 쉽게 대처해 나간다. 이황은 삶 속에서 흔히 잊고 지내기 쉬운 이 사실을 지적하면서, 우리가 어느 품위를 점유하고 있든지 간에, 각자에게 인생은 나름대로 살 만한 홍취와 보람을 가질 수 있다는 아리송한 말을 남긴다.

이황이 여기에서 암시한 내용과 곡절은 과연 무엇일까? 그가 품위의 절대성을 부정하고 상대성을 인정함으로써 부각시키고자 한 나름대로의 홍취가 있는 삶이란 무엇이었을까? 이에 대한 직접적인 대답은 노래 자체에는 드러나 있지 않다. 그럼에도 불구하고 이에 대한 가장 그럴듯한 추측은 바로 우리가 앞으로 드러내려고 하는 교육 자체이다. 퇴계가 이 노래를 지을 당시 그는 자신이 그토록 추구해 왔던 성리학과는 구분되는 별도의 다른 세계가 실재하고 있음을 감지하고 있었음이 분명하다. 그것은 바로 그 성리학을 소재로 하는 교육이라고 하는 독자적인 세계이다. 그 자신 치열하게 공부했을 뿐만 아니라, 수많은 후진을 양성해 낸 관록을 토대로 이황은 독특한 교육의 세계, 교육이 제공하는 고유한 의미의 경험 등을 꿰뚫어볼 수 있었을 것이다.

교육의 소재와 교육 자체는 구분된다. 교육은 반드시 성리학을 소재로 할 필요가 없다. 이황의 비유를 그대로 적용한다면, 귀머거리의 귀가 열려 소리가 들리게 하고, 봉사가 눈을 떠서 세상을 바라보게 하는 기적을 만들어 내는 특별한 놀이의 세계가 바로 교육계이다. 그 놀이를 즐기면서 우리 스스로 한 단계 높은 세계로 진입하는 것이 바로 상구교육이고, 타인의 진입을 돕는 것이 바로 하화교육이다. 교육은 세속계의 지위 혹은 수도계의 지위와 상관없이 인간에게 주어진 원천적인 욕구와 결부되어 있다. ≪도산십이곡≫ 가운데 "쉽거나 어렵거낫 듕에 늙는 주를 몰래라"라는 마지막 노래의 마지막 구절은 교육은 모든 사람들에게 평등한 성공을 제공한다는 것을 강력히 시사한다. 이황은 그런 특별한 의미의 교육의 세계가 실재함을 확인했고, 그 실재 안에서 독특한 의미의 삶의 보람을 찾을 수 있었다.

이황의 삶을 '기능적 자율화'라는 도식에 맞추어 이야기로 꾸민 우리의 시나리오는 여기에서 끝난다. 그러나 그것이 주는 시사는 끝없는 여운을 남긴다. 유한한 인간에게 영원불멸과 종말론에 토대를 둔 인생은 허무하다. 우리의 삶에서 실수, 불행, 좌절, 사고, 혹은 그 어떤 부정적인 사건이라고 하더라도, 그것은 적어도 한 가지 이상의 긍정적인 측면을 가지고 있다. 오늘 옳은 것이 내일은 옳지 않으며, 어떤 사람에게 의미 있는 것이 다른 사람에게 무의미하다는 것이 허무주의의 이유라면, 교육은 이것을 방어할 준비가 되어 있다. 그것은 교육을 부정하는 것이 아니라, 오히려 교육을 전제하고 있다. 곰곰이 생각해 보면, 허무주의란 인생에서 불가피한 것이기는 하지만, 그러한 불가피한 인생을 살아가야 하는 인간에게 무엇인가 긍정적인 삶을 허용하는 측면도 분명히 지니고 있다. 그것은 무(無)와 공(空)에 대한 인간적인 성실성, 결과보다는 과정이 중요하다는 자각, 지금-여기에의 충실성 등이다. 이러한 삶의 측면을 포함하는 것이 바로 교육의 내재적 가치일 것이다.

만약 우리가 교육을 그 자체로서 깊이 이해하고자 한다면 바로 ≪도산십이곡≫ 가운데 마지막인 제12곡의 정신을 반영할 수 있어야 할 것이다. 이는 교육계가 품위의 위계를 떠나 그 나름의 고유한 구조를 가진 실재라는 지적에서 충분히 시사된다. 뿐만 아니라 교육은 그 유용성을 떠나서 그 자체로 애호될 수 있는 세계라는 점이 드러났다. 그 입장에 동조한다면, 그 교육의 내용이 구체적으로 무엇인지를 더욱 밝히고 그 범위 안에서 그 내재가치를 인정하는 교육관을 지녀야 할 것이다. 불행히도 오늘날의 현실은 인식의 측면에서 아직도 그 전제를 수락하는 수준에 접근하지 못하고 있는 것이 문제이다. 이제 그와 관련하여 두 가지 주제를 검토하고자 한다. 그 하나는 이른바 기능주의적 교육관이고, 다른 하나는 본위의 선택에 따른 교육의 왜곡과 은폐이다.

우리의 주변에서 가장 흔하게 접하는 교육관 중에는 교육을 여타의 세계를 위한 수단으로 규정하는 입장이 있다. 물론 이 세상의 어떤 것이든 목적과 수단의 가치를 지니고 있기 때문에 교육이라고 해서 그 예외를 인정할 수는 없다. 문제는 그 수단이 되는 교육이 진정 무엇이냐 하는 인식의 문제가 제기된다는 것이다. 그런데 그 인식의 문제를 해결하지 않고 단지 교육의 기능만을 내세워서 문제를 회피하는 개념규정이 있다. 이를 두고 우리는 '기능주의적 교육관'이라고 지칭하기로 하자. 놀라운 사실은 이제까지의 교육학이 대부분 이 기능주의적인 교육관을 유지해 왔다는 사실이다. 이 때문에 교육학에서 쓰이는 교육의 개념은 그 외연을 한정할 수 없는 잡다한 사실들을 통칭하는 것이거나 혹은 보다 정확한 다른 말로 대체할 수 있는 잉여개념에 불과하다. 그 관점은 그 교육의 실재 자체가 불명료하기 때문에 우리가 목하 관심을 가지고 있는 교육의 본위에 관한 논의에 참여할 수 없는 치명적인 결함을 지니고 있다.

교육본위론은 바로 그런 맹점을 보완하기 위해서 도입된 것이다. 교육의 내용을 세속계나 수도계와 별개의 것으로 규정하기에 이른 것이다. 그 경위는 다음 소절(1.1.6)에서 재론할 기회가 있기 때문에 여기에서는 이 정도로 넘어가되, 설사 그처럼 교육의 독자성을 인정한다고 하더라도 교육을 이해함에 있어서 흔히 범하게 되는 오류가 있으므로, 그 점을 잠시 지적해 두고자 한다. 그 오류는 바로 본위의 선택에 따라 교육이 다양한 양태를 띠고 있는 것과 관련되어 있다. 여기에서 '양태'라는 용어는 '양상'과 구분하기 위해서 일부러 선택된 것이다. 교육본위론은 교육이 삶의 고유한 양상이라는 것을 주장해 왔다. 그 양상이란 오로지 교육을 본위로 하는 관점을 반영한다. 그러나 만약 여타의 세계를 본위로 하는 경우 그 교육의 양상은 전혀 다른 방식으로 왜곡되거나 은폐된다. 그 경우 그 왜곡되거나 은폐된 양태를 보고 그것이 바로 교육이라는 생각을 하면 교육에 대한 정상적인 관점을 반영한 것이라고 볼 수 없다. 이런 오도된 교육관이 우리나라의 현실 속에서 가장 강력한 자장을 형성하고 있을 뿐만 아니라, 교육의 정상화를 위해서도 어떤 방식으로든 극복될 필요가 있다.

그 점을 더욱 명백하게 하기 위해서 이제부터 교육의 양태를 '세속을 본위로 하는 교육', '수도계를 본위로 하는 교육', 그리고 '교육을 본위로 하는 교육'이라는 세 가지로 분류하는 방식을 택할 것이다. 우리는 그것들을 각각 '외도교육', '공덕교육', '내재교육'이라는 용어로 약칭하고자 한다. 그 각각의 양태가 어떤 것인지를 이제부터 소절로 나누어 검토할 것이다. 이때 독자에게 필요한 태도는 그 각각의 소절에서 쓰이는 '교육'은 그 각각의 본위선택에서 비롯하는 의미를 따른다는 점이다. 검토하는 가운데 독자는 이런 논의가 앞에서 이황의 사례를 들어서 우리가 설명하려고 했던 교육의 기능적 자율화라는 주제와 상당히 유사한 것임을 발견할 수 있을 것이다. 이 사실은 이황의 사례가 우리의 삶에서 본위의 선택에 따른 교육의 다양한 양태일 수도 있다는 또 다른 해석을 가능하게 한다. 이 해석이 이전의 것과 다른 점은 교육은 원래부터 그 기능과는 상관이 없이 고유한 양상으로 존재했다는 것을 처음부터 인정하는 것이다.

이제 그 망각된 교육의 고유한 실재와 가치의 복권과 탈환이 절실한 시점에 와 있다. 교육은 그것이 가져오는 성과나 결과물을 위한 수단이라는 굴레에서 한 번 더 벗어날 필요가 있다. 교육에서 양육하고자 하는 인간은 교육의 최종적인 결과물에 해당하는 품위의 수도적 가치에만 얽매어 있지 않다. 교육에서는 결코 품위의 높낮이를 크게 문제삼지 않는다. 수도계상의 품위들은 발전의 이정표이며, 그 수준과는 독립하여 각각 교육의 놀이를 가능하게 하는 수단으로서의 가치를 얼마만큼은 모두 보유하고 있다. 이 점에서 교육적으로는 각각의 품위가 동등한 소재가치를 갖는다. 아무리 높은 품위를 갖추고 있는 경우라고 하더라도 우리가 지니고 있는 품위는 절대적인 것이 아니다. 어떠한 품위를 지니고 있든지 간에 항상 불완전할 수밖에 없는 속성을 지닌 우리 각자에게는 언제나 또 한 번의 상구교육을 수행할 수 있는 여지가 열려 있다. 또한 아무리 낮은 품위를 가진 사람이라고 하더라도 그에게 하화교육의 경험이 가능하다는 점을 간과해서는 안 된다. 주위를 살펴보면 그에게도 자신보다 더 많은 착오, 과실을 범하고 있는 후진이 있기 마련이며, 그러한 후진을 상대로 그는 훌륭한 하화의 경험을 할 수 있다. 더욱 중요한 것은 우리 각자가 수행하는 상구교육과 하화교육이 서로를 요청하면서 협동과 보충을 하고 있다는 점이다.

교육은 그것이 가져올 결과보다는 과정에 충실해야 한다. 내재교육은 인생의 어느 단계에서나 향유할 수 있는 삶의 고유한 무늬와 흥취를 내포하고 있다. 흔히 세상 사람들이 원하는 순경은 그 자체만으로는 인생을 오히려 지루하게 만들 수 있다. 그 순경에 처하게 될 때, 우리는 이를 하화교육의 소재로 삼아 교육적인 삶을 활기차게 영위할 수 있다. 우리가 역경을 자청할 필요는 없다. 그러나 일단 역경에 처하게 되는 경우, 우리는 이를 상구교육의 소재로 삼아 또 다른 인생의 역전을 모색할 수 있다. 내재교육의 욕구와 보람은 교육에 참여하면 할수록 감소되기보다는 오히려 강화되고 증대된다는 특징을 갖는다. 그 교육에 만족하면 할수록 더욱 많은 교육을 하고 싶어진다. 이 점에서 내재교육에는 휴면상태라는 것이 존재하지 않는다.

교육에 종사하는 동기 혹은 목표가 사람마다 혹은 집단마다 다양하다. 이는 결국 본위의 선택에 해당하는 문제이다. 어느 것이 옳다거나 그르다는 말을 할 수 없다. 그러나 그 선택에 따른 교육의 위치는 크게 달라진다. 외도교육의 경우는 교육의 합리성이 세속계적인 논리에 의해서 규정되며, 공덕교육은 그 합리성이 수도계의 논리에 의해서 규정된다. 이렇게 되면 교육은 단지 그것이 지닐 수 있는 외재적 가치들로 환원되어 교육의 바깥에 있는 여타의 세계들을 실현시키는 수단으로 규정되어 버린다. 외재교육은 교육이 수단으로서 달성해야 되는 목적이나 기능이 실현되면, 그 순간 교육을 종료해 버린다. 그러나 외재교육과는 달리 내재교육에서는 교육을 하는 동기나 목적이 바로 교육 자체에 있다고 보기 때문에 교육이 교육 아닌 다른 활동들을 통하여 대행될 수 없다고 본다. 내재교육은 그 목적이 달성되면 될수록 교육의 가치나 목적을 더욱 추구하게 된다는 대조적인 특징을 갖는다.

이런 논의에 대한 독자들의 반응은 다양할 것이다. 내재교육을 경험한 사람과 그것을 제대로 경험하지 못한 사람의 차이가 있을 수 있으며, 이로 인해 생기는 문제는 어떻게 그 개인의 차이를 해명하느냐 하는 것이다. 내재교육을 제대로 경험하지 못한 독자들에게는 내재교육이 단지 꿈이나 몽상에 불과할지도 모르지만, 그것을 자신의 삶 속에서 실현하고 있는 사람에게 내재교육은 엄연한 현실인 것이다. 안타까운 것은 이럴 때 자신의 제한된 경험과 지식을 토대로 엄연히 존재하는 내재교육과 그 내재적 가치를 부인하거나 포기하는 것이다. 그들에게 진정 어떤 방식의 설득이 가능할까? 그런 새로운 맥락에서 독자는 자신이 지금 가지고 있는 교육관이 그 가운데 어느 항목에 가장 가깝게 속하는지를 스스로 평가하기를 바란다. 왜냐하면 본절의 주제인 교육관의 정상화는 외재적 교육을 극복하고 내재적 교육을 가지고 있다는 전제하에 성립할 수 있기 때문이다. 그것이 정상적으로 이루어지지 않은 독자는 그 다음에 이루어지는 본서의 논의에서도 많은 혼란을 겪게 될 것이다.

1.1.3 외도교육의 양태

세속계는 삶의 기본적인 조건이다. 우리 모두는 원하든 원하지 않든 간에 세속계 안에 소속해 있다. 개인과 개인, 개인과 집단, 혹은 집단과 집단 사이의 세력의 배분은 불가피하며, 사회정의라는 명분도 결국 그 판도 안에서 실현될 수 있다. 세력의 경합에서 불리한 쪽으로 밀리면 상대로부터 강요와 지배를 감수해야 한다. 의 · 식 · 주라는 물질적 문제를 해결하는 경제생활 역시 삶에서 필수불가결하다. 헐벗고 굶주린 삶은 처참하다. 생존을 위해서는 누구나 그것을 극복하기 위한 노력을 해야 하며, 이 점에서 인간도 사물의 경우처럼 상품의 일종으로 생산, 교환, 소비라는 범주에서 취급되는 것을 피할 수 없다. 또한 삶에서 우리 각자는 집단에 소속하기 마련이며, 그 집단에는 마치 연극에서처럼 맡아야 할 사회적 역할과 규범이 있다. 그것에 따르지 않는 한, 사회 자체의 존속은 물론 그 안에서의 개인의 적응도 대단히 어렵게 된다.

앞에서 대략 정치, 경제, 사회의 현상을 세속계로 축약했지만, 사실상 그 각각은 모두 그 자체의 구조, 논리, 가치에 따라 진행되고 있으며, 그 가운데에서도 어떤 것을 본위로 삼아 살아갈 것인가 하는 것이 중요한 결정사항으로 대두되기 마련이다. 경제적 이익을 위해서 정치적 의리를 버릴 수도 있다. '경제를 위한 정치' 혹은 '정치를 위한 경제', 그 양자 가운데 어느 것을 선택해야만 하는 심각한 상황이 전개되기도 한다. 직업의 사회적 귀천을 따져서 경제적으로 성공한 경우는 드물다. 이 때문에 비록 자신의 직업이 사회적인 명예와 거리가 있다고 하더라도 재화를 얻기 위해서는 자신의 직업에 존엄성을 부여해야만 한다. 그러나 그 세속계 내부에서 진행되는 본위상의 갈등문제는 목하 우리의 직접적인 관심사는 아니다.

지금 당장 우리가 다루어야 할 주제는, 이러한 다종의 세속계를 삶의 중심에 놓게 되면, 교육을 포함하는 그 이외의 세계들은 어떻게 되느냐 하는 것이다. 앞서 살펴본 본위의 원리를 적용하면서 그 해답을 모색해 보자. 이런 경우 우리가 여태까지 세속계와 대비시켜 온 수도계는 삶의 비본질적이고 부차적인 양태의 위치에 놓이게 된다. 세속계적 삶에 적응이 어렵거나 그것에 큰 비중을 두고 살아가는 사람들에게는 수도계의 가치가 하나의 사치에 불과할 수도 있다. 원칙상 세속적인 것을 초탈하기 위해서 수도하는 것으로 알려지고 있지만, 이러한 입장에 놓이게 되면 수도가 세속적인 것을 추구하기 위한 수단으로 되고 만다. 이를테면 경제를 본위로 할 때, 수도계의 품위는 상품을 생산해 내는 산업자원의 하나로 간주된다. 만약 그 수단적 기능을 여타의 것으로 더 효율적으로 달성할 수 있다고 하면, 해당 수도계의 품위는 바로 그것들로 대치될 수도 있다. 현대 산업사회에서 노동자들이 이윤을 창출하기 위한 생산수단으로 전락하여 기계와 경쟁하는 가운데 기계 이상의 생활을 요구받거나 감수하고 있는 곡절도 따지고 보면 이러한 사정에서 기인하는 것이다.

세속적 가치는 구성원에게 공동체의 기능에 부합하는 생존가치에 해당한다. 특정한 정치체제를 유지하고, 경제적으로 안정된 생활을 보장하며, 사회적 통합을 기하기 위해서 기존의 것에 정당성을 부여하고 확신하는 태도가 필요하다. 정치권력은 가끔 학자들의 주장을 자신들의 정권을 유지하기 위한 수단으로 이용하려고 한다. 부당한 통치자는 그들의 부당한 실상이 사실대로 밝혀지는 것을 원하지 않는다. 상식을 거스르는 것은 학문의 특징이다. 양심적인 학자들은 무조건 믿고 따르기를 강요하는 억압적인 체제에 대하여 종종 의문을 제기한다. 이로 말미암아 인류역사는 학문과 세속 간의 수많은 갈등과 충돌로 점철되어 왔다. 학자들의 주장이 기존 권력의 정당성을 의문시하거나 이해관계의 재조정을 요구함으로써 정권에 위협적인 것이 될 때, 정치세력은 그들의 활동을 감시하고 검열하고 억압하고 금지하였다. 가끔 문학의 가치를 도덕적으로 재단함으로써 문학의 가치를 손상시키고 검열의 쇠사슬에 얽어매는 경우도 많았다. 이러한 상황에서 위대한 교육자가 젊은이들을 타락시킨 자로 매도되기도 하였다.

세속이 지배하는 상황에서는 다수가 점유한 낮은 수준의 품위가 소수가 점유한 높은 수준의 품위보다는 우세하다. 중론(衆論)은 그것의 질적인 수준보다는 그에 대한 다수의 동의에 더 큰 무게를 부여한다. 세속계적 가치는 일상의 기능에 근거한다. 실제로 세속에서 사람들이 복종하며 그에 맞도록 움직이고 있는 가치관의 많은 부분은 당시에 성행하고 있는 사회적 풍토와 아울러 일상생활의 경험에서 얻어지는 기호, 편견, 그리고 상식에 뿌리박고 있다. 학문적 저서나 예술작품도 경제적 이윤이나 수행상의 능률이라는 기준에 비추어 평가하는 일이 자연스럽게 진행된다. 경제세력은 물질의 보상을 미끼로 학자들이나 예술가를 이용하려고 든다. 유통이나 거래시세에 따라 경제활동의 방향과 내용을 바꾼다. 출판사의 예술사업가는 그러한 대중의 취향에 따라 책을 출판하거나 음악을 만들어 책이나 레코드의 판매량을 높이는 전략을 취할 수 있다.[10)]

세속을 본위로 삶을 영위하는 사람들은 전략상 겉으로는 수도계를 표방하면서도 속으로는 세속적 이익을 추구하는 경우가 흔하다. 출세, 연구비 지원, 승진을 위한 자격 획득 등을 겨냥하는 학문이 그 예가 될 것이다. 최근에 브로드와 웨이드(Broad & Wade, 1983)는 세상에 널리 알려진 과학자들이 학문의 내재적인 가치보다는 개인적인 야심, 경제적인 이득, 사회적인 명예 등 세속적인 목적을 실현하기 위하여, 혹은 자신들의 직업적인 지위를 지속하고 유지하기 위하여 진리의 탐구와는 가장 거리가 먼 속임수를 저질러 왔음을 폭로하여 세인들을 놀라게 한 바 있다. 그들은 명예와 동료들의 존경을 획득하고자 하는 갈망에 사로잡혀 데이터를 날조하거나 취사선택하고, 실험결과를 조작하며, 타인의 논문을 표절하고 도용하는 짓을 저지른 것으로 밝혀졌다.[11)]

삶의 본위의 차이에 대한 배려가 이런 비리를 해명하는 데 도움이 된다. 만약 사회적 인정이 학문을 하는 이유라면, 남에게 인정받을 만한 것이 '좋은 자료'이고 그 나머지는 무시될 것이다. 연구결과를 발표하는 것이 자신의 신분상에 위협이 되리라는 계산이 선다면 침묵할 것이다. 만약 연구 지원금을 획득하기 위한 것이라면, 그 연구는 경제적 이득이라는 저울에 의해서 가늠될 것이다. 수입에 도움이 되지 않는 학문적 실천은 2차적이거나 쓸모없는 것으로 판정될 것이다. 이처럼 전자가 후자보다 앞서

---

10) 특정한 음악작품의 예술성을 그것이 판매된 양에 따라 판단하는 미국식 방식에 문제를 제기하는 사람도 있지만, 그것도 알고 보면 삶의 본위 차이에서 비롯되는 것이다.

11) 예컨대, 시릴 버어트(Cyril Burt)의 일란성 쌍생아 연구는 심리학 개론에서 항상 인용된다. 그러나 그의 연구결과는 날조되었음이 후에 밝혀져서 세상 사람들을 놀라게 한 적도 있다. 지능에 대한 유전의 영향을 강조한 그의 연구는 학계는 물론 영국에서 학교의 제도에까지 영향을 끼쳤다. 그러나 그는 그의 명망을 지키기 위해, 또한 비판자에게 반론을 가하기 위해 사실 무근의 데이터를 날조하는 치명적인 잘못을 저질렀다. 그 자료는 당분간 그의 높은 학식을 치장할 수는 있었을지언정 결국 그에게 사기꾼이라는 오명을 남기게 되었다.

는 경우는 늘 학문에 위협이 된다. 그 위협은 예술의 경우에도 마찬가지다. 정치적 · 경제적 · 사회적 문제와의 연관성을 따져서 문학작품을 평가하는 것은 예술을 도구화하는 것으로서 예술 자체의 고유한 가치를 왜곡시킨다. 가끔 '이데올로기에 부합하는 학문', '사회주의의 실현을 위한 예술', '국법을 지키는 도덕'이 표방된다. 여기에는 항상 앞서의 위험요소가 잠재되어 있다고 보는 것이 좋을 것이다. 학문, 예술, 도덕은 그 나름의 내재적 가치를 가지고 있지만, 본위의 면에서 세속적 가치가 이들보다 우선시될 때 그 위험은 현실화된다.

이익을 구하려는 마음을 좇으면 도(道)를 등지게 된다. 세속적으로 성공하는 책이나 작품에 큰 가치를 부여하는 풍조는 그들이 가진 수도적 가치에 커다란 손상을 끼친다. 대중적 지지는 수도계적 가치규정이나 수도계적인 증거와는 무관하다. 문화적 가치가 높은 작품을 생산하는 것과 잘 팔리는 상품을 생산한다는 것은 전혀 별개의 일이다. 이 때문에 학문과 예술에 있어서 당대의 권력과 결탁하거나, 대중적 상업성 및 명예를 앞세우는 경우, 그것은 결국 대중에게 아부하는 꼴이 되어 그 본질에서 이탈하게 된다. 품위의 추구는 지위, 권력, 금전과 상관이 없다. 명예가 수도계의 품위와 가장 가까운 상관이 있지만, 명예를 목적으로 추구하는 품위는 이미 그 참다운 본성을 잃고 만다. 만약 권력, 물질적 보상, 혹은 사회적인 명망을 얻기 위한 수단으로서 수도계 품위의 가치를 따진다면, 그것은 효과적인 아부, 부정한 돈, 혹은 많은 박수의 값만도 못할 수가 있다.

이러한 경우 학문, 예술, 도덕은, 뒤에 내재교육과 관련하여 더 자세하게 언급하겠지만, 교육 소재로서의 가치조차도 상실한다. 자신에게 정말로 소중한 것으로서의 품위와 다른 사람의 인정을 받으려는 품위 사이에는 커다란 차이가 있다. 전자가 배제된 후자의 경우, 그것은 품위의 범주에 들 수 없는 것이다. 정치세력은 기존 체제를 수락하고 강화시키는 한계 안에서, 경제세력은 물질적 보상을 받기 위한 범위 안에서, 그리고 사회체제는 기존의 사회적 계층을 재생산하는 범위 안에서 교육의 목적을 제한할 것이다.

앞에서 주로 세속본위와 수도게 본위의 차이가 무엇인지를 대조하였다. 이제 좀 더 직접적으로 세속계와 교육계 간의 본위의 차이에 주목해 보기로 하자. 잘 팔리는 유형의 인간을 양성한다는 것과 훌륭한 인간이 잘 팔린다는 것은 그 선후에 있어서 근본적인 차이가 있다. 만약 전자의 경우라면 경제적 가치의 창출에 도움이 되지 못하는 교육은 무가치한 것으로 판단될 것이다. 아무리 훌륭한 품위라고 하더라도 그것이 강요나 외부의 유인책으로 나타나면 그 원래의 가치를 잃고 만다. 국가정책의 차원에서 표방되는 '경제발전을 위한 교육'은 교육을 경제에 부속시키는 운동으로 해석되어야 한다. 그런 맥락에서 경제발전을 위해서는 경쟁과 물질적 보상이라는 유인체제, 더 나아가 다소의 강요도 필요하다는 주장이 설득력을 갖게 되고, 그렇게 되면 교육은 결국 세속의 한 수단으로 환원되는 코스를 밟게 된다. 경제발전을 위한 교육의 논리는 정치체제의 유지를 위한 '이데올로기 교육', 돈벌이를 위한 '학원교육', 출세를 위한 '입시위주교육'의 그것과 기본적으로 같은 맥락 안에 있다. 이 공통성에 주목하게 된다면, '학교교육'을 강력히 권장하면서 '학원교육'은 용인하지 않는 조처는 앞뒤가 맞지 않는 것일 수 있다.

세상 사람들이 말하는 이른바 '교육의 근본문제'는 바로 이런 본위의 차이라는 관점에서 파악해야 하며, 따라서 그 본위의 선택에 있어서 우리의 태도를 분명하게 할 필요가 있다. 세속적 삶을 영위하는 데에는 타인을 자신의 이익에 맞도록 통제하고, 견제하며, 조작하는 생활양식을 외면할 수 없다. 그 참여자에게 제공할 수 있는 권력, 부, 사회적 지위는 제한되어 있기 때문에 그 배분과 관련하여 경쟁의 원리가 적용된다. 여기에서 실수와 과실은 결정적인 약점으로 작용한다. 허점의 노출은 공격을 불러일으켜 파멸을 자초한다. 이 때문에 가능한 한 우리들은 자신의 과오나 무능을 감추려고 한다. 품위의 가치는 일의 중요성과 비례한다. 여기서 가끔 익명의 공연과 효과적 기능의 구분이 어려워지는 경우가 많기 때문에 어쩔 수 없이 내면의 일부를 감추고 모방, 표절, 인상관리, 체면치레, 은폐, 위장, 기만, 역할의 가면 등의 껍질을 쓰는 것이 매우 효과적인 책략이 될 수 있다. 오직 그 세속계적 효과만을 생각한다면 품위 자체를 획득하는 것보다는 품위의 외적인 특성을 흉내내는 편이 훨씬 능률적인 것이 된다. 말로 아는 체 하는 것이 아는 것을 표현하지 않는 것보다 더 좋은 결과를 가져올 수 있다.

수도를 표방하면서 세속적 이익을 추구하려고 하거나, 혹은 교육을 표방하면서 세속적 목적을 달성하려고 하면 불가피하게 그 형식과 내용 간의 괴리가 발생한다. 교육에서는 품위의 증득과 품위의 지득은 엄격하게 구분한다. 예컨대, 뉴턴의 물리학적 지식을 증득하는 것과 단지 그것의 결과만을 모방하여 암기하는 것, 혹은 마음씨가 정직한 것과 밖으로만 정직한 체 하는 것은 실재의 생활과 연극 간의 차이가 있는 것이다. 하나는 긴 수련의 과정에서 얻어서 감식하는 것임에 비해서 다른 하나는 잠시의 노력으로 가능하지만 그 감식과는 거리가 멀다. 잠시 동안의 연극을 통하여 외부의 인정과 효과만을 얻으려 하는 것이라면, 굳이 애써서 품위를 증득하기보다는 그것을 언어적으로 모방하는 편이 훨씬 간편할 것이다. 품위를 자신의 것으로 체득하려면 수십 년이 걸리지만, 말이나 외관으로 그것을 꾸미는 일은 사나흘이면 족하다.

이러한 계산을 철저하게 반영한 사례가 바로 오늘날 '입시위주교육'이라고 할 수 있다. 원래 품위는 외적 보상을 요구하지 않는다. 이 때문에 교육에서는 품위의 형성과 관련하여 조건화를 경계한다. 이미 알려진 품위를 마음속에 담도록 상벌(시험과 점수, 진급과 낙제, 우등상)로 유인하는 것은 잘못으로 규정한다. 왜냐하면 그것의 가치는 바로 그 내부에 존재하기 때문이다. 그런데 세속본위의 교육은 바로 그러한 보상을 앞세운다. 세속적 출세를 위해서는 높은 학력이 필요하고, 그 학력의 우열을 판가름하는 것은 바로 '학업성적'이다. 시험점수는 출제 경향 및 정답이나 오답에 대한 규정과 직접적인 관계가 있다. 교과서 안에 있는 내용이 정답으로 간주되고, 객관식으로 시험이 출제된다고 하면, 그 전략에 맞추어 '공부'를 하면 된다. 그 얼마나 효율적인 방법인가!

그러나 이러한 분석을 통해서 분명해지는 것은 그러한 의미의 '공부'라는 것은 우리가 이제까지 논의한 교육과는 동떨어져 있다는 점이다. 우리나라에서 흔히 말하는 '교육열'은 본서에서 말하는 '교육의 열정'보다는 '출세를 위한 탐욕'에 더 가깝다(김소희, 2004; 박남기, 2000; 이종각·김기수, 2003). 구체적으로 말하면, 자녀가 꾸준하게 성장하는 것보다는 얼른 고양이의 흉내라도 보여서 성과를 얻었으면 하는 욕심이 앞서 있다. 만약 이 지탄받아 마땅한 의도에 동의하지 않으면서도 여전히 경쟁의 대열에 앞장서고 있는 학부모가 있다면, 그러한 교육을 '외도교육의 양태'로 이해할 필요가 있다. 오직 입시 경쟁에서의 성공을 목적으로 하는 허다한 관심과 실천이 가져온 병폐는 교육의 부재이며, 이어서 수도계와 세속계의 부진으로도 연결된다. 이 때문에 학교체제가 세속적인 경쟁에 앞장서면서도 다른 한편으로는 '교육의 정상화'를 표방하고 있는 실태는 실제로 학교체제가 하고 있는 일과는 서로 모순된 발언을 하고 있는 것으로 보아야 한다. 그들의 보다 솔직한 모습은 삶에서 "자녀의 교육을 희생시키면서까지 세속의 출세를 이루고야 말겠다"는 세속본위의 선택이다.

우리에게는 목하 진행되고 있는 실태를 좀 더 있는 그대로 정확하게 이해하려고 하는 태도가 필요하다. 이 말이 무슨 뜻이냐 하면, 사실상 교육을 세속적 삶을 위한 수단으로 삼고 있으면서도, 그에 따른 당연한 사태를 잘못된 것으로 규정하는 이중의 태도를 버리라는 것이다. 세속적 성공은 삶에서 매우 중요한 위치를 차지한다. 그것을 본위로 하는 삶을 수치스럽게 생각할 필요는 없다. 물론 수도나 교육 모두가 그 나름의 가치를 가지고 있고, 그것에 충분한 의미를 부여하지 못하는 것은 아쉬움으로 남을 수 있다. 그러나 세속계는 그 자체의 원활한 보존을 위해서 구성원에게 이미 규정된 일률적인 행동의 유형을 갖도록 요구한다. 이때 그 행동 유형은 자유로운 선택의 항목이 아니라 생존을 위한 의무사항이 되는 것이다. 그 시대정신의 전제를 의문시하기보다는 그 전제를 당연한 것으로 받아들이는 과정이 필요하다. 주어진 사회적 맥락에서 효과적인 활동을 수행하는 성인이 되도록 아동들을 조형하는 것이 절대적으로 요청되는 상황에서 내재교육은 너무도 사치스러워 보인다. 품위를 얻기보다는 우선 그것을 흉내내는 것이 중시된다. 그러나 세속계의 효과를 위해서 품위를 단지 모방하고 암기하는 경쟁에 휘말리는 것도 어쩌면 낭비에 해당하는 것일지도 모른다.

만약 세속을 본위로 하는 삶이 목적인 사람이 있다면 앞서의 충고보다 더 좋은 것이 있다. 재물을 얻으려는 사람에게는 수도나 교육이 별다른 의미가 없다. 또한 그에게 있어서 수도나 교육이 반드시 세속의 목적을 실현하는 데에 효과적인 수단이 되는 것도 아니다. 도덕적 가책이 재물을 얻는 데 가끔은 장애가 될 수도 있다. 수도계에서의 자기·수양을 위하여 시간과 노력을 집중하다 보면, 세속계적인 목표, 즉 부귀영화에 대한 꿈은 오히려 멀어질 수도 있다. 따라서 세속계적 혹은 수도계적 효과를 빨리 얻으려고 하는 사람은 교육을 중도에 그만두기 쉽다.[12] 그것을 탓할 필요는 없다. 왜냐하면 그런 효과를 얻는 수단은 교육 이외에도 너무나 많기 때문이다. 세속적인 출세의 경우 수십 년의 수련보다는 한마디의 아부가 더 효과를 발휘하고 있지 않은가! 경제적인 관점에서 보더라도 정밀하고 정확한 기능을 자랑하는 기계를 이용하는 것이 서투른 인간에게 투자하는 것보다 더 효과적인 경우가 많다. 만약 부와 권세의 유지와 사회적인 자랑이 필요하다면 그것에 대한 대책도 있다. 그것은 세속적 지위를 이용하여 그런 능력을 갖춘 사람을 고용하여 자신의 세속적인 부와 권세 등의 획득에 활용하면 그만이다.[13]

마지막으로, 세속을 본위로 하는 세상 사람들에게 내재교육이 진정 효과적인 수단이 될 수 있는가 하는 근본적인 의문을 던질 필요가 있다. 그

---

12) 우리 사회에서 교수라는 신분이 주어지거나 혹은 학위를 인정받자마자, 연구를 포기하거나 그것을 발판으로 다른 세속적 야심을 충족시킬 더 중요한 기회를 추구하는 것은 바로 학문에 대한 그들의 내재적 동기가 처음부터 없는 상태에서 그들에게 사회적 보상과 존경이 주어지기 때문이다.

13) 옛날 귀족들은 그들의 부와 권세를 과시하기 위해서 악사들을 고용했다. 우리나라에 처음 서양의 테니스가 소개될 때 그것을 지켜 본 당대의 양반이 그것을 고역으로 규정하고 자신의 종에게 시켰다는 풍문도 있다. 지금도 경제인들은 그들의 경제활동에 필요한 이 모든 면의 능력을 갖추기보다는 그 능력을 가진 사람을 고용하는 방식을 택하고 있다.

것은 주장될 일이 아니라 검증되어야 할 가설이다. 그러니 품위를 모방히는 것은 내재교육보다는 외도교육 혹은 여타의 인간의 행동변화 혹은 행동조형의 방식, 혹은 사회화의 과정이 효과적일 수도 있다는 점도 솔직하게 인정하자. 교육의 내재율을 충실히 따를 것을 요구하는 교육과 비교하면, 사회화의 정책은 개인의 동의를 구함이 없이 일률적으로 실행될 수 있으며, 최소한 그 어떤 주어진 표준에 일치하는 인간을 산출하는 결과상의 보장을 담보하고 있기 때문이다. 다만 더 적절한 이론이나 용어를 써서 지칭할 수 있는 그런 제반 실천을 굳이 교육으로 중복해서 지칭할 필요가 있는가 하는 것이다.

1.1.4 공덕교육의 양태

세속적 삶에서 얼마만큼 성공한 사람들도 그들의 삶이 무의미하게 느껴지는 주된 원인은 그 의미의 차원이 단조롭고 천박하며 깊이가 없기 때문이다. 물질적 부와 삶의 질은 반드시 병행하는 것이 아니다. 자신이 올바로 사용할 수 있는 것 이상의 금전을 가지고 있는 사람은 오히려 불행할 수가 있다. 물질에 대한 어느 정도의 추구는 필요한 것이지만, 그것이 삶의 도구라는 차원을 넘어서 목적으로 변하면 문제가 야기된다. 노동을 통하여 자아의 실현이 이루어진다는 주장이 있기는 하지만, 자칫하면 개인이 생산의 도구로 동원되어 노동과 생산의 주체가 아닌 단순한 객체로 전락되기도 한다. 황금이 덕행을 멸시하고 억누르는 사회는 건전하다고 볼 수가 없다. 마음이 풍요롭지 못하면 재물은 누추한 것에 불과하다. 많이 가진 자가 아니라 가장 적게 탐내는 사람이 부유한 법이다. 훌륭한 삶이란 생산 과정의 노예화나 이를 통하여 발생하는 자기소외로부터 인간이 해방되는 것을 의미한다. 이러한 주장에 대하여 공감하는 독자는 우리의 삶이 황금만능이라는 단일가치에 구속될 수 없다는 생각을 하고 있는 셈이다.

권력, 부, 명예와 같은 세속적 욕구를 만족시키는 원천은 우리의 바깥에 존재하며, 이에 의존하는 사람은 그 원천을 상실할 경우에 다시 벌거숭이 상태의 원점으로 되돌아가고 만다. 이렇듯 외부의 조건에 의해서 좌우되는 세속의 삶이나 그러한 삶에의 일치와 적응을 도모하는 사회화 등으로 인하여 억압되거나 질식될지도 모르는 우리 자신의 인간성을 보살피면서 그것의 완성을 겨냥하는 것이 수도하는 삶이다. 수도계의 품위는 세속의 지위와는 달리 우리 자신의 실존적 양상으로서 우리 바깥에 있는 누군가가 자유자재로 주거나 빼앗을 수 있는 것이 아니다. 권력을 행사하여 품위를 강요할 수는 있지만, 마음 자체를 변화시킬 수는 없다. 금전으로 전문인들을 고용할 수는 있지만, 품위를 직접 자신의 것으로 살 수는 없다. 세파에 시달리거나 세속적인 삶에서 곤궁함을 느끼는 사람들이 수도계에 대하여 더 없는 매력을 느끼는 것도 이러한 이유 때문이다. 진실은 세속의 삶에 의해서 가려지고 파묻혀 있다. 이러한 상태를 그대로 두고 사는 것에서 부족함을 느끼는 사람은 수도의 길을 걷게 되며, 이를 통하여 외부세계의 제약으로부터의 자유로움, 마음속의 밝음을 얻고 말할 수 없는 희열을 맛보는 것이다.

수도계의 내재적 목표는 높은 수준의 품위에 도달하는 것이다. 품위를 마음속에 간직하려는 열정과 아마추어 정신만이 수도계를 순수한 것으로 만든다. 품위는 세속의 지위와는 별다른 상관이 없다. 품위를 내재적인 수준에서 가치 있게 느낀다는 것은 그것의 가치를 다른 여타의 가치나 외적인 보상에서 구하지 않는다는 것을 의미한다. 품위는 개인적인 안녕, 사회적인 인정, 물질적인 보상 등과는 질적으로 다르다. 예술작품과 공업제품의 결정적인 차이는 전자가 직접적인 의미로 다가서면서 곧바로 만족감을 주는 데 반하여, 후자는 다른 만족을 추구하기 위한 도구라는 점이다. 품위는 그것을 추구하는 다른 이유나 근거를 따질 수 없이 소중한 것이다. 깨우침 자체가 다른 모든 보상들보다 소중하고 값진 것이다. 이 때문에 어떠한 경우에는 그것을 얻기 위해서 세속적인 보상이나 명성조차도 기꺼이 버리게 된다.

품위의 가치는 높고 귀함에 있다. 품위는 상하의 차별이 분명하며, 이들 사이에는 동등한 지위나 권리가 인정되지 않는다. 이는 흔히 평등의 원리가 적용되는 세속과는 근본적으로 구분되는 특징이다. 수도계 전체로 볼 때 높은 품위는 그 이하의 수천수만의 품위들보다 더 가치가 있는 것으로 간주되며, 그 질서가 교란되면 수도계 가치의 추구 자체가 의미가 없을 것이다. 한 수준의 높은 품위가 그 이하의 품위를 전체적으로 무효화시킬 정도로 권위를 행사해야만 그 세계를 추구하는 목적이 더욱 선명하게 나타난다. 한 개인의 입장에서도 그가 획득한 현품은 그 이하의 품위를 무효화시키고 지배한다. 품위는 수도계적인 입장에서 볼 때 가변식 계난이자 목표로 볼 수 있다. 이전 단계의 품위를 더 높은 단계의 품위로 오르기 위한 사다리로 삼고, 한 단계 더 높은 품위가 획득되면 그 기준에 의해서 이전의 것은 폐기되는 것이다.

수도계에서 품위의 대표성은 언제나 선진에게 주어진다. 소수의 선진들에게 그들의 품위를 발표할 기회가 주어지며, 품위의 경합에서 승리한 사람들에게 모든 영광이 돌아간다. 인류 역사 속에는 온갖 선진의 발자취가 남아 있을 수 있지만, 당대의 수도공동체에서 최첨단의 것들만이 소중한 기록으로 남겨진다. 오늘날 학문에서의 영예는 독창성, 즉 어떤 것을 최초로 발견한 사람에게만 주어지며, 나머지 사람들에게 그 영예는 거의 주어지지 않는다. 품위의 가치는 그것을 획득하기가 쉬울수록 낮아지기 마련이다. 올림픽 경기에서 수백 개의 은메달이 금메달 하나의 가치만도 못한 것으로 평가되는 방법도 이런 이유에서 비롯된다. 수도의 목적을 이처럼 최고 품위의 획득에 둔다면, 그 이전의 상태는 단지 최고 품위의 획득을 위한 준비로서만 의미를 갖게 된다. 그 최종목표에 도달하지 못하는 사람은 중간탈락자로 평가받는다. 최정상은 소수만이 오를 수 있는 가파른 길이며, 치열한 경쟁을 통해서만 도달할 수 있다. 이 점에서 수도계의 역사는 소수의 성공과 다수의 실패가 반복되는 역사라고도 말할 수 있다.

인간의 제반 역량이 분출해서 뻗어나가는 방향이 다양한 것만큼 수도계의 종류도 다양하다. 인식의 문제, 심미의 문제, 윤리의 문제는 각각 학문, 예술, 도덕이라는 이질적인 세계의 성격과 목적에 맞도록 해결되어야 한다. 진리가치는 사실을 사실대로 밝히기를 요구하고, 도덕의 가치는 우리의 삶에서 윤리가 바로서기를 요구한다. 서로 다른 수도계 간의 위계를 따지거나, 그 가운데 어느 하나가 다른 것들을 지배한다고 보는 것은 범주착오에 해당한다. 학문적 지식을 도덕적 교화를 제공한다는 이유에서 좋아하는 사람은 도덕적 태도와 학문적 태도를 혼동하고 있는 셈이다. 학문적 태도는 그가 어떤 지식을 도덕적 근거에서 칭찬하거나 비난하는 경우와는 무관하게 여전히 견지될 수 있다. 삶은 가치의 공립을 어렵게 만들기도 한다. 가령 사실이 밝혀지는 경우에 도덕의 문제가 교란을 받는다면 어떻게 해야 되는가? 이러한 경우 진리 가치와 도덕의 가치 가운데 어느 것을 더 우선시할 것이냐라는 본위의 선택이 문제로 등장한다. 한 개인이 그 가운데 어느 것을 더 선호하느냐에 따라 그에게 있어서 본질적인 세계와 비본질적인 세계의 경계가 나뉘게 된다. 우리의 논의에서는 각종의 수도계들 간에 존재하는 세부적인 본위의 차이보다는 그 공통점에 초점을 맞추고자 한다.

목하 우리의 관심은 다양한 수도계들 가운데 어느 것을 본위로 삼아야 되느냐가 아니라, 특정한 수도계 혹은 수도계 전체를 통틀어 본위로 할 때 맥락상 세속계와 교육계는 어떠한 양태를 보이느냐 하는 것이다. 순서상 먼저 세속과의 대비를 생각해 보자. 앞 소절에서도 밝혔듯이, 세속을 본위로 할 때 수도는 세속에 종속하는 세계로 여겨진다. 수도계를 권력, 부귀, 명예를 얻기 위한 수단으로서 영위한다면, 그 수도계의 내용은 세속의 것으로 환원되어 그것들이 지켜야 할 애초의 양상과는 거리가 먼 것으로 왜곡되어 버린다. 가령, 어떤 학자가 정치적 권력, 경제적인 이익, 사회적인 지위, 재정적인 안정이라는 목표에 기초하여 그의 삶을 영위한다 하자. 그때 그 학자는 진리보다는 허위 혹은 말만으로 남의 인정을 받으려고 들 수도 있으며, 그렇게 되면 학문이라는 수도계는 그 순수한 양상을 상실하고 헛된 방향으로 내몰리게 될 것이다.

수도하는 동기는 수도계 밖에서 삶을 영위하는 사람들이 생각하는 것과는 다르다. 그들은 재물뿐만 아니라 명예나 이익, 지위 등에 대한 집착에서도 벗어나 사유인이 되고자 하는 것이다. 그들은 개인적인 안녕(安寧)이나 물질적 보상 등에는 개의치 않으며, 수도적 가치를 추구하고 그에 헌신하는 데서 삶의 보람과 자부심을 갖는다. 다른 한편으로, 그들은 수도하는 삶을 제대로 영위하고 그 깊이의 추구에 몰두하는 즐거움에 동참하지 못하는 사람들을 가엾게 여긴다. 이러한 특수한 동기와 가치관을 가지고 있기 때문에 그들은 대중적인 기대나 존경을 초월해서 수도계에 참여하며, 그 발전에 매진할 수 있다. 스스로 훌륭한 사람이 되고 난 다음에 사회적 대가나 인정을 받는 것은 정상적인 순서지만, 사회적 인정을 받기 위해서 훌륭한 사람이 된다는 것은 가치전도에 해당한다.

통속적 지혜와 품위는 다르기 때문에 수도자는 세속계적인 불리함에서 자유롭거나 혹은 그것을 극복할 수 있어야 한다. 진정한 의미의 수도하는 정신은, 설사 우리가 세속 속에서 살아가야 한다고 하더라도, 세속의 일에 구애되지 않을 때 그 진가를 드러낸다. 부귀공명을 추구하느라 정신이 없으면서도 마음이 깨끗해지기를 바라는 것은 마치 깨끗한 거울을 보려고 하면서 먼지를 일으키는 것과 같다. 수도는 적어도 세속적인 번잡함에서부터 해방될 수 있는 조용한 분위기에서 진행되어야 한다. 자신의 수양에 몰두하기 위해서는 세속적인 문제에 관심을 보일 만한 여유가 없으며, 부모, 배우자, 가장, 또는 시민이 당연히 관심을 가져야 되는 온갖 일들을 모두 만족스럽게 수행할 만한 여력도 없다. 수도자는 단호하게 그러한 세속적 제약을 초월할 수 있어야 한다.

그러나 여기에서 두 가지를 분명히 이해할 필요가 있다. 그중 하나는 세속으로부터의 초연함과 평온함을 유지해야 된다고 할 때, 그러한 초연함과 평온함이 수도 자체에까지 적용되는 것은 아니라는 점이다. 수도자들이 세속으로부터의 자유로움에서 얻은 평온함은 이제 수도활동에 투입되어야 한다. 가령 진정한 학자는 동료 학자들과 학문적으로 부단하게 교류하면서도 도서관이나 실험실에 들어앉아 자신의 문제와 씨름하는 고독한 삶을 살 수 있어야 하며, 연구의 과정이나 결과에서 비롯되는 특수한 부자유, 근심, 고민, 또는 정서적인 시달림을 감내할 수 있어야 한다. 마찬가지로 창의적인 예술인은 작품의 구상 과정에서 피를 말리는 노력을 경주해야 할 뿐만 아니라, 이를 하나의 작품으로 구현하는 동안에 직면하는 온갖 좌절도 넘어설 수 있어야 된다. 진정한 의미의 윤리를 추구하는 사람은 인간 세파 속의 부정과 대결하고, 양심의 가책을 느끼며, 스스로 결단하는 용기를 발휘해야 한다.

수도와 관련하여 이해해야 하는 다른 하나의 사실은 우리가 삶의 과정에서 초속(超俗)할 수는 있지만 탈속(脫俗)할 수는 없다는 점이다. 도의 맛을 알게 되면 그것을 추구하고자 헐벗음과 굶주림을 감수한다. 가끔 수도자들이 부귀영화를 비웃는 이유도 여기에 있다. 그러나 세속으로부터의 자유로움은 세속계의 존재 자체를 무시하거나 그것에 무관심함으로써 성취되는 것은 아니다. 세속은 우리의 삶 속에 엄연히 존재하며 우리의 삶에 영향을 미치는 만큼, 이를 수도의 목적에 맞게 조율할 수 있어야 한다. 수도계의 존립은 최소한의 세속계적 지원을 전제한다. 수도의 목적을 온전히 달성하려면, 세속의 부당한 검열을 방지하기 위한 사회적 제도나 규제기구가 필요하다. 돈을 수단이 아니라 목적으로 볼 때 자칫하면 금전의 노예가 될 위험이 있지만, 금전은 여러모로 편리한 수단이기도 하다. 수도를 하려면 필요한 만큼의 재정 지원이 있어야 한다. 수도를 한다고 해서 세속으로부터의 재정 지원을 무시해서는 안 되는 것이다. 돈을 벌기 위해서 연구를 하는 것은 금기시되어야 하지만, 연구를 위해서 필요한 만큼의 돈을 벌거나 확보하는 일은 불가피하다.

수도본위의 사람에게는 수도가 목적이며, 세속은 그것을 위한 수단이 된다. 만약 세속에서 벗어나 수도 자체에 큰 비중을 두는 가운데 수도의 자율성과 내재성을 인정하게 되었다면, 그에게 있어서 세속은 수도의 본질을 구성할 수는 없고, 수도에 장애가 되거나 아니면 그것을 촉진하는 환경의 위치로 바꾸어진다. 불행하게도 삶의 과정에서 우리는 수단과 목적에 해당하는 가치들을 동시에 추구하는 것이 어려운 상황과 직면한다. 세속의 가치와 수도의 가치는 서로 충돌할 수가 있다. 수도계의 가치는 경우에 따라 세속적 질서와 가치를 거부할 것을 요구한다. 이 경우에는 불가피하게 하나를 희생하고 다른 하나를 추구할 수밖에 없다. 수도인은 수도계에 장애가 될 수 있는 세속계적 환경에 노출되는 경우에 그것에 함몰되기보다는 그것을 감내할 수 있어야 한다. 즉, 정치적으로 핍박을 받고, 경제적으로 궁핍하며, 사회적으로 천시를 받는 경우에도 수도계의 고유한 가치를 추구해 나갈 수 있어야 한다. 오늘날의 수도계는 이처럼 세속의 영예를 돌보지 않고, 권위나 무력에도 굴복하지 않으며, 기꺼이 가난을 이겨낸 선인(先人)들의 노고에 힘입어 지금까지 그 생명력을 유지하고 있는 것이다. 이들은 세속의 관점에서 보면 "고생을 사서 한다"거나 다른 많은 손해를 보면서 하는 활동 같은 인상을 준다.

학문의 발전사는 이를 예증한다. 우리는 일상적인 삶에 큰 지장이 없는 이상, 무엇인가를 심각하게 인식할 필요를 느끼지 않는다. 일상의 삶에서 우리는 친숙한 현상을 자명한 것으로 믿어버리는 성향이 있는 것이다. 세속은 그 자명한 것에 토대를 두고 있으며, 이에 대해 의문을 던지는 학자를 위험한 인물로 규정하고 억압해 왔다. 수많은 학자들이 세속의 위협에 맞서는 시련을 겪었으며 희생을 감수해야만 했다. 뿐만 아니라 인류역사를 살펴보면, 풍속적 기준에 부합하지 않는다는 이유로 일반인들로부터 지탄의 대상이 된 예술가들이 허다하다. 주위의 비난에 굴복하면서 위대한 작품이나 업적을 남기기는 어렵다. 작품의 질은 그것이 수반하는 경제적 가치와 병행하지 않는다. 이 경우 예술가는 가난을 감수하면서 생활해야만 하였다. 악한 규칙과 규범이 있는 사회에서도 선인(善人)들은 의연히 선을 행해야만 한다. 그들은 세상의 비방을 받더라도 그것을 이겨내는 가운데 오직 자신의 인격 속에서 삶의 궁극적인 원천을 발견해야만 한다.

충분한 것은 못 되지만 위의 논의에서 우리는 수도본위의 삶에서 세속의 위치가 앞 소절의 세속본위에서의 수도계가 차지하는 위치와 극명하게 대조되는지를 살폈다. 이제부터 더 추궁해야 할 본위의 문제가 있다. 그것은 수도본위의 삶에서 교육의 양태는 어떻게 변하는가 하는 것이다. 이 경우에도 삶의 태도와 가치의 우선순위라는 측면에 있어서 후에 논할 내재교육과는 현격한 대조를 이루는 것을 우리는 발견할 수 있을 것이다.

앞서 우리가 전제로 삼았고 또한 후에 더 자세한 설명을 하겠지만, 내재교육의 경우 수도계는 교육을 하기 위한 소재의 의미가 있지만, 수도계를 본위로 하는 공덕교육에서 교육은 수도를 하기 위한 수단이 된다. 말하자면 수도계와 교육 사이에 그 본위의 선택에 있어서 목적과 수단의 전도가 일어나는 것이다. 여기서 수단이란 목표를 달성하는 범위 안에서만 가치가 인정되는 것을 뜻한다.

앞 소절(1.1.2)에서 교육의 내용이 교육의 소재인 품위의 내용과는 별개의 것이라는 점을 살폈다. 그 점은 자동차를 구성하는 내용물과 그것이 싣고 다니는 물품들의 내용이 동일할 수 없다는 비유로 쉽게 이해될 수 있을 것이다. 그런데 우리가 수도계를 본위로 하여 교육을 논의할 경우, 교육의 내용과 품위의 내용 사이의 우선순위가 뒤바뀔 뿐만 아니라, 전자가 후자로 환원될 수도 있다. 공덕교육의 경우에는 수도계의 품위 내용이 주된 관심사가 되며, 이에 비하면 교육의 내용은 부차적인 위치에 놓인다. 예컨대, 교육학자들 가운데서도 커리큘럼 전공자들은 품위의 내용을 곧장 교육의 내용으로 규정하는 경우를 흔하게 볼 수 있는데, 이는 그들이 내재교육이 아니라 은연중에 공덕교육을 대변하고 있음을 보여준다.

공덕교육의 목적은 수도계의 높은 품위를 달성하는 데 있기 때문에 교육의 수준에 대한 평가와 규정은 당연히 해당 수도계의 수준과 결부되어 있다. 우리의 학교체제에서 나누는 '초등교육', '중등교육', '고등교육'은 이러한 관점에서 붙여진 명칭이다. 이처럼 수도계의 수준에 비추어 교육의 수준을 따질 수 있다고 인정하는 경우에도 현행의 초등교육, 중등교육, 고등교육 운운하는 분류 방식에는 내적인 문제가 존재한다(엄태동, 2003). 그것은 학문, 예술, 도덕 등 종류를 달리하는 무수히 많은 수도계 가운데 무엇을 기준으로 해서 현행의 제도교육을 평가하느냐에 따라 그 판정이 달라질 가능성이 있다는 점이다. 가령, 학문이라는 수도계의 높낮이를 중심으로 평가할 때에는 초등인 것이, 예술이나 도덕이라는 다른 수도계의 높낮이를 중심으로 평가할 때에는 초등이 아니라 고등일 수도 있다는 점이다. 반대로, 학문을 중심으로 볼 때는 고등인 것이 예술이나 도덕을 기준으로 할 때는 초등인 경우도 가능할 것이다. 현재 초등교육이라고 규정되고 있는 교육이 과연 있을 수 있는 모든 수도계의 기준에 비추어 보더라도 언제나 초등에 해당하는지, 또 고등교육으로 규정되고 있는 교육은 모든 수도계에서 언제나 고등인지는 의문의 여지가 있다.

이러한 수도계 사이의 미묘한 충돌과 입장의 차이에도 불구하고, 공덕교육은 그 가운데 어느 수도계를 중시하고 선택하든지 간에, 예외 없이 소수정예주의를 지향하고 선호한다는 점에서 공통성을 갖는다. 수도계는 대중적 소재보다는 귀족적 소재에 큰 비중을 둔다. '선발된 고급두뇌의 양성'이라는 기치 아래 대학에서 지적으로 탁월한 학생들만을 특별하게 신발하여 특혜를 제공하는 것, 혹은 체육 분야에서 소수의 정예선수들만을 훈련시키는 선수촌을 운영하는 것은 모두 수도계의 가치기준에 따른 것이다. 수도계에서는 최고의 일인자가 왕위를 차지한다. 여타의 품위는 그곳에 당도하기 위한 준비에 해당하는 것이다. 그러한 기준이 적용될 때 매 단계의 교육은 정상의 품위에 도달하기 위한 수단적 가치를 지니는 것으로 변환된다. 최정상 품위 이하의 것은 그 최정상 품위를 산출하고 떠받들기 위한 피라미드의 기반으로서 의미를 갖는다. 초등교육은 중등교육, 그리고 중등교육은 고등교육의 목표를 달성하는 수단이며 준비로서의 의미를 지닌다. 공덕교육의 경우에도 교육은 높은 수준의 품위를 놓고 전개되는 경쟁의 수단으로 동원된다. 물론 이 경우, 경쟁은 단지 세속적 출세를 위한 것이 아니라, 품위의 내용 자체에 대한 충실함이 강조된다는 점에서 외도교육의 경우와는 큰 차이가 있다.

수도계의 각 분야에서 능동적이고 창조적인 가치를 창조하는 집단은 소수의 엘리트들이다. 여기에서 그들에게만 창조적인 작업을 허용하고 나머지는 그들의 설계와 지시에 따르는 체계가 효율적이라는 계산이 나온다. 이러한 도식을 따르면, 수도공동체에서 인정되는 최고의 품위와 그 이하의 품위의 경계를 기준으로 진과 위, 선과 악, 미와 추가 규정되며, 이들이 서로 대립할 때, 전자가 후자를 제압할 수 있는 교육의 양태로 흐르기 마련이다. 그 특정한 품위를 경계로 하여 상구교육을 하는 집단과 하화교육을 하는 집단을 양분하고 그 자격을 제한하기도 한다. 말하자면 상구의 주체와 하화의 주체를 별도로 구분하고, 후자가 전자를 통제하도록 하는 것이다. 정답이 될 수 있는 품위는 하화의 주체가 결정하며, 교육의 성패는 상구교육을 하는 집단이 그 품위에 일치되는 결과에 도달하는가에 달려 있다. 수도계에서 이미 오류로 판명된 품위는 교육의 소재가 될 수 없다. 그 때문에 교육의 내재율, 그리고 그에 따른 교육의 내재적 가치가 무시되며, 교육의 속도와 결과만을 강조하는 경우가 생기고 만다. 이렇게 될 때 교육의 고유한 특성은 무시되며, 따라서 그것을 문화화와 구분할 근거가 사라지게 된다. 또한 대부분 효율성의 면에서도 문화화가 교육보다 더 높은 평가를 받게 된다.

교육을 이처럼 수도계를 위한 수단으로만 본다면, 또 하나 주목해야 할 미묘한 점이 있다. 이제 교육 안에도 상구교육과 하화교육을 굳이 구별할 이유가 없어진다. 상구교육과 하화교육은 그것을 구성하고 있는 요소들, 각각이 담고 있는 내용들, 그것이 제공하는 체험들을 달리한다. 이 때문에 내재교육에서는 상구교육과 하화교육 각각의 고유한 구조가 실재한다는 점을 인정한다. 그러나 공덕교육의 경우, 이들은 동일한 기능을 수행하는 것으로 환원되고 만다. 만약 별도의 구분을 하는 경우가 있다면, 그것이 지닌 도구로서의 효율성을 비교하기 위함일 것이다. 그러한 비교를 통하여 그중 어떤 것이 더 큰 성과를 가져온다면, 다른 것은 생략할 수도 있을 것이다.

마지막으로, 우리가 이제까지 밝힌 공덕교육과 다음에 논의할 내재교육 간의 또 하나의 중대한 선택의 문제에 주목하기로 하자. 앞서 지적했듯이, 수도계에서는 선진과 후진의 경합이 불가피하며, 갑과 을이라는 두 사람이 형성하는 교육적 관계에서 스승인 갑과 제자인 을은 '교육적 손익 상황'이라는 피할 수 없는 딜레마에 봉착하게 된다. 수도계를 본위로 하는 공덕교육의 경우, 교육적인 관계의 지속은 결국 갑에게는 불리하고 을에게는 유리한 결과를 가져온다. 만약 을이 상구교육을 수도의 수단으로 삼는 경우, 그는 갑의 하화교육에 힘입어 종국에는 수도계상의 경쟁에서 갑을 이길 수 있을 것이라는 나름대로의 손익계산을 숨기고 갑과 상호작용할 수도 있다. 이를 의식하고 있는 갑은 수도계상의 경쟁에서의 불리함을 감수하고 자초하면서까지 하화교육에 임할 것이냐, 혹은 적당한 품위를 소재로 삼아 하화교육을 수행하고 그들 간의 교육적 관계를 종결함으로써 경쟁에서의 유리함을 지켜나갈 것이냐 하는 결단을 내릴 필요가 있다. 만약 후자의 경우라면 수도계적인 삶과 교육적인 삶을 적당히 절충한 선택이라 해석할 수 있으며, 전자라면 교육본위의 삶을 선택한 것이라고 말할 수 있다.[14] 갑이 전자를 선택하게 되는 것은 협동교육의 틀 안에서 하회의 진정한 파트너로서 상구교육에 임할 것이나, 아니면 수도계의 경쟁에서 승리하겠다는 야심을 숨기고 상구교육에 임할 것이냐 하는 을의 선택과도 상관을 갖는다.[15] 갑과 을이 경쟁이라는 수도계의 내재율과 협력이라는 교육의 내재율 가운데 후자에 더 커다란 비중을 두고 각자 하화교육과 상구교육에 임하는 경우 출현할 수 있는 것이 바로 내재교육이다. 우리로 하여금 교육의 내재율을 선택하도록 만드는 내재교육의 매력이 있다면, 그것은 과연 무엇일까?

1.1.5 내재교육의 양태

앞 소절에서 논의된 외도교육의 양태와 공덕교육의 양태가 지닌 가장 큰 특징은 교육의 실재를 여타의 세계에 복속하는 기능으로 환원시켜 버린다는 점이다. 그러나 그것은 엄밀한 의미에서 보면 세속계나 수도계의 입장이지 교육계의 입장이 아니다. 외도교육과 공덕교육에서 부각시키고 있는 것처럼 교육은 물론 수단적인 가치를 갖고 있다. 교육을 통해서 수도계는 그 영역을 위와 아래로 확장할 수 있게 된다. 교육이 세속계에 줄

---

14) 여기서 독자들이 한국 기계(棋界)의 조훈현과 이창호의 관계를 연상할 수 있다면, 저자의 의도가 제대로 전달되고 있다고 볼 수 있다.

15) 제자의 숨겨 놓은 야심이 드러나는 경우, 그것은 스승과 제자의 협력에 균열이 일어나는 원인이 되거나, 혹은 스승에게 더 많은 부담으로 작용한다.

수 있는 긍정적인 효과 역시 여기서 일일이 열거하기 어려울 정도로 많을 것이다. 그러나 교육의 외재적 가치에 주목하는 외도교육과 공덕교육은 교육에서만 찾아볼 수 있는 삶의 고유한 가치를 간과한다.

교육의 가치는 다른 것의 수단이 됨으로써 갖게 되는 외재적 가치뿐만 아니라, 그 자체의 보람에 해당한다고 인정받을 수 있는 내재적 가치를 동시에 포함하고 있다. 그러나 가치의 면에서 교육의 고유한 가치는 바로 내재적인 것에 있으며, 그것이 인정될 경우에만 교육의 본질에 충실할 수 있다. 그럼에도 불구하고, 우리는 지금까지 교육의 외재적 가치만을 지나치게 강조해 온 것이다. 모든 것을 오직 수단으로만 간주하는 삶은 삭막하기 그지없다. 우리가 짧은 인생을 살아가면서 진정 남는 것이 있다면, 다양한 영역에서 전심으로 몰두하고 몰입하는 순간일 것이다. 다른 대부분의 영역에서 그러하듯이 교육에도 그것이 결과하는 것을 제외하고도 그 자체로서 소중함을 인정할 만한 부분이 있다. 교육 활동은 잘 살기 위한 수단으로서만 의미를 지니는 것이 아니라, 오히려 그것 자체가 이미 잘 사는 삶의 양상 가운데 하나이다. 무엇보다도 이러한 교육의 내재적 가치를 인정하는 것이 바로 교육 그 나름의 독자적인 발전을 꾀해 나가는 시발점이 된다.

교육은 그 자체의 구조와 내재율을 갖추고 있으며, 그 나름의 고유한 체험을 우리에게 허용한다. 스스로 어리석은 만큼 상구교육에 임하고, 스스로 현명한 만큼 하화교육을 할 수 있다. 이러한 교육의 고유한 경험은 특정한 수도계의 특정한 품위에 국한된 것이 아니다. 어떤 종류의 품위에 위치하고 있는 사람이라 할지라도 자신이 갖고 있는 현재의 품위를 소재로 하여 성실하고 보람찬 교육에 임할 수 있다. 우리에게는 누구나 상구하고 하화하고자 하는 교육적 소질과 욕망을 가지고 있으며, 그것의 실현만으로도 우리는 생활에서 응분의 보람을 느낄 수 있다. 진정 교육 자체를 사랑하면서 교육을 본위로 삶을 영위하는 사람은 자신의 교육활동이, 어떠한 외부적인 보상이 주어지기 이전에도, 이미 그 자체로서 충분한 보상을 제공한다고 본다. 이런 본위를 선택할 때 관점과 가치가 역전된다.

수도계의 입장에서 방법에 해당하던 부분이 이제는 교육의 내용이 되고, 그 내용에 해당하던 수도계는 교육적 체험을 극대화하기 위한 소재로 전환된다.

만약 외도교육이나 공덕교육의 경우에서처럼 상구교육이 수도계의 최상품위에 도달하기 위한 수단이라면, 그것은 마치 백 리나 멀리 있는 보물을 가지러 가는 것처럼 귀찮기 짝이 없는 노동이 될 것이다. 반면에, 그 자체에 의미를 두는 사람들에게 상구교육은 그것이 어느 품위의 수준에서 일어나든지 간에 처음부터 끝까지 의미 있는 여행이 된다. 상구활동은 자신이 진실이라고 믿는 것을 의심하고, 아름답다고 생각하는 것을 거부하며, 옳다고 행동했던 것을 배반한다. 그럼에도 불구하고, 우리가 상구의 이러한 역설과 자기혁신의 어려움을 참아낼 수 있는 것은 대부분 상구 자체가 지닌 내재적 가치 때문이다.

공덕교육의 명분에 맞춘다면 하화활동은 덕을 베푼다는 시혜적 보람이라고 할 수 있을 것이나. 만약 시혜에만 그 의미를 두면 하화활동은 지루한 고역이 될 소지가 많다. 먼저 낮은 수준의 품위를 소급하여 다루어야 한다는 것이 문제가 된다. 제자가 성취하고자 하는 표적으로서의 그 품위는 스승의 기준에 비추어서 몹시 바람직하지 못하거나 불만스러운 것일 수도 있다. 그러한 낮은 수준의 품위를 소재로 삼는다는 것은 언뜻 자랑스러운 일이 아닌 것처럼 보인다. 그러나 사실은 이와 다르다. 역사적으로 여러 가지 불리한 조건, 극단의 경우에는 죽음을 각오하면서까지 수많은 사람들이 하화활동에 몰입했다는 것은 하화교육의 내재성에 대한 역설적 증거다. 그들은 자신들의 삶에서 하화를 단순히 어떠한 대가를 얻기 위한 수단으로만 보지 않았다. 그 이유는 비록 하화교육에서 다루는 소재가 분명 자신에게는 단순하고 저급한 품위일 수 있지만, 하화활동은 상구활동을 할 때 직면했던 것과는 다른 도전적인 과정과 고유한 체험을 포함하고 있기 때문이다.

교육은 완전무결한 궁극의 상태에 도달하는 것보다는 그것에 도달하기 위하여 전개하는 과정에 큰 의미를 부여한다. 교육의 내재적 목적은 악인을 줄이고 선인의 수를 늘이는 데 있지 않고, 악인에서 선인에 이르는 과정을 주도하면서 그 활동 자체에서 만족을 느끼는 데에 있다. 보다 높은 품위를 사랑하고 그것을 좇아가는 곳에 인생의 보람이 있으며, 또한 그러한 활동을 타인이 수행하도록 돕는 활동 역시 이에 못지않게 의미 있고 보람 있는 일이다. 이 두 가지가 없는 인생은 살 가치가 없다고 해도 과언이 아닐 것이다. 교육의 가치를 가늠함에 있어서 이 부분을 빼고 나면, 앞서 지적했듯이, 교육은 문화화의 가치보다 더 나은 것을 지니지 못한다. 결과는 후속하며, 그것 역시 소중한 것은 말할 필요도 없다. 우리는 물질의 풍요로움과 나눔에 큰 의미를 부여하고 있지만, 그것은 한 쪽에서 다른 쪽으로 이동하는 것에 그친다. 품위는 나눌수록 불어나며, 이에 힘입어 모든 인간의 정신생활이 풍요롭게 확장된다. 교육을 통하여 도달할 수 있는 결과는 단지 교육을 본위로 할 때 부수하는 성과에 불과할 뿐이며, 먼저 교육 자체에 정진하는 것이 우선이다.

교육에서 얻을 수 있는 고유한 의미의 만족감은 바로 교육의 과정 그 자체에서 나오며, 반드시 그 결과에서 비롯되는 것은 아니다. 이렇게 보는 것이 바로 교육활동의 내재적 가치를 감식하는 데에 필요한 태도의 전환에 해당한다. 교육의 내재적 가치를 인정하는 사람은 "왜 교육을 하느냐?"라는 질문에 대해서 "글쎄, 그것을 하는 것 자체에 재미와 보람이 있는 것이 아닙니까?"라고 반문할 것이다. 그렇게 반문하는 사람에게 교육은 지금-여기의 삶 속에서 항상 향유되는 세계이다. 상구와 하화의 활동에는 무수한 장애물이 있고, 그 자체가 우리의 역량을 시험하는 도전적 과제이다. 이를 극복하는 가운데 극복 자체에서 삶의 독특한 맛을 느낄 수 있다. 그 고유한 의미의 교육적 경험 자체에 보람을 느끼고 그 안에 몰입하는 사람은 분명히 교육적인 맛의 성향을 가치의 수준에까지 승화시키고 있다고 말할 수 있다.

가치는 단순히 그것에서 유래하는 심리적인 쾌감을 넘어서서 규정된다. 교육적인 삶의 가치는 오히려 교육을 위해서 개인이 지불하는 희생을 통하여 입증된다. 상구나 하화를 하려면 수많은 좌절과 고통을 감내하고 각

고의 노력을 기울여야만 한다. 이렇게 상구교육과 하화교육을 수행하면, 언설과 형언의 경계를 넘어서는 그 나름의 고유한 흥취와 보람을 느끼게 되는 것이다. 조금이라도 게으름을 피우거나, 최선을 다하지 않고 어물어물 넘어가고 나면, 그러한 기분을 산뜻하게 가질 수 없는 것이 교육이다. 교육이 제공하는 산뜻함과 보람을 만끽하기 위해서 한 차례의 교육을 끝내고 난 뒤에 곧바로 다음 차례의 교육을 계획하는 사람이라면, 그는 이미 교육본위의 삶에 진입했다고 할 수 있다. 그렇게 평생을 보내게 된다면, 그만큼 그의 일생은 내재교육에 충실한 것이라고 말할 수 있을 것이다.

교육은 대신해 줄 수 없는 것이다. 교육은 그 자체로서 특이한 보람을 주는 활동이기 때문에, 누군가의 교육을 대행해 주는 것이 가능하다고 하더라도 봉사가 아니라 상대방이 누려야 할 기회를 박탈하는 것에 해당한다. 등산의 경우 단순히 남의 등에 업혀서 높은 곳에 올라가는 것보다는 스스로 그 오름의 활동에 참여할 수 있을 때 우리는 더 커다란 보람을 느낀다. 스스로 오르면서 보람을 향유할 수 있는 역량이 상대방에게 있음에도 불구하고, 누군가 그를 대신하여 오름의 활동을 수행한다고 하면, 그것이 어찌 봉사일 수 있겠는가! 교육의 경우에도 마찬가지다. 많은 사람들이 그들의 삶에서 실제로 이런 교육의 내재적 가치를 향유하고 있음에도 불구하고, 그것을 충분히 감식하거나 인정하지 못하는 현실이 안타깝다. 마치 공기의 소중함을 그것이 없어지기 전에는 모르는 것처럼, 우리의 삶에서 교육을 송두리째 박탈당하는 상황이 초래되면 우리는 그 교육의 가치를 더욱 절실히 깨닫게 될 것이다.

물론 이런 내재교육이라는 것이 과연 우리의 삶에서 실재할 수 있는지에 대해서 회의적인 사람들도 있을 수 있다. 그러한 회의적인 시각이 생겨나는 이유는 크게 두 가지로 나누어 볼 수 있다. 그 하나의 이유는 교육 고유의 내재율과 그것을 따르는 데서 오는 교육의 내재적 가치를 아직 절실하게 체험하지 못했기 때문일 수도 있다. 흔히 학교에서 교사들은 학생들이 배우기를 싫어한다고 하고, 학생들은 교사들이 가르치기를 싫어한다고 서로 비방하는 것을 볼 수 있다. 여기에는 잘못된 상황 판단과 해석이 개재되어 있다. 그들이 진정 배우고 가르치는 일을 싫어하는 것이 아니다. 썩은 사과를 좋아할 사람은 없다. 이와 마찬가지로 외도교육이나 공덕교육에 집착하고 그것만을 강요하는 학교생활에 만족할 사람은 드물 것이다. 교육이 진정 그 나름의 가치가 있다는 것을 증명하기 위해서는 그것에 대한 체험이 선행되어야 한다. 다른 하나의 이유는 이미 자신들이 내재교육에 충실한 삶을 영위하고 있음에도 불구하고 그것을 교육의 가치로 해석할 수 있는 적절한 개념체제가 없기 때문일 수 있다. 이는 사과를 즐겨 먹는 사람이 그것을 살구의 맛으로 착각하고 있는 경우와 비유할 수 있을 것이다. 이런 사태는 상당부분 현존하는 교육학이 지닌 범주착오에서 기인할 수 있다.

앞에서 우리는 편의상 상구교육과 하화교육을 통틀어 교육이라는 범주에 넣어 논의했지만, 엄밀하게 말하면, 이들은 교육의 두 개의 큰 하위요소로서 각각은 마치 등산과 하산의 경우처럼 그 나름의 독특한 체험을 동반한다. 상구교육과 하화교육의 내재적 가치를 별개의 것으로 인정하는 것이 중요하다. 이 때문에 그 양자를 공립시킬 수 없는 경우에 어느 것을 본위로 삼을 것이냐 하는 문제가 생겨날 수 있다. 그러나 이들은 서로가 상대의 수단으로 상호작용을 한다는 점에서 가치론적으로 긴밀한 관계를 맺고 있다는 점에 주목할 필요가 있다. 예컨대, 상구교육을 성공시키는 것은 하화교육의 외재적 목적에 속한다. 그것의 내재적 목적은 하화교육 자체에의 만족이다. 이러한 하화의 내재적 가치는 다시 상구를 본위로 할 때에는 외재적 가치로 규정된다. 그러나 상구교육과 하화교육의 내재적 가치가 제대로 실현되려면, 상구자와 하화자는 그 맞은편에서 전개되는 상대방의 활동과 면밀히 상호작용할 수 있어야 한다.

이런 개념구분을 할 때, 교육의 내재적 가치를 총체적으로 규정하는 뚜렷한 계산법이 성립한다. 그것은 상구교육의 내재적 가치, 그리고 하화교육의 내재적 가치, 그리고 상구교육과 하화교육이 상대의 고유성을 인정하고 그 상대의 수단으로서 작용함으로써 창출되는 부가적 가치의 총체이다. 뒤(1.3)에 교육적 관계를 논의할 때 밝혀지겠지만, 이러한 가치의 구분과 집재성의 실현은 수도계의 선진과 후진의 품위상의 차등을 강조하고, 그들 사이의 경쟁을 촉발하는 수도계의 논리로서는 설명될 수 없는 교육 고유의 영역이다. 그들이 선진과 후진이 품위상의 위계의식을 떠나서 각각 하화자와 상구자의 태도로 전환한 다음, 각기 하화와 상구라는 협력활동을 하는 데 몰입하고 협력할 때, 비로소 진정한 의미의 교육적 가치가 창출된다.

지금까지 교육의 내재성을 부각시키는 데 다소 긴 논의를 하였지만, 결국 교육은 우리의 삶의 일부를 구성하면서 실재하는 자율적인 세계의 하나이며, 거기에 참여하는 것만으로도 그 가치를 인정할 수 있는 여지가 있다는 주장을 부풀리기 위한 사족에 불과하다. 다만 그 동안 이 점을 인정하기 어려웠던 독자들에게는 그것이 사족 이상의 의미를 지닐 수 있을 것이다. 이제 교육의 내재성에 대한 어느 정도의 공감에 도달했다면, 이를 토대로 한 걸음 더 나아가 교육이 외재하는 세계들과 어떤 목적과 수단의 관계를 가질 수 있는가 하는 문제에 대한 논의를 전개할 수 있을 것이다. 먼저 교육이 세속계와 맺는 관계, 그리고 다음에는 수도계와 맺는 관계의 순서로 이를 검토해 보기로 하자.

교육에 충실하기 위해서는 세속계의 범주와 관심을 초월할 수 있어야 한다. 이것은 기본적으로 교육과 세속이라는 두 세계의 이질성에서 비롯한다. 세속계에 적응하고 그 속에서 성공하기 위하여 요망되는 생활양식과 교육계에 적응하고 그 세계에서 성공하는 데 요망되는 생활양식은 동일하지 않다. 몇 가지만을 들어보자. 세속계는 실수나 오류를 징계하고 복수하며 처벌한다. 잘못이나 실패를 시인하는 것은 세속의 생활을 위협하는 요인이 된다. 이에 비해서, 교육계는 잘못과 실패를 전제한다. 상구자는 선진에게 자신의 약점을 주저함이 없이 드러내고, 하화자는 이를 용인할 뿐만 아니라, 오히려 초청해야 하는 것이다. 세속계에서는 모든 수단을 써서 특정한 사회적 기준에 일치해야 된다. 이에 비해서 교육은 당시에 허용되는 사회적 관례나 문화적 제약을 뛰어넘기를 요구한다. 교육과 대비시켜 온 세속계나 수도계가 교육의 고유한 가치나 목적을 이해하기 위한 적절한 모형으로서 작용할 수 없는 것은 바로 이런 연유에서이다.

세속적 지위나 계급은 교육과 본질상 무관하다. 세속적인 맥락 속에서는 교육이 불리한 조건이 될 수 있듯이, 교육적인 맥락에서는 세속이 불리한 조건이 될 수도 있다. 이 경우 내재교육은 그 유리함과 불리함을 교육을 본위로 평가한다. 만약 세속적인 인정과 보상이 교육에 장애물이 된다면, 전자는 후자의 목적에 종속되거나 포기되는 길을 택한다. 교육은 개인적인 경제적 이득이나 물질적 풍요를 위해서 추구하는 것이 아니라, 오히려 필요할 경우 그것을 희생하면서까지 추구하는 것이 되어야 한다. 그래야만 비로소 우리는 세속적 관심에서 해방되어 교육의 과제에 전념할 수 있고, 또한 그렇게 함으로써, 설사 세속계적인 권력, 부귀, 명예를 얻는 데 실패한다고 하더라도, 교육적인 삶에서의 성공을 보장받을 수 있다.

그러나 앞의 주장은 교육을 함에 있어서 세속을 전적으로 무시하라는 말로 해석되어서는 안 된다. 교육이 우리의 삶 속에서 전개되는 한, 그것은 불가피하게 여타의 세계와 어떤 방식으로든 교섭하는 과정 속에서 진행된다. 그 여타의 세계 가운데 세속계가 중요한 위치를 차지하고 있기 때문에 교육 역시, 수도계의 경우와 마찬가지로, 초속(超俗)할 수는 있지만 탈속(脫俗)할 수는 없다. 문제는 목적과 수단의 관계를 어떻게 정립하느냐이다. 외도교육에서 교육은 세속을 위한 수단의 관점에서 묘사되었다. 그러나 이제 내재교육에서는 세속이 교육을 위한 수단이 되는 방식으로 그 관계가 역전된다. 교육의 내재성을 확보한 연후에 그것을 유지하고 증진하는 방식으로 세속의 지원을 고려하는 것은 문제가 되지 않는다. 그 교육을 유지하고 증진시키는 방식으로 정치적, 경제적, 사회적 요소를 고려하는 것은 오히려 내재교육의 취지에 비추어 필요한 부분이다. 이 부분은 세속계와 수도계 사이의 관계를 논하면서 이미 언급한 내용을 그대로 적용할 수 있기 때문에 더 길게 논의할 필요가 없을 듯하다.

그렇다면, 이제 내재교육에서 교육계와 수도계의 관계가 어떻게 정립되어야 하는지를 살펴보자. 수도계와 교육계는 서로 공존할 수 있으며, 또 그래야만 하는 관계에 있지만, 그 우선순위를 놓고 세속계와 교육계의 경우처럼 서로 미묘하게 상충될 여지도 많다. 이미 살펴보았듯이, 수도계는 최고의 품위를 그 수도공동체의 자산으로 치부한다. 수도계에서는 최고의 품위가 그 이하의 품위를 무효화시키는 힘을 가지고 있으며, 최고의 품위를 가진 사람에게만 최고의 영광이 주어진다. 이 점에서 수도계는 귀족적이라고 할 수 있다. 공덕교육은 그 최후의 품위를 성취하는 것에 목표를 두며, 이미 극복한 품위는 오류로 분류되거나 버림을 받는다. 이와는 대조적으로 내재교육을 위한 수단으로서 수도계의 양상은 공덕교육에서의 그것과 전혀 달라진다.

적용되는 가치기준에서 수도계와 교육계 간에는 큰 차이가 있다. 최고의 품위를 달성하는 것이 수도의 목적이지만, 그것이 곧 교육의 내재적 목표가 될 수는 없다. 수도계는 교육의 입장에서 소재로서 인정되며, 그것은 교육을 위한 수단이라는 뜻이다. 이런 입장에서 보면, 흔히 "X를 가르친다"[16]는 말은 "X를 가지고 가르친다"는 말로 대치되어야 한다. 수도계를 교육의 소재로 삼을 때에는 그 특정한 종류가 필수항목이 될 수 없다. 어떤 종류의 품위든 교육의 소재가 될 수 있다. 수도계의 특정한 수준도 문제가 되지 않는다. 수도계의 종류와 수준에 상관하지 않고, 교육 주체가 위치한 품위 혹은 당시의 여건을 고려하여 그중 어느 하나를 선택하면 되는 것이다. 무수히 많은 품위들 가운데 어떤 것을 선택하는 경우에 고려해야 될 사항은 많겠지만, 교육적으로 가장 중요한 고려사항은 그것을 소재로 삼았을 때 교육의 내재적 특징이 얼마나 살아날 수 있느냐 하는 것이다.

진정 교육을 사랑하는 사람에게 있어서 품위란 교육을 하는 데 필요한 자료거나 혹은 교육에 의해서 얻어진 부산물에 불과하다. 그것을 매개로 하여 인간 상호간에 교육이 이루어질 수 있는 계기가 마련되는 것일 뿐이며, 그 자체로서는 아무것도 아닌 것이다. 교육의 입장에서 품위는 단지

16) 이 말의 문법적인 의미를 따져서 X가 목적이고 가르치는 것은 수단이라는 식의 사고를 하는 사람도 더러 있다. 그러나 삶의 현상을 문법과 결부시키는 것은 엉뚱한 발상이라고 해야 할 것이다.

쓰임새 있는 자산에 불과하다. 교육은 모든 사람의 품위가 최고의 수준에 도달하는 것을 이상으로 삼지 않는다. 또한 사람들 사이의 품위의 차이를 줄이거나 혹은 품위를 동질화하려는 것이 교육의 고유한 목표도 아니다. 품위를 포함하는 모든 것의 교육적 가치는 그것이 얼마나 우리에게 참된 교육 내재적인 경험을 허용하느냐 하는 정도에 따라 결정된다. 교육의 입장에서 보면, 한 특정한 사람이 이 세상의 어느 누구에게도 없었던 품위를 얻는 것과 이미 세상에 알려진 품위를 다시 얻는 것 간에는 차이가 없다. 수도계의 입장에서는 전자가 후자에 비해서 독창성이라는 더 높은 가치를 갖지만, 교육의 입장에서는 어느 것이든 교육의 소재라는 점에서 동격으로 간주된다.

이 점에서 교육적 주체를 규정함과 관련하여 그가 어떤 품위의 절대적 수준에 있느냐 하는 것은 그렇게 중요한 것이 아니다. 진정 중요한 것은 교육의 과정이 허용하는 고유한 의미의 상구 체험과 고유한 의미의 하화 체험이다. 그런 체험을 허용하는 품위일수록 교육적 가치는 높아진다. 교육계에서는 학문계에서의 진(眞)과 위(僞), 도덕계에서의 선(善)과 악(惡), 예술계에서의 미(美)와 추(醜)가 절대적인 의미보다는 상대적인 것으로 해석되며, 이들은 상호간에 대립하지 않고 서로 요청하고 호응한다. 이런 이유에서 내재교육은 공덕교육에서처럼 수도계의 최종품위에 집착할 필요가 없다. 오히려 그 최종의 품위를 자신들의 교육에 적용할 수 있는 인구의 수가 극히 적으며, 따라서 교육의 소재로 활용될 수 있는 범위가 제한되는 만큼, 최종의 품위는 대다수에게 당분간 교육적 가치의 외부에 소외되어 있다고 볼 수 있다.

교육은 평민이나 천민들도 귀족과 똑같은 권리를 향유할 수 있는 놀이이다. 수도계와는 달리 교육계는 그 품위의 높낮이에 상관없이 평등한 자리를 마련하고 있다. 마치 높은 곳을 오르는 사다리의 계단처럼 이 세상에 존재하는 어떤 품위든지 간에 그것은 발전도상의 한 국면을 대변하고 있을 뿐이다. 교육은 바로 그 품위라는 사다리의 오르내림에 해당하며, 그 오르내림을 위해서 수도계의 높은 품위만 필요한 것이 아니다. 높은 품위도 기본적으로는 그 이하의 품위를 토대로 하여 발전한 것이다. 이미 해당 수도공동체에서 폐기하거나 무효화시킨 품위라고 하더라도, 그것이 지니고 있을 원래의 교육적 가치를 회복시킬 수 있다. 실제로 인류의 역사는 온갖 종류의 수도계와 동일한 수도계 내에서도 다양한 수준들을 탐색하고 시험하는 부단한 노력으로 점철되어 왔다. 그리고 그러한 역사 속에서 각 세대는, 설사 후에 오류로 판정된 것이라고 하더라도, 당대에 존재하던 다양한 종류와 수준의 수도계를 교육의 소재로 이용하여 왔다.

수도계의 각 품위가 교육의 소재로서 이론상 동일한 가치를 갖는다는 것은 어디까지나 일반적인 진술이며, 품위의 소재로서의 가치는 개개인의 사정에 따라 그때그때 달라진다. 교육의 주체가 가지고 있는 현재의 품위를 기준으로 자신이 상대방보다 후진이면 상구하고, 선진이면 하화한다는 말은 교육의 주체에 따라 적합한 교육의 소재가 달라진다는 것을 함축한다. 상구교육의 고유한 목적은 알맞은 수준의 품위를 표적으로 삼아 상구 자체의 체험에 충실한 가운데 상구를 계속해 나가는 것이다. 이때 표적이 되는 품위가 얼마나 높은 것이냐 하는 점은 상구교육의 목적에 비하여 부차적인 것이다. 교육이 잘못되는 것은 표적으로 삼는 수도계의 품위가 저급하다는 데에 있지 않다. 오히려 그 잘못은 스승이 제자의 현재 품위를 무시하고 너무도 고원한 품위에 집착하는 데서 발생한다. 교육의 내재율을 논할 때 우리는 상구자의 차상품이 상구자의 자발적인 흥미를 유발하며, 이 경우에 상구자는 해당 과제에 대한 가장 강한 추진력을 보인다는 사실을 강조하였다. 상구교육을 촉구하는 과정으로서 하화교육 또한 상구자의 차상품이 놓여 있는 지점에서만 제대로 수행될 수 있다. 표적을 상구자의 차상품에 맞추지 않고 외부로부터 부과된 것에 맞추는 교육은 더 이상 자발적인 것이 될 수 없으며, 기껏해야 그 외부의 필요를 충족시키기 위한 수단에 불과한 것이 되고 만다.

끝없는 재탄생이 교육의 특징이며, 이 때문에 부동의 이상향은 비교육적인 목적이다.[17] 공덕교육의 경우처럼 특정한 품위 수준만을 강조하는 것은 교육의 내재성을 파괴한다. 소재로서의 품위는 수도계적인 경험의 연속선상에서 하나의 표적이자 수단이다. 외재적인 목표에 근거하고 있는 외도교육이나 공덕교육은 세워진 목표를 달성하면 그것으로 교육이 더 진전되어야 할 이유가 소멸하는 것으로 본다. 이에 비해서 내재교육은 교육적 체험을 극대화시키는 데 그 목적이 있기 때문에, 그것이 설정하는 표적은 그곳에 도착하여 머물러야 하는 종착점이 아니라, 그것을 토대로 더 나은 곳을 향해 계속 상승해 나가야 하는 중간 기착지이다. 교육의 내재적 가치는 한 단계의 교육이 끝난 지점에서 교육을 계속하고 싶은 추진력으로 작용하여 다음 단계의 교육으로 진전해 간다.[18]

인간은 결코 완전할 수 없다. 언제나 오류, 허물, 결함을 가지고 있는 것이 인간의 속성이다. 허물이 인간의 속성인 이상, 그것을 이유로 사람을 거절하는 것은 참으로 비인간적인 처사이다. 허물을 원하는 사람이 이 세상에 어디에 있겠는가? 그렇기는 하지만, 허물을 지니기 마련인 인간적 속성에서 완전히 벗어나겠다고 생각하는 것은 실현할 수 없는 환상에 지나지 않는다. 모든 점에서 완벽하게 유능한 존재가 되겠다는 생각은 처음부터 버리는 것이 좋을 것이다.[19] 우리는 완전한 인간이라는 실현 가능성이 없는 목표를 설정하기보다는 완전을 향하여 나아가려고 노력하는 과정 자체에 의의를 부여하면서 좀 더 현실적인 목표의 달성에 몰입하는 선택을 할 수 있다.

교육은 우리의 불완전함을 전제한다. 우리가 완전해졌다고 할 때, 교육에 대한 우리의 열망은 종료된다. 불완전함을 단지 무의미한 것으로만 간주하는 관점은, 교육의 입장에서 보면, 매우 중대한 오류를 범하고 있는

---

17) 이런 교육의 특징은 등산에 비유될 수 있다. 등산이란 산에 오른다는 것과 다른 것이 아니다. 그것을 목표로 한다면, 산의 정상에 오른 것은 바로 등산의 종료를 의미하는 것이다. 그것이 등산의 목표라면 그것은 자기부정적인 것이다. 진정 등산을 사랑하는 사람은 정상에 오르는 순간, 곧바로 다른 산의 등산을 꿈꾼다. 말하자면, 등산의 진정한 목표는 그 도상에 있는 것이다.

18) 교육의 내재율 가운데 순차와 역차가 특별히 이 부분에 해당한다. 이에 관한 것은 후(1.2)에 교육의 내재율을 다루면서 더욱 상세하게 설명할 것이다.

19) 그 마지막의 정점에 도달한 인간은 더 이상 발전할 수 없는 인간이다. 교육에서는 그런 인간을 상정하지 않는다.

것이다. 수도게의 입장에서는 낮은 평가를 받는 불완전함을 교육의 입장에서는 교육의 소재로서 중요한 수단적 가치를 갖는 것으로 본다. 일반적으로 생각하는 것과는 달리 우리는 성공이 아니라 실패에서 오히려 더 많은 것을 배운다. 성공은 우리의 사고가 옳다는 신념을 주기 때문에 더 이상의 활동을 불러오지 않는다. 하지만 실패는 우리 편에 더 많은 수정이 있어야 함을 시사하고, 새로운 해결을 위한 노력을 추진하게끔 하는 계기가 된다. 잘못은 실로 우리의 적이지만, 그것이 있기 때문에 이를 개선하기 위한 교육적인 삶을 누릴 수 있고, 이를 통하여 새로운 삶의 진실과 대면할 수 있는 것이다. 따라서 우리는 인간적인 약점을 오히려 소중하게 다룰 필요가 있다.

교육을 공장에서 제품을 생산하는 과정과 구별해야 할 중요한 이유를 여기에서 찾을 수 있다. 완성되지 않은 자동차는 쓸모가 없지만 인간의 발달이나 발전에서 완성이란 기대할 수 없다. 각 단계는 그 다음 단계를 위한 예비적 역할을 하는 것으로서 충분히 정당화될 수 있다. 누구나 다소간의 오류를 범할 수 있기 때문에, 그리고 교육은 그것을 전제하기 때문에, 오류임을 알지 못하고 행하는 잘못을 교육에서는 용서한다. 그러나 교육은 그 오류를 그대로 관용하는 것이 아니다. 핑계를 대고 변명만 하거나, 잘못을 그대로 방조하는 것은 교육의 입장에서도 가장 경계해야 할 점이다. 교육에서 문제시하는 상황은 인간의 결함이나 오류 가능성이 아니라, 오류 가능성을 그대로 방치하는 것이다. ≪오류가능성의 교육적인 의의≫라는 저서를 낸 퍼킨슨(Perkinson, /1984)의 언급을 들어보자.

> 우리는 우리의 오류 가능성을 시인하기는 쉽지만 통상 그것의 의의를 찾는 데 실패한다. 착오, 과실, 그리고 부적합한 것들은 한낱 우리들을 당황하게 하고, 괴롭히고, 몹시 화나게 할 뿐이다. 완벽한 것을 동경한 나머지 우리는 과실을 장애물로서, 방해물로서, 그리고 좌절로서 간주한다. 우리는 실재하는 우리 자신을 있는 그대로 바라보지 못하고 또한 우리가 될 수 있는 것을 바라보지 못한다(p. 15).

인간사에는 항상 결함과 오류가 있기 마련인데, 우리는 그것을 피하려고 할 뿐, 그것이 가진 엄청난 이용가치를 외면한다. 우리가 결점을 가지고 있다는 것은 서로 교육적 관계를 맺고 살아갈 기회가 우리에게 많다는 것을 의미한다. 모든 것에서 완벽하게 성공하는 것만이 중요한 것이 아니다. 잘못되거나 부족한 과거가 있다면, 그리고 현재의 삶에서 부족함이 있다면, 그것을 한탄하거나 그것으로부터 자유로운 상황을 꿈꾸기보다는 그것을 교육적으로 교섭할 수 있는 소재로서 활용할 수 있어야 한다. 어떤 분야에서든지 실패는 훌륭한 상구의 소재가 된다. 훌륭한 스승은 제자의 실수나 오류를 유도해 내서 교정해 주는 가운데 제자를 더욱 높은 수준으로 이끌어 준다. 그 과정에서 우리는 교육이 제공하는 특별한 보람을 느끼게 될 것이고, 최초에 발견한 과오에 대해서 감사하게 될 것이다. 이렇게 우리는 한편으로 최초의 실패 자체의 결함을 충분히 보상하면서, 다른 한편으로 성공적인 교육을 성취할 수 있다.

최근의 정상품위에 비추어 보면, 수도계의 역사는 그야말로 실패의 역사이다. 그러나 오늘날의 기준에 비추어 볼 때, 오류에 속한 품위들이라는 이유를 들어서 그것을 전적으로 무가치한 것으로 폐기하는 것은 교육의 입장에서 현명한 처사라고 볼 수 없다. 왜냐하면 품위란 항상 상대적인 위치에 있는 것이기 때문에 그것의 가치 역시 일률적으로 평가되기보다는 다른 품위들과의 관계 속에서 상대적으로 규정되어야 하기 때문이다. 한 번 이룩한 품위는 그것이 도달한 높이만큼의 진실을 가지고 있으며, 또 역사는 그것을 부정하지 않는다. 오늘날 헛된 것으로 판명된 품위가 그것이 최초로 습득되고 발견되었을 때에는 언제나 참된 것으로 여겼었다. 오늘날 참된 것으로 판명된 것이 이후에는 헛된 것으로 판명될 가능성도 있다. 말하자면, 하나의 품위는 항상 얼마만큼의 참됨과 헛됨을 포함하고 있으며, 교육은 그 참됨을 헛됨으로 바꾸거나 혹은 그 헛됨을 참됨으로 전환시키는 과정이다. 아무리 하나의 품위가 그 이후의 더 높은 품위에 의하여 부정되었다고 하더라도, 아직 그 품위에 미치지 못한 사람들에게는 그것 자체가 매우 귀중한 교육소재의 가치를 함축한다.

내재교육의 관점에서 볼 때, 오늘날의 과학교육은 반성할 여지가 많다.

이 분야에서는 과학공동체에서 오류로 판명된 이론들을 배제하는 경향이 있는데, 이는 내재교육의 입장에 역행한다. 과학의 성공이 교육의 실패에 귀결하는 경우가 많다는 것은 참으로 안타까운 일이다. 현존하는 최첨단의 과학이론과 어린이들의 수준 간에 존재하는 간극을 일시에 메우고 연결시킬 수 있는 비법이란 있을 수 없다. 교육이란 후자가 전자에 이르는 과정이며, 그 과정적 체험을 중요시한다. 그렇다면, 오늘날의 과학적 기준에 비추어 완벽한 지식보다는 덜 완벽한 지식이 오히려 교육의 소재로서 더 많은 교육적 가치를 갖고 있다고 말할 수도 있다. 이와 관련하여 라베츠(Ravetz, 1973)의 다음과 같은 진술은 우리에게 많은 것을 시사해 준다.

> 미래의 어느 시점에서는 지금 현재 표준화된 자료가 유물로 취급될 것이다. 그리고 과학의 가르침은 역사가 된 그 부분을 재창조함으로써 더욱 활성화될 수도 있다. 그러한 수단을 강구할 수 있다면, 이를 통하여 학생들은 위대한 업적에 수반되었던 발견의 흥분과 갈등을 공유하게 되고, (그들에게 제공된) 그럴듯하게 정돈된 것처럼 보이는 자료의 조직이라는 것이 발견의 흥분과 갈등을 경험하는 하나의 수단이나 도구로서 기능을 하는 것에 불과하다는 점을 깨닫게 될 것이다 (p. 207).

과학교육에서는 이미 과학의 입장에서 시대적으로 뒤진 이론을 교육의 자료로 인정하지 않는다. 그만큼 오늘날의 과학교육은 공덕교육에 집착하고 있다는 증거이다. 그러나 라베츠는 위의 글에서 미래의 한 시점에서 오류로 판명될 가능성을 예고하면서도 그것을 과학교육에서 배제할 필요성이 없음을 적나라하게 지적한다. 그 이유를 그는 그것이 학생들에게는 얼마만큼의 발견의 흥분과 갈등의 요소를 지니고 있다는 사실에서 찾는다. 진정한 교육은 바로 그러한 방식으로 진행되어 왔다. 과학의 역사는 후에 오류로 판명된 지식을 그때그때마다 훌륭하게 교육의 소재로 활용해 왔다는 것을 우리에게 보여준다. 높은 품위는 낮은 품위가 없이는 발전할 수 없다. 최신의 과학의 기준에 비추어 이미 오류로 판명된 이론을 과학 자체에서는 용인할 수 없을 것이다. 그렇다고는 하더라도 오류로 판명된 이론들도 그것을 습득하지 않은 젊은이들에게는 더 높은 품위로 오르는 계단의 역할을 할 수 있다. 이 점에서 그 이론들은 최신의 지식들보다 오히려 더 많은 교육의 소재가치를 지니고 있을 수도 있다.

우리는 목하 수도계와 교육계가 서로 적당하게 타협하기 어려운 가치 상충의 미묘한 부분에 관한 이야기를 진행하고 있는 중이다. 최고 수준의 수도계의 가치는 무엇인가? 언제 우리는 그런 가치를 감별하고 실현시킬 수 있는가? 이런 질문을 하는 순간, 우리는 우리의 의식 속에서 최종의 결과라는 것을 가정하고 있으며, 그것에 도달하는 것을 전제하고 있다. 공덕교육은 품위의 수준에 따라 위대한 인물과 덜 위대한 인물을 구분하며, 품위의 차이에 따라 '초등교육', '중등교육', '고등교육'을 분류한다. 여기서 하급의 교육은 상급의 교육에 도달하기 위한 준비이기 때문에, 공덕교육의 관점에서 보면, 그 최종의 만족스러운 단계에 도달해야만 성공적으로 교육이 이루어졌다고 말할 수 있을 것이다. 다른 한편으로, 진정으로 교육의 고유한 내재적 가치를 겨냥하면서 교육에 참여하고 있는 사람이라면, 공덕교육의 그러한 평가나 구분이 부당한 것일 수 있음을 잘 알고 있다. 그들이 교육을 하는 이유는 어떤 높은 수준의 품위에 도달하려는 데에 있지 않고, 각 단계의 품위들을 매개하면서 이루어지는 교육을 통하여 교육에 내재하는 고유한 경험을 하는 데에 있다. 교육의 고유한 경험에 의미와 가치를 두는 상구자, 그리고 이를 위하여 자신의 상구를 중지한 채 타인의 상구를 돕는 하화자는, 설사 그들이 수도계의 최정상 품위에 도달하는 데에는 실패한다고 하더라도, 교육적인 삶에서는 성공을 거둘 수 있다. 수도계적 가치 평가와 교육적 가치 평가가 구분되어야 하는 이유는 바로 여기에 있다.

상구교육과 하화교육의 내재적인 목표를 수도계적인 성취와 분리시킬 때, 그만큼 평가의 기준도 다원화되기 마련이다. 한편으로 스승이 하화교육에 충실하게 임하고, 그에 호응하여 제자 역시 상구교육에 충실하게 임할 때 일어날 수 있는 현상의 하나는 교육적 반전이다. 흔히 '청출어람(靑出於藍)'이라는 말로 지칭되는 이 현상은 적어도 수도계의 입장에서 보면,

제자의 승리와 스승의 패배로 평가될 수 있다. 그러나 이 평가는 수도계적인 입장과는 구분되는 교육의 입장에서 다시 평가할 수 있는 여지를 봉쇄하고 있다는 점에서 공정한 것이라고 할 수 없다. 이를 교육본위로 평가한다면, 스승과 제자가 각각 하화교육에 의해서 보수하고 상구교육에 의해서 혁신한 것으로서 모두 성공적인 교육의 사례가 된다. 그런 양방을 동시에 고려함으로써 우리는 내재교육의 문제를 다루기 전에 이야기한 바 있었던 '교육적 손익 문제'에 대한 해답을 얻을 수 있을 것이다.[20)]

교육에 대한 순수한 헌신과 보람이 중요한 것이라면, 교육의 소재가 되는 품위들은 동일한 가치를 가지는 것이기 때문에, 처음도 좋고 중간도 좋으며 마지막도 좋은 것일 수 있다. 앞에서 수도계의 각 품위가 교육에 비추어 평등한 가치를 갖는다는 말은 이러한 맥락에서 나온 것이다. 그러나 그 맥락을 떠나면 교육 자체도 항상 평등한 것만은 아니다. 소재의 품위와는 별개로 교육에도 그 나름의 위계가 있다. 한 개인의 수도계 내에서의 권위와 교육계 내에서의 권위는 구분된다. 아무리 높은 수도계적 품위를 가지고 있다고 하더라도 그의 상구적 품위나 하화적 품위는 낮을 수 있다. 또한 교육계 내에서의 상구적 품위와 하화적 품위는 반드시 일치하는 것이 아니다. 이를 우리는 '저급교육', '중급교육', '고급교육'이라는 별도의 말로 칭하도록 하자. 이것이 바로 교육 자체의 내재적 기준에 비추어 본 교육 수준의 분류이다.

과오나 실수는 누구에게나 있다. 교육에서는 허물의 크기보다는 개선에 큰 의미를 두기 때문에 대가와 보통사람의 차이가 그렇게 두드러지지 않는다. 수도계에서 위대한 인물이 덜 위대한 인물보다 더 교육적이라는 보장도 없다. 사실은 그 반대인 경우가 더 많다. 진정한 의미의 교육의 향상과 발전은 이처럼 고유한 의미의 교육 내재적 가치가 인정되고 존중될

---

20) 독자 가운데 '수도본위'와 '교육본위', 더 정확하게는 '수도본위'와 '상구본위'의 구분이 아직도 모호한 사람이 있다면, 그가 삶에서 스승을 대하고 있는 태도가 어떤 것인지를 반성해 보는 것도 좋을 것이다. 당신이 스승을 경쟁의 대상으로 본다면 수도본위의 삶을 살고 있는 것이고, 그를 협력의 대상으로 본다면 상구본위로 살고 있다고 볼 수 있다.

때 기대할 수 있다. 이 점에서 수도본위의 공덕교육의 논리에 부합하는 '초등교육', '중등교육', '고등교육'의 위계는 교육 자체의 내재적 가치에 비추어 범주착오에 해당하며, 그만큼 그 차등은 비교육적인 처사라고 할 수 있을 것이다. 이제 공덕교육에서의 초등, 중등, 고등으로 분류되는 가치의 위계와 내재교육에서 저급, 중급, 고급으로 분류되는 가치의 위계를 서로 독립된 것으로 분리시키는 공평한 안목을 확보하고 보면, 교육을 평가함에 있어서 어느 기준을 선택하느냐 하는 문제가 발생한다. 수도계의 높은 품위에서 낮은 수준의 교육이 일어날 수도 있고, 수도계의 낮은 품위에서 높은 수준의 교육이 일어날 수도 있다. 이를 양쪽의 용어를 함께 사용하여 이야기한다면, "고등교육에서 저급교육이 이루어진다"거나, "초등교육에서 고급교육이 이루어진다"는 식의 평가가 가능하게 된다.

1.1.6 교육본위론의 재음미

삶을 영위하면서 본위를 선택하는 것은 누구에게나 보장되어야 할 자유다. 그 본위의 선택에 따라 우리가 당면해야 할 세계의 내재와 외재의 구분이 이루어진다. 우리는 앞 절에서 본위의 선택에 따라서 교육이 가질 수 있는 세 가지 양태를 검토하였다. 그중 외도교육과 공덕교육의 경우는 교육을 그 자체로서가 아니라 여타의 세계의 입장으로 환원시킨다는 점에서 일종의 범주착오에 해당하는 경우로 평가할 수 있다. 외도교육은 세속계를 본위로 교육을 규정하는 양태이며, 공덕교육은 수도계를 본위로 규정하는 양태인 것이다. 이 때문에 교육은 단지 세속적 삶을 위한 수단, 혹은 수도를 위한 수단으로 밀려난다. 그와 대조해서 우리는 교육을 본위로 하는 교육, 즉 내재교육에서는 그 양태와 양상이 일치하는 것을 확인할 수 있었다.

본위의 선택에 있어서 삶의 양상 가운데 하나로서 '교육본위'와 학문으로서 '교육학본위'와 구분된다. 그러나 전자와 후자 사이에는 긴밀한 관계가 있다. 분과학문은 그것이 드러내고자 하는 대상세계에 대한 진리탐구리는 주제에 충실해야 되며, 교육학은 무엇보다도 그 대상의 선택이라는 문제를 해결해야만 분과학문으로서 본연의 역할을 할 수 있다. 또한 교육본위의 상황을 제대로 논의하려면, 교육학본위가 바로 정립되어야 한다는 것은 너무도 명백하다. 증명사진은 인물의 정면에서 촬영해야 한다. 대부분의 사람들이 교육의 외재적 가치만을 의식하는 것이 내재교육에 대한 이해의 부족에서 비롯한 것이라면, 당연히 교육학이 그 문제의 해결에 앞장서야 마땅하다.

그렇다면 이제까지 교육과 교육학의 관계는 어떠하였는가? 이에 대한 해답의 검토는 참으로 충격적이고 참담한 것이었다. 이제까지 교육학자들은 교육의 전문가로 자처하면서 그들의 담론에서 '그릇된 교육관'을 탓하거나 혹은 '잘못된 교육'을 질타한다. 그런데 아이러니컬하게도 질타하는 교육학이 오히려 그 사실의 규정과 가치선택에서 범주착오를 앞장서서 범해 왔다(윤병희, 1998, 2002; 이용남, 2002, 2004; 장상호, 1986, 1990, 2005a; 최성욱, 1988; Lagemann, 2000). 그로 인해서, 교육은 은폐되거나 왜곡되고, 온갖 가치전도와 가치혼란을 겪고 있다. 더러는 '교육이론'이라는 명칭의 각종 주장이 없는 것은 아니지만, 따지고 보면, 그마저도 사실은 교묘한 방식으로 교육현상 자체에 대한 이론적 작업을 회피하거나 유보해 온 것에 지나지 않는다. 그 양태는 대략 다음의 세 가지로 요약된다.

그 하나는 하나의 사회적 제도로서 존재하는 학교와 교육을 동일시한 방식으로 이루어졌다. 교육의 경계를 학교의 울타리로 보는 것이다. 학교 안의 온갖 현상이 교육이라는 이름으로 지칭된다. 교사는 '교육자'이고 학생은 '피교육자'이다. 학교 안의 시설은 '교육시설'이고, 그것을 위해 쓰이는 경비는 '교육비'로 책정된다. 그곳 생활은 주로 '교육과정'이라는 지침에 따라 일사분란하게 진행된다. 교사의 일방적인 강의내용을 학생이 그대로 받아 필기하는 것이 '교육활동'으로 지칭된다. 전자의 주장이 후자에게 제대로 전달되었는지를 알기 위해서 수시로 평가가 이루어진다. 그것이 바로 '교육평가'에 해당한다. 대부분의 학교생활은 그 용어와 익숙해지는 방식으로 이루어지며, 이미 그 생활을 거친 학부모들은 그 용어에 대해서 하등의 거부감이 없다. 대부분의 교육학 연구들은 그렇게 지칭되는 것들을 교육으로 받아들이거나 그것들을 탐구한다고 해도 과언이 아니다.

이런 관례에서 심각한 문제가 파생한다. 상식과 학문의 지식이 구분되지 않기 때문에 교육에 대한 상식의 오류에 따른 문제가 발생할 때 학문으로서 교육학이 그것을 올바르게 교정할 수 있는 능력의 한계에 부딪친다. 하나의 생활공간으로서 학교 안에서 발생하는 다양한 비교육적인 문제가 교육의 문제로 인식된다. 이처럼 개념상의 범주착오가 고착화된 상태에서 그 해결이 어려울 것은 당연하다. 그에 따른 온갖 비난이 교육에 전가된다. 다른 한편, 학교의 각종 생활공간에서 진전되고 있는 내재교육은 전적으로 무시되거나 방치된다. 스스로 교육적인 삶을 영위하고 있는 수많은 사람들이 스스로 훌륭한 교육의 주체라는 중요한 점을 인식하지 못하고 소외되는 것이다.

교육학의 두 번째 양태는 교육을 각종 외래학문의 개념에 의존해서 파악하려는 방식으로 나타났다. 이는 역사적으로 교육학이 교사양성과 관련하여 성립한 배경과 직접적으로 관련되어 있다. 당시 학문으로서 교육학의 정체성이 해명되지 않은 상황에서 철학, 심리학, 사회학, 문화인류학 등 온갖 학문들이 교직과목으로 채택되었으며, 이들이 각각 교육학과의 헤게모니를 장악하게 되었다. 이들은 앞에서 지적한 첫 번째 범주착오에 또 하나의 범주착오를 추가하였다. 학교의 제도가 규정하거나 혹은 세상 사람들이 일상어로 규정하는 '교육'을 각각의 모학문의 개념을 통해서 연구하는 가운데 어느 시점에서 그 각각의 모학문의 앞에 '교육'이라는 명칭을 부여하기에 이른 것이다. 교육철학, 교육심리학, 교육사회학, 교육행정학, 교육인류학이라는 전공영역이 바로 그런 역사적 배경의 산물인 것이다.

이는 분과학문의 초보적인 조건에 대한 역행이다. 분과학문들은 각각 그 대상세계를 올바르게 이해하는 고유한 개념체제를 확보해 왔으며, 교육학도 당연히 그 고유한 개념체제를 구축함으로써 그 대열에 끼어들었어야 했다. 그런데 후자의 문제를 해결하지 않고 그것을 전자의 것으로 대치하려고 잘못된 길을 택했던 것이다. 그처럼 서로 맥락이 다른 세계의 개념들을 끌어들여 쌓아놓는다고 하더라도 그것이 교육이라는 고유한 사실을 드러낼 수 없음은 말할 필요조차 없다. 오히려 그렇게 함으로써 교육을 외래의 사실로 환원시키고 왜곡시키는 현상이 일어나고 있다. 혹은 뒤집어서 외래의 사실들을 교육으로 왜곡시키고 있다고도 말할 수 있다. 그 결과는 걷잡을 수 없는 혼란과 맥락의 부재이다.

교육학의 세 번째 양태는 교육 자체의 규정은 유보한 채 교육의 기능만을 내세우는 기능주의적 교육관이다. 아이러니컬하게도 '교육이론'이라는 명칭을 붙인 것들의 대부분이 여기에 해당한다. 이홍우가 그의 저서 ≪교육의 개념(1991)≫에서 소개한 세 개의 대표적인 교육이론, 즉 정범모(1968), 피터즈(Peters, 1966), 뒤르켐(Durkheim, 1925)의 교육이론도 이 범주를 벗어나지 못한다(장상호, 2005a; 최성욱, 1994, 2005). 모두가 그 이론가가 선택한 특정한 인간을 만들어 내는 도구로서 교육을 규정하고 있다. 정범모는 '바람직한 인간', 피터즈는 '교육받은 사람'의 특징을 드러냄으로써 교육을 정의하려고 하였다. 여기에서 교육받은 사람은 '지적인 학문의 세계'에 입문한 사람을 가리킨다. 뒤르켐의 경우는 사회구성원들이 공통의 언어, 가치관, 문화 등을 습득함으로써 사회의 일원이 되는 것이다. 이렇게 이들은 교육의 결과에 있어서 차이가 있으며, 더구나 각각 그 교육 자체가 무엇인지를 밝히는 과제를 단지 우연적 사실에 맡긴다.

이홍우(1991)는 이 세 개의 교육관이 각각 교육의 특정한 측면을 강조하고 있는 것으로 해석한다. 그러나 그 언급은 자체의 모순을 포함한다. 교육이론이란 교육에 대한 이론의 약칭이다. 교육에 대한 이론이라면, 그것은 당연히 교육 전체에 대한 해명이 이루어져야 할 것으로 기대된다. 만약 그것이 교육의 특정한 측면에 대한 해명이라면, 그것이 어떻게 교육의 일부가 되는지에 대한 해명이 요구된다. 그러나 그 솔직한 해명은 아마도 그들이 각각 심리학, 철학, 사회학에 근거한 데서 찾아야 할 것이다. 따라서 그들은 사실상 서로 다른 현상을 지칭하고 있으며, 그것들이 하나의 이론으로 통합될 가능성은 거의 없다고 보아야 할 것이다. 여기에 교육의 본위를 논의할 근거가 없으며, 은연중에 교육의 가치를 그 잡다한 외재적 가치를 실현시키는 수단으로 규정해 버리는 오류를 자초해 왔다고 볼 수 있다. 이 때문에 교육에 대한 이론적 가치규정은 그 내재적 가치의 영역을 벗어나 제멋대로 흩어졌다. 따지고 보면, 이들은 대중의 인식보다 더욱 체계적이라는 점에서 체계적인 오류를 범해 왔다고 할 수 있으며, 그 부분에서 대중의 그릇된 교육관을 더욱 강화하거나 심화시켜 왔다는 비난을 면하기 어렵다.

이는 더 이상 용납하기 어려운 교육학의 전통이다. 이의 쇄신을 꾀하는 하나의 분기점을 분명히 표방하기 위해서 장상호(1986, 1990, 2001)는 '제1기 교육학'과 '제2기 교육학'이라는 용어상의 구분을 하였다. 비유컨대, 전자는 앞서 살핀 대로 애초부터 잘못 끼워진 단추와 같으며, 후자는 잘못 끼워진 단추를 풀어서 다시 끼워 넣고자 하는 작업에 해당한다. 이런 해결방식은 어떻게 보면 이제까지의 노력을 부정하고 문제를 원점으로 환원시켜 놓는 아쉬움이 있지만, 거기에 미련을 두면 더욱 어려운 문제가 누적된다는 점에서 최선의 선택이 될 수도 있다. 이런 취지에서 교육본위론(노희관 · 이용남 편, 2000; 이용남 편, 2002; 장상호, 1991, 1994a, 1997, 2005a, 2009)은 제2기 교육학의 노선을 따라 자율적인 교육학을 새롭게 구축하려는 의도에서 출발하였다. 이는 교육의 안과 밖의 경계를 분명하게 구획하고, 그 안쪽의 것을 내재적인 것으로 규정하고, 그 밖의 것을 외재적인 것으로 구별하는 기본적인 개념체제의 창안에 목적을 두었다.

그 관점은 삶의 공간으로서의 학교와 삶의 양상으로서의 교육이 서로 다른 범주에 속함을 지적하는 것으로 정립되었다. <그림 1.5>는 이처럼 서로 다른 두 가지 범주로 세계의 분류방식을 나누고, 그로부터 학교와 교육이 어떤 관계를 가질 수 있는지를 보여준다. <그림 1.5>에서 생활공간의 범주는 흰색으로 표시되어 있고, 삶의 양상의 범주는 어둡게 표시되어 있다. 여기서 학교와 교육은 서로 교차할 수 있는 영역이 있을 수 있으나, 결코 동일시해서는 안 될 영역으로 드러나 있다.

교육이 그 내재적 속성을 드러내는 데 있어 구분되어야 할 세계는 정

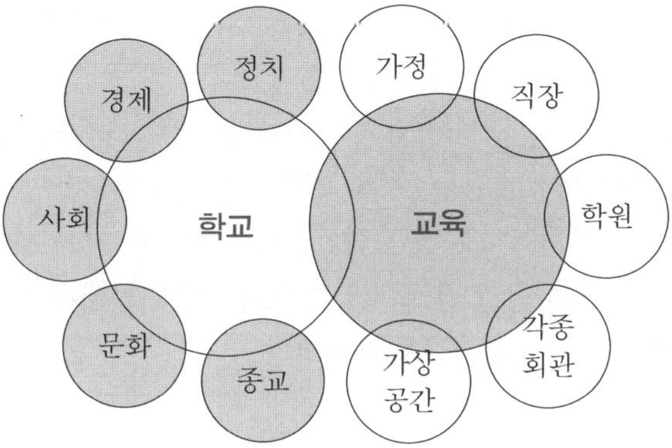

〈그림 1.5〉 학교와 교육의 범주 구분

치 · 경제 · 사회 · 문화 · 종교 등이다. 교육의 입장에서 후자는 외재적인 것, 혹은 비본질적인 것에 해당한다. 따라서 내재적 교육을 드러냄에 있어서 외재적인 것들을 배제하는 것이 원칙이다. 교육은 동서고금을 막론하고 그것의 고유한 양상 그대로 존속하여 왔고 또 존속할 것이다. 가정, 학교, 직장, 학원, 각종 회관, 가상공간 등 우리의 삶이 전개되는 다양한 생활공간 속에도 그 교육의 양상이 얼마만큼 포함되어 있을 것이다. 그렇다면 우리의 삶에서 드러나는 구체적인 사태를 교육적 사실로 포섭할 수 있는 독특한 개념체제는 무엇인가? 이 질문은 교육의 단편들을 어떻게 서로 내적인 연관성을 갖는 하나의 총체로 묶어낼 수 있느냐 하는 문제로 해석될 수 있다.[21)]

그 결과 <그림 1.6>과 같은 협동교육(edcooperation)의 모형이 형성되었다. 이는 크게 상구교육(ascending education)과 하화교육(descending education)으로 구성되며, 각각의 구성요소와 그들 사이의 관계는 행위의 동기, 변형의 방향, 품차의 양해, 단계의 배열, 협동활동의 형식, 품차의 입증이라는 6가지 차원의 내재율(intrinsic rules)에 의해서 설명될 수 있다. 상

---

21) 이 작업의 특징을 이해하는 데 <그림 1.2>에서 <그림 1.3>으로의 이행을 기억하는 것이 도움이 될지 모르겠다.

의관계(相依關係)는 상구교육 혹은 하화교육의 한 하위영역 안에서 서로의 의미규정에 공조하는 관계로서 그림에서 좌측과 우측으로 각각 나누어서 화살표 방향으로 구분되었다. 다른 한편, 대위관계(對位關係)는 그 각각의 요소에서 상구교육과 하화교육이 서로 상반된 요소를 가지고 결합되어 있는 양상이다. 그림에서 대위관계는 서로 대각선으로 연결되었다. 이들은 마치 음과 양의 관계처럼 그 이질성으로 인해서 상호호응하면서 하나의 견고한 공조체계를 구성한다.

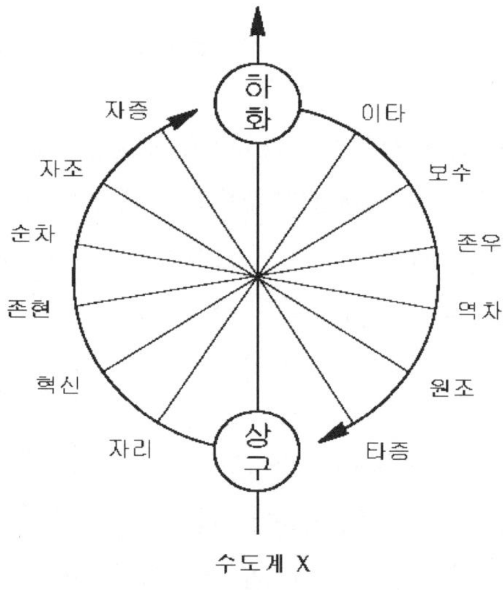

〈그림 1.6〉 교육의 수레바퀴

앞 소절(1.1.5)에서 자세하게 살폈듯이, 내재교육은 그 안에서 작용하는 내재율에 의해서 보장된다. 본장의 주제인 교육의 자율성이란 우리의 삶에서 바로 그런 고유한 양상이 외부의 관여나 간섭 혹은 침해가 없이 유지될 수 있는 상태로 해석될 수 있다. 그 내재율에 비추어 교육의 안과 밖이 구분되며, 더 나아가 교육 안에서의 내재적 가치, 교육적 관계, 혹은 교육적 활동 등이 규정되는 것이다. 이 때문에 이에 대한 철저한 이해가 본서의 나머지를 이해하는 데 필수적이다.

<그림 1.6>에서 대략적으로 제시된 협동교육의 내용은 이어지는 다음 절(1.2)에서 교육의 내재율이라는 주제로 더욱 상세하게 소개할 것이다. 교육의 두 가지 형태인 상구교육과 하화교육의 대위관계는 6가지 차원으로 나뉘어 있다. 그 각각의 차원을 차례대로 설명하되, 먼저 그 하나하나에 대한 개괄적인 소개를 한 뒤, 그것에 해당하는 상구교육과 하화교육의 대위적 요소에 대하여 설명할 것이다. 협동교육의 놀이는 이처럼 서로 대조되는 내재율이 획정하는 제한된 경계 안에서 진행되어야 한다. 그것을 위반하는 것은 바로 '교육의 경계'를 이탈하는 것을 의미한다. 각각의 내재율에 대한 설명에 후속하여 이 점도 아울러 차례대로 지적할 것이다.

이때 독자들의 두 가지 양해가 필요하다. 그 하나는 교육이 서로 독립된 요소로 구성된 단순한 요소들의 산술적 집합이 아니라는 점에서 비롯한다. 어떤 상황에서든 모든 요소의 성질은 범주적으로 서로 독립된 채로 고립되어 있는 것이 아니다. 이들은 같은 것을 다른 방식과 측면에서 반복해서 말하고 있다고도 볼 수 있다. 하나의 내재율은 사실상 여타의 내재율들을 그 내부에 전제하고 있거나 함축하고 있다고 보아야 한다. 따라서 상구교육 혹은 하화교육에 속하는 어느 하나의 내재율을 설명할 때 여타의 내재율이 다소 중복해서 언급될 수밖에 없다는 점을 이해하기 바란다.

다른 하나의 양해사항은 내재율을 기술할 때 언급하는 자연인의 상이한 측면에 대한 명칭에 관한 것이다. 맥락에 따라, 때로는 선진과 후진, 때로는 상구자와 하화자, 그리고 때로는 스승과 제자라는 용어가 쓰일 것이다. 선진과 후진은 교육의 소재로 택한 수도계의 품차를 드러내려고 할 때, 상구자와 하화자는 교육적 주체의 측면을 지칭할 때, 스승과 제자는 수도계와 교육계의 두 가지 차원을 조합한 양상을 한꺼번에 지적할 때 각각 적절하다. 그 개념상의 차이에 대한 부가적인 설명은 교육적 관계를 다루는 다음 절(1.3)에서 더욱 상세하게 할 것이다.

1.2 교육의 내재율

1.2.1. 행위의 동기

가. 차원의 개요

인간생활은 다양한 세계들의 중층적 복합이다. 이들은 서로 관련을 가지고 일상의 생활에서 교차하며, 영향을 주고받으며, 병존한다. 각 세계는 서로 다른 가치와 목표를 추구하기 때문에 우리는 일상의 생활에서 그때그때 필요에 따라 그중 하나를 선택하고 다른 것을 배제하는 삶을 영위한다. 그 가운데 어느 것을 선택하느냐에 따라 내재와 외재, 전경과 배경, 목적과 수단이 구분된다. 동기는 우리가 지향하는 활동방향의 선택과 그것에 이르게 하는 에너지의 원천이다. 교육은 품위를 상호조정하고 증식하는 하나의 자율적인 세계로서 그 참여자에게 특수한 내재적 동기를 요구한다. 교육의 공간에 진입할 때 그 여타의 동기나 관심은 일단 접어두어야 그 순수성이 유지된다.

인간의 위대함은 그 희귀함에 있다. 우주가 넓고 광활하지만 인간을 제외하고 품위와 유사한 특성을 가진 존재는 아직까지 발견되지 않았다. 이 점에서 인간의 탄생은 우주 전체가 경축해야 할 일이다. 그러나 품위는 주어진 것이 아니라 언제나 스스로 개발해야 할 성질의 것이기 때문에, 인간은 그 발전을 한 개체의 삶을 통하여 재생하여 보존하고 확장하는 공동의 과제에 직면한다.

품위는 우리의 내부에 있는 것이기 때문에 빼앗길 염려가 없는 보물이다. 품위는 그것을 남과 나누어 갖는다고 해서 재화처럼 줄어드는 것도 아니다. 오히려 개발하고 나눌수록 더욱 늘어난다. 불완전함이나 약점은 발전 가능성을 함축하며, 교육적 관계는 그 신념을 토대로 성립한다. 인간은 모두가 불완전한 존재라는 것을 의식한다. 또한 교육을 통한 품위의 기하급수적인 증대라는 것도 알고 있다. 이 때문에 각자는 자아(自我)와 타아(他我)로서 품위의 탐색과 고양에 서로 참여할 권리와 의무가 있음을 깊이 자각한다. 긴 세월에 걸쳐서 인류가 세대와 세대 혹은 선진과 후진 사이의 교육적 교섭을 통해서 품위를 탐색하고 보존하고, 전승하고, 발전시킬 수 있었던 것은 바로 이런 데서 연유한다.

품위는 상대적이다. 개인은 그 기준을 어디에 두느냐에 따라 얼마만큼은 결핍된 품위 혹은 얼마만큼은 풍요로운 품위를 지니고 있다. 모든 면에서 어리석은 자도 없고, 모든 면에서 현명한 자도 없다. 우리는 얼마만큼은 어리석고, 또한 얼마만큼은 현명하다. 교육은 품위의 높낮이와는 상관없이 각자가 자신이 현재 도달해 있는 품위 수준에서 모두가 똑같이 실행할 수 있는 것이며, 원하는 사람 누구에게나 개방되어 있는 보편적 권리이다. 각자는 상구자로서 선진을 자신의 스승으로 섬기는 가운데 스스로의 품위를 개선하고자 한다. 다른 한편으로 각자는 하화자로서 이전의 자신처럼 아직도 낮은 품위에 머물러 있는 후진들을 제자로 삼아 그들을 구제하고자 한다. 상구교육에서의 '자리(自利)'와 하화교육에서의 '이타(利他)'라는 내재율은 바로 그런 순수한 동기와 열정의 대비를 지칭한다.

품위는 마치 사다리처럼 낮은 것에서부터 높은 것까지 점층적인 위계를 이루고 있다. 교육의 순수함은 그 높은 위계에 도달하려는 동기보다는 그 과정에 개입하는 또 다른 동기에 의해서 유지된다. 그 품위의 준거가 어디에 있든 간에 그 차이가 있는 사이사이에 자리와 이타의 열정이 잠재되어 있다. 잠재된 것은 반드시 실현된다는 보장이 없다. 교육의 과제와 문제는 결국 이런 과정을 어떻게 부각시키고 활성화하느냐에 달려 있다. 그 잠재성을 유감없이 표현하고 실현하는 일이 바로 우리 각자가 수행할 교육의 과제이다. 자신이 어리석다고 느낄 때 자리의 열정을 활성화시켜 상구교육을 하고, 자신이 현명하다고 느낄 때 이타의 열정을 활성화시켜 하화교육을 할 수 있다. 이 점에서 우리는 모두가 교우(敎友)로서 평등하다.

우리의 삶에서 상구하고 싶다는 열정처럼 자연스럽고 기분 좋은 것은 없다. 상구열정은 상구를 행하는 것 자체로서만 발산된다. 하화교육의 경우에도 마찬가지다. 자신이 알고 있는 것을 소재로 삼아 아직 이를 모르고 있는 사람에게 하화하고 싶다는 열정 역시 자연스럽다. 눈에 보이지 않는 품위라는 선물을 주고받는 것은 그 어떠한 물질적인 선물을 주고받는 것보다도 더 풍요롭고 아름다운 인간의 삶이다. 어느 수준의 품위를 소재로 삼든 간에 교육은 그 주체에게 평등한 보람과 만족을 제공한다. 말하자면 그 특수한 열정을 실현시키는 것만으로 인간생활은 살 만한 가치를 가지고 있다. 그것이 바로 교육 자체의 내재성에 충실하게 임하도록 만드는 가장 순수한 원동력이다.

한 가지 더 주목할 점은 이처럼 방향을 달리하는 두 가지 상이한 자리와 이타의 동기와 열정은 서로가 상대를 보강하고 상승시킨다는 점이다. 자리의 열정이 이타의 열정을 불러일으키고, 이타의 열정이 자리의 열정을 불러일으킨다. 새로운 품위를 획득하고 그것을 타인을 통하여 영원히 보존하려는 열망은 생물적 용어의 비유를 든다면, 발정기의 수컷과 암컷이 새끼를 얻어 종족을 유지하려는 교접의 욕망과도 유사하다. 이 자연스러운 열정들은 우리가 다른 여타의 이해관계를 떠나 교육의 고귀한 순수성을 유지하면서 교육적 관계를 공고하게 유지하는 접합제의 역할을 하기 때문에, 상구자와 하화자는 서로가 상대의 감정을 지지하고 강화하는 그 상이한 열정의 원천을 교육적 연대의 성립과 유지에 활용하려고 노력할 필요가 있다.

교육은 그 내재율에 충실한 주체를 요구한다. 그 내재율에 일치하는 것이 바로 훌륭한 교육 주체이다. 상구자는 상대의 이타의 열정을 자극하고 이용하고 만족시킬 수 있어야 하며, 하화자는 상대의 자리의 열정을 자극하고 이용하며 만족시킬 수 있어야 한다. 교육 주체는 자신의 교육하고자 하는 의도를 타아에게 정직하게 드러내어 호응을 얻는 것이 중요하다. 상대가 자신의 제안을 받고 호응해 올 때, 우리는 자신뿐만이 아니라 상대의 교육적인 열정도 충족시켜 주어야 한다는 책임감을 갖고 교육에 임할 수 있어야 한다. 이처럼 서로가 교육적인 덫을 놓아서 상대를 유인하는 책임에 호응하는 만큼 그들 사이의 교육적 유대는 더욱 강화된다.

ㄴ. 상구교육의 자리

자리(自利)란 말 그대로 나의 이익을 추구하는 것이다. 교육에서의 자리는 흔히 지탄의 대상인 이기적인 욕망과는 엄연히 구분된다. 세속에서의 이기적인 욕망은 타아의 이익을 희생시켜 가면서 자신의 이익을 추구하지만, 교육의 맥락에서 자신의 품위를 높이려는 자리는 타아의 이익을 탈취하려는 것과는 다르다. 자리의 취지는 인류의 한 구성원으로서 자신의 결핍을 풍요로 대치하는 데 먼저 각자가 자기의 몫을 차지하려는 데 있다. 자아의 결함과 오류는 자아 자신뿐만이 아니라 타아에게도 부정적인 영향을 줄 수 있다. 따라서 각 개인이 먼저 자신을 개벌해 나가는 것이 그 자신을 구제하는 길이자, 나아가서는 인류 전체를 구제하는 길이다.

여기에서 타아에 비해서 얼마나 자아에게 결함이 있느냐 하는 관심은 그렇게 중요한 것이 아니다. 오히려 자신의 결함을 극복하기 위해서 얼마나 성실하게 임하느냐 하는 관심이 앞서야 한다. 진정한 의미의 자아의 긍정성은 선진이나 타인에게서 나오는 것이 아니며, 오직 자아 자신의 창조에서 나온다. 그 창조성은 자아를 지금의 상태보다 높은 곳에 진입시켜 놓으려는 동기에 근거하고 있어야 한다. 상구자는 타아의 인간성을 탓하기 이전에 자신의 인간성의 개선이라는 과제에 먼저 책임의식을 갖고 임해야 한다.

상구자는 자아의 인간적인 결함을 피하거나 숨기기보다는 그것을 현명하게 이용할 줄 안다. 완전한 인간은 존재하지 않는다. 인간인 이상 누구나 결함이 있다. 그 결함은 그 자체로서 사랑할 수 있는 대상은 되지 못하지만, 그렇다고 해서 쓸모가 없는 것은 아니다. 상구자는 그것을 극복하거나 개선하여 더 높은 수준의 자아에 도달할 수 있는 긍정적인 가치를 지닌 것으로 받아들여야 한다. 각자의 앞에 놓여 있는 문제, 역경, 오류, 결함의 원인은 자기 자신에게 있으며, 바로 그 부분이 자신을 진보의 대열에 포함시킬 수 있는 소재를 제공한다.

품위의 발전 가능성은 무한하다. 만족할 만한 수준의 최고의 품위가 존재하는 것이 아니다. 상대적으로 덜하고 더 나은 품위가 현품의 전후에 존재할 뿐이다. 여기에서 상구자에게 중요한 것은 더 나은 품위가 언제나 자아의 앞에 기다리고 있으며, 그것을 체득하는 데에는 그의 상구활동이 요청된다는 점이다. 어느 품위나 그 나름의 문제를 갖고 있으며, 그 문제와 해답 사이에는 그것을 뛰어넘으려는 상구열정이 잠재되어 있다. 그 고유한 의미의 열정을 활성화하여 만족시키는 것이 상구자에게 주어진 특혜이다.

상구자에게는 궁극적으로 도달할 품위가 없고 다만 그 중도의 지점이 다양하게 존재할 뿐이다. 이 사실은 상구열정을 추구하는 상구자에게 절망이 아니라 오히려 희망, 불행이 아니라 오히려 행복을 준다. 상구자가 가진 현재의 품위에 내포된 문제는 바로 상구열정을 북돋을 수 있는 계기를 제공한다. 상구활동은 그 자체로서 만족의 근거를 제공한다. 이 때문에 상구의 결과로 특정한 수준의 품위에 도달하였다는 것이 상구교육을 중지해야 할 이유가 되지 못한다. 그 품위의 수준에 관계없이 모든 사람들이 상구교육의 대열에 합류하는 것은 바로 이런 연유에서이다.

상구자의 파트너는 하화자이다. 선진의 품위를 자신의 것으로 갖추어 나가기 위해서 후진은 먼저 주위의 선진들을 사랑할 수 있어야 한다. 그에게 지도를 요청하는 것이 바로 청교(請敎)에 해당한다. 선진이면 누구나 이에 응하는 것은 아니다. 그 호응은 자신이 선진에게 보이는 간절한 상구열정에 비례한다. 선진들과 인간적으로 접촉하여 좋은 영향을 받을 기회나 인연을 만들고 싶다는 마음가짐에서 출발하여 선진에게 자신의 후진성을 과감하게 노출시킬 수 있을 때, 그로부터 하화의 호응을 받을 가능성이 열린다.

다. 하화교육의 이타

이타(利他)란 말 그대로 남의 이익을 위한 봉사이다. 교육에서의 이타는 후진의 품위를 지금의 것보다 향상시켜 구제한다는 의미를 지닌다. 후진들에 대한 참된 사랑은 그들에게 동정을 베푸는 일이 아니라, 그들을 좀 더 높은 것, 위대한 것, 큰 것으로 끌어올리려는 노력을 전개하는 일이

나. 상구교육을 통해서 이전보다 더 높은 품위를 얻게 되면, 과거의 편협하고 부적절한 품위로 되돌아갈 수가 없다. 그런데 주위의 타인들과 접하다 보면, 과거 자신이 그러했던 것처럼 아직도 오류 속에 살고 있는 후진들과 만나게 된다. 이때 그 사태를 단지 관망하지 않고 그 후진의 결점과 오류를 교정할 책임을 자신의 책임으로 받아들이는 것이 하화자가 취하는 이타의 길이다.

먼저 하화교육은 일정한 수준의 품위를 갖추어야만 하화자가 될 수 있다는 사회적 고정관념을 떨쳐버려야 한다. 누구나 일정한 수준의 품위를 획득하여 지니고 있으며, 그것이 아무리 보잘것없는 것이라고 하더라도, 그것보다도 아래의 품위에 있는 후진이 존재한다. 따라서 우리 모두는 얼마만큼 그 후진을 도울 수 있는 여지를 가지고 있으며, 하화교육의 열정은 바로 그 품위의 차이에 늘 잠재되어 있다. 그것을 활성화시켜 그 후진들을 지금의 상태보다 높은 곳에 진입시킴으로써 각자는 자신이 위치한 유리한 고지를 이용하여 인류의 발전이라는 좀 더 큰 책임을 수행할 수 있는 것이다.

하화교육의 이타란 후진을 대아(大我)의 일부로 포섭하는 방식이다. 인격의 성숙은 자아의 확대와 비례한다. 보다 더 완벽한 자아실현이란 타인에 대한 봉사를 통해서 가능하다. 타인을 자신의 분신으로 여길 정도로 자기 관심의 범위가 확장될수록 그의 자아는 더 크게 확장된다고 볼 수 있다. 어떤 사람은 머리에서 발끝에 이르는 것까지를 자아로 규정짓는 반면, 어떤 사람은 친척, 이웃, 국가, 인류에 이르기까지 이 모두를 자신의 일부로 생각한다. 후자의 입장에서 보면, 그 근원에 있어서 타인도 자아와 뿌리를 같이하는 동류의 인간이다.

한 개체의 죽음은 그것으로 종료되는 것은 아니다. 육체적인 죽음은 유전인자를 통해서 재생되며, 정신은 하화를 통해서 재생된다. 품위는 그것을 증여하는 것만큼 오히려 타인들을 통하여 늘어날 뿐 줄어들지 않는다. 하화자는 그가 선진으로서 이런 손실 없는 시혜를 베풀 수 있는 위치에 있음을 자각한다. 더구나 이것은 단순한 물질이나 물건이 아니라 세계 자체의 선물이며, 그것을 나누어 가질수록 자아의 풍요가 확산되는 것이다. 스승이 일생을 통해서 획득한 품위는 제자를 통해서 보존될 수 있다. 그 방법에 의해서 하화자는 일생보다 더 긴 시대에 참여할 수도 있다.

하화교육의 이타는 또한 상생과 보은, 그리고 내리사랑의 감정에 근거한다. 그것은 교육 주체에게 항상 상구교육의 부채로 남아 있다. 독행상구의 경우를 제외하면, 대부분의 상구자는 자신의 품위를 얻는 과정에서 어느 정도 스승의 도움을 받는다. 그 스승에게 감사하는 간접적인 방법은 스승에게서 받은 것을 자신의 제자에게 되돌려주는 길이다. 위로 올라가는 상구교육의 과정에서 겪게 되는 어려움을 극복하도록 도움을 제공한 스승의 은혜를 기억하면서 그에 대한 보답으로 하화교육을 하게 되는 것이다.

그러나 순수한 의미의 하화열정은 후진에게 도움을 준다는 시혜의 마음마저 사라졌을 때 성립한다. 온갖 종류의 자원봉사가 항상 그러하듯이, 하화교육도 인류의 발전이나 스승에 대한 보답이라는 차원이나 어떤 대가를 바라는 차원, 또는 희생이라는 차원을 넘어서 그 자체가 즐거움과 보람으로 다가설 수 있는 내재적 가치를 지니고 있다는 점에 주목해야 한다. 자신이 상구를 통해서 애써 얻은 품위를 후진들에게 재생시키고 그들의 공감을 얻어내는 하화교육은 인류의 한 구성원으로서 다른 것에서 얻을 수 없는 응분의 만족과 자부심을 느낄 수 있게 한다. 종국적으로 하화교육은 그런 정제되고 승화된 내재적 가치와 동기에 근거할 수 있어야 한다.

하화자가 봉착하는 가장 큰 장애의 하나는 어느 품위에 있든 간에 그의 후진들은 자신이 어리석다는 것을 아직 모르고 있다는 점이다. 그런 후진에게 자신의 제자가 되어 보라는 청학(請學)은 선진이 보일 수 있는 최고의 인간적인 후의지만, 후진이 그 청학을 선뜻 선의로 받아들이는 것은 아니다. 자신이 후진일 경우에도 사태는 마찬가지였을 것이다. 하화열정은 그 난제까지 극복할 정도로 강렬해야 한다. 그 뜻은 제자의 성숙에 의해서 비로소 확인되며, 그에 따른 보상은 그 난제를 극복하는 노력의 정도만큼 커진다.

라. 내재율의 이탈

교육의 공간에 진입하고자 할 경우에 주체는 적어도 그 자신이 지닌 내재적 동기의 특성에 귀기울이고 그것을 발현시키려고 노력해야 한다. 상구열정을 동반한 자리와 하화열정을 내포한 이타는 우리 안에 잠복하고 있다가 교육이라는 특정한 맥락에서 자연스럽게 발현되는 동기이다. 그에 대한 선별과 선택이 제대로 되어 있지 않은 상태에서 아직도 여타의 외재적 동기가 사태를 압도하거나 지배할 때, 교육은 그 본연의 속성을 유지하기 어려운 위험에 봉착한다. 교육이 외재적 동기에 의해 지배된다면, 교육은 그 활력을 잃고 정지된다. 혹은 교육활동보다는 여타의 활동이 더 만족을 줄 수 있다는 판단이 설 때, 전자는 후자의 것으로 언제든지 대체된다.

외재적 동기 가운데 경계해야 할 부류의 하나가 세속적 이해관계와 효용의식의 개입이다. 정치는 권력이 획득되고 배분되고 유지되는 세계이다. 강자와 약자 사이의 주종관계, 강자에 의한 약자의 검열과 위협, 이에 적응하기 위한 결탁, 연대, 배타, 충성, 복종, 저항 등의 양태가 그 특수한 동기를 결정한다. 그런 맥락에서 타인을 자신의 의도에 맞게 조작하려는 힘이 작용한다. 한편이 상대를 속박하고 약화시켜 자신에게 의존하게 만들려고 하며, 다른 편이 의존, 복종, 아첨, 혹은 저항으로 대처하려고 한다. 그러나 전자 역시 자신에게 의존하는 자들에게 의존하려고 한다는 점에서 후자에게 구속되는 것이다. 이렇게 서로가 상대방에 의존하는 가운데 양자는 주체성을 상실한다.

교육 본래의 내재율에서 이탈하는 다른 하나의 경로는 경제적 동기다. 경제계에서는 인간도 물질이나 재화처럼 경제적 기능성에 의해서 그 존재가치가 인정된다. 경제적 관계는 상호간에 경제적인 이득이 조화되는 범위 안에서 이루어진다. 부에 대한 욕구가 앞서는 교육행위는 일종의 상품과 같다. 상품거래의 경우처럼 생산자와 소비자라는 관점과 책략이 교육에 침투하기 시작한다. 이처럼 물질적 반대급부를 앞세워 상구하거나 하화하는 것은 엄격하게 말해서 교육활동을 하는 것이 아니라, 상대방에게서 물질적 이득을 끌어내거나 상대방과 상거래를 하고 있는 것에 불과하다.

교육에서 이탈하는 또 다른 세속적 동기는 서로가 하나의 집단 속에서 공생하는 데 치중하는 것이다. 서로 고립되어 무관심하거나 적대시하는 것보다 서로 사귀며 살아가기 위해서는 집단의 평균과 다수의 의견에 동조하거나 복종하는 대가를 치러야 한다. 사회적인 규정, 풍속적 검열, 그리고 대중적인 기대에 어긋나지 않기 위해서 타인의 반응에 민감해야 한다. 이처럼 사회적인 안전, 소속, 인정의 욕구가 지배하는 곳에서 교육은 대중적 찬사, 갈채, 인정과 불인정의 맥락에 처한다. 교육은 사회적 지위를 획득하는 수단의 위치로 전환되며, 그 경쟁에서 실수나 오류를 노출시키지 않으려는 방어적 태도가 작용한다. 위장수법, 인상관리, 임기응변적 대응 등 각종 외면적 적응이 내면의 확신과 만족에 우선한다.

수도계적 동기도 교육에서 경계해야 할 외재적 동기에 속한다. 교육의 입장에서 보면, 수도계의 품위는 동등한 소재가치를 갖는다. 만약 그것이 단지 그 수단의 범위를 넘어서 교육의 주된 목적으로 전환되면, 한 단계의 높은 품위를 소재로 하는 교육이 그 이하의 모든 품위들의 교육보다 더 소중한 것으로 평가받게 된다. 이 경우 낮은 품위를 소재로 하는 교육과 높은 품위를 소재로 하는 교육의 차이가 예리하게 드러나면서 무조건 높은 품위에 집착하게 되며, 그것에 도달하기 위한 교육 이외의 수단을 선택하거나 혹은 하위 단계의 교육들을 생략하려는 경향도 자연스럽게 나타난다.

교육적 관계 역시 비정상적으로 왜곡된다. 상구와 하화의 내재적 동기의 차원보다는 선진과 후진의 우열에 대한 의식이 더욱 전면에 부각되면, 스승이나 제자의 몫을 자연인의 품위수준을 기준으로 양분하는 교육의 편중현상이 일어난다. 일정 수준의 높은 품위의 소유자만이 하화교육이 가능하다거나 혹은 허용되어야 한다는 편견이 작용한다. 선진과 후진은 서로 경쟁하는 관계이며, 하화자와 상구자는 서로 협력하는 관계이다. 하나의 공간 안에서 만약 전자가 후자보다 더 중요한 차원으로 부각될 때,

스승과 제자는 협력이 아니라 경쟁하는 상대로 전환된다. 그 경향은 품차가 큰 관계보다는 작은 경우에 더욱 두드러질 가능성이 많다. 이런 상황에서 그 경쟁의 저의를 억제하는 것이 부자연스러울 뿐만 아니라, 그것을 고의로 숨기면서 교육의 파트너로 참여하는 것은 위선이다.

1.2.2 변형의 방향

가. 차원의 개요

교육 주체는 제한된 범위의 영역을 교육의 소재로 삼고, 그 경계 안에서 전반적이고 균형 있는 체험의 구축이나 쇄신에 관심을 집중해야 한다. 그 범위는 크거나 작을 수 있으며, 그 크고 작음에 상관없이 나름대로의 자율적인 전체성을 지닌다. 큰 규모의 것으로 학문, 예술, 각종 스포츠 및 취미 등이 있다. 그 가운데 무엇을 소재로 선택할 것인가 하는 것은 각자의 자유이다. 그 범위가 더 축소될 수도 있다. 예술보다는 학문을 선택하고, 학문 가운데서도 어떤 특정한 분과학문을 선정한 뒤, 해당 분과학문 안의 더 세분된 주제로 진입해 나가는 것도 소재 선택의 전략이 될 수 있다. 그중 어느 선택은 선택되지 않은 다른 소재의 배제를 전제한다.

선택된 교육소재의 실재성은 교육 주체의 체험구조를 기반으로 점차 밝혀진다. 체험에는 인지적인 것은 물론 감정과 의지, 신체 등 모든 유기체적인 것들이 포함되어 있다. 품위는 서로 연관을 맺고 있는 전체적인 체험요소들의 어울림이다. 개인은 자신의 품위를 통해서 선택된 소재에 대해서 지각하고-느끼고-생각하고-판단하고-반응한다. 그것이 하나의 안정된 전체를 형성하게 될 때, 해당 수도계의 실재성이 확실해 보인다. 그러나 언제나 기존의 품위로는 쉽게 동화할 수 없는 문제들이 끝없이 등장하며, 그 실재성에 대한 교육 주체의 확신은 결국 잠정적인 것에 불과한 것으로 판명된다.

품위란 바로 주체와 객체의 상호작용의 한 양상이다. 외계의 환경은 언제나 우리에게 문제를 안겨주며, 기존 품위의 부분적인 수정, 전면적인 해체, 재구성을 요구한다. 그 품위의 해체와 재구성이 발생하는 계열이 바로 품위의 상대적인 위계를 이룬다. 그 위계의 서로 다른 수준을 차지하고 있는 선진과 후진은 수도계가 마련하는 체험의 면에서 총체적인 차이를 보인다. 품위의 기준을 어디에 두느냐에 따라 당면하는 문제와 그에 대한 해답이 다르다. 선진이 지난날 이미 극복한 해결을 후진은 아직 당면해야 할 문제로 남기고 있다. 체험내용의 차이 때문에 어느 것이 당연하고 어느 것이 당연하지 않은 것인지에 대한 그들의 규정 또한 다르다. 선진에게 자연스럽고 당연한 것이 후진에게는 신비롭고 모호하며 이상한 것으로 보이는 것이다.

교육적 교섭은 스승과 제자가 그 규정의 차이를 반영하는 상대의 환경으로 작용하면서 교섭을 하는 양상을 지칭한다. 교육은 그 주체가 지니고 있는 세계에 대한 상이한 체험을 계기로 삼아 촉발되어 점차적으로 그 체험을 서로 조정해 나가는 과제를 내포한다. 체험은 명시화하기 어려운 암묵적인 요소를 지닌 유형 혹은 구조의 형태를 갖추고 있으며, 제자가 스승의 품위에 접근한다는 것은 바로 그들 사이에 그 구조접속의 과제를 수행하는 것을 의미한다. 그 과제는 어떻게 수행되는가? 교육에서는 그 해법을 스승이 이전에 환경과의 상호작용을 통하여 극복했던 과정을 제자가 반복하는 데서 찾는다.

시간의 추이는 교육의 기본요소이다. 교육은 언제나 미래와 과거가 교차하는 현재라는 시간 안에서 일어난다. 그 현재야말로 인간형성과 관련하여 과거와 미래의 내용을 창조적으로 결정하는 무대의 원점인 것이다. 지금 여기서 무엇을 하느냐에 따라 바로 몇 초 전의 과거와 다가오는 미래에 대한 전개가 달라진다. 그 현재란 일순간이 아니다. 교육의 공간 안에서 시간은 물리적인 것을 뛰어넘어 주체의 체험이 개입되는 시간이다. 품위의 차이는 서로 다른 경륜을 대표한다. 선진은 후진의 미래이며, 후진은 선진의 과거에 속하기 때문에 후진에게 혁신적인 상황이 선진에게는 보수적인 것이다. 교육 주체의 입장에서 상구교육은 자기혁신에 해당하고, 하화교육은 자기보수에 해당한다. 동시대에 이루어지는 이런 특수한 보수와 혁신의 두 날개가 주기적으로 조화를 유지함으로써 교육의 수레바퀴가 힘차게 진전할 수 있다.

현품은 얼마만큼 완전한 것이면서도, 동시에 얼마만큼 불완전한 것이라는 중간 지대에 위치하고 있다. 아무리 낮은 단계의 품위라고 하더라도 그것보다 더 낮은 것에 비해서 높으며, 반대로 아무리 높은 단계의 품위라고 하더라고 그것보다 더 높은 것에 비해서 낮다. 교육 주체의 현품은 그에 대한 서로 다른 평가에 따라 상구교육 혹은 하화교육의 소재로 갈라진다. 상구교육의 경우에는 불완전한 부분이 부각되면서 미품에 대한 관심이 우위를 차지하며, 하화교육의 경우는 완전한 부분이 부각되면서 과품에 대한 관심이 우위를 차지한다. 상구할 때에는 주체의 현품을 부정하려고 하고, 하화할 때에는 주체의 현품을 긍정하여 이용하려고 한다. 제자는 스승이 이미 습득하고 발견한 것을 반복한다. 스승의 입장에서 규정된 이런 사태는 제자의 입장에서 항상 공포, 불안, 도전감, 흥분, 즐거움, 열정 등을 동반하는 새로운 경험의 순간이다.

나. 상구교육의 혁신

품위는 언제나 불완전하며, 잠정적이다. 일상에 안주하려는 현품의 한계를 자각하고, 그것에서 탈피하는 것이 혁신의 의미이다. 자기극복의 고뇌 속에서 이루어지는 변신만이 좀 더 상위 품위로의 진입을 허용한다. 상구자는 자신의 현품에 내재되어 있을 오류, 편견, 사견, 독선, 위선을 발견하고, 그것을 기꺼이 버리려고 노력해야 한다. 그 과정에는 알지 못하는 것을 알아내야 하는 역설과 없는 것을 만들어야 하는 딜레마가 포함되어 있다. 현품 자체가 미품을 산출하는 직접적인 원천이 될 수 없다. 현품과 외부환경 사이의 부단한 상호작용을 통하여 문제가 발견되고, 새로운 가능성이 탐색되며, 새로운 품소(품위의 요소)의 습득과 재구성이 이루어질 수 있다.

진보를 이루기 위한 상구교육은 완전하지 못한 현재의 상태에서 완전함을 찾아 계속 찾아가는 시간이며, 현재를 과거의 것에 비추어 반성하고,

더 나은 미래를 예견하며 탈출하는 활동으로 이루어진다. 상구는 상구자에게는 현재에 의한 미래의 규정이지만, 선진에게는 과거에 참여하는 공간이다. 따라서 그는 선진을 자신의 존재적 미래로 수용하고, 그 미래를 실현하는 계획을 수립할 수 있다. 말하자면 역사적으로 과거의 인물이지만, 그를 선진으로 삼아 상구교육에 참여할 수 있다는 뜻이다. 그런 시간을 통해서 그는 과거와 현재에 사로잡힌 자신의 감옥에서 벗어나 더 넓은 실재를 경험하는 것을 스스로 확인하면서 그 나름의 성장과 발전의 역사를 만들어 나간다.

상구자는 언제나 규정된 실재의 한계를 뛰어넘으려 한다. 그의 내면과 별도로 정의될 수 있는 일반적인 의미의 객관 세계란 존재하지 않는다.[22] 외부의 세계가 그 자체로서 고정되거나 완성되어 있는 것으로 비춰질 때, 그만큼 자신이 변하지 않고 있다는 것을 의미한다. 상구교육의 첫 출발은 현품의 한계를 분명하게 식별하는 것이다. 현품이 확실한 것으로 규정하는 경계 너머에는 항상 무한대의 불확실성이 은폐되어 있다. 후진의 미품을 현품으로 이미 갖춘 선진의 눈에 너무도 분명한 한계를 상구자는 아직 자각하기 어렵다. 그것을 포용하고 있는 미품에 접하는 첩경은 상구자가 아직 생소하기 그지없는 새로운 상황과 부단히 접촉하는 것이다.

미품은 마치 황야나 심해처럼 그 경계 안에 진입하는 외부인에게 그 자격을 가혹하게 시험한다. 미품은 탐색해 나갈 대상이기 때문에 미리 그 실체를 예견하기 어렵다. 손쉽게 어떤 특수한 결과를 기대하는 것은 언제나 성급하다. 지금으로서는 기대할 수도 없는 무엇인가가 출현할지도 모른다고 기대하는 것이 차라리 현명하다. 상구자에게는 그가 확보한 현품 수준의 고하를 막론하고, 불확실, 혼돈, 혼란, 당혹함이 기다리고 있다. 그의 현품으로 해결할 수 없는 과제가 주어지며, 그것들은 좌절과 시련을 동반한다. 그 원인은 그를 둘러싸고 있는 외부세계 자체의 속성이라기보

---

22) 해변의 사람에게 밀려오는 파도가 서프보트를 탄 사람에게는 정지된 상태에 있다고 말할 수 있다. 예술작품도 그것을 감상할 수 없는 사람에게는 물체에 불과하다. 선진에게 순경(順境)인 환경이 후진에게는 역경(逆境)이다.

다는 아직 그의 품위가 그 상황을 당연하고도 정상적인 것으로 받아들일 만한 수준에 못 미치는 것과 관련되어 있다.

상구자는 현품을 미품으로 대체해 나가야 한다. 미품의 획득은 직선적으로 순탄하기보다는 예외 없이 우여곡절을 거친다. 미품에 대한 예상과 결과 사이의 불가피한 모순이 끊임없이 해소될 수 있어야 한다. 소재로서 품위는 그 세계 안에서 영위하는 삶의 맥락과 깊은 상관을 갖는다. 그 특수한 맥락은 세부적으로 분석해서 드러낼 수도 없는 차원을 지니고 있다. 이것을 제대로 수용하고 다룰 수 있는 상구자 자신의 전면적인 변화를 부단하게 요구한다. 소재에 대한 새로운 체험을 추구하기 위해서 상구자가 불확실한 상황에서 모험의 감행, 자유로운 실험, 시행착오 등 자신에게 잠재되어 있는 다양한 능력을 실현하고자 모색하는 일은 그것 자체가 상구 활동에 해당하는 것으로서 결코 시간낭비로 보아서는 안 된다.

소재에 대한 고유한 경험은 그 결과로써 대체될 수 없다. 그것이 진정한 의미의 연습과 실습의 의미이다. 강을 건너는 것이 수영이라면, 그것은 뱃사공에게 동전 두 개만 주면 될 것이다. 말만으로는 앉아서도 산을 강으로 만들 수 있다. 그러나 그 말에 담긴 진정한 의미는 산을 강으로 만드는 활동에서 나온다. 학문을 소재로 하는 교육의 경우에 지식을 단지 흉내 내는 데에 그칠 것이 아니라, 그것을 탐구하고 획득하고 응용해 보는 것이 중요하다. 예술을 소재로 하는 교육의 경우에 예술에 대한 책을 읽는 것보다는 작품을 감상하거나 실제로 만들어 보는 것이 중요하다. 도덕교육에서 말만 하고 행동을 못하는 경우, 그것은 시작에 불과하다. 이 경우 중요한 것은 말한 바를 실행에 옮기는 것이다.

소재에 대한 고유한 체험은 인지적인 측면 이상의 포괄적인 유기체적 몰입과 참여를 요청한다. 상구자는 문제사태가 자신에게 요구하는 변화에 민감하게 주목하고 적절히 대응함으로써 새로운 품소의 자료를 얻을 수 있다. 그러나 개별적인 품소들이 하나의 전체적 유형으로 응집되지 않은 한 아직 그 의미가 확정된 것이 아니다. 이 과제는 "구슬이 서 말이라도 꿰어야 보배"라는 속담을 연상하게 한다. 상구자는 그것들이 하나로 통합하여 새로운 의미가 출현하는 시점을 기다려야 한다. 품소의 분화, 불균형, 다시 그 갈등을 조정하는 과정이 진행하는 어느 시점에서 차상품이 현품의 논리로는 설명하기가 어려운 암시나 계시의 형태로 나타나기 시작하며, 서로 분리된 세부적인 품소들이 회득(會得)되었을 때 차상품에 대한 온전한 경험이 가능하다.

다. 하화교육의 보수

모든 품위는 그 수준의 고하를 막론하고 긍정적인 측면과 부정적인 측면을 동시에 지니고 있다. 그 가운데 긍정적인 측면에 큰 의미를 부여할 때, 해당 품위는 소지한 주체에게 자긍심의 원천이 된다. 선진의 품위는 그 수준이 설사 아무리 낮은 것이라고 할지라도 후진에게 새롭고 비범한 품위로 평가받을 특권과 권위를 갖는다. 후진이 자신의 현재만이 가치가 있다고 주장하면서 자칫 선진의 현품을 간과하거나 무시한다면, 그것은 쌍방에게 큰 손실이 된다. 그런 통상적인 오류를 바로 잡으면서 선진으로서 자신의 품위가 후진의 것에 비해 보존할 가치가 있음을 입증하는 것이 하화자의 과제이다.

시간적으로 보면, 하화교육은 상구교육과 반대의 방향으로 지향된다. 후진의 진보를 촉구하는 하화자는 자신의 현재를 잠시 유보하고 자신이 과거에 처했던 어리석은 상태를 회상하며, 그 후진의 품위를 현재의 자신의 품위 쪽으로 끌어올리는 작업을 수행한다. 이것은 선진의 과거와 현재 속에서 후진의 미래에 참여하는 특이한 공간이기도 하다. 설사 사멸한 후에라도 우리 각자는 후대에게 최소한 상구할 만한 소재를 남길 수도 있다. 이런 점에 비추어 하화자는 자신이 사멸하더라도 그의 품위는 지속될 수 있다는 확고한 신념을 가져야 한다.

그 가능성은 바로 후진이 하화자의 품위를 동화함으로써 실현된다. 하화교육은 후진의 품위를 선진의 품위에 접근하도록 재건하는 것이다. 선진의 품위는 선진 자신에게는 아무리 진부한 것일지라도 그의 후진에게는 참으로 혁신의 과정을 거쳐서 보존되어야 할 값진 보물과 유산이다.

그만큼 각 개인은 아직도 해당 품위에 이르지 못한 후진에게 선진으로서의 우월한 위치에 있다. 선진의 품위가 미래에 끊임없이 재생될 때 인류가 발전될 수 있다. 자신의 현품이 갖는 가치가 이처럼 장차 드러날 것에 대비하여 하화자는 자신의 품위를 전승하며 보존하는 방식을 모색해야 한다.

하화교육은 후진이 모르는 것을 알게 한다는 역설을 포함된다. 그 역설은 제자 편에서 앞쪽을 바라보는 변화를 선진이 뒤쪽을 바라보는 변화로 전치시키는 과제를 수행함으로써 해소될 수 있다. 하화자는 자신의 현재를 잠시 유보하고 후진의 위치로 되돌아가서 자신이 과거 그 위치에 있을 때 수행했던 상구를 제자가 좀 더 효과적으로 재생할 수 있도록 도와야 한다. 선진으로서 하화자가 가진 현품의 질서와 확실성은 과거의 어느 시점에서 무질서와 불확실성의 극복이라는 실천을 통해서 얻을 수 있었다. 이 때문에 하화자는 자신이 확보한 확실한 품위가 후진에게는 불확실성의 영역으로 되살아나도록 하는 역행의 과정을 밟을 수 있어야 한다.

스승은 제자가 문제나 곤란에 봉착하도록 덫을 놓는다. 스승은 그 해결점을 기지의 것으로 이미 확보하고 있기 때문에, 제자가 그 어려움을 극복하려고 할 때 그 길잡이로서의 예상, 예보, 예령 등의 형태로 미리 그 방향을 제시해 주거나 예언적 교시를 내려 제자로 하여금 이에 대비하도록 도와야 한다. 제자는 자신이 알지 못하는 길을 가고 있는 것이기 때문에 언제나 주의산만, 불안, 시행착오 등을 경험한다. 미지를 찾아 나서는 제자에게는 기본적으로 원초적인 두려움이 있기 마련이다. 그 위협을 감소시키고 이를 기꺼이 도전으로 받아들이게 하는 것도 하화자의 몫이다. 제자가 새로운 경험에 직면하여 당황하게 될 때, 그것이 누구나 봉착하는 문제라는 점을 일깨워 주며, 이와 관련된 자신의 영웅적 회고담을 제시하는 것은 큰 격려가 될 수 있다.

품위의 안정은 맥락의 구성과 체험소의 전체적인 균형과 조화에서 찾아야 한다. 이를 제자의 편에서 성취하도록 돕는다는 것은 선진의 단편적인 품소의 누적 이상의 것들을 포함한다. 제자의 품위에 불균형을 가져올 수 있는 선진적 품소들을 도입함과 아울러, 그것들을 하나의 체제로 조직할 수 있는 구성적 작업은 마치 친숙하고도 오래된 음(音)을 이전과는 다른 맥락에서 새로운 음악의 한 부분으로 재생해 내거나 다양한 악기와 음을 그 전체의 조화에 유념하면서 알맞게 어울리게 조정하여 새로운 화음을 창조해 내는 지휘자의 과제에 비유할 만하다. 품소의 하나가 아무리 선진의 것에 도달했다고 하더라도 그 여타의 것과 조화를 유지하지 못한다면 품위의 기능을 할 수 없다.

아무리 초라한 배를 타고 있다고 하더라도 그것을 대체할 다른 가용한 배가 출현하기 전에는 그것을 파괴할 수는 없는 법이다. 대체할 새로운 배의 제작과 더불어 이전의 낡은 배를 떠나게 된다. 제자에 대한 스승의 안내가 성공적으로 이루어졌을 때, 그것은 결국 제자의 품위 향상으로 연결될 것이다. 그 성과는 스승의 입장에서 보잘것이 없을지 모르나 제자에게는 환희를 동반한다. 스승은 제자의 입장에 서서 이에 공감하는 축하를 보내야 한다. 이는 마치 배우가 여러 차례 똑같은 공연을 하고 있으면서도 아직 그 공연을 관람한 적이 없는 관객에게 최초의 것처럼 공연하여 새로운 흥분을 재생시키고 유발해야 하는 과제처럼 언제나 도전적인 것이다. 그 과제의 성공적인 수행은 스승에게 자신의 영웅적 과거를 제자의 미래와 연결시킨 뿌듯한 보람을 안겨 준다.

라. 내재율의 이탈

체험은 통일적이며, 그것은 끊임없이 흘러간다. 교육의 소재는 교육적 교섭의 일관성을 유지하도록 하는 기능을 한다. 선진으로서의 하화자와 후진으로서의 상구자가 각자의 지위를 유지하는 근거도 바로 선택된 소재에 달려 있기 때문에, 상구교육에 의한 품위의 혁신이든 하화교육에 의한 품위의 보수든 간에, 교육적 교섭이 진행되는 동안에는 선택된 소재의 범위와 연속성을 유지할 수 있어야 한다. 만약 주어진 소재의 그 전체적인 범위를 교육적 교섭의 과정에서 이탈하면, 누가 선진이고 후진인지 판별할 기준이 불분명하게 되어 그 교육적 교섭이 지연될 뿐만 아니라 그 집중력에 손상을 준다.

물리적인 시간이 아니라 체험상의 과거와 미래를 연결하는 것이 바로 교육적 교섭이다. 그런데 현품은 과품이나 미품과의 관계에서 파생하는 긴장과 갈등에 직면하여 과거는 이미 지나가 버린 것이며, 미래는 기다리면 언젠가는 오게 된다는 식의 안이한 양태를 보일 수 있다. 후진은 자신의 미품을 실현하려고 들기보다는 현품에 안주하려 하고, 선진은 그의 현품을 근거로 하여 과품의 가치를 낮게 평가할 수 있다. 이처럼 물리적인 시간과 체험의 시간의 근본적인 차이가 무시되는 경우에, 품위의 소재가치는 실현되기 어려우며, 미품과 과품 사이의 발전적인 연결을 기하는 교육적인 삶이 중단된다.

현품은 그것과 이질적인 체험내용을 가진 과품과 미품의 존재를 있는 그대로 직시하고 인정하기보다는 그것들을 현품 자체에 환원시켜 쉽게 해석해 버리려는 속성을 갖는다. 흔히 현품을 하나의 종착점으로 보고, 그것과 모순되거나 혹은 기대에서 벗어나는 것은 그것이 무엇이든지 간에 무의미하거나, 모호하거나, 고루하거나, 시대착오적인 것으로 판단해 버리는 것은 이 때문이다. 시간의 흐름을 현재의 평면에 가지런히 정리해 놓는다. 현품은 또한 새로운 것이나 지금까지 알려지지 않았던 것을 이미 친숙하고 낯익은 것에 불과한 것으로 동화하려고 한다. 이러한 함정은 새로운 사실, 자료, 그리고 과거의 엄청난 역사적 유산이 지닌 교육적 의미를 손상시키고 사장시킨다.

선진과 후진의 품위가 구조적으로 접속하려면, 그 한편에서 다른 편으로 향하는 변형이 요청된다. 구조의 특징은 체제, 유형, 요소들 사이의 정합성과 관계이다. 품위의 차이는 그 요소들의 산술적인 집적보다는 그 조합의 양상이 어떤 것이냐의 여부에 의해서 더욱 뚜렷하게 드러난다. 한 부분의 의미나 변화는 다른 부분이나 전체의 것과 무관하게 성립하지 않는다. 이처럼 이전의 체험구조를 해체하고 새로운 체험구조를 재건하는 어려운 과정을 쉽게 회피해 가려는 경향이 있다. 이른바 '행동'[23]의 요소를 세분하고, 그 분리된 세목들을 훈련시키고, 그 세목이 달성된 성과를 기계적으로 평가하는 방식은 그 좋은 예이다. 이 이면에는 소박한 경험주의와 원자주의가 작용한다.

구조접속의 작업은 단순히 낡은 품소들의 양을 늘려나가는 것도 아니고, 새로운 품소들을 하나씩 추가해서 누적해 가는 것도 아니다. 동적인 전환을 이루기 위해서 제자 쪽의 혼란, 좌절, 실패, 시련, 역경을 이겨내는 끈질긴 노력과 그것을 유도하고 지켜보는 스승쪽의 격려와 인내력이 요청된다. 그런데 선진과 후진 사이의 체험 내용상의 갈등과 불일치를 단순한 관념이나 논리로 환원시켜 그 어려운 과정을 언어의 형식으로 쉽게 전달하고 전달받으려고 하는 나태한 생각이 작용하기 쉽다. 선진이 자신의 언어를 단지 반복적인 연습을 통해서 습득시키려 하고, 후진은 선진의 언어를 단지 단편적으로 모방하려는 활동이 진행된다.

체험의 암묵적 차원은 언어의 기술적 범위를 넘어선다. 더구나 언어 자체가 그림과는 판이한 실체이다.[24] 기호의 차이와 관계가 그 의미를 결정한다. 언어를 통해서 그 결과의 외형에만 일치시키려는 이런 반복적인 연습과 모방은 누구의 체험구조와 맥락에 의하여 해석되느냐에 따라 그 의미가 사방팔방으로 흩어지고 만다. 설사 높은 품위의 요소라고 하더라도 그것이 후진에게 언어로 전달될 때는 후진의 품위를 거치기 마련이며 이 과정에서 불가피하게 왜곡이 생겨난다. 이처럼 품위의 언어적 기호들이 단지 선진과 후진의 품위에 부합하는 방식으로 동화되거나 해석될 때, 그 활동들은 각자가 각자의 현품을 그대로 견지하는 것에 불과하다.

이 부분에 대한 지적이 교육에서 언어나 소통이 어느 경우나 배제되어야 한다는 것으로 해석될 필요는 없다. 교육적 교섭에서 언어나 이를 통한 소통은 품위를 전달하는 기능을 한다기보다는 품위의 형성에 도움이 되는 실천의 일부를 구성한다는 점에 주목할 필요가 있다. 교육어와 언교

---

23) 행동은 주로 심리학이나 행동과학의 탐구대상으로 '품위'의 개념과 전혀 다르다. 이 부분에 대한 설명은 ≪학문과 교육(중권 I)≫(장상호, 2005a)의 '실증적 측면(4.1.1 pp. 463-471)'을 참조하시오.

24) 이 부분에 대한 설명은 ≪학문과 교육(상권)≫(장상호, 1997a)의 '언어학적 전회(2.4.3 pp. 345-360)'를 참조하시오.

가 교육활동의 보조수단으로서 중요한 역할을 할 수 있다.[25] 언어적 소통을 통해서 선진과 후진 간의 품위상의 오해를 간접적으로 확인하고, 점차 품위를 표현하는 방법과 형식을 습득하는 것 역시 중요하다. 새로운 체험 구조의 형성을 동반하는 언어의 습득은 지적인 이해뿐만이 아니라 놀라움, 울렁거림, 외경, 존경, 애착 등의 감동적 반응을 동반한다. 정상적인 언어적 소통은 그 연후에야 성공할 수 있다. 여기에서 말하는 내재율의 이탈은 그 선후가 뒤바뀐 경우로 그에 따른 언어적 소통은 단지 애초의 오해를 강화할 뿐이다.

1.2.3 품차의 양해

가. 차원의 개요

두 자연인 사이의 교육적 관계는 품차를 전제한다. 상구교육을 하려면 선진과 가까이 접촉해야 하고, 하화교육을 하려면 후진과 가까이 접촉해야 한다. 이때 선진과 후진이 스승과 제자의 관계를 형성하고 유지함에 있어서 넘어가야 할 불가피한 장애물이 놓여 있다. 선진과 후진은 적어도 해당 수도계에 대한 관점, 판단 기준, 용어의 사용 등에서 전반적으로 어긋난다. 이로 인해서 교육적 교섭이 이루어지는 모든 과정에서 스승과 제자가 교육의 소재와 관련하여 서로 갈등과 오해의 대상이 되는 것은 불가피하며, 교육적 교섭은 그것을 극복할 수 있는 태도의 변화를 전제한다.

교육에 참여하는 모든 주체에게 동일하게 주어진 실재란 존재하지 않는다. 삶은 각자가 차지한 현품 안에서 이루어진다. 개인 사이에 큰 차이가 있음에도 불구하고, 그 현품은 그것을 소지한 사람들에게 공통된 특성으로 그 자체를 드러낸다. 현품은 모든 외부의 불확실하고 예측할 수 없는 상황 안에서 개인에게 편안함과 자신의 정체성을 유지하는 안정적인

---

25) 이 부분에 대한 설명은 ≪학문과 교육(중권 I)≫(장상호, 2005a)의 '교육어의 활용(3.6.3 pp. 426-431)'을 참조하시오.

보호막이 된다. 외부의 환경들이 그 수준에 맞도록 동화되고 해석된다. 그 현품 안에서 세계는 일단 명백함, 평범함, 익숙함, 친밀함, 절실함, 당연함, 정상, 납득할 수 있는 것 등으로 경험된다. 이처럼 우리 각자는 체험의 면에서 어쩔 수 없이 세계의 중심에 위치하고 있다.

각각의 품위에 의해서 여과되는 실재는 다양한 관점과 해석을 허용한다. 같은 조건의 환경이 다른 의미로 받아들여진다. 후진에게 문제인 것이 선진에게는 이미 문제가 아니다. 문제에 대한 해답의 규정과 평가에 있어서 일치하지 않는다. 현품은 당장 자신이 가지고 있는 재산이며, 더 나아가 그 해당 수도계와 관련하여 한 주체가 현재로서 경험할 수 있는 최선의 것이다. 이 때문에 이것이 그 점유자의 기호와 선호의 기준이 된다. '진', '선', 혹은 '미'를 평가하는 데, 그리고 여타의 '높다', '크다', '어렵다' 따위의 그 절대성을 알 수 없는 것들의 비교를 위한 잣대로 작용하는 것이다. 후진이 정답이라고 주장하는 것을 선진은 오답으로 판정한다.

'어렵다'거나 '쉽다'는 수식어의 의미에도 차이가 있다. 선진은 어려운 문제를 잘 풀고, 후진은 어려운 문제를 못 푸는 것이 아니다. 그들 모두 어려운 문제는 잘 풀지 못한다. 다만 선진은 후진이 풀기 어렵다고 보는 문제를 어렵지 않게 풀 수 있을 뿐이다. 스승은 선진으로서 그가 거친 이전의 단계에 머무르고 있는 제자의 후진성을 이해하기 힘들다. 이런 '선진적 이질감'은 "개구리 올챙이 적 모른다"는 속담에 잘 함축되어 있다. 다른 한편으로 제자는 후진으로서 스승을 이해할 수 없다. 이런 '후진적 이질감'은 경험의 부재에 따른 불가피한 결과이다. 그 이질감의 범위는 품차와 비례한다. 품차가 큰 스승과 제자일수록 서로를 이해할 수 있는 거리와 멀리 떨어져 있다.

이처럼 스승과 제자는 정상적인 언어적 소통에 필요한 공통된 체험의 기반을 결여하고 있다. 이런 현실적인 장애와 한계를 감수하면서 스승과 제자 사이의 품차를 줄여나가는 데 바로 교육적 교섭의 취지가 있다. 잦은 교육적 교섭이 그 결여된 상호주관성의 간극을 보충하는 통로이다. 그 과정에서 당분간이나마 상대의 품위에 대한 특수한 배려가 요청된다. 그것은 비로 현제로서 그들이 서로 다른 수준의 품위에 위치하고 있다는 사실을 인정하고, 그로 인해서 서로 갈등과 충돌이 일어나지 않는 방식으로 교육적 협동이 진전될 수 있게끔 서로 양해하는 것이다. 제자는 스승의 품위에 대하여, 그리고 스승은 제자의 품위에 대하여 서로 존중하면서 예의를 갖추어야 한다.

서로의 품차에 따른 선진과 후진의 상호주관성의 결여에도 불구하고 이들이 스승과 제자라는 교육적인 관계를 성립하고 유지하려면 스승에 대한 제자편의 '존현(尊賢)'과 제자에 대한 스승편의 '존우(尊愚)'의 대비와 조화가 요청된다. 이는 스승과 제자가 자신들이 각각 가지고 있는 현품의 작용을 보류한 상태에서 상대의 품위에 접근하려는 기본적인 태도에 해당한다. 한편에서 스승이 제자에 대해서 존우하면서 하화하고, 다른 한편에서 제자가 스승에 대해서 존현하면서 상구하는 마지막 단계에 이르러서야 비로소 그들 사이의 상호주관성과 이해의 공감대가 가능하게 되는 것이다.

나. 상구교육의 존현

후진이 선진을 선택해서 스승으로 받들어 모시는 것은 자신의 상구교육에 큰 도움이 된다. 그럼에도 불구하고 후진은 자신의 현품을 갖고서는 선진을 제대로 식별하기 어려울 뿐만 아니라, 설사 식별을 한다고 하더라도, 그와 선진 간의 이질성 때문에 쉽게 이해하거나 사귈 수 있는 대상이 아니다. 그 한계를 늘 염두에 두고 상구자는 자신을 도울 수 있는 선진을 몰라보고 지나치지 않을까를 늘 걱정해야 한다. 설사 선진을 찾았다고 하더라도 상대가 선뜻 그를 제자로서 수락한다는 보장도 없다. 존현은 이런 어려운 사태에 대응하는 가장 적절한 예절과 태도이다.

선진의 품위 속에서 새로운 자기를 찾아 이를 실제의 자신과 일치시켜 나가고자 하는 것이 상구의 취지이다. 선진은 후진의 미품을 이미 현품으로 확보하고 있는 존재이다. 미품은 고귀함의 원천이며, 심오함과 풍요성의 지표이다. 후진은 그 선진의 품위를 얻고자 하는 열망만큼 그것을 소지한 선진에 대해서 상응하는 정도의 선망과 존경을 지녀야 마땅하다. 선진도 과거 한때 후진의 현재 품위에 해당하는 품위에 있었지만, 이를 부정하고 지양하는 상구교육의 시련을 이미 거쳤다. 선진이 그러한 시련과 노력을 거쳐서 얻은 품위와 그 과정의 존귀함도 아울러 인정해야 한다.

선진의 품위는 후진의 현품으로서는 당장 이해할 수 있는 거리에 있지 않다. 경우에 따라 몇 겹의 품위를 열고 들어가야만 이해할 수 있다. 이 때문에 설사 선진이 자신의 품위를 드러낸다고 하더라도 후진은 그의 능력으로 아직 그 깊이를 당장 헤아릴 방도가 없다. 그렇다고 해서 그를 이해할 수 있을 때까지 상대의 선진됨을 믿지 않는다면, 그로부터 도움을 받아 상구할 방도도 없어진다. 이런 제한조건에서 스승으로 모시기 위하여 취할 수 있는 제자의 태도는 스승이 자신의 선진이라는 1차적 가정을 받아들이는 것이다.

후진으로서 선진의 도움을 진정 받고자 한다면, 제자는 가능한 한 스승과 자주 접촉하고 상대의 품위가 발현되고 표현될 수 있도록 기회를 마련해 주어야 한다. 스승이 표현한 품위를 해석하는 데에는 늘 한계가 있기 때문에 제자는 그 모호함을 감수하여야 한다. 스승의 품위에 아직 이르지 못한 입장에서 제자는 스승의 수행을 제대로 평가할 수도 없다. 그 자격을 갖추기 이전에 제자는 자신의 현품에 비추어 선진의 품위를 속단하려는 태도를 유보해야 한다. 더 나아가 스승이 중요하다고 판단하는 것을 자신도 옳은 것으로 판단하기 위하여 그로부터 어떤 지도를 받아야 하는지를 진지하게 고민해야 한다.

그 해법의 하나는 스승에게 자신의 현품을 숨김없이 드러내 보이면서 모든 결점과 어리석음을 하화의 소재로 삼아 지도해 줄 것을 간청하는 것이다. 겸손은 비굴·자기비하·자기 확신의 결핍·의존·두려움 등과 구분되어야 한다. 상구자는 자신의 무능력에 대한 회의나 두려움을 가질 필요가 없다. 후진이 후진성을 드러내는 데에는 어떤 잘못도 없다. 자기 노출의 위험을 감행하는 용기가 필요하다. 제자는 겸허하고 경건한 자세로 스승에게 표면과 내면을 하나로 하여 자신의 품위를 반영하는 생각의 유형,

행위, 소망, 흥미, 계획, 표준, 이상, 생활과 수행 방식 등을 정직하게 표현해야 한다.

그 정직함은 스승으로부터 지도받을 수 있는 확실한 근거로 작용한다. 그 과정에서 제자는 자신이 정당하다고 생각하는 것을 스승으로부터 결점이나 잘못으로 지적당하게 될 것이다. 그것은 즐기고 좋아할 사태는 아니다. 그러나 스승의 지도에 제대로 순응하려면, 자신의 결점이나 허물에 대한 스승의 지적이나 충고를 기꺼이 감내해 나갈 수 있어야 한다. 이것이 상구자가 자신의 과업을 완수하는 데 지불해야 하는 불가피한 대가이나. 이처럼 스승의 품위를 자신의 것으로 점유하기 위해서 자신을 낮은 곳에 위치시키면서 인내력을 가지고 스승의 지시를 따르는 자세에 대한 적절한 표현이 '상구적 양해'이다.

다. 하화교육의 존우

하화교육은 후진의 존재를 전제한다. 하화자는 후진과 가까이 접촉하면서 그 낮은 품위를 자신의 하화활동을 위한 소재로 활용할 수 있어야 한다. 후진은 선진의 입장에서 보면 과품의 소유자로서 결코 높게 평가할 만한 인물은 아니다. 그러나 후진에게 그 평가에 당장 수긍하기를 기대할 수 없다. 후진의 품위는 선진에게는 오류일 수 있어도 후진 자신에게는 최선의 것이며, 후진의 기준에 비추어 본다면 결코 어리석은 것이 아니다. 선진이 자신의 품위에 대해서 자부심을 가지고 있는 것과 마찬가지로 후진도 자신의 현재 품위에 대해서 자긍심을 가지고 있다. 그 자긍심을 인정하는 자세가 존우에 해당한다.

선진이 후진을 이해하는 올바른 방식은 소재 영역에서 자신과 후진 사이에 존재하는 품차에 상응하는 체험을 괄호 속에 넣어 잠정적으로 보류하고 자신의 과거로 되돌아가는 것이다. 선진과 후진이라는 품위의 수준에 차이가 있다고 하더라도 어느 것이나 완전하지 못하다는 것은 마찬가지다. 선진은 후진에 비해서 현명한 것이 사실이지만, 그 위치도 어디까지나 상대적일 뿐이다. 선진 자신도 한때 후진의 상태에 있었고, 그 후진의 품위도 그보다 더 낮은 품위에 비추어 보면 존경의 대상이 될 수 있다.

미성숙과 무능에 근거한 실수와 고의적인 실수는 구분되어야 하며, 전자는 교육에서 조건 없이 관용의 대상이 되어야 한다. 입장을 바꾸면, 제자의 서투른 허물과 어리석음은 경험의 한계와 결핍에서 기인한다. 그러나 스승이 제자의 한계, 약점, 과오 등을 수용하고 공감해야 된다는 것과 제자의 반응을 그대로 용인하고 인정해 주는 것은 엄격히 구분된다. 그 공감에는 제자의 개선 가능성에 대한 신뢰와 확신이 동반되어 있어야 한다. 이제 스승은 후진을 미래의 가능성과 더불어 입체적으로 판단하고 긍정적인 기대감을 가지면서 제자에게 결핍된 경험을 보충해 주는 일과 관련하여 자신이 할 수 있는 일이 무엇인지를 발견해 나가야 한다.

선진이 후진을 이해하기 어렵듯이, 후진도 선진을 이해하는 데 어려움이 있다. 후진이 선진의 품위를 획득하도록 돕는 것이 하화교육의 과제인 점을 감안한다면, 그 과정에서 스승이 제자로부터 당장 자신의 선진됨을 인정받을 수 있을 것이라고 조급하게 기대하는 것은 금물이다. 스승은 제자에게서 당장 자신의 품위를 인정받으려고 하기보다는 제자가 주어진 주제와 관련하여 처해 있는 발전 단계를 진단하고, 그것을 다음 단계로 끌어 올리는 지도와 안내를 해 나가야 한다. 그것이 성공적으로 이루어진 단계에서 비로소 스승은 제자에게서 그의 지도내용이 지니는 권위를 인정받을 수 있다.

제자가 제반 과제를 수행하면서 드러내는 반응들은 선진의 품위에 비추어 항상 오류의 범주에 든다. 그럼에도 그것을 후진은 옳다고 우기거나 혹은 그 오류를 반복한다. 제자는 스승이 하화하려는 것에 대해서 그 나름의 선이해를 갖고 대하기 마련이다. 후진은 선진의 품위를 자신의 수준으로 끌어내려 해석함으로써 거의 언제나 선진을 오해하고 만다. 지도의 결과 제자가 어려운 문제를 해결할 수 있게 되면, 제자는 그것이 너무 쉽다고 불평하고, 다시 어려운 문제에 봉착하면, 이번에는 풀 수 없다고 불평한다. 이런 제자의 까다롭고 변덕스러운 태도는 스승에게 항상 얼마만큼의 분노와 어려움을 불러일으킬 소지를 갖고 있다.

그럼에도 불구하고, 스승은 어린 제자의 철부시, 약점이나 결함, 불완전함에 대하여 수긍하고 인내해야 할 뿐만 아니라, 더 나아가 바로 그 점 때문에 제자로 받아들이고 사랑하는 마음씨를 가져야 한다. 하화교육의 소재는 제자의 품위이다. 스승은 제자가 주어진 주제와 관련하여 어떤 발전 단계에 있는지를 먼저 진단하고 지도해 나가야 한다. 그런 우호적 태도는 스승의 의도에 대한 제자의 거리낌 없는 호응과 만날 가능성이 높다. 이처럼 제자의 한계를 인정하면서 점진적으로 상호주관성을 확보해 나가는 스승의 자세에 대한 적절한 표현이 '하화적 양해'이다.

라. 내재율의 이탈

선진과 후진의 품차를 사이에 두고 그 양해를 성사하는 데 봉착하는 가장 큰 걸림돌의 하나는 세속의 범주이다. 세속적인 위계와 품위의 위계는 반드시 상응하는 것은 아니다. 높은 사회적 위치에 있는 사람이 낮은 품위에 있을 수도 있고, 낮은 사회적 위치에 있는 사람이 높은 품위에 있을 수도 있다. 이때 인종, 성별, 나이, 계급, 빈천의 차별이 현저하게 우선한다면 선진과 후진 사이의 구별이 교란되며, 그들 사이의 교육적 교류가 장애를 받게 된다. 이와는 반대의 경우도 마찬가지다. 만민은 법 앞에 평등하다는 세속적 원칙을 내세워서 정치적 권리행사, 경제적 부, 사회적 신분 등 부당한 특권을 견제하려는 평등주의를 수도계에까지 적용하려 하는 경우, 교육에서 당연히 존중되어야 할 품차에 대한 의식이 억제된다.

세속적 범주의 다른 차원은 상호주관성의 선요구이다. 세속은 개별적인 차이보다는 집단 구성원의 동질성에 의미와 비중을 크게 둔다. 다수구성원의 평균에 기준을 두고 정상과 비정상을 구분한다. 세속적 삶에서는 특정한 규범에서의 이탈 혹은 인간적인 오류 자체를 관용할 여유가 없다. 오류는 징벌의 대상이 되며, 그것을 무조건 노출하는 것은 사회적 적응과 경쟁에서 불리한 요인으로 작용한다. 이런 차원에 큰 의미와 비중이 주어지는 상황에서는 품위의 억압과 은폐가 이루어지며, 따라서 선진과 후진의 식별조차 어렵게 된다.

수도계의 범주를 존중하는 상황에서도 위험은 상존한다. 특히 품위의 유사완전성으로 인해서 선진과 후진 사이의 교육적인 협력이 우리의 삶에서 제대로 실현되지 않는 경우가 많다. 세상에 완전한 사람은 없지만, 스스로를 완전하다고 착각하는 사람은 많다. 각 품위는 그 체계 내에서는 항상 합리적이며 옳다. 현품의 두꺼운 장벽에 갇힌 사람은 그들의 품위에 비추어 세계와 타인을 인식할 뿐만 아니라, 자기가 경험하고 있는 세계를 다른 사람들도 동일하게 경험하고 있다고 믿는 자기중심주의에 빠지게 된다. 선진으로서 후진을 알아보지도 못하고, 후진으로서 선진을 알아보지도 못하는 일종의 맹인이 되는 것이다.

이 때문에 특정한 품위를 소지하고 있는 자는 자신의 품위를 타인에게도 보편적이고 필연적인 것처럼 부과하는 '고압제(downward oppression)'와 '저압제(upward oppression)'를 드러낸다. 전자는 선진이 후진의 품위를 그의 수준에 맞게 해석하고 평가하는 데서 비롯하며, 후자는 반대로 후진이 선진의 품위를 그의 수준에 맞게 해석하고 평가하는 데서 일어난다. 선진이든 후진이든 간에, 품차를 인정하지 않을 뿐 아니라 자신의 현품을 최종의 해답이라고 생각하는 만심(慢心)을 가지고 상대를 이해하고 평가하려고 들 때, 각자는 결국 자신의 품위는 옳고 다른 사람들의 것은 틀렸다는 독선적인 대립에 이른다. 이처럼 그들이 상대의 품위를 경멸하거나 무시하게 될 때, 그들 사이에 정상적인 교육적 교류가 성립할 가능성은 희박하다.

선진의 품위를 제대로 알아보지 못하는 것이 후진의 특징이다. 후진은 자신을 도울 수 있는 선진을 몰라보고 지나치기 쉽다. 오만의 늪에 빠진 후진은 선진을 자신의 품위에 비추어 어리석다고 평가하게 된다. 선진에 대한 이러한 과소평가는 그 자체로도 부당한 것일 뿐만 아니라, 후진이 장차 지향해야 할 미품을 스스로 경멸하는 모순을 범한다. 선진을 자신의 수준으로 끌어내려서 저압제하는 것은 자존심의 유지라는 결과를 가져올지는 모르나, 후진의 진정한 승리가 될 수 없다. 그러한 그릇된 태도를 지님으로써 후진은 선진에게 후원을 받을 수 있는 수많은 기회를 스스로 포기하는 셈이다.

저압제는 선진의 하화열정을 감퇴시킬 뿐만 아니라, 선진이 후진을 경멸하는 것조차 정당화시킨다. 자기중심적인 선진은 대개 후진의 저압제에 대해서 고압제로 대응한다. 선진은 현재의 품위에 오르기까지 자신이 그동안 범한 수많은 어리석음과 실수를 잊고, 그의 기준에 비추어 후진을 성급하게 몰아붙이거나 후진의 품위를 경멸할 수도 있다. 선진의 고압제로 인하여 자존심에 상처를 받은 후진은 자신이 고민하고 있는 문제나 약점을 결코 노출하려고 하지 않는다. 또한 선진에게 반발하면서 그의 청학을 거부한다. 이로써 선신은 후진과 서로 교육적 교섭을 할 수 있는 수많은 기회를 스스로 차단하는 결정적인 잘못을 범한다.

1.2.4 단계의 배열

가. 차원의 개요

교육은 자체의 본질을 충실하게 따르는 데에 목적이 있다. 그 충실함이란 야심적인 결과에 대한 지나친 관심보다는 흐름의 과정을 따르는 성실성, 그리고 속도보다는 각자에게 적합한 교육적 경험의 흐름을 고려하는 데서 살아날 수 있다. 교육의 자율성은 소재인 수도계의 위계의식으로부터 다소간 초연할 수 있을 때 유지된다. 품위는 여러 단계를 거치면서 연속적으로 그리고 점차적으로 발전해 나갈 뿐, 그것이 도착할 최종적인 지점은 없다. 교육은 그 각각의 품위단계에서 동일한 형태로 재귀하며 반복된다. 즉, 교육은 각 단계의 끝에서 종료하고, 다음 단계에서 또 시작하는 것이다.

선진과 후진의 개념은 그들의 품위가 형성하고 있는 위계상의 상대성만을 지칭할 뿐, 그 격차의 정도를 말해 주지는 않는다. 품차란 교육에 있어서 스승과 제자 간의 교육적 교섭이 가능한 범위라는 의의를 갖는다. 이론적으로 품차는 스승에게는 하화할 공간이고, 제자에게는 상구할 공간이다. 교육소재로서 품위의 가치는 절대점이 없다. 품위는 높은 것에 비하면 낮고, 낮은 것에 비하면 높다. 품위는 마치 물의 흐름처럼 위로 그 흐름을 타고 올라가고 내려가는 과정이 활발해야만 기본속성을 지킬 수 있기 때문에 어떤 지점이 교육적 교섭을 위한 최적의 소재조건을 보장하는지에 대한 고려가 이루어져야 할 것이다.

소재로서 교육적으로 바람직한 품위는 교육 주체가 누구냐에 따라 달리 규정된다. 스승에게 바람직한 품위가 항상 제자에게 바람직한 것은 아니다. 스승과 제자의 교육적 교섭이 가장 활발하게 상호보완적으로 일어날 수 있는 품위는 그들 사이에 창조적 불협화가 일어날 수 있는 지점이다. 선진과 후진 간의 품차는 작을 수도 있고 매우 클 수도 있다. 그 어느 경우나 선진과 후진은 각각 발생적으로 연속되어 있는 품위의 위계에서 각각 다른 품위에 위치하고 있기 때문에 그 간격을 직접 매개하거나 연결한다는 것은 거의 불가능한 일이다. 이 때문에 선진과 후진 사이의 구조접촉을 위해서 일회적인 과정이 아니라 여러 단계를 거쳐야 한다.

스승과 제자 간의 품차가 크다면 그 차이만큼의 충분한 교육적 시숙(教育的 時熟, educative maturation)의 시간 확보와 적절한 시기의 선택이 요망된다. 너무 먼 거리를 유지하면 너무 소원하고, 너무 가까우면 너무 친밀하다. 그들 간의 매력을 유지하는 원리는 너무 멀거나 너무 가까운 거리도 아닌 어중간한 거리를 찾는 것이며, 그 거리에서 반신반의, 알쏭달쏭함, 아이러니, 패러독스, 갈등을 지속할 수 있어야 한다. 그 타협과 조정이 요망되는 만남의 장소는 선진과 후진이 경험적으로 연속성을 유지할 수 있는 지점, 제자가 상구하려는 성장점이어야 할 것이며, 이론상 그것은 바로 제자의 차상품에 해당한다.

이 지점에서 이루어지는 교육은 그 품위의 높낮이에 상관없이 유쾌하게 진행될 수 있다. 제자는 너무 조급하게 서두르기보다는 그의 현품의 임계점인 차상품에 표적을 설정하여 여유를 가지고 차근차근 단계에 맞추어 충실하게 전진하여야 한다. 스승은 자신의 일방적인 기대와 희망을 접어두고, 제자가 주는 그러한 단서들에 주목하면서 단계에 맞추어 조절해 나가야 한다. 스승과 제자는 서로 페이스와 속도를 조정해 나가야 한다. 제자의 진도가 너무 빨라 난관에 봉착할 경우, 일보 전신을 위한 이보 후퇴와 같은 표적의 재조정이 필요하다. 이것이 바로 '순차(順次)'와 '역차(逆次)'의 내재율이다.26)

한 단계의 품위가 형성된 이후에는 그 기대의 수준을 한 단계 더 높이고, 그 다음 단계의 교육으로 진입하여야 한다. 이와 같은 방식으로 스승과 제자는 그들 사이에 존재하는 단계의 차이만큼 여러 차례 순연하면서 교육적 교섭을 전개할 필요가 있다. 순차는 상구자로 하여금 상구교육 과정 자체를 사랑할 수 있게 한다. 그에 대응하는 역차 역시 하화자로 하여금 그에 따른 독특한 보람을 증가시킨다. 이런 지표는 소재의 품위위계와 반드시 일치하지는 않는다. 높은 품위에서 낮은 수준의 교육이 일어나거나, 혹은 낮은 품위에서 높은 수준의 교육이 일어날 수 있다.

나. 상구교육의 순차

순수 우리말인 '허물'은 흥미롭게도 세 가지 상이한 의미를 가지고 있다. 첫째 의미는 뱀이나 매미와 같이 탈바꿈하는 동물의 껍질을 의미한다. 그들은 구조적으로 탈바꿈을 할 때 허물을 벗는다. 둘째 의미는 실수와 과실 등 잘못됨을 의미한다. 그런 과실에서 해방될 때, "허물을 벗는다"는 표현을 쓴다. 셋째 의미는 허물을 벗는 단계가 여러 차례 반복된다는 것이다. 여기서 말하는 순차의 의미는 이 가운데 마지막의 것에 특별히 관계된다. 상구자는 선진들이 거쳐간 단계들을 존중하면서 '허물벗기'에 몰두해야 한다.

상구교육은 기본적으로 아래의 품위에서 위의 품위로 나아가는 과정이다. 품위의 위계는 끝없이 위를 향해 개방되어 있다. 상구자의 앞에는 항상 자신의 품위보다 높은 품위를 가진 선진들이 있다. 선진은 그의 품위를 기준으로 후진의 품위를 평가할 것이다. 상구교육에서 중요한 것은 특

---

26) 우리 주변에서 이런 취지의 실천을 두고 흔히 '눈높이교육'이라는 표현을 쓰는데, 그 '눈높이'는 사실상 교육의 본질에 속하는 것으로서 강조를 위한 잉여적 수식사에 불과하다.

정한 결과에 대한 일치가 아니라, 더 높은 곳을 향해 나아가는 방향이다. 따라서 상구자는 무겁게 짓누르는 선진의 문화적 하중에 저항해서 자신이 소화해 낼 수 있는 현실적인 품위만을 상구의 소재로 선택하는 주체성을 발휘할 수 있어야 한다.

상구자는 건물을 오를 때 사다리를 이용하는 것과 같이 자신의 처지와 분수를 지켜서 처음부터 성실하게 다져나가는 자세를 갖추는 것이 중요하다. 여러 단계를 거쳐서 얻은 선진의 품위를 일시에 얻을 수 있으리라는 환상에서 벗어나야 한다. 선진의 품위는 오랜 시간에 걸쳐 참을성 있게 수행된 상구교육의 결과이며, 따라서 그것을 증득하기 위해서는 그 선진이 거쳤던 상구교육을 반복해서 다시 거치는 노력을 생략할 수 없다. 그 시작하는 지점의 선택이 중요하다.

상구교육은 선진이 끝난 품위에서 시작하는 것이 아니라, 자신의 품위에서부터 다시 시작하는 것이다. 수년이 걸려야 얻을 수 있는 장기적인 목표와 당장 실현해 나가야 할 단기적인 목표를 분명하게 구분할 수 있어야 한다. 자신이 당장 실현할 수도 없고 훨씬 후에야 알 수 있는 것은 당분간 유보해 두고, 도달 가능한 사정거리 안에 있는 것부터 공략하는 것이 순서이다. 그렇게 한 단계씩 품위들을 반복적으로 획득해 나가다 보면, 결국 선진의 높은 품위까지 도달할 수도 있게 되는 것이다.

상구교육은 할 수 없어서 하는 수단이 아니라, 그 자체로서 자나 깨나 상구 자체에 몰입하고 열중하며 몰두할 내재적 가치를 지니고 있다.[27] 그 실현가능성에 대해서 심사숙고할 필요가 있다. 손에 닿을 수 있는 가장 낮은 데 열린 열매부터 따는 것이 순서이다. 따라서 상구자는 그 수준에

---

27) 상구활동에서 외적 보상과는 별개로 그것 자체에 만족하면서 몰입하게 하는 경험적 조건은 이른바 '흐름의 경험(flow experience)'이다(Csikszentmihalyi, 1988, 1990). 이런 사실은 몬테소리(M. Montessory, 1912)의 '민감한 시기(sensitive period)', 듀이(J. Dewey, 1916)의 '가시목표(end-in-view)', 피아제(J. Piaget, 1969)의 '최적의 불균형(optimal disequilibrium)', 비고츠키(L. S. Vygotsky, 1978)의 '근접발달영역(zone of proximal development)', 콜버그(L. Kohlberg, 1969)의 '한 단계 위(one stage above: +1)', 데시와 라이언(E. L. Deci & R. M. Ryan, 1985)의 '적정한 수준의 부조화(optimal level of mismatch)' 등의 다양한 개념에 의해서 우리에게 이미 널리 알려진 바 있다.

도전할 수 있는 알맞은 소재를 찾아야 한다. 차상품은 성공의 가능성과 좌절의 가능성이 어느 한 쪽으로 치우침이 없이 상호 겹쳐서 조화를 이루고 있는 지점이며, 너무 쉽거나 혹은 너무 어렵지 않은 그 중간의 도전적인 수준이 그것의 매력을 보장한다.

상구자가 자신의 흥미, 관심, 유혹, 흡인력의 대상을 정확히 진단한다는 것은 쉬운 일이 아니다. 먼저 암묵적이고 무의식적인 자신이 드러나는 상황을 조성하고, 거기에서 나타나는 자신의 생각과 느낌, 자신의 통찰과 혼동, 자신의 희망과 야망을 주시한다. 방어적 태도, 불안, 경직성 등이 작용하기 때문에 가끔 타인의 거울도 필요하다. 선진은 후진의 현품이 가진 오류를 지적할 수 있는 자질을 가지고 있기 때문에, 상구자는 상당한 결단과 용기를 가지고 선진에게 자신을 솔직하게 노출할 필요가 있다. 이에 대한 선진의 반응을 살펴보면, 후진인 자신을 선진의 입장에서 바라볼 수 있는 기회를 얻을 수 있다.

개인의 능력과 외부의 상황에 따라 그 속도가 너무 느리거나 너무 빠를 수 있다. 상구자에게는 외부의 독촉이나 압력에 굴복하지 않고, 자신의 페이스를 유지하려는 자기관리가 요망된다. 달성될 수 있는 표적을 점차적으로 설정하고, 그것의 달성 과정에 충실하게 임하는 태도가 필요하다. 자신의 역량을 생각해서 서두르지 않고 시간을 들여서라도 기초부터 차근차근 착실하게 다져나가는 가운데, 만약 좌절에 봉착한다면 표적의 설정을 재조정하면 될 것이다. 타인들이 앞서간다고 무조건 따라가려고 드는 것은 어리석다. 남이 단 한번에 해결할 수 있는 과제라고 하더라도, 자신의 능력이 그에 미치지 못한다면, 자기는 백 번을 시도할 각오를 하면서 스스로의 페이스를 유지하는 것이 더 현명하다.

적당한 수준의 과제 수행과 적당한 페이스의 공조가 주는 상구의 열정은 결국 차상품에 도달하는 결과를 가져오기 마련이며, 그 결과는 또 한 번의 상구를 진행하도록 만드는 계기가 된다. 차상품은 일단 실현되고 나면 현품으로 전환됨으로써 더 이상 이전과 같은 흥미의 대상이 될 수 없다. 차상품적인 과제를 해결하게 되는 순간, 그것은 상구자에게 더 이상 문제로 다가설 수도 없을 것이다. 인간 생활에서 어떠한 중요한 문제에 관한 영구적인 해결책이란 없다. 단지 잠정적인 해결책만이 존재한다. 문제는 사라지는 것이 아니라 좀 더 높은 수준의 문제로 다시 출현하기 마련이다. 이처럼 알맞은 꿈과 그 실현의 과정이 순차적으로 반복되면서 상구자는 그가 장기적인 목표로 선망하던 선진의 품위에도 도달할 수 있다.

다. 하화교육의 역차

하화교육의 역차는 상구교육의 순차에 대응한다. 하화교육의 성패는 하화자가 교육소재와 관련하여 얼마나 높은 품위에 위치하고 있느냐에 달려 있지 않다. 스승의 권위란 품위의 높음을 시위하는 데에 있지 않다. 하화자는 자신에게는 이미 무효한 품위의 사다리를 이용하여 제자가 자신의 위치에 오르도록 촉구하는 과제를 수행해야 한다. 오르는 과제와 오르도록 돕는 과제는 서로 다르며, 스승은 후자의 과제를 새로운 도전으로 받아들이고 그에 관련된 문제들을 해결하는 방법을 모색해 나가야 한다.

제자의 품위가 곧바로 스승의 품위로 비약할 수 있는 방도는 없다. 스승이 수행해야 할 과제는 제자의 품위를 일시에 자신의 수준으로 올려놓는 일이 아니라, 제자가 상구의 각 단계들을 충실하게 거쳐 나가도록 하는 일이다. 이제 스승은 자신의 품위와 제자의 품위 사이에 개재하는 경험의 공백을 의식하고, 상대가 그 경험의 공백 지대를 단계별로 거쳐 나갈 수 있는 길을 찾아 안내하는 과제를 수행해야 한다.

그 과정은 어느 면 괴롭고 오랜 시간을 요구한다. 후진이 스승의 품위에 오르는 데 필요한 시간은, 스승 자신이 제자의 품위 수준에서 지금의 품위에 이르기 위하여 어떤 단계들을 거쳐 왔는지를 잠시 상기해 보면 쉽게 산정될 수 있을 것이다. 따라서 스승은 자신의 높은 품위를 당장 제자에게 전달하려는 충동을 억제하고 교육적 시숙을 상기하는 가운데, 자신이 거쳐 왔던 단계들과 기간을 제자에게도 돌려주어야 할 것이다. 이는 스승이 자신이 올라온 사다리를 버리지 않고 제자에게 내려주는 것과 같은 이치다. 여기에는 역지사지(易地思之), 시제(時制)의 전환, 상대의 오류와의 타협, 눈높이의 변신 등이 필요하다.

스승이 자신의 품위는 당분간 감추어 두고, 제자의 품위에 맞추어서 적절한 대응을 해 나갈 수 있을 때, 제자에게 친숙하고 접근하기 쉬운 안내자로서 신뢰를 받게 된다. 스승은 자신과 제자 간의 품위 차이가 허용하는 개방된 공간이 열려 있음을 축차적으로 차근차근하게 보여주는 것이 중요하다. 하화자의 입장에서 후진의 품위가 어떤 수준에 있는가를 파악한다는 것은 자신의 품위가 발전해 온 것과는 반대의 방향으로 거슬러 내려가서 자신의 어리석었던 과거로 회귀하는 것을 의미한다. 스승은 제자에게 과제를 제시하거나 질문을 함으로써 제자의 생각이 밖으로 드러날 수 있도록 유도해야 할 것이다. 이를 통하여 스승은 자신의 기준에 비추어 보면 한참 먼 미숙함, 과실, 오답, 오해 등에 사로잡혀 있는 제자가 지금 어떠한 위치에 있는지를 발견할 수 있어야 한다.

제자의 차상품은 하화자의 현품에 비추어 그릇된 품위에 해당한다. 그 제자의 차상품을 목표로 인정하는 것은, 그것을 지양하고 극복해 낸 스승의 입장에서 보면, 그릇된 가상을 받아들이는 것과도 같다. 이는 일종의 불가피한 거짓에 해당하는 것으로서, 단순히 술수나 농간과 같은 도덕적 차원을 넘어서 교육적 차원에서 정당화될 성질의 것이다. 그 허상과의 잠정적인 타협은 스승이 자신의 현품을 제자에게 직접 보여주거나, 자신의 현품 수준에서 제자에게 반응하는 것을 연기할 것을 요구한다. 무고하게 누명이나 죄명을 뒤집어쓴다는 의미의 '허물쓰기'가 이 요구에 응하는 중요한 방편이 된다. 상구교육의 '허물벗기'에 대응하는 것으로서, 스승이 자신의 현품을 유보해 두는 가운데 자신을 낮추어서 후진의 품위에 맞도록 신축성 있게 변신하는 것에 해당한다.

스승은 제자가 상구하려는 내재적 동기를 이끌어 내고, 그의 진전 방향이 스승이 의도하는 발전의 방향에 부합하는 것이 되도록 하기 위하여, 제자의 현재 요구와 능력에 맞게 자신의 개입을 조절해 나가야 한다. 스승은 제자의 차상품에 눈높이를 맞추고 제자와 교육적으로 교섭할 수 있어야 한다. 제자가 거쳐 가야 할 다음 단계의 과제와 품위를 노출시킨다.

그것은 분명 제자가 현재의 품위로 동화할 수 없는 참신함, 이질감, 혹은 모순을 내포한 '알듯 모를 듯한 문제' 혹은 도전적인 과제여야 한다. 그 과제가 제자의 생각과 적절히 불일치하도록 제대로 설정된 것이라는 증거는 제자가 상구에 참여하는 시간과 집중하는 양상을 통하여 드러난다.

하화활동을 제자의 상구의 페이스에 맞추는 것은 언제나 역동적이다. 제자의 문제는 그가 지니고 있는 현품과는 조화되지 않는 것이면서도 적당한 수준의 딜레마 · 패러독스 · 모순 · 혼미 · 당혹감을 유발할 수 있는 양가적인 것이라야 한다. 제자가 어려움에 직면하여 더 이상의 진척을 보지 못하고 좌절과 실망에 빠지는 경우, 스승은 그 상태에서 벗어나도록 도와주어야 한다. 제자가 해결해야 되는 과제를 단순화시킴으로써 하나의 문제 해결에 요구되는 단계를 줄이거나, 그 목표와 과제의 수준을 재조정할 수 있어야 한다. 그래야만 그 문제가 제자의 상구열정을 자극할 수 있다.

이 부분에서 제자는 스승에게 매우 까다로운 입맛을 가진 식객처럼 비친다. 그가 전혀 모르는 것을 가르치면 모른다고 불평하고, 그가 좀 아는 것을 가르치면 이미 알고 있는 것을 가르친다고 지루해 한다. 제자는 전혀 모르는 것은 모른다고 말하며 상구하려 들지 않고, 조금 알 듯한 것은 이미 알고 있다고 말하며 상구하려 들지 않는다. 스승은 제자의 모름과 앎의 경계를 넘나들면서 제자가 그 자신의 페이스를 극대화시키는 방식으로 상구교육에 전념할 수 있도록 유도해야 한다. 제자의 수준이 한 단계 오르게 되었다면 제자는 다시 이미 아는 것을 가르친다는 불평을 할 것이고, 따라서 그 수준을 한 단계 높이는 재조정이 필요하다. 이처럼 상구과제의 수준을 몇 차례 필요한 만큼 반복적으로 재조정하는 가운데, 최종적으로 제자는 스승의 품위에 도달할 수 있게 된다.

라. 내재율의 이탈

도달하고 만족시켜야 할 절대적인 품위나 일률적인 기준에 집착하는 것은 교육의 본질을 왜곡시킨다. 이상의 순차와 역차의 교육적 내재율에 어긋나는 실천은 우리 자신의 특성과 관련하여 옳고 그름, 혹은 바람직함과 바람직하지 않음이라는 이원적 가치기준을 적용하고, 그 기준을 중심으로 후자에서 전자의 것으로 일시에 변화하기를 바라는 급진주의에 의해서 주로 이루어지고 있다. 개인차에 따른 체험의 연속성이나 단계를 무시하는 이런 급속한 일치에 대한 요구는 초보자에게 엄청난 부담으로 작용한다.

세속적인 삶은 시대와 지역의 특수성에 따라 그 구성원에게 기존의 지배적인 사회적 규범과 가치를 내세우고, 평균적인 것을 기준으로 삼는 수평적 유대를 강조한다. 그 속에서 살아가는 사람은 누구나 자신들이 수긍하고 따라야 할 최소한의 상호수관성을 요구받는다. 만약 그 평준화된 기준을 어기면 더불어 살아야 할 사회구성원의 자격에 결함이 있는 것으로 판정된다. 이 때문에 특수한 정치체제, 경제체제, 사회체제에 필요한 인간상을 만들어 놓고 그것에 일치시키려고 하는 과정이 흔히 사회화나 문화화의 이름으로 진행된다. 이는 어느 면에서 불가피하다.

수도계의 삶에도 보편적으로 인정받고 있는 어떤 고정된 상태에 도달해야 한다는 선입견이 가끔 작용한다. 보편적인 덕성의 상태를 이원적인 가치기준을 적용하여 논의하는 경향이 그중의 하나다. 인간은 '진'과 '위', '선'과 '악', '미'와 '추'라는 양 극단의 어느 한 쪽에 속하는 것으로 분류될 수 있으며, 후자에서 탈피하여 전자에 도달해야 한다는 생각이 지배적이다. 이런 사고는 역사적 사실이나 수도계의 내재적 본질에서 비롯하는 것이 아니라, 그것에 대한 관념적 추상화의 단순성과 오해에서 비롯한 것이다.

스승과 제자 간에 교육소재의 설정이 불일치함에서 순차와 역차의 내재율에 대한 이탈이 일어난다. 흔히 스승은 자신도 제자의 품위수준에서 현재의 품위수준으로 향상하는 데에 상당한 교육적 시숙의 기간이 필요했었다는 사실을 망각한다. 이로 인하여 스승이 설정한 하화의 소재는 상구자에게 적절한 상구의 소재보다 지나치게 높은 수준의 것으로 설정될 우려가 있다. 선진은 그가 수 개월, 또는 수 년에 걸쳐서 얻은 품위를 후진에게 일시에 전달하려는 무리한 시도를 한다. 또는, 후진이 정상적으로 거쳐야 할 교육적 시숙을 시간 낭비로 규정하고, 그 과정을 생략할 수 있는 방도를 강구한다.

이처럼 후진의 현재 품위에 비하여 너무 높은 과제의 수행을 선진이 요구하는 경우, 후진은 정신적인 피로, 무력감, 좌절, 자책, 자괴, 자기비하, 불안 등을 경험하며, 깊은 실망과 절망이라는 상처를 받게 된다. 그럼에도 불구하고 선진이 수단과 방법을 가리지 않고 자신의 품위를 후진에게 요구한다면, 제자가 이에 적응하기 위하여 택하게 되는 것은 품위의 외형이나 기능의 모방이다. 품위의 모방은 결과상의 기능에 관심을 둘 때, 그 효과를 발휘할 수도 있다. 그러나 그것은 결국 선진의 높은 품위가 후진의 좁은 마음속에 갇힌 꼴로서, 곧 퇴보하거나 소멸한다.

그렇다고 해서, 하화의 소재를 무조건 낮게 설정하는 것이 그 해답이 될 수 없다. 그것이 제자의 상구소재에 비해 너무 낮은 것이 되면, 감당하기 어려운 높은 품위를 강요하는 것과 마찬가지로, 제자가 상구 의욕을 잃게 하는 원인이 된다. 제자의 입장에서 그의 현품은 그것에 계속 머무르기에 너무도 지루한 지점이다. 또한 그의 과품은 이미 그릇된 것으로 그 시효를 상실한 상태이다. 이 때문에 너무 낮은 수준의 하화소재는 제자의 자발적인 상구활동과 연결될 수 없다. 이는 스스로 발전하려는 제자의 의욕을 고의로 차단하는 결과를 가져온다는 점에서 교육적으로 크나큰 낭비이다.

더욱 역설적인 것은, 거쳐야 할 단계, 그리고 적당한 속도와 리듬을 무시함으로써 상구의 내재적 동기가 파괴되었을 때, 그 대안으로 흔히 외재적 유인책이 도입된다는 점이다. 스승은 외재적인 벌과 보상에 호소하게 되고, 제자는 벌을 피하고 보상을 얻기 위해서 행동한다. 미리 설정된 어떤 임의적인 기준에 맞는 결과가 따라올 경우 그것에 대한 보상을 주고, 그렇지 않을 때 벌을 준다는 것은, 결과나 그것을 추구하는 과정 자체의 매력이나 가치 때문이 아니라 외적인 보상과 벌에 의해서 행동이 통제된다는 의미가 된다. 그 방법이 예상했던 결과를 가져온다고 할지라도, 그것이 지불해야 하는 대가 또한 엄청나다. 왜냐하면, 이러한 경로를 통하여 품위와 교육은 모두 그 원래의 가치를 상실한 채 외재적인 수단으로 전락하기 때문이다.

1.2.5 협동활동의 형식

가. 차원의 개요

인간은 과거, 현재, 미래를 통해서 잠재적인 가능성과 더불어 실존한다. 예측할 길 없는 그 무한한 가능성은 어떤 방식으로든 실현된다. 그 실현의 조건은 다양하다. 그것은 상당부분 본능과 자연에 맡겨지는가 하면, 다른 한편으로 인간 스스로의 주도로 이루어질 수 있다. 후자의 경우 그것은 타자에 의해서 강요된 것일 수도 있고, 자신에 의해서 선택된 것일 수 있다. 교육은 인간이 자신의 의지와 노력으로 자신을 생산해 나가는 과정에 참여하는 세계의 하나이다. 그 생산의 한 가지 특수하고 고유한 대상이 품위이다. 그 품위를 소재로 선택하고, 생산하고, 확인하는 것은 교육주체의 결정과 실천에 의해서 좌우된다.

교육은 그것에 적극적으로 참여하는 능동적인 주체에 의해서 향유될 수 있는 어떤 것이다. 교육의 세계 안에 진입하는 것은 누가 시키는 것이 아니라 스스로 선택함으로써 이루어진다. 협동교육은 상구와 하화라는 상이한 양쪽 날개의 운동으로 진행된다. 우리 모두가 독립된 개체로서 그들의 의미와 가치의 규정에 참여하기 위해 교육적으로 교섭하는 일이 중요하다. 상구주체와 하화주체가 서로 상호작용하는 양상이 바로 교육적 교섭에 해당한다. 상구주체의 품위의 획득이 하화주체의 것으로 될 수 없다. 하화주체에 의해서 발견된 품위의 실재를 상구주체가 그대로 수동적으로 수용할 수 없고, 반대로 상구주체에 의해서 발견된 품위의 실재가 하화주체의 것으로 환원될 수 없다.

선진의 품위와 후진의 품위는 비대칭적이다. 선진과 후진은 품위의 관점에서 동등하지 않다. 이와는 대조적으로 그것을 소재로 진행되는 상구교육과 하화교육은 대칭적이다. 상구교육과 하화교육은 서로 대조되는 속성을 가지면서 서로를 요구한다. 상구자와 하화자 가운데 어느 편이 수동적이고 다른 편이 능동적이라는 이분법이란 적용될 수 없다. 이 점에서 그들은 평등하고 대등하다. 상구교육과 하화교육은 서로가 대응하는 환경으로 작용한다. 환경이란 서로의 관계 속에서 규정되며, 한 쪽이 변모하면 다른 쪽도 그러한 변모에 적응하고 호응해야 한다. 따라서 상구주체와 하화주체는 상대주체를 자신의 영역으로 흡수할 것이 아니라 필요한 자원으로 활용할 수 있어야 한다.

협동과 적응은 기본적으로 그 영향의 면에서 서로 쌍방적인 실천의 한 형태이다. 상구활동과 하화활동은 서로 구분되는 별개의 활동이며, 그중 어느 것이 다른 것을 대행할 수 없다. 이처럼 이들이 서로 다른 것으로 환원되지 않는 방식의 특징을 드러낼 때 서로에게 유리한 환경으로 작용하며, 그들 사이의 결속도 강화된다. 이들 사이의 교섭이란 일방적인 영향이 아니라 주는 것과 받는 것이 공존함을 의미한다. 교육적 교섭은 마치 삼각경주(三脚競走)의 놀이처럼 그 어느 것 하나만으로는 설명할 수 없는 방식으로 교육 주체끼리 서로 협력을 해야 한다.

상구자로서의 제자와 하화자로서의 스승은 서로 얼마만큼 상대에 의해서 결정되면서 또한 상대를 결정한다고 볼 수 있다. 상구교육에서의 자조(自助)와 하화교육에서의 원조(援助)는 그러한 상호 협동과 적응에서 지켜져야 할 내재율이다. 교육에서 상구자와 하화자는 모두 주체성을 살려 자신의 변형이나 상대의 변형을 위해서 적극적인 활동에 임해야 한다. 서로가 능동적인 주체로서 각각 고유한 영역을 인정할 뿐만 아니라, 그 고유성을 쌍방에서 주장함으로써 상대의 활동을 촉구하고 격려하는 상보의 조건을 갖출 수 있게 된다.

스승과 제자는 가능한 한 서로 협력할 수 있는 다채로운 활동을 계획하고, 조직하고, 도움을 주고받을 수 있어야 한다. 제자는 그가 원하는 것만큼 스승의 하화를 요청하고 자극하고 유도하며, 스승은 그에 호응하는 방식으로 대칭을 이루어 제자를 자극하며 격려할 수 있어야 한다. 현장의 맥락에서 진행되는 주제를 시범하고 실습하는 것, 모호한 것에 대해서 서로 질문하고 응답하는 것, 도움을 요구하고 그것에 호응하는 것, 문제를 제시하고 해답을 구하는 것 등이 서로 긴밀한 연관을 이루어 진행될 때, 각각은 그것의 일방적인 활동으로 환원될 수 없는 잉여적 열기와 효과를 창출한다.

나. 상구교육의 자조

상구교육은 주체에게 자기가 선택한 길을 따라 스스로의 발전 진로를 실현해 나가기를 요구한다. 자신의 부족함은 오로지 향상시키려는 적극적인 실천 활동을 통해서만 극복될 수 있다. 스스로 창조해 내는 과정이 생략된 품위는 자신의 것이라고 할 수 없다. 인간은 주위환경의 영향을 받지만, 그 환경을 선택, 수정, 재구성 혹은 변형시켜서 자신의 능력과 소양을 고양시킬 수도 있다. 상구자는 주체로서 자신의 내부에 잠재된 발전에 대한 흥미, 열정, 동기를 토대로 중심적인 위상을 차지하고 있어야 한다.

상구교육이 어떤 품위 수준에서 진행되든 간에 이에 따른 어려움의 정도는 마찬가지인 점에서 상구교육은 누구에게나 공평하다. 상구자는 그 안에서 항상 자신에게 싸움을 걸고 승리를 쟁취함으로써 자기 자신의 개선을 모색한다. 현품을 해체하고 미품을 구성하는 일을 병행해야 하는 상구교육은 양자의 싸움에서 현품에게 패배, 그리고 미품에게 승리를 안겨주는 것이며, 상구자가 해결해야 할 지상의 과제는 이 패러독스를 실천적 활동으로 해결해 나가는 것과 유사하다.

아직 결정되지 않은 미품을 획득하는 것은 상구자가 감당해야 할 큰 도전이다. 그 난관은 피할 것이 아니라 극복되어야만 한다. 발견은 단순히 감각적인 증거들을 수동적으로 흡수하는 일이 결코 아니다. 상구주체는 스스로 새로운 것과 접촉하면서 현품을 대체할 수 있는 미품의 출현을 기다려야 한다. 현품의 문제 발견, 차상품의 예단, 생소한 환경과의 교섭, 사물이나 관념의 조작, 실험과 실습, 그리고 자신의 발전과 더불어 점점 외부의 권위에 의존하지 않고, 자신의 판단에 더 많은 신뢰를 갖고 자신의 직관에 의존해야 하는 단계에 이르러서 비로소 미품의 실체가 드러날 수 있다.

이 세상에 처음 하는 일은 극히 드물다. 후진이 실현하고자 하는 품위를 이미 획득하여 지니고 있는 선진이 얼마든지 있다. 선진은 상구자가 알지 못하는 것을 알고 있을 뿐만 아니라, 그 미지의 것을 알아가는 방법적 비결도 알고 있다. 따라서 선진에서 지도를 끌어내는 것 역시 자조의 중요한 부분을 차지한다. 선진은 후진의 상구 과정을 대신하거나 면제시켜 줄 수는 없지만, 불필요한 시행착오를 다소 감소시켜 줄 수 있다. 그러나 선진은 객관적 환경의 하나에 불과하며, 그가 가진 품위가 결코 곧바로 상구자의 것이 될 수도 없다. 이 때문에 선진의 품위를 얻기 위하여 선진이 그의 품위를 얻을 때까지 수행한 활동 과정을 성실하게 재생하는 과제가 불가피하다.

청교는 선진으로부터 자신이 알지 못하는 세련된 힘의 우호적 영향과 지도를 초청하는 것이다. 도움을 청하되 그것을 자신의 상구 목적에 부합되도록 하는 것 역시 상구자의 책임에 속한다. 여기에는 스승에게 자신의 수준에 맞는 과제를 요구하는 것, 시범 보이기를 청원하는 것, 자신의 실천적 수행이나 견해를 드러내고 검토를 받는 것 등이 포함된다. 스승으로부터의 암시가 해결의 중요한 단서가 될 수도 있다. 최선의 실습과 연습에 대해서 스승의 코멘트, 비평, 충고, 지도, 암시, 안내를 초청하고 유도할 수 있어야 한다. 자신이 아직 이해하지 못하고 있는 부분을 보충하는데 필요한 자료와 활동이 무엇인지에 대한 것도 적극적으로 물을 수 있어야 한다.

스승의 해법은 상구자에게 수수께끼, 모순, 불합리성, 잘못된 예측, 무질서, 복잡성, 혼란의 양상으로 지각될 것이다. 선진의 해법을 제대로 동화하려면, 상구자 스스로의 판단이 필요하다. 스승이 말하는 것을 이해할 수 있는가? 그것은 자신에게 의미가 있는가? 그의 지시를 따를 수 있는가? 자신의 노력에 진전이 있는가? 아니면 정지된 상태에서 시간만 보내고 있는 것은 아닌가? 스승의 하화교육을 조사하고 확인하며 자신이 스승에게 심열성복하고 있는가를 점검해야 한다. 혹시 그의 지도를 따르는 것이 맹신적인 믿음 때문인가? 이런 자기 점검은 상구교육이 잘못되어 가는 경우에 그 잘못이 너무 깊어지기 전에 교정하게 해 주며, 잘 되어 가고 있는 경우에는 더욱 확신을 갖고 용기 있게 밀고 나갈 수 있게 해 준다.

다. 하화교육의 원조

품위는 공유될수록 불어나며, 우리의 삶은 그만큼 풍요롭게 된다. 그러나 타자는 자아로 환원될 수 없는 절대적 외재성이다. 선진은 이미 상구를 통해서 후진보다 높은 품위를 얻었지만, 그것은 후진에게 당장 공여되거나 직접 전달될 수 없고, 그의 내면에 재창조될 수 있을 뿐이다. 여기서 하화교육의 고유한 역할이 부여된다. 스승은 자신과 제자의 품위를 이중으로 반성하면서 그 차이 안에서 자신이 후진의 위치에서 지금의 품위에 이른 과정을 어떻게 진행했으며, 어떤 문제에 봉착했는지를 찾고, 제자가 그런 문제를 해결하는 데 그가 도울 수 있는 것이 무엇인지를 찾는다.

훌륭한 하화자는 후진의 상구능력을 믿고 그 능력을 이용한다. 하화자는 후진이 그 자신의 발전에 대한 책임을 지도록 주지시키고 후진이 그의 위치에서 스스로 쇄신의 노력을 할 수 있도록 격려하는 협조적 환경이 되고자 한다. 상구교육의 열쇠는 제자 자신 안에 있는 것이지만, 그 해결의 과정에는 스승이 개입할 여지가 많다. 제자는 기본적으로 자신의 의미 있는 변화와 유기체적 통합을 활성화하는 데에 필요한 에너지와 메커니즘을 내부에 생래적으로 간직하고 있다. 스승은 제자의 상구교육의 가능성에 긍정적인 변화의 열쇠를 기대하며, 제자 스스로 옳은 종류의 경험을 할 수 있는 환경을 조성하고, 제자의 경험이 어떤 수준에서 어떤 방향으로 움직이고 있는가를 주시하고, 그에게 알맞은 안내자가 되는 것이다.

밖에서부터 제공되는 스승의 도움이 효과를 거두려면, 우선 그 맞은편의 제자가 상구에 필요한 추진력을 지니고 있어야 한다. 스승은 제자가 자신의 상구에 커다란 매력과 흥미를 느껴서 상구를 계속하고 싶어 하도록 만드는 하나의 조건이나 환경이 될 수 있어야 한다. 제자의 상구열정을 북돋아서 그가 새로운 자신을 찾는 길에 자발적으로 나서도록 이끄는 강력한 덫을 놓아야 한다. 어떤 부분이 잘못되었다는 것을 느낄 때 변화를 꾀하기 마련이다. 제자는 그가 가지고 있는 기존의 지식이 비교적 안정된 상태에 있을 때에는 변화의 필요성을 느끼지 못한다. 따라서 스승은 자신의 해답을 제자에게 제시하기보다는, 제자의 현품으로 해결할 수 없는 문제, 혹은 그 품위로 수용할 수 없는 혼란을 유도하는 것이 중요하다.

제자가 새로운 것과 접촉하게 하고, 현재의 상태가 부적절하다는 점을 느끼도록 하며, 당장 해결할 수 없는 문제나 장애를 의도적으로 제공하여 자신의 현품이 한계가 있는 것임을 깨닫게 한다. 그러나 그 한계의 정도를 조절하는 것이 매우 중요하다. 교육소재에 대하여 흥미를 갖도록 하는 일이 선결되어야만 제자가 자발적으로 상구에 참여하도록 이끌 수 있으며, 그러한 감정적 반응을 이끌어 내는 것은 과제수행의 어려움을 조절하는 일과 직접적으로 관련되어 있다. 공통된 수수께끼는 없다. 다양한 수준의 복잡성과 난이도를 가진 자료를 제공하고 제자로 하여금 자신에게 흥미로운 것을 자유롭게 선택하도록 하는 것은 제자의 상구를 촉구하는 중요한 촉매 활동이다.

명령이나 지시 혹은 어떤 회유나 권유도 근본적인 해결책이 될 수는 없다. 스승 자신에게는 무의미하거나 불필요하지만 제자에게는 꼭 필요한 자료가 있다. 제자가 상구활동을 하는 데 필요한 중요한 자료와 환경이 어떤 것인지를 살피며 그것을 마련해 주는 역할을 할 수 있어야 한다. 제자가 문제를 해결하는 데 도움이 될 만한 상구자원이나 기회를 제공한다. 스승은 필요한 경우에는 주어진 맥락에서 필요에 따라 제자에게 실천적인 시범을 보이면서 제자가 스스로 품위를 구성하는 데 도움이 될 만한 실습을 하도록 유도하는 것도 가능하다. 실습은 단지 지금 하고 있는 일을 반복하는 것이 아니라, 그것의 부족함을 파악하고 개선해 나가는 데에 기여하는 것이라야 한다. 제자들이 실질적인 수행에 당면하여 체험을 바탕으로 확신을 갖도록 권유한다. 제자에게 피상적이고 재빠른 응답을 당장 요구하기보다는 그 응답을 찾아낼 사고의 시간을 주어 스스로 해답을 찾게 하는 것이다.

스승이 시범을 보이면서 그 시범의 핵심적 특질로서 부각시키고자 하는 부분과 제자가 스승의 시범을 관찰하면서 핵심적 특질에 해당한다고 보는 부분 사이에는 불일치가 있기 마련이다. 만약 곤란에 직면하여 더 이상의 진전이 이루어지지 않는다면, 그 이유를 밝히고 대안이 될 만한 다른 해결과 탈출 방법을 시사한다. 본질적인 것과 비본질적인 것을 변별하는 방식의 충고, 조언, 암시, 힌트, 제안, 설명 등이 개입할 수 있다. 지금 진행하고 있는 제자의 상구교육 가운데 잘되고 있는 것과 잘못되고 있는 것, 적절한 것과 부적절한 것을 제자가 그의 품위 수준에서 알아들을 수 있게 반사해 주는 일은 원조활동에서 매우 중요하다.

그러나 원조의 궁극적인 목적은 상대가 자조하도록 돕는 데에 있다. 하화에 의한 개입의 정도는 제자의 자조의 능력과 반비례하여 점차 줄여 나가야 한다. 스승은 제자에게 자신이 할 수 있는 원조의 한계를 분명하게 밝힌다. 스승은 점차 원조의 빈도나 양을 줄이면서 제자가 왜 자신에게 상구가 필요한지를 알도록 이끌고, 그의 현존하는 문제와 관련하여 무엇을 상구해야 하는지를 정하도록 해야 한다. 이를 토대로 하여 제자가 문제의 해결에 필요한 자원을 찾고, 이를 통하여 얻은 다양한 관점들 가운데 올바른 것을 선택하며, 자신의 상구교육에 대하여 직접 책임을 지면서 자신의 판단 위에서 전진하도록 도와야만 한다. 이러한 노력을 통하여 더 이상의 원조가 필요하지 않게 된다면, 하화교육의 목적이 훌륭하게 달성된 셈이다.

라. 내재율의 이탈

자조와 원조의 근본은 교육 주체의 자발성과 주체성의 존중에 있다. 피동성과 종속성이 바로 그 내재율에서 이탈하는 징후이다. 일상의 삶에서 '교육시킨다'와 '교육을 받는다'는 말이 자주 쓰이고 있는데, 아이러니컬하게도 이러한 일상어는 정확하게 지금 우리가 지적하려는 교육의 내재율에 대한 이탈 사례에 해당한다. 교육을 시키고 받는다는 말 속에는 교육의 이름으로 임의적인 주체나 혹은 외부적인 환경의 일방적인 개입이나 강요로 인간성을 개조하려는 온갖 시도를 합리화시키는 논리가 포함되어 있다.

이러한 교육관은 그것이 너무도 단순하다는 이유에서 일반인들에게 쉽게 호응한다. 한편에는 주도권을 갖고 있는 능동적인 사람이 있으며, 다른 한편에는 그를 따르는 수동적인 사람이 있다. 한편은 무지하고 무력하며, 한편은 유식하고 유력하다는 전제가 통한다. 그 영향의 방향 역시 일방적인 것으로 상정된다. 한편이 다른 편에 영향을 주고 있고, 다른 편은 그 영향을 받는다는 상황 설정이 이루어진다. 많은 경우 후자의 편은 전자의 거역할 수 없는 외적인 힘의 자장에 의해서 어떤 영향을 받는지조차 의식하지 못한다.

심리학에서 밝힌 '조건화(conditioning)'는 그 좋은 예이다. 이는 미리 규정된 인간의 유형을 구체적으로 결정해 놓고 그것의 전후에 작용하는 자극과 반응의 연합과 인과법칙에 따라 그것을 형성해 나가는 방식을 따른다. 그 기본 가정은 우리의 마음은 백지 상태이며, 거기에 어떤 외부적 자극이 주어지느냐에 따라 마음의 상태가 달라진다는 것이다. 이때 그 형성의 조건은 더 나은 품성의 획득에 따른 내적인 만족이나 승인이 아니라, 외재하는 보상이나 벌이다. 그것을 행사하는 주체는 과학의 인과법칙을 알고 있는 외부의 사람이다. 이것은 한 마디로 회유와 뇌물에 의한 조작과 조금도 다를 바 없는 것이다. 이러한 방식의 행동 수정이나 조형은 교육의 영역 밖에 있다.

통제하고 통제받는 상황은 우리의 삶, 특히 세속계와 그것을 존속시키는 '사회화(socialization)'의 과정에서 다반사로 일어난다. 여러 사람이 함께 살아가는 곳에서 관습, 규범, 규칙에 대한 합의나 타율적인 일치는 불가결하다. 개인은 거대한 사회체제의 자장 안에서 그것을 유지하는 하나의 역할수행인에 불과하다. 이런 논리는 '문화화(enculturation)'의 과정에도 적용된다. 개인 앞에 문화는 자신의 동의와는 상관없이 외적 환경으로 주어진다. 그 외적 환경에 대해서 적응해야만 그 문화의 구성원이 되는 것이다. 그러한 상황이 스승과 제자 사이에도 허용될 수 있다고 생각하는 경우, 교육의 고유영역이 침해받는다.

일방적 영향관계의 다른 하나의 유형은 종교적인 '교조화(indoctrination)'이다. 교조는 특수한 목적을 지닌 신념체제이다. 삶에서 불확실한 상황은 어느 곳에서나 출현하며, 그것은 불안과 연결된다. 이를 극복하고 심리적인 안정을 얻는 것은 바로 믿음의 고착이다. 여기에는 거역할 수 없는 초인적인 절대자의 권위와 그 부동의 존재에 순종하고 귀의하는 유한자의 관계가 상정된다. 전자는 오류가능성이 배제된 불가침의 대상이고, 그것에 대한 거역이나 부정은 무조건 이단시된다. 절대자에 대한 믿음의 수정, 비판, 의심, 혹은 논쟁의 여지가 처음부터 봉쇄된다. 이런 상황에서 일방의 주입과 타방의 추종만이 존재할 뿐 유한자로서 서로의 주체적인 활동과 통찰을 통해 품위를 구조접속하려는 교육적 교섭이 일어날 수 없다.

이런 교조화의 형태는 수도계에서 선진의 품위가 절대적인 진리성을 대신하는 것으로 인식될 때 흔히 일어난다. 후진의 품위는 선진의 관점에서 보면 오답이기 때문에, 선진은 후진을 만나는 경우 그의 품위가 오답이라고 지적한다. 선진은 후진의 자조 과정을 생략하거나 망각하고 자신의 품위를 정답인 것으로 일방적으로 제시하여 받아들이기를 요구한다. 그 주고받음의 매체는 흔히 언어적 소통에 의존한다. 선진은 후진이 스스로 습득해서 밝혀 나가야 할 품위를 친절하게 말로 전하면 후진이 그대로 그 의미를 받아들일 것으로 착각하는 것이다. 선진이 자신의 품위를 정답인 것으로 제시하는 것은 자기 과시는 될 수 있을지언정 하화교육의 길은 결코 아니다. 상대가 질문을 갖기도 전에, 혹은 그 질문에 대한 해답이 분명해지기도 전에, 먼저 해답을 제시하는 것은 후진의 상구교육을 박탈하는 행위이다.

원조와 간섭은 엄격히 구분되어야 한다. 선진이 자신의 품위를 후진으로 하여금 당장 갖도록 강요하면서 개입하는 것은 간섭이며, 결코 원조가 될 수 없다. 간섭과 통제는 교육의 장애물이다. 후진의 상구의 리듬을 무시하는 것은 그것이 동반하는 에너지를 억압할 뿐만 아니라, 더 나아가서는 후진을 무력화시킨다. 이러한 자율적 상구 능력의 소실과 유아기적인 의존은 자신에 대한 확신의 결여와 나약함에서 발생된 것으로, 스스로 자유인임을 포기하는 것과 같다. 후진이 이러한 자기 포기의 상태에 빠지게 될 때, 선진은 그에게 어떠한 의도적이고도 자발적인 헌신을 기대하기가 어렵게 된다. 후진은 아무런 노력도 하지 않고, 단지 정답만을 얻으려고 한다. 이렇게 되면, 다시 선진은 후진의 노력을 어떻게든지 이끌어 내기 위하여 불가피하게 외부적인 통제를 가하는 악순환이 초래된다.

인간은 일방적으로 강제할 수도 있고 그에 대하여 수동적으로 복종할 수도 있으며, 또 주입하고 주입받을 수도 있는 존재라는 인간관은 마치 하나의 자성적 예언처럼 우리의 삶에서 엄연한 사실로 나타나고 있다. 강제와 복종, 외적 통제와 그것에 대한 수동적인 일치라는 사실 자체를 무조건 부정하거나 그 필요성을 거부하는 것은 옳지 않다. 앞에서 지적한 조건화, 사회화, 문화화, 교조화 등은 우리의 삶에서 불가피한 부분을 차지하고 있다는 것도 부인할 수 없다. 그러나 분명하게 지적해야 할 것은, 그러한 사실을 낳는 실천들을 교육의 이름으로 지칭하는 것은 부당하다는 점이다. 각기 제 나름의 특징과 별도의 명칭을 가진 이 각각의 실천들은 개념상 모두 교육 밖에서 일어나는 사태로 간주되어야 한다.

1.2.6 품차의 증명

가. 차원의 개요

품위의 가치는 자발적인 헌신과 승복을 전제한다. 품위는 인간으로서 지닐 수 있는 탁월성으로 그 자체로서 가치를 지니고 있다. 가능태로서 주어진 품위는 우리 자신이 바람직한 것으로 실현하고 입증해야 할 성질의 것이다. 그것의 강요는 정의 자체로 모순되는 것이다. 품위는 인간 이외의 절대적인 신 · 권위 · 명령 · 전통 · 권력자에 의해 주어진 것이 아니다. 우리 개개인에게는 스스로 품위를 실현시킴으로써 주관적으로 그것을 깨달을 뿐만 아니라, 더 나아가 그것을 타인에게도 상호주관적으로 깨닫게 할 소명이 주어져 있다. 교육이 바로 그 내재율에 의해서 그 주된 통로를 제공한다.

품위는 다시 더 나은 것을 위한 추구의 요소를 지니고 있기 때문에, 단지 그 자체의 가치뿐만 아니라 그 위계의 판정을 포함한다. 우리 각자는 그 만족됨을 판단하는 기능을 다른 사람에게 위임할 수는 없으며, 또 그렇게 해서도 안 된다. 인간은 공통된 가치지향의 경향을 가지고 있기 때문에, 개개인은 서로를 상대로 참된 존재가 생성하는 방향과 내용이 무엇인지를 입증할 의무가 있다. 각자는 자신의 품위가 갖는 가치를 인정할 뿐만 아니라, 그 가치를 타인과 더불어 공증하려는 열정과 헌신의 태도를 보여야 한다. 여기에는 인간적인 위대함에 대한 연대성과 공환적인 축제의 요소가 들어 있다.

정신적인 자율이란 독립적인 판단력을 갖추었을 때 비로소 인정받을 수 있다. 이 점에서 모든 우연적 조건에 예속되지 않은 자주적이며 주체적인 능동성을 발휘해야 한다. 내면의 외침에 경청하면서 자신이 경험하고 있는 것을 반성해야 한다. 나는 품위를 갖기를 원하는가? 진정 품위를 그 자체로서 향유하고 있는가? 나는 나 자신을 기만하지는 않는가? 그 품위를 타인에게 권유하면서 그 이면에 어떤 다른 저의를 숨기고 있는 것은 아닌가? 이 점에서 끊임없는 자신의 성찰, 자기책임, 결단에 의한 선택적 판단이 필요하다.

이를 위해서 지켜져야 할 중요한 원칙은 그 중간의 것으로서, 자아의 자발적 교체와 선택이다. 이는 더 큰 자신을 개발하고 자각한 뒤에 이전의 작은 것을 버리고, 이후의 것을 자신의 것으로 받아들이는 것으로서 가치의 추구라는 이념에 부응한다. 최종적이고 절대적인 수준의 품위는 없으며 단지 상대적인 서열만이 있을 뿐이다. 좀 더 가치 있는 품위를 향하여 나아가고 있다는 증거는 단순히 하나의 품위가 다른 품위로 대치되는 것이 아니라, 전자보다 후자가 더 높은 수준의 품위라는 조건이 만족되고 있다는 데서 찾을 수 있다. 중도적이며, 상대적인 품위는 어느 단계에 비추어 보느냐에 따라 그 평가가 달라진다. 현품은 과품과 비교하면 대단하게 보이고, 미품에 비추어 보면 부족해 보인다. 전자를 '후방대비

(retrospective contrast)', 그리고 후자를 '전방대비(prospective contrast)'로 지칭한다면, 품위의 평가는 이런 대비의 교차가 끊임없이 반복되는 방식으로 진행된다.

한 시대에는 원시시대의 미숙한 어린이들에서부터 그 시대의 최정상에 이르기까지의 품위를 가진 사람이 함께 생활한다. 선진은 바로 후진에게 있어서 미결정된 미래가 기결된 상태이다. 다른 한편, 후진의 품위는 선진에게는 이미 효력이 정지된 것이다. 선진의 품위는 미품으로서 아직 실현된 것이 못 되기 때문에 후진의 현품에 비추어 판단하는 것은 부당하며, 따라서 선진의 품위는 후진이 선진의 품위를 획득함으로써 정당화된다. 이것을 무시할 때 큰 시대착오가 일어나며, 바로 그런 이유에서 높은 품위와 낮은 품위, 그리고 그것을 지닌 선진과 후진을 입증하여 구분하는 과제가 남는다. 교육은 그런 품위를 순차적으로 체득하도록 지원함으로써 품위의 서열을 판별할 수 있는 과정을 내부에 장치하고 있다. 그것이 바로 자증(自證)과 타증(他證)의 내재율이다.

교육은 우리 각자가 주체가 되어 인간의 고차적인 품위를 상호간에 확인하고 구가하는 축제의 장이다. 교육적 주체로서 우리 개체는 품위의 형성자이며, 감상자이며, 비판자이며, 그 최종적인 확인자가 되어야 한다. 품위의 내재적 가치의 보편성이나 정당화는 이들 사이의 공감적 합의에 의해서만 가능하다. 선진이 거쳐 간 발전의 행로를 후진이 다시 걷는 것은 후진이 누릴 수 있는 기쁨이자 보람이다. 품위는 교육의 과정을 통해서 획득되고, 확인되고, 정당화된다. 이전에는 선진의 품위와 후진의 품위가 분명하지 않았던 사태가 교육의 계기에 의해서 발견되고 확정되는 것이다. 그것은 이전의 덜 세련된 품위의 발견, 더 세련된 품위의 형성, 그리고 이후의 것과 이전의 것의 대비라는 일련의 과정을 거쳐 이루어진다.

나. 상구교육의 자증

역사의 흐름과 격랑 속에서 각자는 한 번뿐인 유일한 삶을 영위한다. 고유한 실존으로서 다수의 대중에 함몰되지 않고 본래적인 자신을 찾는 진지한 노력에는 품위에 대한 자주적 선택이 포함된다. 상구교육은 선신이 간 길을 맹목적으로 따라가는 일이 아니라, 매 단계마다 내증의 목소리에 귀기울이며 그렇게 해야 할 근거를 확인하면서 따라가는 일이다. 그에 대한 책임은 전적으로 상구자 자신에게 있다. 상구자는 지금의 현품뿐만 아니라 아직 결정되어 있지 않은 미품의 가치와 그 발전방향에 대해서 스스로 판단하고 입증할 위치에 있다.

현품의 가치가 인정되는 것은 그것을 얻기 이전의 기점, 즉 과품이 그 비교의 준거로 작용하고 있기 때문이다. 현품은, 한편으로 향유이자, 다른 한편으로 그곳에 더 머무르고 있을 수만은 없는 구속이다. 더 나은 품위로 향하는 길이 언제나 열려 있기 때문이다. 선진의 존재는 미품의 실재성을 반영한다. 선진의 품위가 있다면, 그 가치에 대한 판단은 그 선진의 품위를 갖춘 자에게만 허용된다. 그러나 후진에게 아직 체득되지 않은 미품은 하나의 가정일 뿐, 아직 그의 검증을 거치지 않은 것이다. 선진의 품위가 후진의 동의를 얻으려면, 후진 자신의 내부의 체험의 재조정에 의해 그것의 존재를 확인하는 길을 걸어야 한다.

상구교육은 선진의 품위에 증거를 부여하는 데 필요한 조건이다. 품위의 향상에 대한 가장 설득력 있는 증거는 자신에게 일어나는 변화이다. 상구교육 자체는 언제나 고통스럽다. 품위의 변형은 매우 느리게 진행된다. 깨달음은 총체적이며, 결코 부분적일 수 없다. 이전의 오래된 품위가 지니던 의미가 교란되고, 새로운 품소들이 추가되며, 새로운 품소들이 최적의 역량을 갖도록 중화되었을 때, 갑자기 하나로 통합되면서 전의식적으로 대상세계에 대한 통일된 회득에 도달한다. 이로써 상구 이전의 품위와 이후 품위 간의 후방대비가 가능하게 된다. 신봉하던 신념들이 거짓으로, 선행으로 실천했던 것이 그릇된 것으로, 아름답다고 느꼈던 대상이 그렇지 못한 것으로 판단된다. 이런 자증의 기본 메커니즘은, "알고 보니 그것이 아니다!"라는 깨달음으로 요약될 수 있다.

품위는 다른 한편으로 외부세계와의 상호교섭의 양상이기도 하기 때문에 그 발전은 주위 환경의 재정의 및 새평가와 연결된다. 선신의 품위를 획득하자마자 사태나 환경이 이전과는 다르게 경험된다. 이전에 묶여 있던 의문이 자취도 없이 풀려 버린다. 장애로 규정되었던 문제 상황이 해결되고, 낯선 것이 익숙해지며, 어렵던 것이 쉬워지고, 더 높은 존재의 핵심에 도달한 것 같은 해방감을 느낀다. 마치 다른 안경을 씀으로써 세계가 달리 보이듯이, 은폐되었던 실재가 선명하게 밝혀진다. 이전에 보지 못한 것을 보고, 듣지 못하던 것을 들으며, 느끼지 못하던 것을 느낄 수 있게 된다. 이전에는 불규칙하고 비정상적인 것으로 보였던 것들이 정상적인 것으로 수용된다. 이전에는 유의미했던 것이 무의미해지고, 이전에는 무의미했던 것이 유의미해진다.

이제 상구를 시작할 때의 품위와 그것이 끝날 때의 품위 사이에는 모순이 있다. 그 모순된 품위를 동시에 가질 수는 없다. 이들이 공립할 수 없는 이상, 스스로에게 정직하게 다가서는 자신의 느낌을 통하여 수긍이 가는 것만을 자신의 것으로 택하고, 나머지는 버려야 한다. 이전의 품위는 당시로서는 수도계를 대표하는 기준의 작용을 효과적으로 할 수 있었다. 그러나 상구의 경험을 거치고 난 후에, 상구 이전의 상태로 되돌아갈 수는 없다. 이제 그 이전의 품위는 더 나은 품위로 나아가는 과정상의 계기나 이정표 가운데 하나로서 그 의미를 부여할 수 있을 뿐이다.

이는 스승이 자증한 품위를 후진인 자신의 향상을 통해서 재차 확인하는 절차로 해석될 수 있다. 이는 스승의 선진성에 대하여 잠정적으로 내린 1차적인 가정이 타당한 것인지를 2차적으로 확인하도록 허용해 준다. 자기 자신이 자발적으로 승인하는 절차를 밟아야만, 스승에 대한 일말의 의심이나 그에 따른 정서적 장애를 걷어내고 더 굳은 확신을 토대로 흘가분하게 그의 지도에 응할 수 있다. 뿐만 아니라, 새로운 사실이나 실재와의 접촉을 가능하게 하는 발견은 항상 아르키메데스의 '유레카(Eureka!)'와 같은 얼마만큼의 정서적인 희열을 동반한다. 한 차례의 상구교육이 우리에게 가져다주는 보람은 더 많은 상구교육을 위한 희망찬 기대와 강력한 추진력을 제공한다.

다. 하화교육의 타증

우리 각자는 상구교육을 통해서 더 높은 품위가 어떤 것인지를 자증할 수 있다. 그러나 주관은 모든 존재를 구성하는 최종적인 거점이지만, 하나의 주관에만 갇혀 있는 품위의 가치는 유아주의(唯我主義)라는 비판을 허용한다는 점에서, 납득할 만한 확실한 증거에 아직 미치지 못한다. 증인이 한 사람뿐이라면, 그 증인은 증인으로서 공신력을 얻기 어렵다. 인간적 현실이란 타인에 의해서 자신이 인정된다는 사실 속에서 성립한다. 자신만이 아니라, 타인도 경험할 수 있는 것이라야 비로소 확실한 것이다. 따라서 우리는 자신의 경험을 너무 조급하게 과대평가하는 일을 경계할 필요가 있다.

아무리 우리가 지고한 수준의 품위를 가지고 있다고 판단한다고 해도 대다수의 동료 인간과 공유되거나 공감될 수 없다면, 그 가치의 보편성은 충분히 입증된 것이 아니다. 각자는 현품을 중심으로 올바른 삶을 규정하기 때문에, 후진은 선진의 품위가 옳은 삶의 방식이라고 보지 않는다. 후진은 그릇된 자신의 품위 속에 갇혀 있기 때문에, 선진이 그 잘못을 지적해도 이를 당장 깨닫지 못한다. 선진은 후진이 자신의 품위의 우위성을 인정해 주기를 바라지만, 후진은 선진의 품위를 갖지 못하고 있기 때문에 그것이 무엇이며, 왜 바람직한 것인지를 판별할 자격을 갖추고 있지 않다. 따라서 선진된 품위의 가치를 입증하는 방법은 후진이 그 선진의 품위를 갖도록 돕는 것이다. 그것이 바로 하화교육을 통한 타증에 해당한다.

타증은 어느 한 쪽이 다른 쪽의 주인이 되는 것이 아니라, 가치를 공유하여 서로가 그것을 확인해 나가도록 보장하는 것이다. 그 어려운 조건은 조작이나 강요가 가미되면 자가당착에 빠진다는 점이다. 스승의 주된 과제는 제자의 판단을 대행해 주는 것이 아니라, 제자가 독자적으로 판단할 수 있는 능력을 북돋아 주는 것이다. 소재와 관련해서 후진이 자기의 생각이나 반응이 오류임을 자각하고 깨우치게 유도해야 한다. 다른 한편으로 스승은 자신의 말에 무조건 따르는 제자는 경계할 필요가 있다. 부단히 스승을 의문시하면서, 비판하고, 저항하되, 다른 한편으로 자신의 판단력을 향상시켜 나가는 후진이 바로 타증에 호응하는 제자이다. 스승은 제자의 이러한 자득지묘(自得之妙)를 끌어내어 자신의 선진으로서의 권위를 인정받는 것이 정상이지만, 그렇지 못한 상황에서 제자에게 언제든지 교육적 관계를 폐기할 수 있는 자유를 주어야 한다.

스승의 품위는 많은 경우 제자가 단번에 증득할 수 있을 만큼 가까운 거리에 있지 않다. 이 때문에 만약 스승이 단지 제자에게 그의 품위가 갖는 상대적인 우위를 증명하는 것을 넘어서서 자신이 지니고 있는 품위의 가치를 진정으로 인정받고자 한다면, 자신이 그 가치에 대한 자각을 갖게 된 여러 차례의 상구과정을 후진에게도 유도할 수 있어야 한다. 이를 통하여 제자가 스승의 품위에 이르는 과정에서 여러 차례의 작은 자증을 체험하도록 허용해야 한다. 이러한 조건 아래서 제자가 더 높은 품위를 자증하고 그것을 심열성복하면서 받아들일 수 있는 것만큼, 제자는 자신의 후진성을 인정하고 스승이 그가 따라야 할 선진임을 확인하는 셈이다.

이는 바꾸어 말하면, 스승이 제자보다 선진의 위치에 있다는 가정에 근거하여 확보한 자신의 지위에 대한 타당한 증거를 제공하는 방법이기도 하다. 스승 자신이 제자의 전방대비의 대상으로 삼아야 할 위치에 있음을 증명하는 과정을 반복하는 가운데 제자가 어느 순간에는 스승의 품위 수준과 대등한 수준에 오르게 될 것이며, 이때 비로소 제자는 스승의 현품을 제대로 이해할 수 있게 될 것이다. 이는 스승의 입장에서 선진의 품위를 가진 데서 비롯되는 고독에서 해방되는 순간이자, 자신의 주관적 확신을 상호주관적으로 인정받는 계기이기도 하다. 자증한 품위를 다시 타인의 자증을 통해서 재확인하는 이중의 절차는 스승으로 하여금 그의 선진된 품위가 보편성을 가진 것으로 확신하고 안도할 수 있도록 돕는다.

라. 내재율의 이탈

교육의 영역을 이탈하는 가장 전형적인 사례는 품위의 내재적 가치보다는 그 외재적 가치에 더 큰 비중을 두는 것이다. 품위의 실제적인 쓸모나 유용성에 대한 기대가 선진의 품위를 발견하는 데서 비롯되는 기쁨을 능가하는 것이다. 외부의 기준에 더 부합한 도구로 적용하는 품위가 그렇지 못한 것에 비해서 더 높은 가치를 갖는 것으로 판정받는 사태에서, 품위는 그 외재적 세계의 기준에 비추어 변질될 우려가 많다. 이는 그 자체의 실현만으로서 탐닉과 환희로 받아들일 수 있는 품위의 공환이라는 의미를 상실하게 할 뿐만 아니라, 품위 자체의 기능적 측면까지 왜곡시킨다는 점에서 그 손실이 매우 크다.

품위의 외재적 가치평가의 기준으로 자주 등장하는 것이 세속적 기준이다. 세속의 범주 안에도 정치, 경제, 사회라고 하는 하위 세계가 각각 그들 나름의 고유한 가치기준을 적용한다. 가령, 개인의 입장에서 정치의 세계는 얼마나 권력의 주변부에서 중심부로 접근할 수 있는 수단이 되느냐 하는 것이 주된 평가의 기준이 될 것이고, 경제의 경우 얼마나 물질적 풍요를 누릴 수 있느냐 하는 것이 관심사가 될 것이다. 사회적으로는 높은 지위에 올라가 얼마나 대중의 명성을 얻을 수 있는 수단이 되느냐가 품위의 가치를 가늠하는 기준으로 대치된다. 그런 경우 품위는 그 내재가치를 잃게 되며, 더 나아가 그 외재가치인 교육의 소재가치조차 유지하기 어렵다.

우리 주변에서 흔히 볼 수 있는 것처럼 그 자주적 판단을 유보하면서 의존하기 쉬운 외부의 기준의 하나가 이른바 '객관성'이다. 우리의 주관은 언제나 위험하고 불안정하다. 따라서 우리와 별개로 존재하는 외부의 실재와 그것에 대한 인식 사이의 대응을 따져서 진리를 규정할 수 있다는 식의 주장이 그 전형적인 사례이다. 그것을 중재하는 것으로 내세우는 것이 이른바 '관찰'이다. 그러나 유기체로서 우리 밖에 존재하는 것은 가정될 수 있을 뿐, 그것을 이해하고자 할 때 혹은 해석하고자 할 때 이미 주관의 여과를 거친다. 따라서 순수하게 객관적인 것만을 토대로 품위를 평가하는 일은 불가능하다. 설사 객관적 준거가 있다고 하더라도 교육 주체의 확인과 연관되지 않는다면, 그 준거는 무의미하다.

개인들의 독자적인 판단을 방해하는 또 하나의 상황은 사회적 합의라는 모호하고 가공적인 개념이다. 세계규정의 책임을 타인이나 다수의 견해에 위임한 뒤, 그들의 가치를 그대로 추종하는 것은 자신의 자율성과 가치 감식의 능력을 포기하는 것이나 마찬가지다. 이는 가치의 검증과 관련하여 아무런 기능도 수행하지 못하면서 단지 그 검증에 참여하는 사람의 산술적인 숫자만 증가시킬 뿐이다. 집단 안의 구성원이 가진 품위의 수준에는 언제나 상당한 수준의 차이가 있다. 적어도 집단 자체의 동질성을 보장하는 것은 그 가운데 평균에 가까운 것이다. 이는 구성원 가운데 가장 많은 수의 동조를 얻을 수 있는 품위이다. 이 경우 그 평균 이상의 품위는 부당하게도 저평가를 받아 그 빛을 잃는다. 이제 본래적 자기 존재가 아니라 평균적 일상성에 적응하는 무수한 괴뢰들의 놀이와 그들 간의 대리적 대립과 불필요한 갈등이 창궐한다.

자율적인 판단력이 부재한 곳에서는 가치를 스스로 가려낼 책임이나 부담을 회피하고, 그것을 누군가가 자신을 위하여 대신해 줄 수 있을 것이라는 기대가 고개를 든다. 교육의 결과를 본인의 선택과 체험에 근거해서 판단하는 것이 아니라, 제3자적 기준과 효능에 비추어 평가한다. 그것이 이른바 '전문가'의 안목을 빌리는 것이다. 해당 분야의 최고위의 전문가에게 품위에 대한 판단을 위임한다. 일반사람들은 그들이 내린 판단을 단지 추종하면 된다는 식의 해결이 이루어지는 것이다. 그러나 체득함이 없는 품위는 마음속 깊이 가치 있는 것으로 수락할 수 없다. 그것은 자아에게 하나의 이물질에 불과하다. 품위의 차이에 대한 증명에 직접 참여하지 않고, 자신의 체험 밖의 것에 대한 다른 사람의 판단을 단지 믿어 버리는 상황에서, 내재가치 체험에 대한 열광이 있을 리가 없다.

체험에 근거하는 판단기준은 각 개인이 가진 품위이다. 각 수준의 품위는 그 품위를 현품으로 가진 주체에게 최선의 것이며, 따라서 그 품위가 다른 품위를 평가하는 기준이다. 이 말은 다른 한편으로 한 품위에서 진리로 평가된 것이 다른 품위에서 허위로 평가될 수 있음을 함축한다. 이 경우 두 가지 모순된 평가가 공립할 수 없으며, 따라서 선진과 후진은 동일한 사태를 두고 그 가치기준에서 서로 갈등하는 것이 불가피해진다. 품위에 대한 이러한 식의 평가는 품위의 향상과 그것에 따른 공환이라는 교육의 처지에서 멀어지게 한다.

각종의 사회적 압력, 선전문구, 주위 사람들의 칭찬과 비난, 보상과 벌, 외부적 권위 등에 의존하거나 무조건 일치하는 것은 가치판단에서 자아의 개입을 포기하는 처사이다. 이것은 익명적 무책임 속으로 도피하는 것으로 가치판단에서 단지 잉여적인 존재라는 위치에 떨어진다. 그 반대편의 것, 즉 무조건 자기의 판단을 고수하는 유아론적 주장 역시 바람직하지 못하다. 이런 유아론적 주장은 상대의 유아론적 주장도 정당화시킨다는 점에서 많은 문제를 가져온다. 각자의 판단 모두를 동등한 평가로 인정해야 하기 때문에 무정부적인 상대주의의 혼란한 상태에 빠진다. 이들은 오직 교육 밖에서 허용될 사태이며, 또한 교육에 의한 치유와 보완을 필요로 하는 사태이기도 하다.

이제까지 우리는 교육의 내재율과 그것에서 이탈하는 제반 양상을 살펴보았다. 교육이 그 자체의 내재율로 구성되어 있으며, 이들은 단지 단편적인 것이 아니라 서로의 의미를 함축하는 전체의 구성에 참여하고 있는 것이다. 이제 우리는 상구교육의 환경으로 하화교육, 하화교육의 환경으로 상구교육, 그리고 그들이 상호작용하는 고유한 현상으로 협동교육의 내용을 알게 되었다. 이런 시도는 단지 교육의 기능만을 내세우며, 교육 자체의 실체를 구명하는 것을 보류해 온 현존하는 교육학의 역사에서 찾아볼 수 없는 혁명적인 것이다. 앞에서는 그 최소한의 조건을 갖추는 데 그쳤지만, 앞으로 더 많은 교육의 내용이 추가되도록 개념을 확장하는 것도 무방하며, 필요에 따라 수정과 보완이 이루어질 수도 있을 것이다. 그것은 환영받을 미래의 과제이기도 하다.

위의 논의에서 주목해야 할 핵심은 교육의 안쪽이 무엇인지를 획정한다는 점이다. 그렇게 함으로써 교육의 바깥과의 경계가 분명해지는 것이다. 내재와 외재를 구분하는 이런 울타리 작업이 가져다주는 이점은 단지 교육학 혹은 교육의 자율성을 명백하게 규정한다는 것 이상의 큰 의의를 갖는다. 그것은 가령 교육의 내재율을 지표로 삼아 우리 삶에서 교육에 고유한 가치, 활동, 인간관계 등을 규정할 수 있다는 점이다. 이 부분은 이하의 논의에서 점차 구체화되겠지만, 그 예비적 점검을 여기에서 간결하게나마 해 보기로 하자.

먼저 가치의 측면에서 큰 진전을 볼 수 있다. 앞에서 말하는 기능주의적 교육관은 단지 그 기능만을 강조함으로써 마치 약의 성분을 밝히지 않은 채 만병통치를 선전하는 시정의 '엉터리 약장사'의 면모라는 비난을 면하기 어려웠다. 간혹 교육의 내재적 가치에 대한 논의가 없었던 것은 아니지만, 이 경우에도 자율적인 세계의 하나로서 교육의 안쪽이 어떤 것이냐 하는 전제조건을 충족시킬 수 없는 한계가 있었다(김규욱, 2001; 홍원표, 1998). 그러나 이제 교육과 교육 밖의 경계가 분명하게 획정된 현재의 상황에서 교육이 지향하는 가치와 목표는 더욱 선명하게 드러난다. 교육과 여타 가치의 선택에 따른 문제도 논의할 수 있게 된다(신기현, 2008). 교육의 가치는 그 자체의 내재율에 충실한 놀이로서의 내재가치와 그것이 여타의 세계의 발전에 공헌하는 기능적 가치의 합으로 규정할 수 있다. 전자는 오직 교육을 통해서만 실현될 수 있는 고유한 가치이며, 후자는 앞으로 계속 밝혀져야 할 잉여가치이다.

인간의 삶에는 다양한 종류의 활동이 전개되고 있다. 정치적 활동과 경제적 활동의 차이를 경계지우는 것은 그것을 해석하는 이론적 틀과 관련되어 있다. 그렇다면, 교육활동(educative activity)은 정치활동 혹은 경제활동과 어떻게 달리 규정될 수 있는가? 이에 대한 해답 역시 교육의 내재율에 비추어 쉽게 얻어질 수 있다. 가령, 선진이 후진으로 하여금 자신을 스승으로 삼아 상구교육을 할 것을 제안하는 '청학' 혹은 후진이 선진으로 하여금 자신을 제자로 삼아 하화교육을 제안하는 '청교'가 그 좋은 예이다. 이런 활동은 교육 밖의 영역과는 아무런 맥락상의 관련을 갖지 않는 순수한 교육활동으로 편입될 수 있다. 그 이외에도 교육의 울타리 안에서 그 의미를 확보할 수 있는 허다한 활동이 적절한 개념과 용어를 기다리고 있는 것이다.

이처럼 특수한 의미의 교육활동 이외에도, 우리의 삶에서 일반적으로 발견할 수 있는 제반 활동들이 있다. '질문(questioning)', '내화(dialogue)', '실험(experiment)', '실습(practice)' 등은 그 좋은 예이다. 이 활동들은 어떤 일반적인 의미를 지니기보다는 그것이 쓰이는 맥락에 따라 전혀 다른 세계의 활동으로 해석될 수 있다. 아는 것과 모르는 것의 경계에는 언제나 질문이 있다. 누구나 하루 종일 수많은 대화를 나눈다. 과학자들은 연구실에서 각종 실험활동을 한다. 우리들의 삶 자체가 실습이다. 그 모든 것들을 '교육활동'으로 규정하기에는 무리가 있다. 이 가운데에 어떤 것은 교육적이며, 다른 것은 그렇지 못할 것이다. 그렇다면 이들을 보다 특수하게 교육활동으로 편입시킬 수 있는 조건이 무엇이냐 하는 질문이 성립한다(양미경, 1992, 2000; 전정호, 2000; 한수연, 2004).

기능주의 교육관은 이때 그 활동이 가져오는 특정한 결과를 두고 교육적인 것과 아닌 것의 구분을 한다. 그러나 그런 사후적인 규정 역시 모호하기는 마찬가지다. 이런 이론적이며, 실제적인 문제에 봉착하여, 앞에서 논의한 교육의 내재율이 그 근거로 사용될 수 있다. 그 내재율은 말 그대로 교육의 고유한 내용이며, 따라서 모든 활동을 그 맥락에 비추어 편입시키거나 제외할 수 있는 준거로 활용될 수 있다. <그림 1.7>은 '질문'이 다양한 활동 가운데 상구활동이나 혹은 하화활동의 어느 하나로 분류될 수 있는 맥락을 예시하고 있다. 만약 '질문'이 자리-혁신-존현-순차-자조-자증의 맥락에서 성립한다면 상구활동의 범주에 들며, 만약 그것이 이타-보수-존우-역차-원조-타증의 맥락에서 이루어진다면 하화활동의 범주에 포함될 수 있는 것이다.

우리가 앞에서 제시한 교육의 내재율은 우리의 삶에서 맺어지는 온갖 인간관계의 유형 가운데 특별히 교육적 관계(educative relationship)를 규정하는 중요한 준거로 작용한다(장상호, 1996, 2002; 정연희, 2002). 인간의 삶은 다양한 관계의 망으로 얽혀 있다. 그중에 교육의 안쪽에서 맺어지는 고유한 의미의 인간관계는 무엇인가? 어떻게 그 관계가 성립하고, 유지되고, 파기되는가? 그 안에 작용하는 원리가 우리의 삶에서 어떤 중요한 역할을 하는가? 이것이 교육의 내재율과 긴밀한 관계를 맺음으로써 규정되고 설명되는

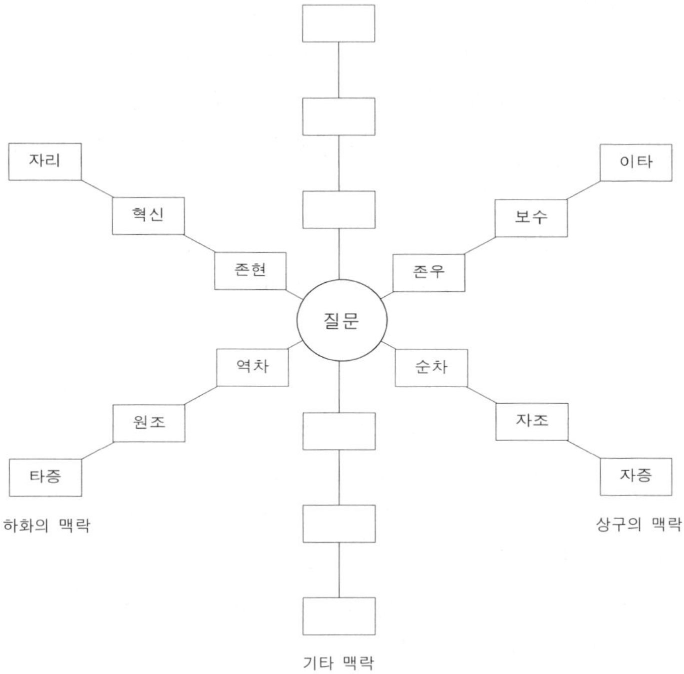

〈그림 1.7〉 질문의 활동이 상구활동과 하화활동으로 구분되는 맥락

것이다. 그 내용은 다음 절에서 논의될 주제이기도 하다.

이처럼 교육 안쪽을 밝힘으로써 얻어지는 또 하나의 큰 소득은 교육뿐만 아니라 교육의 환경에 대한 개념이 성립한다는 점이다. 좀 더 전문적으로 말하면, 그 안쪽에서 비롯하는 것이 교육의 내재변인(endogenous variables)에 해당하며, 그 밖에서 비롯하는 것이 교육의 외재변인(exogenous variables)으로 규정될 수 있게 된다. 교육과 그 환경은 서로 영향을 주며, 그것이 바로 교육의 양태를 결정한다. 내재변인이 외재변인에 영향을 주는 사태에 외재가치를 부여하면 교육의 기능에 대한 평가가 이루어지는 것이며, 외재변인이 내재변인에 영향을 주는 사태에 교육의 내재가치를 부여하면 교육의 여건에 대한 평가가 된다. 이런 도식은 본서의 나머지에서 다룰 내용들이다.

1.3 교육적 관계

1.3.1 인간관계의 특수한 양상

인간은 상호관계로서 공존한다. 개인들이 모이면 개별적인 인간으로로는 환원시킬 수 없는 '우리'라는 새로운 실재가 구성된다. 우리는 서로가 상대의 환경이 되어 서로를 규정하고 결정한다. 그로 인해서 연대와 희망을 향유하기도 하고, 실망과 고통을 받기도 한다. 그 관계는 일시적일 수도 있고 장기적일 수도 있으며, 피상적일 수도 있고 심층적일 수도 있다. 또한 그 관계는 경쟁적일 수도 있고 협동적일 수도 있으며, 배타적일 수도 있고 개방적일 수도 있으며, 귀속적일 수도 있고 성취적일 수도 있다. 더 나아가 악의적일 수도 있고 선의적일 수도 있다. 그 가운데 어떤 것을 선택해서 살아가느냐 하는 것은 일생을 어떻게 보내느냐 하는 문제와 직결된다. 우리는 아직까지 이에 관한 충분한 지혜를 갖고 있는 것 같지 않다.

자연인 '갑'과 '을'은 생활 속에서 그들이 종사하는 세계의 종류만큼 다양한 관계를 맺을 수 있다. 적어도 네 가지의 관계가 가능하다. 그 하나는 자연적 사실로서의 만남이고, 둘째는 세속계에서의 만남이며, 셋째는 수도계에서의 만남이고, 넷째는 교육계에서의 만남이다. 이렇게만 분류해 보아도 갑과 을이 가질 수 있는 관계는 형과 동생, 상인과 고객, 선거후보자와 투표자, 직장 상사와 부하, 학문에서의 선진과 후진, 스승과 제자 등 다양하다. '군사부일체(君師父一體)'라는 말이 함축하듯이, 가끔 서로 다른 다양한 관계를 미분화시키거나 일체화시키려는 시도가 있기도 했지만, 그런 관행의 연장은 오늘날의 생활이 가지고 있는 다면성과 풍요성을 저해할 것이다.

개인은 서로 다른 세계 속에서 서로 다르게 타인을 규정하는 수많은 상황에 봉착한다. 그중 어떤 것에 특별히 관여하느냐에 따라서 갑과 을 사이의 교섭 관계는 달라진다. 각각 상이한 종류의 관계들은 형성과 지속의 조건을 달리한다. 두 개인은 그들이 처한 상황의 맥락에서 그들이 지닌 체험구조 가운데 관련된 것과 무관한 것을 구분하고, 서로 다른 방식의 의미 해석 과정을 거쳐서 새로운 행동 노선을 설계하고, 새로운 결합의 행동을 취할 것이다. 각종 분과학문은 이처럼 다양한 인간관계의 특정한 측면을 그들이 관심을 갖고 있는 사실의 범주로 조명하여 왔다. 현재 우리의 관심은 그 가운데 어떠한 것이 교육적 관계이며, 그것이 다른 관계들과 구분되는 어떠한 특징을 지니고 있는지를 밝히는 것이다.

사실은 사실로서 받아들여야 한다. 갑과 을을 좁은 공간을 차지하고 있는 물체로 보는 사실 규정이 그들에게 모독이 될 수는 없다. 자연과학자들은 갑과 을 사이에는 책상과 의자의 경우처럼 미세한 중력이 작용하고 있다는 사실에 호기심을 가질 수 있다. 인간이 물체의 일부를 구성하고 있다는 사실을 부인할 수 없다. 무생물의 경우는 그들 사이의 밀도가 큰 문제가 되지 않는다. 그러나 갑과 을은 다시 생물체라는 또 다른 사실로 인해서 그 좁은 공간에 대해서 모종의 거부반응을 보일 수 있을 것이다. 얼마의 공간이 그들의 생물적 특성을 유지하는 데 쾌적한 것이냐 하는 주제도 여타의 생물과 인간 사이에 공동적으로 적용될 것이다.

세속적 관계는 이보다 더 인간적이며 복잡한 특성을 추가한다. 정치적 관계는 갈등의 조정과 해결을 위해 강제성과 조직적 통제가 발동하며, 그 힘의 균형과 관련하여 유지되거나 파기된다. 여기서는 항상 강자가 지배하고 약자는 복종한다. 경제적 관계는 상호간의 이윤이 조화를 이루는 범위 안에서 유지된다. 이윤이 보장된다면 정치적인 적대 관계를 초월하여 상거래가 이루어진다. 인간도 경제적인 기능성과 상품을 기준으로 그 존재 가치가 결정된다. 사회적 관계는 사회제도가 허용하는 지위와 관련하여 기능적으로 규정된다. 개인은 그가 소속한 집단과 그 집단이 마련해 놓은 대본에 맞추어 얼마나 충실한 역할을 수행하느냐에 따라서 지위와 명성을 부여받는다. 한 사회 안에서 권세나 부귀공명이란 한정되어 있기 때문에 한쪽의 이득이 다른 쪽의 손실이 되는 이른바 '제로섬(zero-sum)'의 성질을 갖기도 한다. 타인은 파트너가 아니고 적대자이며, 친구가 아니고 잠재적인 라이벌이다. 적대감과 공격심을 가지고 상내를 무력하게 만들거나, 혹은 자신의 의지에 복종시키려고 하는 등 여러 가지 책략이 개재될 수도 있다.

수도계 안에서의 인간관계는 주로 품위를 매개로 하여 이루어진다. 수도계의 품위란 그 위계의 성질상 높은 품위가 그 이하의 품위를 지배하거나 무효화하는 성질을 가지고 있다. 그 품위의 수준에 따라서 소수의 고귀한 자와 다수의 저급한 자의 뚜렷한 대조가 자연스럽게 이루어진다. 이것이 선진(the more advanced)과 후진(the less advanced)이라는 수도계적 관계의 본실이다. 세속의 경우와는 달리 다수가 소수를 지배할 수 없다. 한 명의 선진이 그 이하의 후진 전체를 제압할 수 있다. 여기에서 경쟁의식이 개입할 수 있다. 그것은 타인과의 우열에서 높은 지위를 얻기 위한 것이며, 그 승리를 위해서는 타인을 패배시켜야 하는 것이다.

선진과 후진 사이에서 벌어지는 품위상의 경쟁은 그 결과로 위계상의 변화만을 가져올 뿐이다. 경쟁이 긍정적인 효과를 갖는다고 보는 일반적인 상식과는 달리, 이 분야의 연구 결과에 따르면, 경쟁은 질의 고급화나 생산적인 성취와는 관계가 없다(Kohn, 1992). 오히려 외적인 유인책을 이용하는 것은 내적인 동기 부여를 저해하기 쉽고, 따라서 궁극적으로는 작업 수행에 역효과를 가져온다는 사실도 보고되고 있다(Deci & Ryan, 1985). 경쟁의식을 갖는 것 자체가 인격의 수양이라는 본래의 인간적 취지로부터의 이탈을 의미하며, 외재적 동기나 보상을 추구하기 위하여 경쟁을 하는 이상, 이를 통한 성취는 뜻하지 않은 왜곡을 초래할 뿐만 아니라, 성취의 수준과 정도에 있어 한계를 지닐 수밖에 없다.

물질적 자원과는 달리, 수도계의 품위는 한 사람이 그것을 가지면 다른 사람이 그것을 그만큼 빼앗기는 제로섬의 대상이 아니다. 품위는 본질상 많은 사람들이 서로 나누어 가질수록 줄어드는 것이 아니라 오히려 불어난다. 우리가 만약 더 나은 인간성의 실현과 향유라는 근본 취지를 잊지 않고, 도달하게 된 품위의 높낮이를 기준으로 수도계상의 승리와 패배를 판가름한다는 외재적인 의식을 초탈할 수 있다면, 품위의 차이를 우리 서로 인간적인 유대를 강화하고 협동하는 수단으로 이용할 수도 있을 것이다. 협동은 목적의 달성을 위해 서로 함께 일하는 관계이다. 협동의 성공은 기본적으로 경쟁의 경우와 다르다. 구조적인 협동이란 상대방이 성공하는 경우에만 나도 성공할 수 있고, 반대로 내가 성공하는 경우에만 상대방도 성공할 수 있기 때문에 우리의 노력을 통합해야 하는 것을 의미한다.

이제부터 밝히려는 교육적 관계가 그런 구조적인 협동을 요구한다. 교육이 삶의 한 양상이라는 교육본위론의 관점은 통상 교육을 전문가의 소관으로 생각하는 관점과 크게 대조된다. 교육은 모든 사람이 그 내재율에 따르는 한 누구나 참여할 수 있는 세계이다. 다양한 인간관계 가운데 교육적 인간관계는 선진과 후진 사이에 있을 수 있는 대립과 경쟁을 화해와 협력으로 전환시킨다. 우선 상구교육과 하화교육은 서로 다른 내재적 목표를 추구한다는 점에서 경쟁할 필요가 없고, 오히려 협동을 요구한다. 상구를 하기 위해서는 하화의 파트너가 필요하고, 반대로 하화를 하기 위해서는 상구의 파트너가 필요하다. 그 요구를 충족시키는 우리 자신의 측면이 바로 '상구자(ascender)'와 '하화자(descender)'이며, 이들은 상대방을 도움과 동시에 나 자신을 돕게 되는 상황을 만들어 준다.

원칙상 교육적 관계는 온갖 세속계적 범주를 초월한다. 교육에서는 농민, 기업가와 상인, 귀족이라는 식의 인간에 대한 세속적 구분법이 유보된다. 그것들은 교육과 모종의 우연적 관련을 가질 수는 있지만, 교육의 본질을 구성하지는 못하기 때문이다. '스승(seuseung)'과 '제자(jeja)'를 결정함에 있어서 세속적 차별(주인/노예, 군주/백성, 상전/종, 귀족/평민, 여자/남자, 노인/젊은이, 부자/빈자, 적/아군, 백인/흑인, 형/동생 등)이 본질적 요인이 될 수 없다. 또한 교육적 관계는 교사와 학생의 경우처럼 학교라는 사회적 제도에 의해서 규정되거나 강제되는 것이 아니라, 교육이 요구하는 파트너로서 상호간의 자발적인 동의에 의해서 이루어진다.

교육적 상호교섭은 서로 품위의 수준이 다른 사람들끼리 이루어진다. 스승과 제자는 전자가 선진이고, 후자가 후진이라는 것이 전제되어 있다.

그러나 교육의 입장에서 볼 때, 품위는 어디까지나 선진의 하화교육과 후진의 상구교육을 위한 소재로 활용되는 데 불과하다. 마치 의미 있는 대화의 경우처럼 교육적인 활동의 구조에서 일관성을 부여하는 것이 바로 소재이다. 두 사람이 이것저것 마음에 떠오르는 것을 가지고 대화를 한다면 그것은 잡담에 그치지만, 하나의 주제가 있는 경우 그들 사이에 그것에 대한 더 나은 해명과 이해에 도달할 수 있을 것이다. 마찬가지로, 상구자와 하화자 사이의 생산적인 교육적 교섭이 이루어지기 위해서는 그 소재의 종류가 서로 동일해야 한다.[28)]

교육은 품위의 종류와 높낮이와는 상관없이 누구나, 그리고 언제나 자신의 현존하는 위치에서 종사할 수 있는 세계이기 때문에, 교육의 소재가 어떤 종류의 것이며, 품위가 어느 수준이어야만 교육에 참여할 수 있다는 식의 제한적 조건은 불필요하다. 교육은 최고의 품위, 혹은 완성된 품위를 지향하는 것이 아니라, 거기에 이르는 매 단계의 독특한 활동과 과정에 큰 비중이 주어진다. 그것이 이 세상에서 처음 이루어지는 창조든, 그것을 되풀이하는 재창조든, 그 내용에서 문제가 되지 않는다. 교육은 불완전한 인간존재를 근거로 그것을 극복해 나가는 과정이기 때문에, 많은 경우 이미 오류로 판명된 품위를 그 소재로 수용하여 활용하기도 한다.

수도계에서 교육계로의 태도의 전환이 신속하게, 그리고 제대로 이루어질 때, 상대의 실패가 나의 실패가 되거나, 상대의 성공이 나의 성공이 되는 교육적 공생이 가능하게 된다. 스승과 제자는 수도계의 품위의 면에서는 불평등하지만, 교육의 측면에서는 평등하다. 상구교육과 하화교육은 그 추구하는 내재적 목표가 다르기 때문에 그 사이에 우열의 판정이 개입될 여지가 없다. 하화교육을 위해서 스승은 제자를 이용하고, 상구교육을 위해서 제자는 스승을 이용한다. 스승과 제자는 품위의 상대성을 통해서 서로를 요청하는 것이다.[29)] 여기에서 말하는 스승과 제자는 인간적인 상

---

28) 스승과 제자 간의 관계맺음은 그들이 맺고자 하는 정신적 유대의 고리인 소재에 집중되어야 한다는 점에서 우리는 흔히 그것을 '사제동행(師弟同行)'이라는 말로 표현하기도 한다.

수(常數)가 아니라 상황적 상수이다. 그리고 이론적 언명은 상황적 위치에 대해서만 가능할 뿐, 그 위치를 점하고 있는 '소유자'에 대한 것일 수는 없다. 가령, '갑'과 '을'이라는 자연인이 모든 경우에 스승이거나 제자가 되는 것이 아니라, 그가 어떤 상황에 들어갈 때 스승이나 제자의 위치를 점하게 된다.

그 상황을 도식화한다면, <그림 1.8> 및 <그림 1.9>와 같다. 여기에는 수도계적인 항목(X)과 교육계적인 항목(E)이 있다. 그중 X항은 상호주관의 측면에서 비대칭적(asymmetrical)이고, 그 배타성의 면에서 경쟁적(competitive)이다. 이에 비해서, E항은 대칭적(symmetrical)이고, 협동적(cooperative)이다. '갑'과 '을'은 서로가 상구와 하화의 내재성을 인정하는 한, 그리고 그 각각이 상대의 수단이 되도록 작용하는 한, 상이한 요소로서의 조화와 협조적 체제를 유지한다. 교육의 양쪽 날개인 상구와 하화

$$\frac{\text{갑}}{\text{을}} \Rightarrow \frac{\text{선 진}}{\text{후 진}}(X) + \frac{\text{하 화 자}}{\text{상 구 자}}(E) \Rightarrow \frac{\text{스 승}}{\text{제 자}}$$

〈그림 1.8〉 자연인 갑과 을의 교육적 관계의 조합 형태(1)

$$\frac{\text{을}}{\text{갑}} \Rightarrow \frac{\text{선 진}}{\text{후 진}}(X) + \frac{\text{하 화 자}}{\text{상 구 자}}(E) \Rightarrow \frac{\text{스 승}}{\text{제 자}}$$

〈그림 1.9〉 자연인 갑과 을의 교육적 관계의 조합 형태(2)

---

29) 이 부분은 이런 식으로 해명될 수도 있을 것이다. 진(眞)과 위(僞), 선(善)과 악(惡), 미(美)와 추(醜)는 서로 이율배반(二律背反)하는 것이 아니고, 상호긍정하는 이율대대(二律對待)이다. 말하자면, 서로 요청하고 서로 호응하는 관계에 서 있다. 진은 위의 스승이고, 위는 진의 제자이다. 선은 악의 스승이고, 악은 선의 제자이다. 미는 추의 스승이고, 추는 미의 제자이다.

에는 그들 나름의 고유한 열정이 있으며, 이런 상구열성과 하화열정은 서로가 상대를 강화하면서 상승한다. 이 교육적인 열정과 공조에 큰 비중을 두고 '갑'과 '을'의 관계가 계속 유지되는 한, 그들은 선진과 후진이라는 신분 차이에서 비롯하는 모순과 갈등의 가능성을 극복하면서 서로 공조하는 매듭을 유지할 수 있다.

교육적 관계는 이처럼 수도적인 비대칭성과 경쟁적인 요소를 교육적인 대칭성과 협동성으로 극복함에 의해서 비로소 성립한다. 여기서 특별히 주목해야 할 것은 그 양 항의 조합방식이다. 스승과 제자의 관계는 <그림 1.8>과 <그림 1.9>에서처럼 선진이 하화하고 후진이 상구하는 것만을 허용한다. <그림 1.8>과 <그림 1.9>에서 갑과 을의 위치가 다르게 표시된 것은 교육적 관계가 갑과 을의 개인적인 속성에서 비롯된 것이 아니라, 앞에서 지적했듯이, 교육이 요구하는 그 상황의 특정한 측면의 조합이라는 점을 강조하기 위함이다. 물론 서로 배타적인 두 가지 경우가 동시에 성립할 수 없음은 말할 필요조차 없다.

<그림 1.10>의 경우처럼 어떤 특정 소재를 중심으로 후진이 하화교육을 하고 선진이 상구교육을 하는 그 반대의 조합도 생각해 볼 수 있다. 그러나 우리는 이런 가능성을 인정하지 않는다. "공자 앞에서 문자 쓴다"는 말은 그 불가능한 것을 시도하는 경우에 대한 빈정거림과 반발로, 어떠한 경우에도 어리석은 자가 그보다 현명한 자를 제자로 삼아 하화할 수는 없다. 또한 어떠한 경우에도 현명한 자가 그보다 어리석은 자를 스승으로 삼아 상구할 수는 없다. 후진이 선진을 상대로 하화하고 선진이 후진을 상대로 상구하는 조합은 마치 부인이 씨를 뿌리고 남편이 아이를 낳는 것처럼 기본적인 사실에서 벗어난다.

앞에서 교육적 관계가 갑과 을의 자연적 속성이 아니라, 교육의 내재율에 의존한다는 점을 살폈다. 그 내재율에 따라 갑과 을은 <그림 1.11>의 관계를 맺을 수 있는 것이다. 얼른 보기에 <그림 1.8>과 <그림 1.11>은 양립하기 어려워 보일지 모르겠다. 어떻게 두 자연인 사이의 관계가 스승이며 제자, 혹은 제자이며 스승일 수 있는가? 그러나 이런 의문은 갑과 을

$$\frac{\text{갑}}{\text{을}} \Rightarrow \frac{\text{후 진}}{\text{선 진}}(X) + \frac{\text{하 화 자}}{\text{상 구 자}}(E) \nRightarrow \frac{\text{스 승}}{\text{제 자}}$$

〈그림 1.10〉 불가능한 교육적 관계의 조합 형태

$$\frac{\text{을}}{\text{갑}} \Rightarrow \frac{\text{선 진}}{\text{후 진}}(Y) + \frac{\text{하 화 자}}{\text{상 구 자}}(E) \Rightarrow \frac{\text{스 승}}{\text{제 자}}$$

〈그림 1.11〉 자연인 갑과 을의 교육적 관계의 조합 형태(3)

의 수도계적인 지위를 일원화시키는 미분화된 사고에서 비롯한 것이다. 위의 두 그림에서 주목해야 할 것은 <그림 1.8>에서의 소재인 X항이 <그림 1.11>에서는 Y로 변했다는 점이다. 두 자연인은 여러 수도계에 종사하고 있고, 각각의 수도계에서 선진과 후진의 위치는 다를 수 있다. 이때 갑과 을은 소재를 달리하여 스승과 제자의 위치를 수시로 바꾸면서 자신들의 품위를 향상시켜 나갈 수 있다. 예컨대, 갑이 을에게 물리학을 소재로 하여 하화하는 대신, 그로부터 문학을 소재로 하여 상구한다고 할 때, 그것이 교육에서 부자연스러운 일이 될 수 없다.

수도계의 다원성을 인정할 수 있는 만큼, 교육적인 관계도 그에 상응하여 탄력적으로 다양하게 맺어질 수 있다. 마치 전류가 시간마다 번갈아 가면서 반대방향으로 흐르는 경우처럼 상구와 하화의 방향이 소재의 변경에 따라 서로 오가며 섞이는 경우를 '교류교육(交流敎育: an alternating education)'이라고 하며, 이를 두고 교육적인 교류를 한다고 말한다. 두 자연인이 교육의 소재를 달리해서 서로를 교육적으로 지원하고 함께 성장하기 위해 결속된 관계를 일상어의 하나인 교우(交友)라는 말에 '류(流)'라는 말을 삽입하여 교류우(交流友)라는 말로 지칭할 수 있을 것이다. 그 중요성을 장상호(1991)는 다음과 같이 지적한다.

> 우리는 서로가 교류우이다. 모든 면에서 현명하고 모든 면에서 어리석은 사람은 드물다. 수도계는 다양하며 그 다양성은 인생의 양념처럼 향기롭다. 갑은 을에 비해 X의 수도계에서는 선진이지만 Y의 수도계에서는 후진일 수 있다. 갑이 을의 등을 긁어 주고 을은 갑의 등을 긁어 주면 서로가 이롭다. 같은 방식으로 갑과 을은 멋있는 흥정을 할 수 있다. '내가 너에게 X를 가르쳐 줄께 너는 나에게 Y를 가르쳐 주련?' 이들은 수도계를 전화하면서 서로가 대등한 위치에서 스승임과 동시에 제자인 균형 있는 관계를 유지할 수 있다. 서로가 서로의 품위를 향상시키고 잃은 것 없이 오히려 균형 있는 행교(行敎)의 보람을 만끽하는 교류교육은 일방교육(一方敎育)보다 교육의 상부상조성을 한층 더 증폭시킨다(pp. 50-51).

공자와 소크라테스가 만나면 누가 스승이고 누가 제자가 되어야 하는가? 앞의 교류교육의 개념에 비추어 보면, 이런 질문은 그렇게 세련된 것으로 보기 어렵다. 스승과 제자의 위치를 결정하는 소재로서 수도계의 종류는 무수하다. 그 각각의 것에서 자연인 갑, 을, 병, 정은 특정한 품위를 현품으로 가지고 있을 것이다. <그림 1.12>는 그들이 6가지의 서로 다른 종류의 다양한 수도계(X, Y, A, B, C, D)를 교육의 소재로 삼아 서로 교육적 관계를 맺을 수 있는 특수한 사례를 보여준다. 어떤 수도계를 소재로 선택하느냐에 따라 이 네 사람들 사이의 선진과 후진의 위치가 바뀐다. X를 기준으로 할 때, 갑이 을보다 선진이다. Y를 기준으로 하면, 병이 정보다 선진이다. 다시 소재를 A로 선택하면, 갑은 정의 후진이 된다. 그런가 하면 소재 B에서는 병이 갑의 선진, 소재 C에서는 정이 을의 선진, 그리고 D에서는 병이 을의 선진이 된다. 이러한 각각의 경우마다 자연인 4명 가운데 누가 상구교육을 하고, 하화교육을 해야 하는지를 별개로 결정해야 할 것이다.

오직 스승인 사람과 오직 제자인 자연인은 존재할 수 없다. 그가 한때는 스승이 되고, 다른 때는 제자가 될 수 있는 기회가 언제나 존재한다. 예컨대, 종합예술에서의 선진과 후진, 그리고 예술의 하위영역인 춤에서의 선진과 후진은 별개의 차원이다. 학문을 물리학, 사회학, 문학 등 여러 가지 분과학문으로 세분해 놓고 볼 때, 갑과 을의 선·후진의 위치가 뒤

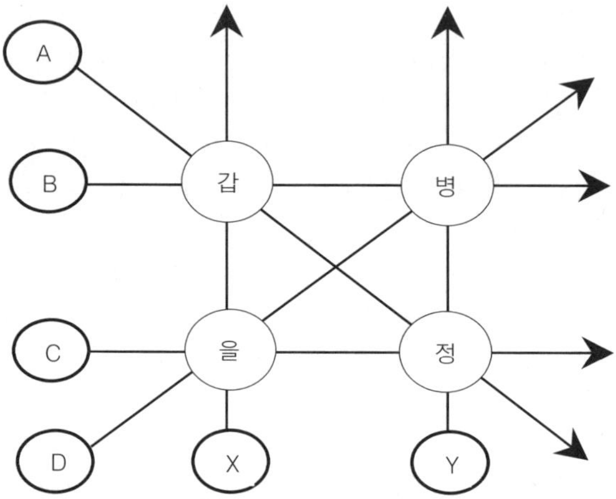

〈그림 1.12〉 소재를 달리하는 다양한 교육적 관계의 사례

바뀔 수도 있으며, 따라서 그들 사이의 교류교육이 가능하다. 다만, 교류교육에서는 교육의 소재가 바뀔 때, 스승과 제자의 지위와 태도를 절도 있게 전환해야 할 것이다.

교육의 소재는 무궁무진하다. 사실상 인류의 역사가 시작된 이래 수많은 사람들이 더불어 살아가면서 눈에 보이지 않는 형태로 교육적 관계를 맺으면서 엄청난 범위의 품위와 엄청난 수준의 품위를 계발하고 확인하고 전파할 수 있었다. 공해가 난무하는 곳에서 무공해 식품의 필요성이 강조된다. 과거에 너무도 당연했던 것이 이제야 비로소 더욱 소중한 것으로 느껴지게 된다. 마찬가지로 우리의 인간성이 고갈될 위기에 봉착한 오늘날의 사태에서 교육적 관계에 대한 이런 역사적인 사실에 대한 재인식의 필요성은 점차 더 절실해지고 있다. 교육적인 관계의 의의는 여러 갈래로 나누어 길게 논의할 주제이지만, 여기서는 그중 두 가지만 부각시켜 보겠다.

스승과 제자 간의 교육적인 만남은 우선 우리에게 하화와 상구라는 상이한 교육적 가능성을 실현시켜 준다는 데 일차적인 의의가 있다. 교육은 그 나름으로 자급자족하는 세계이다. 누차 강조했듯이, 누구나 현품을 중심으로 위로는 상구하고, 아래로는 하화할 수 있는 교육적 잠재력과 열정을 지니고 있다. 그 가능성을 실현시키며 살아가는 것 자체만으로도 우리는 삶의 독특한 보람과 만족감을 느낄 수 있다. 만약 우리 생활에서 이런 교육내재적인 욕구와 가능성을 배제한다면, 그 생활은 조화롭고 충만한 것이라고 할 수 없다. 교육적 관계에서 갑과 을은 서로 교육의 상이한 목표를 추구하면서 동시에 상대의 활동을 보강한다. 제자의 상구가 스승의 하화를, 그리고 스승의 하화가 제자의 상구를 촉발하고 고무시킨다. 교육적 관계는 이처럼 우리가 내면에서 강렬하게 그 실현을 기다리고 있는 인간다운 욕구를 촉발하고 만족시키는 것이다.

교육적 관계는 선진과 후진 사이에서 일어날 수 있는 경쟁적인 배타를 지양하고, 그들 사이에 협동적인 유대를 보장해 준다는 점에서, 또 하나의 큰 의의를 찾을 수 있다. 수도계에서 상이한 위계를 점하고 있는 선진과 후진은 속성상 서로 대립하고 갈등할 소지가 많다. 품위의 차이는 단지 체험구조의 차이일 뿐만 아니라, 평가하는 기준의 차이를 포함한다. 후진이 어떤 것에 대해서 '옳다'는 판단을 내릴 때, 선진은 그것을 '그르다'고 판단하기 때문에, 선진과 후진은 서로 부정과 갈등의 형태로 대면하기 쉽다. 품위의 차이만큼 상통할 수 있는 공감의 영역이 소실되며, 그만큼 '우리'라는 공동체의 연대성이 위협받는다. 교육은 바로 그런 대립을 화해로 전환시키고 수도계의 저변을 확대할 수 있을 뿐만 아니라, 우리 각자가 서로 격리된 개체의 울타리를 벗어나 좀 더 높은 수준의 상호주관성을 확보할 수 있게 작용하는 것이다.

그럼에도 불구하고 이런 교육적 관계에 관한 이해는 아직 그 시작에 불과하며, 앞으로 무궁무진한 연구를 요구한다(장상호, 1997b, 2009). 그 요청에 부응하려는 시도의 하나로서 본서의 논의는 주로 4대 스승의 사례를 중심으로 진행된다. 따라서 그 전 단계로서 잠정적으로나마 교육적 관계가 어떻게 성립하고, 유지되고, 파기되는가 하는 부분에 대한 해명이 필요하다. 모든 인간관계가 그러하듯이, 그것이 그렇게 되는 원인을 구성하는 변인은 무수히 많을 것이다. 그 모든 것에 대한 해명을 한다는 것은 불가능하다. 이 때문에 그 한계설정이 불가피하다. 크게 나누면, 그 변인 가운데 내재적인 것과 외재적인 것들이 포함될 수 있다. 후자의 경우로서 예컨대, 물리적인 거리, 심리적인 특성, 사회적인 제도, 행정적인 정책, 문화적인 규범 등이 포함될 수 있을 것이다. 그 각각의 교육 외재적 변인들이 어떻게 교육적 관계의 다양한 측면에 작용하는지에 대한 것은 앞으로 긴 연구를 필요로 하며, 당장 우리의 관심이 될 수 없다. 따라서 이하에서는 교육적 관계의 성립, 유지, 파기의 과정 가운데, 교육 내재적 변인들에 한정시켜 그것들을 차례대로 간략하게 검토할 것이다.

1.3.2 교육적 관계의 성립

어떤 인간사든 그 가능성과 실현성 간에는 차이가 있기 마련이다. 바람직한 것은 항상 응분한 노력을 우리에게 요구한다. 생활 속에서 교육적 관계를 맺을 가능성이 늘 잠재해 있음에도 불구하고, 그것은 원하는 만큼 눈에 띄지 않는다. 상구하고자 하지만 마땅한 스승을 만나지 못하고 하화하고자 하지만 여건이 허락하지 않아서 마음껏 하화하지 못한 사람들의 경우가 안타깝게도 우리의 현실 속에서는 너무도 많다. 교육적 관계를 형성하기를 바라지만, 여타의 관계에 매여 있어 시도조차 하지 못하거나, 혹은 시도는 하지만, 교육이 요구하는 내재율을 제대로 따르지 못할 수도 있다. 더욱 안타까운 부분은 이에 관한 인식의 결여이다. 이미 우리의 생활 속에서 훌륭한 교육적 관계가 사실상 이루어져 왔고 이루어지고 있으나, 그것을 해석하고 감별해 낼 만한 이론적 체제의 부재로 인해서 그 사실을 간과하는 것이다. 그 부분은 올바른 교육학적 안목의 필요성을 거듭 말해 준다.

앞에서 살폈듯이, 두 자연인 사이의 교육적 관계의 성립은 우선 특정한 수도계에서 그들 사이에 얼마 정도의 품위의 차이가 있다는 것을 전제한다. 갑과 을은 선진과 후진이라는 가정 하에서 전자가 하화교육에 진입하고 후자는 상구교육에 진입할 때, 비로소 스승과 제자라는 관계를 맺을 수 있는 것이다. 문제는 갑과 을이 선진과 후진이라는 위치에 들어설 때 그것을 결정하는 수도계의 종류에 대한 결정이다. '전일(專一)의 책(策)'이라는 말이 있다. 스승과 제자가 동일한 교육의 소재를 선택하고 잠시도 마음을 빼앗기지 않는 가운데 그 주제의 탐색에 몰입하는 태도를 취함으로써 교육적 관계의 전제를 충족시켜야 한다. 그 소재를 이탈하면 선진과 후진이라는 조건 자체가 흔들린다.

특정한 선남과 선녀가 연인관계를 가질 수 있다고 해서 그들이 누구나 현재 연애를 하고 있는 것은 아니다. 그들은 적어도 서로 이성이므로 연인관계로 진입할 수 있지만, 이는 난지 가능성에 그칠 수도 있다. 품차의 틈새는 교육이 가능한 공간이지만, 그것은 어디까지나 가능성이고, 그것을 실현시키는 것은 우리의 실천이다. 선진과 후진은 자신의 위치를 이용하여 교육의 세계에 진입할 의도와 의향을 타진할 수 있을 것이다. 서로의 교육적 욕망과 필요에 의해서 응집하는 스승과 제자는 단지 소재가 되는 품위의 내용을 증명한다는 데 의미를 부여하기보다는 교육이라는 과정에 개재되는 복잡성과 난점에서 도전적인 의미를 찾고 그 고유한 체험을 재현하는 것 자체에 흥미를 가질 수 있어야 할 것이다.

인간관계는 강제나 선택에 따라 이루어진다. 교육적 관계는 그중 자유로운 선택을 통하여 맺어지는 것으로, 서로가 상대를 찾는 그리움에서 출발한다. 이때 서로가 이런 상대의 요망에 부응하는 것은, 단지 자신을 위한다는 것뿐만 아니라, 타인을 위한 봉사이다. 스승이 되고자 하는 자는 마땅한 제자를 찾고, 제자는 마땅한 스승을 찾아 청학과 청교에 의기투합할 수 있어야 한다. 여기서 청학의 의미는 상대가 자신의 과품을 가진 후진임을 가정하여 자신이 상대에게 하화교육의 파트너가 되어 주기를 제안하는 것이고, 청교의 의미는 상대가 자신의 미품을 가진 선진임을 가정하여 상대에게 상구교육의 파트너가 되어 주기를 청원하는 것이다.

교육적 관계 맺음의 마땅한 조합은 선진이 하화하고 후진이 상구하는 것이다. 그 조합의 조건을 성립시키기 위해서 갑과 을 두 사람 가운데 누가 선진이며, 누가 후진인지를 판단하는 것이 선결되어야 할 문제로 등장한다. 이와 관련하여 크게 두 가지 경우가 있다. 하나는 어떤 분명한 근거에서 그 품위상의 위계가 사전에 알려져 있는 경우이다. 우리는 여기서 단순히 제자와 스승 간의 일대일 관계를 말하고 있다. 그러나 곧 이어지는 소절(1.3.6)에서 교육공동체라는 주제로 더 자세하게 다루겠지만, 한 사람의 자연인에게는 수도계의 종류와 수준의 양면에서 다수의 스승과 제자가 있을 수 있다. 이 경우는 그 공동체에 합류하여 참여하는 가운데 자연스럽게 가깝거나 먼 선진과 후진이 가려지고, 또 그들 사이의 중첩되는 교육을 통하여 그 가려진 위계가 연대적으로 자연스럽게 검증되는 경로가 있다. 가령, 독립된 교육공동체를 운영하던 큰 스승이 자신의 제자를 데리고 와서 다른 교육공동체에 합류하고, 그 제자가 그 곳에서 다른 선진을 찾아 스승으로 삼는 경우를 생각해 보자. 전자의 공동체에서 제자는 후자의 공동체의 다른 선진을 스승으로 삼을 수 있으며, 이제 그런 상황에서 큰 스승과 작은 스승이 성립하는 것이다. 그러나 그런 쉬운 경로를 먼저 가정해 버리는 것은 해결될 문제를 지연시키는 일이 될 것이다.[30] 따라서, 여기서는 일단 선후진의 위계가 아직 확실하지 않은 상황에서 교육의 파트너를 찾고 선택하는 경우를 생각해 보기로 하자.

세속계의 위계는 비교적 객관적인 식별이 가능하다. 경제계에서는 재산으로 인물을 판별하며, 정치계에서는 권력으로 인물을 판별하고, 사회계에서는 명예와 평판으로 인물을 판별한다. 이처럼 세속적인 관계는 상대편을 알고 협약한다. 그러나 누차 강조했듯이 수도계에서는 그 징후의 추정이 어렵다. 사람들은 각자 자신이 가진 현품의 유사완전성에 사로잡혀 서로를 대면하며, 각각이 상대를 자신의 현품에 비추어 평가한다. 이론상 선진은 후진의 징후를 통해서 상대가 자신의 과품을 지니고 있을 것이라는 추정을 어느 정도 할 수 있다고 하더라도, 후진은 선진의 품위를 감지할 수 있는 방도가 없다. 서로가 선, 후의 상대의 위치를 확실하게 파악

30) 논자는 이런 경우라고 할지라도 '1차적 가정'이라는 말을 쓴다. 왜냐하면, 아무리 '객관적인 검증'이 성립했다고 하더라도 교육에서 품위를 확인할 최종적인 책임은 각 개인에게 있기 때문이다.

하지 않은 상태에서 교육적 관계를 성립시키기 위해서는 먼저 1차적인 가정에서 시작하고, 그 다음에 그 가정을 2차적으로 확인하는 절차가 적용된다. 그 파트너를 선택하는 순서에서 세속적 관계의 그것과는 반대가 되는 이런 특별한 곡절은 이후의 논의에서 점차 밝혀질 것이다.

유망한 후진을 찾아 그를 제자로 삼는 것이 스승이 되는 경로이다. 후진은 선진에게 그 품위의 저급한 징후, 즉 후진적 이질성을 보일 것이다. 그 징후를 단순히 비방하기보다는 그것으로부터 자신의 임무를 느낄 때, 그리고 그 후진에게서 아직 가공되지 않은 가능성을 발견할 때, 하화자로서의 자신의 준비가 이루어진 것을 확인하는 것이다. 이제 상대로부터 그의 청학에 대한 동의를 얻어내야 한다. 준비되지 않은 오만한 후진에게 직접 하화를 시도하는 것은 위험하다. 이를 방지하는 하나의 방편으로, 선진은 자신의 품위상의 우위를 과시할 수도 있으나, 그것은 상대에게 신비로움이나 위압감을 주어 의존심을 불러일으킬 우려가 있다. 이 경우, 다른 하나의 방편은 자신의 현품을 당장 상대에게 요구하는 고압제의 성향을 당분간 억제하고, 상대의 차상품적 선진으로 나타나 직속상관의 매력과 권위를 보이는 것이다.

다른 한편, 도량 높은 선진을 찾아 청교하는 것이 제자가 되는 경로이다. 그러나 선진의 품위를 아직 습득하지 못한 후진이 상대가 선진인지에 대한 증거를 식별할 만한 능력을 기대할 수 없다. 이 때문에 선진적 이질성에 대한 간접적인 단서를 근거로 스승을 모실 경우가 많다. 이미 공적 인가의 과정을 거치거나, 혹은 큰 업적을 통해서 품위의 높음이 널리 알려진 인물이 안전하다. 믿을 만한 사람의 추천이 있을 수 있다. 과거의 행적과 현재의 지위를 참고하여 결정할 수도 있다. 상대가 어떤 제자를 양성했으며, 지금은 어떤 제자를 양성하고 있는가? 혹은 상대의 지혜가 자신의 빈약한 지혜와는 비교가 되지 않음을 보여주는 위력적 증거를 간파하고 제자가 되는 경우도 있다. 여기에는 또한 가까운 선진에서부터 먼 선진의 구분이 필요할 수 있다. 가령 자신의 삶에 그런 지속적인 변화를 가져다 줄 수 있는 큰 스승을 추정할 경우, "10년 후에 내가 어떤 모습이기를 바라는가?"라는 질문을 자신에게 던져야 할 것이다.

모든 관계에서 그러하듯이, 교육적 관계는 서로가 상대를 자기 덫의 사냥감으로 꾀어들게 함으로써 가능하게 된다. '지피지기(知被知己)'라는 말이 여기에 적용될 수 있다. 이제 선진과 후진은 하화자와 상구자로서 서로 상대를 맞이할 태도를 갖추어야 할 것이다. 수컷의 성질이 어떤 것인지를 알고서 암컷을 지키고 있으면, 반드시 수컷이 암컷에게 돌아온다. 마찬가지로 스승의 성질이 어떠한 것인지를 알고서 제자의 자세를 취하고 있으면, 반드시 스승이 제자의 앞에 나타난다. 반대로, 제자의 속성을 알고 스승의 속성을 지키면, 언젠가 제자가 나타나기 마련이다. 선진과 후진은 지금의 상태 자체로서 서로 호응할 수 없는 거부적 태도를 가질 수 있다. 선진은 후진을 경멸, 구토, 탄식, 냉소, 혐오, 빈정거림, 우월감, 권위의식으로 대할 수 있다. 다른 한편으로, 후진은 선진을 질투, 반발, 굴복, 열등의식, 의존심 등으로 대할 수 있다. 이것은 모두 교육적 관계를 맺음에 있어서 정리되어야 할 태도들이다.

놀이는 아무리 장난스러운 것이라고 할지라도, 그 내재율이 지켜져야 지속될 수 있다. 이제 갑과 을이 교육적 관계맺음에 얼마만큼의 관심과 흥미를 갖게 되었다고 치자. 교육의 세계에 진입하려면, 스승과 제자를 수락하기 이전에 비록 서약의 형식성은 필요 없다고 하더라도, 서로 따라야 할 내재율의 요구와 확인이 중요하다. 서로가 협력자가 되는 교육적 관계는 진지한 것이어야 한다. 말하자면, 거기에 실없는 허풍이나 무책임한 자의가 용납될 수는 없다. 후진이 자신의 청학을 받아들였을 때, 선진은 스승으로서 하화계가 요구하는 내재율을 충실히 따를 각오를 해야 할 것이다. 마찬가지로 선진이 자신의 청교를 받아들였을 때, 후진은 제자로서 상구계가 요구하는 내재율을 따를 마음가짐을 가져야 한다. 이처럼 교육적인 자세와 태도에 있어서 스승과 제자 간에는 근본적인 차이가 있다는 점, 그래서 상대의 이질적인 목표에 대한 예리한 의식과 인정이 마치 일종의 계약처럼 서로 양해될 수 있을 때, 비로소 교육의 호혜적인 진전을 도모할 수 있다.

교육적 관계는 지배하고 지배받는다거나, 혹은 신성화하고 신성시하는 것과는 다른 관계이다. 교육에서는 어떤 광신도, 설교도, 신앙도 개입되어서는 안 된다. 만약 우리가 두려움이나 의존심 때문에 다른 사람에 동조한다면, 그것은 교육적 공조라고 보기 어렵고, 여타 관계로 변질하여 이탈할 위험성이 있기 때문에, 스승과 제자는 이런 비교육의 상황에 빠지지 않도록 스스로 경계의 태도를 견지할 필요가 있다. 앞에서 지적했듯이, 교육적 관계를 성립시킴에 있어서 많은 경우 선·후진에 대한 추정에 의존해야 된다는 점이 늘 문제가 된다. 스승의 위치에 있는 사람은 다른 이유가 없다면, 제자에게 자신을 항상 경계하도록 경고할 수도 있다. 그것이야말로 가장 대가다운 면모이다. 이런 자문도 필요하다. 내가 제자로 삼고 있는 사람이 진정 후진인가? 나의 선진으로서의 품위는 혹시 환상은 아닌가? 어떻게 내가 얻은 품위를 제자도 마찬가지로 확증할 수 있도록 할 수 있는가? 반대편에서 제자는 그가 상구 이외의 다른 이유로 스승을 따르는지를 점검할 책임이 있다. 내가 스승으로 삼고 있는 사람이 진정 소재의 영역에서 선진인가? 어떻게 그가 나의 상구에 도움을 줄 수 있을까? 그런 의혹과 질문을 제자가 갖는 것은 자연스럽고 전적으로 적절하다.

그러나 여기에 불가피한 역설이 있다. 그것은 서로의 위치에 대한 의혹도 무시할 수 없을 정도로 중요하지만, 그들 사이에 상호간의 신뢰가 없이는 교육적 관계를 지속할 수 없다는 것이다. 선진과 후진은 현재의 상태로는 서로를 곧바로 이해할 수 없다. 이 때문에 그 질문에 대한 해답을 당장 구하려고 하는 것은 옳지 않다. 그 해답은 서로가 상구자와 하화자로서 성실하게 교육적 상호교섭을 하는 가운데 얻어질 성질의 것이다. 그렇다면 어떻게 그 역설을 극복할 수 있는가? 그것은 교육적 관계맺음의 첫 단계에서부터 양자 사이에 상대에 대한 조건부적 신뢰를 보이는 것이다.[31] 청학과 청교가 이루어진 단계에서 일단 스승의 위치에 있는 사람은

31) 이와 관련하여 쇤(D. A. Schön, 1988, p. 94)은 '불신의 의지적인 연장(willing suspension of disbelief)'이라는 멋진 말을 쓰고 있다.

제자의 상구능력을 신뢰하고, 제자의 위치에 있는 사람은 스승의 하화능력을 신뢰할 수 있어야 한다.

이런 상호간의 신뢰는 어디까지나 조건부라는 점을 잊어서는 안 된다. 그 조건부의 만남이 타당한 것인지는 교육적 관계를 당분간 유지하면서 사후적으로 확인할 기회가 있다. 제자가 스승의 품위를 추구하고 따르는 것은 품위의 고양이라는 필연성에 토대를 두어야 한다. 이 점에서 교육적 관계는 그 기본적인 조건부적 신뢰를 끊임없이 서로 시험하고 확인하는 관계라고 할 수 있다. 앞서 <그림 1.10>에서 지적되었듯이, 어떤 특정한 수도계를 중심으로 후진이 하화하고 선진이 상구할 수는 없다. 이것은 멋대로 만들어 놓은 자의적 당위가 아니라, 엄연한 사실에 토대를 두고 있다. 우리는 선진과 후진의 구별이 모호한 상태에서조차도 그것을 가정하고, 교육적 관계의 지속에 의해서 그 가정을 추후에 확인해 나갈 수 있다. 즉, 구체적인 개인 갑과 을이 <그림 1.8>에서와 같은 교육적 관계를 맺고 그것이 성공적으로 지속된다면, 그것을 우리는 애초의 가정이 맞는 증거로 삼을 수 있다. 그러나 그것이 성공적으로 지속될 수 없을 때, 그 가정은 일단 의심스러운 것으로 받아들여야 한다.

스승과 제자는 상대를 적당한 시기에 신뢰하고, 적당한 시기에 의심하며, 적당한 시기에 확인할 필요가 있다. 예컨대, 제자의 편에서 교육적 관계는 첫째 선진을 찾는 것, 둘째 그의 지도를 청하는 것, 셋째 그의 지도를 따르는 것, 넷째 그의 지도 내용을 확인하는 것이 포함되어 있다. 이 가운데 첫째와 둘째의 단계에는 의혹과 의문의 보류가 필요하고, 셋째와 넷째는 그 보루된 의혹과 의문을 확인하는 것이 필요하다. 제자가 스승을 따르고 복종하는 것은 그로부터 거역할 수 없는 품위상의 차이를 자증함에 근거해야 한다. 스승은 또한 자신에 대한 제자의 신뢰가 올바른 것이었음을 타증할 수 있어야 한다. 이처럼 그들이 서로의 상이한 교육적인 가능성을 촉발하고 그에 따른 흥분, 몰입, 그리고 만족을 줄 수 없다면, 그것은 의심할 여지가 있는 이탈의 징후로 보아야 할 것이다.

교육적 관계는 인간성의 이질성에서 시작하여 인간성의 공환가능성을 확인하는 여로에서 이루어진다. 이는 다음의 소절에서 너 자세하게 다룰 주제이지만 그 1차적 가정에 대한 2차적 확인의 내막을 미리 짐작하도록 하나의 가설적 상황을 예상해 보기로 하자. 갑과 을이 교육적 관계에 깊숙이 서로 진입하면서 그들의 선진과 후진의 지위를 2차적으로 확인하는 과정을, 그들 사이에 오고가는 대화의 형식으로 요약해 보면, 아래와 같을 것이다.

갑: 이렇게 올라온 소감이 어떻습니까?
을: 세상이 이렇게 다를 줄은 몰랐습니다.
갑: 이제 저를 이해할 수 있겠습니까?
을: 제가 어리석게 굴었던 것을 용서하십시오.
갑: 제 말이 결국 맞죠?
을: 물론입니다. 이제 제 스스로 그것을 직접 확인할 수 있게 되었습니다.
갑: 가끔은 제가 엉터리가 아닌가 하는 의혹을 갖지는 않았나요?
을: 참으로 송구합니다만, 솔직히 그런 생각도 들었습니다.
갑: 그럼에도 불구하고, 그동안 부족한 저를 믿고 따라와 주셔서 고맙습니다.
을: 고마워할 사람은 바로 접니다. 어리석기 짝이 없는 저를 믿고, 이제까지 이끌어 주신 것에 대해서, 어떻게 감사해야 할지를 모르겠습니다.

1.3.3 교육적 관계의 전개

협동교육의 중요한 특징은 그 대위적 관계 안에 있다. 상구교육과 하화교육은 서로가 대조되는 특징으로 인해서 서로에게 이끌린다. 교육적 관계는 제자와 스승이 위의 교육적 내재율이 요구하는 자신의 교육적 활동에 충실함으로써 유지될 수 있다. 장상호(1991)는 그 점을 이렇게 서술한 바 있다.

> 상구교육과 하화교육은 서로 상반된 특성을 가지고 있다. 그러나 그들은 그 이질성으로 인하여 오히려 상호호응하면서 하나의 공조체계를 구성한다. 그들은 상호간의 환경으로서 상대에게 영향을 주면서 그 개별적인 것으로 환원시킬 수

> 없는 새로운 총체적인 세계를 구성한다. 그들의 관계는 한 편이 그 독자성을 유지할수록 상대편의 독자성이 더욱 살아난다. 이는 마치 남녀의 두 개인이 서로 만나 결혼한 상태에 비유할 수 있다. 결혼생활이란 한편의 부인생활과 다른 편의 남편생활을 총칭하는 것 이상의 실체이다. 부인생활이 남편생활에 의해서 조건지워지며, 남편생활이 부인생활에 의해서 조건지워진다. 훌륭한 남편은 그것을 알아주고 따르는 부인에 의하여 인정되고 살아난다. 또한 그 훌륭한 남편다움이 훌륭한 부인다움을 보강해 준다. 이로써 이들은 훌륭한 남편다움, 그리고 훌륭한 부인다움으로 환원될 수 없는 훌륭한 결혼생활을 약속 받는다(pp. 46-47).

주어진 소재와 관련하여 후진은 상구할 여지가 많은 데 비해서, 선진은 하화할 여지가 많다. 교육적 관계에서 소재의 품위가 고려되는 것은 바로 이러한 전제를 충족시키려고 하는 것일 뿐, 그 내재적 목적은 쌍방 모두가 그들의 교육적 소양과 가능성을 최대한으로 실현시키는 데에 있다. 소재의 측면에서 스승과 제자의 위치는 큰 수준의 차이를 보이지만, 그들이 하고 있는 상구교육과 하화교육은 동등한 상호성을 유지한다. 기본적으로 교육적 관계는 최소한 선진과 후진이라는 1차적 가정이 맞고, 그들이 각각 하화의 내재율과 상구의 내재율에 충실할 때 비로소 유지될 수 있다. 교육의 자율성을 보장하는 핵심인 이 내재율에 관한 것은 앞 절(1.2)에서 충분히 논의한 바 있지만, 여기서 다시 그 대위적 특성을 축약하겠다.

가. 제자의 자리와 스승의 이타 사이의 조화

교육의 양쪽 날개인 상구교육과 하화교육에는 그 자체를 위한 열정이 포함되어 있어야 한다. 제자의 급선무는 자신을 구제하는 것이고, 스승은 이전에 자신의 스승을 통해서 구제 받았던 것을 제자에게 보답으로 돌려주고자 한다. 이런 상구열정과 하화열정은 서로가 상대를 강화하면서 교육의 열정을 상승시키며, 제자와 스승의 공조적 유대를 더욱 굳건하게 하는 원천이 된다. 그 열정과 공조에 큰 비중이 주어짐으로써 스승과 제자는 그들의 품차에서 비롯하는 모순과 갈등의 가능성을 극복하고 교육 안에 공생할 수 있다.

나. 제자의 혁신과 스승의 보수 사이의 조화

교육적 교섭의 과정에서 제자와 스승은 자신의 현품을 다르게 취급해야 한다. 품위의 측면에서 보면, 스승과 제자는 각각 미래와 과거 속에서 살고 있다. 제자는 스승이 이질감을 느끼는 과거 속에 있다. 다른 한편, 스승은 제자가 예견할 수 없는 미래 속에 있다. 이 때문에 그들 사이에는 신비함과 당연함, 문제와 해결, 의심과 확신에 대한 규정에서 모순이 개재한다. 그 체험상의 거리는, 한편에서는 자신의 품위를 미래로 옮기는 제자의 혁신활동과, 다른 한편에서는 자신의 품위를 과거로 옮기는 보수의 활동을 조화시킴으로써 점차 줄어든다.

다. 제자의 존현과 스승의 존우 사이의 조화

스승과 제자는 아무리 그들의 품위를 투명하게 노출시킨다고 하더라도, 서로 이해할 수 있는 입장에 놓여 있지 않다. 이 때문에 교육적 교섭이 진행되는 동안 상대가 자신을 당장 이해해 주기를 기대하는 것을 보류하고, 당분간 상대가 가진 현품을 인정하고 존중하는 태도를 유지하는 것이 필요하다. 그들의 오해에 따른 온갖 갈등의 문제를 긴 시간의 경험의 차이로 환산하면서, 한편으로 제자는 자신의 품위기준을 보류하고 상대의 품위를 존중하려고 노력하고, 다른 한편으로 스승은 자신의 품위기준을 유보하고 상대의 품위를 존중하려고 노력해야 한다.

라. 제자의 순차와 스승의 역차 사이의 조화

경험의 중첩이 가능하고 교육에 대한 흥미와 보람을 극대화시킬 수 있는 접점이 바로 제자가 가진 현재의 품위에서 한 단계 높은 품위(차상품)이다. 따라서 스승과 제자는 그 위치에서 알맞은 정도의 불균형, 긴장, 거리감, 이질성을 유지할 수 있어야 한다. 경험의 흐름에 따라 한 단계의 교섭이 이루어지면 품위의 위치를 한 단계씩 유동적으로 조정할 수 있어야 한다. 제자가 한 품위를 전진하면, 스승은 그만큼의 품위로 올라서야 하며, 한편이 빠르고 다른 편이 느리다면, 느린 편에 맞춰서 속도를 조절해야 한다.

마. 제자의 자조와 스승의 원조 사이의 조화

품위는 주고받을 수 있는 사물이 아니며, 오직 생산과 재생의 과정을 거침으로써 공유할 수 있다. 품위는 그 주체와 환경의 상호작용의 산물이며 동시에 양상이다. 어떤 품위에 오르느냐에 따라 환경의 의미가 달라진다. 제자는 이질적인 환경과의 상호작용에서 자신의 한계를 알고 그것을 극복하는 데 적극성과 주체성을 보여야 한다. 다른 한편, 스승은 그 환경의 하나로서 그런 제자의 활동을 적극적으로 촉구하고 권유할 수 있어야 한다.

바. 제자의 자증과 스승의 타증 사이의 조화

스승과 제자의 관계는 마치 어떤 신비한 괴물과 그를 놓치지 않고 추적하는 탐험가의 관계에 비유될 수 있다. 탐험가가 괴물을 포착했을 때, 그것은 더 이상 신비한 것일 수 없다. 더 나은 품위를 예고하고 그 예고에 대한 믿음에 의존했던 품위의 실재가 점차 현실로 드러남으로써, 스승의 품위가 제자의 것보다 앞선 것임이 밝혀진다. 이런 심열성복을 충족시킴으로써 스승과 제자는 가치추구의 과정에서 서로의 인간적 연대감을 확인할 수 있게 된다.

상구와 하화 사이에 불평등이 개입될 수는 없다. 서로가 각각 다른 활동에 종사하면서 그 자체의 내재적인 목적을 달성함과 동시에, 또한 상대의 활동을 돕는 호혜적인 상호교섭인 이 부분을 '교육의 춤'이라는 더 멋있는 말로 지칭할 수 있을지 모른다. 춤은 상대방의 유연성이나 능동적 참여를 보장하는 것이다. 또한, 춤은 쌍무적이다. 춤은 그 파트너에게 즐거움을 준다. 그 즐거움은 이질적이고 상반된 스텝을 밟는다는 조건에서만 성립될 수 있는 것이다. 제자와 스승의 품차의 범위 안에서 허용되는 이 특별한 춤은 교육의 수레바퀴에서 서로 대응하는 활동이 얼마나 협동적으로 이루어질 수 있느냐에 따라 좌우된다. 교육의 춤도 서로가 상대의 역할을 이해하고 그것에 대응함으로써 상대를 유인하고 결속시킨다.

교육적 관계는 상구와 하화를 별개의 것으로 분리시키는 것 이상의 잉여적 효과에 의해서 유지된다. 스승에 대한 최대의 보답은 훌륭한 상구이고, 제자에 대한 최대의 보답은 훌륭한 하화인 것이다. 한편으로 제자는 만족스러운 상구에 의해서 스승에게 보상하고, 다른 한편으로 스승은 그의 만족스러운 하화에 의해서 제자에게 보상을 준다. 이렇게 갑과 을이 최소한의 교육공동체를 이루어 서로가 환경으로서 효과적인 수단이 됨으로써 그 각각의 것을 통하여 얻을 수 없는 잉여적 열기가 도출되는 한, 그들 사이의 교육적 관계는 지속될 것이다.

한 개인에게 있어서 상구교육과 하화교육은 결코 두 가지 별개의 과제가 아니다. 상구의 입장을 바꿔보면 하화가 되고, 하화의 입장을 바꿔보면 상구가 된다. 만약 자신의 상구의 완성을 하화에 두고 하화의 완성을 타인의 상구에 두면, 개인 사이에 교육을 통한 얻음과 갚음의 순환관계가 이루어진다. 제자와 스승은 서로가 상대의 의도와 활동에 대해서 민감하게 호응하고 있는지를 반성하면서, 제자의 상구를 이해해야 하화를 할 수 있고, 스승의 하화를 이해해야 상구를 할 수 있다. 스승을 찾고자 한다면 제자처럼 생각하라는 말이 있다. 또한 제자를 찾고자 한다면 스승처럼 생각하라는 말도 된다. 이것은 개인이 상구와 하화 가운데 어느 것을 하든지 간에 상대가 수행하는 것을 이해하는 것이 각자가 자신의 과업에 충실하기 위한 중요한 수단이 됨을 의미한다.

이런 교육적 관계 유지에서 언어적 소통은 매우 중요한 몫을 차지한다. 이 말은 품위의 내용을 언어에 의해서 직접 소통할 수 있다는 가능성에 대해서 비관적인 입장을 택해 온 교육본위론의 입장과 어긋나 보인다. 그러나 교육적 교섭에서 '언설(言說)'과 '언교(言教)'는 구분된다(김지현, 2000; 장상호, 1998). 언설은 언어에 의한 품위의 전달을 목표로 하며, 엄밀하게 말하면, 교육적 활동에 포함되지 않는다. 만약 그것에 교육적 의미를 부여한다면, 그런 시도를 통해서 스승과 제자 간의 오해의 단서를 포착하거나, 확인하는 정도가 될 것이다. 이에 비해서, 언교는 언어적 행위로서의 교육적 활동에 해당한다. 스승과 제자는 교육에 유관한 맥락이 수

어진 상황에서 상대에 대하여 언어를 통해서 필요한 것을 요구하고 지시하여 그들 간의 협동적 활동을 조율하고 강화할 수 있다. 이 가운데에는 교육 파트너인 스승과 제자 사이에 내재율의 이행에 관한 요청이 있을 수 있고, 그 요구에 대한 응답이나 대응이 포함될 것이다.

1.3.4 교육적 관계의 종료

회자정리(會者定離), 만나면 헤어지는 것이 삶의 법칙이다. 갑과 을의 교육적 인간관계도 영속된다는 보장이 없다. 그들은 어떤 이유와 원인에서든 서로 스승과 제자의 관계를 떠나거나 종료하게 된다. 먼저 지적할 부분은 스승과 제자가 교육의 내재율에서 이탈하는 경우이다. 교육적인 관계는 다른 관계들을 일단 접어두고 오직 교육의 내재율에 따를 때 유지될 수 있다는 점을 앞에서 살폈다. 교육적 관계가 성립된 이상, 두 개인 사이에 가능한 다른 인간관계들은 배경으로 후퇴해야 할 것이다. 그들이 그 배경의 것을 전경으로 내세우고 외적인 문제에 관심을 보이거나 개의하는 것은 장기적으로나 혹은 단기적으로 그들 사이의 교육적 관계를 와해시키는 요인이 될 수 있다.

자연인 갑과 을 사이의 교육적 관계의 종료는 그들 사이의 모든 관계의 종료와 구분되어야 한다. 후자의 관계가 종료된다고 해서 반드시 여타의 관계조차 종료되는 것은 아니다. 한때 교육적 관계를 유지하였다가 그것이 요구하는 내재율을 떠남으로써 교육적 관계가 종료되더라도 여타의 관계는 유지될 수 있다. 이 경우, 교육적 관계가 여타의 관계로 변질되었다는 표현이 가능할 것이다. 그럼에도 불구하고, 그 상황을 교육적 관계라는 명분으로 정당화하는 것은 옳지 않다.

교육적 관계가 세속적 관계로 전환되는 경우가 그 한 가지 예가 될 것이다. 교육은 그 내부에서 요구하는 것에 충실하게 마음을 모으고 집중하는 것이 중요하다. 각종 세속계적인 관심의 개입은 그 산만함을 일으키는 중요한 요인으로서 배제되어야 할 부분이다. 같으면 편들고, 다르면 공격하는 것이 정치의 논리이다. 이익이 다르면 헤어지고, 이익이 나면 협력하는 것이 경제의 논리이다. 특정한 사회적 지위에 따라 다르게 처신해야 하는 것이 사회적 규범이다. 그 규범에의 일치가 사회적 적응의 원칙이다. 그런 다양한 세속적 논리가 갑과 을 사이에 두드러지게 개입하면, 그들 사이에 교육적 교섭을 지속하는 일은 참으로 어려울 것이다.

교육적 관계가 수도계적 관계로 전환되는 경우도 생각해 볼 수 있다. 갑과 을의 교육적인 관계가 유지되려면, 양자가 수도계의 품위상의 우열을 극복할 정도로 교육의 내재율에 충실히 따를 수 있어야 한다. 교육의 소재로서 그 배경의 위치에 놓여 있어야 할 수도계가 한순간이나마 전면의 것으로 부각될 때, 스승과 제자는 누가 더 잘하고 못하느냐 하는 수도계적 경쟁관계로 전환된다. 이 경우 스승에게 교육적인 협력은 스스로 자신에게 불리한 조건을 만들기 때문에, 상구와 하화라는 이질성을 중심으로 이루어졌던 그들 사이의 협동은 더 지속되기 어려울 것이다.[32)]

앞에서 지적했듯이 교육은 여타의 세계와 상호작용하는 과정에서 진행되며, 따라서 교육적 관계도 그 여타의 변인들과의 관계에서 진행된다. 그 관계에 내재변인과 외재변인들이 서로 영향을 주고받는 양상은 차츰 해명해 나가야 할 과제이다. 그 모두를 여기에서 빠짐없이 죄다 살피는 것은 본서의 범위를 훨씬 벗어나기 때문에 이하의 논의는 그 범위를 국한시킬 필요가 있다. 그 범위란 교육적 관계를 유지하려는 의도를 가지고 있는 갑과 을이 그 의도를 실현하려는 과정에서 어쩔 수 없이 그 의도를 접어야 할 불가피한 내재적인 조건에 관한 것이다. 그중 몇 가지만을 간략하게 검토하기로 한다. 이 부분은 다음 소절(1.3.5)의 주제와 긴밀하게 관련되어 있다.

그 첫째는 교육적 관계를 성립시킬 때 갑과 을이 전제했던 소재의 위계에 대한 1차 가정이 처음부터 잘못된 경우이다. 갑과 을이 각각 선진과

---

32) 이런 우려스러운 사태를 피하는 방법은 갑과 을이 그들의 삶에서 서로 경쟁할 필요가 없는 수도계를 소재로 선택하는 것일지도 모른다.

후진이라는 1차 가정을 토대로 교육적 교섭을 시작하였는데, 그 가정 자체가 틀렸다고 보자. 즉, 사실은 을이 선진이고 갑이 후진이었던 것이다. 이 경우, 선진으로서 을은 이미 갑의 품위를 오류로서 극복한 경험이 있기 때문에 그 품위를 소재로 도저히 상구할 수는 없다. 또한, 후진인 갑은 그 자체의 오류를 상대인 을에게 계속 노출하기 때문에 그를 상대로 화화활동을 지속할 수 없다. 이런 경우 갑과 을은 그들의 잘못 판단된 수도계적인 지위를 역전시켜 교육적인 관계를 새롭게 재정립함으로써 교육적 공조성을 다시 회복할 수도 있는 별도의 절차를 밟아야 할 것이다.

교육적인 공조관계를 위협하는 또 다른 내재적 원인은 그 관계를 결정하는 소재의 종류가 임의적으로 전환될 때이다. 우리는 갑과 을이 교류우로서 소재를 달리하여 '교류교육'을 할 수 있는 경우를 지적하였다. 그 소재는 학문과 예술이 될 수 있을 것이다. 다만 정상적인 교육이 이루어질 수 있는 조건은 우선 교육소재에 대한 합의이기 때문에, 학문이든 혹은 예술이든, 그들이 소재로 삼은 특수한 수도계 이외의 것으로 이탈해서는 안 된다.[33] 그 소재를 이탈할 때, 갑과 을의 선진과 후진이라는 위계가 흩어지거나 전위될 수도 있다. 후자의 경우, 교류교육에서 해당 소재에 따라서 스승과 제자라는 그때마다 분명하고 적절한 태도상의 전환을 꾀해야 한다. 이 논리를 무시하고 갑과 을 간에 가능한 교육적 관계를 오직 한 가지 소재에 제한시키거나, 혹은 학문의 소재를 중심으로 이루어진 스승과 제자의 관계를 예술교육에까지 확장하여 해석하려 한다면, 그들 사이의 다원적인 교육적 관계의 가능성이 파기될 뿐만 아니라 기존의 관계조차 손상을 받게 된다.

설사 갑과 을 사이의 선진과 후진이라는 1차 가정에 문제가 없다고 하더라도, 그들이 취해야 할 하화와 상구의 교육적 태도에 있어서 얼마나 충실한가 하는 문제가 또한 그 관계의 지속과 종료를 결정하는 요인으로

---

33) 예컨대, 같은 학문의 세계에 속한다고 할지라도 물리학자와 사회학자는 각기 그 추구하는 현상에 있어서 차이가 있다. 이 때문에 이들 사이에 선·후진을 말하는 것은 '논점상이(論点相異)의 오류(ignoratio elenchi)'라는 중대한 오류를 범한다.

작용한다. 사실상, 이러한 조건을 현실 여건에서 만족시키는 것은 그렇게 쉬운 일이 아니다. 가령, 그들이 단계의 배열과 관련하여 역차와 순차의 내재율을 무시하거나 간과하고, 스승이 제자를 자신의 위치까지 올리고자 하거나 혹은 제자 역시 그런 일을 시도한다고 치자. 이 경우에는 교육의 춤이 가질 수 있는 흥이 깨어질 뿐만 아니라, 양자 사이에 좌절이 초래되고 상대방의 능력에 대한 의심이 생겨나면서 교육적인 관계 자체가 와해될 것이다.

이제 마지막으로 지적할 원인은 갑과 을이 각각 스승과 제자의 몫을 가장 성실하게 수행하는 가운데 그들이 애초에 차지했던 품위상의 차이가 소멸되거나, 혹은 선진과 후진이라는 위계가 사실상 역전되는 경우이다. 후자의 경우, 이제 갑이 을로부터 상구하기를 시작하려 든다면, 이때 실현될 수 있는 교육은 갑과 을이 위치를 맞바꾼 것일 뿐, 그 상황의 구조는 조금도 영향을 받지 않고 유지된다. 이런 교육 자체의 내재율은 특정한 자연인을 떠난 것으로서 '교육적 이해(educational understanding)'나 '교육적 해석학(educational hermeneutics)', 혹은 '교육적 인식론(educational epistemology)'이라는 새로운 인식론적 혹은 방법론적 측면과, '교육적 진화(educational evolution)'라는 새로운 측면을 내포하고 있다는 점에서 교육학이 앞으로 그 고유영역의 하나로서 각별한 관심을 가져야 할 부분이다.

세계는 그것을 대하는 주체와의 관계 속에서 성립한다. 선진과 후진이라는 관계는 먼저 그들이 동일한 세계를 추구한다는 전제를 함축하고 있다. 유사한 해석의 체제 안에서 우리는 타인과 그들의 창조적 작업의 소산물들을 이해할 수 있다. 그러나 선진과 후진은 그 체제의 이질성으로 인해서 현 상태 그대로는 서로 이해를 하기가 어렵다. 이들이 서로가 품위상의 구조접속이 이루어지는 방향으로 교육적 상호교섭을 함으로써 그들 사이의 이질성을 극복할 수 있게 된다. 구조접속 그 자체가 바로 그들의 세계에 대한 해석체제의 동질성을 말해주며, 그런 최종적인 이해를 가능하게 하는 과정을 감안한 것이 이른바 '교육적 이해'에 해당한다. 그러나 이는 단번에 이루어지는 것이 아니라, 필요한 만큼의 교육적 과정을 단계별로 거쳐야만 가능하다. 말하자면, 교육적 이해는 스승과 제자 사이에 '(오해1 → 이해1) → (오해2 → 이해2)'의 나선형적 과정을 거쳐서 서로의 이해에 접근하는 방식을 택한다.

이런 이해의 방식은 품위의 차이가 있는 표현양태, 혹은 텍스트에 대한 해석에도 적용된다. 우선 우리가 텍스트를 읽을 때 가정할 수 있는 것은 텍스트가 통일성을 이루고 있고 내적으로 일관성 있는 전체라는 것이다. 이는 각 부분의 의미가 전체의 맥락에 비추어 파악되어야 한다는 이른바 '해석학적 순환'의 원칙을 우리에게 요구한다. 이 때문에 독서는 항상 그 전체를 머리에 그려보는 가운데 진행되어야 할 것이다. 이런 일반적인 해석학적 방법보다 더욱 앞서야 하는 것은, 텍스트가 우리의 현품을 능가하고 있는 선진의 소산으로서 우리에게 무언가를 하화하고자 한다는 예상을 하면서, 우리의 현재 지식을 확장시키고 쇄신할 수 있는 가능성을 탐색해 나가려는 자세이다. 문제는 그 예상이 어긋나는 경우이다. 이런 텍스트의 비일관성이 텍스트 자체의 잘못인지, 아니면 그것에 대한 우리의 품위상의 후진성에서 기인하는 것인지를 잘 구분할 수 있어야 한다. 그 비일관성이 우리의 품위의 결핍에서 비롯한 것이고, 나중에야 새로운 일관성을 파악할 수 있게 되었다면, 그것이 바로 교육적 이해에 해당하는 것이다.

하화와 상구라는 대위적 활동의 어느 시점에서 필연적으로 예측할 수 있는 것은 스승과 제자 사이의 품위상의 만남이다. 동일한 조건에서 제자가 끊임없이 미지의 문을 두드리고 있고, 스승이 그것을 안내한다면 어느 단계에서 전자는 더 이상 혁신할 수 없고, 후자는 더 이상 보수할 수 없는 단계에 이를 것이다. 이는 서로가 상대의 품위에 침투하는 데 성공했음을 의미한다. 그들이 적어도 해당 소재에서 서로 대상현상을 동일하게 규정하고 평가할 수 있는 공동의 토대를 구축한 이상, 여기서는 누가 선진이고 누가 후진이라는 말이 적용될 수 없다. 이른바 주객의 혼연일체라는 현상이 일어남으로써 스승이 제자 안에 있게 되고, 제자가 스승 안에 있게 되는 것이다. 이 경우 제자는 스승의 품위를 자증했고, 스승은 자신의 품위를 제자에게 타증했다는 말을 할 수 있나. 이제 스승과 제자 사이에는 더 이상 서로 교육적인 활동을 하면서 침투할 공간이 없다. 이 단계에 이르면, 그들 사이의 품차에 따른 혼란, 갈등, 다툼, 고립은 물론, 적어도 그 경험의 측면에서 자아와 타아, 주체와 객체라는 장벽이 무너지고, 상구와 하화의 공조라는 교육의 효력이 정지된다.

선진과 후진은 절대적인 위치에 있는 것이 아니라, 다 같이 앞으로 진전해 나가는 도정에 있다. 만약 후진이 선진보다 그 상구의 속도를 높인다면, 언제나 선진을 추월할 수 있는 지위에 있는 것이기 때문에 스승과 세사 산의 동실화의 단계를 지나 품위의 역전으로까지 발전될 수도 있다. 그것이 '교육적 반전(educational reversal)'[34]이다. 이 경우에도 교육의 내재율은 예외가 없이 냉정하게 적용된다. 그 상태는 <그림 1.10>의 경우와 같을 것이다. 이것은 이전과 같은 교육적 관계의 유지가 실질적으로 불가능한 상태이다.[35] 이전의 교육적 공조성은 당사자들의 관계를 전면적으로 재조정하지 않고는 더 이상 유지될 수 없다. 만약 갑과 을이 수도계 X를 중심으로 교육적인 관계를 지속할 수 있는 길을 찾는다면, 이론상 그들이 서로의 위치를 바꾸면 된다. 즉, <그림 1.8>에서 <그림 1.9>의 상태로 그 위치가 변화되어야 한다. 또한 특정한 자연인 갑의 하화가 있어야만 을의 상구가 가능한 것은 아니다. 정확히 말하면 스승이 없는 독행상구가 가능하며, 바로 그런 경로를 거쳐서 수도계에서 전인미답의 최정상의 품위가 창출되는 교육적 진화를 기대할 수 있게 된다.

34) 이것은 통속적으로 '청출어람(青出於藍)'이라고 칭해지는 사례에 대한 다른 이름이다.

35) 청출어람의 단계에서도 이전의 관계를 망치지 않고 지속시키기 위해서 '단지 하는 척' 하는 경우가 있을 수 있으나, 이때 그 사태는 교육이라기보다는 형식적인 '놀이'에 가깝다고 해야 할 것이다. 양자는 그것이 '진짜'가 아니라는 것을 조만간에 알게 된다. 문헌에는 그 진지함을 잃지 않기 위해서 이전의 스승이 이전의 제자에게 "떠나라!"거나 "다른 스승을 찾아 나서라!"는 명령을 내리는 경우가 많다.

1.3.5 교육적 관계의 인식론적 의의

인식론(epistemology)은 전통적으로 우리의 앎에 대한 앎이라는 주제를 다루는 분야로서 주목을 받아 왔다. 이 분야는 지식이란 무엇인가, 그것은 어떻게 형성되는가, 그리고 옳은 지식을 판별하는 기준과 방법은 무엇인가 하는 질문 등에 대한 해답을 얻고자 한다. 어느 다른 분야와 마찬가지로 이 분야에서 최종적인 해답을 확보하고 있는 것은 아니다. 그 동안 많은 문제가 발생하고 그 문제를 해소하는 가운데 다소의 발전이 지금까지 여러 갈래로 이루어지고 있을 뿐이다. 이 문제와 관련하여 기존의 인식론이 택한 입장에 관한 것은 ≪학문과 교육(상권)≫의 제5장과 ≪학문과 교육(중권 I)≫의 제4장, '품위의 인식론적 측면(4.1)'에서 비교적 상세하게 다룬 부분이기 때문에, 여기서는 단지 논의의 편의상 그 가운데 자연과학의 실증주의적 인식론과 인문과학의 해석학의 경우만을 지적해 보기로 한다.

자연과학의 발전에 가장 큰 역할을 해온 것으로 인정받아 온 실증주의의 논리에 따르면, 지식은 외부에 실재하는 세계에 대한 그림에 해당하고, 그 지식의 옳고 그름에 대한 판정은 실험과 관찰을 통해서 지식이 그 대상세계와 진정 대응하는 것인지를 검증하면 된다. 그러나 이 당연하게 보였던 관점은 근래에 지식이 세계에 대한 그림이냐 하는 문제에서부터 시작해서, 설사 그것이 그림이라고 하더라도, 관찰이 그 대응 여부를 판별하는 수단이 될 수 있느냐 하는 문제에 이르기까지 여러 가지로 자체의 한계와 모순을 가지고 있는 것으로 밝혀지고 있다.

객관주의자들이 범하는 흔한 오류의 하나는 어떤 것의 진리를 입증하려고 할 때, 검증에 참여하는 사람들이 누구나 동일한 인식수준을 가진 것으로 가정한다는 점이다. 또한 그들은 흔히 언제나 같은 결과라는 그 반복성을 보장하는 조건으로서 특정한 실험조건 같은 것을 상정하고, 관찰에 의해서 그 이론의 타당성을 입증하는 데 누구나 참여할 수 있다는 절차를 처방한다. 그러나 좀 더 깊이 따져보면, 우리의 관찰은 어느 경우나 우리의 주관과 별개로 이루어질 수는 없나. 동일한 사료라고 하더라도 그것은 각기 상이한 참조체제를 가진 사람들에게 달리 해석된다(Hanson, 1961). 우리의 용어에 따르면, 그 다른 참조체제가 바로 품위로서의 지식에 해당한다. 여기서 바로 객관적 관찰의 자기모순이 드러난다. 왜냐하면, 우리가 인식론적으로 입증하려고 하는 것은 바로 우리들 사이에 있을 수 있는 인식수준의 차이이기 때문이다. 만약 어떤 지식을 평가함에 있어서 평가하는 사람이나 평가받는 사람의 학문적인 수준이 동일한 것이라면, 그들 사이의 품차를 입증할 이유가 없을 것이다.

선신과 후진은 같은 객관적 조건에 놓여 있다고 하더라도, 그 객관적 조건과의 상호작용의 양태가 다르기 때문에, 각각 다른 환경에 처해 있다고 보아야 한다. 그리고 객관적 조건으로서의 선진과 후진은 서로가 전혀 다른 환경을 구성한다. 그 환경으로서 선진과 후진은 자신들의 품위를 객관화하려고 시도할 것이며, 그중에는 우리가 흔하게 접하는 각종 문헌이나 텍스트들이 포함된다. 텍스트만으로 그것이 갖는 인식상의 우위를 입증할 수 있는 방법은 없다. 이와 관련하여 이제까지 해석학은 종전의 인식론이 봉착한 한계를 상호주관성을 토대로 해결하는 방안을 제시하기도 한다.

이런 접근은 인식론에서 객관적인 검증의 원리가 있다는 것을 일단 거부한다는 점에서 진일보한 것으로 평가될 수 있다(Rorty, 1979). 더 나은 지식에 대한 판단은, 결국 어떤 주관적인 판단에 의존해야 하며, 상호주관성이 그것을 확인하는 하나의 기준이 될 수도 있을 것이다. 그러나 이 해결방법의 난점은 선진과 후진 사이에는 해당 수도계와 관련하여 상호주관성의 공분모가 없다는 점이다. 그 상호주관성을 가능하게 하는 서로간의 상호작용이 필요하다. 이와 관련하여 일부 해석학자들은 예컨대, '대화에 의한 지평의 융합(Gadamer, 1960)'에 큰 기대를 걸기도 한다.

그러나 그 해결도 아직 미흡하다. 우리가 앞서 살펴본 바와 같이, 품위는 절대적인 것이 아니라 상대적인 것이다. 완전한 품위란 있을 수 없고, 그것에 이르는 도상이 있을 뿐이다. 선진과 후신 간에는 변증법적인 모순이 있다. 여기에는 갈등, 긴장, 오해, 대립이 있다. 이처럼 상대적인 오류의 가능성을 안고 있는 선진과 후진이 우리의 생활 속에서 여기저기에 흩뿌려져 있는 것이다. 이런 상황에서 선진과 후진 당사자들 사이의 품위 비교는 용이하지 않다. 이들은 자신의 현재의 품위를 기준으로 자신들의 우월성을 주장할 것이다. 여기에 판단의 착오, 무질서, 가짜 선진, 혹은 가짜 후진이 활개를 칠 수 있는 여지가 있다. 그런 문제사태가 단지 대화와 언어의 소통에 의해서 해결될 수 있는가? 언어적 표현의 의미란 체험의 근거가 부족할 때 산포하기 마련이다(Derrida, 1967). 선진과 후진의 발언을 그 상태 그대로 관용한다는 의미로 받아들인다면, 그것은 무정부상태나 마찬가지일 것이다.

학문을 포함하는 모든 수도계는 그것이 지향하는 가치의 축을 이루고 있기 때문에, 품위의 차이는 판별되어야 하고, 또한 존중되어야 한다. 그 차이를 무시하는 것은 바로 수도계 자체의 고유한 가치를 부정하는 셈이 된다. 그런 방식으로 수도계가 추구되고 유지될 가능성은 희박하다. 문제는 품위가 우리 자신의 내면의 상태를 말하기 때문에, 그 차이를 '장유유서(長幼有序)'의 경우처럼 쉽게 식별할 수 있는 것이 아니라는 데 있다. 이런 난제를 해결하는 어떤 해법이 바로 교육 안에 있다는 것이 교육적 인식론의 취지이다(엄태동, 1993, 1996, 1998a, 1998b; 장상호, 1994c, 1996, 1997, 1999, 2000a). 교육이 학문계에서의 지식의 우열을 판명하는 데에 작용한다는 사실 자체는 결코 새삼스러운 것이 아니다. 다만 그것을 이론의 수준에서 밝힌 것은 새롭다.

인식론에서는 품위라는 말 대신 '지식(knowledge)'이라는 말이 적용된다. 그 정의 자체가 이론에 따라 다양하지만, 지식은 주로 어떤 대상세계에 대한 학문적 이해를 반영하는 것으로 쓰여 왔다. 교육본위론의 맥락에서 그 지식은 학문이라는 특정한 수도계에 적용될 수 있는 품위의 한 하위개념으로 편입된다. 그런 방식의 편입이 오늘날 인식론이 봉착하고 있는 난제를 해결하는 데 독특한 해결의 열쇠가 되는 것이다. 이 자세한 내용은 이른바 '교육적 인식론'이라는 주제로 본서의 시리즈의 하나인 ≪학

문과 교육: 하권≫(장상호, 2000a)에서 본격적으로 논의되었다. 여기서는 그 해법에서 교육적 관계가 차지하는 부분만을 간단히 점검하기로 한다.

앞 소절에서 밝혔듯이, 교육적 관계는 관계를 맺는 당사자인 갑과 을 사이에 누가 선진이고 누가 후진인지에 대한 1차적인 가정에서 출발한다. 가정된 선진은 가정된 후진에게 그 차이를 우선 인정하기를 요구하고, 그가 자신을 스승으로 삼을 경우 차후에 그것을 입증하겠다는 약속을 하며, 그들 사이의 수도계상의 비대칭적 종속관계를 교육계상의 대칭적 협동관계로 전환시킨다. 이후 선진이 하화교육을 하고 후진이 상구교육하는 형태로 이들은 교육적 공조의 내재율의 적용을 받는다. 이들은 각각 하화와 상구라는 활동이나 태도를 통해서 협동교육이라는 실재를 창조해 낼 수 있는 가능성이 있으며, 이 가능성은 바로 그 1차적 가정이 맞는 경우에만 가능하다. 1차적 가정은 바로 협동교육의 가능성이 그들 사이에 현실로 실현되어 가는 과정에 의해서 확증되는 것이다.

그 내재율만을 따진다면, 교육적 공조가 제대로 이루어질 수 없는 경우, 수도계적인 항을 대전제로 삼고 교육계적인 항을 결론으로 삼아, '후건부정식(Modus Tollens)'에 의해서 애초의 1차 가정 자체를 부인할 수 있다. 그러나 여기에 한 가지 구제 절차를 추가해야 옳다. 그것은 교육적 관계의 유지가 불가능하고, 도중에 그 이유가 바로 교육적 공조라는 내재율에 대한 조합의 부적절에서 비롯하였다는 것을 갑과 을이 자각한 경우이다. 그 1차적 가정을 반증하기 위해서, 애초의 스승과 제자의 위치에 있었던 사람이 위치를 바꾸어 제자와 스승으로서 교육적 관계를 맺고, 서로 교육적 교섭을 새롭게 시도할 수 있을 것이다. 만약 후자의 경우에서 교육적 공조가 이루어진다면, 공조와 비공조의 원인이 수도계의 품차에서 기인한다는 것이 거의 명백한 사실로 드러날 것이다.[36] 이런 상황을 두고 우리는 특별히 '교육적 반증'이라는 말을 쓸 수 있을 것이다.

---

36) 우리 주변에서 한 사람이 어떤 일을 타인에게 설득하려고 시도하다가 오히려 설득당하는 경우가 얼마나 많은가! 이런 경우는 자연스럽게 그 위치가 바뀌게 되는 사례에 속한다.

선진이 믿는 것을 후진이 단지 믿게 되었다는 것만으로 후진이 선진의 품위를 탐구했다고는 볼 수 없다. 지금의 것을 토대로 선진의 수준에 이르러서 그것이 지금의 것보다는 낫다는 주체적인 판단을 내릴 수 있어야 한다. 품위는 미리 결정되어 있지 않다. 품위는 그것에 도달하고 실현되지 않은 한 이해될 수 없다. 서로 품차가 있는 사람 사이에서 상호주관적 판단의 동조가 이루어지리라 기대할 수는 없다. 후진은 그가 변화하지 않은 상태에서 선진의 품위를 감별할 수 없다. 선진의 품위에 대한 후진의 동조적 판단은 후진의 상구교육과 선진의 하화교육이 성공적으로 이루어진 후에나 가능하다. 그런 성공적 실천이 부가된 선진과 후진 간의 이해의 방식이 바로 앞에서 우리가 논의한 독특한 의미의 교육적 이해에 해당한다. 이것은 단지 서로의 대화에 의해서 상대에 대한 이해가 가능하게 된다는 식의 막연한 해석학적 해법보다는 더욱 구체적인 실천과 절차와 논리를 첨가한 것이다.

교육을 매개로 하는 이런 선·후진에 대한 판단의 절차는, 그 동안 여러 인식론과 방법론이 당면했던 문제를 해결하고, 지식의 상대성과 관련하여 인식론에서 우려해 온 무정부적 혼란을 방지한다는 점에서 획기적인 해결책이 될 수 있다. 교육을 통해서 스승과 제자가 서로 동일한 품위를 공유할 수 있을 만큼 교육이 진전된 이상, 그들은 서로 합리적인 대화를 나눌 수 있을 것이다. 경험주의적 인식론이 주장하는 '관찰에 의한 객관적 검증'도 이런 교육적 교섭의 과정을 거쳐야만 그 효력을 발휘할 수 있다. 왜냐하면, 선진과 후진이 교육을 통해서 동일한 품위에 도달할 때, 그들은 적어도 외계에서 제시하는 감각적 자료를 동일한 참조체계에 의하여 해석할 수 있는 기반을 가지고 있기 때문이다.

이런 교육적 인식론의 한계가 없는 것도 아니다. 그것은 교육적 관계의 지속, 즉 교육적 공조성의 유지가 애초의 선진과 후진에 대한 1차적 가정을 확인하는 절차로서 충분하지만, 그 반대의 사실, 즉 교육적 관계를 지속하지 못하는 것이 그 애초의 가정을 부정하는 충분조건은 되기 어렵다는 사실이다. 교육적 관계를 유지하지 못하게 하는 변인들은 앞에서 지적했듯이 1차 가정의 잘못 이외에 다양하다. 그 여타의 것들이 통제되었다는 조건을 토대로 인식론적인 해결을 도출한 것이다. 만약 그 여타의 조건의 미미함이나, 혹은 특별한 외재적 변인들에 의해서 교육적 관계가 종료되었다는 적대가설이 성립하는 경우에, 그 1차 가정이 틀렸다고만 보기 어렵다. 결론적으로 말한다면, 교육적 인식론은 선진과 후진에 대한 애초의 가정을 긍정하는 절차로서는 인정될 수 있지만, 그 가정을 부정하는 절차로서는 오류가 개재할 수 있다는 한계도 아울러 지니고 있다.

그러나 이런 한계나 보수성은 그렇게 결정적인 것은 아니다. 수도계는 인류의 위대함을 탐색하는 가운데 형성된 역사적인 창작물로서 인간의 보편성의 성취라는 가정에 토대를 두고 있다. 비록 그것을 시험하는 주체는 개개인이라고 하더라도, 원칙상 어느 개인에게 전유된 특권이 자의적으로 특정한 수도계의 위계를 결정할 수 있는 것은 아니다. 결국 그 위계의 결정을 내리는 것은 교육적 관계이며, 그것이 바로 특정한 개인의 것이 아닌 것으로서 수도계적인 위계의 보편성을 정리하고 확인하는 것이다. 교육의 과정과 그 내재율은 변함이 없다. 그 과정 속의 사람들이 그 논리에 합당하게 교체되면서 수도계가 발전하고 있다. 만약 앞에서 지적한 제반 적대가설에 의해서 수도계의 매 단계에서 갑과 을의 교육적 관계에서 미흡하게 검증된 것은 병과 정의 교육적 관계를 통해서 끊임없이 재검토된다. 이 점은 다음 소절의 논의에서 더욱 분명해질 것이다.

1.3.6 교육공동체

이론적인 개념은 대부분 어떤 구체적인 사태를 지칭하는 것이 아니라, 그 이면에 작용하는 모종의 동질적인 특성을 지칭한다. 교육적 주체란 바로 교육의 내재율을 따르는 주체를 의미한다. 이제까지 우리는 그 교육의 주체를 개인에 국한시켰다. 그것은 잠정적인 조처이다. 개인보다 더 큰 규모의 주체가 없다고 단정할 수는 없다. 모르긴 해도, 다수의 인격체들로 이루어진 공동체가 하나의 단위로 상정될 수도 있을 것이다. 만약 그 단위가 특정한 조건을 갖추고 '공동주체성'을 성취할 수 있다면, 그것이 또한 큰 단위의 교육적 주체가 되지 말라는 법은 없다. 그렇다면 그 공동주체성은 어떻게 상정될 수 있는가? 어떻게 원초적인 자아인 나 안에서 의미를 가지고 있었던 것이 타자의 것으로 전이될 수 있는가? 어떻게 타아의 의미로부터 다수의 타자로 이루어진 공동체의 의미가 구성되는가? 그리고 어떻게 나의 세계의 전반적인 의미 형성의 단계에서 누구에게나 동일한 하나의 세계라는 의미가 구성되는가? 그것을 집단의 품위란 말로 지칭할 수 있는가? 어떻게 그런 큰 규모의 단위가 교육의 주체로 작용할 수 있는가? 이런 복잡한 문제들에 대한 해답이 모호한 지금의 단계에서 집단으로서의 교육 주체를 논의하는 것은 아직 성급해 보이기 때문에 그 부분에 대한 언급을 자제하고 있을 뿐이다.

이처럼 우리의 논의가 개인주체에 국한된다고 해도, 그것이 집단의 존재를 부인하거나, 혹은 그 집단 안에서 이루어지는 교육을 무시하는 것은 아니라는 점을 명백하게 할 필요가 있다. 교육은 사실상 두 사람 이상의 많은 사람들로 이루어진 집단 안에서 이루어진다. 그 집단은, 작게는 가정, 직장, 학교, 각종 회관에서 시작하여, 크게는 지역사회, 가상공간, 더 나아가 국가로 확장된다. 이 크고 작은 모든 집단 속에는 그것을 구성하는 개인들 서로가 상대의 높은 수행을 격려하고 돕는 교육의 과정이 하나의 가능성으로 늘 잠재해 있다. 이 경우, 우리가 상정할 수 있는 최종적인 교육의 주체는 결국 개인이다. 만약 교육의 내재율에 충실할 수만 있다면, 한 집단의 구성원들의 품차가 있는 모든 수준에서 교육적 협조와 타협이 가능할 것이다. 그들 각자가 하나의 집단 안에서 상구한 것만큼 하화하고 하화한 것만큼 상구할 수 있는 관계를 유지할 수 있다면, 완벽한 교육적 공생이 이루어진다고 말할 수 있을 것이다.

교육적 상황은 크게 서로 연관된 두 가지 사태에서 일어난다. 그 하나는 교육을 독특한 내재율을 가진 삶의 양상으로 바라보는 것이며, 다른 하나는 그 세계 속에 뛰어드는 것이다. 그런 상황의 구현을 개개인의 의도와 실천의 문제로 국한시키는 데에는 많은 제약이 따른다. 그 제약을 뛰어넘는 데 가장 효과적인 방안은 그런 목적을 지닌 집단, 즉 교육공동체를 형성하는 것이다. 교육공동체는 그 구성원들이 그 안에서 자유롭게 짝을 이루어 협동하는 가운데 그들의 교육적 잠재력을 실현시키는 것을 최우선의 목표로 삼는 집단으로 정의될 수 있다. 각 개인은, 교육의 내재율을 무엇보다도 우선시하는 상호주관성과 체계가 이미 확보된 이 특별한 집단의 한 구성원으로 편입됨으로써, 개인으로서 해결하기 어려운 제반 조건과 장애를 극복하고 타인들과 활발하게 교육적 교섭을 할 수 있다.

교육공동체가 지닌 특징 가운데 하나는 소재의 다양성이다. 구성원 사이에 소질의 차이는 바로 교육소재의 종류의 다양성이라는 측면을 추가하며, 이는 그 구성원을 선진과 후진으로 가르는 기준의 폭이 그만큼 넓어진다는 이점을 준다. 갑과 을이 소재를 달리하면서 교류교육을 할 수 있다는 사실은 이미 논의한 바 있다. 교류교육에서는 소재에 따른 선진과 후진이 달라지며, 그때마다 상구자와 하화자의 적절한 전환이 일어나야 한다. 각 개인은 능력이 제각기 다르다. 이들은 교류우로서 그 다름을 중심으로 쌍방이 서로 상구하고 하화할 수 있다. 공동체 안의 소재의 다양성은 또한 각 품위의 수준의 차이를 포함한다. 앞에서 든 갑과 을이라는 두 개인이 아니라, 거기에는 병과 정을 포함하는 수많은 개인이 있다. 그 개인 사이에 존재하는 품위수준의 차이만큼 그들이 맺을 수 있는 교육적 관계의 가능성은 증가한다. 개인이 어떤 영역의 교육에 참여함에 있어서도 스승과 제자가 오직 하나일 필요는 없다. 한 명의 스승에 대한 여러 제자, 하나의 제자에 대한 여러 스승, 그 어느 것이나 이 공동체에서는 가능하다.

수도계는 이미 선진이 그 길을 열고, 그 길을 가고, 그 길을 성취하고, 후진들 역시 따라오라고 부르는 길이다. 이 때문에 후진은 결코 이 길을 외로이 홀로 가고 있는 것이 아니다. 그렇게 믿음으로써 우리는 동행하는 좋은 벗의 손길을 느끼고, 그 손길을 통하여 격려를 받고 힘을 얻게 되며, 또 나태해졌을 때는 반성하고 채찍질을 받을 수 있다. 이들을 통틀어서 도반(道伴)이라고 한다. 여기에는 좋은 스승, 좋은 벗, 그리고 좋은 제자들이 포함된다. 삶에서 상구자와 하화자로 지칭할 수 있는 개인이 별개로 존재하는 것이 아니라는 것이 교육본위론의 입장이다. 상구와 하화라는 세계가 있고, 상구와 하화의 내재율에 따라 거기에 진입하면, 그들이 바로 상구자와 하화자가 되는 것이다. 절대적인 의미의 품위는 교육과 무관하다. 선진과 후진이라는 구분은 상대적인 것이다. 큰 것도 더 큰 것에 비교하면 왜소한 것과 마찬가지로, 선진도 더 큰 선진에 비교하면 후진인 것이다. 이렇게 보면, 우리는 각종의 수도계에서 모두 얼마만큼 선진이자, 얼마만큼 후진의 지위를 차지하고 있는 것이다. 아무리 높은 품위에 있다고 하더라도, 더 높은 품위에 오를 상구의 여지가 있다. 아무리 낮은 품위에 있더라도, 그보다 더 낮은 품위에 있는 사람에게 하화할 여지가 있다. 이처럼 한 개인은 교육공동체의 삶에서 상구와 하화를 대상을 달리하여 번갈아가면서 할 수 있다. 이것은 서로 입장을 바꾸어 반성하는 계기를 제공하기 때문에 가장 균형 있는 교육적 삶을 보장한다.

품위의 분포는 피라미드의 형태이다. 품위가 높아질수록 그 분야를 개척해 보려는 사람의 수는 적어진다. 그러나 그 꼭대기의 품위를 가진 사람의 교육적 영향력은 기하급수적이다. 그 영향력은 겹제자를 통해서 보장된다. 여기서 겹제자란 홑제자와 대비되는 것으로서, 전자는 스승의 입장에서 자신의 하화를 다른 사람을 상대로 재생하는 제자이다. 제자들에게는 누구나 그럴 가능성이 내재되어 있다. 다시 말하면 제자는 그들의 후진들을 상대로 하화할 기회가 주어진다. 한 명이 품위를 습득하면, 그는 열 명을 상대로 하화할 수 있다. 마찬가지로 열 명이 백 명, 백 명이 천 명, 천 명이 만 명을 상대로 하화할 수 있는 것이다. 이로써 한 명의 탁월한 깨달음이 수많은 사람들에게 전해지는 길고도 장엄한 통로가 열리는 것이다. 겹제자의 연쇄는 자연인의 생사를 초월한다. 공자, 석가, 소크라테스, 예수 등 옛 성인의 가르침이 오늘날까지 인류 모두에게 이어지는 데에는 이런 겹제자의 존재가 있었기 때문이다.

교육공동체는 다수의 교육적 상호교섭을 포용한다. 여러 하위 영역에서 교육적 교섭과 교류가 자연스럽게 이루어지면서 큰 스승과 작은 스승,

그리고 그것에 대응하는 큰 제자와 작은 제자의 구분이 이루어진다. 품위의 속성상 그 구분은 절대적인 것이 아니라 어디까지나 상대적이라는 점을 여기에서 재차 강조해야겠다. 갑에게 큰 스승이 을에게는 작은 스승이 될 수 있으며, 제자의 경우에도 마찬가지다. 큰 스승은 장기간 모시고 지도를 받을 수 있는 스승이며, 작은 스승은 당장 봉착한 문제를 가지고 수시로 그리고 가깝게 지도받을 수 있는 스승이다. 큰 제자는 자신의 대를 이을 제자이며, 작은 제자는 큰 제자의 소양을 닦는 제자라고 할 수도 있다. 그런가 하면 그 품위의 차이가 별로 없는 또래 스승과 또래 제자의 관계도 있다. 이들은 경험의 연속성의 면에서 많은 공감대를 공유하고 있다. 이처럼 소재의 품위상의 위계에 있어서 정도의 차이가 나는 구성원들은 각기 자신의 위치에서 스승과 제자의 몫을 동시에 실행하면서 공동체에서 각각 그들 나름의 독특한 기여를 하는 것이다.

교육공동체 내에 존재하는 이러한 다양한 관계맺음은 수많은 교육의 문제를 한꺼번에 해결하는 효과를 갖는다. 대들보로 벽을 부술 수는 있지만, 작은 구멍을 막을 수는 없다. 훌륭한 교육공동체는 각자가 자기수준의 품위에서 해결될 수 있는 과제를 개별적으로 부여받고, 그들을 상호간의 알맞은 교육적 관계의 조정에 의해서 해결해 나간다. 각각의 품위는 나름대로 소재로서의 교육적인 용도를 지닌다. 큰 스승과 작은 제자 간의 직접적인 접촉은 그 품차의 크기로 인해서 제약을 받는다. 그 비대칭성은 일방적인 지배위계를 강화시키고, 그것이 제대로 조정되지 않아, 위협과 저항 등 파괴적인 갈등의 원인이 되거나, 한 쪽이 다른 쪽에게 일방적으로 적응하고 순응하는 위험성을 갖는다. 이 문제는 여러 사람이 그들의 품위 수준에 따라 교육적 관계를 중첩시킴으로써 해결될 수 있다. 장기적인 만남으로서 큰 스승과 작은 제자의 관계가 있으며, 작은 스승과 큰 제자는 그들의 중재인으로서 수시로 전자들 사이의 교섭을 보조한다.

가능한 범위에서 상구자는 큰 스승과 작은 스승을 복수로 구하는 것이 바람직하다. 너무 높은 품위를 가진 선진을 스승으로 모실 때에는 그의 문하생 가운데 가장 재능 있는 제자를 작은 스승으로 삼는 것이 하나의 요령이다. 작은 스승은 큰 스승의 미궁을 완충하고, 큰 스승은 작은 스승의 경박함을 보충한다. 같은 큰 스승을 둔 동문제자들은 스승이 하화한 내용을 두고 자기들끼리 서로 교육적인 관계를 맺고 왕성한 교류를 할 수 있다. 큰 스승의 하화에서 이해하기 곤란한 것이 있을 때, 작은 스승에게 질문을 던져 당장 궁금한 것에 대한 해답을 얻어낼 수 있다. 또한, 작은 스승의 선진성에 대한 의혹이 일어날 때, 그와 큰 스승 간의 관계 양상이나 큰 스승의 작은 스승에 대한 인정 여부 등을 살펴서 그 의혹을 해소할 수도 있다.

다른 한편으로, 하화자 역시 복수의 제자를 확보하여 제자들끼리의 교육적인 상호교섭을 도모하도록 하는 것이 바람직하다. 어느 특정한 제자의 진도가 늦으면, 더 나은 겹제자를 보조적 스승으로 활용하는 편리한 통로가 있다. 큰 스승은 겹제자에게 현장의 상황 안에서 하화의 실습을 하는 기회를 마련하고, 그것이 어느 정도의 숙련상태에 이르면 가끔 그로 하여금 자신을 대신해서 작은 제자들을 하화하도록 할 수 있다. 그런 기회를 통해서 큰 스승은 해당하는 제자들의 교육적 품위를 향상시키고 검토하는 계기로 삼을 뿐만 아니라, 아울러 그들의 소재상의 품위를 더욱 확실하게 파악하는 기회를 갖게 된다. 큰 스승은 큰 제자의 부족함을 파악하고, 그 부족한 부분을 소재로 삼아 더 높은 수준에서 교육적 상호교섭을 전개할 수 있는 것이다.

품차가 크지 않은 선진과 후진 사이에는 경험의 연속성과 그것을 메우려는 열정을 일으키기에 알맞은 대조가 이루어지며, 이 때문에 자신들의 수준에 부합한 교육적 교섭이 쉽다는 이점이 있다. 우리는 이제까지 교육적 열정을 말해 왔는데, 그것을 유발시키는 조건의 하나가 소재가 되는 품위의 선택이다. 상구자에게 가장 적합한 교육의 소재는 그의 현품의 다음 단계, 즉 차상품이라는 점은 이미 충분히 강조되었다. 하화의 소재는 하화자의 과품이라는 것도 이미 살펴 온 바 있다. 그런데 그 과품에도 수준의 차이가 많다. 그 가운데 어느 것이 하화의 열정을 유발시키는 데 있어서 가장 효과적인가? 이 질문에 대한 가장 유망한 가정은 하화자의 차

히품이다. 차하품은 현품을 획득하는 네 가장 가까운 연결점이고, 그것을 극복한 상구교육의 기억이 하화자에게 가장 생생히 남아 있기 때문이다. 이 사실을 인정한다면, 교육의 열정을 서로 상승시킬 수 있는 이상적인 스승과 제자의 조합은 서로 연접하는 품위를 가진 선진과 후진이다. 품위의 위계에서 각 품위를 매개하는 교육적 관계가 진행될 수 있다면 그 공동체의 교육적 열정은 극대화될 수 있을 것이다.

교육활동은 문제의 제시 및 그 해결의 과정과 밀접히 관계되어 있다. 이 세상에 풀기 쉬운 문제는 없다. 문제에 대한 정의 자체가 아직 풀 수 없는 것을 문제로 규성하고 있다. 다만 누구를 기준으로 그 문제를 규정하느냐 하는 것만 남는다. 문제와 해결은 예정되는 것보다는 우발적으로 일어난다. 문제를 제기하거나 그것을 해결하는 주체 역시 항상 예정되어 있는 것은 아니다. 서로 보아가면서 확인한다. 이때 문제를 제시하고 그에 대한 대응을 지켜보면서 특정 수준의 또래집단을 만들어 그 과제를 공동으로 해결하게 하는 과정을 추천할 수 있다. 그렇게 함으로써 상호간에 믿음과 존경심을 가지고 그들끼리의 토론과 논쟁을 통해서 그들 사이에 개재하는 작은 품차를 서로 상승적으로 줄여 나갈 수 있는 것이다.

또래는 품위의 하위 영역에 따라 선・후진의 관계가 수시로 교차하며, 따라서 소재의 전환에 따라 교류교육도 빈번히 이루어지는 관계이다. 혼자 힘으로 해결할 수 없는 문제들을 서로의 관용의 범위 내에서 대면하는 가운데 그들은 협동적으로 차상품의 구성에 이를 수 있다. 또래 집단의 또 다른 기능이 있다. 그것은 큰 스승과 작은 제자처럼 품차가 큰 집단과 같은 위계적인 관계 속에서 그들끼리의 사회적 비교를 촉진하고 외부의 지나친 이질적인 기준, 압력, 교란에 대항하여 그들의 자기정체감과 안정성을 지킬 수 있는 참조집단의 역할을 하는 것이다. 큰 스승의 가혹한 질책, 혹은 작은 제자의 엉뚱한 오해를 웃어넘길 수 있는 것도 그들 사이의 합의적 타당성이 있기 때문이다. 그러나 이는 다른 한편으로, 가끔 교육에서 피상적인 교섭, 타협, 합의, 화해의 패턴을 강화시켜 선진과 후진 사이에 응당 유지되어야 할 창조적인 긴장감을 이완시키는 결과를 가져오게 하는 원인이 되기도 한다.

교육은 품위의 동질성이 아니라 이질성을 전제한다. 자연인들 사이의 품위의 동질성과 이질성은 영속적인 것이 아니다. 이는 소재의 세밀한 부분에서 품차를 확인하면서 교육을 진전시켜야 하는 필요성을 야기한다. 또래끼리도 그 품위의 해법에 도달하는 데 개인 차이가 있다. 따라서 그들 사이에도 그 유동적인 품위의 변화에 대응하는 교육적 관계가 끊임없이 새롭게 모색되어야 한다. 이는 또래라는 의미가 고정관념이 되어서는 안 된다는 점을 특별히 상기시키는 부분으로, 교육이 진행되는 과정에서 어떻게 그들을 구분하여 융통성 있게 서로 다른 집단에 정치시키느냐 하는 문제와 직결되어 있다.

하나의 집단 안에서 어떻게 교육적 가능성과 협력의 극대화를 도모하는 방식으로 교육소조를 운영할 수 있는가 하는 문제는 앞으로의 연구과제로 남아 있다. 알맞은 동질성이 또래들 사이의 공동의 교육적 교섭으로 해석될 수 있는 부분이다. 그러나 그 동질성이 성취되는 것만큼, 그 교섭의 의미는 퇴색된다. 이 때문에 또래교육소조의 교육적 교섭 역시도 좋은 충고와 믿을만한 방향을 제시해 주는 외부의 안내자를 찾아 이용함으로써 커다란 도움을 얻을 수 있을 것이다. 상위의 선진집단, 혹은 하위의 후진집단에게 그들의 활동을 공개함으로써 그 집단 사이에 교육적 교섭이 일어날 가능성을 열어 놓는 것도 해결의 한 방식일 수 있다. 이것은 마치 교육적 관계를 오래 지속할 큰 스승과 단기간 유지되는 작은 스승, 혹은 큰 제자와 작은 제자를 구분하는 것을 집단단위에도 적용하는 셈이 된다.

위의 설명에서 밝혔듯이, 교육공동체는 교육적 교섭을 극대화시키는 방식으로 조직된 특수한 집단이다. 교육공동체의 장점은 교육의 내재율과 그것에 유리한 환경을 공유할 수 있다는 점이다. 그런 상황에서 다수의 스승과 제자 사이의 접촉과 교섭이 가능하다. 이에 관해서도 앞으로 수많은 연구가 수행되어야 할 것이다. 다만, 우리의 논의는 그런 교육공동체의 특성이 이전의 어떤 교육학 연구에서도 다루지 않았다는 점을 지적하기 위해서 그중 몇 가지를 살폈을 뿐이다. 이제 그런 새로운 연구와 탐색을 더욱 촉구한다는 취지를 살리는 의미에서, 마지막으로 교육공동체가 어떤 점에서 여타의 사회집단과 차이가 있으며, 그 차이를 토대로 어떻게 우리의 삶에 기여할 수 있는지를 주목해 보기로 하자.

먼저, 일반 세속집단의 주된 관심은 권력의 유지, 이해관계의 조정, 사회적 지위의 배분에 있다. 이들은 서로 약속된 상호주관성을 확보하여야 하는데, 그 표준과 결정의 중심은 평균적인 다수에 있다. 많은 사람이 합의하는 바가 중요하며, 거기에서 이탈하는 것은 곧바로 비정상이나 잘못된 상황인 것으로 간주된다. 이런 경향이 그 나름의 고유한 세속적 기능을 한다는 점은 인정해야 하지만, 다른 한편 수도계의 유지와 발전이라는 측면에서 보면, 반드시 유리한 것이라고는 할 수 없는 측면이 있는 것도 유념할 필요가 있다. 이 점은 교육공동체가 두 사람 이상의 구성원으로 되어 있다는 점에서 일종의 사회적 사실에만 주목하고, 교육적 사실을 그 사회적 사실의 하나로 환원시켜 생각하는 방식의 위험성을 잘 드러내 준다.[37]

수도의 주된 목적은 그 누구도 아직 체험한 바 없는 높은 수준의 품위를 개발하고 체험하는 것이다. 세속적 지위와 무관하게 규정되며, 그 본래의 가치가 인정되어야 하는 품위는, 앞서도 지적했듯이, 대개 피라미드의 형태로 분포되어 있다. 소수의 선진과 다수의 후진이 포진하고 있는 것이다. 그런 상황에서 만약 세속집단의 논리가 지배적인 상황에 그들이 복속해야 한다면, 그 고유한 형태가 유지될 수 있을까? 이에 대한 해답은 부정적이다. 그들은 힘에 의한 지배와 조직적 통제에 노출되거나, 혹은 지배권력과 결탁하여 인간을 도구화시키는 인간자원의 논리 속에 함몰될 수도 있다. 그 어느 경우든, 다수에 의한 합의가 결정적인 역할을 할 것이다. 이렇게 되면, 품위의 내재가치가 퇴색하여 단지 세속적 수단의 위치로 격하될 것이며, 다수의 천박한 후진이 소수의 선진을 지배하는 형국이 될

---

37) 이와 관련하여 이른바 '교육사회학자'들이 흔하게 범하는 오류를 짐작할 수 있었으면 한다.

것이다. 이런 조건에서 수도계의 발전을 기대하기 어렵다.

그렇다면, 수도계의 발전에 공헌할 수 있는 집단은 누구인가? 가장 먼저 떠오르는 해답이 오로지 수도만을 전문적으로 하는 특수집단이다. 학문, 예술, 각종 기예를 추구하는 곳에서 다수라는 것이 힘을 발휘할 수 없다. 여기에서는 귀족주의와 엘리티즘이 통치의 수단이다. 단 한 사람의 정상이 모두를 정복하고 복종시킬 수 있다. 수도집단은 모두 그 정상, 혹은 그 이상의 품위를 달성하기 위해서 위계를 강조한다. 적어도 수도계에서 선진과 후진은 서로 다른 관점과 평가의 기준을 가지고 있기 때문에 서로 갈등하고 경쟁하는 관계에 있다. 승자가 지배하고 패자가 소멸하는 경쟁으로 당대의 수도계의 정상이 이후의 것으로 교체되면서 그 발전이 이루어져 온 것은 역사적인 사실이다(장상호, 1993). 그러나 그런 경쟁의 논리가 치열하게 이루어지는 경우, 선진과 후진은 서로를 배타하고 경계함으로써 상하의 균열이 일어나 자멸할 소지도 있다. 뿐만 아니라, 그 경쟁이 일정 품위 이상으로 제한되어 이루어지기 때문에, 그 경쟁에 참여할 수 없는 많은 사람들로 하여금 처음부터 그 수도계의 진입을 포기하게 할 위험이 상존한다. 건물의 경우처럼, 그 저변의 기반이 취약함은 그 수도계의 존속에 역행한다.

품위는, 유전적인 정보와는 달리, 각 세대가 개체발생적으로 그 역사를 반복해서 사람들에게 체화함으로써만 유지되는 결정적인 취약성을 갖는다. 만약 그런 전승의 과정을 한 세대에서나마 생략하는 경우가 생긴다면, 그 특정한 수도계는 역사에서 사라질 수도 있는 것이다. 더 나아가, 한 세대 안에서도 만약 품위의 발생적 위계에서 한 단계의 고리가 소멸한다면, 전체의 와해라는 재앙을 맞을 수도 있다. 그 전승을 가능하게 하는 것은 선진과 후진 간의 연결점이다. 그 연결점은 필연적인 것이 아니다. 수도계 품위의 발전적 연속성을 보장해 주는 것이 바로 교육이다. 여기에 인류 역사에서 교육적 공동체가 수행해 온 독특한 공헌을 인정해야 할 것이다. 위대한 수도집단이 그 연결점을 만들어 내는 교육에 소홀함으로써 그 전통이 단절되고 소멸된 불행한 역사적 사례는 우리가 알고 있는 것보다 훨씬 더 많을 것이다. 그 자체의 내재율과 속성에서 비롯하는 교육공동체의 이러한 중대한 기능은 불행히도 아직까지 충분한 주목을 받았다고 볼 수 없다.

수도집단과는 달리, 교육공동체는 상구와 하화 간의 협동이 우선하는 집단이다. 여기에서 품위의 위계는 단지 교육적 협동을 하기 위한 소재로서 후퇴하고, 그 대신 한편에서의 상구와 다른 편에서의 하화가 더 중요한 위치를 차지하게 된다. 어느 집단에서나 그것은 상대적으로 그 품위의 차이가 나는 다양한 조합의 사람들로 구성되어 있다. 첫째, 어리석은 사람과 어리석은 사람, 둘째, 어리석은 사람과 어진 사람, 셋째, 어진 사람과 어진 사람. 교육의 상황은 두 번째의 관계에서 시작하여 세 번째의 관계로 이행하는 것이다. 이로써 선진과 후진의 품위가 좀 더 인격적으로 인정되면서, 점차적으로 낮은 것이 더 높은 것으로 이행하는 길이 확보될 수 있다. 이것은 수도계의 지고한 품위에서만 한정되지 않고, 최하의 저변에서부터 정상에 이르기까지 모든 품위에서 일어난다는 데 그 특징이 있다. 이것이 바로 교육적 진화(장상호, 2005a)에 해당한다.

수도계의 종사자는 과거의 선행자들이 멈추었던 곳에 머물러서는 안 된다. 그보다 한 단계를 더 올려놓아야 비로소 후대의 몫을 하는 것이다. 여기서 한 가지 사실을 잊어서는 안 된다. 과거는 단순한 거부가 아니라, 그것에 대한 철저한 이해를 통해서 극복되어야 한다는 점이다. 교육적 진화는 바로 이전의 사람들이 그들의 문제를 해결하는 과정에서 거쳐야 했던 불확실성, 고통스러운 실패, 낙담과 혼란을 재체험한 토대 위에서 진행된다는 특징을 갖는다. 여기에 가장 중요하게 작용하는 교육의 차원은 혁신과 보수가 조화를 이루는 대위적 관계이다. 각 세대는 선대가 미확정적인 세계로 접했던 것을 이미 실현한 환경 속에서 생활하고 있으며, 그것을 이용함으로써 좀 더 용이하게 선대를 추월할 수 있다.[38] 하화의 소재

---

38) 이 부분은 역사의 이해에도 적용된다. 역사를 파악함에 있어서 역사가는 역사의 주체보다 유리한 점이 있다. 주된 이유의 하나는 전자는 후자가 알 수 없었던 미래를 과거의 것으로 조망할 수 있는 시점에 있기 때문이다. 역사적 주체는 미래를 알 수 없는 상황에서 그 확실성을 실현시켜 나갈 수밖에 없으나, 역사가는 이미 확실한 선택이 이루어진 사건에 2차적으로 의미를 부여한다.

는 마치 한 권의 책을 되풀이 읽거나, 동일한 제목의 연극을 몇 번이나 상연하듯이 하화의 주체에게 반복적으로 이용될 수 있지만, 상구의 소재는 되풀이해서 이용될 수 없다. 두 사람이 스승과 제자의 관계를 맺고, 전자가 자신의 품위를 보수하며, 후자가 자신의 품위를 혁신하면서 정진하다가 보면, 언젠가는 제자가 스승의 품위에 오를 수 있을 것이다. 그 수준에 이르렀다고 해서 상구를 멈출 수는 없다. 진정한 제자라면 스승을 단순히 따르는 대신, 자기의 독자적인 길을 열지 않으면 안 된다. 수도계에서는 제자가 이렇게 독자성을 유지하고 한 걸음 더 나아갈 때에만, 스승의 품위를 진정으로 계승하고 발전시켰다고 말할 수 있다.

앞에서 살폈듯이, 교육공동체에서 구성원인 자연인 갑, 을, 병, 정이 차지하는 선진과 후진의 위계는 고정된 것이 아니다. 그들이 교육에 참여하는 동안 그 지위는 유동적으로 변한다. 예컨대, 스승과 제자 간의 관계는 점차 그들 사이의 품차가 좁아짐에 따라 또래가 되며, 이것이 교육적 반전으로 발전하는 경우, 그 교육적 관계 역시 교체된다(장상호, 1999). 여기서 우리가 특별히 주목할 것은 교육적 관계를 구성하는 그 기본적인 공식에는 변화가 없다는 사실이다. 다만 애초에 가정했던 전제에 충실하도록 주체를 환치시키는 조처가 이루어지면 그만이다. 이처럼 교육의 내재율은 특정한 주체의 사정과는 다른 차원에서 진행된다. 말하자면, 수도계의 교육적인 진화가 특정한 역사적인 주체의 의지가 아니라, 교육 자체의 메커니즘에 의해서 성취된다는 사실이 명백하게 드러난다.

교육공동체 내에서는 교육 자체의 내재적 속성에 의해서 특정한 교육의 소재를 놓고 위계의 상대성에 대한 검증이 끊임없이 이루어진다. 품위의 차별화는 교육의 소재 결정에 작용하며, 또한 품위의 위계적 상대성이 그 교육의 과정을 통해서 새롭게 검증되는 것이다. 과거의 세대를 미래로 기투하고, 진정 그들을 과거로 되돌려 놓는 교육적 반전이 끊임없이 진행된다. 자연인 갑과 을의 품위상의 반전이 이루어졌을 때, 그 사건은 수도계의 입장에서 볼 때 전자의 패배와 후자의 승리로 기록되지만, 그것을 교육계적으로 해석할 때 그 평가는 달라진다. 이는 스승인 갑과 제자인을 모두의 승리가 된다.

실상 교육적 반전은 교육이 추구하는 이상이기도 하다. 제자의 품위를 자신의 것보다 더 높이지 못한 스승은 제자에게 충분히 하화했다고 볼 수 없고, 스승의 품위를 추월하지 못하는 제자는 스승의 하화에 충분히 보답한 것이 아니다. 한때의 후진의 지위에서 벗어나 전인미답의 품위를 산출해 낸 을은 이렇게 새롭게 출현한 품위를 다시 하화의 과정을 거쳐 타증해 나간다. 교육집단에서는 이것이 갑과 을이라는 하나의 개체가 개별적으로 취하는 방식이 아니라 연대적으로 이루어진다. 갑과 을 사이에 교육적 반전이 이루어졌다고 할 때, 이는 여타의 구성원 사이의 위계도 재조정한다. 갑의 제자가 이제 을의 제자가 되는 것이다. 또한, 갑과 을이 관계를 맺고 있는 병과 정에게 동일한 절차를 밟을 수 있다. 이처럼 자증과 타증의 오묘한 꼬리물림과 반복된 회전에 의해서 제반 수도계는 생성, 유지, 발전을 거듭한다.

그렇다면 교육공동체는 어떻게 유지되고 발전될 수 있는가? 이 문제에 대한 본격적인 논의는 제2장에서 이루어질 것이다. 그 논의에 앞서, 윤곽을 먼저 살피면서 우리의 논의를 끝내기로 하자. 교육공동체는 교육이라는 공동의 목적 달성을 위해서 인간이 서로 결합한 형태라는 점에서 하나의 조직(organization)으로 볼 수 있다. 이것들은 자연적인 것이 아니라 인위적인 것이며, 필요에 따라 재구성할 수도 있다. 이 점에서 교육은 그것에 유리한 조직의 형태에 관심을 가져야 한다. 그 조직 안의 구성원은 이미 습관화된 행위가 상호간에 유형화된 제도(institution)에 의존해서 그때그때 자신이 내려야 하는 심사숙고와 결정의 부담을 덜어낼 수도 있을 것이다. 그러나 교육의 자율성과 관련하여 여기서 분명하게 지적해야 할 것은, 교육공동체를 특징짓는 최후의 기준은 조직이나 제도가 아니라, 그것의 내재율이라는 사실이다.

이 점에서도 교육공동체는 특정한 정치적 이데올로기를 주입하고, 장래의 직업구조에 부합한 인력자원을 양성하며, 성인으로서 사회적 제도가 요구하는 역할 수행에 차질이 없는 인간을 만들어 내는 세속의 집단과 특별히 구분된다. 교육의 내재율은 사회적 규칙과는 다르다. 전자는 교육이라는 고유한 세계 내부를 유지하는 본질적인 양상이고, 후자는 세상 사람들이 삶을 공유하기 위한 약속의 체계이다. 교육을 위한 집단이라면 이 양자는 서로 일치해야겠지만, 사회일반으로 생각할 때 이 두 가지가 서로 갈등을 일으키는 경우도 있다. 이 경우, 교육공동체는 그 규칙, 조직, 제도를 교육의 내재율에 비추어 늘 재조정해야 할 것이다. 그 우선순위를 거꾸로 할 때, 교육공동체의 실질적 의미는 사라지고, 그 사회적 형식만 남게 된다.[39)]

교육공동체에 대한 가입과 탈퇴는 원칙상 자유이다. 그러나 그 자유는 적어도 교육이 요구하는 내재율과 규범을 따라야 한다는 조건에서만 성립된다. 이에 관한 어느 정도의 합의 과정은 불가피하다. 만약 그 공동체가 구성원들에게 기대하는 사항에 대하여 합의가 이루어지지 않는다면, 구성원 사이에 갈등이 일어나고 정상적인 관계를 유지하기 어려울 것이다. 여기에서 첨가해서 강조할 점은, 그 합의가 온갖 수단을 동원하여 특정한 규범에 구성원을 일치시키는 이른바 사회화의 과정을 거쳐서 이루어지는 것은 아니라는 점이다. 교육의 내재율에 대한 합의는 교육에 대한 교육, 즉 메타교육(meta-education)이라는 특수한 메커니즘을 통해서 이루어질 수 있다(장상호, 2000b). 그런 교육 자체의 수단에 의해서 교육은 자율성을 보장받음과 동시에, 그에 대한 자발적인 참여와 복종을 유도해 낼 수 있다.

모든 놀이의 경우가 그러하듯이, 교육의 경우도 그 내재율을 이해하고 따르는 태도나 능력이 선천적으로 주어진 것이 아니다. 어떤 개인은 불행히도 교육의 내재율을 체득하지 못해서 교육적 주체의식을 스스로 포기하거나, 혹은 그것을 억압하거나 도외시하는 외부의 압력에 의해서 그 역사적 참여에서 소외되는 경우가 많다. 적어도 교육공동체의 일원으로 참여

39) 학교는 그런 위험에 노출된 전형적인 기관의 하나이고, 이제까지 교육학은 그 문제를 해결하는 데 무력하다는 점을 앞에서 지적한 바 있다.

하는 사람은 어떻든 간에 제각기 무엇이 교육이며, 더 좋은 교육이냐 하는 것에 있어서 모종의 선이해나 태도를 요구 받는다. 교육 고유의 문제 상황에 직면하여 이를 해결해 나가는 과정에서 체험의 차이가 생기기 마련이다. 개인마다 현존하는 한계가 다르고, 그것에 접경하고 있는 문제도 다르다. 여기에서 우리는 이제까지 논의해 왔던 수도계의 품위와는 독립된 교육의 품위를 가정할 수 있다. 그 품위의 위계에 따라 다시 교육구성원 가운데 선진과 후진이 구분되고, 그들을 연결하는 상구교육과 하화교육, 혹은 스승과 제자가 생겨나는 것이다. 이것이 바로 메타교육에 해당한다.

쉽게 말해서, 메타교육은 상구하고 하화하는 것을 소재로 삼아서 상구하고 하화하는 것이다. 여기에는 1차적인 소재영역과 교육하는 것 자체, 두 가지가 포함된다. 협동교육에서 스승과 제자는 상대의 상구교육과 하화교육을 요청하고, 이에 대응하며, 나름대로 평가를 할 수 있다. 그러나 이는 그들 간에 그대로 수용되는 것이 아니라, 그것 자체가 교육의 소재가 되어 본격적인 메타교육으로 연결될 수도 있다. 1차 소재의 품위는 높으나, 하화의 품위가 낮은 경우, 그는 훌륭한 스승에 미치지 못한다. 또한 1차 소재의 품위와는 상관없이 상구의 품위가 낮은 경우, 훌륭한 제자로 평가될 수 없다. 이런 문제 상황에서 교육 파트너에 대한 기대와 호응을 유발하는 가운데 교육에서의 선진과 후진이 수시로 교차하면서 교류하는 메타교육이 일어날 수 있다. 혹은, 1차적인 소재의 영역에서 특정한 개인의 큰 스승이 그의 작은 스승의 하화를 보고 그의 하화의 현품이 어떤 위치에 있는지를 간파하여 하화할 수 있다. 이것은 스승이, 제자가 아직 어떻게 교육의 춤을 추어야 할지를 모르는 것을 감안하여 그 춤을 주도하다가, 점차 제자가 혼자 스텝을 밟을 수 있게 되었을 때, 다음 단계의 교육의 춤으로 진전해 나가는 과정에 해당한다. 혹은, 교육의 춤을 추는 가운데 스승보다 더 높은 교육의 품위를 가진 제자가 스승에게 하화에 대하여 하화하는 과정도 상정할 수 있다.

교육공동체의 가장 고유한 본성은 외적 동기, 가치, 보상을 차단하고, 세속적 범주를 무효화하며, 품차를 단지 교육의 소재로 활용하는 방식 등에 의해서 유지된다. 그러나 그 고유의 공유된 의미체제에 기반을 제공하고 정체성을 유지시켜 주는 힘의 주된 원천은, 앞에서 지적한 메타교육이다. 이를 통해서, 구성원들은 교육의 내재율을 지키면서, 그것에 정진하는 것을 서로 격려하고 칭찬하며 기뻐하는 풍토를 유지하고 발전시킬 수 있다. 그러나 교육의 내재적 특성을 유지하고 발전시키는 조건과 그 교육을 현실적으로 구현시키는 여타의 제반조건이 동일한 것은 아니라는 점 또한 고려되어야 한다. 우리의 삶은 다양한 세계의 중층적 복합이다. 이들이 서로 그 고유성을 지키면서 상호작용을 하고 있다. 다양한 세계들 가운데 어느 것을 전적으로 배제한 삶의 공간이란 현실적으로 상상하기 어렵다. 우리의 일상의 삶에서 교육공동체를 유지하기 위해서는 교육적인 삶에 영향을 주는 교육 이외의 세계와의 관계를 무시해서는 안 된다.

교육계와 여타의 세계가 서로 긴밀한 관계를 가지고 있으며, 그만큼 후자에 대한 배려가 필요하다. 이렇게 주장할 때, 그 긴밀한 관계를 결국 그들이 같은 것이 아니냐는 뜻으로 받아들여서는 안 된다. 오히려 그 반대이다. 어떤 두 가지의 것이 관계가 있다는 말은 바로 그들이 서로 다른 것임을 함축하고 있다. 다른 것이 아니라면 관계가 있다는 말은 잉여적인 것에 불과하게 된다. 흙이 나무의 본질을 이룰 수는 없지만, 나무의 생존에 결정적인 요소이다. 이처럼 교육은 교육 아닌 세계와의 관계를 통하여 비로소 그들과 공존한다. 교육의 환경으로서 여타의 세계는 교육의 요소를 낭비 없이 효율적으로 작동시키는 데 플러스가 되는 환경과 그 반대의 영향을 주는 마이너스의 환경으로 대별될 수 있을 것이다. 그 점을 구분하여 교육이 진행되는 동안에 교육적인 삶의 구조와 질서들을 결정하는 환경으로서 예컨대, 물리적 시설, 심리적 환경, 생태적 요인들은 물론, 관련된 재정, 행정, 법률, 규범, 금지, 제약들을 고려해야 할 것이다. 앞에서 우리가 교육공동체의 조직과 교육의 제도에 대한 언급을 한 부분도 이런 환경의 일부로 해석될 수 있을 것이다.

이 점에서 우리가 일상에서 접하는 교육공동체의 양태는 교육 안에서 작용하는 내재변인들과 그것의 원활한 작용을 보장하는 외재적 변인들의 상호작용의 결과로 볼 수 있다. 교육이 우리의 삶의 곳곳에서 그 순수한 교육의 양상을 실현하는 부분만큼 우리는 교육의 발전이 이루어진다고 말할 수 있으며, 이를 위해서 메타교육과 플러스 교육환경을 조성하는 것이 중요하다. 이를 위해서 교육에 대한 평가도 제자리를 차지하도록 노력해야 할 것이다. 본서의 나머지는 적어도 인식의 수준에서나마 좀 더 체계적으로 그런 사실을 부각시키는 방식으로 진행될 것이다. 바로 그런 노력이 교육의 정상화에 도움을 줄 수 있다면, 그것은 교육학의 또 다른 성과나 소득으로 치부될 수 있을 것이다.

제 2 장

교육계의 발전

우리의 삶은 다원적이다. 풍요로운 삶이란 각 분야가 골고루 제 몫을 하는 것을 의미할 것이다. 그 가운데에는 발전이 잘 이루어지는 분야도 있을 것이고, 더러는 그렇지 못한 분야도 있을 것이다. 교육의 경우는 어느 편에 속할까? 교육이 삶을 고양시키기보다는 황폐화시키고 있다는 한숨소리가 들린다. 이렇게 교육계가 아직도 제자리를 잡지 못하고 후진 상태에 있는 원인의 상당한 부분은 놀랍게도 교육의 발전에 대한 개념규정 자체 안에서 찾아볼 수 있다. 그렇다면 그 교육이 찾아 갈 길은 진정 무엇을 의미하며, 그것을 실현시킬 수 있는 방도는 무엇인가? 본장은 그 질문에 대한 교육본위론의 해답을 제시하고자 한다.

교육이 무엇이며, 그것을 그것답게 하는 것은 무엇인가? 이에 대한 '교육계'의 가장 유망한 해답은 이른바 '교육자치'라는 개념이 아닐까 한다. 교육자치는 교육청과 일반 행정부서를 분리시켜 전자가 학교를 자치적으로 운영한다는 뜻으로 흔히 논의되고 있다. 그러나 이는 고질적인 도식, 즉 '교육=학교태'라는 범주착오를 전제한다. 우리의 관점에서 볼 때, 학교를 자치적으로 운영한다는 것과 교육의 자율성을 살린다는 것은 별개의 사안이다. 전자의 경우 학교는 그야말로 주민들의 통제 하에 있는 것이고, 또 주민이 규정하는 학교의 기능에 대한 관념과 의도가 어떤 것이냐에 따라 교육의 자율성을 유지할 수도 혹은 역행할 수도 있는 것이다.

오늘날 제도로서의 학교에 부여하는 교육의 의미는 지나치게 과장되어 있다. 그 관점에 의하면 학교는 교육이 가능한 곳이며, 교육이 잘 되어야 할 것으로 기대되는 곳이다. 그러나 학교가 그 명분으로 내세우는 것과 생활공간의 하나로서 그 안에서 진행되고 있는 실상의 것을 명백하게 구분할 필요가 있다. 그 안에서 정치적 권력관계, 경제적 이해관계, 사회적 지위를 위한 투쟁 등 온갖 일들이 일어나고 있으며, 교육은 그런 것들을 제외한 것으로 보아야 할 것이다. 따라서 그 안에서 교사와 학생이 종사하고 있는 것이 곧바로 교육이라는 전통적인 관점에서 우리는 벗어나야 한다. 더 나아가 우리는 학교가 유일한 교육의 공간이라는 개념도 버려야 한다.

교육본위론은 교육을 학교라는 공간의 울타리를 벗어나 모든 삶의 공간에 잠재되어 있는 것으로 본다. 교육공간이란 별개의 것으로 떨어져 있는 것이 아니라 개념상 다양한 삶의 공간에서 교육이 진행되고 있는 것만큼 인정될 수 있다. 교육은 특이한 삶의 양상이며, 그 자체의 고유한 목표는 그것에 내재된 속성에 충실한 부분을 확장시키는 것이다. 경제가 시장의 논리에 의해서 자체적으로 움직일 수 있듯이, 교육은 그 주체들이 그 내재율에 충실하게 복종함으로써 유지된다. 모든 사람들이 그런 교육적인 삶을 자신의 것으로 사랑하고 곳곳에서 실천할 수 있을 때 진정한 교육발전이 이루어졌다고 말할 수 있으며, 바로 그 속성에 의해서 여타의 삶에 고유한 의미의 다양한 기능을 할 수 있게 되는 것이다.

여기에서 고유한 의미의 교육의 기능이라는 표현은 이제까지 교육학자들이 주장해 온 교육의 기능과는 판이한 의미를 지닌다. 이들에 따르면, 교육은 정의상 여타의 삶을 향상시키는 과정이다. 교육의 발전이라면 아마도 그런 기능을 잘 수행하는 것으로 되는 것이다. 언뜻 호소력이 있어 보이는 이런 목표는 너무도 광범한 것이기 때문에, 허황될 뿐만 아니라 그 평가 역시 막연하다. 그 평가가 어려운 것은 교육 자체에 대한 규정을 유보한 상태에서 그것이 수행할 수 있는 기능만을 내세우기 때문이다. 이치럼 정체불명의 상태에서 교육의 목표가 설정되고 그에 대한 평가가 이루어지는 교육계의 발전이란 무의미하며, 그에 대한 건설적인 논의를 기대하기도 어렵다.

교육발전이 이처럼 혁신적으로 새롭게 규정되어야 할 과제라면, 그것을 실현할 수 있는 방법은 무엇인가? 이에 대한 해답은 크게 두 가지로 나누어진다. 자체의 유지방식이 없이 외부의 보호나 지원에 의해서만 유지될 수 있는 세계는 그 자율성을 유지하기 어렵다. 그 발전의 힘이 그 내부에서 나올 수 있게 하는 메커니즘의 하나가 바로 메타교육이다. 다른 하나는 교육이 그것을 둘러싼 외부의 환경으로부터 지원을 받는 것이다. 이 가운데 전적으로 후자에 의존하는 교육은 그 환경의 요구에 응하는 가운데 그들 세계의 일부로 편입되거나 환원될 위험이 있다는 점에서 교육의 자율성 자체를 교란하거나 훼손하지 못하도록 하는 별도의 배려가 있어야 할 것이다.

2.1 교육발전과 그 유토피아

2.1.1 관점의 수정과 전환

우리가 여태까지 분류해 온 정치・경제・사회・문화・종교・교육은 우리의 삶에 내재된 서로 다른 세계들을 지칭한 것이다. 이들은 그 삶의 양상에서뿐만 아니라 각각이 추구하는 가치가 상이하다. 그럼으로써 그들은 삶의 다원화와 가치실현에 보다 고유한 공헌을 할 수 있게 된다. 이 점을 전제한다면, 그 가운데 교육이 여타의 삶의 과정과 구분하여 내세울 수 있는 고유한 발전목표는 무엇인가? 이 질문에 대해서 교육학은 아직도 이론적으로 고유한 해답을 내릴 수 있는 형편이 못된다. 자율적인 이론의 부재와 공백 속에서 이 문제는 논자에 따라 온갖 정치적・경제적・사회적・문화적・종교적 가치가 그 자리를 대신하여 표방되기도 한다(정범모・정원식 편, 1972; 차경수, 1986; 한국교육개발원, 1978). 말하자면, 고유한 가치의 선별기준이 부재한 가운데 삶의 모든 가치가 무분별하게 수용됨으로써 막상 실현되어야 할 교육의 고유한 목표는 매몰되고 만 것이다(최성욱, 1997).

여기에서 우리는 교육본위론에서 드러내려는 교육 자체의 가치와 일반인이나 교육학자들이 교육에 부여하는 가치관을 분명하게 구분할 필요가 있다. 전자는 그것 자체로서 삶에서 존재하고 있는 어떤 것이며, 후자는 통속적으로 우리가 교육이라고 규정하는 것에 대해서 가치를 부여해 온 방식이다. 그 사이에 엄청난 균열과 간극이 개재한다. 그 이유는 어디에 있는가? 그 주된 근원은 이제까지 교육학에서 교육에 대한 실체적 이해에 정면으로 착수하지 못한 사정, 그리고 교육과 학교를 동일시하는 일반인들의 교육관이 작용한 것을 들 수 있다.

세상 사람들은 대개 학교가 번창하면, 자동적으로 더 많은 교육이 이루어지는 것으로 생각한다. 사람들의 교육적 욕구를 충족시키기 위해서 더욱 많은 학교를 만들자는 주장이 있다. 진정 학교를 많이 설립할수록 교육이 발전된다고 할 수 있는가? 아마도 관례의 노예가 아니라면 이 주장에 대해서 쉽게 동의하기 어려울 것이다. 오늘날 우리나라에서 교육이라는 이름으로 고통을 받고 있는 인구가 얼마나 많은가! 좌절과 불만의 대명사라고 해도 과언이 아니다. 그러면 한 걸음 더 나아가, 교육의 발전을 일반인들이 학교에 대해서 가지고 있는 기대가 충족되는 경우로 규정해 보자. 그런데 여기에도 문제가 많다. 우선 학교에 대한 일반인의 기대는 동질적일 수 없으며, 그 안에는 당연히 교육 이외의 다양한 기대도 포함된다.

교육학도들이 규정하는 교육발전이란 무엇일까? 우리는 이 부분에서 자연히 일반인의 것보다 더 깊은 이론적인 설명을 기대하게 되지만, 그 내막을 들여다보면, 여기에도 또 다른 범주의 착오가 개재하는 것을 발견할 수 있다. 그들은 대부분 학교를 그들의 모학문의 사실로 환원시키면서 그 모학문의 대상세계의 가치관과 이데올로기를 교육의 목표로 제각기

대변한다. 그 가치관과 이데올로기가 다양한 것만큼 교육학도들이 표방하는 교육발전에 대한 논의는 이리저리 흩어지고 뒤틀린다. 이런 무분별한 가치수용은 교육에 대한 실천에 직접적으로 반영될 뿐만 아니라 제3장에서 논의할 교육의 평가와도 직접 연관되어 많은 문제를 노정한다. 이에 대한 해법은 출발점에서부터 관점의 정상화와 혁명적 전환을 요구한다.

아직 충분히 연구되지 않은 영역이기는 하지만 교육의 원형은 동물들의 생활 속에서 널리 발견할 수 있다. 흔히 우리가 본능적인 행동으로 규정하는 것조차 선대와 후대 사이의 모종의 특별한 상호작용을 통해서 실현되는 것으로 밝혀지고 있다. 예컨대, 고뿔새, 독수리, 괭이갈매기 등 거의 모든 조류가 새끼에게 날고 먹이를 구하는 방법을 가르친다.[1] 태어난 상태에서 바로 생물적인 자립이 보장되지 않고 장기간 생존을 의존하는 동물일수록 어미와 새끼 간의 교육적 교섭의 양상이 두드러진 것을 쉽게 발견할 수 있다. 두뇌가 큰 동물일수록 그 교육의 기간이 길다. 범고래·물개·독수리·사자·곰·원숭이 등의 포유동물의 경우 거의 예외 없이 새끼가 배우고 어미가 가르치는 과정이 포함되어 있다.[2] 짧은꼬리원숭이는 심지어 그들의 본능의 영역을 벗어나 그들의 선조로부터 형성된 전통적인 생활습성의 하나인 알고구마 씻어먹기를 가르치고 배우기도 한다.[3] 동물들에게 이런 교육의 원초적인 본능과 특수한 기제가 유전적으로 내장되어 있지 않다면 그들의 여타의 본능 자체도 충분히 실현되기 어려울 것이다.[4]

---

1) 날개 단 새들은 본능적으로 날 수 있을 것으로 생각하는 것은 전적으로 그릇된 것이다. 우리의 말 가운데 '학습(學習)'의 '습(習)'자에 새들이 연습을 위해서 날갯짓을 하는 형상이 첨가된 것은 이 점에서 참으로 조상들의 놀라운 통찰이 배어 있음을 보여준다.

2) 고양이·소라손·쿠커·치타·표범·사자 등의 어미는 그들의 먹이동물(쥐, 다람쥐, 임팰라, 물개 등)을 살아있는 상태 그대로 잡아 가지고 와서 새끼들로 하여금 그들을 상대로 사냥하는 방법을 습득하도록 하는 기회를 제공한다.

3) 이것은 원숭이들이 그들의 문화내용을 후대에게 전수한다는 점에서 특별히 문화인류학자들의 주목을 받기도 한다(이문웅, 1991).

4) 여기에서 열거된 동물들의 유전인자에는 특별히 그것을 실현시키는 교육의 유전자가 있을 것이라는 가설이 성립될 수 있다. 이 분야는 우리에게 아직 생소해 보이지만, 장차 흥미 있는 지적 탐험의 영역이 될 것이다.

인간에게 부여되는 많은 별칭 가운데 '교육을 필요로 하는 동물(animal educandum)' 혹은 '교육이 가능한 동물(animal educable)'이 있다. 짐승들보다 훨씬 광범위한 가능성을 가지고 있으면서도 오랜 성장기간을 거쳐야만 하는 '벌거벗은 원숭이' 인간에게 있어서 교육은 필수적인 기제라고 볼 수 있다. 인간의 신생아가 다른 동물에 비해서 그 적응의 수단의 면에서 더욱 무능하고 미숙한 상태로 태어난다는 것은 널리 알려진 것이다. 이처럼 비록 그 시작은 미숙하지만 그것이 실현할 수 있는 제반 가능성이라는 측면에 관한 한 인간은 그 어느 동물과 비교할 수 없을 정도로 넓고 깊다. 이것은 바로 인간이 교육적인 존재일 수밖에 없는 이유가 된다. 수십 만년에 걸쳐서 인간은 교육의 능력을 갖도록 이미 진화되어 왔을 것으로 가정된다. 말하자면, 교육의 원천은 장구한 세월에 걸쳐서 인간에게 이미 주어진 셈이다.

인간은 무한히 열려 있는 가능성이다. 역사적으로 인간은 원시인에서 현대에 이르기까지 엄청난 계통발생적 변화를 거쳐 왔다. 원시인과 현대인은 거의 같은 종에 속하는지가 의심스러울 정도로 엄청난 차이를 보인다. 출생과 사망 사이의 개체발생적 변화도 어느 동물과 다르게 큰 차이가 있다. 그중 어느 것이 인간의 본질인지 고정된 모습을 발견하기 어렵다. 그런 취지의 다양한 학문적인 규정이 있어 왔지만, 그 시도는 항상 주장한 사람의 좁은 안목과 시대적 상황의 반영에 불과한 것일 뿐 그 어느 것도 성공하지 못하였다. 규정하는 바로 그 순간, 인간은 그 규정을 벗어난다.

인간이 여타의 동물과 구분되는 특징은 가치를 추구한다는 사실이다. 이 점에서 인간성을 단지 수단이나 기능의 관점에서만 보는 것은 인간의 고유한 측면을 간과한다. 인간에게는 자신의 한계를 벗어나 끊임없이 초월하려는 성향이 있다. 그 초월하려는 능력은 단순한 수단의 범위를 벗어난다. 산에 오르는 여타의 수단이 있음에도 등산을 한다. 등산하는 능력 자체에 가치를 부여하는 것이다. 단순히 생각을 해서 문제를 해결하는 것에 그치지 않고, 그 생각하는 것 자체를 즐기고 거기에 큰 가치를 부여한다. 우리는 그와 관련하여 수도계의 품위를 상정한 바 있다.

무엇이 그런 인간의 진화를 가져오게 하는 것인가? 그 질문에 대한 이제까지의 해답은 주로 생물학적 진화(biological evolution)와 문화적 진화(cultural evolution)였다. 전자의 것은 동물과 유사한 것이지만, 후자는 오직 인간에게만 가능한 것으로 알려져 왔다. 그러나 문화적 진화만으로 품위의 진화를 설명하기에는 문제점이 많다. 많은 경우 문화는 품위의 발전에 저해 요인으로 작용하였다. 이 때문에 장상호(2005a)는 여기에 교육적 진화(educational evolution)를 추가하는 방법을 취했다. 이제부터 논의될 교육발전은 바로 그런 맥락으로 한정하여 이해될 필요가 있다. 교육의 고유한 목표란 오직 교육을 통해서만 실현될 수 있는 가치가 무엇인가에 대한 의문에 답함으로써만 얻어질 수 있다.

이때 그 교육은 무엇을 의미하는가? 그것은 최소한 이제까지 교육학에서 취해 왔던 기능주의적 교육관을 벗어나는 방식으로 규정될 수 있어야 한다. 기능주의 교육관은 교육 자체의 본질을 파악하는 노력을 생략하고 단지 그것을 그것 이외의 다양한 삶을 위한 수단으로 애초부터 규정함으로써 그 자체로서의 가치보다는 어떤 미래를 위한 준비로서 현재를 희생하거나 만족을 연기하는 것을 의미하는 것으로 인식되어 왔다. 이 때문에 두 가지 문제가 발생하였다. 첫째, 교육이 사회화나 문화화, 혹은 행동통제를 포함하는 온갖 과정과 구분될 수 없었다. 둘째, 교육은 고역이라거나 혹은 피하기 어려운 강제로 오인된다. 교육발전은 그런 관점을 극복한다는 전제 위에 성립한다.

교육본위론은 단지 기능주의적 교육관에서 배제된 교육의 내재적 측면에 애써 주목하고자 했다. 교육이 어떤 기능을 한다고 할 때, 그 기능에 함축된 '교육'이 무엇을 지칭하느냐 하는 문제를 먼저 해결해야만 한다. 교육의 기능은 그런 실체성의 규정 다음에야 비로소 논의할 수 있는 부차적인 부분이다. 교육본위론은 그 교육의 내용이 무엇인지에 대한 이론적 제안을 한 바 있다. 교육은 정치 · 경제 · 사회 · 문화 · 종교 등과 더불어 삶의 양상의 범주에 드는 것이다. 그렇다면 그 교육에서만 실현할 수 있는 고유한 가치가 있을 것이다. 그런 추론을 토대로 우리는 교육을 단순히 삶의 다른 목적을 위한 기능으로 환원시키려는 생각을 거부했다.

2.1.2 내재적 가치의 실현

각 분야가 제각각 고유한 평가를 하는 데 있어서 거점으로 삼을 수 있는 가치개념으로서 도입한 것이 '내재적인 가치(intrinsic value)'와 '외재적인 가치(extrinsic value)'라는 분류이다(Lemos, 1994; Lewis, 1945). 이 가치구분에서 '내재'와 '외재'라는 말은 그것이 적용될 사실의 구분을 전제한다는 점에 주목할 필요가 있다. 이 구분은 사실의 선택이 이루어지고 난 다음에 그것에 적용될 가치기준을 내부에서 찾느냐 혹은 외부에서 찾느냐 하는 문제를 개념적으로 명백하게 해결한다. 내재적인 가치규정은 활동의 구조를 지적하고 활동 자체를 목표로 삼는 것이다. 외재적인 가치규정은 더욱 복잡하다. 이 방식은 그 활동이 다른 외재적인 것들의 수단이 될 수 있음을 보여야 한다. 이 경우는 그 활동과 경험적인 관계를 맺고 있는 다양한 가치들과 연관시키는 논리를 요구한다.

대부분의 활동이 갖는 가치의 총체는 내재적 가치와 외재적 가치 모두를 포함한다. 정구치기를 예로 들어보자. 정구를 하는 사람에게 그 활동의 가치를 정당화하라고 요구하면, 아마도 내재적 가치 혹은 외재적 가치의 하나를 선택할 것이다. 갑은 "그저 정구치는 것 자체가 재미와 보람을 주기 때문입니다"라고 말할지 모른다. 이 가치는 이해관계를 떠난 관심(disinterested interest), 무보수, 봉사, 혹은 다른 가치의 희생 등으로 나타날 것이다. 다른 한편으로 을은 정구치기 자체보다는 그것과 연관된 어떤 것, 이를테면 '건강에 좋기 때문에', '생계의 수단이 되기 때문에', '사교에 도움이 되기 때문에'라는 식으로 정구 밖에서 비롯하는 이유를 댈 수 있다. 이 경우, 갑은 그 활동의 내재적 가치를 존중하고, 을은 그 활동의 외재적 가치를 존중한다고 말할 수 있다. 이 구분은 특정한 개인이 그가 하는 활동의 가치를 규정하는 방식의 차이를 말할 뿐, 그 활동의 가치가 어느 하나의 것에만 속한다거나 속해야 하는 것을 의미하는 것은 아니다.

내재가치와 외재가치가 모두 바람직한 것이라는 데에는 이견이 있을 수 없다. 그럼에도 불구하고, 우리가 특정한 분야 혹은 그 분야 안에서 이루어지는 가치를 따질 때, 그 외재적 가치보다는 내재적 가치를 더 소중하게 다룬다. 그 이유는 후자는 오직 그 내부에서만 실현될 수 있다는 사실에서 비롯한다. 그 분야 혹은 활동이 부재하면, 그 외재적 가치 역시 소실된다. 이에 비해서 외재적 가치는 그 활동 밖의 것과 관련되어 있고, 외재하는 세계가 다양한 범위인 만큼 이질적인 다수의 것을 포함한다. 사실, 내재적 가치를 제외한 모든 가치들의 총체가 바로 외재적 가치라는 점에서, 특정한 활동이 갖는 가치의 총체를 따질 경우, 내재적 가치보다는 외재적 가치의 총량이 더 많다는 것은 말할 필요조차도 없다. 그러나 무수한 외재적 가치는 오로지 내재적 가치의 실현을 전제한다는 점에서, 그 가치의 우선이라는 것을 도외시해서는 안 된다.

교육은 그 자체로서 자율적인 세계의 하나이며, 그 안에 참여하는 것 자체가 그 어떤 다른 분야에서도 대신할 수 없는 고유한 삶의 가치와 목표가 될 수 있다. 그런 내재적 가치가 배제된 교육은 지겨운 노동이다. 앞장에서 검토했듯이 출세와 기능만을 앞세우고 그 나름의 흥분, 도전, 재미와 보람이 배제된 '교육'은 교육이 아니라 조작이거나 기만이다. 그것들은 각각 그 나름의 내재적인 가치를 추구하는 세계이며, 그 점이 존중되지 않는다면 그 본질성은 상실된다. 이 점에서 인간사의 모든 다양한 세계들의 효용에 따라 교육을 환원시키는 가치관은 교육의 고유한 가치를 지키려는 우리의 의도와 참으로 먼 거리에 있다고 해야 할 것이다. 그 부분이 바로 기능주의 교육관이 간과해 온 교육의 내재적 가치에 해당하는 부분이다.

누구나 다소간 상구하고 하화할 열정을 지니고 있다. 모든 사람에게는 그 연령과 그 품위의 수준을 떠나서 자신의 한계를 벗어나려고 하거나 그런 타인의 노력을 도우려는 강한 내적 지향성과 에너지를 가지고 있다. 이런 상구와 하화의 두 가지 열정은 그 이질성에 의해서 서로 상대의 수단으로서 유혹하며 공존한다. 저 위대한 현인들이나 어린이들이나 그 점에 있어서 마찬가지다. 그들의 차이는 다만 그 출발점의 수준이 다르다는 것뿐이다. 이 부분이 제대로 인정받을 수 있을 때에 비로소 교육이 삶의 질을 개선하는 진정한 분야의 하나가 될 수 있는 것이다.

살아 있음과 교육은 불가분의 관계가 있다. 호흡을 하지 않고 생존하기 어렵듯이, 우리는 이렇게 알게 모르게 교육적인 삶 속에 들어가 깊이 호흡하고 있다. 우리의 생활에서 교육적인 체험을 배제한다면, 단 하루도 견뎌내기가 어려울 것이다. 어린이들에게도 그런 측면이 있음을 직관적으로 설명하기 위해서, 장상호(2005a)는 <그림 2.1>과 같은 가상적 실험상황을 설정한 바 있다. 실험대상은 4-5세 정도 되는 두 명의 건강한 어린이이다. 그 가운데 한 명(편의상 그를 '학순이'라고 하자)에게는 눈가리개를 씌우고, 다른 한 명(편의상 그를 '교돌이'라고 하자)에게는 입가리개를 씌운다.

〈그림 2.1〉 교돌이와 학순이의 교육놀이

학순이의 놀이과제는 자신이 눈을 가린 상황에서 앞에 놓여 있는 제반 생활의 소도구들(예컨대, 각종 학용품, 장난감, 기타 성인용 소품 등)을 식별해 내는 것이다. 다른 한편 교돌이는 그것을 단지 구경해야 하며 설사 전자의 아동이 실수를 하더라도 그것을 알려주어서는 안 된다는 지시를 받는다. 그 경우 어떤 일이 벌어지겠는가? 학순이의 놀이는 지속될 것인가? 지속된다면 그 이유는 무엇인가? 교돌이는 약속대로 학순이가 실수를 하더라도 그것을 단지 방관만 하고 있을 것인가? 혹은 기회가 있을 때마다 무언가 상대에게 조언을 할 것인가? 그 이유는 무엇인가? 그것은 한 마디로 그 자체가 즐거운 활동이라는 데서 찾아질 수 있을 것이다. 여타의 설명은 오히려 그 자체에 몰입하려는 열망에 비추어 구차스러운 것이 되고 만다.

이런 가상실험을 통해서 간접적으로나마 증명할 수 있는 것은 상구와 하화하려는 것은 남녀노소를 막론한 인간 모두의 기본적인 경향의 일부이고, 그 교육은 우리 자신을 통해서 그 자체로서 몰입할 만한 내재적 가치를 실현한다는 사실이다. 삭막한 오늘날의 삶의 현장에서 일생에 걸쳐서 개인이 그 자신과 타인들에게 주어진 가능성과 소질을 최대한으로 실현시킨다는 것은 그 자체로서 포기할 수 없는 특권에 속한다(김지현, 2001, 2005; 신기현, 1996; 엄태동, 2006). 반면에, 인간의 가장 큰 비극은 그가 타고난 그 고유한 교육의 가능성을 충분히 실현하지 못하고, 더 나아가 그 가능성을 실현시키는 주체로서의 활동을 억제당하는 것이 될 것이다. 이 사실을 간접적으로 입증하는 하나의 흥미있는 연구(Arkoff, 1980)가 있다. 이 연구에서 이미 한정된 기간 안에 죽음을 선고받은 환자들에게 나머지 기간 동안 진정 하고 싶은 것이 무엇인지에 대한 질문을 해 보았다. 그 결과, 어떤 것을 열심히 배우거나 혹은 그들이 알고 있는 것을 가르치는 항목에 높은 반응이 나왔다.

교육은 누가 시키는 것이 아니라 누구나 하는 것이다. 교육은 두 사람이 서로 자신과 타인의 발전에 대해 진실한 관심을 가지고 서로 교제하며 만날 수 있게 한다. 교육은 그런 열정을 실현시키는 독특한 놀이라고 할 수 있다. 놀이는 진지함과 심각함에 대한 반대어가 아니다. 교육은 '진지한 놀이'라는 말을 하고 싶다. 모든 놀이가 그러하듯이 교육은 그것이 결과하는 것을 제외하고도 그 자체로서 충분히 보람, 재미, 흥취, 소중함을 인정할 만한 부분을 포함한다. 이것은 여타의 다양한 세계 안에서 체험하거나 그 안의 체험으로 대체할 수 없다는 점에서 우리의 삶에서 생략되거나 간과되어서는 안 될 고유한 가치로 인정받아야 한다.

교육은 눈에 보이는 실재가 아니다. 또한 그 가치가 먼저 주어진 것도 아니다. 교육의 실재성과 가치는 마치 모든 놀이가 그러하듯이 인간주체의 자발적인 참여에 의해서 입증되며 실현되는 것이다. 내재적 가치는 바로 해당하는 삶의 안쪽에서 나오기 때문에 그것을 입증하는 논리는 구차하지 않고 간결하다. "별도의 다른 이유가 있겠습니까? 그저 좋아서 하는 것입니다." 이것이 바로 어떤 것의 내재적 가치를 실감하는 사람의 반응이다. 중요한 것은 그 안에서 생활하면서 그 가치를 실감하는 것이다. 교육의 내재적 가치도 마찬가지다. 이렇게 주장할 때, 그런 교육의 내재적 가치를 아직 실현하지 못하고 그에 대한 의혹을 가지고 있는 사람이 있을 수 있다. 그들에게 어떤 설명을 할 수 있을까?

그에 대한 해답은 정약용이 일찍이 학문의 진정한 가치와 관련하여 언급한 부분을 인용하는 것으로 대신할 수 있을지 모른다.

> 정자와 주자 같은 선생들은 그 제자의 질문에 답하거나 경전의 뜻을 해석할 적에 종종 '마음을 가라앉혀 깊이 맛보아서 스스로 깨달아야 한다'고 말했을 뿐, 정작 그 맛이 어떤지에 대해서 말하지 않았다. 나는 예전에 이 점에 대해 의혹을 품었지만 잘 알 수 없었다. 그런데 요즘 와서 차츰 생각해보니 대개 맛이란 그것을 맛본 사람하고만 말할 수 있고, 맛보지 못한 사람에게는 아무리 말해도 알지 못하는 것이다. 후세 사람들은 안회(顏回)가 즐거워한 것이 무엇인지 알지 못한다. 안회의 경지에 이르지 못한 사람은 필시 안회가 누린 즐거움을 누릴 수 없으니 어떻게 안회가 느낀 즐거움을 알 수 있겠는가. 이는 비유컨대 꿀을 먹어본 자가 꿀을 먹어보지 못한 자에게 꿀맛에 대해 말하고자 하나 끝내 그것을 형용할 수 없는 것과 마찬가지이다(박희병 편역, 1997, p. 171).

위의 글에서 정약용은 말로만 듣는 학문의 맛에 대해서 언급하고 있다. 언급된 안회는 공자의 수제자로 알려진 인물이다. 그의 집은 가난하고 불우했으나 이를 탓하지 않고 오직 학문 자체를 즐겼기 때문에 특히 스승의 총애를 받았다. 그는 분명 그 맛을 체험했고, 그로 인해서 세속의 부귀영화와는 다른 종류의 남모를 세계에 몰입하고 탐닉할 수 있었던 것이다. 그것은 말로 전할 수 있는 것이 아니고 직접 체험함으로써만 알 수 있는 성질의 것이다. 따라서 이런 곡절은 그런 경험을 하지 못한 사람들에게 쉽게 이해될 수 없는 부분이다. 정약용 역시 그 이해할 수 없었던 학문의 맛을 상당한 세월을 거쳐서 인정하게 되었다.

학문의 맛과 교육의 맛은 동일한 것이 아니다. 그럼에도 불구하고, 그 각각의 내재적 가치가 논리적으로 설명하거나 말로만 전할 수 있는 성질의 것이 아니라는 점은 같다. 아무리 그런 주장을 한들, 그것을 아직 체험할 단계에 이르지 못한 사람에게는 쉽게 납득하기 어려울 것이다. 이런 경우도 있을 것이다. 어떤 사람은 마치 공기의 경우처럼 사실상 그 내재가치를 향유하고 있음에도 불구하고, 앞에서 살폈듯이 교육 자체에 대한 부적절한 개념으로 인해서 그것을 수긍하지 못할 수도 있다. 후자의 경우, 그 개념의 전환과 더불어 새삼 자기 자신의 그 내재가치를 일상의 삶에서 실현시키고 있음을 인정할 수 있을 것이다.

그러나 어찌 되었든 간에 역사적으로나 지금의 일상의 삶 속에서 교육은 그 가치를 감식할 수 있는 사람들의 깊은 총애를 받아 온 것을 부인할 수 없다. 여기에서 우리는 이전에 주목하지 못한 매우 중요한 결론에 도달하게 된다. 교육의 가장 고유한 목표는 그 내재가치를 삶에서 유감없이 신장시키는 것이다. 가치의 증진에 공헌하는 것은 바로 그것을 창출하는 실천이다. 우리의 삶은 다양하며, 다양한 수도계에서 다양한 수준의 품위를 가진 사람들이 생활하고 있다. 이들은 교육을 통해서 경험을 교차적으로 향상시키면서 생활할 수 있을 것이다. 그 경험의 폭과 깊이만큼 우리의 삶에서 교육의 가치가 실현된다고 말할 수 있다.

삶에서 교육적인 가치를 체험하고 있는지 없는지를 계산하는 방법은 간단하다. 우리는 당장 상구할 스승과 하화할 제자를 얼마나 지금 확보하고 있는지를 살피고 반성해야 할 것이다. 과거에 많았다면, 그만큼 과거의 교육적인 삶이 풍요로웠다고 말할 수 있을 것이고, 미래에 그럴 의도가 많다고 하면, 그만큼의 보람찬 교육적인 삶이 약속된 셈이다. 한 개인의 교육적인 삶에서 항상 적어도 세 명의 사람이 필요하다. 첫번째 사람은 내가 스승으로 모시고 상구하는 사람이고, 두 번째 사람은 같이 공부하는 학우이고, 세 번째 사람은 내가 제자로 삼아 하화하는 사람이다.

기독교 분야의 교육적 인간관계에 많은 관심을 가지고 있는 헨드릭스 부자(父子)는 성경 속의 인물의 예를 들어서 이 점을 다음과 같이 말한다.

> 사람은 자신의 인생에서 세 명의 사람들을 찾아야 합니다. 당신에게는 바울 같은 사람이 필요합니다. 바나바 같은 사람이 필요합니다. 디모네 같은 사람이 필요합니다(Hendricks & Hendricks, /1996, p. 117).

인용에서 바울 같은 사람이란 개인의 인생을 이끌어 줄 수 있는 훌륭한 스승을 말한다. 바나바 같은 사람은 서로 교육의 책임을 나눌 수 있는 훌륭한 교류우를 말한다. 마지막으로 디모네 같은 사람은 개인이 얻을 수 있는 훌륭한 제자를 말한다. 이처럼 항상 적어도 한 명씩의 진지한 교육적 관계를 맺고 산다면, 우리는 언제나 교육의 세계 속에 있으며, 그 관계가 지속될 수 있는 것만큼 우리는 교육적인 삶에서 일정 부분 성공을 거두고 있다고 말할 수 있는 것이다.

2.1.3 교육 기회의 확대

우리는 목하 교육발전에 대한 전혀 새로운 개념에 점차 접근하고 있다. 교육은 스스로 그 삶의 양상에 참여하고 그것을 즐기고 그 가치를 인정하는 사람들에 의해서만 보호되고 증진될 수 있다. 우리의 삶에서 각자에게 교육의 기회가 많이 주어질수록 그 삶은 교육적으로 더욱 보람찬 것이 될 것이다. 어느 분야든 상구교육이란 한 발 뒤진 후진에게 허용되며, 하화교육이란 한 발 앞선 선진에게 허용되는 세계이다. 교육은 그 내재율을 지키고 적당한 환경조건만 갖추면 어느 장소, 어느 때나 일어나는 보편적인 삶의 한 양상이다. 되도록 많은 사람들이 그런 삶의 양식에서 만족과 보람을 느낄 수 있다면, 그만큼 교육의 발전이 이루어졌다고 말할 수 있을 것이다.

언제, 어디서, 누구라도 교육적인 삶을 향유할 수 있는 기회가 열려 있는 현장이 바로 진정한 의미의 '교육의 유토피아(Edutopia)'이다. 그 소극적인 측면은 이제까지 상구나 하화를 고의적으로 억제하거나 억압하는 그릇된 통념이나 세력 혹은 작용으로부터 교육을 해방시키는 것이다. 이들이 잘못된 교육관에 의해서 은폐되고 잘못된 제도에 의해서 억압을 받고 있다면, 그것을 폭로하고 그 자체의 자율성을 복권시키는 것이 시급하다. 이런 소극적인 측면을 벗어나서 보다 적극적으로 모든 사람들이 그 본래의 교육에 참여할 수 있는 기회를 증대시키도록 노력해야 한다.

우리의 삶에서 교육발전이란 여타의 분야가 말하는 발전과 차별화될 수 있어야 한다. 아무리 여타의 분야가 발전했다고 하더라도 고유한 의미의 교육의 분야가 후진성을 벗어나지 못한다면 인간으로서 온전한 삶이라고 할 수 없다. 이처럼 새로운 인식의 전환을 토대로 우리는 교육발전에 대한 보다 세부적인 규정에 도달할 수 있을 것이다. 여기서는 그 가운데 세속계적 평등, 수도계적 평등, 교육적 공간의 확장, 교육적 시간의 확장, 그리고 마지막으로 교육의 질의 개선이라는 차원을 살피면서 그 논의를 마무리하고자 한다.

첫째, 교육은 세속의 범주구분을 떠나 모든 사람들이 향유할 수 있는 삶의 형태이다. 그럼에도 불구하고 실제로 사람들이 그들의 혈연, 성별, 나이, 인종, 지역, 국가, 종교, 사회계층, 빈부의 정도에 따라 그 내용이나 기회에 제한을 받는다. 특별히 학교 안에서 드러나는 이런 피상적인 양태를 두고 흔히 그것이 마치 교육 자체의 속성인 듯한 숙명론이나 착각에 빠지게 하는 경향도 있다.[5] 그러나 뒤에 더 자세하게 살필 기회가 있겠지만, 이들은 교육의 내재적 변인이 아니라 그것을 둘러싼 우연적인 환경에 속한다. 그 환경의 변인들이 초래하는 세속적 차별을 극복하고 누구나 차별 없이 평등하게 교육을 향유할 수 있게 조성될 수 있다면 그만큼 교육의 유토피아에 접근하고 있다고 말할 수 있을 것이다.

---

5) 예컨대, 교육을 사회적 재생산으로 규정하는 학자들이 있다(Feinberg, 1983; Young, 1971). 이들은 교육 자체에 대한 이해를 접어두고, 그것을 단지 사회적 사실로 환원시키는 범주착오를 범한 전형적인 사례이다.

둘째, 교육은 모든 종류의 수도계와 그 모든 수준의 품위를 소재로 진입할 수 있는 세계이다. 교육에서는 수도계의 절대적인 품위는 문제되지 않는다. 그것을 두고 자만하거나 비굴할 필요도 없다. 수도계의 품위가 높다고 해서 상구를 포기하거나 수도계의 품위가 낮다고 해서 하화를 포기한다면 그것은 교육의 발전을 위해서 참으로 어리석고 불행한 일이 될 것이다. 아무리 품위가 높다고 하더라도 그것을 더 신장시킬 여지가 있으며, 아무리 품위가 낮다고 하더라도 그보다 더 낮은 품위를 가진 후진을 도울 여지가 있다. 중요한 것은 우리가 어느 단계에 있든 간에 상대적으로 그 품위에 대해서 부족감을 느낄 때 상구하고, 풍부함을 느낄 때 하화하는 것이다. 교육의 수레바퀴가 이처럼 수도계의 각 품위에서 거침없이 활기차게 돌아갈 수 있어야만 교육의 유토피아가 실현될 수 있다.

셋째, 우리는 교육을 실현시키는 공간을 확장할 필요가 있다. 일상의 삶에서 교육에 종사하고 있음에도 불구하고, 더러는 그런 사실을 인정하기를 거부하거나 그것을 깨닫지 못하는 사람들이 많다. 이것은 다분히 교육은 국가기관이나 학교라는 제도적 승인을 받아야 한다는 잘못된 전통과 개념에서 비롯한 것이다. 교육이 학교에서만 일어난다는 주장도 무리이고, 학교 밖에서만 일어난다는 주장도 무리이다. 중요한 것은 그 공간 안에서 얼마나 교육적인 삶을 허용하느냐 하는 것이다. 그 보편적인 실천을 회복하는 것 못지않게, 가정, 직장, 가상공간 등 그 삶의 공간을 확장하여 교육에 대한 새로운 설계가 동시에 이루어져야 한다. 각 공간은 그 나름의 특수한 생태와 환경을 가지고 있으며, 따라서 그 교육 역시 그 특수한 환경의 맥락과 특징을 반영하여 다양한 양태를 보일 것이다.

넷째, 교육을 실현시키는 시간을 확장시킬 필요가 있다. 한 개인의 입장에서 교육에 전념할 수 있는 시간도 확장될 수 있어야 한다. 하루 중, 일주일 중, 한 달 중, 혹은 일생 중 교육하는 시간이 따로 있는 것이 아니다. 교육은 삶의 한 양상이기 때문에 매 순간 전 생애에 걸쳐서 일어난다는 점에서 요즘 유행하는 '생활교육'이나 '평생교육'이라는 말은 오히려 역설적인 생소함을 반영하고 있다. 우리의 삶에서 각자가 지금 처한 현재의 상황에서 교육을 하고 싶을 때 언제나 교육할 수 있는 선택지가 열려 있고, 거기에 참여할 수 있어야 한다. 더욱 많은 인구가 더욱 자주 외부의 장애가 없이 늘 교육적인 삶을 향유할 수 있는 시간적인 여유를 확보할 수 있어야 한다.

이제까지 교육이 우리의 삶에서 차지하는 양적인 측면만을 강조했는데 그에 못지않게 중요한 것은 그 질의 개선이다. 예컨대, 우리는 앞에서 수도계 본위의 초등, 중등, 고등 교육에 대한 교육계 본위의 저급교육, 중급교육, 고급교육을 말하였다. 이런 개념 구분에 따르면, 초등교육에서 고급의 교육이 일어날 수 있는가 하면, 고등교육에서 저급의 교육이 일어날 수 있는 것이다. 현재의 수준에서 만족할 수 없는 영역을 개선해 나가는 것이 교육의 과정이라면, 같은 논리를 교육 자체에게도 적용할 수 있을 것이다. 많은 사람들이 저급에서 고급으로 그 만족의 수준을 높이며 더 나은 교육을 지향하는 것이 그 양의 확장과 더불어 고려되어야 할 부분이다. 되도록 많은 사람들이 더욱 고급의 교육적인 삶을 향유할 수 있게 하는 것, 이것이 바로 우리가 지적할 수 있는 교육적 유토피아이다.

우리는 주로 교육의 내재적 가치의 실현을 중심으로 교육의 발전이라는 새로운 개념에 접근하는 방식을 취해 왔다. 그러나 이처럼 교육의 내재적 가치를 주장할 때 그것은 결코 교육의 외재적 가치를 배제하는 것은 아니라는 점을 알아야 한다. 교육의 내재적 가치와 그 외재적 가치가 반드시 서로 배타적인 것은 아니다. 교육은 그 자체의 내재적 목표뿐만 아니라 여타의 세계를 위한 기능을 하는 만큼 더욱 그 가치가 증대될 것이다. 교육이 삶의 전체가 아니라 부분인 만큼 그런 교육이 실현됨으로써 여타의 삶에 모종의 긍정적인 영향을 줄 수도 있다. 현실적으로 이루어지는 교육의 총체적 가치는 그 내재적 가치와 외재적 가치의 양면을 포함한다. 교육의 외재적 가치에 포함시킬 수 있는 항목은 무수하며, 그에 대한 것은 더 후술할 기회가 있을 것이다. 그러나 다른 모든 분야와 마찬가지로 교육의 본질적 특성의 유지는 그 내재적 가치를 전제로 한다는 점에서 여타의 가치는 전자에 복속(服屬)되어야만 한다.

앞에서 살핀 교육발전의 개념은 기존의 교육학에서 논의한 제반 발전의 개념과 너무도 상이하다. 사실 그 개념의 차이에서 독자는 이전의 교육발전관에 더욱 공감을 느낄 수도 있다. 그 발전관에 문제가 많은 만큼 교육본위론의 새로운 발전관에 독자의 이해를 전환시키는 별도의 노력이 필요하다. 개념이 사실을 만든다는 말을 여기서 상기하자. 만약 그 새로운 교육발전관이 옳은 것이라면, 그 개념상의 전환을 토대로 그 구체적인 사례를 접하게 하는 것이 그것을 설득시키는 최선의 방법이 될 것이다. 그런 취지에서 이제부터 본장은 교육본위론의 개념체제에 부합한 교육적 발전이 실현된 역사적인 사례를 들고, 그것을 토대로 우리 모두가 교육적인 삶을 오늘날에 재현할 과제를 찾는 순서로 논의를 진행시키고자 한다.

2.2 교육적인 삶의 역사적 전형

2.2.1 4대 스승의 삶에 대한 개요

삶의 한 양상으로서 교육은 인류의 역사가 진행되는 가운데 언제 어디에서나 존재해 왔다. 인류의 최초의 교육공간은 동굴이었을 것이다. 다만 그것을 제대로 감식하고 이해하는 노력이 그 엄연한 사실과 실천에 따라가지 못한 것이다. 이제까지의 교육학은 교육을 은폐하거나 왜곡시켜 왔다는 것이 본 저서의 출발점이었다. 이제 그 대안으로 교육본위론이 제시되었다면, 그동안 오랜 세월에 걸쳐서 이루어진 인류의 역사 혹은 우리의 일상적 삶 속에 있는 교육적 사실을 그 안에 포섭할 수 있어야 한다. 이런 맥락에 따라 논자는 교육본위론의 시각에서 석가(B.C. 565-486), 공자(B.C. 552-479), 소크라테스(B.C. 469-399), 예수(B.C.?-A.D. 28)[6]의 사례를 재조

6) 예수가 역사적으로 있었던 인물이냐 하는 문제에서 의심을 하는 주장도 있다(Freke,

명해 보고자 한다.

그 자료의 여러 가지 한계에도 불구하고, 이들의 삶을 우리의 교육에 대한 논의에서 구체적인 사례로 드는 데에는 두 가지 이유가 있다. 첫째, 교육본위론이 봉착하는 가장 심각한 애로는 기존의 교육학에 길들여진 독자에게 그것을 해석할 수 있는 선이해의 맥락이 아직 형성되어 있지 않다는 점이다. 이 특수한 역사적 인물들이 인류의 가장 위대한 스승이라는 이미지는 의심의 여지가 없이 우리들의 마음속에 자리잡고 있다. 따라서 독자들에게 그들이 처한 교육적 맥락에 대한 부가적인 설명을 하지 않고도 곧바로 교육의 한 사례로 다룰 수 있다는 장점을 갖는다. 그 반대의 효과를 노릴 수 있다는 점이 두 번째 이유이다. 즉 그들의 교육적 사례가 독자들에게 너무도 당연하게 받아들여지고 있음에도 불구하고, 기존의 교육학은 그들의 삶을 통해서 실현된 교육의 실재를 적절하게 해석하거나 설명하지 못하고 있다. 학교중심의 현존하는 교육학의 관점에 따르면, 그들은 우선 '교육받은 사람'의 범주에서 벗어난다. 이 말은 현존하는 교육학이 얼마나 역사적으로 전개된 실제의 교육과 멀리 떨어져 있는가를 보여주는 것이다. 이 두 가지 점은 기존의 교육학이 확보해 놓은 친밀함을 생소하게 하고, 교육본위론의 생소함을 친밀함으로 받아들이게 하는 효과를 보여줄 가능성이 있다.

4대 스승을 교육의 사례로 포괄시켜야 할 필요성은 야스퍼스(Jaspers, 1957)가 특별히 그들을 소개하는 저서의 서문에 잘 드러나 있다.

> 역사상에 끼친 영향의 범위나 깊이에 있어서 도저히 다른 사람들과 비교가 될 수 없는 네 사람의 모범적인 개인들이 있다. 물론 소규모의 집단에게 있어서 이들과 똑같은 중요성을 가진 위인들이 없는 것은 아니다. 그러나 좀 더 넓은 시점에서 오랜 세월에 걸친 지속적인 영향을 생각할 때 소크라테스, 석가, 공자, 예수를 능가할 위인은 하나도 없다. 그리하여 우리가 세계 역사를 좀 더 이해하려면

1999; 오강남, 2001). 그러나 여기서는 복음서의 기록을 토대로 그의 역사적 실재를 가정한다.

이 네 사람을 특별히 고찰할 필요가 있다(p. 3).

이들 네 사람은 분명 자연인으로서 다양한 삶을 영위했다. 이 말은 그들의 삶을 조명하는 시각의 다양함을 인정하자는 것이다. 가령 예수가 당시 사람들에게 다가섰을 때, 그와 가까이서 생활한 사람들은 홀어머니를 모시고 사는 한 친척의 방문쯤으로 대했을 것이다. 동네 처녀들은 그의 준수한 용모에 매료되어 남몰래 남편감으로 흠모했을 것이다. 어떤 사람은 그를 허름한 옷을 입은 우울한 목수로 보았을 수도 있고, 다른 사람은 흥미있는 랍비쯤으로 보았을 것이다. 그를 따르는 사람은 그가 유대인을 해방시켜 줄 것으로 기대했을 것이다. 그 이상으로 그를 알아볼 수 있는 사람이 있었다면 살아있는 성령으로 판단했을 것이다. 또 다른 사람들은 그들의 사회를 교란하고 민심을 동요시키는 정치적인 위험인물로 보았을 수도 있다. 이 가운데 예수를 어떤 대상으로 보는 것이 옳은 것이냐 하는 문제를 제기하는 것은 결국 관점의 선택에 속한다.

야스퍼스가 요청한 이 네 사람에 대한 학문적인 고찰 역시 어느 시각에서 보느냐에 따라 달라진다. 이들을 '4대 스승'이라는 말로 지칭할 때, 그들이 지향하는 세계의 이질성에 주목했다. 석가는 '해탈에 의한 생로병사의 문제해결'을, 공자는 '수신제가치국평천하'를, 소크라테스는 '세계에 대한 참된 인식'을, 그리고 마지막으로 예수는 '하늘나라에의 진입'을 꾀했다. 우리의 용어에 따른다면 그들이 추구한 수도계는 이처럼 판이하다. 그러나 이하에서 고찰하려는 시각은 그들의 이질성을 하나로 뭉쳐서 동질화시킬 수 있는 측면을 밝히고자 한다. 차츰 분명해지겠지만, 그들은 서로 다른 수도계를 소재로 교육적인 삶을 영위한 '인류의 사표'라는 점에서 거의 동일한 인물들이다.

역사적으로 아무런 관계가 없고, 지리적으로 격리[7]되어 있고, 또 서로 다른 수도계를 창도했지만, 그들이 교육을 공통의 기반으로 삼아 한데 합

---

7) 4대 스승이 주로 활동했던 오늘날의 인도, 중국, 그리스, 이스라엘의 위치는 당시의 시대 상황에 비추어 참으로 큰 지리상의 차이가 있었다고 보아야 할 것이다.

처지는 부분이 있다. 네 사람에게 공통되는 사실은 그들은 당대의 사람들이 접근할 수 없는 새로운 세계를 바라보았으며, 그 바라본 것을 당장 지지하는 집단은 하나도 없었다는 사실이다. 그들은 그 세계의 존재를 인정하는 새로운 집단을 필요로 하였고, 그에 성공하였다. 그 방법은 교육이었다. 이처럼 교육본위론의 관점에서 그들의 동일성을 전제한다면 그것을 입증하는 근거를 제시할 수 있어야 한다.

이하에서는 수도계의 종류와 관계없이, 그리고 그 수준에 상관없이 반복해서 드러나는 교육의 양상을 드러내려고 한다. 우리가 4대 스승의 삶에서 특별히 주목할 부분은 그들이 다만 서로 그 소재를 달리했을 뿐, 하나같이 그 내용에 있어서 동일한 교육의 내재율을 따랐다는 점이다. 이런 분석은 '교육계의 발전'이라는 본장의 이론적 논의에 구체성을 부여하는 좋은 방편이 된다. 교육계의 발전은 그 양태와 방법 등 다각적인 설명을 요구한다. 그 각각을 설명하는 각 소절의 이론적 논의에서 그들의 사례가 활용될 것이다.

역사적 검토를 할 때 문헌상 기록이 전제된다. 과거의 인물들에 대해서 만족스러울 정도의 뚜렷한 역사적인 증거를 갖는다는 것은 불가능하다. 석가, 공자, 소크라테스, 그리고 예수가 우리에게 전해지는 것은 단편적인 문헌을 통해서이다. 이들 역시 엄격하게 말하면 4대성인 자신들의 기록이라기보다는 그들에 삶에 대한 제자들의 해석만으로 남아 있다. 그런 제약조건이 있음에도 불구하고 여기에서는 그 엄격한 구분을 일단 무시한다.[8] 이들의 삶에 대한 자료는 각각 ≪아함경≫,[9] ≪논어≫, 플라톤의 ≪대화편≫,

8) 이는 예컨대, 설사 플라톤이 그의 ≪대화편≫에서 소크라테스의 입을 빌려 자신의 주장을 편다고 하더라도 그것을 소크라테스의 생각으로 간주한다는 말이다.

9) 불경은 주로 석가가 제자들에게 설법한 내용을 그대로 암송하여 전해오다가 석가가 죽고 난 후 약 100년 즈음부터 모아 집성된 것이다. 여기에는 그 규모의 방대함과 더불어 다분히 후대 사람들의 견해와 해석이 끼어들었다고 보는 것이 옳을 것이다. 이 때문에 여기에서는 그중에서도 석가의 삶의 체취를 가장 가깝게 반영하고 있는 것으로 알려진 ≪아함경(阿含經)≫에 근거하였다. 중국에 전해져서 한역된 것으로는 (1) 중아함경 60권, 224경; (2) 증일아함경 22권, 30경; (3) 장아함경 22권, 30경; (4) 잡아함경 50권, 1362경이 있다. 그러나 그들을 인용할 때 각각의 경의 명칭을 쓰는 것은 번거롭기 때문에, 여기

≪신약성경≫이다. 이 텍스트들은 물론 철학적 · 종교적 · 문학적 · 사회적 · 경제적 · 교육적 측면 등을 가지고 있으며, 우리는 그중 교육의 측면만을 주목한다는 것을 미리 밝힌다.

물론 이들이 우리 자신의 목적을 위해서 수집한 자료가 아니라는 한계는 있다. 우리가 바라는 바대로의 자료라면 4대 스승의 상구교육과 하화교육이 조화롭게 충분히 드러날 수 있어야 한다. 그런데 그들을 지칭하는 '스승'이라는 개념이 벌써 그 부분에서 편파성을 반영한다. 그것은 앞에서 지적했듯이, 이 자료들이 본인들의 글이 아니라 그들을 스승으로 삼은 제자들에 의해서 전해지는 내용이라는 사실에서 비롯한다. 이 때문에 그들이 상구교육보다는 하화교육의 측면을 주로 반영하는 경향이 있다. 그러나 그들도 한때는 스승을 모신 제자였으며, 훌륭한 상구자였다. 그런 상구의 삶은 그들이 세상을 떠날 때까지 진행된다. 따라서 사전에 그 취약한 부분에 대한 약간의 보충설명이 필요하다.

4대 스승은 예외 없이 상구교육의 내재율에 따라 자신의 혁신적 변용(transformation)을 치열하게 시도하였다. 습관적인 것, 당대의 사람들이 당연한 것으로 여겨져 왔던 것, 당대의 논리로서 합리적인 것으로 생각되었던 것을 파괴하였다. 그들은 자신 안에 내재된 새로운 가능성을 실현하였고, 당시까지 누구도 이르지 못했던 높은 품위에 이른다. 그 다음에 당면한 문제는 사람들이 그들의 품위를 쉽게 이해할 수 없다는 것이었다. 그들의 품위를 표현할 당대의 언어가 없음을 깊이 자각하고, 그들은 고정적인 답변을 피하면서, 비유, 변증법적 모순, 대화적 응답을 통하여 그들의 입장을 드러내고자 하였다. 그러나 거기에는 언어라는 근원적인 한계가 늘 있었다. 이 때문에 그들은 언어적 전달을 뛰어넘는 모종의 실천, 즉 하화교육에 의존한다. 그중 중요한 대목을 개별적으로 간략하게나마 지적하고 본론에 들어가는 것이 좋을 듯하다.

서는 그것들을 동국역경원에서 번역한 책을 기준으로 삼으려고 한다. 그래서 예컨대, (중3:7-8)이라면, 그것은 번역된 책 가운데 중아함경 3권의 7쪽에서 8쪽까지의 내용을 지칭한 것이다.

상구자로서 석가를 생각해 보자. 이른바 생로병사(生老病死)의 근본적인 문제에 직면한 석가는 그 해법을 찾기 위해 그가 왕자 시절에 지도를 받은 바 있는 바르다와지라는 스승의 스승이었던 알라라 칼라마라는 선인을 찾아간다. 그 선인의 명성은 당대에 널리 알려져 있었다. 암베드카르(Ambedkar, /1994)는 그 경위를 이렇게 해명한다.

> 알라라는 그 무렵 라자그리하의 북쪽에 위치한 코살라국의 바이샬리에 살고 있었다. 바이샬리에 당도한 고타마[10]는 곧바로 그의 수도장으로 향했으며, 알라라는 흔쾌히 그를 맞이했다. 고타마의 고상함과 진지함, 그리고 결심이 굳은 것을 보고 알라라선인은 별다른 시험 없이 샹카철학의 요점을 분명하고 자세하게 가르쳐 주었다. 시종 진지한 태도로 그 가르침을 들은 고타마는 선정(禪定)의 달인으로 알려진 그의 밑에서 수행을 쌓고 싶다고 청원했다. 알라라는 그 청을 쾌히 받아들여 고타마를 지도했다(pp. 56-57).

그 지도와는 별도로 석가는 6년 동안 육제적 핍박을 가하는 고행을 하면서 깨달음을 구한다. 그가 한 번에 모든 것에 대한 해답을 얻은 것이 아니다. 석가도 일정한 수련의 단계를 거친 것이다. 보리수 아래서의 이른바 대각(大覺)이라고 하는 것은 그 끝이 아니었다. 그는 그 이후에도 생애 내내 조용한 곳을 찾아 명상을 하면서 더 높은 품위를 추구하였다는 증거가 많다. 그는 한편으로 상구를 계속하면서, 다른 한편으로 베나레스 근처의 녹야원에서부터 시작하여 점차 인도의 북동 지역의 마을과 도시를 유행(遊行)하면서 거의 40년 동안 하화에 전념하였다.

공자도 일생에 걸쳐서 상구하는 사람이었다. 그는 15세부터 "배움에 뜻을 두었다(위정4)"고 말하고, "어느 누구보다도 공부하는 것을 좋아한다(공야장14)"고 자평한다. 그의 스승이라고 할 만한 특별한 인물은 없었다. 사실은 "걸어가는 세 사람 가운데 스승이 될 만한 사람이 있다"는 식으로 그 자신은 스승의 폭을 매우 광범하게 규정한다(술이편22). 공자는 그런 끊임없는 상구

---

10) 석가의 원래 이름

교육을 통해서 발전한 자신의 일생의 발전단계를 이렇게 회고한다.

"나는 열다섯에 학문에 뜻을 두었으며, 서른에 학문에 어느 정도 성취가 있었고, 마흔에 이르러 스스로의 주장을 확실히 해서 미혹됨이 없었다. 쉰에는 천명을 알았으며, 예순에 남의 말을 한번 들으면 즉시 그 옳고 그름을 분별해 낼 수 있었고, 일흔에 이르러서는 마음이 하고자 하는 바 그대로를 따라 해도 법칙에 벗어나지 않았다(위정4)."

소크라테스 역시 어떤 사물이나 그 자신에 대한 신뢰가 아니라, 그것에 대해서 의문을 제기하고 실상에 맞는 진리를 찾는 것을 사랑하는 사람의 전형이었다. 그는 스스로의 무지를 인정하고 끊임없이 질문하면서 해답을 구하고자 했다. 오늘날 우리가 소크라테스를 대단한 인물로 기억하는 것은 소크라테스가 질문을 통해서 발견했던 해답들이 아니라 그 질문과 해답을 통해서 이루고자 했던 교육이다. 그 문답의 행위는 많은 부분에서 얼마만큼의 상구와 얼마만큼의 하화를 하기 위함이었다. 교육은 상대를 필요로 한다. 그래서 그는 항상 교육을 위한 파트너를 찾았다. 그리고 질문을 해서 상대가 답을 알면, 그 기회를 이용해서 한 수 상구하는 일이 가능해지고, 질문을 해서 상대가 답을 모르면, 그 기회를 이용해서 한 수 하화하는 일이 가능했던 것이다.

상구교육이 없이 처음부터 높은 품위에 오를 수 없다는 것은 예수의 경우도 예외일 수 없다. 예수는 어머니 마리아와 네 명의 형제와 약간의 자매와 함께 성장했다. 그는 장사를 배웠고, 랍비의 지도를 받으면서 구약성서를 배웠다. 자라나서 그는 하늘나라의 도래를 선포하면서 설교하던 세례 요한에게 세례를 받은 다음, 곧바로 광야로 나아가 자기에게 내려지는 온갖 시험과 시련을 극복하면서 자신을 정립해야만 하였다. 이것이 우리에게 알려진 예수의 상구활동이다. 그 후에 이루어진 본격적인 하화활동은 불과 수 개월 또는 기껏해야 3년 동안에 이루어진 것이다. 광야에서 돌아오면서 그의 나이 서른일 때 그는 성당에서 랍비의 대우를 받으며 설교를 하고, 갈릴리의 이곳저곳을 떠돌아다니면서 세사를 삼고 세상의 종말과 하늘나라를 설파하였다.

이상 네 명의 역사적 인물이 종사한 교육적인 삶에서 우리가 특별히 주목할 점이 있다. 그것은 교육의 자발성이다. 그들의 교육적 관계는 자유로운 선택사항이었다. 스승은 대개 당시의 명성을 알고 찾게 되며, 그들은 대개 먼 곳에 있다. 그 지리적인 거리를 넘어서서 뭇사람들이 상구자로서 그들을 찾게 되며, 그들의 지도를 1차적으로 받아본다. 그 후 그 내용이 만족스러우면, 그 밑에서 지도를 받고 싶다는 청원을 한다. 그 청원을 4대 스승이 무조건 받아들이는 것이 아니다. 그들은 나름으로 후진의 자질과 태도를 검토한 후에 그를 제자로 수락한다. 다만 그들이 교육적인 삶을 영위하는 데 있어서 제약받은 것이 있다면, 바로 그 내재율이다. 그 내재율에서 이탈할 때 그들의 관계 역시 재정립되어야만 하였다.

역사적 삶에서 실현되는 교육은 이론보다는 더욱 특수하고 역동적이다. 교육은 삶의 다른 측면과 상호작용하는 양태로 드러난다. 그 가운데에서 어떻게 교육의 측면을 따로 떼어내느냐 하는 것이 사실의 해석에 관건이 된다. 앞에서 교육의 양태를 '외도교육', '공덕교육', '내재교육'의 세 가지로 분류한 바 있다. 이 가운데 외도교육은 세속본위의 교육으로 범주착오에 해당한다. 공덕교육은 세속적인 지위 획득에 대한 관심을 벗어나지만, 수도계적인 관심이 교육에 우선하는 범주착오를 범한다는 점에서 교육의 진정한 모습과는 거리가 있다. 4대 스승 역시도 역사적 제약 안에서 생활했으며, 각각 역사상 유래가 없을 정도의 특수한 상황에 봉착하여 교육의 내재율에 대한 부단한 적응을 요구받았다.

우리는 이제부터 4대 스승이 어떻게 교육의 내재율에 충실히 따랐는지를 검토할 것이다. 세속적이거나 혹은 수도계적인 결과보다는 교육적인 과정이 우선해야만 교육의 본모습이 드러난다. 4대 스승은 당대의 여러 어려운 조건에도 불구하고 그런 내재교육을 실현하기 위해서 무척 애를 썼다. 그 면모가 바로 뒤에 이어지는 소절의 '세속계의 가치와 범주의 초월'(2.2.2)과 '교육적 시숙'(2.2.3)이라는 주제이다. 전자는 외도교육과 거리두기로 해석될 수 있으며, 후자는 공덕교육과의 거리두기로 해석될 수 있는 것이다. 그와 관련하여 더러는 성공하고, 더러는 실패하는 것은 자연스럽다. 그들에게도 실패의 경우가 없었던 것은 아니다. 그들의 이런 삶이 교육의 내재율에서 벗어날 때 어떤 일이 벌어졌는가 하는 것도 주목할 부분이다. 이 부분은 '내재율의 이탈에 따른 위험한 대가'(2.2.4)라는 주제로 살펴볼 것이다.

2.2.2 세속계의 가치와 범주의 초월

오늘날 우리나라 사람들은 교육을 거의 세속적 출세와 동일시하고 있다. 그야말로 외도교육의 양태를 교육의 양상인 양 착각하고 있는 것이다. 그러나 그것은 시급히 극복해야 할 심각한 범주착오이다. 교육과 세속은 그 본질에 있어서 너무도 다른 맥락 속에 있다. 내재교육을 실현한 인류의 스승으로서 4대 성인은 그 점을 특별히 강조한다는 점에서 한결같다. 그들은 모두 인간이 인간답게 되는 일은 세속의 범주와 다른 종류의 실천이라는 것을 먼저 깨닫고, 각각이 후자보다는 전자의 삶을 택하는 확고한 결의를 보였다. 품위를 갖는 것에 대한 최대의 보상은 그 자체의 더 높은 수준의 정신적 삶이며 보람이다. 이들에게는 스스로 품위를 갖추고 남들도 그런 평화를 가질 수 있도록 돕는 일에서 생기는 만족감이 부귀영화보다 더 큰 의미를 가지고 있었다.

4대 스승들은 권력을 추구하는 사람, 돈 많은 사람, 명예를 끔찍하게 추구하는 사람을 조롱하면서 평생을 보낸 사람들이다. 그렇다면, 세속계란 그들에게 진정 무가치한 것일까? 결코 그렇지는 않다. 본인들도 세속계의 불가피함을 인정한다. 다만 수도계에 종사하는 것과 세속에 종사하는 것이 서로 이질적인 것임을 인정하고, 하나를 위해서 다른 것을 포기해야만 한다는 것을 알고 있었던 것이다. 부귀영화에 대한 집착은 버리기 어려워 상대적으로 수양의 노력을 감쇄시킨다. 따라서 그들은 수도의 길에서 속박이 없는 자유로운 위치를 확보하기 위해서 세속의 집착과 인연을 끊는 방법을 취했다.

세속은 군주와 백성, 적과 아군, 상전과 종, 귀족과 평민, 부자와 빈자, 노인과 젊은이, 남자와 여자, 부모와 자식, 서양인과 동양인과 같은 분류를 따른다. 4대 스승들은 놀랍게도, 이런 분류가 어디까지나 교육 밖의 것으로서 교육과 모종의 사실적인 관계를 가질지는 몰라도, 교육 내적인 범주가 될 수 없다는 사실을 알고 있었다. 이 사실은 그들이 교육적 관계를 맺음에 있어서 이런 세속적 범주를 전적으로 무시하였다는 놀라운 증거에 의해서 입증된다. 이 점은 당시의 계급적 시대 상황에 비추어 거의 파격에 가까운 것이다.

이제부터 문헌의 기록을 토대로, 4대 스승 각각이 이 점에서 얼마나 유사함을 보이는지를 석가를 시작으로 순서대로 살펴보기로 하자.

가. 석가의 사례

석가는 소국의 왕자로 태어났기 때문에 부귀한 사회적 신분에게 부여되는 온갖 세속적 행복이 보장되어 있었다. 그러던 중, 어느 날 석가는 누구나 선망하는 그런 세속적 쾌락은 올바른 삶의 형태가 아닌 것임을 자각하기에 이른다. 그 안에 온갖 괴로움의 씨앗이 잠재해 있음을 알았던 것이다. 그에 대한 언급은 석가가 그를 늘 시중하던 아난타(阿難陀)에게 출가하기 전 왕자로 있을 때의 자신을 묘사하는 장면에서 나온다.

"아난다[11]야, 나는 그 때에 스스로 이롭고 남을 이롭게 하며, 많은 사람을 이롭게 하고, 세상을 가엾게 여기며, 하늘을 위하고 사람을 위하여 정의와 요익을 구하고, 안온과 쾌락을 구하였다. 그러나 그 때에는 설법하여도 구경(究竟)에 이르지 못하였고 백정(白淨)을 성취하지 못하였으며, 범행을 성취하지 못하고 말았다. 그 때에는 생·로·병·사와 울음과 걱정

11) 불교사전에서 통용되는 발음과 본서에서 인용하고 있는 ≪아함경≫의 번역에 나타난 발음이 서로 일치하지 않는 경우가 많다.

과 슬픔을 떠나지 못하고, 또한 아직 일체의 괴로움을 벗어나지 못하였었다(중1:316-317)."

그 근본적인 괴로움에서 벗어나는 길은 무엇인가? 이에 대한 해답을 석가는 해탈의 길에서 찾으려고 하였다. 세속과 해탈은 공립시킬 수 없다. 만약 해탈을 목표로 삼는다면 일상적인 생존의 즐거움에 물들어서는 안 된다. 석가는 그의 왕자로서의 사회적 신분을 과감하게 포기해야만 하였다. 해탈을 추구하는 입장에서 세속적 영화는 하잘것없는 것으로 판단한 것이다.

세속을 초월하는 그의 결단은 교육적 관계를 맺을 때에도 그대로 나타난다. 인도의 사회계급은 승려계급인 브라만, 무사계급인 크샤트리아, 상공계급인 바이샤, 그리고 천민인 수드라의 사성(四姓)으로 나누어진다. 이들은 각각 그들에 합당한 권리와 특권이 주어졌으며, 그들 사이의 평등이란 인정되지 않았다. 그러나 석가는 교육의 입장에서 이러한 교의에 반대한다. 자신들만의 우위를 주장하고 다른 종성은 비열하다고 생각하는 어느 바라문에게 석가는 이렇게 단호한 주장을 내세운다.

"세속의 법에서는 그것을 필요로 하지마는 우리 법은 그렇지 않다. 만일 사문(沙門)이나 바라문으로서 자기의 종성을 믿고 교만한 마음을 품는다면 우리 법 가운데서는 끝내 위없는 도를 이루지 못할 것이다. 만일 능히 종성의 관념을 버리고 교만한 마음을 없애면 곧 우리 법 가운데서 도(道)를 이루어 바른 법을 받을 수 있을 것이다. 사람들은 하류(下流)를 미워하지마는 우리 법은 그렇지 않다(장:142)."

석가는 세속의 차별을 거부하고 모든 사람들에게 자신의 제자가 될 수 있는 것으로 개방하였다. 석가의 교육공동체는 어디까지나 만인에게 열려진 평등한 단체였다. 물론 현실에 있어서 그 공동체는 대부분 양가의 청년들이 차지했지만, 적어도 그 사회적 신분 때문에 입단이 거부되는 일은 없었다. 예컨대, 석가의 제자에는 이발사인 우팔리, 청소부인 수니다, 불가촉민 소파카와 숫피아, 농부인 수만갈라, 나병을 앓는 숫파붓다 등과 같은 소외받는 민중이 포함되었다. 석가는 자신의 고향에 가서 그곳의 친척들을 자신의 제자로 삼은 경우도 있었다. 그 가운데에는 석가가 출가하기 전에 낳은 아들인 라훌라와 그의 양모(이모)가 있다. 그렇다고 해서 석가가 그들에게 특별한 대우를 하지 않았다. 그 친척들의 범주는 석가의 공동체에서 무시되거나 무효화되고 만다.

불가에서는 세속의 어떤 계급의 출신이라도 일단 교단에 들어가면 그 사회적 차별을 거둬들인다. 가장 높은 브라만 출신이거나 가장 낮은 수드라 출신이거나 똑같이 수행하고 법을 펴고 먼저 깨친 사람이 아라한에 오른다. 그런 가운데 자연스럽게 먼저 출가한 사람이 선진이고 나중에 들어온 사람이 후진이 되는 것이다. 바로 그런 새로운 한 위계를 토대로 한편으로 선진으로부터 상구하며, 다른 한편으로 후진을 하화하는 삶을 영위하였다.

교육의 목적은 무엇인가? 이 부분에서 오늘날 많은 혼란이 있는 것이 사실이다. 아마도 세속적 출세라는 해답에 공감하는 사람이 적지 않을 것이다. 그러나 이에 대한 석가의 해답은 전혀 다르다. 그가 출가한 이유를 알고 있는 사람이라면, 그의 입장이 어떨지는 명백할 것이다. 석가는 어느 브라만에게 자신의 제자로서 한편으로 추구하지 말아야 할 것과 그가 추구해야 할 것을 대비하는 가운데 이렇게 타이른다.

"그대는 바로 부처님이 명예를 위해, 존중받기 위해, 도사(導師)의 우두머리가 되기 위해, 권속을 위해, 대중을 위해 설법한다고 생각하지 않는가? 그런 마음을 일으키지 말라(장:187)."

일단 이렇게 오해를 푼 뒤에 자신의 정체를 다음과 같이 간결하게 묘사한다.

"그대는 생각하지 않는가? 고오타마 사문은 보리(菩提)를 말씀하시어 능히 스스로 조복(調伏)시키며, 스스로 지식(止息)을 얻고 남을 지식시키며, 스스로 저쪽 언덕에 건너가고 남을 건너가게 하며, 스스로 해탈을 얻고 남을 해탈하게 하며, 스스로 멸도(滅度)를 얻고 남을 멸도시킨다고(장:186)."

이 인용문에서 우리는 석가의 교육활동이 세속적 명리와는 전혀 다른 범주에 있음을 확인할 수 있다.

나. 공자의 사례

이런 부분은 석가와 전혀 다른 지역에서 생활한 공자의 경우에도 거의 똑같이 나타난다. 공자의 교육활동에서 지향하는 바는 '군자(君子)'였다. 그 말 자체는 통치자의 아들을 의미하는 것이지만, 공자는 그것을 사회적 지위와는 상관없이 높은 도덕적 품성을 지닌 사람을 지칭하는 것으로 사용하였다. 이 부류의 사람들은 넓게는 단순히 '도(道)', 그리고 좀 더 좁혀 말한다면 '인(仁)'의 세계를 추구하였다. ≪논어≫에는 "사람으로서 마땅히 걸어야 할 길, 곧 도가 어떠함을 아침에 듣고 깨달았다면 저녁에 죽어도 좋다(이인2)"는 식의 극단의 표현이 있다.

이런 수도의 삶을 택한 것은 육체적인 안락을 부차적인 것으로 보는 것을 의미한다. 다음의 글들이 그런 공자의 입장을 잘 반영하고 있다.

"나물밥 먹고, 맹물을 마시며, 팔 굽혀 베개 삼아 누울지라도 도에 뜻을 두는 즐거움이 이 가운데 있으니 부정과 불의로 얻은 부귀영화 따위는 내게 저 하늘의 뜬구름과 같다(술이15)."

"군자는 도를 얻지 못할까 근심하지만 가난을 근심하지 않는다(위령공31)."

"선비로서 도에 뜻을 두고도 허술한 옷과 변변치 않은 음식을 부끄러워한다면, 도를 함께 논의할 여지가 없다(이인9)."

군자는 세속적 명리보다는 자신의 품위의 향상에 전념해야 한다. 공자는 "남이 자기를 알아주지 않을까 근심하지 마오. 자기에게 남이 알아줄 만한 능력이 없지 않을까 근심하라(헌문32)"고 충고한다. 대중이 좋아하는 것은 진상과 다를 가능성이 많기 때문에 품위는 세속의 여론을 뛰어넘어야 한다. "모든 사람이 한결같이 싫어할지라도 세상의 여론을 믿지 말고 충분히 그 진상을 살펴야 하며, 모든 사람이 한결같이 좋다고 할지라도 그대로 믿지 말고, 반드시 진상을 살펴야 한다(위령공27)." "옛날의 학자는 자기 수양을 위해 배웠으나 지금의 학자는 남에게 알려지기 위하여 배운다(헌문25)"[12]라는 공자의 말은 그가 대중의 인기에 영합하는 당시의 세태를 얼마나 안타깝게 생각했는지를 엿볼 수 있게 한다.

공자는 처음부터 선인과 악인 혹은 어진 이와 어리석은 이가 있는 것이 아니라 그 모든 것이 교육에 달린 것으로 보았다. 공자는 교육에 있어서 모든 능력, 신분, 환경의 차별을 부인했다. 그것이 바로 '유교무류(有教無類)(위령공39)'라는 멋진 용어이다. 공자의 주변에는 그의 가르침을 받으려는 젊은이들이 모여들었는데, 이때 그는 빈천한 출신이나 부귀한 출신을 동등한 조건으로 받아들였다. "마른 고기묶음[최저의 예물]을 가지고 온 평민부터 그 이상의 사람들을 내가 다 가르치지 않은 적이 없었다(술이7)"는 공자의 언급이 그의 입장을 잘 대변한다.

그렇다면 공자는 무턱대고 누구나 제자로 받아들였는가? 아니다. 제자가 스승을 선택하는 것과 마찬가지로 스승이 제자를 선택하는 기준이 있었다. 그중의 하나는 예컨대, 상구하려는 의욕이 있다. "알지 못해 분발하지 않으면 계발해 주지 않고, 표현하지 못해 더듬거리지 않으면 말을 일러주지 않는다. 한 모퉁이를 가르치면 나머지 세 모퉁이를 알려고 반응하지 않으면 더는 가르치지 않는다(술이8)." 세속의 기준을 버리고 교육에서 요구되는 기준을 적용한 것이다.

---

12) 이 부분은 퇴계 이황이 그의 ≪언행록≫에서 말한 '위인지학(爲人之學)'과 '위기지학(爲己之學)'에 대응한다. 이황 역시 세상의 환심을 사는 전자를 배격하고, 마땅히 알아야 할 도를 깨닫는 후자를 역설하였다.

공자의 제자 가운데 가장 가난한 사람이 안회인데, 공자는 그의 안빈낙도(安貧樂道)하는 부분을 이렇게 찬탄했다. "참으로 회는 어질다! 한 쪽박의 물을 먹으며 누추한 거리를 살고 보면, 남들은 그 괴로움을 참지 못하거늘, 회는 그의 즐거움을 변치 않으니, 참으로 회는 어질다!(옹야9)" 이 말의 이면에는 아무리 사회적으로 낮은 계층에 속하지만 능력을 얻는 데에는 큰 차별이 없다는 그의 신념과, 자신이 젊어서 공부하고자 할 때 스스로 자신과 관련하여 느꼈던 신념이 반영되어 있다.

공자는 교육의 소재가 바로 품위라는 점을 알고 있었다. 사회적 위계와 품위의 위계를 구분하고 교육은 후자를 중시한다는 점을 분명하게 강조한다. 그것은 제자에게 위나라의 한 대부를 높이 평가하면서 그 이유를 "아랫사람에게도 묻기를 부끄러워하지 않은 사람(공야장14)"이기 때문이라고 설명하는 사례에서 분명히 드러난다. 사회적으로 신분이 낮은 상대라고 하더라도 필요에 따라 그를 스승으로 삼는 것이 바로 교육의 요체인 것이다.

스승의 지위는 사회적으로 주어진 것이 아니라 교육의 내재율에 따라 변동될 수 있다. 이 원칙은 공자 스스로에게도 적용된다. 그는 자신을 궁극적인 권위로 내세우지 않았다. "내가 무얼 아는 게 있느냐? 아는 것이 없다. 그러나 무지한 사람으로 나에게 성심껏 물어오면, 나는 다 털어내서 그에게 가르쳐 줄 뿐이다(자한7)." 공자는 "인을 행할 때에 스승에게도 사양할 필요가 없으며, 앞서도 좋다(위령공35)"고 하면서, '청출어람'과 같은 교육적 반전의 가능성도 늘 열어 놓았다.

다. 소크라테스의 사례

소크라테스는 우리 속에 잠재된 가장 인간적인 훌륭함을 '아레테(arete)',[13] 더욱 좁게는 '참된 앎(episteme)'이라는 말로 지칭하고, 그것을 실현시키는 것을 인간으로서 가장 '행복한 삶'으로 규정하였다. 말하자면

---

13) 본 저서에서는 이 개념을 '품위'라는 개념으로 발전시켜 왔다.

그는 학문[14]이라고 하는 특별한 세계의 존재를 알고 있었던 것이다. 진리를 추구하는 것이 소중하다고 본 소크라테스는 당대의 세상 사람들이 그것을 대수롭지 않게 여기고, 부 · 귀 · 영화와 같은 것을 소중히 여기는 것을 안타깝게 생각했다. ≪변명≫편에는 소크라테스가 이렇게 시민들에게 호소한 부분이 있다.

"나는 만나는 사람들에게 충고를 결코 중단하지 않을 것입니다. 곧 <위대하고 강력하며 현명한 아테네 시민인 그대, 벗이여, 그대는 최대한의 돈과 명예와 명성을 쌓아올리면서 지혜와 진리와 영혼의 최대의 향상은 거의 돌보지 않고 이러한 일을 전혀 고려하지도 주의하지도 않는 것을 부끄러워하지 않는가?>라고(Platon, /1987, pp. 30-31)."

이런 말을 할 때 소크라테스가 세속계적인 가치를 무시하려는 것은 아니었다. 다만 가치의 전도를 문제시한 것이다. 그는 이렇게 말을 잇는다. "나는 여러분에게 돈으로부터 덕이 생기는 것이 아니라, 공적이든 사적이든 덕으로부터 돈과 기타의 좋은 일이 생긴다고 말하는 것입니다(Platon, /1987, p. 31)." 그가 보기에는 덕을 갖는 것이 세속적 지위보다는 더 우선한다. 그런데 후자가 전자보다 더 우선한다고 믿는 아테네 사람들은 가장 가치 있는 것을 과소평가하고 가치가 적은 것을 과대평가한다고 비난한다. 말하자면 이 대목에서 소크라테스적 가치우선과 일반시민들의 가치우선이 충돌하고 있는 것이다.

이런 그의 가치선택은 당시의 사회를 풍미하던 소피스트들의 행태와 노선에서 이탈하는 것을 의미한다. 소피스트들은 진리를 발견하려는 동기보다는 대중의 어리석음과 상식에 호소해서 그들을 기분 좋도록 만들어 동의를 끌어내는 일에 종사했다. 어떤 방법으로든 논의를 통해서 상대를

---

14) 이것은 정확하게 서양에서 발원한 학문, 즉 'science'를 뜻하는 것으로 동양에서 일컫는 것과 구분된다.

이기려고 하는 방법도 쓰고 있었으며, 젊은이들은 그런 삶을 몹시 흠모하기에 이르렀다. 그것은 한 마디로 세속적 명성과 부귀를 얻기 위한 삶인 것이다. 소크라테스는 세속적 퇴폐에 빠져서 소처럼 잠자고 있는 아테네 시민을 각성시켜서 그들이 좀 더 착하고, 아름답고, 바르게 살도록 이끄는 것이 신이 자신에게 부여한 사명이라고 생각했다.

당시의 소피스트들은 하화에 대한 금전적 보수나 대가를 요구했다. 그들과는 달리 소크라테스는 그것을 거절했다. 하화의 상대가 금전적 거래의 대상이 되어서는 안 된다고 믿었기 때문이다. 그런 이유에서 누구나 그의 가르침을 원하는 사람이 그의 제자가 된 셈이다.

"내가 나의 사명을 수행하고 있을 때에 나의 말을 들으려 찾아온다면, 청년이든 노인이든 간에 이를 거부하지는 않습니다. 또한 나는 보수를 받아야만 대화한 것이 아니라, 부자든 빈민이든 간에 누구든지 나에게 묻고 대답을 들을 수 있는 것입니다(Platon, /1987, pp. 36-37)."

소크라테스는 사람들의 무지를 폭로하고 오직 '참된 지식'을 추구하도록 돕고자 하였다. 사회적인 인기 때문에 그 주장을 삼가거나 바꾸는 일도 없었다. 제자들에게 세속적 성공을 약속한 적도 없다. 위의 언명으로 보아, 특별히 그가 외도교육을 벗어나 오직 교육의 내재적 가치의 실현에 충실한 삶을 살았다는 것이 분명하다. 뒤에 더 설명이 있겠지만 그는 이로 인해서 목숨조차 잃게 된다.

라. 예수의 사례

예수는 세상 사람들이 흔히 추구하는 부귀공명과는 다른 차원인 하늘나라에의 진입을 꾀했다. 그가 유대 사막에서 야생동물들과 친구를 삼고 엄격한 단식을 실행하면서 40일을 보내는 동안, 마귀가 나타나서 돌을 떡덩이가 되게 하라든지, 모든 세속적 권세와 그 영광을 주겠다느니, 성전 꼭대기에서 뛰어내리라는 식의 시험을 했다(마4:1-11; 눅4:1-13). 그것은 실제기 아니라 바로 예수 자신의 내면에 투영된 세속적 욕망과의 싸움을 의미할 수도 있다. 예수는 "사탄아 물러가라, 기록되었으되 주 너의 하나님께 경배하고 다만 그를 섬기라(마4:10)"고 일갈하면서 자신의 심적인 동요를 극복하는 데 결국 성공하였다.

예수는 자신이 억눌린 자에게 자유를 주고, 눈먼 자를 보게 하라는 소명을 받은 것으로 보고, 그 은혜를 전파하기로 작정한다. 이때 그가 특별히 세상 사람들에게 역설한 것은 세속의 명리와 수도 사이의 차이이며, 그중 후자에 대한 선택이다. 예수는 제자들에게 수도적인 것에 대한 헌신을 이런 식으로 표현했다. "한 사람이 두 주인을 섬기지 못할 것이니 혹 이를 미워하며 저를 사랑하거나 혹 이를 중히 여기며 저를 경히 여김이라. 너희가 하나님과 재물을 겸하여 섬기지 못하느니라(마6:24)." 이 두 주인을 섬기기 힘든 것을 "낙타가 바늘귀로 나가는 것이 부자가 하나님의 나라에 들어가는 것보다 쉬우니라(마19:23-24)"라는 비유를 들어 거듭 설명한다. 세상의 재산도 거추장스러운 것일 뿐이다. 그는 성전 안에서 비둘기를 파는 사람들에게 이렇게 말한다. "이것을 여기서 가져가라. 내 아버지의 집으로 장사하는 집을 만들지 말라(요2:16)." 또한 그는 모든 계명을 지키면서도 하나님과 동행하지 못하는 젊은이에게 그가 소유한 모든 것을 팔아서 가난한 사람들에게 나누어 주라고 충고했다(마19:19-21). 이는 흔히 말하는 부귀영화와 같은 세속계적인 목표와 수도계적인 목표 사이의 이질성을 말해 준다.

예수는 자신에 대해서 가진 대중의 의혹을 불식시키고 그의 위대함에 대한 확신을 심어 주기 위한 방편으로 그들에게 기적을 보이기도 한다. 사람들은 예수의 표적과 기적이 이루어지지 않았을 때 심하게 노했다는 내용도 있다(눅4:28). 단 한 줄의 이 대목이야말로 교육에서 외재적 보상을 쓸 때 어떤 결말이 나오는지를 극명하게 보여준다. 예수는 그처럼 기적이 의도한 것과는 다른 방향으로 오도할 위험성을 알았기 때문에 대중이 그 기적을 바라고 자신을 따르는 것을 경계하고 기민하게 거절하였다. "예수께서 가라사대 너희는 표적과 기사를 보지 못하면 도무지 믿지 아니하리라(요4:48)"는 말은 예언이 아니라 우려와 슬픔의 표현인 것이다.

예수가 고향의 회당에 가서 설교할 때, 그의 비천한 사회적 신분을 이미 알고 있는 마을사람들은 그의 행적을 의아하게 생각하였다.

"저희가 놀라 가로되 이 사람의 지혜와 이런 능력이 어디서 났느뇨. 이는 그 목수의 아들이 아니냐? 그 모친은 마리아, 그 형제들은 야코보, 요셉, 시몬, 유다라 하지 않느냐? 그 누이들은 다 우리와 함께 있지 아니하느냐? 그런즉 이 사람의 이 모든 것이 어디서 났느뇨 하고 예수를 배척한지라. 예수께서 저희에게 말씀하시되, 선지자가 자기 고향과 자기 집 외에서는 존경을 받지 않음이 없느니라 하시고, 저희 믿지 않음으로 인하여 거기서 많은 능력을 행치 아니하시니라(마13:54-58; 막6:1-6; 눅4:16-30)."

세속적인 지위와 수도적인 지위 사이에 혼동이 일어나면 후자가 전자에 종속되어 그 의미를 잃을 수도 있다. 이 때문에 예수는 혈육에 의한 부모형제의 관계와 수도계의 관계를 전혀 다른 범주로 분리시킨다. 다음의 여러 성경 구절에서 나타나듯이 그는 제자들에게 수도적인 차원을 제외하고 일체의 다른 범주를 무화시킬 것을 요구한다.

"사람의 원수가 자기 집안 식구니라. 아비나 어미를 나보다 더 사랑하는 자는 내게 합당치 아니하고 또 자기 십자가를 지고 나를 쫓지 않는 자도 내게 합당하지 아니하니라(마10:36-38)."

"누구든지 하늘에 계신 내 아버지의 뜻대로 하는 자가 내 형제요, 자매요, 모친이니라(마12:50)."

이런 별개의 원칙에 따라 예수의 제자들은 집이나 부모형제 모두를 버리고 새로운 교육적 관계를 정립하기에 이른다. 예수의 12제자(베드로, 안드레, 야코보, 요한, 빌립, 바돌로매, 도마, 마태, 알파오의 아들 야코보, 다대오, 시몬, 가룟 유다)는 그렇게 신분상으로 높거나 존경받을 만한 사람이 아니었다. 무식한 어부들, 그리고 세상에서 시난을 받는 사람도 있었다. 그 가운데 마태는 로마정부를 위해 가버나움에서 일하던 세리(稅吏)이다. 그런 사람들을 친구로 삼는 예수를 비난하자 예수는 이렇게 응수한다. "건강한 자에게는 의원이 쓸데없고 병든 자라야 쓸데 있느니라(마9:12)." 그가 제자로 삼은 대상은 죄인, 버림받은 자, 창녀, 세리 등 다양하다.

2.2.3 교육적 시숙에 대한 배려

식가, 공사, 소크라테스, 예수는, 성인의 칭호가 말해 주듯이, 자신들이 추구한 수도계에서 각각 최고의 품위를 획득한 것으로 보아야 한다. 그 깨달음의 수준은 지극히 높았기 때문에 그것을 일반인들에게 언어로 직접 전달할 길이 없었다. 의사전달은 피상적이며, 객관화이며, 그리고 일반화일 뿐이다. 선진과 후진 사이의 표현과 의사전달은 그들의 품위의 여과를 거치면서 왜곡되는 것은 어쩔 도리가 없다. 결국 내적인 자유로운 실존의 개인적인 생성은 자기의 병을 자신의 방법으로 앓아야 하며, 자기의 고독을 자기 나름으로 경험해야 한다.

이런 상황에서 그 성인들이 일반인들과 접촉을 기대할 수 있는 오직 하나의 건설적인 대안은 그들의 품위를 자신의 수준을 향해 발전하도록 자극하고 격려하는 것이었다. 그것이 바로 그들이 수행한 하화활동이다. 그 한 가지 제약은 그 일반인들 각각이 가진 현재의 품위이다. 그들의 품위는 그것들을 지양하고 극복해 낸 성인들에게 있어서 이미 그릇된 실재로 판명되었거나 가상에 지나지 않는다. 그럼에도 불구하고, 일반인들에게는 오히려 성인들의 품위가 공허하며, 자신들의 품위가 더 실재적인 것으로 보인다. 여기에서 교육적 교섭의 타협점이 필요하다. 그 제약을 인정하는 것이 바로 제자의 입장에서는 순차, 그리고 스승의 입장에서는 역차라는 내재율이다.

수도계는 품위의 위계가 바로 그 내재가치를 대변한다. 그러나 낮은 수준의 품위를 일시에 높은 품위에 오르게 하는 것이 교육의 목적은 아니다.

교육적 교섭의 가장 알맞은 소재는 제자의 차상품이다. 이 때문에 진전이 이루어질 때마다 그들의 교육소재도 달라져야 한다. 아무리 높은 품위라고 하더라도 교육의 입장에서는 소재로서의 가치가 없는 경우도 많다. 또한 아무리 낮은 품위라고 하더라도 교육의 입장에서 훌륭한 소재로서의 가치를 가질 수 있다. 이처럼 각 단계의 교육을 충실하게 이행하는 것이 우선하며, 그런 과정을 통해서 점차 높은 품위에 이를 수 있게 되는 것이다. 이처럼 수도계와 교육은 그 가치기준과 그 적용에 있어서 예리하게 대립한다. 이것이 바로 공덕교육과 내재교육의 갈림길이기도 하다.

인류의 스승들은 이 가운데 교육의 내재성을 인정하고, 하화활동 자체의 가치를 중시했다. 하화교육의 소재는 하화자의 품위 아래에 한정된다. 제자의 품위는 스승에게 있어서 일축하기 위해서만 공유하는 환영이라는 점에서 수도계의 입장에서 보면 오류이다. 자신의 품위의 권위를 앞세우기보다는 그것을 일단 접어두는 것이 하화의 능력을 가늠하는 특이한 권위이다. 스승은 자신의 품위를 일단 보류하고 제자의 품위에 내려와서 하화의 실마리를 찾아야 한다. 이는 마치 자신의 정체를 숨기고 가면을 쓰는 경우 혹은 하화를 위한 선의의 속임수라고 보면 된다.[15] 앞선 성인들이 또한 '인류의 스승'으로 칭송받고, 우리의 관점에서 공덕교육보다는 내재교육에 더욱 충실했다는 평가를 받게 되는 이유는 바로 그들이 이 점에서 남다른 탁월함을 보였기 때문이다. 이제부터 그들의 이런 부분을 드러내는 공통된 단서를 살펴보기로 하자.

---

15) 저술활동에서 이 문제가 나타날 수도 있다. 키에르케고올은 종교적인 저술가이지만 대중을 진정으로 그리스도인이 되도록 돕기 위해서 가명으로 그보다 낮은 단계인 심미적인 저술을 할 수밖에 없었다. 그 정황을 그는 독자를 속였던 것으로 스스로 자평하면서 그 저술의 의도를 이렇게 해명한 바 있다. "그렇다면 '속인다'는 말은 과연 무엇을 의미하는가? 그것은 우리가 전하고자 원하는 것을 직접적으로 전하는 일로 시작하지 않고, 상대방의 착각을 참으로 받아들이는 일로 시작하는 것을 의미한다(Kierkegaard, /1980, p. 52)."

가. 석가의 사례

높은 품위에 이를수록 대중과의 거리가 멀어진다. 석가는 보리수 아래서의 큰 깨달음을 이룬 후, 잠시 그 확실성에 대해서 침묵하려고 하였다.

"나는 이제 이미 이 위없는 법을 얻었다. 이것은 매우 미묘하여 알기도 어렵고 보기도 어렵다. 이것은 번뇌가 없고 맑고 깨끗해, 오직 지혜 있는 사람만이 알 수 있고 범부(凡夫)로서는 미쳐갈 수 없는 것이다(장:31-32)."

여기서 자신과 일반대중과 더 이상 접촉할 수 없는 석가의 난처한 심경 전개를 읽을 수 있다. 불경에는 이때 범천왕이 그에게 나타나 하화를 권했다는 대목이 나온다.[16]

"원컨대, 세존이시여, 때를 보아 법을 베푸소서. 지금 이 중생들은 업장이 엷고 모든 감각기관이 영리하고 공경하는 마음이 있어 교화하기 쉽습니다. 그리고 뒷세상에서 구제할 수 없는 많은 죄를 두려워하여 모든 악한 법을 멸하고 착한 도(道)를 나게 해 주시기 바라나이다(장:32)."

이는 중생에게도 법을 깨칠 만한 자들이 있을 것이라는 희망적인 제안이다. 그런 제안 혹은 자신의 신념을 받아들여 석가가 설법을 결심하고 나서, 제일 먼저 머리에 떠올린 하화의 대상은 전에 자신이 스승으로 삼았던 두 선인(仙人)이었다. 적어도 그런 수준의 품위를 갖추어야 자신이 터득한 품위를 전수할 수 있으리라는 생각을 한 것이다. 하화할 때 상대의 수준을 고려해야 한다는 '대기설법(對機說法)' 혹은 '차제설법(次第說法)'이라는 말은 여기에서 유래한 것이다. 그러나 그 두 사람이 이미 별세했다는 사실을 알고, 다음에 택한 것이 6년 동안의 고행시대에 사귀던 옛 벗이었으며, 함께 수행했던 다섯 명의 도반(道伴)이었다. 이들과 더불어

---

16) 이를 흔히 '범천권청(梵天勸請)'으로 약칭한다.

열심히 토의하고 연구한 끝에, 다섯 사람의 심경이 차츰 무르익어 갔고 마침내 그들도 깨달음을 얻게 되었다. 그 후 석가는 죽음을 맞이할 때까지 40년 동안 북부 인도를 전전하면서 온갖 수준의 사람들을 교화하기에 이른다.

석가가 추구했던 해탈은 한 번에 그치는 것이 아니라 여러 차례의 단계를 거친다.[17] 그때마다 그침과 쉼이 반복되면서 이전의 단계를 극복해 나가는 것이다. 마치 건물의 계단처럼 어느 것도 생략할 수 없음을 석가는 강조하였다.

"네 가지 층 계단길이 있어 전당(殿堂)으로 오르는 것과 같으니라. 만일 어떤 사람이 「첫 계단을 오르지 않고도 제이, 제삼, 제사의 계단을 올라 전당에 올랐다」고 말한다면 그럴 이치가 없느니라. 왜 그러냐 하면, 반드시 첫 계단을 지난 뒤에야 차례로 제이 · 제삼 · 제사 계단을 따라 전당에 오를 수 있기 때문이니라(잡1:466)."

해탈은 차례대로 잇따라 이루어져야 할 성질의 것이다. 그 각각은 거쳐 나가야 할 일종의 징검다리로서 일단 그중 하나를 극복하였을 때에는 그것은 더 이상 유효한 상구의 소재가 되지 못한다. 그 때문에 이전의 품위를 그냥 버리고 다시 앞으로 나아가야 한다. 석가는 이 교육의 내재율을 강을 건너는 배에 비유하여 역설하였다. 가령 어떤 사람이 나무를 엮어 떼배를 만들어 타고 이쪽 언덕에서 저쪽 언덕까지 건너갔다고 가정하자. 석가는 그 뒤의 상황에 대한 현명한 대처가 무엇인지를 묻는다.

"그는 다시 「이 떼배는 내게 이익이 많았다. 나는 이 떼배를 탄 뒤에야 이것이 나를 안온하게 저쪽 언덕에서 이쪽 언덕에 이르게 하였다. 나는

17) 불경은 대개 8수준의 해탈을 들며, 이런 서로 다른 단계의 수준에 오른 각각의 사람을 불가에서는 수다원 향(向), 수다원, 사다함 향, 사다함, 아나함 향, 아나함, 아라한 향, 아라한이라는 별도의 칭호를 준다(장:197).

이제 이것을 오른쪽 어깨에 메거나 혹은 머리에 이고 가리라」고 생각하였다. 그래서 그가 곧 이 떼배를 오른쪽 어깨에 메거나 혹은 머리에 이고 간다면 비구들이여, 너희들 생각에는 어떠하냐? 그가 그렇게 하는 것이 과연 그 떼배에 이익이 될 것이겠는가?(중3:272)"

산에 오르고자 하는 사람은 떼배를 도로 물에 두거나 혹은 언덕 가에 버리고 가야 한다. 허물을 벗었음에도 불구하고 그 허물 속에 계속 머물고자 하는 것은 그처럼 어리석은 짓이다. 각 품위는 상구자에게 있어서 거쳐 가야 할 중간목표일 뿐, 거기에 머물거나 최종적인 것으로 착각해서는 안 된다.

불가에서는 이런 교육적인 특수한 상황을 '방편(方便)'이라는 개념으로 수용한다. 그 어느 수준의 품위든 그것은 잠정적으로 머물러야 한다는 점에서 마찬가지이며, 그것은 동일한 상구의 소재가치를 지니는 것이다. 이 점은 석가가 제자들의 동기를 유발시키는 데 쓰는 다음과 같은 상투어에 잘 반영되어 있다.

"나는 너희들을 위해 묘한 법[妙法]을 말하리라. 그것은 처음도 좋고 중간도 좋으며 마지막도 좋다. 뜻도 있고 맛도 있으며 범행을 완전히 닦게 하는 것이니, …자세히 듣고 잘 생각하여라(증1:132)."

석가는 능력이나 자질에 상관함이 없이 그의 지도를 원하는 사람에게는 누구나 하화하였다. 심지어 마치 새는 그릇과 같이 불법이 머무르지 않는 집단에게도 그의 학청은 이루어졌다. 그들은 결국 그의 충실한 제자로 변한다.

"그 뚫어지고 부서지고 물이 새는 그릇과 같은 여러 외도들을 위해서도 바른 법을 연설한다. 그것은 처음도 좋고 중간과 마지막도 좋으며, 뜻도 좋고 맛도 좋아서, 순일하고 원만하여 깨끗한 범행을 열어 보이고 나타내는 것이다. 그러므로 듣는 이가 많거나 적거나 그들을 위해 설법하나니, 만일 그들이 내 설법에서 한 구절 법만이라도 그 뜻을 알면 언제나 안온하고 즐겁게 머무를 수 있을 것이다(잡2:423)."

석가의 설법이 누구나 '즐거움'에 머무르게 한 비법은 무엇인가? 그것은 마치 의사가 환자의 병을 알고 나서 그 증세에 따라 알맞은 치료를 해주는 것처럼 상대하는 사람들의 품위를 고려해서 이루어졌기 때문이다. 불가에서는 불타의 본질로서의 원리적인 불타의 면모[法身]와, 수양의 노력에 의해 완전한 경지에 도달한 이상적인 불타의 면모[報身]와, 교화하고 구제하는 상대방에 따라 가장 편리한 모습으로 나타나는 구체적인 불타의 면모[應身]로 구분한다. 이 가운데 석가는 응신으로서 중생구제를 위해서 상대방에 따라 각기 다른 모습으로 나타나서 활동했다.

이처럼 석가는 중생들을 교화함에 있어서 그들의 수준에 따라 여러 가지 다양한 몸으로 나타나는 자유자재의 방편을 구사할 수 있었다. 예컨대, '공(空)'의 품위를 터득한 석가의 입장에서 볼 때 세상은 일체의 대립이 사라진 원융무애한 세계만이 있게 된다. 그 수준에 이르면, 흔히 불경에서 말하는 '생(生), 로(老), 병(病), 사(死)'가 있을 수 없는 것이다. 그럼에도 불구하고 석가가 상대하는 대중은 바로 그런 세계 속에서 살고 있기 때문에, 그는 그들의 입장에서 그런 것이 마치 있는 것처럼 설법한다.

"아아, 중생들은 참으로 불쌍하다. 항상 어둠 속에 있으면서 몸은 언제나 위험하고 약하다. 남[生]이 있고, 늙음[老]이 있고, 병(病)이 있고, 죽음[死]이 있다. 그래서 몸은 모든 고통이 모여 있는 곳으로서, 여기서 죽어 저기서 나고, 저기서 죽어 여기서 난다. 이 괴로움의 덩이로 인하여 바퀴처럼 돌아 끝이 없는 것이다. 나는 언제나 마땅히 이 괴로움의 원인을 밝게 알아 남과 늙음과 죽음을 없앨 수 있을까(장:26)."

이미 해탈을 한 석가가 이런 말을 애용한 것은 그것이 바로 교육의 내제율에 충실하기 위함이었다. 석가는 아직도 불교를 모르는 초보자에게는 보통 먼저 상대방이 인과의 이치를 바르게 이해하도록 돕는다. 그 다음에 '고집멸도(苦集滅道)'의 순차적인 하화가 이어진다. 왜냐하면 만약 상대방의 마음이 인과의 이치를 믿지 않는다면, 앞의 사제(四諦)에 대한 하화를 하더라도 이를 이해하지 않으려고 할 것이며, 또 이해할 수도 없을 것이기 때문이다. 이처럼 어떤 것을 하화함에 있어서 상대의 품위를 차례로 갖춰 나가는 것이 그의 차제설법인 것이다.

흔히 석가의 가르침을 팔만 사천 법문이라고 한다. 그만큼 석가는 중생들의 능력과 소실에 따라 법문의 내용을 달리했으며, 이 때문에 그의 가르침에서 논리적인 일관성을 찾는 것은 무리이다. 그 점은 사후의 삶에 관한 석가의 가르침에서 드러난다. 그는 재가신도(在家信徒)[18]들을 상대로 할 때 생천(生天)을 굳이 배척하지 않았다. 오히려 스스로 그 사상 안에서 그런 관념을 바른 방향으로 이끌기 위해 계책을 강구하였다. ≪도솔천경≫에는 석가가 이런 말을 한 것으로 기록되어 있다.

"어리석고 무식한 범부들은 거기서 목숨을 마치면 지옥 · 축생 · 아귀 속에 난다. 그러나 많이 들은 성인의 제자들은 거기서 목숨을 마치더라도 지옥 · 아귀 속에는 나지 않는다(잡2:377)."

다른 한편으로, ≪외도경≫에서는 석가가 사후문제를 '무기(無記)'의 항목에 넣는다는 말이 나온다. 그것은 앞서의 지도내용과는 달리, 어떤 단정적인 말을 하는 것을 보류한다는 뜻이다.

"이것은 알지 않는 앎이요, 보지 않은 봄이며, 분별하지 않는 분별이요, 끊지 않은 끊음이며, 관찰하지 않은 관찰이요, 살피지 않은 살핌이며, 깨닫지 않은 깨달음인 것이다(잡2:478)."

---

18) 출가하지 않고 집에 거주하면서 생계를 유지하는 세속인.

그런가 하면, 비구들과의 문답에서 석가는 지옥과 천국의 관념에 젖어 있는 것을 단호하게 꾸짖었다. 무기의 단계를 지양하는 교화내용이다.

"성현들의 지혜를 그대들은 얻었고, 나도 또 그것을 얻었다. 성현의 해탈을 그대들은 얻었고, 나도 또 그것을 얻었다. 성현의 해탈지견을 그대들은 얻었고, 나도 또 그것을 얻었다. 그래서 후생 몸을 받는 근본을 끊고 나고 죽음이 아주 다 해 다시는 후생 몸을 받지 않을 것이다(증1:461)."

위의 언급에는 교육적으로 두 가지 중요한 사실이 지적되어 있다. 한 가지는 우선 해탈을 한 사람은 다음에 다시 태어나지 않는다는 사실이다. 다른 한 가지는 그 품위에 근접한 제자들에게 지옥과 천국의 개념은 그 자체가 더는 교육의 소재가 될 수 없다는 사실이다. 이처럼 교육의 순차와 역차의 내재율은 단순한 형식논리를 초월한다.

나. 공자의 사례

인간의 진정한 위대함은 성취한 결과보다는 그 결과의 부족함을 인정하는 데 있다. 공자는 모든 사람에게 과오가 있음을 강조했다. 그 점에서 누구나 평등하며, 따라서 과오가 있다는 것을 문제시하는 것은 인간성에 대한 부정이다. 그럼에도 불구하고, 공자는 그가 용납할 수 없는 잘못이 하나 있음을 지적한다.

"누구에게나 잘못은 있지만, 잘못을 하고도 고치지 않는 것은 참된 잘못입니다(위령공29)."

과오는 상구를 통해서 고치면 그만이다. 그런데 이 부분에서 공자는 한 발 물러서는 태도를 보인다. 그것이 그 잘못이 일거에 퇴치될 수는 없다는 것이다. 단지 그것은 점진적으로 이루어질 뿐이다. 이와 관련된 그의 비유는 그때그때의 진보와 완성이다.

"비유해서 말하면 사람의 학문과 수양은 흙을 쌓아서 산을 만드는 것과 같소. 한 삼태기를 채우면 완성될 것인데 그만두는 것은 오직 자기 탓이요. 또 비유해서 말하면, 흙을 메워 땅을 반반하게 하는 것과 같소. 한 삼태기라도 부으면 그만큼 진보요(자한18)."

위의 비유에서 한 가지 놀라운 것은 상구의 결과보다는 그 과정을 더 높게 평가한다는 점이다. 산을 쌓아올림에 있어서 그 마지막 흙을 채우지 못한 경우와 단지 평평한 땅을 고를 때 한줌의 땅을 더 덮은 것 가운데 더 높이 평가받아야 할 것은 선자보다 후자이다. 이런 비유를 통해서 공자는 상구의 내재적 가치를 상기시킨다. 얼마나 철두철미한 교육평가인가!

공자는 그가 특별히 강조했던 '인(仁)'에 대해서 그가 모든 것을 알고 있다고 보지 않았다. 모든 것을 알아야만 제자를 가르칠 수 있다고도 보지 않았다. 알고 보면, 그 자신도 인을 상구하는 어느 한 단계에 처해 있는 것이다. 중요한 것은 자신의 품위에 이르지 못한 후진들도 있다는 사실이다. 공자는 바로 그 후진들을 상대로 하화를 했다. 이 경우에도 제자들에게 각 단계의 성실한 상구를 철저하게 강조했다.

공자는 자기의 수준에 맞지 않게 한꺼번에 높은 품위를 얻으려는 제자를 경계하였다. 이와 관련하여 ≪논어≫에는 건방진 소년의 에피소드가 전해진다(헌문47). 공자가 고향에서 사는 한 소년을 방문객의 말을 전하는 사동으로 일을 시킨 적이 있었다. 어떤 사람이 물었다. "그 소년은 학문에 진취성이 있습니까?" "내가 보기엔 그렇지 않습니다. 좀 건방진 소년이지요. 어른의 자리를 앉기를 좋아합니다. 또 어른들과 같이 어깨를 나란히 하고 따라 다니기를 좋아합니다. 겸손하게 학문 수양을 쌓을 생각은 않고, 하루 바삐 어른이 되려고 합니다. 그래서 예의범절을 배우도록 이 일을 시킵니다." 그 일이란 바로 사동으로서의 일이다.

그 마지막의 결과, 혹은 스승의 품위만을 기대하는 사람은 기초를 쌓아 점차적으로 수련을 쌓아 가는 과정을 생략하고, 단지 어른의 품위를 속히 모방하여 입신출세를 하려고 한다. 공자가 나무라고자 하는 것은 바로 소년의 그런 얄팍한 의도이다.

단지 그 결과만을 중시하는 것이 왜 무익하고 해로운 것인지에 대한 것은 공자의 사상을 이어받은 맹자의 비유에 의해서 더욱 분명한 방식으로 해명된다.

"[의(義)란] 반드시 그것을 길러내야만 한다. 그러나 규정짓지 말고 [일분일초라도] 잊지 말고, [억지로] 자라나게 도와주지도 말라. 어떤 송나라 사람이 벼의 싹이 자라지 않는 것을 염려하여 벼싹을 뽑아주었다. 피곤한 모습으로 집에 돌아와 사람들에게 '오늘은 피곤하구나! 나는 벼싹이 자라는 것을 도와주었다!'라고 말했다. 그의 아들이 달려 나가 보니 벼의 싹이 말라죽었다. 천하에 벼싹이 자라는 것을 돕지 않는 이가 드물다. (돕는 것이) 무익하다 해서 방치하는 것은 벼싹에 김을 매주지 않는 것이요, (그러나 반대로) 억지로 자라도록 도와주는 것[助長][19]은 벼싹을 뽑아놓는 일이다. 이것은 무익할 뿐만 아니라, 또한 해를 끼치는 것이다(≪맹자≫, 공손추 상)."

흔히 우리는 말을 할 때 상대편이 그 내용 그대로 수용할 것으로 가정한다. 그러나 공자는 자신의 말이 제자의 품위에 따라 왜곡되거나 잘못 이해된다는 것을 미리 알고 있었다.

"중간 이상의 자질을 가지고 있는 사람에게는 높은 것[上]을 말해 줄 수 있으나 그 이하의 사람에게는 높은 것을 말해 줄 수 없다(옹야21)."

공자에 대한 흔한 오해는 자기가 가진 품위를 제자에게 강요하는 고루한 교조주의로 생각하는 것이다.[20] 그러나 그것은 진상과 전혀 다르다. 그

---

19) 이 개념은 흔히 좋은 의미로 쓰이는데 그 교육적인 가치는 이처럼 그 반대이다.

20) 이런 오해는 공자가 말한 자구 하나하나에 집착하는 후대의 유학자들에 의해서 조장된 것이다.

는 제자의 발전단계와 진도에 일맞은 답을 골랐나. 그 때문에 똑같은 질문이라고 하더라도 묻는 사람에 따라 대답의 내용이 달랐다. 중요한 것은 그 절대적인 의미가 아니라 그런 공자의 대답이 제자의 발전에 도움이 되느냐 않느냐에 있는 것이다. 심지어 동일한 질문에 대해서도 서로 상반되는 대답을 할 정도로 상대의 품위수준에 맞추어 융통성 있게 설명한다. ≪논어≫에는 이런 흥미있는 사례가 전해진다.

"자로가 공자에게 '옳은 일을 들으면 바로 실천해야 합니까?'라고 물었다. 공자는 '부형이 계신데 어떻게 들으면 바로 실천한단 말인가?'라고 대답하였다. 염유가 '옳은 일을 들으면 바로 실천해도 됩니까?' 하고 물었다. 공자는 '들으면 바로 실천하라'고 대답하였다. 공서화가 물었다. '자로가 옳은 일을 들으면 바로 실천해도 되느냐 물으니 선생님께서는 부형이 계신데 어떻게 바로 실천하느냐 하시고, 염유가 옳은 일을 들으면 바로 실천해야 되느냐고 물으니 선생님께서는 바로 실천하라 대답하셨습니다. 저는 매우 의심이 나서 이 점에 대해서 여쭙니다' 하였다. 공자는 '염유는 물러서는 성질이라 좀 과단성 있게 실천하게 하였고, 자로는 과단성이 지나친 사람이라 좀 눌러 물러나게 한 것이다' 하고 대답하였다(선진21)."

제자들의 인(仁)에 대한 물음에 대해서 공자는 그것의 움직일 수 없는 본질을 설명하는 경우는 거의 없다. 공자의 언행을 기록한 ≪논어≫에는 이 말이 백 번 이상 나온다. 그런데 한 번도 인이 무엇이라고 고정해서 말한 적이 없다. 공자는 그것을 묻는 사람의 수준에 따라 다른 대답을 주었다. 이른바 '수인이교(隨人異教)' 혹은 '인재시교(因材施教)'라는 말은 여기에서 유래했다.

원래 품위란 하나의 추구의 대상이기 때문에 고정된 본질로 고착될 성질의 것이 아니다. 그 때문에 교육에서는 그것을 지칭하는 용어를 단지 발전의 계기로 활용하는 것이 중요하다. 처음에는 이렇게 생각하다가 저렇게 생각하게 되는 그 의미의 심화와 수정이 이루어질 수 있어야 한다.

오늘날의 인식론도 제대로 미치지 못하고 있는 그런 심오한 이치를 공자는 바로 그 옛날 그의 하화활동에 적용한 것이다.

공자가 수인이교의 하화원칙을 어떻게 단계별로 철저하게 유도했는지는 그의 수제자인 안회의 말에서 간접적으로 추측할 수 있다.

"아아, 우리 스승님의 인격은 우러러 볼수록 더욱 높아 가고, 뚫을수록 더욱 굳어집니다. 그 모습은 앞에 계시다가 어느 듯 뒤에 계신 듯 자유자재하십니다. 스승님께서는 질서 있게 사람을 잘 지도해 주십니다. 우리의 지식을 학문으로 넓히시고, 우리 행동을 예로 도를 벗어나지 않도록 해 주십니다. 이렇게 잘 가르치시니 학문을 그만두고 싶으나 도저히 그만둘 수 없고, 자기도 모르는 사이에 있는 재능을 다하게 됩니다. 또 초연히 서 있는 것 같습니다. 가까워진 듯하다가 멀고 높게 보여서 따라가고자 하지만, 도저히 미칠 수가 없습니다(자한10)."

스승에 대한 이런 안회의 찬탄은 바로 공자가 얼마나 철저하고 교묘하게 제자의 상구를 순차적으로 유도하였는지를 간접적으로 암시한다. 공자를 이제 이해하게 되었다고 하는 그 순간에 그는 제자보다 한 단계 더 높은 곳에 자리잡고 그의 상구를 다시 촉구했다. 공자가 이처럼 각 단계에서 창조적 불협화를 일으키는 그런 방식을 취함으로써 그의 제자들은 중도에서 그만 돌아서고 싶어도 그만 둘 수 없이 그의 하화에 저절로 동조하게 되었을 것이다.

다. 소크라테스의 사례

누차 강조했듯이, 이 세상에 절대적이고 완전한 품위란 존재하지 않는다. 어떤 품위도 중간이어서, 저 높은 것에 비하면 열등하고, 더 낮은 것에 비하면 우월하다. 마찬가지 이유에서, 절대적인 선진이나 후진도 없다. 지구상에서 이루어진 어떤 교육도 그 중간에서 상대적으로 이루어진다. 이것이 바로 교육은 어떤 품위에 있는 사람이나 가능하다는 주장의 근거가 되는 것이다. 대화편 ≪파이돈≫에서 소크라테스는 이런 말을 한다.

"아주 큰 것과 아주 작은 것에 대해서 하는 말과 마찬가지야. 그리고 이것은 큰 사람이나 아주 작은 사람은 쉽게 찾아볼 수 없네. 그리고 이것은 크고 작은 것, 빠르고 느린 것, 아름다운 것과 더러운 것, 검은 것과 흰 것 등, 모든 극단적인 것에 일반적으로 해당되는 말이야. 자네가 인간이나 개나 그 밖의 다른 것을 예로 들더라도 극단적인 것은 드물고 그 중간이 많아. 자네도 이 점을 모르지는 않을 거야(Platon, /1987, p. 134)."

≪국가≫편에서 영혼의 상승운동은 네 단계의 길로 묘사되어 있다(Platon, /1997, 437-443). 이들은 상상(eikasia), 믿음(pistis), 추론적 사고(dianoia), 지성에 의한 앎(noesis)으로서 개인은 이처럼 수차례에 걸친 자기초극에 의해서 그 완성의 상태에 차츰 이르도록 되어 있다. 그 각각은 동굴 속에서 태양에 이르는 단계로 볼 수 있으며, '진리(aletheia)'는 어둠 속에 가려져 있었던 상위의 단계가 점차 밝혀지는 것과 연관된다(Heidegger, 1988). 여기에서 우리가 주목할 점은 흔히 말하는 우리의 '진리체험'은 그 최종의 단계에서 이루어지는 것이 아니라 각 단계의 상승에서 다소간 허용된다는 사실이다.

교육의 소재로서 중요한 것은 그 수준의 절대성이 아니라 상대성이다. 스승과 제자가 서로에게 갖는 교육의 열정은 ≪향연≫편에서 '에로스(eros)'라는 주제로 다루어진다. 소크라테스가 디오티마에게 들었다는 '에로스'는 풍요의 신 포로스와 궁핍의 신 페니아 사이에 잉태된 정령으로 항상 지혜와 무지의 중간에 있는 마음의 상태로 묘사된다. 그에 대한 긴 논의에 이어서 소크라테스는 이렇게 결론을 맺는다.

"친구들이여, 이것이 디오티마가 말해준 것이고, 또한 내가 믿는 것일세. 그리고 나는 이것을 믿기 때문에 이러한 축복을 받는 일에서 인간의 본성은 에로스로부터 가장 큰 도움을 받는다고 다른 사람들을 설득하려고 하는 것일세. 에로스를 찬양하는 것은 모든 사람의 의무라고 나는 선언하며, 나 자신도 각별히 에로스의 신비를 찬양하고, 그 신비를 실천하고 있고, 다른 사람들도 그렇게 하기를 권하며, 지금이든 다른 때든 언제나 내 능력을 다해서 에로스의 힘과 용기를 찬양하네(Platon, /1987, p. 147).”

결국 논의는 사랑 가운데 “아직은 덕이 모자라는 사람을 보다 덕 있는 사람으로 만들 목적으로 유덕한 사람들이 느끼는 사랑”이 가장 고귀한 것으로 진행된다. 그것에 대응하는 사랑은 물론 덕이 모자라는 사람이 덕이 있는 사람이 되기 위해서 유덕한 사람에게 느끼는 사랑이 될 것이다. 그것은 우리가 품위의 어느 수준에서나 서로 나눌 수 있는 인간적 사랑이며, 유대인 것이다.

소크라테스는 ‘안다’는 것보다는 ‘무지에 대한 자각’의 중요성을 강조했다. 그에게 있어서 오류가 없는 지식이 있다고 주장하는 것이 오히려 허위 쪽에 가깝다. 사실 자기를 어리석다고 알고 있는 어리석은 사람은 적어도 아직은 그만큼 현명한 구석이 있는 것이다. 그러나 자기를 어질다고 생각하고 있는 어리석은 사람이야말로 참으로 어리석은 것이다. 소크라테스의 교육적인 삶은 항상 그 역설의 중간에서 이루어진다. 그는 제자들 사이에서 스승의 권위를 충분히 인정받았지만, 그 자신 스승으로 자처한 적이 없다. 그의 하화활동은 대부분 자신의 해답을 상대에게 주기보다는, 상대의 얘기를 들은 후 그것에 대해서 질문을 하고, 그 답의 확신을 무너뜨리는 방법을 취했다. 이로써 결국 상대방이 자신의 ‘무지의 지’에 이르게 하는 것이다.

하화자는 제자에게 무엇을 채워주는 것이 아니라, 오히려 채워져 있는 것을 탈취하는 것이다. 이것이 소크라테스가 지키고자 했던 하화교육의 철저한 내재율이다. 그 탈취란 바로 제자가 현재 가지고 있는 품위이며, 교육은 자연히 그 다음 단계로 진입하는 방식으로 진행된다. 말하자면 소크라테스의 하화에는 기본적으로 교육적 시숙의 내재율이 내장되어 있다고 말할 수 있다. 상대는 하화자의 침략에 의해서 이제까지 그의 존재에 확실성을 부여해 주었던 자신의 현존 안에 문제가 있다는 것을 자각하게 되고, 그 존재기반에 위협을 받게 된다. 그리고 그것이 무엇으로든 대치되어야 한다는 것을 절박하게 느낀다.

스승의 하화는 제자의 상구를 대신해 주는 것이 아니다. 이런 하화의 한계를 가장 잘 나타낸 말이 소크라테스의 '산파'이다. 산파는 자신이 직접 출산하는 것이 아니라 남의 출산을 돕는 활동에 속한다. 마찬가지로 소크라테스 자신은 타인의 지혜를 탄생시킬 수 없다고 생각했다. 대신 그는 남들이 지식을 탄생시키는 것을 돕는 '영혼의 산파'라고 자처하고, 어디서든 사람들이 참된 지혜를 얻는 일을 도왔다. 그 스스로 주어진 주제에 대해서 대답을 하지 않으면서, 상대가 대답을 하면, 그 주장을 붙들고 반박하거나 권장하거나 살려나가는 것이다.

대화는 아테네 사람들에게 있어서 일반적인 삶의 형태였다. 그중 소크라테스가 교육의 방법으로 즐겨 사용한 방법이 바로 '변증술(dialektike)'이다. 이는 이름 그대로 1차적으로 말을 통해 이루어지는 방법이지만, 그것은 알고 있는 내용을 말로 직접적으로 전달하는 것과는 전혀 다른 성질의 것이다. 이때 말의 주된 기능은 상대의 노력에 의해서 그 전달하려는 것을 재생해 나가는 과정을 처방하는 것으로 되어 있다(김남두, 1992). 소크라테스의 대화는 상대의 영혼을 흥분시키고 괴롭히는 도구로 사용되었다. 서로 생각이 충돌하고, 그것에 대해서 반성하고, 그런 가운데 진리가 찾아지는 것이다.

소크라테스적인 대화에서는 제자가 하나의 주제에 관해서 어떤 논지를 주장하고, 스승은 그 논지나 그것이 전제하고 있는 것에 대해서 질문으로 도전하는 형식으로 되어 있다. 그 과정에서 처음 질문을 던지는 소크라테스는 이야기될 주제에 대해서 알지 못하는 자, 그러나 알기를 원하는 자로 등장한다. 그 다음에 이후의 질문을 통해 상대방을 모순으로 이끌어 간다. 여기에서 그는 단지 모르는 체할 뿐, 문답의 전 과정을 전체적으로 꿰뚫어 알고 있는 사람으로 처신하며, 이 때문에 대화에서는 대답하는 자보다는 묻는 자가 선진이라는 강한 인상을 준다. 소크라테스는 자신의 생각을 상대방에게 주입시키지 않고 후진이 품고 있는 생각을 밖으로 드러내게 하고, 만약 제기된 물음에 대해 후진이 대답할 능력이 없다고 할 때, 이전에 언명한 것으로부터 혹은 그 밖의 방식으로 그가 자신의 생각을 표현하도록 도움을 준다. 대화의 진전은 기본적으로 강요가 아닌 합의에 의해 이루어지며, 상대가 소크라테스의 판단에 동의하지 않을 경우, 소크라테스는 상대가 이미 동의했던 것으로부터 그가 지금 동의하지 않은 것이 도출됨을 보임으로써 그에게 새로운 동의를 할 수 있도록 철저히 유도한다.

라. 예수의 사례

누구나 같은 세상을 사는 것이 아니다. 예수와 일반 사람들 사이의 품위의 간격은 너무도 컸다. 문자 그대로 하늘과 땅의 차이가 있었다. 예수는 그 지위의 차이를 이렇게 주장한다.

"너희는 아래서 났고, 나는 위에서 났으며, 너희는 이 세상에 속하였고, 나는 이 세상에 속하지 아니하였느니라(요8:23)."

하늘나라의 넓이와 높이, 그리고 그 깊이는 인간의 지식이나 이해력으로는 당장 이해할 수 없을 것이다. 니고데모라는 한 바리새인이 예수에게 하늘나라는 어떤 곳이냐고 묻는다. 이때 예수는 그것에 대답하는 것이 매우 난감함을 토로한다.

"진실로 네게 이르는데 우리 아는 것을 말하고 이미 본 증거를 제시한다. 그러나 너희가 우리 증거를 받아들이지 않는다. 내가 땅의 일을 말하여도 너희가 믿지 않거니와 하물며 하늘 일을 말하면 어떻게 믿겠느냐? (요3:11-12)"

예수가 하늘에서 본 것을 말한다고 한들 지상에 있는 일반 사람들이 곧바로 이해할 수 없는 것은 당연하다. 사실 하늘나라의 실상이 말로 단순히 진해질 수 있겠는가? 사실은 그 곳에 당도해 보아야 확인될 수 있다. 여기서 니고데모는 어떻게 하면 하나님의 나라에 들어갈 수 있느냐고 묻는다. 이에 대한 예수의 대답은 이렇다.

"진실로 네게 이르는데, 사람이 거듭나지 아니하면 하나님의 나라를 볼 수 없느니라(요3:3)."

이 대답에서 '거듭남'이라는 용어의 의미가 매우 중요하다. 이것은 일부가 아니라 전체의 변화를 의미하는 것으로 예수 자신의 경험을 반영한 것일 수 있다. 인간은 스스로 자신을 끊임없이 향상시켜 변용하지 않으면 하늘나라에 진입할 수 없다.

"또 무리에게 이르시되 아무든지 나를 따라 오려거든 자기를 부인하고 날마다 제 십자가를 지고 나를 좇을 것이니라. 누구든지 제 목숨을 구원코자 하면 잃을 것이요 누구든지 나를 위하여 제 목숨을 잃으면 구원하리라(눅9:23-24)."

예수의 하화는 바로 그런 총체적인 변화를 통한 진입을 가능하도록 돕는 것이다. 그것이 결코 쉬운 과제가 아닌 것은, 품위가 바로 구조이며, 선진과 후진의 차이는 바로 그 구조 전체의 차이라는 사실 때문이다. 예수는 그 자체의 품위를 드러내고 인간에게 보여주려고 하지만, 그와 일반인의 것 사이에는 그 구조상의 차이 때문에 그것을 직접 이해할 방도가 없다. 여기에서 제자의 변신 이전에 예수 자신의 변신이 필요하기에 이른다.

기독교의 '삼위일체(trinity)'는 3개의 위격(位格, persona), 즉 성부(聖父)·성자(聖子)·성신(聖神)이 있다고 한다. 이것은 논리적으로 쉽게 이해하기 어려운 관념이다. 하나의 존재가 서로 모순된 모습을 보이는 것은 논리적으로 하나의 패러독스이다. 이것을 해명하는 여러 가지 이론과 해석이 분분하지만, 교육적 시숙이라는 내재율에 비추어보면 그 해석이 의외로 쉬워진다. 그 점은 ≪예수님의 제자훈련≫(/1985)이라는 주제를 다룬 찬다필라(Chandapilla)의 글에 분명히 드러나고 있다.

"이제 우리는 하나의 원리로서 이렇게 말할 수 있다. 지도자 훈련의 첫 단계로서 훈련자는 자기 스스로 다리를 놓아 장애물을 건너서 피훈련자의 수준에까지 가야 한다는 것이다. 고상하고, 도달하기 어려운 생각들이나 경험들이 아랫사람의 수준과 그 사람이 접근할 수 있는 영역으로 옮겨져야 한다. 이것이 성육신(incarnation)의 적용이다. 자신을 피훈련자의 위치로 구체화하는 것은 위대한 훈련자이든 보통 훈련자이든 언제나 그 훈련자의 책임이다(p. 16)."

이런 해석은 일찍이 키에르케고올의 '인커그니토(incognito)'라는 개념의 근간을 이룬다(Taylor, 1975, p. 199). 그에 따르면, 예수는 하느님임과 동시에 인간이라는 모순을 감수하였다. 예수는 하느님의 전능으로써 마치 탐정이 평민의 복장을 하듯이 미복(微服)으로 자신을 철저히 감추고, 사람이 되어 사람처럼 살았다. 그처럼 자신들의 높이에 맞춘 예수로부터 사람들은 자신들의 해체를 요청 받고 점차 예수에 접근할 수 있었다.

예수가 진정 하나님인지 아닌지에 대한 것을 여기에서 길게 논의할 필요는 없겠다. 다만 교육적으로 이런 논의는 가능할 것이다. 그가 그처럼 전지전능한 품위를 지녔다고 가정하자. 그렇다면 일반사람들이 그를 알아볼 수 있겠는가? 그것은 불가능하다. 이 때문에 그는 그런 전지전능의 존재로 나타난 것이 아니라 좀 더 낮은 수준으로 허물을 쓰고 하강하는 방편을 쓸 수밖에 없는 것이다.[21] 말하자면, 예수는 교육적 시숙이라는 교육의 내재율에 정확하게 적응했다. 이처럼 교육은 철학자들이 강조하는 합리적인 이성과 논리적인 분석을 초월하여 패러독스를 수용한다.

예수는 현세의 질서와 너무도 먼 거기에 있었고, 그만큼 그 질서 속에

---

21) 이런 해법은 앞에서 살폈듯이 불가에서의 '삼신(三身)'의 개념에 잘 반영되어 있다.

사는 인간에게 비합리적인 것으로 보일 수밖에 없다. 그런 상태에서 자신에게 합리적인 것을 직접 전달하려고 한다면 상대의 반응은 공격적인 형태가 될 것이다. 예수는 이를 간파하고 제자들에게도 그 상황을 이렇게 비유한다.

"거룩한 것을 개에게 주지 말며 너희 진주를 돼지 앞에 던지지 말라. 저희가 그것을 발로 밟고 너희를 찢어 상하게 할까 염려한다(마7:6)."

여기서 개와 돼지는 당시 헤롯, 빌라노, 대제사장, 바리새인들과 같이 당장 예수의 설교에 반대하거나 비방하는 사람을 지칭하거나, 더 포괄적으로는 예수의 말을 이해할 수 없는 수준에 있는 대중 일반을 지칭하는 것일지도 모른다. 그러나 이런 부정적인 권고만으로 사태가 해결되는 것은 아니다. 보다 적극적인 대처방법이 필요하다. 그것은 바로 상대의 수준에 따라 교육적 표적을 달리 부여하는 것이다. 성경에는 그 부분이 다음과 같은 비유로 묘사된다.

"어떤 사람이 타국에 갈 때 그 종들을 불러 자기 소유를 맡김과 같으니, 그 재능대로 하나에게는 금 다섯 달란트를, 하나에게는 두 달란트를, 하나에게는 한 달란트를 주고 떠났더니, 다섯 달란트 받은 자는 바로 가서 그것으로 장사를 하여 또 다섯 달란트를 남기고, 두 달란트를 받은 자도 그같이 하여 또 두 달란트를 남겼으되, 한 달란트 받은 자는 가서 땅을 파고 그 주인의 돈을 감추어 두었다(마25:14-18)."

예수는 그 주인이 그들 나름의 역량에 맞추어 맡긴 달란트를 받아 그만큼의 이익을 남긴 사람을 똑같이 칭찬하면서도 마지막 그것을 숨겨 둔 사람은 악하고 게으른 것으로 책망하는 점을 지적한다. 이 비유에서 주목할 점은, 주인이 역량에 따라 액수가 다른 달란트를 맡겼고, 예수는 각자가 있는 능력의 범위에서 최선을 다했을 때 그 가치가 동일한 것으로 평가한다는 점이다. 여기서 당시 화폐단위인 달란트란 성경에서 재능[22]에 해당하며, 또한 교육의 관점에서는 품위와 대응해서 해석할 수 있다. 교육은 능력 밖의 것이 아니라, 각자가 할 수 있는 현재 가진 품위를 중심으로 '조금만 더' 애쓰고 노력하는 것이다.

설법을 할 때, 예수는 논리적인 일관성에 대해서 별로 신경을 쓰지 않았다. 성경에는 평면적으로 보면 모순일 수밖에 없는 말이 나온다. 한편으로 "이웃을 사랑하라(마5:43, 22:39; 막12:31; 눅10:27)"고 하면서도, 다른 한편에서 "나는 아버지와 아들과 싸우고 어머니와 딸이 싸우도록 만들겠다(마10:35; 눅12:53)"고 한다. "악한 자를 대적하지 말라(마5:39)"고 충고하면서, 다른 때는 "나는 평화가 아니라 칼을 가지고 세상에 왔다(마10:34)"고 선포한다. 그 모든 표현이 의도하는 것은 바로 그 자체의 사고체계를 위한 것이 아니라 그것을 받아들이는 사람의 개선에 있었으며, 그때그때 그 말을 듣는 상대에 따라 다른 메시지가 필요했었을 것이다. 앞서 살폈듯이, 이 부분은 석가나 공자의 경우도 마찬가지다.

품위의 습득과 그것을 모방한 말의 차이는 크다. 말은 쉬우나 행동으로 보이기는 어렵다. 예수는 상대의 수준에 맞추어 비유를 써서 알아듣게 말을 하였으나, 그런 직접적인 소통의 한계를 늘 느끼고 있었다. 예수는 그 차이를 알고 제자들에게 이렇게 질책한 바 있다.

"너희는 나를 불러 주여, 주여 하면서도 어찌하여 나의 말하는 것을 행하지 않느냐? 듣고 행하지 않는 자는 주초(柱礎)도 없이 흙 위에 집을 지은 사람과 같으니 탁류가 부딪치면 집이 곧 무너질 것이다(눅6:46-49)."

이는 교육이 말에 의한 전달보다는 더욱 복잡한 실천에 토대를 두어야 한다는 것을 여실하게 지적하고 있다. 진정 예수를 아는 데 필요한 것은

---

22) 오늘날 라디오나 텔레비전에서 자기의 재능을 크게 나타내는 성우나 배우 등을 가리켜 '탤런트'라고 하는 것도 바로 여기에 유래한 것이다. 교육본위론에서 품위를 영어로 'transtalent'로 번역한 것도 이 점을 고려한 것이다.

예수가 걷는 길을 걷는 것이다. 이런 이유에서 예수는 할 말이 많았지만, 많은 경우 제자들이 그것을 감당할 수 없을 것을 예상하고, 그것을 직접 표현하는 것을 가급적 피했다. 대신 제자들이 그들의 수준에서 감당할 수 있는 시험과 시련을 주면서 그들을 점진적으로 인도하는 방식을 택했다.

예수와 같은 수준에 오르려면, 예수의 말을 모방하는 것으로 부족하다. 그가 하늘나라로 들어가는 데 받은 수난, 환난, 고난, 능욕, 핍박을 겪어야만 비로소 가능한 것이다. 예수가 베드로에게 "나의 하는 일을 네가 이제는 알지 못하나 이후에 알리라(요13:7)"고 말한 것은 이런 맥락에서 해석되어야 할 것이다. 예수의 예언처럼 베드로가 예수를 안 것은 그 스스로가 종교적으로는 유대교의 도전과 박해, 정치적으로는 로마의 압제, 문화적으로는 헬라 사상으로부터 위협을 받고 그것에 대처하는 과정에서였다. 흔히 베드로가 그런 깨달음에 이른 과정을 계시라는 것으로 간단하게 설명하지만, 사실 그 계시는 결국 그런 어려운 체험의 토대 위에서 비로소 이해될 수 있었던 것이다.

2.2.4 교육의 내재율에서 이탈한 양태

위에서 살폈듯이, 4대 스승은 철저하게 교육의 내재율 안에서 생활하려고 최대한 노력하였다는 증거를 남겼다. 우리는 앞에서 교육이 여타의 세계와 구분되는 두 가지 측면만을 살펴보았다. 4대 스승들은 예외가 없이 교육과 세속의 차이를 인정하면서 그것들이 서로 그 자체의 자율성을 인정하면서 더러는 화해하고 협력할 수 있기를 희망하였다. 그것이 '세속의 가치와 범주의 초월'이라는 주제로 다루어졌다. 4대 스승들은 교육과 수도계의 갈등 가능성을 예견하고, 서로가 화해할 수 있는 길을 늘 모색하였다. 그 해답은 각 단계에서의 성실한 '교육적 시숙'을 존중하는 데 있었다. 이는 그들이 외도교육과 공덕교육의 양태를 초월하여 내재교육에 충실하고자 하였음의 근거로서 해석되었다.

그러나 완벽한 놀이가 없는 것과 마찬가지로, 완전한 교육이란 가능하지 않다. 앞에서 4대 스승이 교육의 내재율을 지키려고 노력했다는 말을 했지만, 그들이 처한 당시의 여러 가지 시대적 상황의 한계와 배경 때문에 그 내재율에 일치하지 않는 방향으로 사태가 진전되기도 하였다. 또한 그 결과는 4대 스승 자신의 잘못이라기보다는 다분히 그들을 대하는 일반 사람들의 오해에서 비롯한 경우가 많다. 그 경계의 이탈은 교육이 단지 외부세계에로 전환되게 하는 결과에 그치지 않고 교육적 주체의 죽음이라는 심각한 대가를 요구하기도 하였다. 그들의 사후 후대가 그들을 대하는 방식에서 교육의 내재율을 이탈한 경우도 있다. 이는 오늘을 사는 우리에게도 많은 실천상의 반성거리를 제공한다.

가. 세속으로 이탈

교육의 기능을 강조하기 이전에 그런 기능을 하는 교육이 도대체 무엇인지를 먼저 해명해야 한다는 것이 지금까지 이 저서를 통해서 지적해 온 일관된 입장이다. 교육과 세속은 그 실재나 목표에 있어서 서로 다른 삶의 양상이며, 그들 사이에 분명한 울타리가 구획될 때 서로 공존할 수 있으며, 그렇지 못할 때 그들은 충돌하거나 혹은 그 한편의 고유한 기능을 상실할 수밖에 없다. 교육과 세속 사이의 범주착오가 바로 오늘날 우리 주변에서 보는 교육의 양태로 보아도 과언이 아닐 것이다. 4대 스승이 살던 시대에도 그런 범주착오가 엿보인다.

그 사례의 몇 가지를 공자의 '덕치주의'에서부터 살펴보기로 하자. 공자의 언급 가운데 정치에 관여하는 것을 간추린다면, 한 마디로 '수기치인(修己治人)'의 도라고 할 수 있다. 정치를 하되 그 바탕을 먼저 자신의 수양에 둔다는 것이다. 정치가 권력에 의존한다는 말을 하지만, 백성이 진정 신뢰하지 않는 정부는 언제나 지탱하기 어렵다. 예컨대, 국가는 다스림을 받는 사람과 다스리는 사람 사이의 상호이해와 선의가 깔려 있는 협동적인 국가가 되어야 한다. 공자는 잘못에 대한 처벌이나 그에 따른 맹목적인 복종보다는 마음으로부터의 선행에 대한 각성이 중요하다고 보았다. 도덕적 심정을 정치의 영역에까지 확대하고자 하는 것이 바로 공자의 덕치주의인 것이다. 그는 이런 충고를 한다.

"백성을 법률이나 명령만의 정치로 인도하고, 형벌로 다스린다면, 백성은 벌 받는 일만 면하려 할 것이며, 잘못을 하고도 부끄러워하지 않게 됩니다. 도리어 백성을 도덕으로 인도하고 예의로 다스린다면, 잘못을 부끄러워하고, 스스로 선에 이르게 됩니다(위정3)."

사회적 체제나 제도를 말하지만, 그것을 운영하고 결정하는 것은 그 체계 내의 개인이다. 사회체계는 그들 나름으로 그 직책을 충원하는 메커니즘을 가지고 있다. 역사적으로 그와 관련하여 세습이냐 능력이냐 하는 문제가 제기되었다. 교육은 바로 그 능력의 배양과 관련된 것이다. 공자는 사회적 지위가 능력에 토대를 두어야만 한다고 믿고, 교육이 일정한 역할을 할 수 있을 것으로 보았다. 그런 맥락에서 그는 모든 사람들에게 일정한 교육을 베풀어야 한다고 주장하고, 또 패기 있는 평민을 교육받은 '군자'로 양성하려고 노력하였다. 그 의도는 세습적인 귀족질서를 개선하려는 것이었다.

이런 입장은 왕이 언제나 권력의 중심부에 놓여 있던 당대의 사정을 감안할 때 가히 혁명적이라고 할 만하다. 공자가 정치문제에 개입하여 왕도를 주장하며 다니는 것을 못마땅하게 생각한 한 은자가 그에게 구변을 팔아서 벼슬 한 자리를 차지하려는 것이 아니냐고 따지는 것도 무리가 아니었다. 공자는 그 은자에게 이렇게 응답한다. "감히 구변으로 벼슬을 탐하는 것이 아닙니다. 세상이 고루함을 가슴 아프게 여기고 이를 고치고자 하는 것입니다(헌문34)."

공자가 꿈꾸는 군자의 이념은 정치의 발전에 공헌할 수 있는 것은 권력 자체에 매달리는 것이 아니라 부정과 타협을 거부하는 것이다. 그렇지 않고 그가 권력의 회유에 빠지고, 권력추구 자체 속에 매몰된다면, 그는 교육받은 사람의 기능을 할 수 없게 된다. 적어도 국가가 잘못되어 갈 때, 그 사실을 권력적 이해관계와는 상관없이 직언하고 비판할 세력이 필요하다. 이 때문에 공자는 도에 뜻을 두고 있는 척하면서 개인적인 출세와 쾌락에 관심을 가진 사람들을 늘 경고하고 비난하였다. 자장이 공자에게 물었다.

"어디에서나 뜻을 이룰 수 있는 행위는 어떻게 해야 하겠습니까?" "말은 충성스럽고, 믿음성이 있어야 하며, 행위는 독실하고 존경을 받을 만해야 하오. 그러면 오랑캐의 나라에 갈지라도 뜻을 이룰 수 있습니다. 그러나 그렇지 못하면, 자기 고장이라도 아무 일도 이룰 수 없소(위령공5)."

공자의 덕치사상은 한 마디로 교육의 내재율이 지켜지는 가운데 군자가 양성되고, 그것이 정치에 공헌하는 길을 모색한 것이다. 마음으로부터 승복할 수 없는 세계를 강요받는다면, 그것은 이미 수도의 의미를 상실하는 것이다. 공자는 제자들이 틀렸음을 확신하였을 때에도 자신의 권위로 위압하려고 하지 않았다. 수련에 의한 깨달음이 군자의 사회적 역할을 보장한다. 그런 취지에서 봉건귀족들이 권세를 다투는 시기에, 공자는 요순의 정치풍토를 주장하고 덕과 의로써 천하를 개혁하기를 외쳤다. 그러나 그런 주장과 설득에도 불구하고 당대의 세력들은 공자의 말을 따르지 않았다. ≪논어≫에는 양화가 공자가 재덕을 가지고 있으면서도 계씨를 섬겨 나라를 건질 기회를 놓치고 실현하지 못한 것을 야유하는 장면이 묘사된다(양화1). "세월은 흘러갑니다. 자기가 머물러 있다고 세월도 머물러 주지 않습니다." 이에 대해서 공자는 "네, 저도 장차 벼슬을 해 보겠습니다"라는 말로 응대하면서 그 상황을 지나친다.

그 이면에는 어떤 판단의 착오가 있었던가? 먼저 정치의 문제를 오로지 수도와 교육으로 해결하려는 공자의 생각이 무리였다. 물론 공자의 시대에는 아직 사회가 충분히 분화되지 않았다는 점을 감안할 수도 있으나, 원래 정치는 권력의 균형과 관련된다. 덕에 의해서 이루어지는 정치는 이상적인 생각은 될 수 있을지언정 현실적인 것이 될 수는 없다. 정치라는 것은 어디까지나 권력의 쟁취와 배분이고, 그런 법칙의 지배를 받는다. 적어도 정치에 관한 한 공자는 아무 희망이 없음에도 불구하고 계속 노력하는 사람이 아닌가 하는 당대의 은둔거사들의 비난을 받았는데, 여기에는 덕에 의해 이루어지는 정치는 현실적인 것이 될 수 없다는 충고가 담겨 있는 것이다.

정치는 정치의 논리에 따라 진행된다. 그것은 교육의 논리와 다른 것이다. 교육이 정치적 기능을 할 수 있는 측면이 없는 것은 아니다. 그러나 교육을 통한 정치의 개선은 역설적이지만, '정치를 위한 교육'이라는 명분을 내세우기보다는, 교육 본연의 양상을 유지할 때에만 가능하다. 다시 말하면 교육을 세속으로서의 정치와 구분하고, 그런 구분된 교육에 의해서 세속의 변화를 꾀하는 방법이 옳다는 말이다. 여기서 만약 그 사회적 지위를 획득하는 것이 먼저이고, 그것을 달성하는 수단으로서 교육을 종속시킨다면, 그 결과는 판이해지는 것이다.

그에 따른 필연적인 양태는 후기의 유가들의 행태에서 드러났다. 한조(韓朝)에 이르러 국가권력이 공자의 이념으로부터 새로운 권위를 찾음으로써 유가는 공자의 원래의 사상과는 전혀 다른 방향으로 변모하게 되었다. 공자가 설파했던 사상의 개방성은 관료주의의 체계를 유지하는 편리한 도그마의 양태로 변하고, 그 변질된 내용에 무조건 일치해서 따르는 것이 '형식적 교육'과 '출세'의 비결이 되었다. 동양에서 역대의 전제폭군들이 유교를 기존의 체제를 강화하는 데 이용하기 시작한 이래, 명리에 목표를 둔 이후의 학자들이 폭군에 동조하는 어용학자로 변신한 것이다. 후기의 유학들은 이제 새로운 관료주의적인 국가와 연합하여 권력을 추구하고 그것에 아부하는 세속적인 노예가 되었다.

공자가 의도했던 유가(儒家)와 교육이 이처럼 정치를 위한 수단으로 변질된 것을 구분하기 위해서 역사에서는 흔히 후자를 '속유(俗儒)'라는 용어를 써서 표현한다. 우리나라의 역사에서 조선시대에 그토록 왕성했던 유교는 사실상 그런 퇴행 현상의 한 부류로 보아야 하며, 과거시험을 위한 준비와 교육이 동일시되다시피 된 사태는 이미 공자의 사상과는 아주 먼 거리에 있다.[23] 역사란 그 뿌리를 쉽게 뽑아 낼 수 없는 끈질긴 지속성을 갖는다. 오늘날 우리나라에서 교육 본연의 양상은 사라지고 그것이 오직 일류대학에 합격해서 출세하는 기능을 하는 것으로 환원되어 나타나고 있는 '학교교육'의 양태는 상당 부분 그런 범주착오의 역사성에 뿌리박고 있다고 보아야 할 것이다.

교육이 세속의 관심이나 범주로 왜곡될 때 그것은 왜곡 자체에 그치지 않는다. 한편에서 교육을 시도하는 데 상대편은 그것을 세속의 관점에서 받아들일 때, 다시 말하면 서로의 인간관계와 활동의 목적 혹은 관심이 서로 범주착오를 일으킬 때, 심각한 갈등이 일어난다. 그런 양태는 소크라테스와 예수의 경우에서 극적으로 드러난다. 물론 그들을 스승으로 대하는 일부의 제자가 없었던 것은 아니지만, 그들을 대면하는 일반 사람들은 그들의 의도와는 다르게 그들을 대면했으며, 그것은 그들의 죽음이라는 불행한 결과를 가져오는 직접적인 원인이 되었다.

사회는 반드시 분별력이 있는 사람에 의해서 운영되는 것이 아니다. 다수가 사회를 운영하는 중심축이다. 소크라테스는 그런 세속과 그가 추구하는 수도계의 차이를 이미 알고 있었다. 그 단서는 사형을 앞에 두고 소크라테스가 그의 친구며 제자라고 할 수 있는 크리톤에게 다음의 질문을 제기하는 과정에서 엿볼 수 있다.

"우리가 지금 검토하고 있는 문제인 정의와 부정, 미와 추, 선과 악의 문제에 있어서도 우리는 많은 사람들의 의견을 따르고 그 의견을 두려워해야 할까? 세상의 다른 모든 사람들보다도 (분별력이 있는) 그를 더 두려워해야 할까? 세상의 다른 모든 사람들보다도 그를 더 두려워하고 존중해서는 안 되는가?(Platon, /1987, p. 62)"

이 대화에서 우리는 세속계적인 원칙과 수도계적인 원칙의 차이를 추궁하고 있다는 것을 알 수 있다. 다수의 의견에 따라 움직이는 것이 세속

---

23) 이 부분은 이황이 ≪도산십이곡≫의 제10곡에서 전하려는 메시지와 잘 어울린다.

의 논리다. 그러나 수도세에서는 소수의 선진이 그 이하의 후진의 품위를 압도한다. 소크라테스는 이 두 세계에 작용하는 논리의 차이를 알고 있으며, 자신이 당면한 문제를 세속이 아니라 수도적인 것으로 규정하고 있다. 그럼에도 불구하고 세속의 지배를 받아야 하는 자신의 딱한 처지를 호소하고 있는 것이다.

사회가 불건전할 때 정론(正論)은 항상 외롭고 적대시되기 마련이다. 소크라테스는 다수의 논리가 지배하는 세속의 위험에 봉착하였음에도 불구하고, 권력에 아부하지 않고 그가 짊어지고 나아갈 또 다른 현실, 즉 아테네인의 덕을 소생시키는 현실과 당당하게 대면하였다. 그의 말대로 그는 아테네인들에게 그들의 무지의 각성을 촉구하는 '등에'[24]가 되겠다는 신념을 가지고 듣기 싫은 것도 용기를 가지고 거침없이 말하였다.

그러나 소크라테스의 그런 행동은 다수의 미움을 받는 원인이 되었다. 앞에서 우리는 소크라테스가 얼마나 교육적인 삶의 원칙을 지켰는지에 대한 것은 이미 살핀 바 있다. 그는 한편으로 상구하고, 다른 한편으로 하화하는 그야말로 '교육의 도깨비' 같은 생활을 하였다. 그런 그의 행태에 대한 아테네 사람들의 반응은 그의 의도와는 크게 빗나갔다. 기원전 399년에 "조국의 신을 섬기지 않고, 다이몬에 대한 새로운 신앙을 섬기고, 젊은이들을 잘못된 길로 인도한다"는 세 가지 죄목으로 시민들에 의해서 기소되었다.

그 기소의 내용은 진실인가? 오히려 그 반대이다. 소크라테스는 청년들을 선도하려고 그렇게도 노력했다. 그럼에도 불구하고, 재판에서 그의 이런 노력을 시인하는 사람은 없었다. 물론 그를 따르던 제자는 그런 명분의 기소에 동조하지 않았다. 다만 문제가 되었던 것은 법정에서 그들을 증인으로 채택하지 않았다는 점이다. 소크라테스는 대화편의 ≪변명≫에서 거기에 출석하고 있었던 그의 제자들(여기에는 플라톤이 포함되어 있다.)을 지목하면서 이렇게 말한다.

---

24) 곤충의 일종으로 암컷은 마소에 붙어서 피를 빨아먹고 여러 가지 병원체를 옮긴다.

"멜레토스[25]는 그의 연설 가운데서 그들 중의 몇 명을 증인으로 언급했어야 옳았을 것입니다. 만일 그가 잊고 있었다면 지금이라도 증인을 세우도록 합시다. 나는 양해하겠습니다. … 사실(자기 때문에 청년들이 타락했다는 것)은 그 반대입니다. … (오히려) 왜 그들은 증언을 통해 나를 도우려는 것일까요? 이유는 진리와 정의를 위해서이며, 그들은 내가 진실을 말하고 멜레토스는 거짓말을 하고 있다는 것을 잘 알고 있기 때문입니다(Platon, /1987, pp. 37-38)."

소크라테스에 대한 재판은 일종의 정치적 재판이었다. 보통사람들은 지혜로운 사람을 제대로 식별하지 못한다. 당시 아테네는 스파르타와의 전쟁에서 패배하고 난 후였기에 내적인 질서와 안정이 그 어느 때보다 요구되었다. 그런 상황에서 소크라테스는 오랜 전통에 대해서 의문을 제기하고 도전한 셈이다. 그를 제대로 이해하지 못한 다수의 사람들은 그의 교육적인 삶을 그 자체로 수용하기보다는 정치적인 혼란을 일으키는 원인으로 보고 법정에서 그의 사형선고에 동조하였다. 소크라테스는 이때 이렇게 자신을 변호했다.

"아테네인 여러분, 여러분이 생각하는 바와 같이 나는 나 자신을 위해서 변명하는 것이 아닙니다. 오히려 신이 여러분에게 보내 준 선물인 나를 처벌함으로써 여러분이 신에게 죄를 짓지 않도록 여러분을 위해서 변명하려는 것입니다. 여러분이 나를 사형에 처한다면, 여러분은 나와 같은 사람을 다시 쉽게 찾아내지는 못할 것입니다(Platon, /1987, p. 32)."

그런 간절한 소크라테스의 변명에도 불구하고 사형이 선고되었고, 그는 그 자신의 삶의 가치에 대한 확신을 관철하면서 죽음을 감수한다. 우리가 더욱 그의 죽음을 의아하게 생각하는 것은 그 재판을 받기 전에나

---

25) 소크라테스를 고발한 대표적인 인물

사형이 확정된 후에 그에게 도수의 기회가 주어졌다는 사실이다. 이 부분을 감안할 때, 그의 죽음은 투철한 가치선택의 결과였던 것이다. 교육이 죽음을 감수할 수 있을만한 그 자체의 내재가치가 있음을 소크라테스는 후대의 우리에게 뚜렷하게 입증한 셈이다.

훌륭한 교육행위는 교육의 내재율에 따라서 평가되어야 마땅하다. 이 부분은 제3장의 주제이기도 하다. 그 고유한 자율성을 인정받아야 할 교육이 세속적 논리에 환원되어 평가될 때 지불하는 이런 엄청난 손실은 소크라테스에 그치지 않고 예수의 경우에도 그대로 입증되었다. 우리가 예수를 대하는 방식을 어떻게 선택하느냐에 따라 그와 우리 자신과의 관계 양태가 달라진다. 그리고 서로의 상대에 대한 기대가 다른 상태에서 작용할 때, 가끔은 불행한 결과를 가져올 수도 있다. 사랑을 이 세상에 실현시키려고 했던 예수도 대중의 그런 범주착오의 희생물이 되었다.

당시 예수의 교육할 의도와 대중의 판단은 불행히도 상충하였다. 유대인들이 기다리던 메시아는 세속적인 해방자임에 반해, 예수의 나라는 영적인 것이었다. 사랑보다는 현실적 효과를 바랐던 갈릴리 호반의 사람들은 예수의 행적을 정치적인 것으로 해석하여 예수가 예루살렘에 입성하면 정치적인 혁명이 일어나 왕권이 교체되고, 그들도 아울러 정치적으로 중요한 지위를 차지할 것으로 기대하였다. 예수는 그런 대중의 기대를 충족시킬 수 없었다. 성전을 헐고 사흘에 짓겠다는 사람이 자기 자신 하나를 구원하지 못하는 것을 보았다. 이는 자신을 예언자로 자처하고 그를 믿는 제자의 구제를 약속했던 예수의 의도와 대조되는 부분이다. 사람들은 결국 그가 무력한 사내라는 판단을 내리고 그를 이탈해 갔다.

예수의 제자들조차도 그가 죽임을 당하는 시점까지 정치적인 해방과 정신적인 해방의 차이를 제대로 이해하지 못했다. 예수에 대한 유다의 의심 같은 것은 그 증표의 하나이다. 유다는 예수의 다른 열광적인 제자들과는 달리 스승인 예수의 행동에 관해서 의심이 많았다. 그의 친지들과 이전의 동역자들이 예수가 그들이 기대하는 영웅적인 인물이 못됨을 지적하였고, 그 스스로도 의문이 많아졌다. 예수가 과연 나의 스승이 될 수 있는가? 예언자의 소명을 위해 필요한 상식조차도 갖추지 않은 이 정신 나간 열광자의 뒤를 따르려고 내가 그 확고한 지위와 재산을 모두 버렸던가? 매일매일 대중 속에서 그 기반을 잃어가고 있는 이 사람이 어찌해서 그렇게 그의 권능과 열광을 사적으로 자랑하는가? 이런 깊어 가는 유다의 의혹이 결국 스승을 배반하고 스스로 자살을 하는 비극으로 연결된다. 스승과 제자의 관계는 영원한 것이 아니다. 교육의 내재율을 어길 때, 그 관계는 더 이상 지속되기 어렵다. 유다는 정치적인 봉기를 생각하고 있었고, 예수가 실현하려는 것은 정신적인 혁명이었다. 예수도 그런 차이를 은연중에 감지하고 있었다.

예수는 정치적 권력을 추구한 것이 아니고 정신적인 것을 추구했던 것이다. 그는 새로운 사상가로서 당시의 성직자의 권위에 도전했다. 그는 율법학자들과 극단적인 바리세파들을 책망하였다. “외식하는 서기관들과 바리새인들이여, 너희는 천국 문을 사람들 앞에서 닫고 너희도 들어가지 않고 들어가려는 자도 들어가지 못하게 하는도다(마23:13).” 또한 예수는 안식일에 대한 새로운 견해로 당시의 사회적 관습과 첨예하게 대립하였다. “안식일은 사람을 위하여 있는 것이요, 사람이 안식일을 위하여 있는 것이 아니니, 이러므로 인자는 안식일에도 주인이니라(막2:27-28).”

하늘나라가 곧 도래할 것을 믿은 예수는 그 메시지를 유대교의 중심지였던 예루살렘의 유월절에 전하기로 작정한다. 많은 군중이 그를 따라 입성하였기 때문에 그의 의도와는 달리 당국자는 그 행사를 무질서와 권력에 대한 도전으로 생각하고 그에 대한 정치적 결정을 내렸던 것이다. 당시 대제사장들은 성전의 정화를 요구하는 예수의 행위를 유대교의 신성을 모독하는 반역행위로 보고 또한 정치당국이 그것을 정치적인 선동행위로 돌려 해석할 수 있는 근거를 제시하는 교묘한 술책을 썼다.

정신적인 문제를 로마 당국과의 갈등의 양상으로 만드는 술책에 걸려 이미 세례 요한은 체포되고 처형된 바 있다. 그런 계략의 하나로 일단의 바리세인들과 헤롯당원들이 예수에게 로마 황제인 가이사(Gaius Julius Caesar)에게 세금을 바쳐야 하는지 물었다. 이에 대한 해답은 어느 경우나 예수에게 불리하게 해석될 여지가 있다. 가이사에게 세금을 바쳐야 한다면, 이는 곧 그의 유대 통치를 인정하는 것이 된다. 만약 세금을 물지 말라는 응답이 나오면, 예수에게 가이사에 반역하는 정치적인 죄목을 씌울 수 있는 것이다. 그런 계략을 짐작하고 예수는 "가이사의 것은 가이사에게, 하나님의 것은 하나님께 바쳐라(마22:21)"라는 말로 정치적 목적과 정신적 목적의 차이를 구분해 주기를 바랐다.

예수는 그가 새롭게 발견한 수도계와 세속의 사람들이 지배를 받는 정치계의 차이를 너무도 잘 알고 있었다. 그것은 마치 물과 기름의 차이와 같은 것이다. 그 차이를 설득하려는 그의 노력에도 불구하고, 그 범주 차이에 대한 상대의 몰이해는 계속된다. 대제사장들이 예수를 체포하여 빌라도에게 넘겨주었을 때, 빌라도는 예수에게 "유대인의 왕"이냐고 물었다. 이때, 예수는 "네 말이 옳다(막15:2)"고 대답했다. 그러나 그 두 사람 누구도 그것이 바로 정치적인 왕을 의미하는 것으로 해석하지 않았다. 예수는 거듭 해명했다. "내 나라는 이 세상에 속한 것이 아니다. 만일 내 나라가 이 세상에 속한 것이었다면, 내 종들이 싸워 나를 유대인들에게 넘기지 않게 하였을 것이다. 이제 내 나라는 여기에 속한 것이 아니다(요18:36)."

이런 예수 자신의 해명에도 불구하고, 그는 백성을 미혹하게 하고, 군중을 선동시킨다는 대제사장과 서기관들의 고소를 받아 죽임을 당하게 된다. 결국 예수를 처형하기 위해서 고소된 죄목은 정치적인 것이었다. 빌라도가 예수와 바라바 중의 누구를 놓아줄 것인가 하고 군중에게 물었을 때, 군중은 거룩하고 의로운 예수를 선택하기보다는 민란을 꾸미고 살인을 한 바라바를 선택했다. 교육행위를 정치적인 이유로 처형한 이런 처사는 지금까지도 인류의 가장 불행한 사건의 하나로 알려져 있다.

교육은 그 내재적 가치를 인정할 수 있는 사람만이 향유할 수 있는 세계이다. 교육을 본위로 삶을 영위하는 사람들에게 있어서 산다는 것은 잘 사는 것이며, 잘 산다는 것은 교육을 올바로 하며 산다는 것을 의미하는 것이다. 4대 스승들은 살기 위해서 교육을 한 것이 아니라, 교육하기 위해서 살았다. 그렇기 때문에 교육을 포기하는 삶이란 아무 가치도 없다. 모든 것을 감안할 때 우리가 여기서 소크라테스와 예수의 죽음의 원인에 대해서 내릴 수 있는 확실한 결론은 범주착오이다. 그러나 아이러니컬하게도 그들의 죽음이 바로 교육의 내재적 가치를 인식시키는 극적인 계기가 되었다.

4대 성인들의 삶에서 증명되었듯이, 위로 오르는 상구교육의 과정이나, 혹은 아래로 내려오는 하화교육의 과정에 모두 고통이 따른다. 그만큼 현존의 상태를 벗어나고 벗어나게 한다는 것은 어려운 일이다. 그처럼 고통과 박해를 받으면서, 혹은 죽음을 무릅쓰고 교육을 해야만 했던 부분은 교육의 내재적 가치를 체험하지 못한 사람들에게 쉽게 납득하기 어려울지도 모른다. 소크라테스와 예수가 만약 하화하는 과업을 중단했다면, 그들의 생명은 유지되었을 것이다. 그럼에도 불구하고, 그들은 교육적인 삶을 택했다. 왜 그랬을까? 이런 질문이 교육에 내재된 미궁의 실재와 가치에 대한 암시를 제공하여 지금까지도 우리에게 강력한 영향력을 발휘하고 있다. 그들의 이름을 제거해 버리면 우리 삶 자체의 기반이 흔들리게 될 정도로, 그들은 이 세상에 살아 있을 때보다 사후에 더 살아 있고 사람들에게 더 찬탄을 받고 있다.

나. 품위의 고착과 절대화

앞에서 우리는 소크라테스와 예수의 죽음의 원인을 그들의 교육행위가 세속의 차원으로 잘못 인식되었다는 사실에서 찾고자 하였다. 그런 환원의 배경에는 분명히 일부 세력의 고의적인 의도가 있었다. 그러나 원인은 그 한 가지에 국한되지 않고 그 이외에 다른 요인이 복합적으로 가중되었기 때문으로 보아야 한다. 그 원인을 더욱 소급해 보면, 당시 대중들이 그들을 잘못 이해할 수밖에 없었던 부분이 첨가된다. 그 후자의 원인은 무엇인가? 이렇게 질문을 던질 때 많은 대중들에게 교육적 시숙이라는 내재율에 충실할 수 없었던 불가피한 사정이었다는 해석의 여지도 남는다.

교육의 소재로서의 품위의 가치는 언제나 잠정적이다. 교육적 시숙의 내재율에 따르면, 품위는 그것이 어느 수준의 것이든 교육의 진행을 위한 하나의 디딤돌에 불과하다. 한 단계의 교육적 소재가 다음 단계에서는 소멸된다. 이 내재율이 무시될 때, 교육은 예상하지 않은 결과를 가져옴은 물론, 그 자체의 내재적 속성을 상실할 위험에 처한다. 앞 소절에서 살핀 바 있듯이, 4대 스승들이 교육의 내재율에 충실한 삶을 살려고 노력했지만, 그것이 모든 사람들에게 성공했던 것은 아니다. 그 부분 가운데 두 가지 특별한 경우를 지적하고자 한다. 그 하나는 그들과 일반대중이 각각 그들이 가진 품위에 절대성을 부여하여 충돌하는 경우이고, 다른 하나는 일반대중이 성인들의 품위에 절대성을 부여하고 자신들의 품위를 무력화시키는 경우이다.

소크라테스와 예수의 하화는 제한된 제자들에게 성공을 거두었지만 일반사람들에게는 너무도 급진적이었다. 당시 대중은 그들의 하화내용을 이해할 수 없었다. 이해가 되지 않은 상대는 비합리적인 것으로 평가받게 된다. 이 때문에 그들은 다수의 대중에게서 증오의 대상이 되었고, 그 사태는 그들의 비극적인 죽음으로 종결되었다. 말하자면, 그들의 죽음은 어느 면 대중들의 저압제에서 비롯하였다고 말할 수 있다. 그 원인의 제공은 4대 스승의 고압제인 것이다. 이는 선진과 후진이 자신들이 가진 각각의 품위에 절대성을 부여하여 서로 충돌하는 사태가 얼마나 비교육적이며 위험한 것인가를 보여주는 좋은 사례가 된다.

소크라테스가 아테네 시민을 설득시키지 못하고 사형을 당한 것은 그의 하화교육의 여건이 제대로 갖추어지지 못한 한계에서 찾아볼 수 있다. 그에게 제자를 선택해서 그가 생각하는 교육의 내재율에 따라 하화할 여건이 부족했다. 아테네 시민을 인간의 이성에 눈뜨게 하고 덕을 닦아 참된 행복을 획득하도록 하는 것이 신으로부터 받은 소명이라고 여기던 그의 교육공간은 거리와 시장이었다. 그의 높은 지혜를 이해하기에는 너무도 낮은 수준의 눈먼 대중이 그 안에 포함되어 있었고, 그 이해의 범위를 벗어나는 소크라테스는 그를 두려워하는 적들의 공격을 피할 수 없었다.

앞에서 살폈듯이, 그의 대화방식은 하나의 질문에서 또 다른 질문으로 이야기를 전개시켜 가면서 드디어 말하는 사람의 생각에 모순과 혼란이 있음을 드러나게 하는 것이다. 이것은 그것을 소화하기에 적절한 수준의 청자들에게는 즐겁고 재미있는 대화 방식이지만, 그것을 상구의 소재로 삼기에는 너무도 낮은 품위를 가진 일반대중에게 많은 혼란, 열등의식, 적대감, 분노와 증오심을 일으켰다. 놀랍게도 소크라테스는 그런 악운을 이미 예견하고 있었다.

"이 사람은 익살스런 말로 말한다면, 신이 이 나라에 보낸 일종의 등에인 것입니다. … 따라서 하루 종일 어디서나 한결같이 여러분을 붙잡고 여러분을 각성시키고 설득하고 비난합니다. … (그러므로) 여러분은 마치 잠자는 것을 갑자기 깨웠을 때처럼 화를 내고 나를 쉽게 죽여 버릴 수도 있을 것입니다(Platon, /1987, pp. 32-33)."

이처럼 고압제와 저압제가 충돌하는 상황은 예수의 경우도 그대로 적용된다. 예수는 하늘나라를 이해시키는 자신에게 주어진 과업을 불과 몇 달 안에 해결하려고 하였기 때문에, 모든 사람들에게 교육적 시숙의 내재율을 지킬 수는 없었다. 그의 이야기를 듣는 집단을 구분하면, 제자라고 불리는 사람들이나 그들과 같은 기분을 가진 민중과, 호반에 사는 가난하고 비참한 여인이나 노인이나 어린이, 그리고 병자들이었다. 이들이 모두 예수가 전하려는 것이 무엇인지를 이해할 수는 없었을 것이다.

예수가 하늘나라의 말을 전했을 때 알아들을 수 있는 사람이 없었던 것은 아니다. 그러나 대부분의 세상 사람들은 거의 그의 말을 쉽게 알아듣거나 믿을 수가 없었다. 예수는 씨를 뿌리는 비유를 통해서 대중이 그의 메시지를 제대로 전수받지 못하고 있음을 시인한다.

"씨를 뿌리는 자가 뿌리러 나가서 뿌릴 적에, 더러는 길가에 떨어지니 새들이 와서 먹어 버렸고, 더러는 길가에 떨어져서 흙이 깊지 아니하므로 말랐고, 더러는 가시떨기 위에 떨어져서 가시가 자라서 기운을 막았고, 더러는 좋은 땅에 떨어져서 혹 백 배, 혹 육십 배, 혹 삼십 배의 결실을 하였느니라(마13:3-9; 막4:1-9; 눅8:4-8).”

예수의 메시지는 일반대중들에게 이해하기 어려울 만큼 급진적이었다. 그 때문에 그를 아는 주위 친구들은 그를 미친 사람으로 여겼다. 그때마다 예수는 “어찌하여 내 말을 깨닫지 못하느냐?(요8:43)”고 다그친다. 그러나 그것이 대중에게 그렇게 쉬운 일인가? 우리의 관점에서 보면, 그것은 엄청난 교육적 노력과 시간을 요구하는 상황이다. 이때 예수는 더러는 “귀 있는 자는 들을지어다(마11:15; 막4:1-9; 눅8:4-8, 14:35)”라는 말로 하화의 대상을 한정시키려고 하였다. 이 역시 너무도 안이한 성급함이었던 것이다. 이런 급진성이 바로 소크라테스의 경우처럼 일반인들의 분노를 사 결국 죽임을 당하는 비극적 결과를 가져오는 원인이 되었을 것이다.

고압제에 대한 대중의 반응은 반드시 적대적인 것만은 아니었을 것이다. 그 다른 반응은 그것에 대해서 우호적인 태도를 보이는 것을 넘어서서 절대적인 확신과 의존의 태도를 보이는 것이다. 독단주의나 광신주의는 교육의 내재율에 어긋난다. 하나의 품위를 절대적으로 고착시키는 것은 교육으로부터의 이탈을 의미하며, 이는 석가의 비유대로 강을 건너면 버려야 할 배를 가지고 산을 오르려는 것처럼 어리석은 것이다. 4대 스승들 가운데 예수를 제외하고 다른 성인들 스스로 자신을 불완전한 존재로 규정하고, 자신과 타인의 품위를 교육의 소재로 활용하고자 하였다. 그럼에도 불구하고 오늘날 예수뿐만 아니라 석가, 공자 역시 종교의 종주로 치부된다.

이제 우리는 마지막으로 이런 의아스러운 역설을 설명할 수 있어야 한다. 여기에는 여러 가지 이유가 있을 것이다. 그 가운데 우리의 논의와 관련하여 제기되는 하나의 유망한 추론은, 이후의 사람들이 그들이 창도한 수도계를 계속해서 교육을 통해서 발전시키려고 하지 않고, 그 스승들의 특정한 품위를 신앙의 대상으로 삼았다는 점이다. 종교의 원천이 되는 대상은 넓게 말해서 신이고, 또 다른 한편으로 그러한 대상을 만들어 낸 것은 인간의 심리적인 상태이다. 종교는 우리가 계속 추구하고 그 위대함을 밝혀나가면서 그 실재를 경험해야 할 것을 단지 우리들의 소망에 맞게 불변하고 절대적인 것으로 규정하여 버린다. 그로 인해서 인간은 자신의 주체성을 포기하고, 그가 만든 그 절대적 이상에 매달리는 것이다.

이런 양태는 분명히 석가의 의도와는 전혀 상반된 결과이다. 석가는 제자들에게 자신을 예배의 대상이나 전적인 의존을 요구하는 신앙의 대상으로 삼지 말라고 충고하였다. 석가가 죽음에 임했을 때 아난타가 그에게 마지막으로 가르침을 줄 것이 없느냐고 물었다. 그때 그는 "아난아, 마땅히 자기를 등불로 삼고, 법을 등불로 삼아라. 부디 다른 것을 등불로 삼지 말라. 자기에게 귀의하고 법에 귀의하라(장:60)"고 대답하였다. 여기에는 바른 길을 찾는 데 있어서 어떤 외재적 권위에 의존하기보다는 자기 자신 속에 있는 등불로 찾아야 한다는 분명한 지침이 담겨 있다. 그럼에도 불구하고, 삶의 어려움에 직면한 대중들이 그의 사후에 다양한 신전을 만들고 그를 신적인 구원의 시혜자로 삼았던 것은 석가의 기본사상에 어긋난 아이러니컬한 역사적 진전이다.

석가처럼 공자도 그 자신이 약점을 가지고 있다는 점에서 남과 다름이 없다고 생각하고 신격화를 단호히 거부했다. 이처럼 단순히 오류가 있는 인간으로 인식되기를 원했던 그가 결국 이후에 신격화되었다는 것 역시 역사의 아이러니가 아닐 수 없다. 공자는 죽음 이후의 세계보다는 인생의 현실생활에 더 많은 관심을 두었다. 이와 관련하여 ≪논어≫에는 이런 의미 있는 사례가 전해진다(선진11). 제자인 자로가 어떻게 귀신을 모시고 제사를 할지를 걱정하면서 공자에게 물었을 때 공자는 이렇게 반문한다. "아직 사람도 섬기지 못하면서 어떻게 귀신을 섬길 수 있겠소?" 자로가 재차 묻는다. "그러면 죽음은 무엇입니까?" 이에 대해서 공자는 "아직 산다는 것도 잘 모르면서 어떻게 죽음을 알 수 있겠소?"라고 응대한다. 그럼에도 불구하고 오늘날 유교가 종교의 한 지류로 분류되는 데에는 그에 대한 이후 세대의 왜곡이 첨가되었다고 보아야 할 것이다.

4대 스승 가운데 예외적으로 새로운 종교의 창시자라는 말이 상당한 부분 어울리는 사람은 예수다. 예수는 지나치게 피안에 핵심을 둔 나머지 차안의 구체적, 현실적 삶을 무시하는 경향이 있다. 수도는 더 나은 것에 대한 추구이며, 그 추구는 일단 그런 것이 있다는 것에 대한 믿음을 전제한다. 예수는 "믿는 이에게는 불가능이 없다(막9:23)"고 말한다. 아무리 어려운 질병을 얻었다고 하더라도 그것을 치유하려면 우선 치료될 수 있는 믿음이 있어야 하는 것이다. 하늘나라가 진정 존재하는가? 예수의 입장에서 하늘나라의 진정한 징표는 자기 자신이며, 그의 행동이며, 그의 메시지이다. 예수를 볼 수 있는 첫 조건은 믿음이었다. 그리하여 예수는 그를 믿으면 하늘나라를 볼 수 있다고 역설했다.

스승에 대한 믿음은 상구교육의 가장 큰 요건이다. 제자가 스승의 의지 속에 있다는 것을 확신하지 않는다면, 스승의 증거는 열매를 맺기가 어렵다. 그런 이유에서 예수는 병자를 고치고 죽은 자를 살리는 기적을 보임으로써 사람들에게 선진으로서 인정받는 믿음의 방편을 썼다. 그러나 그 인정은 1차적인 가정은 될 수 있을지언정 상구교육에 의한 2차적인 확인으로 볼 수 없다. 2차적인 확인은 상대가 스스로 그런 기적을 수행할 수 있을 때에 이루어지는 것이다. 이런 정도의 확인은 나중에 그의 11명의 제자들에게만 가능했을 것이다. 만약 이들에게조차 성경 속의 예수가 오직 자비와 은총만을 베푸는 것으로 비쳐졌다면, 그것은 그의 진정한 스승의 이미지를 훼손하는 것이다.

이 단계에서 교육의 종교화와 관련하여 한 가지 반문해야 할 점이 있어 보인다. 그것은 일반인들이 절대시하여 신봉하는 품위가 과연 그 종주가 가진 진정한 품위와 일치하는가 하는 점이다. 앞 소절에서 살핀 바대로 철저한 교육적 시숙의 내재율을 배려했던 4대 스승들의 면모를 기억하는 독자는 이에 대해서 금방 부정적인 해답을 얻을 것이다. 그들은 한결같이 품위의 단계적 진전을 의식했고, 제자의 단계에 따라 다른 가르침을 주었다. 세상에 온 석가는 한 사람이지만, 응신(應身)으로서 석가가 대중의 마음 속에 비춰진 얼굴은 천의 얼굴, 만의 얼굴이 된다. 공자, 소크라테스, 예수의 경우도 마찬가지다. 이 때문에 정확하게 말하면, 그들이 절대화한 품위는 4대 스승의 것이 아니다. 다만 그것을 신도들이 피상적으로 모방한 경우이거나, 혹은 그것에 각자의 현품을 투사한 것에 불과한 것이다.

4대 스승들이 그들의 의도와는 다르게 종교의 종주가 되는 과정에는 사후 그들에 대한 대중의 인식의 변화와 상당 부분 관련되어 있다. 그 후에 만들어진 성전(盛典)에는 구제불능의 신화적 허구와 곡해가 첨가된다. 그들을 따르는 사람들은 4대 스승의 사상이나 주장에서 오히려 아늑한 지적 안식처나 이상향적인 계획을 세우고, 사람들이 그 안에서 머물기를 바랐다. 우리의 삶에서 이런 종교적인 심성과 종교 자체의 필요성을 우리는 부인할 수 없다. 그러나 다시 강조하거니와, 그런 의미의 종교는 수도계의 바깥에 있는 것으로 보아야 할 것이다.

교육에서 중요한 것은 그 차안의 실재성을 인정하고 바로 거기에서부터 피안을 향한 노력을 해야 한다는 점이다. 그렇지 못할 때 그 피안은 단지 현존하는 사람들의 저급한 허구적 이상으로 환원되기 쉽다. 그리고 당면한 문제에 정면으로 부딪치기보다는 그것을 오직 절대자의 연민, 구원, 은총에 의존해서 해결하기를 바라는 나약함으로 발전할 위험이 있다. 그것은 우리가 말하는 교육의 내재율에 정면으로 배치된다. 그렇다면 우리에게 남겨진 나머지 과제는 우리가 어떻게 4대 스승의 하화를 받아들일 것인가 하는 것이다. 더 나아가, 그들의 품위를 어떻게 교육의 소재로서 복권시킬 것인가 하는 과제도 있다. 그 해답은 성인들의 품위에 오류가 없는 절대의 권위를 부여하기보다는 그것을 단지 우리 자신의 품위를 발전시키는 디딤돌로 사용하는 것이다. 종교 경험의 기본구조는 인간과 숭배 대상 사이의 이원화이며, 전자에 대한 후자의 봉헌과 예배이다. 그러나 교육의 소재로서 품위는 그 이원화를 거부하며, 그들의 소재로서의 가치는 그것을 안다는 것과 모른다는 것의 중간으로 받아들이는 데 있다.

그런 해법의 단서는 소크라테스가 추구한 서양의 학문이 지금까지도 종교와 무관하게 수도계의 영역을 지키고 있는 경우에서 얻어낼 수 있다. 소크라테스가 "너 자신을 알라"라는 델포이 신전의 계율을 가지고 이룩한 혁명은 안다는 것보다 모른다는 것을 우선시하는 태도를 담은 '무지에 대한 앎'이다. 그는 당시의 자연철학자들이 그 참임을 알 수조차 없는 생각을 사람들에게 자신만만하게 말하는 것을 곧이곧대로 믿을 수가 없었다. 그는 근거들이 검토된 적이 결코 없는 것을 지식인 양 가장하는 일이 얼마나 위험한 것인가를 분명히 알고 있었다. 그가 당시의 지배적이었던 앎이 독단적이라는 이유로 거부한 것은 그런 이유에서였다.

이 세상에 절대적인 지식이란 존재하지 않는다. 우리가 현실적으로 알 수 있는 것은 상대적으로 누가 더 많이 알고 있느냐 하는 것이다. 델포이의 신탁이 소크라테스를 아테네에서 최고로 현명한 사람이라고 했을 때, 그는 자신이 그것을 입증할 수 있는 유일한 점은 그가 결코 알지 못한다는 사실을 안다고 생각하지 않는다는 것뿐으로 보았다. 그는 스스로 현인이라고 하는 사람들과의 대화를 통해서 이 점에서 그가 그들보다는 앞서 있음을 입증하려고 하였다.

"나는 그와 대화를 시작하자마자 많은 사람들이 그를 현명하다고 생각하고 자기 자신도 매우 현명하다고 생각하고 있지만 사실은 그는 현명하지 않다는 생각을 금할 수가 없었습니다. … 그 사람도 나도 아름다움이나 선(善)을 사실상 모르고 있지만, 나는 그보다 현명합니다. 왜냐하면 그는 아무것도 알지 못하면서 알고 있다고 생각하지만 나는 알지 못하고 또 안다고 생각하지도 않기 때문입니다. 따라서 나는 알지 못하고 있는 것을 알고 있다는 점에서 그보다 약간 우월한 것 같습니다(Platon, /1987, p. 15)."

알지 못하고 있는 것을 아는 정도의 앎과 그 수준 정도를 파악하는 특이한 방식이 바로 교육이다. 처음부터 그런 태도를 지니고 있었던 소크라테스는 교육을 통해서 새로운 철학을 만들고 지금까지 학문의 대표자로서 세상 사람들의 인정을 받게 되었다. 그는 이전의 생각에 의문을 갖게 하는 질문을 끈질기게 던지면서 삶의 근본 문제로 끌고 갔다. 소크라테스의 제자들은 더 의문을 많이 갖는 사람이 더 아는 것이라는 반증의 논리를 하나의 전통으로 이어받았으며, 그로 인해서 서양의 학자들은 이전의 품위를 계속 반전시키면서 지금까지 끊임없이 학문을 발전시키는 저력을 보일 수 있게 되었다(장상호, 1999). 그것이 우리가 말하는 전정한 의미의 교육적 진화이다.

그러나 오늘날 학문의 경우도 일종의 종교화의 양태를 띠는 사례가 많다는 사실을 우리는 주목하지 않을 수 없다. 학문의 아버지라고 할 만한 소크라테스가 그토록 기피하려고 노력했던 그 현상이 특별히 교육을 표방하는 학교 안에서 주로 발견할 수 있다. 이 언명에서 오늘날 학교에서 사용하는 '교과서'를 연상하는 독자가 있다면, 그는 여기에서 밝히려는 논지에 매우 가깝게 접근하고 있는 셈이다. 오늘날 학생들은 교과서에 정답이 있으며, 자신들은 오답을 가지고 있다는 생각을 주입받고 있다. 그 교과서의 경전에서 이탈할 때 학생들은 엄청난 대가를 치르며, 그에 대해서 불안감을 갖는다. 이 점에서 학생들은 사실상 학교에서 상당 부분 종교적인 생활을 하고 있다고 해도 과언이 아닐 것이다.

2.3 교육공간의 확장

앞에서 우리는 교육에 대한 관념의 지평을 넓혀 먼 과거의 것으로 묻어 놓았던 교육의 사례를 검토할 수 있었다. 이것은 18 혹은 19세기에 등장한 공립학교체제를 중심으로 형성된 교육관이 오래도록 우리를 가두어 놓았던 시대적 한계를 벗어나 교육이 그 본질을 장구한 세월에 걸쳐서 유지해 오고 있음을 상기하는 계기를 마련하기 위함이었다. 그러나 그런 교육의 사례에서도 또 다른 신화적 함정의 요소가 있다. 그 우려는 석가, 공자, 소크라테스, 예수와 같이 엄청나게 위대한 사람만이 교육을 훌륭하게 할 수 있다고 생각하는 것이다. 이 역시 교육본위론의 취지에 어긋난다.

우리는 교육을 모든 사람들이 어느 곳에서나 향유할 수 있는 세계로 확장할 필요가 있다. 교육적인 관계는 세속의 범주를 떠나서, 그리고 수도계의 종류나 수준에 관계없이 어떤 두 자연인 간에도 언제나 성립될 수 있다. 교육은 또한 특정한 장소와 시간에 구애되지 않고 그것의 내재율이 존중되는 곳에서는 어디서나, 그리고 어느 때에나 번창할 수 있다. 우리의 삶은 여러 가지 공간의 구획을 갖는다. 여기에는 다양한 삶의 양상이 진행되고 있다. 그 삶의 공간 안에서 여타의 과정과 더불어 교육이 차지할 수 있는 여지는 언제나 있다. 그 점을 분명하게 각인하기 위해서 우리들에게 익숙한 선인인 공자와 퇴계 이황의 겸허한 교육관을 여기에서 다시 상기하고 넘어가기로 하자.

≪논어≫에 이런 말이 나온다.

“공자께서 말씀하셨다. ‘성인이나 인자(仁者) 같은 행위를 내가 어찌 감히 할 수 있겠는가? 고작 스스로 배우기를 싫증내지 않고 남을 가르치는 데 지치지 않는다고나 말할 수 있을까?’(술이33)”

다음은 앞에서도 해석된 이황의 ≪도산십이곡≫의 마지막 제12곡의 내용이다.

우부(愚夫)도 알며 ᄒᆞ거니 긔 아니 쉬운가?
성인(聖人)도 몯다 ᄒᆞ시니 긔 아니 어려운가?
쉽거나 어렵거낫 듕에 늙는 주를 몰래라.

위에서 인용된 글은 교육이 오직 성인들만의 것이라고 생각하는 것이 잘못된 편견이라는 것을 지적하고 있다. 교육이야말로 평범한 사람들의 것이다. 교육은 그 주체가 가진 품위의 고하와 관련이 없다. 우리는 수많은 종류의 수도계와 관련을 맺고 있으며, 그 각각에서 현재의 품위를 가지고 있다. 그 모든 것들을 소재로 누구나 위로는 상구교육, 그리고 아래로는 하화교육을 할 수 있다.

우리가 생활하고 있는 모든 공간에서 교육이 진행되어 왔다고 보는 것이 옳다. 다양한 목적의 추구와 특수한 맥락을 가진 복합적인 삶의 공간 안에서 교육공간은 이론적으로 감별할 수 있을 뿐이다. 교육공간이란 교육과 비교육이 공존하는 우리의 일상적 생활공간 가운데에서 전자가 주된 전경과 관심의 대상이 되고, 여타의 것은 그것을 위한 종속적 배경이나 환경으로 전환되는 공간을 말한다(장상호, 1997b; 최성욱, 2006). 아직까지 그것을 밝힐 마땅한 안목이 결여된 연유로 인해서 교육공간은 이제까지 은밀하게 숨겨져 있는 영역으로 남겨 있다. 그 각각의 공간에서 교육이 어떤 양태로 진행되고 있는지에 관한 것은 아직 연구를 통해서 밝혀져야 할 과제로 남아 있다.

탐색은 언제든 시작되어야 한다. 오늘날 수많은 삶의 공간 가운데 가정, 학교, 직장, 가상공간이 있다. 각각의 공간은 그 자체로서 특수한 세부적인 교육환경의 맥락을 갖고 있을 것이다. 이와 관련하여 불리한 조건 혹은 유리한 조건의 구분도 가능할 것이다. 그 부분은 다음의 소절(2.10, 2.11, 2.13)의 논의로 미루고, 이제부터 그 각각의 공간에서 이상적인 교육의 여건이 주어진다면 어떤 교육이 가능한지를 먼저 간략하게나마 살펴보고자 한다. 묘사된 양태는 독자에게 다소 유토피아적이라는 인상을 줄 것이다. 유토피아는 현실 속에서 완전하게 실현될 수 없다는 것이 특징이다. 그러나 그것은 우리가 지향하는 이념을 밝혀 준다는 점에서 우리의 논의에서 배제될 수 없는 부분이기도 하다. 삶에는 꿈이 필요하고, 그것이 바로 실천의지와 결합할 때 놀라운 현실이 우리 앞에 전개될 수도 있다.

2.3.1 가정의 교육

인간생활에서 가정은 가장 보편적인 집단이다. 우리 모두는 평생 동안 가정을 떠날 수는 없다. 그 가정이 무엇이냐 하는 것에 대한 관점은 다양할 수 있겠지만 가족이 공동생활을 하고 있는 곳이라고 보아서 큰 무리가 없을 것이다. 인류의 출현과 더불어 가장 보편적인 생활단위가 혼인과 혈연으로 맺어진 가족이다. 가족들이 영어의 '홈(home)'이나 독일어의 '하임

(Heim)'이라고 지칭되는 곳에서 생활하고 있다. 어렸을 적에는 자녀의 신분이 되는가 하면, 성인이 되었을 때에는 부모의 신분으로 변한다. 그런 의미에서 가정은 삶에서 가장 중요한 역할을 하는 원초적인 집단인 것으로 보아야 할 것이다.

가정은 소단위 공동체로서 부모, 그리고 자식들로 구성되어 있다. 가장 강렬하고 지속적이며 개인적인 감정적 의존관계를 가지고 있는 가족은 그들의 성, 연령, 역할, 세대에 따라서 여러 위계질서를 갖고 상황에 따라 상호작용한다. 가족의 제도도 시대에 따라 변한다. 역사적으로 인간이 만들어 내는 가족관계 · 가족공동체의 구성 · 운영방법 등은 생활에 필요한 물자의 조달방법이나 생산방법의 차이에 따라서 그 형태를 달리하여 왔다. 오늘날의 우리나라 가정은 대개 아내와 남편, 그리고 그들의 자녀로 구성된 이른바 '핵가족'으로 되어 있지만, 역사적으로 그 이전의 부모세대까지를 포함하는 대가족이 아직도 삶의 기본단위로 되어 있는 사회도 이 지구상에 허다하다.

온갖 세계가 혼재되어 있는 가정에서 교육은 배제될 수 없는 부분이다. 고대사회에서는 선대의 높은 지혜를 상구하고 그 지혜를 후대에 하화하는 일이 주로 가정에서 일어났다. 사회가 점차 전문화되어 가고 있고, 또 학교가 교육을 전담하는 기관이라는 풍조로 인해서 가정은 이전과 달리 교육의 공간이라는 의미를 점점 잃어가고 있다. 그러나 이런 풍조는 그 삶의 공간에서 이루어지고 있고, 또한 이루어질 수 있는 교육에서 비롯한 것이 아니라, 삶을 기술과 전문성으로 환원시키려는 현대사회의 잘못된 통념과 결부된 것으로서 반드시 극복되어야 한다. 자율적인 교육학으로서 교육본위론의 과제는 그 잘못된 관점을 바로잡을 뿐만 아니라, 그것을 기초로 현존하는 가정의 양태를 교육을 위해서 재구성할 수 있는 방안을 모색하는 것이다.

가정 안에는 기본적으로 부부, 자식, 혹은 그 부부의 부모 등이 공동으로 생활한다. 건전한 가정을 진단하는 지수에는 분명 그 구성원들이 교육의 주체로서 얼마나 활발하게 상호작용을 하느냐의 여부가 포함된다. 물론 여기에는 큰 차이가 있을 것이다. 어떤 가정에서는 어린이들의 교육적 경험의 기초가 다져지는가 하면, 다른 가정에서는 가정의 교육적 기능을 전적으로 포기하는 양태를 보일지도 모른다. 그러나 제대로 된 가정이라면 학교가 교육을 전담한다는 오늘날의 통념과는 달리, 아직도 교육을 건실하게 유지하고 있다는 점을 결코 간과해서는 안 될 것이다. 무엇이 그 차이를 가져오는가? 그 질문에 대한 해답을 이하에서 찾아보기로 하자.

가정의 출발은 결혼이다. 결혼 자체가 부부간의 오래된 성장배경과 전통의 차이를 반영한다. 이 차이는 갈등의 요소일 수도 있다. 대개 그중의 어느 하나에 다른 것을 종속시키는 문화적 관례나 혹은 정치적인 과정이 있으며, 그것이 지배적인 부분을 차지하는 결혼은 처음부터 큰 위기를 맞는다. 이런 이질적인 생활배경은, 교육의 면에서 보면, 교육적 교섭을 할 수 있는 소재로 활용할 수 있다. 양가 가운데 서로 특징 있는 삶의 양상에 주목하고, 그것들을 소재로 부부 사이에 교류교육을 할 수 있다면, 그 이질성은 좀 더 건설적인 결과를 가져올 수 있을 것이다. 원만한 가정에서 이런 양태를 찾아보기는 그렇게 어렵지 않다.

가족 사이의 가장 현저한 교육적 교섭은 통상 부모와 자녀 사이에 이루어진다. 부모와 자식은 생물학적 연결의 관계이다. 부모는 자식을 통해서 그의 생물적 일생을 연장하지만 삶의 가치는 단지 생명의 연장에 있지 않다. 부모가 나이와 더불어 자신이 살아오면서 얻은 정신적 지혜를 쌓고 그것만큼 어린 자녀에게 넘겨주는 것은 그들에게 생물적 혹은 물질적 재산을 주는 것보다 더 영속적이고 큰 봉사이다. 인간이 남길 수 있는 것 중 지혜보다 더 큰 유산은 없다. 그 눈에 보이지 않는 지혜는 그것을 배운 자녀들에 의해서 자증된다. 이 부분에서 건전한 가정과 그렇지 못한 가정의 차이가 두드러지게 나타난다. 오늘날 누구나 자녀의 장래생활에 관심을 가지고 있으며, 재산상속이 선대로부터 물려받을 수 있는 모든 것이라고 생각할 수 있다. 부모의 자녀에 대한 하화교육은 육신이나 어떤 물질적인 선물보다 더 중요한 것이다.

신생아와 부모 사이의 품위의 차이는 원시와 현대만큼 엄청나다. 대부분의 짐승들은 출생 이후 짧은 기간 안에 자생할 수 있는 능력을 가지고 태어나지만 인간은 그렇지 못하다. 이 때문에 인간은 출생 이후 어느 동물보다도 자체의 생존에는 미숙한 오랜 기간의 보호기를 요구하며, 인간은 진화과정을 거치는 동안 그 보호의 기간 중에 서로 삶의 중요한 지혜를 교류하도록 생리학적으로 결정되어 있다(Rogoff, 1990). 영아는 탁월성을 향해 분투하는 내재적 동기를 가지고 출생하며, 부모는 그 동기를 만족시키는 동기를 가지고 있다. 인간은 그런 동기를 토대로 교육을 실행하며, 그 과정을 통해서 점차 교육은 그 기능성을 떠나 삶의 중요한 양상의 하나로 받아들여진다.

말하자면 부모와 자녀 사이의 원시적인 교육적 기제는 얼마만큼 인간의 진화와 생물학적 유전에 의해서 주어졌다고 볼 수 있다. 패파우섹 부부(Papousek & Papousek, 1983)는 부모와 자녀 사이에 존재하는 양쪽 방향의 교육적 열정을 이렇게 기술한다.

> 영아는 지식과 기술을 배우고, 인정하고, 획득하려는 내재적 동기를 가지고 있다. 한 마디로 영아는 경험을 하나로 통합하려고 하고 아울러 그런 통합된 경험의 결과를 소통하려고 한다. … (다른 한편으로) 부모는 그의 지식을 특별히 그의 자손과 공유하려는 내재적 동기를 가지고 있다. 유아의 발달상태와 그가 경험을 통합하는 그때그때의 순간적인 진행에 맞추어서 그에게 지식을 전달하는 형식을 수정하는 부모의 능력은 생물학적으로 주어진 것이다(p. 226).

인간이면 누구나 상구하고 하화하려는 내재적 동기를 가지고 태어난다. 만약 이런 세대 간의 교육적인 교섭의 생물학적 장치가 없었다면, 오늘날과 같은 인류의 진화는 불가능했을 것이다. 여기서 특별히 주목할 사항은, 그런 교육이 어느 편이 적극적이고 다른 편이 소극적인 것이 아니라, 양편의 적극적인 활동의 조정에 의해서 가능해진다는 사실이다. 이들은 서로가 상대의 활동에 책임을 지는 방식으로 교섭한다. 아동은 눈 접촉, 몸동작, 울음, 혹은 미소 등의 힘을 빌려 부모들이 그들의 상구를 도와주도록 유도하고, 부모들은 기회가 있을 때마다 그들의 자녀들이 의미 있는 경험을 할 수 있도록 돕는다. 여기서 누가 누구에게 일방적으로 그 행동을 유인하는 것은 아니다. 서로가 상대의 유혹에 넘어간다고도 볼 수 있는 상황이 벌어진다. 사실상 건강한 어린이들의 놀이와 어른들의 보살핌에는 언제나 이런 교육의 본질적인 특징이 갖추어져 있다.

어린아이들은 천성적으로 탐험자들이다. 그들이 즐겨하는 놀이는 대부분 우리가 말하는 상구교육의 내재율에 거의 일치한다. 그들은 새로운 환경을 탐색하고, 자기의 활동영역을 넓히며, 어려운 문제들을 점차 해결의 사태로 전환시킨다. 그런 동기의 활성화에 의존하여 생물적으로 주어진 가능성이 후천적으로 실현되는 것이다. 유아들은 장애에 부딪치면 성인들의 도움을 찾아 요청한다. 이것은 흔히 울거나 혹은 웃는 표정을 보이는 보상, 혹은 표정이나 몸짓 등 다양한 반응으로 조정된다. 성인들은 그런 요청에 신속하게 반응한다. 너무 어렵거나 너무 쉬운 과제는 양쪽 모두로부터 환영받지 못한다. 유아들은 성인들이 그들의 발달수준과 그 수준에 맞게 경험을 구성하는 시기에 적절하게 반응할 때, 눈의 접촉, 미소, 성인에 대한 적극적인 협조 등의 보상을 제공한다. 문제에 대한 해답은 성인으로부터 주어지는 것이 아니라 대부분 어린이 스스로의 활동에 의해서 발견된다. 그런 상호작용은 이제까지 충분한 주목을 받지 않은 부분으로서, 그 양상은 교육본위론이 지적한 교육의 내재율과 일치한다.

어린이들은 미지의 세계를 탐구하기 위해서 여러 가지 형태의 상구활동을 한다. 그들은 낯선 것을 처음 보았을 때 곧잘 질문을 하기도 하고, 잠시도 쉬지 않고 부산을 피우거나 떠들기도 한다. 이런 어린 자녀들의 끊임없는 질문을 묵살하지 않는 것, 혹은 그들의 성장을 위한 자발적인 활동을 제한하지 않는 것만으로도 부모는 그들의 상구활동에 대한 훌륭한 반려자가 될 수 있다. 하화활동은 그것에 대한 부모의 보다 더 적극적인 호응이다. 부모는 자연스러운 사태에서 그들이 어떤 생각과 느낌을 가지고 어떤 행동을 하는지를 주시하거나 이해하려고 노력하고, 그로부터 서로 상구하고 하화할 수 있는 교육의 소재가 어떤 것인지 파악할 수 있어야 한다.

가정교육에서 우선 가정생활 자체가 교육의 소재가 된다. 먹고, 씻고, 자고, 일어나는 활동, 혹은 가족 모두의 소비생활, 식생활, 의생활, 주거의 계획과 관리 등 기본적인 생활능력에 있어서 부모와 어린이들은 선진과 후진의 위치에 있다. 그것들을 중심으로 항상 문제가 발생하기 마련이다. 가정에서 자녀들은 이에 따른 오류나 잘못을 지적 받을 것을 두려워하여 행동을 억제하기보다는 드러내고 그것을 소재로 삼아 스스로 상구할 수 있어야 한다. 이는 평소에 자녀의 생각과 느낌에 대한 부모의 수용적 태도와 직접적으로 관련되어 있다.

자녀의 과오가 말로 교정된다고 생각하면 그것은 실패할 가능성이 많다. 이른바 '잔소리'는 교육을 대신할 수 없다. 가정교육은 언어적 교류나 소통의 범위를 훨씬 초월하는 삶의 모델로서의 도제적 관계를 이룰 때 더욱 건전하게 진행될 수 있다(김지현, 1997). 어린이는 부모의 행동과 태도에 놀랍도록 민감하다. 그것은 부모의 말 없는 메시지, 즉 아이가 알아차릴 수 있는 힌트를 보내기 때문이다. 자녀는 부모와 생활하면서 그들의 언행을 눈으로 보고 귀로 들으면서 그대로 따른다. 만약 그 힌트와 부모 자신의 행동 사이에 차이가 있을 때 아이들은 그 이중의 메시지로 혼란에 빠진다. 언어와 실천이 일치하지 않으면 심지어 그 위선을 배우기까지도 한다.

이 때문에 자녀들에게 어떤 바람직한 품위를 바란다면 부모는 반드시 그런 품위가 담긴 생활을 하지 않으면 안 된다. 이것이 또한 부모의 끊임없는 상구교육의 과제를 제시한다. 부모가 나쁜 습성을 바꾸어 나가는 것이 바로 그대로 그들의 자녀에 대한 하화교육과 연결된다는 사실은 그 시사하는 바가 크다. 여기에서도 교육적인 가정과 그렇지 못한 가정 사이의 분기점을 발견할 수 있다. 부모가 자신이 노력해서 성취하기 못한 것을 자녀에게 일방적으로 기대하고 닦달하는 가정은 유감스럽게도 소기의 효과를 발휘하지 못한다.

가정에서의 교육적 관계를 오직 부모와 자녀에 국한시키는 것은 근시안적이다. 자녀들 사이의 교육적 관계에도 똑같은 일이 일어난다. 심지어 또래끼리의 유아들이 서로 교육적 교섭을 하는 것도 보고되고 있다(김지현, 2001). 가정에서 일어나는 자잘한 문제들이 부모보다는 형제간의 교육놀이에 의해 쉽게 해소되는 것을 발견할 수 있다. 형제들 사이에는 서로 수준이 비슷하기 때문에 성인과 아동들 사이의 것보다 오히려 더욱 자연스러운 교육이 일어난다. 어린 형제들이 서로 놀이를 하면서 주고받는 또 하나의 놀이 형태는 우리가 지닌 통념의 교육관을 초월하여 매우 빈번하게 이루어진다. 다음은 아동연구자들의 눈에 비친 2세 아동과 그보다 연령이 높은 학령전의 형제들 사이에 일어나는 교육적 교섭에 관한 사례보고의 하나이다.

> 형제들은 더 나이 어린 아동에게 놀이 기술의 획득을 위한 전후 관계를 제공한다는 것을 발견하였다. 어머니들은 대개 자녀가 제시하는 가장된 자아 정체에 적응하는 것은 피하지만, 적절한 비평과 제안들을 제공해 주며, 관심을 가지고 개입하는 관객과 같은 역할을 하는 반면에, 형제들은 놀이의 구성 계획과 짜놓은 놀이의 실제 무대에 어린 형제들을 함께 끼워 주었다. 결과적으로 동생들은 손위 형제들이 맡은 역할과 자신의 역할을 조화시켜 나갈 것을 기대 받게 되었으며, 2세 연령의 아동들은 놀랄만큼 잘 해내었다(Berk & Winsler, /1995, p. 110).

오늘날의 핵가족에서 찾아보기 어려운 형제 사이의 교육적 관계는 역사적으로 거의 예외가 없이 대가족에서 성립했다. 말하자면 대가족은 하나의 교육공동체의 성격을 띠었던 것이다. 역사적으로 대가족에서 장자와 막내 사이에는 거의 예외 없이 교육적인 관계가 성립했다. 형제가 많은 경우 그들 사이에 교육적 교섭이 복잡한 양태로 진행된다. 그들은 품차가 적은 또래로서 작은 스승과 큰 제자, 혹은 교류교육의 교우로서 훌륭한 교육적 관계를 맺을 수 있었다.

앞에서 우리는 주로 연령을 중심으로 선진과 후진을 가정하고, 연장자가 스승이 되고 연소자가 제자가 되는 양상을 논의하였다. 앞서 지적했듯이, 교육의 소재가 가정에서 일어나는 일상사(먹는 것, 입는 것, 자는 것, 목욕하는 것, 친구 선택, 학교에 가는 것, 외출, 방안 장식, 외출하는 것,

용돈 사용하는 것)일 경우, 그런 방식의 논의가 가능할지 모른다. 그러나 이는 설명의 편의일 뿐, 이제까지 강조해 왔듯이 가족끼리의 원만한 교육적 관계는 혈연이나 연령의 범주를 초월할 수 있을 때 가능하다.

소재의 범위를 확장한다면 가족끼리의 선진과 후진의 위치는 유동적이다. 인간으로서 자녀의 조화로운 발전을 의식하면서 읽기, 쓰기, 말하기, 그림 그리기, 동화 읽기, 노래하기, 비행기 만들기, 뛰어 놀기 등 단순히 의 · 식 · 주에의 예속과 기능성을 벗어나서 초월적 세계에로의 입구를 감지할 수 있는 기회를 제공하는 것이 부모와 자녀 사이의 교육이 될 수 있다. 그런 것들을 소재로 하는 교육이 점차 본격적으로 수도계의 가치가 전수되는 예비적 단계가 되는 것이다.

차츰 자녀들이 성장함에 따라 가정교육은 나이와 세대를 중심으로 소재의 선진과 후진을 구분하는 통념이 극복되어야 할 과제로 등장한다. 나이가 들어 자녀가 어떤 특정한 분야에서 상당히 높은 수준에 이르렀음에도 불구하고 부모는 그들을 항상 어리석은 것으로 대하는 것은 자녀를 과거에 묶어 퇴행시키는 태도로서 바람직한 것이 못 된다. 부모와 자녀 사이의 품위의 차이는 후자의 성장과 더불어 점차 축소되며, 어느 시점에서 그 관계가 역전될 수도 있다. 세상은 이전과는 달리 급변하고 있고, 부모들이 사는 방식은 오늘의 기준에 비추어 낡은 것이 되며, 그 부분에서 자녀의 세대의 것에 뒤질 가능성이 높아진다. 그런 상황을 자신의 통제력의 상실로 해석하여 두려워하는 부모는 자녀로부터 저항을 받을 뿐만 아니라 서로 갈등을 하게 될 것이다.

시대의 변화에 따른 세대 간의 의식이나 가치관의 단절과 대립을 해소하는 가장 이상적인 방법의 하나는 가족의 사회적 서열을 초월해서 교육적 관계를 맺는 것이다. 노인들이 시대에 뒤지지 않고 현대의 삶에 적응해 나가는 방식은 젊은 가족구성원과의 관계에서 상구의 태도를 갖는 것이다. 부모는 자신의 기준을 자녀들에게 그대로 적용하려고 해서는 안 된다. 부모도 약점을 가진 보통사람이라는 것이 드러나는 것을 두려워해서는 안 된다. 부모가 문제를 가지고 있고 자녀에게 그 해답이 있는 경우에 부모는 자녀로부터 배울 자세를 갖추어야 한다. 허심탄회하게 자녀들과 대화하고, 경우에 따라 자신들이 후진임을 인정할 때, 부모들은 자녀로부터 많은 것을 배울 수 있다. 이처럼 사회적 관계와 교육적 관계가 분리될 때, 비로소 진정한 의미의 '교육적인 가정'을 이룰 수 있다.

신문이나 방송에서 사회의 중요한 이슈로 나타나는 주제, 이를테면, 종교, 선거부정, 전쟁, 폭동, 인종문제, 암살, 대기오염, 인구억제, 문란한 성생활, 이혼, 범죄, 약물복용 등에 관한 견해에서 가끔 가족성원들 사이에 세대 간의 갈등이 일어날 수 있으나, 그것들을 교육의 소재로 삼을 경우 그 갈등의 해소와 협력의 양상으로 전환될 것이다. 소재의 다양성은 교류교육의 가능성을 증폭시킨다. 교육의 소재가 이를테면, 학문, 예술, 운전하기, 꽃꽂이, 바둑, 음식 만들기, 자전거 타기, 탁구 치기, 배드민턴, 컴퓨터와 인터넷 사용 등으로 정해진다면, 그 선진과 후진의 위치가 그때마다 바꾸어질 가능성은 더욱 커진다. 이 경우 그 선진과 후진은 엄격하게 교육의 내재율에 따라 결정되어야 한다.

경우에 따라 부모가 성숙한 자녀의 품위를 인정해 주고, "너희들에게서 무엇인가를 배울지도 모르겠다"라는 자세를 취한다면, 자녀들은 기꺼이 그 청교를 수락할 것이다. 자녀의 제자가 되어 주는 것은 바로 그들의 인격적 성숙과 발전을 인정해 주는 것을 의미하며, 이 사실은 부모나 자녀 모두에게 큰 축복과 자랑이 될 수 있을 것이다. 가정에서 이루어지는 이런 교육풍토가 일생동안 자녀의 교육적 삶의 정도와 수준을 결정한다. 어릴 때 가정에서 성공적으로 교육의 경험을 한 사람은 그 이후의 삶에서도 활발하게 교육에 임하게 된다. 나이에 상관없이 누구나 후진을 상대로 하화교육을 실천해 보고 싶어한다.

개인의 일생에서 언제나 당면하기 마련인 노후생활을 오늘날 낭비하고 비참하게 하는 하나의 불행한 부분은 노인들을 그들 이전에 누렸던 교육으로부터 소외시키는 것이다. 극히 예외를 인정한다면, 삶의 지혜는 상당부분 삶의 경륜과 비례한다. 나이 많은 노인들에게 하화의 기회를 주는 것은 단순히 그들이 쌓아놓은 지혜를 전수받는다는 것 이상으로 그들에게 삶의 보람을 준다. 그들을 대상으로 여타의 가족이 성구의 기회를 갖는 것 역시 그 결과를 떠나서 그들이 서로 연대하며 살아있다는 것에 대한 확인이 되는 것이다. 교육적으로 건전한 가정은 바로 그 부분에서 그 미세한 차이를 찾아볼 수 있을 것이다.

삶의 양태나 가치판단에 있어서 끊임없는 갈등의 요인을 교육으로 극복할 수 있다. 대가족의 경우, 할아버지와 손자라는 세대 차이가 훌륭한 교육의 소재가 될 수 있다. 그런 부분에 눈을 돌려 서로 교육적인 가능성을 증대시킴으로써 세대 사이의 화합이 이루어질 수 있다. 한편으로 부부가 그 선대의 지혜를 존중함으로써 제자의 사세를 취하면서, 다른 한편으로 그들의 자녀에 스승으로 임할 수 있는 여지가 얼마든지 있다. 그 가능성을 모색함으로써 부모는 자신의 권위를 타증할 수 있게 되며, 세대 상호간의 경험의 차이에 따른 자신의 위치를 갈등 없이 확인할 수 있는 것이다.

우리 생활에서 가장 가깝고, 또 애정과 신뢰를 통한 생활의 만족을 줄 수 있는 원천이 되어야 할 부모와 자녀 관계가 가끔 그 반대로 증오를 일으키는 비극적인 일이 오늘날 자주 일어난다. 그 중요한 원인은 이른바 '세대차'이다. 그 한 가지 사례가 바로 '고부간의 갈등'이다. 이것은 대개 시어머니와 며느리 사이의 권력 갈등의 양상으로 나타나는데, 이 경우 올바른 교육적 관계맺음에 의해서 그 갈등을 적절하게 극복할 수 있다. 가정교육은 앞에서 가정의 특징으로 지적한 가족 사이의 혈연적, 정치적, 사회적 불평등을 넘어설 수 있어야 한다. 고부간의 정상적인 교육적 교섭이 이루어지는 경우, 그 원칙이 살아 있음을 확인할 수 있을 것이다.

가족구성원 가운데 서열상 비교적 윗사람의 모범적인 교육적 삶의 양상이 갖는 큰 의미는 그 삶의 양상 자체가 가족의 중요한 부분으로 안착된다는 점이다. 선대의 교육적인 삶이 후대에게 자연스럽게 전달된다. 할아버지가 손자에게 알맞은 덕담을 하며, 부모가 자녀에게 동화를 읽어주는 가정에서는 누나나 형이 동생을 상대로 똑같은 몫을 하는 것을 발견할 것이고, 그 동생이 나중에 어른이 되어 그 자녀에게 읽기를 가르치는 것을 쉽게 관찰할 수 있을 것이다. 이처럼 한 가정에서 경험하는 교육의 지혜는 바로 똑같은 과정을 거쳐서 그 다음, 그 다음 세대를 거쳐서 영원한 유산으로 전승된다. 이에 대한 것은 후(2.8.2)에 메타교육과 관련하여 더 언급할 기회가 있을 것이다.

2.3.2 학교의 교육

오늘날 학교는 젊은이들이 하루 중 가장 많은 시간을 보내는 공간이다. 사람들이 대부분 그곳에서는 오로지 교육만 일어나는 것으로 잘못 인식하고 있다. 학교가 대중적으로 '공교육'을 표방하면서 등장한 것은 역사적으로 최근의 일에 속한다. 이는 전문화로 치닫는 특수한 시대사조와 관련되어 있다. 그 양태는 다양하지만, 한 가지 분명한 사실은, 다른 생활공간의 경우와 마찬가지로, 그 안에는 온갖 이질적인 사실들이 공존한다는 것이다. 가령, 우리나라의 학부모들이 자녀의 입시에 큰 관심을 보이는 것은 사실상 세속적 목적을 투영하고 있다. 그런 학교의 기능이나 사실 모두를 '교육의 문제'로 보는 혼동은 교육의 문제는 물론 그 세속의 문제를 해결하는 데 도움이 될 수 없다.

교육본위론은 학교와 같은 '교육제도'의 필요성을 결코 부인하지 않는다. 우리는 학교가 진정으로 교육에 충실한 기관이 될 수 있기를 기대하고 희망한다. 그런데 그 기대의 선행조건이 바로 학교와 교육의 개념적인 분리이다. 학교라는 삶의 공간과 그 안과 밖에서 이루어지는 교육적인 삶은 그 범주가 전혀 다르다. 학교 안에서 진행되는 그 잡박한 사실들 가운데 교육적인 것과 교육적인 것이 아닌 것이 변별되어야 한다. 여기서 학교가 '교육기관'이라는 명분을 보장받을 수 있는 것은 그 구성원인 교사와 학생들에게 교육적인 삶을 얼마나 보장해 주느냐 하는 것과 직결된다. 어떤 학교는 다른 학교에 비해서 더 교육적이거나, 덜 교육적이거나, 혹은 비교육적일 수 있는 것이다.

오늘날 교육제도로서 학교가 지닌 문제는 교육이라는 사실과 제도라는 사회적 시설 사이의 관계에서 그 우선순위가 전도된 데 있다. 교사나 학생들은 교육적인 삶을 학교 안에서 향유하도록 그 제도를 조정하기보다는 단지 그런 명분을 내세운 제도와 체제에 오히려 적응하도록 강요받고 있다. 한때 우리나라에서 '학교의 붕괴' 혹은 '교실의 붕괴'라는 말이 유행하였다(한국청소년개발원, 1999). 그것은 어쩌면 '교육의 붕괴'가 아니라 교육이 제대로 이루어지지 않은 것에 대한 하나의 반발일 수도 있다. 그렇다면, 지금과 같이 경직된 학교태의 붕괴는 교육이 제대로 이루어지기 위한 전 단계로서 필요조건이기도 하다. 그런 과제를 놓고 덮어놓고 학교나 교실을 지키자고 하는 것은 개념의 혼돈과 부재에서 비롯된 것이다. 진정한 의미의 교육이 학교 안에서 살아나기를 바란다면 이제 사태를 역전시켜 그 제도를 교육의 내재율에 맞게 재조정하는 작업을 수행해야 할 것이다.

그 작업은 기존체제의 전면을 재고하고 정비하는 혁명적 변화를 요구할 것이다. 현존하는 학교체제, 학교구성원들, 정책당국 그리고 그것들을 배경에서 지원해 왔던 교육학 체제 자체가 교육 자체의 속성을 무시하거나 간과하거나 왜곡시키는 오류를 범하여 왔다. 그 때문에 그 자체의 오류를 청산하고 교육적인 삶을 학교생활의 중심부에 정치시키는 환골탈태의 과제는 긴 시간을 요구할 것이다. 그동안 방대하게 얽힌 기존의 이해관계의 재조정에 따른 수많은 문제와 장애도 예상해야 한다. 그 세부적인 사항들과 전략을 한정된 지면에서 논의하기는 어렵다. 다만 여기에서는 기존의 학교체제를 전제하면서, 학교가 교육적으로 좀 더 개선될 수 있는 몇 가지 측면, 즉 교육소재의 선택, 교과서의 교육적인 활용, 교육에서 평가가 이루어질 필요성과 그 기준, 그리고 마지막으로 교사와 학생의 교육적 관계의 재조정에 관한 부분만을 구체적으로 예시하고자 한다.

오늘날 우리나라의 학교는 주로 서양학문을 위주로 이른바 '교과목'을 편성하는 일원주의적 사고에 의해서 교도되고 있다. 그러나 교육을 본위로 할 때 그 소재영역은 한정되는 것보다는 다양할수록 좋다. 이는 학생들 자신의 소질에 따른 소재의 선택이라는 유리한 조건을 만든다. 역사적으로 이미 그 실재가 증명된 예술, 기예, 도덕, 그리고 그보다 훨씬 더 긴 역사를 가진 동양의 제반 수도계가 학교에서 교육의 소재로 수용되지 말아야 할 이유가 없다. 학교는 이런 부분을 겨우 '과외활동'이라는 방편이나 명분으로 제한하고 있는데, 그것들이 왜 과외로 분류되어야 하는지 어떤 이론적 근거도 찾아볼 수 없다.

학교는 하화하고자 하는 사람이 그 소재를 제안하고, 그 소재에 동의하는 사람이 그들을 상대로 상구하는 곳으로 변모될 수 있어야 한다. 그 소재는 다양하다. 여기에서 학교 안의 필수과목과 선택과목의 의미도 재조정되어야 한다. 가능한 한 선택의 폭을 넓이는 것이 학교 구성원 사이의 자발적인 교육적 교섭에 도움이 된다. 소재의 가치는 교육의 참여자에 의해서 검증과정을 거쳐야 한다. 이렇게 되면, 무가치한 것은 탈락될 것이고, 가치 있는 것은 존속될 것이다. 진정 가치 있는 어떤 것이 탈락될 위험에 직면해 있다는 주장을 하는 사람이 있다면, 그에게는 그 가치를 스스로 재인식하는 추가적인 교육의 기회와 의무가 주어져야 할 것이다. 그런 의무감이나 노력이 없이 말만으로 억지를 부리는 것을 더 이상 용납해서는 안 될 것이다.

교육소재의 조건에서 더욱 까다롭고 중요한 부분은 그 품위수준의 발견과 그에 따른 조정이다. 교육적 시숙의 개념으로 누차 강조했듯이, 각 수도계의 최정상에서 이루어지는 품위는 교육의 소재로서의 가치를 갖기 어렵다. 품위의 수준이 서로 다른 개별학생들에게 교육의 소재가 동일할 수 없다. 이와 관련하여 가장 큰 문제가 되는 부분은 교과서의 활용과 직접적으로 관련되어 있다. 대개 교과서의 내용이 반영하는 어느 한 특정한 품위에 고정된 의미를 부여하고 그것에 학생들의 품위를 일치시키려는 시도를 하는데, 그 경우 교과서는 소재로서의 가치를 상실한다. 그렇다면 학교에서 사용하는 교과서는 개별적인 학생들의 수준만큼 서로 달라야 하는가? 그 역시 불필요하고 비현실적인 제안이다. 그렇다면 어떤 해법이 가능한가? 그것은 아마도 교과서를 통해서 나타나는 학생들의 개별적인 반응을 주목하는 것이다. 어떤 반응은 교과서의 의도에 맞을 것이고, 다른 반응은 전혀 그 의도와 빗나갈 수 있다. 우리는 그 개별적인 반응을 토대로 각 학생들에게 필요한 진정한 의미의 교육소재를 발견하고 활용할 수 있을 것이다.

현행의 학교제도에서 교과서의 내용은 어떤 구체적인 개인 혹은 집단의 선별과정을 거쳐서 선택된다. 대개 그것은 이미 검증된 지식을 대표하는 것으로 간주되며, 거기에 절대성을 부여한다. 그것에 학생들의 반응을 일치시키는 것을 목표로 삼으며, 그 반응이 바로 '교육평가'에서 '정답'으로 간주된다. 그러나 그런 절대적 의미의 정답은 학문 자체의 속성, 혹은 그것에 관한 근래의 인식론 모두에 역행한다. 이 세상에 검증이 끝난 절대적 지식은 존재할 수 없다. 진정 학문공동체의 전단에서 밝혀지고 있는 것들은 그 발전의 과정에 있는 잠정적인 디딤돌로 보아야 할 것이다. 그들은 학문의 발전과정에서 언젠가는 부정되어야 할 어떤 것으로서 그것을 학교에서 절대시하는 것은 그 자체가 반학문적인 처사이다.

흔히 당대의 학자들이 학문의 선단에서 성취한 정상의 지식에 부합하게 교과서 개정이 이루어지는데, 이는 소재로서의 교과서의 의미를 오히려 상당 부분 훼손하는 가정이 포함되어 있다는 점에서 다시 검토해야 할 부분이다(양미경, 2003, 2004). 앞에서 지적한 바대로, 당대의 수도계의 자료가 바로 교육의 소재가 되는 것이 아니다. 그런 높은 수준의 지식을 학생들이 당장 이해할 수 있으리라는 기대는 환상적이다. 이만큼 학교의 현실은 가공적이라고 말할 수 있다. 교육을 위해 교과서를 사용하는 것은 모든 학생이 그것이 함축하는 수준에 일치해야 한다는 식의 관례적인 의미에서가 아니라, 그것에 대한 학생들의 이해의 수준을 파악하고 그 수준에 맞는 교육적 교섭을 하기 위한 것이다. 그 자료에 대한 학생들의 반응이 바로 교육의 소재로서 가치를 갖는다. 그 때문에 학생들이 교과서의 일률적인 기준을 떠나 각각 제 수준에 맞춰서 탐색과 시행착오를 거듭하면서 차상품의 품위를 증득하도록 해야 한다.

낡은 인식론이 학교에 온존하지 못하도록 경계를 늦추지 말아야 한다. 진정한 의미의 교과서는 그 자체의 내용이 아니라 그것에 대한 교육 주체의 이해수준이다. 이런 관점의 전환은 최근에 이제까지의 정초주의적 인식론의 경직성을 벗어나기 위해서 해석학으로의 전향을 꾀하는 추세와도 관련되어 있다(Rorty, 1979; Bernstein, 1983). 하나의 텍스트에 오직 하나의 해석이 있다는 식의 사고는 이미 낡은 사고이다. 저자의 의도와 일치하는 것이 반드시 옳은 해석이라는 관점도 흔들리고 있다. 더욱 중요한 사실은 그에 대한 독자의 개별적인 해석이며, 그 해석은 한 개인의 총체적인 체험을 반영한다는 점이다. 해석에서 단편적인 것은 허용되지 않는다. 이처럼 해석은 언제나 개방적이다. 그렇다고 해서 모든 해석이 옳다는 무정부적인 관점을 허용하는 것은 결코 아니다. 절대적인 해석은 불가능할지언정 더 나은 해석에 대한 기대는 가능하며, 그 우열에 대한 판정 역시 불가능한 것이 아니다.

품위에 따라 교과서의 내용에 대해서 서로 다른 해석이 있을 수 있으며, 그것을 중심으로 선진과 후진 사이에 교육적 교섭이 진행될 수 있는 것이다. 학교 상황을 전제한다면, 교과서의 내용은 그것을 대하는 교사와 학생들의 현품의 여과를 거쳐서 어떻게든 해석될 것이다. 그 각각의 해석은 적어도 당사자에게는 '정답'이 될 것이다. 여기에 저압제와 고압제의 위험이 도사리고 있다. 그 각각의 것이 서로 그 절대성을 주장할 때, 혹은 한편에서 다른 편으로의 일방적인 일치를 강요할 때 문제가 발생한다. 교육의 내재율은 그 문제를 완충한다. 교육의 교섭에서는 그 해석상의 차이를 상대적인 품위의 수준의 차이로 간주하고, 그것을 소재로 삼아 후진으로 가정되는 학생들의 상구교육과 선진으로 가정되는 교사의 하화교육을 진행시키는 것이다. 그 진행을 활성화시킬 수 있는 것만큼 교과서는 훌륭한 교육적인 자료로 인정될 수 있다.

같은 교실을 공유하는 사람들은 자신의 관점을 형성하고, 그들의 생각을 다른 사람과 공유할 모험을 받아들일 기회를 갖는다. 상구자와 하화자가 별도로 구분되지 않는다. 흔히 학교에서 교사가 학생에 비해서 선진이라는 가정을 받아들인다. 그러나 교과서에 대한 학생의 해석을 교사의 해석에 일치시키는 것이 교육의 내재적 목표가 아니다. 그들 사이의 일치는 상당한 기간의 교육적 시술을 거쳐야만 가능하다. 이는 학생이 그가 생각하는 올바른 해석을 한 단계 더 높여 수정하는 상구활동과 교사가 그것을 돕는 하화활동의 알맞은 조화가 될 것이다. 교사는 자신의 관점을 말하기 전에 먼저 어떤 생각할 상황을 제시하고 그것에 대한 제자의 관점이 무엇인지를 살핀다. 제자의 상구는 바로 그 지점에서 출발한다. 스승은 제자가 지금의 상태에서 자신의 흥미를 따라 그 이해를 점차 쇄신해 나갈 수 있는 중요한 환경의 하나가 되려고 노력한다. 교육의 내재적 목표는 바로 그 활동 자체에 가치를 부여하는 것이다. 이를 위해서 학생과 교사는 교육의 소재, 진도, 페이스, 과제의 선택에 있어서 일방석인 것이 아니라 서로 융통성 있게 교섭할 수 있어야 한다.

학교의 계획과 시간표들은 교육이 진전되는 상황에 따라 항상 재조정될 수 있어야 한다. 너무 지루하거나 너무 생소하지 않는 것과의 끊임없는 접촉이 그 진도를 결정하는 중요한 요인이다(양미경, 2005, 2008). 흥미를 끄는 질문과 그럴듯한 대답이 끊임없이 교차하고, 목하 관심을 갖는 주제에 대한 이해의 개선을 위해서 수행해야 할 활동이 진행되면서 그 접촉점도 점차 심화하여 상승한다. 그 움직임을 보장하는 기회와 접근할 수 있는 풍부한 자원들이 도입된다. 신기함이라는 요소가 교육활동을 자극한다. 이런 진행은 단지 이상이 아니라 가장 실제적이고, 현실적이며, 현명한 선택사항에 해당한다. 왜냐하면 이런 상황 자체가 교육에 참여하는 열의와 만족의 원천이 되어, 지금처럼 교육을 통제하기 위해서 동원되는 정교한 보상과 처벌의 체계가 불필요하게 되기 때문이다.

소재로서 품위에 대한 평가는 교육이 진행되는 동안 끊임없이 이루어질 수 있어야 한다. 상구자의 품위를 발견함에 있어서 특별히 고려해야 할 점은 교과서 내용이나 주제에 대한 전체적인 이해의 방식이다. 그 전체를 바라보지 않고 오직 고립된 요소를 절대시하여 그것을 별개의 것으로 낱낱이 기억하고 있는 것은 엄격한 의미에서 품위가 아니다. 교과서가 제시하는 문제와 아이디어들을 분리시켜 고립된 부분으로 제시하는 것은 학생들의 품위를 개선하는 것에 도움이 되지 않는다. 학생들은 교과서에 대한 해석을 변형시켜서 재형성하는 방식으로 활용하면서 서로 무관해 보이던 교과서의 내용들이 하나로 통합되어 서로 관련을 갖게 되는 것을 실제로 느낄 수 있어야 한다.

교육에서 중요한 것은 품위에 대한 각자의 옳음과 그름을 가늠하는 판단기준의 상대적인 향상이다. 학생은 상구활동으로써 이전에 자신이 가지고 있었던 지식에 대한 평가기준이 변했음을 자각해야 하며, 교사는 그 자각을 유도하는 타증에서 자신의 하화활동에 대한 보람을 느낄 수 있어야 한다. 그때그때 품위의 소재를 중심으로 판단의 피드백을 교환하고, 그 피드백의 정당성을 교육적 교섭에 의해서 확인한다. 한편에서 "아, 그게 아니고 이것이었구나!"라고 감탄하며, 다른 한편은 그 사실의 수긍 자체를 자신의 원조가 성공했음을 알려주는 증거로 받아들인다. 그런 자증과 타증의 요소가 배제된 학교의 평가 상황은 여전히 교육과 먼 거리에 있다.

교육에 대한 평가는 교육을 통해서 얻은 결과로서 품위의 높낮이와 무관하다. 교육의 성공과 실패의 지표는 교육의 내재적 가치의 실현에 있다. 다시 말하면 그 결과보다는 그 과정의 내재율에 얼마나 충실하게 진행되느냐에 의해서 그 가치가 결정된다. 품위의 절대적인 기준은 없다. 그것의 소재가치는 교육 주체가 가진 품위의 상대성에 의해서 평가된다. 따라서 그 성취도에 있어서 승자와 패자의 구분이 있을 수 없다. 평가의 결과를 누구에게 보고해야 할 의무를 부여하는 평가의 체제는 학생들 사이의 품위의 상대적인 차이를 두고 서로 경합하도록 하여 그 개별적인 진보를 교육의 성과로 평가하는 체제와 근본적으로 배치된다.[26] 누구나 바라는 이른바 '학교교육의 정상화'는 그 갈등 상황에서 전자의 기준을 후자의 것보다 우선시할 때에만 가능하다(장상호, 2004).

서로 품위수준이 다른 개인들이 모인 하나의 학급집단에서 진도를 일

---

26) 학교에서 시험을 보고 그 성적을 보관하거나 당국에 보고하는 것은 교육의 본질적 속성과 무관하다. 교육의 실천에서 그런 요소가 불필요함에도 불구하고, 일반인들이 그렇게 생각하는 것은 교육을 학교의 선발기능과 혼동하고 있기 때문이다. 이 부분은 제3장에서 다루게 될 것이다.

치시기는 것은 불가능하다. 학급학생들의 동실화가 반드시 교육을 실현하는 데 필요조건이 되는 것은 아니다. 엄밀하게 말하면, 그 반대이다. 서로 품위의 차이가 있어야만 그들 사이의 교육적 협동이나 교류가 가능한 것이다. 그럼에도 불구하고 학교의 운영에서 늘 학생들의 우열반 편성과 같은 수준별 동질집단을 선호한다. 교사가 그 집단 전체의 수준에 맞는 일제식, 주입식 수업을 하기 위한다는 것이 그 명분이다. 그러나 이는 한 명의 선생이 하화하고 나머지 학생들은 오직 그를 상대로 상구해야 한다는 관례적 개념의 틀에서 벗어나지 못한 처사이다. 지금의 경우, 진도가 빠른 학생은 상구할 필요가 없는 것에 많은 시간을 낭비하고, 진도가 느린 학생은 상구하지 못하면서 역시 시간을 낭비하는 결과를 가져온다.

학급은 교육의 단위가 아니라 삶의 단위에 불과하다. 학급은 교육의 목적을 위해서 더 작은 집단으로 나누어 진행될 수 있다. 소집단을 나누는 방식으로는 능력에 따라 동질의 구성원으로 편성하는 방식과 능력이 다른 학생을 모아서 편성하는 방식이 있는데, 교육적인 목적을 위해서는 후자가 더 바람직하다. 서로 능력의 수준이 다른 학생들의 조를 짜서 주어진 주제에 관해서 준비, 발표, 토론, 질문과 답변의 시간을 가짐으로써 특수한 내용을 중심으로 학생들 사이의 품위의 차이가 드러나고, 그 때마다 교류교육이 능동적으로 그리고 협력적으로 진행될 가능성이 높아진다. 모든 학생들은 이와 같은 기회를 통해서 학교생활에서 얼마만큼의 상구교육과 하화교육의 기회를 가진다. 소집단 사이에 그 결과를 놓고 비교하는 것은 그 내부집단구성원 간의 교육을 활성화시키는 요인이 될 것이다.

이와 관련하여 우선 교사와 학생이라는 제도적 개념이 갖는 의례적인 사고의 재검토가 절실하다. 앞에서 우리는 편의상 교사와 학생이 각각 스승과 제자라는 제도적 통념을 토대로 학교교육의 개선방안을 논의했지만, 엄밀하게 말하면, 그것은 서로가 교육의 내재율에 따라 선택한 교육적 관계가 아니다. 그들 간에 스승과 제자라는 관계가 성립하기 위해서는 제도가 보장하는 것 이외에 실제적인 검증을 필요로 한다. 그들이 주어진 교과의 영역에서 선진과 후진에 해당한다는 1차적 가정은 제도가 보장해 주고 있는 셈이다. 그것은 가정에 그칠 것이 아니라 그 양자가 한편에서 하화, 그리고 다른 편에서 상구를 하면서 그 1차적 가정을 2차적으로 확인하고 증명할 수 있어야 한다. 그 부분을 생략하고 교사와 학생에게 무턱대고 스승과 제자라는 교육적 관계를 강요하는 것은 교육의 내재율에 반한다.

교육적인 관계는 제도를 포함하는 교육 외적인 여타의 인간관계를 초월한다. 교사와 학생이라는 제도의 범주와 스승과 제자라는 교육의 범주가 반드시 일치하는 것은 아니다(최성욱, 2004). 전자가 후자를 지배하는 학교에서는 교사와 교사, 학생과 학생, 그리고 교사와 학생집단이 수시로 각각 제자와 스승의 관계를 맺을 수 있는 가능성을 억압한다. 제도에 의해서 규정되는 것은 "교사는 가르치고 학생은 배운다"는 이분법이다. 진정 그러한가? 아니, 그럴 수밖에 없는가? 많은 경우 그런 조잡하고 경직된 분류가 교사의 제자가능성과 학생의 스승가능성을 제도적으로 봉쇄하고 있지나 않는지 반성해 보아야 할 것이다. 이론적으로 학교 내의 모든 인구가 고의적인 제도의 장벽과 한계를 벗어나 서로 제자와 스승으로 자연스럽게 교육적 교섭을 할 수 있어야 한다.

학교에서 교사가 오직 하화하는 것만으로 교육의 온전한 주체가 된다고 할 수 없다. 어제의 품위가 결코 완전한 것이 아니듯이, 현재의 품위도 극복되어야 할 어떤 것이다. 이러한 정신의 전격적인 전환을 배우지 않고서는 아무리 박식한 교사라고 하더라도 학생들에게 개방된 경험을 제공할 수 없을 것이다. 이 때문에 교사는 끊임없이 상구교육에 임해야 한다. 뿐만 아니라, 교사가 하화자를 자처하고자 한다면 하화교육에 대한 상구는 필수요소이다. 다른 한편으로, 학생들은 늘 상구해야만 하는 것은 아니다. 앞에서 살폈듯이, 학생들 사이의 품차는 상구와 하화가 가능한 공간이며, 그 안에서 서로 교육적 교섭이 활발하게 진행될 수 있다(강만철, 2007). 이처럼 학생이 서로를 상대로 교육 주체의 기능을 할 수 있게 될 때, 우리는 진정한 의미의 '교육적인 학교생활'을 기대할 수 있을 것이다.

소재의 품위에서 교사와 학생 전체의 이원적 구분은 너무도 비현실적이며 거칠다. 학교에서 항상 문제가 되는 부분은 한 공간 안의 학생들 사이에 당연히 존재하는 품차이다. 학급 안에서 한 명의 교사가 서로 다른 품위 수준을 가진 이질적인 학생들을 상대로 하화교육을 한다는 것은 거의 불가능하다. 그 불가능한 일을 실행하려고 하는 것이 학교의 현실이며, 그 현실은 교육의 실패를 다인수학급이라는 교육의 여건에 돌리는 악순환을 가져오고 있다. 그러나 그 악순환은 많은 부분 아이디어의 부재, 무비판적인 관행, 그리고 제도상의 결함에서 기인한 것으로 쉽게 개선될 수 있다. 예컨대, 품위 수준이 다른 것을 감안하여 겹스승과 겹제자의 체제를 도입해서 해당 소재에서 선진인 학생과 후진인 동료에게 작은 스승과 큰 제자의 역할을 수행하도록 허용한다면, 자연스럽게 소재로서 품위의 연속성을 기함과 동시에 학생들 사이의 교육적 활동을 아울러 꾀할 수 있을 것이다.

학교에서 모든 사람들은 그들이 상구하고 하화할 소재를 자유롭게 선택하고 교육적 파트너를 선택할 수 있는 권리가 있다. 학교가 진정 교육공동체로서의 면모를 지키려면 제도적인 강제를 할 것이 아니라 교육의 내재율에 따라 운영되고 그것의 준수 여부에 따라 그 구성원에게 가입과 탈퇴가 자유로울 수 있어야 한다. 오늘날 학생들끼리의 교육적 상호작용을 활성화시키는 기회를 확장시키는 통로는 '친목 동아리집단'이다. 그 안에서 흔히 '선배'와 '후배'로 불리는 학생들 사이에 자발적인 교육적 교섭이 현저하게 이루어지는 것은 바로 그것이 학교 안의 여타의 생활에 비해서 교육의 내재율에 더욱 부합하기 때문이다.

뒤(2.8.3)에 메타교육이라는 주제로 더 자세한 설명을 하겠지만, 교육의 핵심공간으로서 학교가 교육을 위해서 할 수 있는 가장 중요한 기능은 바로 그곳에서 가장 모범적인 교육을 함으로써 전 국민들이 자신들의 교육적 능력을 더욱 확장하고 향상하도록 돕는 것이다. 전 국민들이 국가의 특별한 지원 하에 가장 모범적인 교육에 참여하는 것 자체가 교육실습[27]

---

27) 이 용어는 흔히 사범대학의 학생들이 예비교사로서 일정기간 학교현장에 가서 그곳

이라는 의미를 지닌다. 교사와 학생들은 자신의 교육적 잠재력을 시험하고 직접 체험함으로써 진정 교육이 무엇인지에 대한 확고한 개념을 정립할 수도 있을 것이다. 이 기능이 제대로 이루어질 때 비로소 학교는 과연 교육기관이라는 명실상부한 인정을 받을 수 있다.

이처럼 학교에서 이루어지는 교육을 한 개인의 평생교육과 연결시키고자 할 때 우리에게 또 하나 분명해지는 사실은 학교 안과 밖을 구분하는 울타리가 교육을 위해서 다분히 불필요한 장벽이라는 점이다. 중요한 것은 그 안이나 밖을 떠나 학교가 교육기관으로 활용될 수 있는 기능을 극대화시키는 것이다. 우리의 삶의 공간 가운데 학교는 제반 교육의 시설을 갖추고 있다. 그것이 국민의 세금으로 조성된 것이라면, 학교의 시설은 비단 정규 학생들뿐만 아니라 지역주민들이 그들의 교육적 욕구를 충족할 수 있도록 개방되어야 한다. 학교는 또한 등록한 학생만이 아니라 지역사회 주민이 자발적인 상구자로서 학교의 프로그램에 참여할 수 있도록 허용되어야 한다. 이 경우 연령의 차이 혹은 정규 프로그램의 진행에 차질을 가져오게 한다면, 방과 후의 학교의 프로그램에서 그 기회를 확대할 수도 있을 것이다.

이런 상황의 변화를 상상해 보자. 학교는 더 이상 젊은이들만을 위한 장소는 아니다. 배우고 가르치고 싶은 사람들의 공동체이다. 나이가 많고 전문적인 교사와 젊고 피동적인 학생이라는 고정된 틀은 이제 해체되었다. 이미 일선의 직업에서 은퇴한 많은 전문가들이 그들이 젊은 시절부터 연마한 품위를 후대에게 전달하기 위해서 하화의 소재를 제안하기도 한다. 그러나 젊은 시절에 여러 가지 사정으로 상구하지 못한 소재를 가지고 배움을 보충하려는 성인들도 있다. 그래서 이제 학교에서는 연령이 집단을 갈라놓을 중요한 기준이 되지 못한다. 그들이 한편에서 스승이 되고, 다른 편에서 제자가 되는 것은 소재에서의 선진과 후진이라는 전제조건에서 성립되며, 그 전제는 교육의 과정을 통해서 검증된다. 오늘날 급변하

사정에 익숙하도록 요구하는 것으로도 사용된다. 얼마나 편협하고 잘못된 사고인가!

는 사회에서 젊은 시절에 상구한 내용이 이후의 삶에 그대로 적용되는 경우는 드물다. 중요한 것은 언제나 현재라는 상황에서 서로가 교육적 교섭을 통해서 그 향상에 적극적으로 참여하면서, 그 삶의 양상 자체에 기쁨과 희열을 느낄 수 있게 하는 것이다. 학교가 그런 교육의 공간으로 탈바꿈한다면, 모든 사람들은 그 경험을 학교 밖의 생활에까지 확장할 것이다.

이처럼 교육의 내재율에 따라 학교가 얼마든지 운용될 수 있기 때문에 학교에 대한 외부적인 관여가 불필요한 것이다. 다만 필요한 것은 그 내재율의 작용을 보장하는 행정적 · 재정적 · 제도적 지원이다. 이 부분에서 앎시의 확장된 학교교육이 현존하는 학교의 문제를 해결하는 하나의 단초가 될 수 있다. 예컨대, 학교 안에 교사가 부족한 상태가 태반이고, 그 문제는 항상 재정상의 이유를 들어 해결되지 않고 있다. 우리가 교육을 유념할 때 그 사태에 대한 다른 해결책이 없는 것은 아니다. 다인수 학급 때문에 수준의 차이를 수용하기 어렵다면, 부족한 교사는 학교 밖에서의 특별한 지도와 연계시킴으로써 해결할 수 있을 것이다. 학교 밖에는 그런 학생을 상대로 하화할 의도를 가진 자원봉사자가 있을 수 있기 때문이다. 가령, 학교의 사정상 수준이 다른 학생들의 상구를 돕는 교사의 인력이 부족하다면 각 분야에서 은퇴한 사람들이나 원로집단을 스승으로 초청할 수도 있을 것이다. 이런 융통성 있는 대처방법은 늘 부실한 교육의 여건을 탓하는 학교 측의 변명을 봉쇄하고 학교의 재정을 효과적으로 운영한다는 의미 이외에 그 자원봉사자들에게 하화의 삶을 보장한다는 점에서 일거양득의 효과를 얻을 수 있을 것이다.

2.3.3 직장의 교육

학교를 떠난 뒤에 한 개인이 몸담는 생활공간은 직장이다. 오늘날 성인들의 하루생활의 대부분은 직장에서 이루어진다고 해도 과언이 아니다. 성인들은 그들의 생활을 직장과 작업장을 중심으로 조직해야 한다. 직장은 성인들의 매일을 구성하고 그들의 유동성을 제약한다. 또한 직장은 성인들의 삶의 기준들을 결정하고 그들의 활동과 인간관계의 유형에 새로운 변화를 요구한다. 그 가운데에서 교육적 관계를 어떻게 활성화시킬 수 있느냐 하는 것은 교육적 삶을 확충시킴에 있어서 큰 관건이 된다. 앞으로 이에 관한 많은 연구가 필요하지만, 여기서는 교육본위론의 입장에서 그 요점만을 예비적으로 점검해 보기로 하겠다.

직장은 대부분의 사람들에게 먼저 경제적인 측면을 떠올리게 하는 삶의 공간이다. 직업은 대개 성인들이 생계를 유지하기 위하여 종사하는 일을 하고, 그 정신적·육체적 에너지의 소모에 따른 대가로서 경제적 급부를 받아 생활을 지속해 나가는 활동양식으로 흔히 알려지고 있다. 그 인식이 틀린 것은 아니지만, 직장을 오로지 경제적인 활동이 이루어지는 것으로 보는 단일 차원의 관점은 마치 학교를 교육이 이루어지는 곳으로 생각하는 것만큼 그 삶의 공간이 허용하는 여타의 삶을 간과하고 은폐시킨다.

직장은 세속적인 출세와 깊게 관련된다. 이곳에서 높은 지위에 오를수록, 그에 따른 권세, 부, 그리고 사회적인 명성이 주어지는 것이다. 그러나 이 역시 우리가 직장생활을 하는 전체의 목적을 구성하는 것은 아니다. 주어진 과제를 수행해서 큰 업적을 남기려고 하는 것은 단지 출세의 사다리에 오르는 수단 이상의 의미가 있다. 복지적인 입장에서 직업은 자아실현의 의미도 지닌다(Lippitt, This, & Bidwell, 1971). 소외된 노동과 자아실현의 차이는 우리가 진정 하고 싶은 일을 소속된 직장에서 할 수 있느냐 하는 것과 긴밀한 관련을 갖는다. 성인들이 봉급의 액수나 직장의 명성보다는 진취적이고 자신의 능력을 개발하고 발휘할 수 있는 직업을 선호하는 것은 이 때문이다. 그런 추세는 다음의 연구결과에서 엿볼 수 있다.

> 1980년대 중반 경제학부 학생들에게 그들이 직업에서 가장 가치를 두는 준거가 무엇인지에 대해 질문했을 때, 그들의 91%는 직업에서의 만족, 84%는 독립적인 작업이라고 대답했고, 높은 봉급이라는 준거는 고작 15번째의 위치를 차지했다. 게다가 자기발달을 목적으로 생각하는 사람이 57%인 데 반해, 전문적 자격의 획득을 목적으로 언급한 사람은 오직 43%이었다. 경제학부 학생들을 대상으로 한 이러한 결과는 뜻밖의 것이었다. 왜냐하면 전통적으로 사람들은 경제학

부 학생들은 그들의 직업적 생애와 수입에만 관심을 가지고 있을 것이라고 생각해 왔다. 이러한 결과는 영국 개방대학(open university)을 대상으로 한 조사결과와 일치하고 있다는 점에서 신뢰성이 있다. 영국 OU에서 그 수치는 56%와 44%로 나왔다(O. Peters, /2000, p. 181).

조직경영에서 직무만족은 여러 조건과 관련되는데, 그 가운데 하나는 그 구성원 간의 교육적인 상호작용이다. 앞의 인용에서 지적되었듯이, 그 성원들이 풍부한 자기성장 또는 자아실현의 기회가 주어지고 그들 사이에 그런 성장의 경험이 공유될 수 있는 기회가 많을수록 직장은 삶의 공간으로서 활력과 매력을 더 갖게 된다. 그 안에서 업무가 자신의 소질과 일치하고, 그것이 교육의 소재로서 작용한다면, 상구는 극히 자연스럽게 일어날 것이고, 그 업무능력은 날로 쇄신될 것이다. 이렇게 새로운 지식, 새로운 능력, 새로운 기술을 습득하고 깨닫는 것도 중요하지만, 다른 한편으로 그것을 동료들과 공유하려는 태도 역시 매우 중요하다. 그 부분에 있어서도 미래에 대한 희생적 준비보다는 현재에 무엇인가 보람과 의미를 갖는 것에 종사하는 데 더 큰 의미를 두는 경향도 보인다.

직무를 수행하는 동기는 무엇인가? 이 질문에 대한 응답에 있어서도 이전의 관점에 큰 변화가 일어나고 있는 점이 주목할 만하다. 보통 급여의 증액, 경쟁, 상관의 칭찬, 승진과 같은 외재적 동기를 생각하지만, 사실상 그것보다는 내재적 만족이 더 지속적이고 자발적이라는 것은 널리 알려진 사실이다(MaGregor, 1960). 물질의 공유는 항상 제로섬의 법칙에 지배되지만, 능력과 기술의 전수는 할수록 불어난다는 특징을 갖는다. 뿐만 아니라 물질은 경쟁해서 쟁취하는 논리를 따르지만 교육은 서로 협동하는 논리를 따른다. 더욱이 교육은 그 내재적 만족의 중요한 원천이 된다. 그런 교육의 과정이 배제된 직장이나 분야는 삶의 공간으로서 큰 결함을 지니고 있다고 보아야 마땅할 것이다.

흔히 이른바 '평생교육'의 이름으로 직장마다 대개 장단기의 연수기회가 주어진다. 여기에는 상당 부분 우리가 개념적으로 교육과 차별화하려고 했던 훈련 혹은 사회화와 같이 그 결과에 중점을 두는 부분이 포함되어 있다. 이들은 주로 직장에서 요구하는 기능, 혹은 경제적 재화로서의 인간의 특성에 그 초점이 맞추어져 있고, 그 우열을 가리는 경쟁과 관련이 있기 때문에, 교육 자체의 내재적 속성으로부터 상당 부분 벗어나 있다. 기업의 생존은 교육의 입장에서는 부수적인 결과일 수도 있다. 그러나 전략의 면에서만 본다면, 교육은 다른 수단에 비해서 비효율적일 수도 있다. 그 비효율적인 것을 감수하면서도 기업이 구성원의 업무수행 자체를 교육의 과정으로 유도하는 일을 가치 있는 것으로 규정할 때, 진정한 의미의 평생교육이 제자리를 차지할 수 있게 될 것이다.

우리의 개념에 의하면, 직업이 하나의 수도계의 성격을 띨 때 그것을 소재로 하는 교육이 가능하다. 이 말은 그 직업이 온전히 수도적인 것을 요구하는 것이 아니라 그것을 구성하는 하나의 요소가 될 수 있어야 한다는 의미이다. 모든 사람은 생계유지를 위해서 직업을 가져야 한다. 그러나 직업은 반드시 마지못해 하는 노동일 필요는 없다. 일터에서 노동과 여가를 이원적으로 대립시키는 것은 문제가 있다. 노동의 반대가 휴식인데, 너무 지나친 휴식은 지루하고 견딜 수 없는 고통이다. 우리는 노동을 통해서 인간성을 실현해 나갈 수 있으며, 그런 방식으로 직업세계를 구성할 수 있다. 다시 강조하지만, 교육의 소재는 외재적 이유를 떠나 삶의 기쁨을 누릴 수 있는 방식으로 선택될 수 있어야 한다.

자기 직업에 최고도로 숙련된다는 것 자체가 곧 인간적인 향상으로 해석될 부분이 있으며, 그 부분이 많은 정도만큼 그 직업에서의 생활은 그 자체로서 교육의 소재로서 활용할 소지가 높아진다. 직업에 따라, 혹은 그 직업을 대하는 개인의 적성과 소질에 따라, 그 교육의 소재로서 품위의 요소를 갖는 가치의 정도는 다를 것이다. 직업에서 정치, 고급관료, 농업, 공업, 어업, 상업, 수산해양, 영세기업 및 기간산업의 직종이 있는가 하면, 학문, 예술, 철학, 혹은 산악등반, 요트항해와 같은 스포츠, 각종 취미영역도 있다. 이 가운데 후자가 전자에 비해서 수도적인 요소가 더 많은 것으로 알려졌으며, 그런 이유 때문에 후자의 직업을 선호하거나 선택하는 경우도 있다.

그러나 동일한 직업에 종사하더라도 사람의 소질과 적성에 따라 그 직업에 종사하는 의미나 의의가 다르기 때문에 이를 일반적인 것으로 받아들이는 것은 위험하다. 자신이 진정 원하는 일을 하는 직업을 택한 사람은 타인의 시선이나 평가와는 별개로 직장 자체가 자신을 연마하고 그 연마된 것을 전수하는 공간이 될 수 있는 것이다. 이와 관련하여 ≪장자≫의 양생주편(養生主篇)에서 소개되는 다음의 에피소드는 이 시대에 사는 우리에게도 깊은 반성과 음미를 요구한다.

> "포정(庖丁)이 문혜군(文惠君)을 위해 소를 잡은 일이 있었다. 손을 놀리고 어깨를 기울이고 발로 딛고 무릎을 구부리는 [몸놀림]과 '획획 홱홱'하는 칼 소리가 음률에 맞지 않는 것이 없었다. 상림(桑林)[28]의 춤과 같았고, 또 경수(經首)[29]의 음절에도 맞는 듯 싶었다.
>
> 문혜군이 말했다.
>
> '아, 훌륭하구나! [그대의] 기술이 어찌하여 이런 경지에까지 이를 수가 있었느냐?'
>
> 포정은 칼을 놓고 이렇게 말했다.
>
> '제가 즐기는 것은 도(道)입니다. 기술보다 앞서는 것이지요.'"

수도계의 지위와 사회적 지위는 별개이다. 사회적으로 낮은 평가를 받는 직업에도 자신이 실현하고 싶은 능력에 도전하며, 그 탁월성을 향상시키고 이용할 수 있는 요소가 많으며, 그것이 자신의 소질에 맞는 것이라면, 그것은 교육의 소재가 될 수 있다. 이 때문에 직업과 그 안에서 달성해야 할 과업을 개인의 소질에 따라 선택하는 것은 개인의 자아실현은 물론 사회를 위해서도 매우 중요한 일이다. 뿐만 아니라 주어진 직업 안에서 수도계적인 요소를 발견하고 그것을 교육의 소재로 활용하는 것은 교육주체로서 응당 감당해 나아가야 할 중요한 과제의 하나이기도 하다.

---

28) 탕왕(湯王)의 음악
29) 순(舜) 임금의 음악

오늘날 우리는 최고의 기술시대에 산다고 말한다. 신기술의 개발은 바로 경제발전의 필수요인으로 인정되고 있다. 그러나 직장에서 신기술의 개발과 보급에는 단지 경제적인 요인만 작용하는 것은 아니다. 포정의 말대로 직무는 기술 이상의 소일거리로서의 도(道)라고 생각할 만한 부분이 있다. 그것을 소재로 일정 부분 교육이 이루어지는 것이다. 자신의 품위를 한 단계 더 진전시키려는 상구교육이 없이 기술혁신이 이루어지기 어렵다. 그렇게 이룬 혁신은 직장에서 그 초기에는 환영을 받기보다는 다소 저항을 받기 마련이다. 우리는 하화교육은 그 저항을 예방하고 그 새로운 것에 대한 정당성을 상호주관적으로 확인받는 가장 효과적인 방법이 될 수 있음을 밝힌 바 있다.

직장에서 말하는 신기술은 당대에 새로운 것으로 그것을 일률적인 기준에 따라 규정하는 것은 잘못이다. 직장에 처음 입사해서 자신의 과업을 처음 수행하는 입장에서 볼 때, 고참들이 수행하는 것은 거의 신기술에 해당한다고 보아야 할 것이다. 그러나 그것에 익숙한 고참에게 그것은 이미 새로운 것이 아니다. 그런 품차에 혁신과 보수가 조화를 이루는 협동교육이 차지할 공간이 있는 것이다. 여기서 고급의 지식과 기술의 공유는 하화자에게 가끔 경쟁에서 불리하게 작용할 수 있다는 미묘한 사실을 무시할 수 없다. 그러나 이로 인해서 경험의 공유가 억제된다고 할 때, 그 상황은 하화를 하려는 개인뿐만 아니라 그 직장의 조직 전체의 생산성에 부정적인 결과를 가져온다.

직장은 인사관리와 노무관리를 통해서 노동력을 가장 효율적으로 이용하기 위한 제반 시책을 고려한다. 인사관리가 생산과정에서의 노동력의 효율적 이용에 직접적으로 관련되는 시책임에 대하여, 노무관리는 생산과정 외에 노동자의 인격에 작용하는 것에 의하여 생산의 기계화 등이 초래하는 비인간화를 막고 노동 의욕을 향상시키기 위한 시책이라고 할 수 있다. 직장이 교육의 공간으로서 인정받기 위해서는 그 모든 부분에서 직장의 구성원 사이의 교육적인 교섭이 장려될 수 있는 배려를 하는 것이 중요할 것이다. 직장에서 교육적 관계의 유지가 그 구성원들에게 손해보다는 이득을 가져오게 하는 여건의 조성과 각종 제도적 장치를 마련할 수 있어야 할 것이다.

직업을 교육의 소재로 삼는 데에는 그 종류 못지않게 그 직무를 수행하는 수준에 대한 고려가 뒷받침되어야 한다. 너무 어렵거나 너무 쉬운 과제는 교육적으로 큰 낭비이다. 직원 각자의 품위에 맞는 도전적인 과제를 부여하는 것이 교육의 내재율에 부합한다. 직장 안에서 집단별 프로젝트를 개발하여 그 내부에서 발생하는 개인차를 주시하고, 그것을 교육적 관계로 발전시키는 방식을 택할 수 있다. 각 집단은 업무수행과 관련된 현장경험에 있어서 차이가 있는 짝을 정하고, 그중 선진이 하화교육을 하고 후진이 상구하도록 고려한다. 혹은 그 집단 사이에 교류교육이 이루어지도록 하는 제반 조처도 필요하다. 전자는 그 구성원 사이의 교육을 촉진하며, 후자는 집단 사이의 교육을 촉진한다.

교육적 관계는 직장의 업무상의 위계와 독립된 방식으로 형성되고 파기할 것을 요구한다. 이 점에서 구성원 가운데 다양한 소재에서 스승으로 봉사할 자원자들을 모집하는 방식으로 선택하는 조처를 취할 수도 있다. 상구교육을 하고 싶은 사람은 인사관리자에게 자신이 지도받기를 원하는 스승을 우선순위대로 적어낸다. 그런 다음 모든 지원자들을 그들이 원하는 첫째 또는 둘째 사람과 짝지어주는 것이다. 그들의 교육적 교섭은 어떤 주제와 과제에 대해 서로의 다른 견해에 대한 경청이 이루어지고 그것을 토대로 서로 논쟁하고 문제를 해결해 나가는 과정에서 자연스럽게 이루어질 수 있을 것이다. 이때 누가 스승의 위치와 제자의 위치를 차지하느냐 하는 문제는 직장에서의 사회적 지위와는 독립하여 교육의 내재율에 따라서 조정될 수 있어야 할 것이다.

집단책임제에 교육의 요소를 첨가시킴에 있어 배려해야 할 가장 중요한 요소의 하나는 직무수행의 과정에서 그 구성원이 범하는 실수나 과오에 대한 태도의 전환이다. 대개 실수나 과오는 직장에서 무능으로 간주되어 징계의 대상이 되거나 진급에서 불리하게 작용하도록 하는데, 이는 하나를 얻고 둘을 잃는 조직의 허점이 될 수도 있다. 실수나 과오는 가장 인간적인 현상이다. 고의적인 것이 아니라면 그것은 교육적인 삶에서 불가결하기도 하다. 이런 점을 고려할 때, 가장 자연스러운 인간현상인 실수나 과오를 해소하는 보다 생산적이며 적극적인 길은 그것을 소재로 하여 구성원 상호간에 교육적 활동이 일어나도록 조정하는 것이다. 실수나 과오와 관련하여 관용할 수 없는 예외사항이 있다면, 공자의 말대로 그 과오나 실수를 교육에 의해서 극복하려는 노력을 게을리하는 것이다.

직장을 교육의 공간으로 활용할 수 있는 새로운 리더십이 무엇인지에 대한 다각적인 검토가 필요하다. 흔히 즉각적인 성공이 주목을 받는다. 그러나 교육의 비결은 점진적 개선이다. 직장에서 빚어지는 오류는 선진과의 교육적 교섭의 진척에 따라 극복되고, 그에 따라 업무의 수준도 점차 높아지게 된다. 여기에서 점차라는 말은 물론 교육적 시숙을 의미한다. 이와 같은 방식으로 집단 전체의 작업수행능력을 한 단계씩 향상해 나가는 것이다. 이처럼 교육적 교섭에 의해서 작업상의 과실이나 사고를 없애는 방안을 개발하면, 즉각적인 성공에 따른 보상에 비교할 수 없는 하나의 놀라운 변화를 실감할 수 있을 것이다. 그것은 근로자가 외부의 간섭이나 감시를 떠나 자주적으로 기업의 발전과 생산성의 향상을 주도하게 된다는 점이다.

집단구성원의 직무의 평가가 직장에서 매우 중요한 위치를 차지한다는 것은 널리 알려진 사실이다. 그 평가의 항목에는 앞에서 살핀 바대로 구성원의 무능, 실수, 실패를 교육의 기회로 전환시키는 교육적 활동이 첨가되어야 할 것이다. 절대적인 기준에 따라 얼마나 완벽한 업적을 성취했느냐 하는 결과보다는 구성원 각자가 자신의 위치에서 그 업적을 쌓기 위해서 얼마나 상구교육에 참여했느냐 하는 것이 중요한 평가의 기준이 될 수 있고, 더 나아가 자신의 능력을 그것이 결여된 다른 구성원에게 하화한다면 그것은 기관 전체로 볼 때 그만큼 능력이 확장된 것을 의미하기 때문에 당연히 그 공을 높게 인정받을 수 있어야 할 것이다.

우리는 교육이 단지 수단이 아니라 그 자체의 내재성을 가진 자율적 삶의 양상이라는 점을 이제까지 강조해 왔다. 그 관점을 염두에 두고서, 이처럼 직장 안에서 업무가 구성원의 소질에 따라 성해지고, 교육을 통해서 과업수행이 점차 개선되고, 업무수행의 절대성보다는 교육에의 참여와 열성에 주목하고, 상대적인 진전사항에 업무평가의 비중이 주어지고, 아울러 그런 과정이 지위 획득과 일치할 수 있다면, 그것만으로도 그 직장의 활력은 높게 살아날 것이다. 말하자면, 성인들이 종일 생활하는 직장 안에서 이루어지는 교육은 그 자체로서 인간다운 보상의 의미를 함축하고 있다는 점을 염두에 두어야 한다는 것이다.

직장교육은 반드시 그 문호를 그 구성원에게만 한정시킬 필요는 없을 것이다. 흔히 우리는 "진짜 배우는 곳은 학교가 아니라 현장이다"라는 말을 듣는다. 직장은 바로 삶의 현장이며, 그런 특정한 현장이 필요한 사람이 따로 있다. 직장에서 업무의 수행은 그 직장을 장차 택하려는 젊은이들에게 그 자체가 상구교육의 의미를 지닌다. 이들에게는 유상으로라도 그 기회를 이용하도록 하는 것이 좋을 것이다. 그 경우 직장인은 그들에게 중요한 스승의 역할을 수행할 수 있다. 학교와 같은 형식교육만을 의식하는 사람들은 바로 그 현장의 맥락을 존중하는 도제제도・양성공제도・임시공제도 등 직장이 가진 귀중한 현장교육의 기회를 놓치거나 간과한다.

우리는 이제까지 편의상 직무가 교육의 소재가 될 수 있는 특수한 경우만을 논의했는데, 어떤 직업은 어느 모로 보나 교육소재로서의 특성과 너무 큰 괴리가 있을 수 있다. 그런 예외적인 경우에는 직무수행과는 별개로 사원복리의 차원에서 직장의 여가시간에 예컨대 요리, 꽃꽂이, 그림 그리기, 노래하기, 음악 감상, 검도, 태권도, 자동차 운전, 마술, 애니메이션 창작 등 알맞은 소재를 선택해서 직원들 사이에 서로 교육적 교섭을 할 수 있는 각종 동아리를 장려할 수 있을 것이다. 개개인의 자발적 감정과 태도에 따라서 형성된 이런 비공식집단은 공식적인 관리와 규칙이나 지위에 의해 형성되는 직무의 몰인격적인 특징을 완화시킨다.

교육이 배제된 직장은 그만큼 삶의 활력이 고갈되거나 박탈된 상황으로 보아야 한다. 이런 정도의 여유조차 없는 직장은 구성원에게 유・무급

교육휴가를 주어서 직원들이 교육에서 소외되는 일이 없도록 특별히 배려해야 할 것이다. 이 기간을 이용해서 외부의 특수한 교육공동체에 상구자로서 참여할 수도 있을 것이다. 혹은 그가 얻은 품위를 후진과 공유하려는 동기를 가진 경우, 직무를 벗어나 일종의 자원봉사의 일환으로 직장 밖에서 하화자의 역할을 찾을 수도 있을 것이다. 우리에게 누구나 신선한 호흡이 필요한 것처럼 이런 교육의 기회는 직무에만 시달린 심신에 새로운 활력을 주고, 어떤 기능에 얽매이지 않은 인간으로서 살아 있음을 확인시킨다.

2.3.4 가상공간의 교육

가상공간이란 영어의 'virtual space'로서 의미상으로는 존재하지만 실제의 존재가 없는 공간이라는 뜻이다. 그러나 이로 인해서 가상공간의 실재가 없다는 식의 해석은 크게 잘못된 것이다. 이것은 인류역사상 극히 최근에 전자공학과 통신기술의 발전과 더불어 분명히 지배적인 공간의 하나로 등장했으며, 다만 그것이 우리가 이전까지 일상적으로 접해 왔던 실재와 크게 다를 뿐이다. 아마도 이 공간은 날이 갈수록 점차 우리에게 가장 보편적인 삶의 공간으로 여겨질 것으로 예측된다. 그 점에서 이 부분이 차지하는 교육공간의 새로운 의미를 간과할 수 없다.

우리는 가상공간 안에 엄청난 규모의 정보와 자료를 구축할 수 있다. 그 종류에 있어서도 텍스트 자료뿐만 아니라 다양한 시청각 이미지 자료를 공유할 수 있는 풍부한 정보자원과 다양한 서비스 때문에 인터넷을 '정보의 바다'라고 부르기도 한다. 전파가 허용하는 새로운 실재로 근래에 등장한 이 특수한 공간은 지난날 책과 같은 인쇄매체가 새롭게 등장했을 때와 마찬가지로 오늘날 삶의 불가결한 요소로 인식되기 시작했다. 정보와 자료가 시공의 제약을 받지 않고 모든 사람들에게 공개되고 소통될 수 있게 되었다는 것은 인류의 역사에서 유래를 찾아볼 수 없는 획기적인 진전이다.

우리는 컴퓨터에 의해서 전세계에 걸쳐서 구성된 네트워크와 접속하여 그 확장된 공간에 언제나 진입하여, 그것이 허용하는 중요한 삶의 측면에 참여할 수 있다. 인터넷에서 이용할 수 있는 서비스는 전자우편(e-mail), 원격 컴퓨터 연결(telnet), 파일 전송(FTP), 유즈넷 뉴스(Usenet News), 인터넷 정보 검색(Gopher), 인터넷 대화와 토론(IRC), 전자 게시판(BBS), 하이퍼텍스트 정보 열람(World Wide Web), 온라인 게임 등 다양하며, 동화상이나 음성 데이터를 실시간으로 방송하는 서비스나 비디오 회의 등 새로운 서비스가 개발되어 등장하고 있다. 이런 새로운 매체의 출현은 단순히 인간이 활용할 수 있는 도구를 하나 더 얻은 것에 그치지 않고 인간이 세계를 인식하고 만나는 양태 자체를 바꾸는 영향력을 발휘하고 있다.

이 공간에서 우리는 시간과 장소의 한계를 벗어나서 언제나 타인과 만날 수 있기 때문에 적어도 소통의 측면에서 이제까지 인종, 종교, 국가, 지역을 두껍게 차단하고 있었던 경계가 허물어졌다. 전자우편의 경우만 하더라도 이를 통해서 전하고 싶은 내용의 편지나 컴퓨터에 수록된 자료를 다른 사람에게 보낼 수도 있고 받을 수도 있게 되었다. 종전의 우편과 유사하지만 그 편리함은 이전의 것을 훨씬 능가한다. 일반 편지가 인편이 아니라 통신망을 통하여 전달되기 때문에 시간이 전혀 걸리지 않는다. 전자우편은 전화와는 달리 상대방이 부재중이라도 편지나 자료를 전달할 수 있다. 말하자면, 전자우편은 편지의 기록성과 전화의 즉시성이란 장점을 동시에 가지고 있는 것이다.

가상공간 안의 글, 말, 영상을 포함하는 온갖 메시지는 그 양이나 종류에 상관없이 계속 존속한다. 뿐만 아니라 이들을 누구에게나 소통할 수 있다. 여기에는 동시적인 것뿐만 아니라 반복해서 비동시적인 것과 그 상호작용까지도 포함한다. 이런 상황의 진전은 우리의 삶 전체에 큰 변혁을 가져오고 있으며, 이전에 불가능했던 사고습관의 전면적인 개혁을 요구한다. 이런 새로운 가상공간의 존재를 교육에서 어떻게 받아들일 것인가? 이 문제에 대한 해답은 지금부터 오랜 연구와 숙고를 요구하며, 여기에서 쉽게 속단할 성질의 것이 아니다.

역사상 교육은 소통의 매체와 긴밀한 관련을 가지고 있다. 문자의 출현은 주로 구두에 의존했던 교육에 전면적인 변화를 일으켰다. 그 이후 인쇄기술의 출현은 이보다 더 큰 변화를 가져왔다. 지식은 책을 가진 사람이라면 쉽게 접속할 수 있게 되었다. 전화, 전신, 정보통신, 위성, 그리고 온갖 교재, 그래픽, 동영상, 사운드 기술을 통합시키는 디지털 정보통신의 혁명은 그 이전의 단계를 거의 원시적인 것으로 치부하게 만들어 버렸다. 이제 그런 환경의 변화가 교육에 어떤 혁명을 가져올지는 지금으로서 예언하기 어렵다. 일부에서는 전자매체의 발전이 교육을 대체할 수 있을 것이라는 성급한 예측도 나온다. 그러나 그 부분에서 먼저 지적되어야 할 점은 교육은 결코 단순히 의사소통의 과정은 아니라는 사실이다. 품위는 정보와 구분되며, 그것은 전달하고 전달받는 것이 아니라 우리 자신에 의해서 개별적으로 구성되어야 할 성질의 것이다. 다만, 그런 활동의 환경이 크게 변했다는 점이 우리가 더 숙고해야 할 점으로 남는다.

다수의 국가, 다수의 민족이 각각 전혀 다른 문화전통, 세계관, 생활감정, 감수성을 지닌 채로 한 데 섞여 있는 지구촌은 그 이질성으로 인해서 모순, 충돌과 혼란, 투쟁, 마찰이 있어 왔다. 이질성의 생산성은 그것이 교육의 소재로 활용될 수 있을 때 이루어진다. 이들이 서로 두절된 채 폐쇄된 양태를 취하기보다는 교육적 교섭을 통해서 상호보완적으로 공립하면서 상생할 수 있는 방식으로 역전시킬 수 있는 가능성을 모색해야 할 단계이다. 인쇄술의 발명은 순식간에 지식이 계급적 독점과 장벽을 뛰어넘어 널리 배분되는 데 획기적인 역할을 하였다. 마찬가지로, 오늘날 소통기술의 발전이 새로운 교육의 가능성을 열어놓고 있다. 이제 지구의 반대편의 사람이 마치 이웃처럼 교육적 관계를 맺고 접촉할 수 있는 절호의 호조건이 성립된 것이다.

그러나 기술적 진전이나 첨단매체가 등장한다고 해서 그것이 곧바로 교육을 대체할 수 있다는 생각 역시 순진한 기능주의적 발상에 불과하다. 단지 교육을 위한 환경이나 수단이 되어야 할 정보통신의 기술적 진전이 교육의 목적을 지배하는 것은 우리가 경계해야 할 전도된 사고이다. 기술적 진전과 교육은 별개이다. 전사를 후사에 응용한다고 할 때, 그 후자인 교육이 무엇이냐 하는 것에 대한 철저한 이론적인 정립이 필요한 것이다. 만약 그 점을 망각한다면, 그 기술의 응용은 그 응용될 대상, 즉 교육 자체를 잃어버리고 표류하게 될 것이다.

역사상 문자의 출현, 인쇄기술의 출현, 그리고 근래의 정보통신기술의 등장은 교육과 관련하여 큰 변화를 가져왔지만, 그것들은 교육 자체의 양상을 바꾸는 것이 아니라 그 양태를 변화시킬 뿐이다. 현재 급속하게 이루어지고 있는 각종 전자매체와 통신기술의 발전으로 교육의 양태는 달라질지 모르나 그 안에서 작용하는 내재율은 변함없이 동일하게 이루어질 것은 말할 필요도 없다. 이 점에서 우리가 가상공간에서의 교육에 관해서 논의하기 전에 그것을 받아들이는 방식에 대한 반성이 선행될 필요가 있다. 그럼에도 불구하고 교육학이나 교육계는 이제까지 그렇게 해 왔듯이 그 기술적 진전에만 관심을 가질 뿐, 그 기술이 적용될 교육에 대한 이론적 탐구는 여전히 소홀히 하고 있어 보인다.

'원격교육(distance education)'의 분야(O. Peters, 1998; 정인성 · 나일주, 2004)가 그 좋은 예이다. 이 분야는 마치 빈약한 거미줄에 첨단의 기술적 진전이라는 자물통을 얹어 놓은 형국을 보인다. 최근에 진전된 기술이나 방법에 대한 이들의 논의는 지나칠 정도로 세부적이지만, 그것이 수단으로 작용해야 할 교육이라는 현상, 사실, 세계에 대한 규정에 있어서 이론적 고민의 흔적이 보이지 않는다. 교육 자체에 대한 이들의 논의는 거의 상식의 범주를 벗어나지 않는다. 단지 가상공간을 포함하는 다양한 매체의 진전을 이제까지 학교가 수행해 온 제반기능을 공간적으로 연장시키는 기술이나 방법으로 활용하는 데 열을 올리고 있을 따름이다.

최근에 우후죽순처럼 등장하고 있는 사이버대학(cyber-university)은 보통대학과는 달리 세계적 통신망인 인터넷을 이용하여 교실에서 이루어지는 것과 같은 강의를 컴퓨터 단말기와 화상회의 시스템을 통해 진행하고 있다(정민승, 2002). 학생의 수에 제한받지 않고, 교수와 일대일 교육이 가능하며, 과제는 전자우편을 통해 제출하고 평가한다. 그러나 그 모든 것을 곧바로 교육으로 지칭한다면, 그것은 이전의 오도된 교육을 재생산하고 연장하는 결과를 가져올 것이다. 가상대학은 그것 자체로서 교육기관이 되는 것이 아니다. 그 각각의 것이 얼마나 교육적인 것인지는 별도의 관점에 의해서 체계적으로 검토되어야 할 사안이다.

그 검토가 생략된 가상공간의 교육에 대한 논의는 교육공간의 확대라는 본질의 취지와 동떨어져 있다. 누차 강조해서 살폈듯이, 학교나 직장과 같은 생활공간 안에는 온갖 다양한 세계들이 복합되어 있다는 사실을 알아야 한다. 그 가운데 어떤 것을 배제하고 또 어떤 것을 추가함으로써 비로소 교육적인 공간이 성립할 수 있다. 우리는 앞에서 가정, 학교, 직장이라는 제반 생활공간을, 그것들이 갖는 맥락을 고려하면서, 교육의 공간으로 전환시키는 데 필요한 요건과 측면들에 관한 논의를 진행한 바 있다. 교육적으로 더 나은 가정, 학교, 직장을 어떻게 구상하고 실현할 수 있는가? 그런 검토가 새로운 삶의 공간으로 등장한 다양한 가상공간에 대해서도 마찬가지로 이루어져야 한다. 가상공간에서 교육은 여타의 세계가 배면으로 후퇴하고 오직 교육의 내재율이 전면에 부각되어 준수될 때에만 유지될 수 있다.

가상공간이 교육에 주는 엄청난 가능성과 기대는 자생적인 교육공동체의 출현이다. 여기에서 자생적이란 말은 국가나 특정한 개인의 특별한 배려가 개입하지 않고 구성원 스스로의 특정한 필요에 의해서 자연스럽게 형성된다는 의미이다. 정보통신기술의 발전과 더불어 가상공간의 활용은 점차 광범위한 교류교육을 활성화시킬 것이다(박병기, 1998; 양미경, 2002). 가령, 시간과 공간의 제약을 받지 않고 형성된 일단의 교육동아리의 구성원은 자신이 상구를 통해서 자증한 내용을 공동의 데이터베이스로 입력하고, 그 내용을 중심으로 온라인으로 서로 타증하는 활동을 할 수 있다. 이것은 단순히 연구물을 출판하고 그것에 대한 논의를 하는 것, 혹은 교재를 암기하고 강의를 들으면서 무언가를 얻게 되는 것 이상의 능동적인 교육적 협력인 것이다. 이렇게 다양한 삶의 양상 가운데 하나로 교육을 체험하는 것을 보장하는 것은 그것이 요구하는 특수한 내재율에 있다. 지생적 교육공동체는 교육의 내재율을 따를 것에 동의한 사람들끼리의 자발적인 모임으로 규정할 수 있을 것이다.

앞에서 4대 스승의 교육적인 삶을 살피면서 그 공동체를 예시한 바 있다. 그런 모임의 가능성이 인류역사에서 아직까지 충분하게 탐색되고 실현된 것은 아니다. 그 주된 원인에는 시간과 공간, 그리고 여타의 사회문화적 경계와 관례라는 현실적 장애가 있었다. 가상공간은 그런 시공의 한계를 초월하여 누구나 교육의 주체로서 서로 교육적인 교류를 할 수 있는 가능성을 열어주고 있다. 공자가 말한 '유교무류(有教無類)'의 취지는 세속의 범주가 교육의 차별을 가져오는 조건이 되어서는 안 된다는 점에 있었다. 이제 전자적 소통은 당사자들의 나이, 성별, 외모, 집단, 계층 등과 같은 비교육적인 범주 등 교육 이외의 맥락으로의 이탈을 최소화시켜 종전에는 상상할 수도 없는 정보와 사람들을 차별 없이 접할 수 있는 여건을 마련한다. 그들 사이의 관계는 오직 상호간의 교육적 욕구의 충족에 의해서 유지될 수 있다.

가상공간의 교육은 그 소재에서 거의 제한이 없다. 어느 품위의 위치에 있든 간에 누구나 이 공간 속에 뛰어들어 교육에 참여할 수 있다. 이 말은 바꾸어 말하면, 이 공간에서의 교육은 다양하고 상이한 수준의 교육소재를 수용할 수 있는 것이다. 상구자와 하화자가 사전에 결정되어 있는 것이 아니라, 관심 영역 및 만나는 사람과 맥락에 따라 그때그때 정해질 수 있는 것이다. 상황에 따라 자신보다 후진을 만나면 하화하고 선진을 만나면 상구하는 자유롭고 유연한 교육적 관계가 그 안에서 활성화될 수 있다. 동일한 자연인이 서로 다른 영역을 소재로 하여 교류교육을 할 수도 있다. 말하자면, 사람들은 그 소재의 종류와 깊이 등을 스스로 결정하여 자신의 품위를 보충 혹은 심화하면서, 자유롭게 자신에게 맞는 교육의 경로를 찾아나갈 수 있다.

오늘날 우리는 인터넷에서 온갖 종류의 동아리 혹은 동호회가 그들의 특수한 목적을 달성하기 위해서 회원을 모집하고, 중요한 사항을 사전결정하고 합의하며, 각각의 협력의 형태 · 활동 · 위치 · 역할을 결정하는 것을 본다. 가상공간에서의 자생적 교육공동체로 그런 조직과 활동은 한 개인의 자발적인 지도력에서 출발할 수 있다. 개인은 게시판이나 홈페이지를 이용하여 자신의 '교육경력'을 소개하고, 자신이 상구하고 싶거나 하화하고 싶은 계획을 공개하여 협동교육이나 교류교육을 유도할 수 있다. 더 나아가, 교육이라는 하나의 특수한 모임과 자치조직을 구성하고, 자신들의 품위의 종류와 수준을 확장하고 심화시켜 나갈 수 있을 것이다. 여러 교육공간을 상호 전자적으로 연계하여 정보를 공유함으로써 시너지 효과를 증진할 수 있을 것이다.

가상공간의 한 전형으로서 인터넷은 일 대 일, 일대 다수, 다수 대 대수 등의 교섭이 가능하다. 교육동아리는 개인과 개인에서부터 시작해서 점차 그 규모를 확장하면서 발전할 수 있다. 가상공간에서 갑은, 불특정 다수의 일반인을 상대로, 자신이 X의 수도계를 소재로 상구교육을 원하며, Y의 수도계를 소재로 하화교육을 원한다는 의사를 개진할 수 있다. 그 다수의 사람들 중에는 갑의 요청에 파트너가 되고 싶은 사람이 있을 것이며, 그 참여가 증가함에 따라 그들의 경험을 공유할 수 있는 특별한 프로그램을 발전시키고 그것을 중심으로 더욱 많은 상구자와 하화자를 모집할 수 있다. 이제 그들이 얼마나 교육의 내재율에 맞게 충실한 삶을 영위하느냐 하는 문제만 해결할 수 있다면, 그 동아리는 교육공동체로서 번창하고 발전할 것이며, 그렇지 못하면 자연스러운 소멸의 과정을 밟을 것이다.

가상공간에서의 교육은 학교교육의 경우와는 달리 자발적인 참여와 탈퇴가 가능하다. 여기에서는 교육을 강요하는 세력이 없다. 다만 교육은 순수하게 그 내재율에 의해서만 유지될 수 있다는 제약이 있다. 선진과 후진이 가려지고, 그에 따라 서로 다른 상구와 하화의 태도를 유지할 수 있어야 한다. 자리와 이타의 동기가 우선 순수해야 한다. 서로 후진과 선진을 식별하고, 한편에서 존현하고 다른 편에서 존우하는 일이 중요하다. 적당히 혁신과 보수가 조화를 유지할 수 있어야 한다. 학교에서처럼 일률적인 품위를 일방적으로 주입하거나 강요할 수 없다. 품위의 수준은 순차와 역차의 논리가 유동적으로 조정되어야 한다. 일방이 적극적이고 타방이 수동적일 수 없다. 모두가 적극적인 참여를 해야 하며, 서로가 품위의 진전에 대한 자증과 타증으로 그들의 활동이 주는 증거를 확인할 수 있어야 한다. 그런 내재율에 어긋나면, 그 구성원은 참된 의미의 교육을 체험할 수 없을 것이고, 탈퇴가 그에 대응하는 선택이 될 것이다.

앞에서 말했듯이, 교육적 교류란 단순히 연구물을 출판하고 그것에 대한 논의를 하는 것, 혹은 교재를 암기하고 강의를 듣는 것 이상의 능동적인 활동과 협력이다. 무한정한 정보를 저장할 수 있는 디지털 기술의 발전과 그 환경이 교육에 주는 가장 큰 혁명은, 이제 정보를 기억하고 암기해 내는 능력의 중요성이 상대적으로 감소할 수밖에 없다는 점이다. 이전에 천재의 전유물로 여겼던 백과사전적 지식은 한 대의 컴퓨터를 갖는 것으로 충분하다. 더 중요한 부분은 그런 정보를 어떤 맥락에서, 그리고 어떻게, 의미 있게 조직하느냐 하는 문제이다. 정보는 그것을 조직하는 능력에 따라 전혀 다른 실제로 드러난다. 그 부분이 바로 우리가 말하는 품위 수준의 차이를 반영한다. 교육의 중요한 부분은 어떤 활동에 의해 주어진 정보를 더 높은 수준의 지식으로 격상시키느냐 하는 것이다. 마치 같은 컴퓨터를 가지고 있다고 하더라도 그 활용에 있어서 개인에 따라 큰 차이가 드러나게 되는 것과 같은 이치이다.

지금 우리는 기술적으로 컴퓨터 컨퍼런스(computer conference)를 통해 가상세미나 · 토론 · 의견 교환 · 개인지도가 추가될 수 있으며, 그 내용은 그대로 녹음, 저장되어 이후에도 교육적 교류의 소재로서 반복해서 쓸 수 있는 수준에 와 있다. 다양한 영역에서 시뮬레이션의 도입은 실제의 상황보다 더 적절한 교육 상황을 연출한다. 가상공간에서 두 사람은 서로에게 질문과 해답, 제반 연습문제 혹은 과제물을 주고받으며, 품위의 구성에 참여하면서, 그 참여를 조정하고 독려하는 대화를 나눌 수 있다. 여기에는 당연히 적절한 피드백과 평가가 포함될 것이다. 그러나 이들 활동이 교육활동으로 간주되기 위한 기준은 그것이 가져다주는 특정한 효과보다는 그것들이 얼마나 교육의 내재율에 부합하느냐에 따라 판별된다는 사실을 상기해야 할 것이다. 교육의 효과에 대한 의미 있는 기여는 그 교육의 정체성이 미리 규정되었을 때 비로소 가능하다.

앞에서 지적했듯이, 가상공간에서 선진과 후진, 혹은 스승과 후진의 품위를 결정하는 것은 정보가 아니라 그것을 의미 있게 조직한 지식이다. 그 차별성은 교육적 교섭에 의해서 점차 증명되며, 경우에 따라 그 진행과정에서 스승과 제자의 위치변경도 자연스럽게 이루어진다. 어느 분야에서나 영구적인 선진이나 영구적인 후진이 있을 수 없다. 후진이 선진의 스승으로 행세한다는 것은 불가능하다. 따라서 교육의 과정에서 선진과 후진의 위치에 대한 점검이 자연스럽게 이루어지며, 교육적 반전이 일어나는 경우, 자동적으로 기존의 교육적 관계는 재정립이 불가피해진다.

가상공간에서 교육적 교섭은 일상에서의 동시성을 극복한다. 전자적 매체의 특징상 갑과 을은 서로 다른 시점에서 개별로 접촉할 수 있다. 그 접촉의 시점과 상호작용의 양상은 기록으로 남겨진다. 이것은 교육적 교섭에 의한 상호간의 변화를 쓰기와 읽기에 의해서 추적할 수 있다는 점에서 큰 장점을 갖는다. 우리는 항상 현실과 사태를 현품의 것으로 환원시키는 경향이 있기 때문에 그것과 과품의 차이를 아는 것이 용이하지 않다. 또한, 대체로 미품의 경우도 현품을 기초로 예측되는 것이다. 기록물은 그런 차이를 선명하게 식별하게 함으로써 자증과 타증을 용이하게 한다.

교육적 교섭의 진행 상황에 대한 기록과 증거는 이 외에도 적어도 두 가지 이점을 더 추가시켜 준다. 그 하나는 자체에 대한 문제가 생길 때마다 그것을 메타교육의 기회로 활용할 수 있다는 것이다. 반성이 없이 반복되는 교육은 그 자체의 품위를 재생산할 뿐이다. 교육적 교섭이 진행되는 동안 언제나 자체평가가 부단하게 진행되어야 하며, 그를 토대로 더 나은 교육의 환경을 조성하는 데 필요한 다양한 의견수렴과 반영이 포함되어야 할 것이다. 다른 하나의 이점은 바로 그것이 가상공간에서 진행되는 교육을 학구적으로 연구하는 데 직접적인 자료로 활용될 수 있다는 점이다.

이제까지 우리는 오직 가상공간 안에서 서로 교육적 교섭을 할 수 있는 제반 가능성에 대한 논의를 하였다. 이것은 만남에 있어서 공간과 시간의 제약을 받는 불가피한 경우를 예상한 것이다. 그러나 그런 경우는 오히려 예외라고 해도 과언이 아니다. 온라인에 국한되는 것은 한계가 있다. 특수한 이유가 없는 한, 가상공간 안에서만 교육적 교섭을 할 필요는 없고, 그것을 오프라인에까지 확장하는 것이 더 자연스러운 경로이다. 또한 그 진행의 경로를 바꾸어, 가상공간은 앞에서 살핀 가정, 학교, 직장과 여타의 모든 삶의 공간에서 이루어지는 교육과 병행하여 활용될 수 있는 것이다.

우리가 전 절(2.1)에서 규정한 교육의 발전이란 모든 개인이 언제 어디서나 교육에 잠여할 수 있는 교육의 체계를 갖추는 것을 의미했다. 교육이 침투할 수 있는 생활공간은 무수하게 확장될 수 있으며, 그것들의 교육적 가능성을 충분히 밝힐 수 있을 때 비로소 우리는 보편적 삶의 한 양상로서의 교육이 이에 대한 정당한 이해에 도달할 수 있다. 본 절의 서두에서 밝혔듯이 우리는 생활공간 가운데 대표적인 것 몇 개를 들어서 그 안에서 일어날 수 있는 교육의 가능성을 묘사하거나 모색해 보았다. 지면이 허락한다면 여기에 예컨대, 각종 '수도회', '연수회', '취미동호회', '통신동호회', '교육동아리', '연구소', '도서관', '박물관', '미술관', '공연장', '방송국', '문화센터', '복지관', '청소년 수련원', '작업장', '학회', '협회', 각종 '클럽'과 '동아리모임' 등이 각각 교육의 공간으로서 추가로 검토할 수 있을 것이다.

삶의 구획은 임의적이다. 교육을 위해서 각종 교육공간들을 통합하는 방도를 모색하는 일은 우리가 앞으로 수행해야 할 매우 중요한 과제이다. 그 첫걸음은 학교와 학교 밖의 공간 사이에 시설과 인력에 있어서 연계망을 구축하는 것이다. 효율적인 학생지도를 위하여 가정과 학교가 관련 사항에 대한 자료를 임의로 보내거나, 교사와 부모가 의견을 교환하기 위해 수시통신이 이루어질 수 있다. 학교보다는 작업현장, 공장 및 직장 등과 같은 장소에서 교육이 더 잘 이루어질 수 있다. 그 경우라면, 학교는 학교교육의 한계를 그곳의 시설과 인력을 이용하여 보충할 수 있을 것이다. 혹은 그 반대의 협조도 가능하다.

더 나아가, 이제 지역단위로 교육센터를 설치하여 모든 형식 혹은 비형식의 교육을 개방된 네트워크로 통합할 필요가 있다. 이곳에는 개인 혹은 집단이 각종의 교육기회와 프로그램을 만드는 것을 권장하고, 그에 대해서 전문적인 조언을 하면서 일반인의 교육을 지원한다. 뿐만 아니라, 교육기회에 대한 혁신적인 정보 및 상담 서비스를 모든 사람들이 알고 그곳에 참여할 수 있도록 가능한 한 그들에 대한 정보를 수집하여 통합하고, 마치 그것을 일기예보처럼 매일 공시하여 그것들을 필요로 하는 사람들에게 제공하고, 그 각각의 기회를 활용하는 데 봉착하는 당면한 문제를 해결하고, 필요한 사항들을 개인적으로 상의하고 조언을 줄 수 있어야 할 것이다.

한 개인의 입장에서 이런 제도적 장치나 전문적인 서비스들은 바로 교육기회의 선택이라는 의미를 갖는다. 한 사람의 교육활동은 여러 교육의 공간에서 이루어진다. 특정한 주제를 상구하는 개인의 입장에서 자신이 원하는 교육프로그램의 어떤 것은 학교를 이용하고, 그것이 특정한 직무에 관한 것이라면, 그 현장성이 큰 직장을 활용할 수 있을 것이다. 그것도 부족하면, 가상공간에서 적당한 교육파트너를 찾아 교류한다. 우리는 복수의 스승과 복수의 제자가 필요하다. 그들은 여러 분야에서, 그리고 서로 다른 품위의 수준에서 각기 다른 기여를 할 것이다. 가령 요리에 관한 것이라면, 가정에서 딸이 어머니로부터 배우는 것이 자연스럽다. 가정에서 부족한 것은 학교에서 보충하고, 다시 학교에서 부족한 것이 있으면, 가상공간으로 들어갈 수도 있다.

교육적 주체는 특정한 공간이 아니라 그것을 활용할 수 있는 각 개인이다. 교육에는 입학, 정원, 졸업이라는 개념이 있을 수 없다. 삶의 공간 자체가 교육이 항상 일어날 수 있는 가능성을 내재하고 있다. 교육의 주체는 그런 생활공간을 교육을 위주로 설계하고 기획해 나감으로써 그것에 잠재된 가치를 살려나간다. 교육에 대한 계획이 포함된 장래의 일상적 삶을 이렇게 상상해 볼 수도 있을 것이다. 하루를 시작하기 전에 교육과 관련하여 자신이 오늘 어떤 활동을 해야 하는지를 점검한다. 어디에서 누구를 상대로 상구하거나 하화히는 일을 힌다. 일과를 마치고 잠자리에 들기 전에 그날 있었던 것을 반성하고 다음 날의 것을 설계한다. 하루를 보내는 것처럼 한 주일, 한 달, 한 계절을 지낸다. 이런 교육의 발전양상이 단지 실현이 불가능한 유토피아의 꿈이라고만 말할 수 있는가?

2.4 교육발전의 방법

2.4.1 내재적 빙법

앞에서 교육이 진행될 수 있는 시간과 공간을 확대시키는 과제를 다루었다. 다음의 문제는 그 목표를 달성할 수 있는가 하는 것이다. 그 방법을 크게 두 가지로 나누어 생각해 볼 수 있다(장상호, 2003). 하나는 교육이 그 자체의 역량을 동원하여 자율적으로 발전을 도모하는 통로이고, 다른 하나는 교육이 교육 외적인 조건을 자신에게 유리하게 유도하거나 조성하는 통로이다. 이 가운데 전자가 후자의 선행조건이라는 사실이 강조되어야 한다. 교육이 자율적으로 발전하려면, 외부로부터 간섭받지 않고 그 발전의 힘이 우선 그 내부에서 나올 수 있는 길을 모색해야 한다. 자체의 정체성을 유지하면서 외부의 지원을 받는 경우와 자체의 정체성을 유지할 능력도 없이 외부의 지원을 받는 경우의 차이는 크다. 만약 교육이 오로지 외부 세계의 후원에 달려 있다면 교육은 그 순수성의 추구보다는 그 외부세계의 여건과 상황에 맞춰야만 한다. "교육은 결국 교육에 의해서 구제되어야 한다"는 장상호(1994b)의 주장은 바로 여기에 근거하고 있다.

외부의 환경에 전적으로 의존하는 교육은 그 환경의 요구에 응하는 가운데 그들의 세계의 일부로 편입되거나 환원될 위험에 노출된다. 그렇게 되면 교육 자체는 물론 교육의 독특한 특성에서 비롯하는 결과를 이용하려는 외부의 세계에게도 불행한 일이 될 것이다. 또한 교육이 외부로부터 지원을 받는다고 할 때, 그 지원을 어떻게 받아들이느냐 하는 것은 상당 부분 그 내부의 상태에 의존한다. 그런데 현실은 안타깝게도 교육을 걱정한다는 당국이나 사람들이 스스로 담당해야 할 내부 개선의 문제는 소홀히 하면서도 그 책임을 외부에 전가하는 무력감에 빠져 있다.[30)]

교육이 체계 외적인 요소를 도입하지 않고 자율적으로 자체의 정체성을 보존하고 혁신해 나가는 그 나름의 자율적인 메커니즘이 바로 교육을 교육하는 '메타교육(meta-education)'이라는 경로이다(신기현, 1995; 장상호, 1991, 1994, 2000b). '교육의 교육'이라는 중복된 말에서 어떤 독자는 다소 혼란을 느낄지도 모른다. 그러나 이것은 '정의(definition)의 정의(Borsodi, 1967)', '의미(meaning)의 의미(Ogden & Richards, 1923)', '인지(cognition)의 인지(Matlin, 1985)' 등 어떤 일반적인 활동의 사례로 자체를 예외 없이 포함시켜 적용하고자 하는 메타 분야의 철저한 양면성에서 나오는 것으로서, 교육에서만 예외적으로 적용되는 것은 아니다. 사실, 기존의 교육학 안에서도 '배움에 대한 배움(Novak & Gowin, 1984; Simpson, 1968; Smith, 1961, 1990; Wright,1982)'이라거나 혹은 '가르침에 대한 배움과 배움에 대한 가르침(Arends, 1994; Champagne, 1972; Dow, 1979; Thompson, 1973; Tickle, 1987; Wragg, 1974)'에 대한 가능성을 이미 주장해 왔다는 점에서 결코 생소한 개념이 아니다.

교육은 자연현상이 아니다. 앞에서 본능적으로 주어진 교육능력을 지적했지만, 인간의 교육은 그런 원시적인 성향에만 의존할 수 없다. 여타의 동물들에서 볼 수 있는 교육적 성향은 다분히 교육의 기능성을 토대로 한 생물적인 장치임에 비해서, 인간의 교육은 기능성을 떠나 그 자체로 내재적 가치를 가질 수 있는 세계이다. 모든 능력이 그러하듯이 교육하는 능력 역시 항상 개선의 여지가 있다. 우리는 다양한 수준에서 교육을 체험하고 있으며, 또 규정하고 있다. 세계의 변화, 그리고 그것에 대응하는 인

---

30) 이제까지의 논의에서 독자는 학부모, 학교당국자, 교육인적자원부 정책담당자, 그리고 그들을 이론적으로 지원하는 교육학자들이 가진 교육관이 어느 수준의 것인지를 짐작할 수 있게 되었으리라 믿는다.

간 자체의 변화를 꾀하는 교육이 그 자체의 변화를 생각하지 않는다면 앞뒤가 맞지 않는다. 교육을 실천하고 그것에 부족함이나 불완전함을 인정하는 사람에게는 늘 그것을 개선하고 향상시키는 데 교육이 어떤 일을 할 수 있는지에 대해서 고심해야 할 것이다.

완전하고 만족스러운 교육은 현실적으로 존재할 수 없다. 본서에서는 교육이 그 기능성을 떠나 자율성을 인정받는 데 필요로 하는 최소한의 조건을 갖춘 것으로서 교육본위론을 논의해 왔다. 그러나 교육본위론이 마치 교육은 정적이고 고정된 실재라는 인상을 주었다면 그것은 원래의 취지와 어긋난다. 지금까지 밝혀진 내재교육도 그 개념적 탐구과정에서 드러난 것으로서 방편의 하나에 불과하며, 그것이 항구적이고 영속적인 것이라는 가정은 성립되지 않는다. 그 안에 내재율이 총체적으로 밝혀진 것은 아니다. 또한 밝혀진 부분만 하더라도 교육의 양태는 그 원래의 양상과 다소 괴리가 있을 것이다. 그 질적인 수준의 차이가 입체적으로 드러난다면, 그것은 우리가 앞에서 말해온 품위의 차이로 받아들일 수 있을 것이다.

교육의 품위란 바로 교육이 그 나름의 가치정향을 따라 발전하는 방향을 의미한다. 더 나은 교육이 항상 가능하다. 이전에 우리가 잠정적인 의미를 부여했던 교육보다 그 이후의 것이 더 나은 것이 되는 방식으로 교육의 품위도 향상되는 것이 정상이다. 그것은 오직 교육 주체가 자신이 현재로서 하고 있는 교육을 개선하려는 열망과 연관되어 있다. 실현된 교육은 이전에 마음속에서 그리고 있었던 것과 아주 거리가 있을 수 있다. 그 교육의 질적 개선을 이룩하는 방법은 다양할 수 있겠지만, 우선 교육 자체에 의존할 수 있는 방도를 찾는 것이 더욱 독립적이고 자연스러울 것이다. 품위의 차이는 항상 교육의 소재로 사용될 수 있다. 서로 교육적인 교섭을 하면서 서로 문제를 제기하고 그것을 개선하기 위한 교육을 모색하는 것이다.

어느 교육의 상황에서나 그 안에는 특정한 소재 X의 품위뿐만 아니라 교육의 품위도 작용한다. 이 양자의 것을 구분하기 위해서 전자를 1차 소재, 그리고 후자를 2차 소재라고 하자. 여기서 만약 X의 결과보다는 그것을 획득하고 검증하는 교육의 과정 자체에 우리가 관심을 갖고 그것을 반성하고 개선한다면 그 1차 교육이 2차 교육의 소재가 된다. <그림 2.1>과 <그림 2.2.>는 그 차이를 보여준다. 중요한 것은 그 소재의 차이이다. <그림 2.1>을 보라. 우리는 특정한 수도계 X를 소재로 하여 상구교육(AE)하고 하화교육(DE)을 한다. <그림 2.2>는 <그림 2.1>에 포함된 모든 것, 즉 X, A, D 그리고 그들의 상호작용의 형태인 A-D가 다시 교육의 소재가 되는 것이다. 메타교육은 서로 이질적인 다양한 소재를 포함한다. 상구하면서 그것에 대해서 상구하고, 그것은 다시 하화의 소재가 된다. 또한, 하화 역시 상구의 대상이며, 다시 하화를 위한 소재가 되는 것이다.

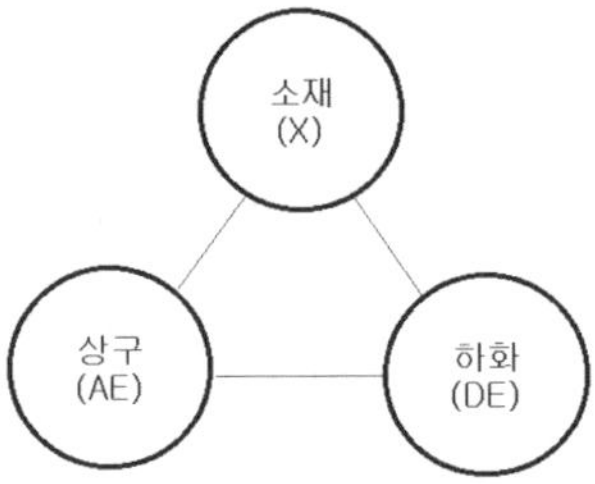

〈그림 2.1〉 교육과 그 1차 소재

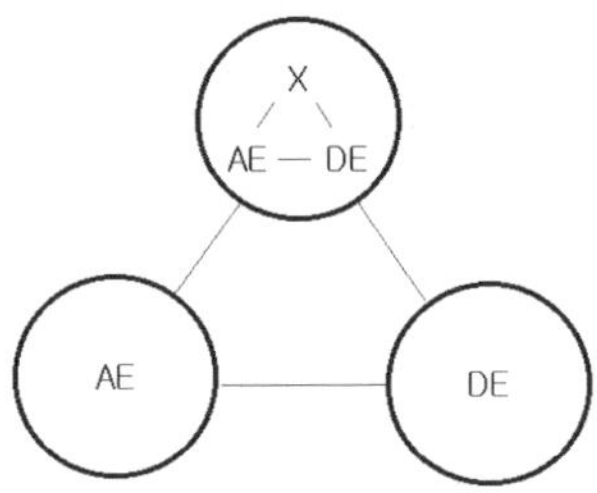

〈그림 2.2.〉 메타교육과 그 2차 소재

어떤 1차 소재의 수도계의 품위를 교육을 통해서 획득하는 것과 그 품위를 획득하고 확인하는 교육의 품위를 2차 소재로 삼아 더 높은 교육의 품위를 얻는 것 가운데 어느 것이 더 중요한 것인가? 이것은 서로 다른 영역의 품위를 의미하기 때문에 쉽게 판가름하기 어려운 문제이다. 그러나 적어도 교육은 그것을 실현할 수 있는 사람의 것이라는 점에서 교육을 소재로 하는 메타교육은 매우 중요할 뿐만 아니라 수도계의 입장에서 보더라도 교육의 품위를 개선한다는 것은 매우 중요한 일이다. "물고기를 얻기보다는 물고기를 잡는 방법을 배우라"는 말이 있듯이, 교육을 높은 수준에서 할 줄 아는 사람과 그렇지 못한 사람 사이에는 수도계적인 품위의 향상이라는 기능에 있어서도 큰 차이가 있을 것은 명백하다.

교육은 이처럼 그 자체의 존립의 근거를 자체에 의해서 재생산함으로써 그 자율성을 보장받을 수 있는 것이다. 메타교육의 더 큰 의미는 교육은 그 자체에 참여하고 체험하면서 그 실재성이 입증된다는 사실이다(신기현, 2002, 2003). 무엇이 교육이냐 하는 질문과 교육적인 삶의 체험은 서로 상관관계를 갖는다. 후자의 토대가 없이 전자에 대한 의문을 해소하는 것은 사상누각처럼 불안정하다. 교육은 실천이며, 많은 진통을 겪으며 얻어진 선례가 쌓여 그 표본을 이룬다. 그 표본이 내포하는 고유한 실행과 반성을 거쳐서 그 실체가 규명된다. 메타교육은 교육의 더 높은 실재성을 추구하면서 그것이 발전하는 고유한 가치방향을 지시한다. 그것이 우리가 교육의 발전을 규정함에 있어서 강조한 교육의 내재적 가치에 해당하는 것이다. 우리는 이처럼 메타교육을 통해서 교육이 단지 기능에 그치는 것이 아니라 자체의 내재적 가치를 가지고 있다는 것을 실감할 수 있게 된다.

교육의 내재적 가치는 누구에게나 보편적으로 시인되는 성질의 것은 아니다. 모든 가치가 그러하듯이 그것은 단순히 말로 기술하거나 전달될 성질의 것도 아니다. 우리가 교육의 한 가지 내재율로서 자증을 말해왔는데, 교육의 내재적 가치는 그것을 채택하는 사람에 의해서 인정받는다. 교육을 상구하면서 교육의 자율성을 알게 되고 그것 자체의 존재가치를 여타의 목적과 관련지음이 없이 시인한다. 또한 그것의 보편성을 인정받기 위해서 그것을 아직 체험하지 못한 사람들의 교육적 체험을 심화시키고 발전시키는 하화의 과정을 밟을 수 있다. 그것을 통해서 교육적 가치에 대한 타증이 이루어진다. 이와 같이 교육 그 자체의 가치를 경험하고 인정하는 사람들의 지지에 의존해서 교육은 그 내재성을 유지할 수 있다.

각각의 세계는 그 정체성의 유지에 있어서 서로 거리를 유지해야 하지만 또한 그들은 서로의 정체성을 신장시키는 범위 내에서 긴밀하게 상호작용을 할 필요가 있다. 세속계, 수도계, 교육계는 각각 그 자신의 상대적인 자율성을 가지고 있다. 이들은 그 나름의 구조, 리듬, 템포, 목표를 가지고 진행된다는 점에서 자율적이라고 할 수 있다. 이들은 또한 삶이라는 전체구조의 요소로서 서로 밀접한 상관관계를 가지면서 상대를 규정한다. 가장 중요한 것은 그 자율성을 침해하지 않는 범위에서 상호 조화를 유지하는 것이다. 그 조화를 유지할 수 있을 때에 비로소 교육은 삶 속에 착생한다.

메타교육은 교육이 단지 외부세계의 목표로부터 자율성을 확보하는 데 필요한 최소한의 보루이다. 교육은 바로 이 내부적인 메커니즘을 통해서 그것을 둘러싼 여타의 세계와의 관계에서 변질될 위험성을 방지할 수 있다. 우리가 앞에서 세속계를 본위로 하는 외도교육의 양태, 수도계를 본위로 하는 공덕교육의 양태, 그리고 단지 외부세계를 위해서 기능하는 부분만을 논의하는 기능주의적 교육관을 문제시한 것은 바로 그런 이유에서였다. 만약 교육을 주관하는 당사자들이 애초부터 이처럼 범주착오를 범한다면 그들에게 설사 아무리 외부로부터 지원이 이루어진다고 하더라도 그 범주착오의 양태만을 강화하게 될 것이다. 따라서 메타교육은 그 외부의 지원을 고유한 속성으로 받아들이는 전제조건이다.

그 전제조건이 충족될 수 있을 때 교육은 여타의 환경과 원만한 관계가 정립될 수 있을 것이다. 교육이 자율적인 체계라는 주장, 혹은 그 자율성을 확보하려고 노력하는 것만으로 교육의 발전이 이루어질 수는 없다. 왜냐하면 우리의 전체적인 삶의 맥락에서 볼 때, 교육은 그 일부를 이루는 구성요소의 하나로 여타의 생활 영역과 상호작용하는 가운데 존립하기 때문이다. 그 상호작용의 양상은 조화뿐만 아니라 긴장, 갈등, 부조화도 포함한다는 것은 말할 필요조차 없다. 따라서 그 여타의 삶의 영역을 교육에 유리하게 조성하는 과제가 남는다. 이 부분이 교육발전의 방법을 설명할 때 고려해야 할 두 번째 중요한 측면이다.

2.4.2 외재적 방법

구체적인 삶 속에서 진행되는 교육은 여타의 세계와 독립해서 존재할 수 없다. 이 때문에 후자의 부재를 전제하는 전자는 다분히 가공적인 것이다. 삶에서 교육은 그런 진공상태에 존재할 수 없다. 교육이 구체적인 삶에서 항상 교육 아닌 것과의 관계 속에서만 존재할 수 있다는 사실은 적어도 교육을 실천하는 주체에게 그 후자의 것들을 배제할 것이 아니라 그것들이 교육에 어떤 연관성을 가지고 있는지를 고려해야 할 것을 요구한다. 우리가 교육발전을 꾀하는 다른 하나의 경로, 즉 교육 외적 세계의 지원을 받을 수 있는 부분을 아울러 논의해야 하는 취지는 바로 여기에 있다.

우리 주변에서 교육이 여타의 삶과 관계가 있다는 말을 하기 때문에 이 부분에 대한 논의가 너무 당연한 것처럼 들릴 수도 있을 것이다. 세상 사람들 혹은 교육학자들이 교육과 여타의 삶과의 관계를 말할 때 그 교육은 무엇인가? 이 점을 먼저 생각해야 한다. 그것은 누차 강조해 왔듯이 그 내용이 없는 기능 혹은 과제일 가능성이 많다. 먼저 교육이 수행해야 할 기능을 교육의 목표로 삼고, 그 목표를 달성하는 것이 바로 교육이라는 논법이다. 그렇게 되면, 교육과 교육 아닌 것의 경계가 모호해지며, 그 모든 것이 교육에 해당한다는 생각을 하게 된다. 흔히 말하는 '교육적인 환경'이라는 개념은 그 외부조건까지를 포괄한다. 이전의 교육에 대한 논의는 대개 그 가운데 교육이 어떤 고유한 특성을 가지고 있는지에 대한 해명이 없이 외부세계와의 관계만을 강조하여 왔다.

그러나 그런 통념과 여기에서 강조하려는 것 사이에는 엄청난 차이가 있다. 우선 그 통념은 논리적으로 성립하기 어려운 오류를 포함한다. X와 Y가 서로 관련이 있다는 말이 성립하기 위해서 그 관계되는 것이 서로 다르다는 논리적 조건이 충족되어야 한다. X의 환경이라는 말도 마찬가지다. 후자는 X를 제외한 어떤 것이라는 조건이 전제된 개념이다. 교육과 관련된 것 혹은 교육의 환경이라고 할 때, 교육 자체의 확실한 경계구획이 선행되어야 한다. 교육본위론은 그 조건을 충족시키려고 노력해 왔다. 교육은 고유한 삶의 양상으로서 그 자체의 내재율의 지배를 받는 곳이다. 우리는 제1장에서 그 경계 안에 있는 경우와 그 경계를 이탈하는 경우를 세부적으로 살핀 바 있다.

교육본위론의 기본취지는 <그림 2.3>에서와 같이 그런 독특한 의미의 교육을 삶의 중앙에 놓고 여타의 세계를 그 환경으로 고려하려는 데 있다. 이제 교육이 그것을 둘러싼 외부조건과 더불어 존재한다는 점에 유의하면, 교육은 언제나 '상대적인 자율성'으로 존재한다는 말을 할 수 있다. 여기서 교육은 그 자체의 속성을 잃지 않고 그 여타의 삶과 어떻게 관계를 맺느냐 하는 문제가 생긴다. 바로 앞 소절에서는 교육 고유의 속성을 자립적으로 유지할 수 있는 통로로서 메타교육을 강조하였다. 이제 그것을 전제로 우리는 교육할 때 그 이외의 조건을 어떻게 하느냐 하는 문제를 생각해야 하고, 교육이 여타의 것을 위한다고 하더라도 교육의 조건을 어떻게 하느냐 하는 문제를 생각해야 한다.

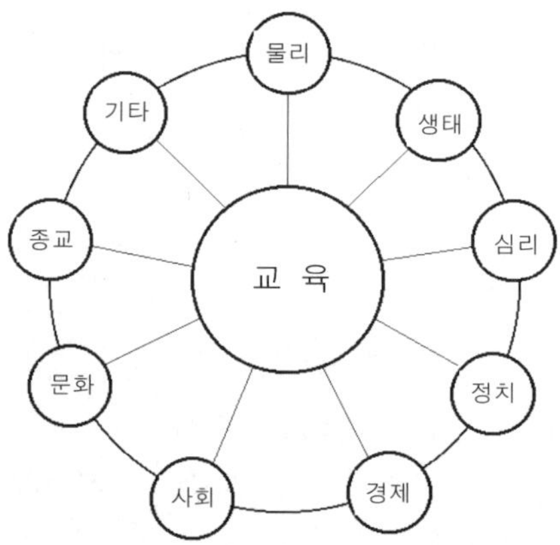

〈그림 2.3〉 교육의 환경

이제 사태가 좀 더 복잡하게 되었다. 교육은 그 자체로서 내적으로 동질적인 것이지만, 그것을 둘러싼 환경은 다양하다. 그 다양성을 어떻게 분류하느냐 하는 문제는 앞으로 연구할 과제이다. <그림 2.3>은 편의상 물리적 · 생태적 · 심리적 · 정치적 · 경제적 · 사회적 · 문화적, · 종교적 복합체를 가정하였다. 여기서 교육의 물리적 환경과 생태적 환경은 같을 수가 없다. 교육의 정치적 환경과 교육의 경제적 환경을 따로 분리시켜서 고려해야 한다. 교육은 그 자체의 내재성을 지니고 있지만, 그 폭과 행사는 그것이 처한 이런 역사적인 조건들과의 관계에 의해서 부분적으로 규정되고 제약을 받을 수밖에 없을 것이다.

교육의 역사적 가변성은 교육의 본질에 해당하지 않고 그 환경에 해당하는 것이다. 시공간에 따른 교육의 양태가 다른 것은 그것이 처한 환경과 관련지어 설명될 수 있다. 교육의 외적 조건은 그 내부구조와는 달리 안정성 있게 그리고 항구적으로 규정할 수 있는 것이 아니다. 교육은 삶 전체의 일부에 불과하며, 교육은 그 여타의 세계와의 상호작용을 통해서 독특한 실현의 양태로 드러난다. 이 때문에 한때의 교육의 양태를 다른 때의 전형으로 보이지 않도록 넓은 안목을 가질 필요가 있다.

교육의 양상과 교육의 양태는 언제나 다소간의 차이가 있기 마련이다. 전자는 후자의 것이 가장 양호한 상태라는 것을 가정한 순수한 개념이다. 교육과 여타의 세계 간에는 우연성이 개재한다고 보아야 한다. 교육과 여타의 세계 간의 상호관련성이 우연적이라는 말은 그들이 서로 이질적인 것이며, 서로 경험적인 관계를 갖는다는 의미이다. 여기에 어떤 논리적이거나 필연적인 관계를 미리 예상할 수는 없다. 교육의 구조에서 내적 연관을 이루는 요소에 들 수 없는 것은 교육 밖의 것이며, 단지 교육과 우연적인 관계를 갖는 그 환경으로서 취급될 수 있는 것이다. 환경의 특성은 상황적 복잡성을 구성한다.

여기에서 우리는 교육의 관점에서 그 환경의 마이너스와 플러스를 판가름할 수 있어야 한다. 예를 들어보자. 사회적 계급이나 직분, 혹은 문화가 인간의 발달을 제약하는 조건이 되기도 하였다. 교육은 이런 제약으로부터 해방되어 인간이 아직 확인하지 않은 존재의 생성, 변신과 변모의 존재방식을 탐색할 수 있게 한다. 우리는 성별이나 계급과 같은 세속적 차원이 교육의 본질을 구성하지 못한다는 점을 지적했다. 그러나 사회분화가 진행될수록 지배계층과 피지배계층의 구분이 일어나며, 그에 따라 교육의 기회 역시 불공평한 배분이 이루어진다. 그것은 교육을 위해서 바람직한 것이 못 된다. 앞에서 지적했듯이, 교육의 발전이란 모든 사람들이 그것으로부터 소외됨이 없는 삶의 조건을 만드는 것이다.

위의 예에서 사회계층에 따른 교육의 불평등한 참여는 교육의 마이너스 환경에 넣을 수 있는 항목이다. 그 마이너스 환경을 어떻게 플러스 환경으로 전환시키느냐 하는 것이 교육발전에서 매우 중요한 위치를 차지한다. 그 불평등한 환경은 불가피한 것이 아니고, 물리·생태적인 조건의 구비, 행정, 법률제정, 제도의 도입에 의해서 다소나마 개선될 수도 있을 것이다. 자신이 속한 사회를 초월하여 사회가 인간의 가능성을 실현시키거나 억압하는 것을 꿰뚫어보지 않으면 자기 자신의 인간성에 충분히 접하는 것은 불가능하게 된다. 교육 자체는 강요할 것이 못 되지만, 우리는 그것의 참여를 가로막는 사회적 체제를 제약하는 정책을 도입할 수도 있을 것이다.

넓게 보아서, 교육의 입장에서 그 플러스 환경은 교육의 수단적 가치를 갖는다고 말할 수 있다. 아무리 교육할 의향이 있고 그 교육의 품위가 높다고 하더라고 권력이나 시세의 지원이 없으면 그 효과를 발휘하기 어렵다. 이 때문에 정치, 경제, 사회, 문화 등의 요소가 어떤 맥락에서 어떻게 결합하느냐 하는 유형이 문제가 되는 것이다. 교육의 새로운 범주는 새로운 명칭을 요구한다. 이제 교육의 플러스 환경을 각 해당 세계와 특수하게 결부시켜 보자. 우리는 그것을 약칭하여 교육정치(행정), 교육경제, 교육사회, 교육문화라는 말로 부를 수도 있을 것이다. 그것에 대한 항목은 미리 예견하기 어려운 것이기 때문에 교육을 실행하면서 시행착오적으로 점차 밝혀내고 교정하여 나가는 것이 정석이다.

앞에서 강조한 바와 같이, 교육이 발전하는 데에는 교육의 내재성을 살려주고 권장하는 여타의 세계에 대한 배려와 환경의 조성이 필요하다. 인간과 환경 사이에는 서로가 다른 것을 규정하는 긴밀한 상관관계가 있어서 환경을 바꾸어 자신을 바꾸거나, 혹은 자신을 바꾸어 환경을 바꿀 수도 있다. 마찬가지의 원리를 교육과 여타의 세계 간의 관계에까지 확장할 수 있다. 교육과 그 환경은 일방적인 결정의 관계가 아니라는 점을 인식하는 것이 중요하다. 그들은 삶에서 서로 결정하고 결정을 받는 관계를 가지고 있다. 갈등, 긴장, 공존, 혹은 상호 촉진하는 조건이 있으며, 가장 바람직한 것은 공존과 상호촉진의 관계이다.

우리의 삶에서 가장 바람직한 것은 제반 이질적인 삶이 공존하고 발전하는 조화를 유지하는 것이다. 서로가 상대의 자율성을 침해하지 않는 범위 내에서 상대의 목적에 공헌하는 방식으로 상호간에 지원하는 것이다. 예컨대, 교육하는 것을 오로지 돈을 버는 것과 결부시키는 것은 천박하다. 그러나 교육도 하고 돈도 번다면 그것은 결코 나무랄 수 없고 오히려 권상할 사항이다. <그림 2.3>에서 제시된 제반 교육의 환경에 관해서는 본장의 말미(2.9부터 2.11)에서 더 자세하게 논의할 것이다.

그러나 다른 한편으로 그 환경의 지원에는 항상 한계가 있다는 점을 지적하지 않을 수 없다. 지원은 항상 그 대가를 전제한다. 그 대가만을 의식하면, 교육이 바로 그 외부지원의 세계로 환원될 위험성이 있다. 설사 그 지원이 아무리 대가를 의식하지 않다고 하더라도 그 지원을 받는 교육을 우리가 어떻게 하고 있느냐에 따라 그 결과는 판이할 것이다. 같은 지원을 하더라도 저급의 교육보다는 고급의 교육에 지원하는 것이 훨씬 이로울 것이다. 교육의 발전수단으로서 두 가지 경로, 즉 메타교육과 교육의 환경 가운데 전자가 더 우선해야 한다. 이런 취지에서 이하에는 메타교육의 필요성, 그 제반양상, 그리고 선현들이 남긴 메타교육의 사례 등을 먼저 살펴볼 것이다.

2.5 메타교육의 필요성

메타교육은 교육이 자체의 과정을 통해서 그 질을 개선하는 과정이라는 점에서 이론적으로나 실제적으로 새롭게 주목해야 할 부분이다. 외부환경의 지원도 그와 같은 과정을 통해서 교육 스스로 자율성을 확보하고 보장하는 범위 안에서만 그 효과를 발휘할 수 있다. 이에 대한 역사적 사실은 뒤(2.7)에서 살필 예정이지만, 이제까지 이런 자구책에 대한 체계적인 논의와 검토가 없었다는 점은 교육학도로서 큰 자성을 요한다.

모든 생물은 그들 나름의 가능성이 있으며, 그 가능성은 자동적으로 실현되는 것은 아니다. 우리가 흔히 본능적인 것으로 생각하는 동물들의 단순한 행동도 명백히 환경과의 상호작용의 결과이며, 많은 경우 성숙이라는 과정으로만 설명할 수 없는 일종의 적응의 과정이 개입한다. 그중 가장 핵심을 차지하는 것이 어미와 새끼 사이의 상호작용이다. 새끼가 자립할 정도에 이르기까지 생존에 필요한 최소한의 능력이 전수되는 것이다. 그 과정을 정상적으로 거쳐야만 새끼가 독립적으로 생존할 수 있다는 점에서 인간과 여타의 동물은 동일한 메커니즘을 거치는 것이다.

그럼에도 불구하고, 인간은 짐승에 비해서 적어도 두 가지 점에서 큰 차이가 있다. 첫째, 짐승들은 그 지도와 훈련에 의해서 실현될 잠재가능성의 범위가 협소한 반면에, 인간의 경우는 그 실현될 잠재가능성의 범위가 엄청나다. 이것은 인류가 동굴에서부터 지금의 문명에 이른 역사, 혹은 한 개인의 일생에 걸친 변화를 통해서 입증되고 있다. 지구상의 어떤 생물도 그런 엄청난 변화의 폭을 증명하지 못하고 있다. 그 인간성에는 단지 생존을 위한 기능을 떠나서 그 자체의 실현으로서 그 가치를 인정할 만한 탁월성이 포함되어 있다. 그 가능성을 우리는 품위라는 개념으로 발전시켜 논의해 왔다. 둘째, 짐승들은 그 경험의 전달을 위한 지도와 훈련이 이루어지는 기간이 비교적 짧은 데 비해서, 인간의 경우는 그것이 장기적으로 이루어진다는 점이다. 이미 짐승이 어미로부터 벗어나 자립할 수 있는 능력을 갖고 있는 기간에 인간은 상당한 기간 동안 무력한 존재로 남아 있다. 이 때문에 인간은 흔히 '미숙한 상태로 태어난 존재'로 지칭되기도 한다. 그것이 만물의 영장으로 지칭되는 것은 그 후의 놀라운 변화 때문이다.

인간이 짐승에 비해 특별히 자랑할 만한 것이 있다면 태어날 때 지니고 있는 가능성과 그것을 실현시키는 교육이다. 인간은 일생 동안 죄다 실현시키지 못할 정도의 넓고 다양한 잠재가능성을 지니고 있다. 그 가능성은 단지 생존의 기능을 훨씬 넘어서는 것으로서 오랜 기간 필요한 단계를 거치면서 점진적으로 실현된다. 오늘날 우리가 볼 수 있는 각종 수도계의 전승과 발전에 큰 부분을 차지하고 있는 것이 교육이다. 만약 어느 한 시대라도 그 교육의 맥이 끊어졌다면, 그 수도계의 전통도 끊어졌을 뿐만 아니라, 그 존재도 역사의 흔적만 남기고 사라졌을 것이다. 반대로, 설사 인간의 수도계가 어떤 이유에서든 큰 재앙을 맞는다 하더라도 만약 교육만 살아 있다면, 그것은 항상 생성하고 끊임이 없을 것이다. 우리가 더욱 근원적으로 관심을 두어야 할 부분은 교육의 결과가 어느 수준의 것이냐 보다는 그 결과를 가져오게 하는 교육의 과정이며, 그것을 주관하는 우리들 자신의 능력이다.

인간은 그에게 양도해 준 자유의 범위 내에서 일생 동안 스스로 자신의 가능성을 시험하고 창조해 나가야만 한다. 우리는 교육을 하면서 비로소 우리 자신의 탁월함과 위대함을 실현하고 깨닫고 확인한다. 그 점에서 인간은 숙명적으로 교육적인 존재일 수밖에 없다. 그 가능성에 있어서 다른 개인과 별다른 차이가 없는 개인이라고 하더라도 노력 여하에 따라서 그 가능성이 실현된 상태에 있어서 엄청난 차이가 난다. 그것은 바로 얼마나 교육적인 삶에 그 개인이 종사했느냐의 여부와 높은 상관관계를 갖는다.

교육은 항상 우리 주변에 하나의 가능태로 있다. 교육하는 이상적인 장소와 시간이 따로 있는 것은 아니다. 교육은 남들이 만들어 주는 세계가 아니고 단지 우리가 그것을 있는 그대로 바라볼 수 있는 안목과 그 내재율을 따르는 태도를 갖추고 적극적으로 그곳에 진입하는 문만 두드리면 쉽게 참여할 수 있는 세계이다. 우선 인간관계의 면에서 교육의 여건은 언제나 얼마만큼 열려 있다. 그럼에도 불구하고, 우리 모두가 갈망하면서도 그 갈망만큼 풍족하게 향유하지 못하는 것이 교육적인 삶이다. 현실은 항상 우리가 바라는 바대로 진행되는 것은 아니다. 많은 경우, 우리는 교육의 기회를 갖지 못할 뿐만 아니라, 그 기회의 창출에 실패하면서 생활하고 있다.

삶에는 꿈이 필요하고, 그것이 바로 실천의지와 결합할 때 놀라운 현실이 우리 앞에 전개될 수도 있다. 교육을 주재할 수 있는 사람은 어떤 환경에 처하든 우리 삶에 잠복된 교육의 가능태를 실현할 수 있다. 어떤 품위에 위치하고 있든 간에, 한편으로 상구자이면서, 다른 한편으로 하화자가 될 가능성이 잠재되어 있다. 한 개인이 그런 양쪽의 교육적인 삶에 얼마나 성공하고 있느냐 하는 것은 얼마나 상구할 스승과 하화할 제자를 지금 확보하고 있는지를 살펴보면 쉽게 판가름할 수 있을 것이다. 과거에 그런 사례가 많았다면, 그만큼 과거의 교육적인 삶이 풍요로웠다고 말할 수 있을 것이고, 미래에 그런 사례가 많도록 인생설계를 한다고 하면, 그만큼의 보람찬 교육적인 삶을 약속한 셈이다.

자연인 두 사람 사이에 교육적 관계가 성립되느냐 혹은 아니냐 하는 것은 대부분 기회의 문제가 아니라 상호간의 역량과 태도의 문제인 경우가 많다. 선진과 후진은 멀리 있지 않고 우리들 서로임을 깨닫는 것이 중요하다. 우리 주변에는 인생의 지혜를 가진 사람들이 즐비하다. 아니, 인생을 성실하게 사는 사람이라면 누구나 얼마만큼의 가치 있는 경험을 가지고 있다. 이정표가 여행을 대신해 줄 수는 없지만, 이것은 여행자에게 그의 행로를 안내하는 데 큰 몫을 한다. 그런 사람을 스승으로 모시면 그만큼 양자는 스승과 제자로서 교육적 관계를 맺을 수 있는 것이다.

그럼에도 불구하고 그 부분에서 많은 실패를 하고 있는 사람들이 우리 주변에는 너무도 많다. 선진처럼 총명하게 되고자 하는 후진은 많지만 불행히도 어떻게 그렇게 될 수 있는지를 알려고 하는 사람은 비교적 드물다. 그들 주변에 스승이 될 수 있는 사람이 없어서가 아니라 흔히 그 사람들을 스승으로 모실 역량과 태도가 부족하다. 교육 주체로서의 확신과 참여의식이 결여되어 있다. 교육은 얻는 것이 아니라 주어지는 것으로 체념한다. 그들은 인도해 줄 스승도 없이 인생을 거친 광야처럼 살고 있다. 그 안타까운 점을 헨드릭스 부부는 이렇게 토로한다.

> 스승을 찾을 수 있는 장소는 도처에 숨어 있다. 당신의 주변 어느 곳이든지 당신의 스승이 될 수 있는 사람들이 있다. 그러나 숨어 있다고 말한 것은 우리가

> 어떤 부분에 있어 진정한 능력을 가진 사람들을 그냥 쉽게 보아 넘기기 때문이다(Hendricks & Hendricks, /1996, p. 112).

대개 우리는 선진의 품위를 짐작하지 못한다. 누차 지적했듯이 자신의 품위에 비추어 선진을 평가하는 오류를 범한다. 이 때문에 그들의 지도를 요청하기는커녕 그들이 단지 이해할 수 없다는 이유로 학대하는 경우조차 있다. 다음의 하소연을 들어보자.

> 오 주여, 이 늙고 가련한 세상에 어떻게 이런 일이 일어나는 것입니까? 당신은 너무나도 위대한데, 아무도 당신을 보지 못합니다. 당신은 그렇게도 큰 소리로 부르는데, 아무도 당신의 이름을 알지 못합니다. 사람들은 당신에게서 도망쳐 나와서 당신을 찾지 못한다고 말합니다. 사람들은 등을 돌리고서 당신을 보지 못한다고 말합니다. 사람들은 귀를 닫고서 당신의 음성을 듣지 못한다고 말합니다(White, /1991, p. 68).

다른 한편으로, 우리의 주변에는 후진이 총명하기를 바라는 사람은 많지만, 그것을 돕는 데 자신이 구체적으로 할 수 있는 방법을 아는 선진은 그렇게 많지 않다. 선진이란 절대적인 개념이 아니라는 점이 강조되어 왔다. 자신보다 품위가 낮은 후진을 가지고 있는 것만큼 선진의 위치를 누구나 확보하고 있다. 그럼에도 불구하고, 자신의 품위를 자신의 것으로 단지 한정시킴으로써 그것을 소재로 삼아 하화교육을 하는 데 실패하는 사람도 많다. 상구교육의 경우처럼 많은 경우 어떻게 자신이 하화교육에 참여할 수 있는지에 대한 주체로서의 역량과 확신의 부족이 그 원인이다. 이처럼 참된 제자를 가까이 두지 못하고 있는 사람 역시 교육적으로 풍부한 삶을 영위하고 있다고 볼 수 없다.

교육은 우리가 살고 있는 다양한 공간을 어떻게 운영하느냐에 달려 있다. 우리는 앞(2.3)에서 교육공간이라는 주제를 다룬 바 있다. 경험의 폭이 서로 다른 가족 사이에는 얼마만큼 상구하고 하화할 가능성이 언제나 존재한다. 개인은 자신의 교육프로그램의 어떤 것을 학교에서 찾고, 특정한 직무에 관한 것은 그 현장성이 큰 직장에서 교육의 기회를 가질 수 있을 것이다. 더 보충할 것이 있다면, 가상공간에서 적당한 교육파트너를 찾아 교류할 수 있다. 전자통신의 네트워크를 통해 학교, 직장, 가상공간 등 각종의 교육프로그램이 서로 연계될 수도 있을 것이다. 이렇게 되면 우리는 교육이 어떤 특정한 공간과 시간에서 이루어지는 것이 아니라 국경을 넘어선 교류를 통해 삶의 한 양상이나 일부로 이루어진다는 것을 더욱 실감할 수 있다. 우리가 맞이하는 21세기는 이처럼 누구나 교육프로그램을 개발하고 그 효율성을 시험할 수 있는 시대가 될 것이다.

그러나 이런 기회도 그것을 포착하고 활용할 수 있는 교육 주체를 전제한다. 교육 주체의 능력은 크게 두 가지로 구분된다. 그 첫 번째 능력은 그 내재율에 충실할 수 있는 정도이다. 교육은 한 개인의 삶의 모든 단계에서, 모든 상황과 환경 속에서 그 내재율에 따라서 일어난다. 그것에 심열성복할 수 있는 사람만이 교육의 놀이에 참여할 수 있다. 교육은 모든 삶의 현장에서 여타의 과정과 더불어 진행된다. 그 여건을 잘 선별하고 교육에 필요하고 예견되는 조건을 조성하는 능력이 바로 그 두 번째 능력에 해당한다. 이 교육 주체의 능력은 예컨대, 학문, 예술, 각종 기예 등 온갖 수도계의 능력과 대비된다. 다만 전자가 후자를 구성해 내는 데 중요한 역할을 한다는 점에서 보다 근원적이라는 점을 지적할 수 있다.

인간은 교육하려는 성향과 그것을 실현시킬 수 있는 생물학적 토대를 가지고 있다는 것은 이미 지적되었다. 그러나 교육하는 능력은 선천적이거나 유전적인 것에만 의존하는 것이 아니라 일정한 실천과 경험을 통해서 개발될 성질의 것이다. 교육능력에는 개인 차이가 많고 그 상당한 부분은 해당 세계 내에서의 경험에 의해서 비롯한다. 그럼에도 불구하고 그 부분에서 특별히 노력하는 사람들은 드물다. 왜 그처럼 교육의 능력을 개발하는 일에 소홀히 하는가? 많은 이유가 있겠지만, 그중 먼저 지적할 수 있는 부분은 교육이 오로지 전문가들의 소관이라는 신화이다.

부모들이 자녀들의 교육을 전적으로 학교에 맡기려는 경향은 그 좋은 예이다. 자녀들은 언제나 훌륭한 상구자이다. 문제는 부모가 교육은 전문가의 일이라는 잘못된 생각을 가지고 그들의 파트너로서의 하화자가 될 수 있는 자신들의 역량을 과소평가하고 교육을 체념하는 데 있다. 그런 부모는 단지 자녀를 통해서 신체의 재생에 성공했다고 할 수 있을지 모르나, 그의 삶의 지혜를 전수하는 데 실패하고 있다는 점에서 반성의 여지가 많다. 이처럼 교육을 단지 교사와 같은 전문가나 학교와 같은 전문기관에 맡기는 부모는 적어도 교육의 측면에서 부적격한 가족의 성원이다.

교육은 일반적인 삶의 한 양상이며, 전문가의 독점물이 아니다. 스승이 되기 위해서 4대 스승의 경우처럼 반드시 높은 품위를 소유할 필요는 없다. 그런데 우리는 스승을 특별한 희귀종으로 생각하는 사회적 편견을 가지고 있다. 사회는 그들에게 능력이 없다는 인식을 심어준다. 학교기관은 자격증을 문제시한다. "아는 게 있어야지?", "나는 가르침에 관해 어떻게 하는지에 대해 전문기술을 훈련받지 못했어" 등의 반응이 그런 데서 연유한다. 그러나 이제까지 우리가 검토했듯이, 스승은 어느 분야에서든 한 발 더 경험을 한 사람이라면 허용되는 지위인 것이다. 남들보다 더 앞서 있다면, 그것으로서 스승의 일차적인 조건을 갖추고 있다고 해야 할 것이다.

우리의 삶에서 흔히 발견되는 어처구니없는 맹점은, 자신이 교육적인 삶을 실제로 영위하고 있음에도 불구하고, 그것을 인정하고 그 지위를 향유하려고 하지 않는다는 것이다. 사실 우리의 삶을 잘 분석해 보면, 놀랍게도 사람들은 곳곳에서 서로 교육적인 관계를 맺으며 생활하고 있다. 그렇게 함으로써 그들은 단지 물질적인 도움을 벗어나 남을 위한 교육적인 봉사활동을 성실하게 수행하고 있다. 그럼에도 불구하고 우리가 단지 그것을 인정하기를 거부하는 이유는 자신들이 늘 하고 있는 생활을 교육의 관점에서 해석할 수 있는 개념체제를 아직 갖추지 못하고 있기 때문이다. 이것이 바로 학교중심의 그릇된 교육관에서 비롯된 것으로서 우리가 개념적으로 이전의 관점에서 하루빨리 벗어나야 할 이유가 된다.

현대생활 자체가 수시로 변하면서 우리에게 그에 상응하는 변화를 요구하며, 미리 예견된 틀의 인간형보다는 그때그때 요망되는 인간성을 추구하고 공유하는 것이 좀 더 융통성 있는 대응방법이 되었다. 상황의 변화에 인간이 적응해야 한다는 논리에는 많은 허점도 보인다. 인간이 그 자체로서 추구하고자 하는 본질과는 다른 것을 요구하는 상황이 전개되고, 그것을 형성하는 수단으로 강요가 불가피한 경우도 많기 때문이다. 그럴수록 그 외부적 조건에의 일치만이 중요한 것이 아니라, 진정한 의미의 인간의 정체성을 스스로 확립하고 실현해 나가는 일이 시급한 과제로 등장하고 있다. 그 과제의 이행은 우리에게 오직 스스로 교육할 수 있는 능력을 갖추고, 또한 그것을 계속해서 신장시켜 나갈 것을 전제한다.

오늘날 주시할 시대적 변화는, 온갖 기술적 진전과 더불어 인간이 이전과는 달리, 물질적 질곡과 예속으로부터 다소나마 자유로울 수 있는 환경이 조성되고 있다는 점이다. 기계가 전반적으로 인간의 기계적인 고역을 대행함으로써 우리로 하여금 더 많은 여가의 기회를 가질 수 있게 하였다. 그런 기회는 한편으로 인간이 나태 · 이탈 · 자기방종으로 치닫게 할 수도 있고, 다른 한편으로 순수한 여가 속에서 자기탐색의 여유로 활용될 수도 있는 양면성을 갖는다. 그중 교육은 후자의 선택에 해당한다. 우리는 교육을 위해 자유롭게 활용할 시간이 필요하다. 자기 자신을 찾고 품위를 연마하는 시간의 활용 역시 교육할 수 있는 능력을 전제한다. 이런 교육에 유리한 새로운 추세에 대응하는 가장 중요한 부분이 바로 메타교육이다.

우리의 삶에서 교육을 잘 할 수 있는 능력을 갖는다는 것은 참으로 보람 있고 도전적인 일이다. 메타교육은 한마디로 개체가 일생 동안 자율적인 교육 주체로서 교육계에 적응할 수 있도록 교육하는 과정이라고 할 수 있다. 위대한 품위를 상구하는 것, 그 발견한 것을 다른 사람에게 하화하는 것이 무한히 귀중한 것이지만 그것보다 더 근원적인 것은 그렇게 할 수 있게 하는 메커니즘이다. 고기잡이와 얻어진 물고기가 있다. 전자는 과정이고 후자는 결과이다. 마찬가지로 X를 소재로 하는 교육에는 결과로서 X에 대한 새로운 경험과 그 새로운 경험을 도출해 내는 과정의 경험이라는 두 가지 부분이 있다. 이 가운데 두 번째의 것이 바로 교육이며, 그것을 훌륭히 해낼 수 있도록 체계적으로 안내하고 연마하는 것이 메타교육에 해당한다.

지금에 '교육의 정상화'가 우리 사회에서 가장 심각한 국민적 과제로 등장하고 있다. 그러나 그 화두의 뒤편에는 두 가지 편견이 도사리고 있다. 학교가 잘 되어야 한다는 것이 그중의 하나이다. 진정 그러한가? 다른 하나의 편견은 그 과업의 수행이 국가의 책임이라는 생각이다. 진정 그러한가? 국가에서 학교를 많이 설립하고 통제하면 교육이 정상의 궤도에 진입하는가? 천만의 말씀이다. 앞서의 논의는 결국 그 모든 것이 국민 전체가 교육을 실현시킬 수 있는 능력의 향상과 불가분의 관계를 갖는다는 해답을 시사한다. 교육의 발전은 생활 전면에서 이루어져야 한다. 이른바 '학교교육의 정상화'도 결국 교육의 능력, 혹은 그것을 제대로 평가할 수 있는 비판세력의 견제와 감시가 동반됨으로써 성취할 수 있는 목표이다.

2.6 메타교육의 제반 양상

우리가 삶에서 결여하기 쉬운 부면에 대한 새로운 시각을 마련하는 것이 개념의 중요한 기능이다. 우리는 앞에서 메타교육이라는 생소한 개념을 도입했다. 개념은 생소할지 모르지만, 그 개념이 포착할 실제의 진행은 결코 생소한 것이 아니다. 그런 뜻에서 메타교육을 교육의 자율적 발전의 메커니즘으로 부각시키고, 이어서 그것이 한 개인의 삶, 특히 다가오는 미래에 삶에서 차지하는 중요성을 첨가하였다. 그러나 아직 그런 중요성의 강조에 그친 느낌이다. 사실 메타교육은 그렇게 단순한 과정은 아니다. 우리는 이제부터 그 부분의 구체성을 검토할 차례가 되었다.

어떤 수도계의 품위를 소재로 하는 교육을 하든 간에 거기에는 당시 그것에 참여하는 주체의 교육의 품위(transtalent of education)가 작용하기 마련이다. 일상생활에서 교육적인 삶을 영위함에 있어서 그 내재적 수준의 면에서 질적인 차이가 있는 특수한 품위의 발전이 있을 것으로 본다. 품위의 일반적 규정이 그러했듯이, 교육의 품위가 다르다는 것은 교육의 목표, 구조, 평가의 체계 등 교육 전반에 차이가 있다는 것을 의미한다. 여기에는 물론 '상구품위'와 '하화품위'의 두 가지가 포함된다. 전자는 상구교육의 고유가치의 축에 의해서, 그리고 후자는 하화교육의 고유가치의 축에 의해서 종적인 위계를 형성한다. 상구품위와 하화품위는 변증성과 위계가 있으며, 그들 사이의 직접적인 합의나 소통은 불가능하다. 그 위계에 따라 교육에 대한 만족의 정도와 평가가 달라질 것으로 가정된다.

품차에는 언제나 교육이 가능하다는 점을 여태까지 지적하여 왔다. 그렇다면 모든 형태의 교육에는 바로 그것을 소재로 하는 교육이 가능하다는 점이 드러난다. 그 점이 바로 교육은 교육에 의해서 발전할 수 있다는 논지를 성립시키는 근거가 되는 것이다. 그 교육의 품위가 어떻게 교육 자체에 의해서 형성되고 발전하는지를 논자(장상호, 1991)는 다음과 같이 지적한 바 있다.

> 교육계는 수도계의 실재를 상구에 의해 자증하고 하화에 의해 타증한다. 마찬가지로 하나의 특수한 수도계로서의 교육계는 자체를 소재로 하는 메타교육에 의해 그 실재가 입증된다. 교육계는 자연적인 과정이 아니다. 아무 노력도 없이 누구나 그 세계의 높은 수준에 도달할 수는 없다. 교육계는 스스로 이상적인 교육계를 처방하고 그것을 창조하고 그것의 실재성을 입증해야 한다. 교육계는 객관으로나 주관의 형태로 존재할 수 있으나 전자는 후자가 없이는 진실로 확인될 수 없다. 교육계는 스스로 그 생활양식을 즐기고 그것의 고유한 가치를 추구하는 주체에 의해서만 실감된다. 각 주체는 어느 경우나 그들의 상구품위(上求品位)[31]와 하화품위(下化品位)[32]로써 교육을 체험한다. 그것이 낮다고 해서 질타하거나 무시할 필요는 없다. 그것을 토대로 특정한 상구품위를 상구하고 하화할 수 있다. 혹은 특정한 하화품위를 상구하고 하화할 수 있다. 상구계와 하화계를 요소로 하는 이와 같은 자율적인 발전의 메커니즘은 세 가지 부류의 복잡한 관계유형을 내포한다. 그 첫째는 상구계의 상구, 그리고 하화계의 하화이다. 이 각각은 그 주된 활동과 소재가 일치하는 것으로서 서로 독립되어 있다. 둘째는 하화계의 상구와 하화계의 하화, 그리고 상구계의 상구와 상구계의 하화간의 관계이다. 이

---

31) 본문에서는 이를 '학위(學位)'라고 표현했으나, 이것은 별도의 통속적인 의미가 있기 때문에 여기서 수정한다.

32) 역시 본문에서는 '교위(敎位)'라는 용어를 썼으나 여기서는 그것을 '하화품위'로 대치한다.

> 들은 주체 내에서는 전자인 하화계의 상구와 상구계의 상구가 후사인 하화계의 하화 및 상구계의 하화를 가능하게 하고, 주체 사이에는 서로 마주하는 협동교육을 가능하게 한다. 셋째는 하화계의 상구, 그리고 상구계의 하화 사이의 관계이다. 이는 주된 활동과 소재의 위치가 뒤바뀌진 상태로서 어느 세계를 본위로 하느냐에 따라 다소의 가치갈등이 있을 수 있다. 요컨대, 교육계는 외부의 지원이 없이도 그 자체를 소재로 하여 발전할 수 있다. 교육의 고유한 가치는 상구품위와 하화품위의 품위향상으로만 식별된다. 또한 교육의 품위향상으로 교육적 가치가 고양된다. 실제로 교육의 가치를 체득한 주체에게는 교육활동을 중지시킬 수 없다. 교육은 이들에 의해서만 몸 바쳐 지지되고 보호되고 발전될 수 있다(pp. 55-56).

이제부터 우리는 위의 진술에 압축된 의미를 차근차근 풀이해 나가기로 한다. 하나의 세계가 자체의 자율적인 재생능력을 가지고 있지 못할 때, 그것은 자율적인 체계로서 안정된 조건을 갖추었다고는 할 수 없다. 그런데 한 가지 절묘한 점은, 교육은 목하 메타교육을 통해서 그 자체의 구조를 유지할 수 있을 뿐만 아니라 그것을 발전시킬 수도 있다는 점이다. 똑같은 형태의 교육을 반복하는 것은 교육의 정신에 위배된다. 이 세상에서 완벽한 교육이란 있을 수 없다. 이전의 것보다 더 나은 것들이 잠정적으로 있을 수 있을 뿐이다. 교육계를 구성하고 있는 상구계와 하화계 자체가 많은 불확실성, 오류, 그리고 개선의 여지를 가지고 있다. 지금 하고 있는 교육보다 더 나은 교육은 없는가? 이런 개선의 의욕에 따라, 그리고 세계 자체를 변혁시키고 그 실재를 드러나게 하는 교육의 속성에 따라, 교육은 그 자체가 항상 생성되고 완성되면서 또 한 차례의 완전을 지향한다.

고유한 의미에서 교육의 품위수준에 해당하는 것이 무엇이냐 하는 문제는 차츰 시간을 두고 해결해야 할 과제이다. 당장 이에 대한 어떤 확정된 결론을 내리는 것은 무모하다. 모든 소재영역이 그러하듯이 그에 대한 부단한 실험, 경험, 그리고 그에 따른 지혜의 축적은 앞으로 계속 진행될 것이다. 그 실재성을 입증하는 방법은 역사상 과거의 잘못된 교육의 경력과 경로에 대한 진단과 교정에 대한 연구, 혹은 현존하는 사람들의 교육행위에서 찾아볼 수 있을 것이다. 그러나 그중에 유망한 후보의 하나가 바로 목하 우리가 논의하고자 하는 메타교육이 포함된다. 이 과정을 통해서 교육은 자체의 고유한 가치를 발전시키고 그 축에서 교육의 품위를 형성하고 그것을 입증해 나갈 수 있을 것이다. 그러나 교육의 품위를 단지 미래에 해명되어야 할 과제인 것으로만 접어두고 메타교육을 논의한다는 것은 추상적일 뿐만 아니라 무책임할 수 있다.

이제까지 진행되어 온 논의를 근거로 교육의 품위를 결정할 수 있는 방식을 예시해 본다면, 교육의 비본질적인 측면이 점차 줄어들고 그 본질적인 것이 드러나는 '기능적 자율화'의 전개과정을 들 수 있을 것이다. 예컨대, <그림 2.2>에서 메타교육은 교육의 품위, 즉 2차 소재를 전제로 성립됨을 보여준다. 이 말은 그것이 1차 소재와 기능적으로 독립되어 있다는 것이 전제된다. 수도계의 높은 품위에서 이루어지는 교육이 낮은 품위에서 이루어지는 교육보다 반드시 더 우수한 것은 아니다. 아동교육이 성인교육에 비해, 혹은 장애자교육은 정상인들의 교육보다 통상 그 결과의 품위에 있어서 낮은 수준에 그치지만, 그렇다고 해서 그들의 교육의 품위조차 낮다고 할 수 있는가? 실상 그 소재와 관련하여 높은 품위의 소유자가 낮은 수준의 상구교육을 할 수 있고, 반대로 아주 낮은 품위의 소유자가 높은 수준의 상구를 할 수 있다. 더 나은 교육이 무엇이냐 하는 평가에서, 그 교육의 1차 소재가 되었던 수도계의 내재적 평가기준과는 별개의 것으로 보아야 할 이유에서, 우리는 앞서 초등, 중등, 고등 교육이라는 위계와는 별도로 저급, 중급, 고급 교육이라는 위계를 제안한 바 있다.

자율적인 교육의 세계에 대한 최소한의 조건은 그 나름의 구조가 드러나는 것이다. 교육은 그 1차 소재를 달리하여 반복된다. 그 소재의 특성에 따라 처음에는 그 양태가 다를 수 있지만, 차츰 그 소재의 특성으로부터 독립된 교육양상의 요소와 그 기본적인 구조가 드러날 것이다. 이에 대한 설명으로 우선 교육의 일반화와 전이현상을 생각해 볼 수 있다. 전이에는 '횡적 전이(horizontal transfer)'와 '종적 전이(vertical transfer)'가 포함된다. 전자는 학문, 예술, 도덕 등 여러 종류의 수도계적 특성으로부터 점차 교육의 요소가 분리되어 오는 경로이고, 후자는 특정한 수도계에서 품위의 수준의 차이에서 점차 교육의 요소가 분리되어 오는 경로이다. 그런 방식에 의해서 수도계의 종류와 수준의 속성으로부터 독립된 교육의 품위가 형성되는 과정의 위계를 가정할 수 있을 것이다.

교육의 품위로 내세울 수 있는 다른 하나의 기준은 그 양태에 주목하는 것이다. 우리는 제1장에서 교육의 양상이 외부환경의 영향으로 서로 다른 양태로 드러날 수 있음을 살핀 바 있다. 세속계의 본위로 전개되는 외도교육의 양태, 수도계의 본위로 전개되는 공덕교육의 양태, 교육계의 본위로 전개되는 내재교육의 양태가 있다. 이중 외도교육의 양태와 공덕교육의 양태는 교육을 여타의 세계를 본위로 취급한다는 점에서 본위의 착오라고도 할 수 있다. 우리가 전개해 온 교육본위론의 관점은 교육학의 자율성을 내세우는 입장이기 때문에 그중 교육의 자율성을 갖춘 마지막의 것에 해당하는 내재교육의 양태만을 부각시킨 셈이다.

외재교육의 양태는 교육 밖의 환경이 교육의 성격을 규정한 상태이다. 교육이 그 자체보다는 그 외재적 기능의 측면에서만 고려되며, 이 때문에 교육은 그 기능의 측면에서 여타의 방법과 경합이 불가피하다. 설사 표면상 그 소재가 수도계로 표방된다고 치더라도 이들은 각각 좀 더 익숙한 개념의 일부로 설명이 가능하다. 외재교육의 양태는 이미 그 설명의 배경을 갖춘 '사회화(socialization)'에 대응하는 과정이며, 공덕교육의 양태는 '문화화(enculturation)'에 대응하는 과정이다. 그처럼 교육을 그 기능에만 주목하고 강조한다면, 교육은 우리 삶의 여타의 과정과 경합하는 정도로 그 가치평가가 절하될 것이다. 가령 외도교육의 양태는 이미 그 설명의 배경을 갖춘 '사회화'와 비교될 것이며, 공덕교육의 양태는 '문화화'와 비교될 것이다. 사회화, 문화화, 그리고 교육 사이에 그 결과상의 효과는 물론 연구를 통해서 해명되어야 할 주제이지만, 교육이 이들과의 경합에서 더 효과적이라는 보장은 없다.

더욱 큰 문제는 그 효과의 면만을 두고 교육을 규정하는 교육관이다. 이미 누차 지적해 왔듯이, 그 동안 교육학의 주된 이론이 기능주의 교육관의 범주를 벗어나지 못했다. 이 때문에 개념의 측면에서 교육의 외재적 양태와 여타의 인간 변화의 과정 사이에 차이가 없는 것으로 간주되어 왔다. 그 효과의 면에서조차 교육에 불리한 개념을 강요해 왔던 것이다. 교육학이 그런 그릇된 관점을 가지고 있는데, 일반인들에게 더 나은 관점을 기대하기 어려울 것이다. 바로 그런 범주착오가 지금 우리나라에서 진행되고 있는 '교육현실'을 바라보고 진단하는 잣대가 될 수 있을 것이다. 우리의 현실은 우선 개념의 측면에서 교육이 위치해야 할 본질적인 핵심과는 너무도 동떨어진 거리에 있다. 세상 사람들이 그토록 희구하는 '교육의 정상화'는 이런 개념적 오류의 청산과 더불어 진행될 수 있어야 한다.

교육의 양태와 교육의 양상을 개념적으로 혼동하는 경우는 비일비재하다. 그 개념의 혼동은 양태 자체보다 더욱 쉽게 식별될 수 있다. 교육의 존재이유를 교육 외적인 용도에서 구하는 것이 버릇이 된 사람은 아직 외재교육의 개념이라는 단계에 있는 것이다. 시험점수가 출세의 기준이 되었고 그 시험점수를 높이는 것이 좋은 교육이라고 생각하는 사람이 많다. 이들은 외도교육의 개념 수준에 있다고 보아야 할 것이다. 이에 비해서, 어떤 사람들은 수도계의 품위를 획득하는 수단으로서의 교육을 생각할 것이며, 이 경우 그들은 공덕교육의 개념수준에 있다고 말할 수 있다. 그 다음의 수준이 바로 내재교육의 개념수준으로서 교육본위론은 그중의 하나로 볼 수 있다. 이 관점에 이르렀을 때, 비로소 그 기능성을 떠나 자체로서 즐길 수 있는 교육의 의미가 살아나는 것이다.

이 때문에 메타교육에서는 교육의 양태에 얽힌 본위화의 문제를 다루기에 앞서, 이런 교육관의 본위화가 먼저 정리되는 것이 필요할지도 모른다. 그 점을 더욱 명백하게 이해하기 위해서 교육을 일단 축구에 비유해 보기로 하자. 그 경계가 분명하지 않은 상황에서 고유한 세계의 출현을 기대한다는 것은 마치 축구장을 만들고 그 곳에서 무엇이든 하면 된다고 했을 때, 어떤 일이 일어날지를 연상하면 쉽게 이해될 수 있을 것이다. 축구의 목적은 골을 넣는 것으로 알고 있는 사람들도 있다. 그러나 그것은 축구를 극히 기능적인 것으로 규정하는 오류를 범하고 있다. 골대에 공을 집어넣기로 말하면, 특별히 고안된 대포가 축구보다는 더 큰 효과를 가져올 것이다. 축구의 입장에서 골은 축구를 재미있게 하기 위한 하나의 수단에 불과하다. 고유한 의미의 축구에 대한 규정은 그 기능과 별개로 이루어져야 한다. 후자는 전자의 문제가 해결되었을 때에만 논의될 수 있다. 축구를 구성하는 것은 그 규칙이며, 그 규칙에 따라 활동을 할 때 비로소 축구를 한다고 말할 수 있다. 메타교육에서도 이처럼 그 관점의 차이를 소재로 하는 것이 선행되고, 그 다음에 교육의 양태에 있어서 본위의 전환이 이루어지도록 하는 것이 올바른 순서가 될 것이다.

우리의 삶의 터전에서 교육을 성사시키는 것은 그 내재율이다. 교육적 상황은 여타의 다른 상황과 구분되며, 그 안에서의 교육은 아무렇게나 하는 것이 아니라 마치 모든 놀이의 경우가 그러하듯이 그것이 특별히 요구하는 내재율에 일치해야만 가능하다. 축구경기가 더러는 그 규칙에 벗어나서 진행되듯이, 교육도 더러는 그 내재율에서 벗어나서 진행될 수도 있을 것이다. 그 내재율에 일치하는 정도가 더욱 협소한 의미의 교육의 품위로 간주될 수 있을 것이다. 교육의 내재율에 대한 규정은 완성된 것이 아니다. 교육 전체를 완성시키는 구조와 내재적인 요소가 무엇인지에 대한 탐구는 앞으로도 끊임없이 이루어져야 한다. 그 내재율의 정교성, 요소의 완성, 내적 일치성, 동시 작동의 정도, 특수한 환경과 상황의 변화에 대한 대응의 융통성이 교육의 품위를 결정하는 지수가 될 수 있을 것이다.

그 구체성과 정교함에 있어서 충분히 다듬어진 것은 아니지만 교육본위론이 규정한 내재율에 비추어 그 일치 정도를 교육의 품위로서 고려할 수도 있을 것이다. 상구교육에 있어서 자리, 혁신, 존현, 순차, 자조, 자증이 제대로 이루어지는가? 하화교육에서 이타, 보수, 존우, 역차, 자조, 타증은 제대로 갖추었는가? 구체적인 교육양태의 사례를 놓고, 그것들이 이런 요소들을 갖추고 있는지 혹은 그 가운데 어떤 것이 결여되어 있는지를 따질 수 있을 것이다. 그러나 그 요소들은 여타의 요소와의 상관관계에서만 그 의미가 확보되기 때문에, 그 하나하나를 점검한 것의 산술적인 합계가 바로 한 개인 혹은 그들이 모인 교육공동체의 교육품위라고 판단한다면, 그것은 큰 잘못이다. 하나의 요소를 갖추고 있다고 하더라도, 그것이 전체와 다른 요소들과 관련되어 작동하지 않는 한, 교육의 품위 전체에 기여할 수 없다. 교육이 하나의 구조인 이상, 그 품위의 수준을 결정하는 데 있어서 상구교육의 요소 상호간의 일관성, 하화교육의 요소 상호간의 일관성, 그리고 상구교육과 하화교육의 상호협응 등을 종합적으로 고려해야 할 것이다.

교육현장은 그 참여자의 교육의 현품이 드러나는 곳이다. 각자는 자신의 품위에 준해서 교육을 실천한다(Rando & Menges, 1991). 그런 가운데 교육의 품차가 드러날 것이며, 그 품차는 메타교육의 소재가 될 수 있다. 그것을 중심으로 더 나은 교육의 품위에 대한 상구와 하화가 일어난다. 교육 주체는 자신이 실습하고 경험한 교육의 과정을 회고하고, 반성하고, 평가하고, 어떻게 그 과정을 개선할 수 있는지를 검토하는 계기를 가질 수 있다. 그 결과로서 얻은 교육품위의 개선은 교육의 입장에서 볼 때, 수도계적인 품위의 향상이나 결과보다 더 소중하다.

1차 소재를 중심으로 이루어지는 성공적인 협동교육의 상황에서는 참여하는 사람이 서로가 상대의 모범이 됨으로써 그 자체를 강화한다. 1차 소재를 중심으로 스승은 자신의 하화의 품위를, 그리고 제자는 자신의 상구의 품위를 드러낼 것이며, 그 품차의 영역에서 상대의 품위에 반응하고 평가하고 반성하면서 그것을 소재로 메타교육이 진행될 수 있다. 한 품위 높은 수준의 상구활동과 하화활동은 그 교육의 파트너에게 시범을 보인다. 예컨대, 스승의 훌륭한 하화에는 제자에 대한 '하화의 하화'가 포함될 수 있다. 이를 통해서 제자는 하화에 대한 상구를 할 수 있다. 다른 한편으로, 제자의 훌륭한 상구에는 스승이 그에 대한 상구를 하는 계기를 줄 수도 있다. 이로써 1차 소재를 뛰어넘는 2차 소재의 교육이 동시에 일어나는 것이 교육에서 주목해야 할 현장의 역동적인 면모이다.

모든 교육에는 그것에 선행하는 것과 후속하는 것이 있기 마련이다. 우리는 그 연속되는 과정에서 자신이 가지고 있는 태도, 가치, 신념체제와 우리가 하고 있는 일 자체에 대해서 의식적인 반성, 토론, 분석, 평가의 과정을 거치면서 그것을 개선할 수 있는지를 검토하는 계기를 가질 수 있다. 개인이 가진 교육에 대한 개념은 어디에 근거를 둔 것인가? 그것은 정확한 사실에 토대를 둔 것인가? 그 체험이 부족한 부분은 없는가? 교육 자체가 아닌 것을 포함하는 것은 아닌가? 어떤 교육적 체험은 좀 더 절실하고, 스승과 제자 모두에게 흡족하다. 다른 때에는 교육을 하면서도 어딘가 찜찜하다. 그것은 어디에서 기인하는가? 교육에 본질적인 요소가 있다면 그것은 무엇인가? 그들 간의 적당한 조합은 어떤 것인가? 그 교육으로만 느낄 수 있는 보람과 가치는 무엇인가?

한 개인이 실행하는 교육은 그 위계가 다른 교육의 품위 가운데 특정한 품위에 속하며, 이 점에서 기존의 품위를 개선할 여지는 언제나 열려 있다. 이것은 교육 주체의 규칙적인 반성, 즉 "잘 되지 않는 것은 …" "바꾸어져야 할 것은 …"에 대한 의식에서 출발하여, 더 좋은 교육을 실험적으로 탐색하는 과정으로 연결될 수 있다. 상구자는 상구를 하면서 그 상구에 대한 상구를 하고, 하화자는 하화를 하면서 하화에 대한 상구를 할 수 있다. 또 다른 한편, 그는 다른 사람이 이미 자신이 상구해서 극복했던 과거의 교육의 품위에 머물면서 어려움에 처한 것을 보고, 그를 상대로 그들의 품위를 향상시킬 작정을 할 수 있다. 이것이 바로 상구와 하화에 대한 하화에 해당한다. 이처럼 교육의 품위가 높아짐에 의해서 삶에서 교육을 하는 빈도나 비중은 커질 것이고, 아울러 메타교육 역시 더 촉진될 것이다.

매 회의 교육이 바로 교육실습의 의미를 갖는다. 각각의 교육에서 계속 그 문제가 발생될 것이고, 그 능력과 차이를 소재로 삼아 상구와 하화를 성사시키는 것이 바로 메타교육이다. 이 점에서 많은 횟수의 교육은 그 자체가 더 나은 교육을 위한 교육적 소재의 의미가 된다. 먼저 자기의 교육적 실천에 대한 모종의 부족감은 교육에 대한 상구를 촉발하고, 그로부터 얻은 해답에 대한 충족감은 교육에 대한 하화를 촉발할 것이다. 상구계의 내재율에 익숙한 사람은 모든 사람으로부터 무언가를 배울 수 있고, 다른 한편 하화계의 내재율에 익숙한 사람은 자신이 알고 있는 것을 모든 사람들에게 전파하여 널리 공유할 수 있기 때문이다.

<표 2.1>은 앞에서 제시한 <그림 2.2>의 내용을 더 자세하게 나타낸 것이다. 우선 하나의 교육 장면에는 X(특정 수도계), A(상구교육), D(하화교육), A-D(협동교육)라는 소재가 있다. 이 가운데 X는 1차 소재에 해당하며, 그 나머지 모두가 메타교육의 2차 소재가 될 수 있다. 그만큼 메타교육의 다양한 양상에 대한 검토가 가능하다. 이 각각을 소재로 하는 교육활동 역시 A, D, A-D로 나눈다. 여기서 A-D는 그것을 구성하는 A와 D 이상의 상호작용의 과정을 포함하는 것으로서의 전체이다. 그 모든 가능한 조합들은 또한 원천적으로 서로 간의 선후관계를 맺고 있다. A(X)[33]하는 사람은 먼저 A(A)를 하여야 하고 D(X)하는 사람은 먼저 A(D)해야 한다. 그것에 대응하는 작용이 또한 D(A)이고, D(D)이다. 또한 X를 소재로 하는 A-D(X)에서 A와 D가 서로서로 대응하는 교육소를 보강하고 그 협응력을 신장시킨다. 여기에 [A-D(A-D)]가 포함된다.

〈표 2.1〉 메타교육의 여러 가지 양상

소재 / 활동	(X)	(A)	(D)	(A-D)
A(상구교육)	A(X)	A(A)	A(D)	A(A-D)
D(하화교육)	D(X)	D(A)	D(D)	D(A-D)
A-D(협동교육)	A-D(X)	A-D(A)	A-D(D)	A-D(A-D)

<표 2.1>에서 주목할 점의 하나는 메타교육의 소재가 다양하다는 점이다. 엄격하게 말하면, 상구교육, 하화교육, 협동교육의 품위는 상호 독립적이다. 특정한 자연인 갑과 을이 그 모든 부분에서 동일하게 선진과 후진의 지위를 가질 수는 없을 것이다. 모든 개인은 동등한 교육의 품위로 참여하는 것은 아니다. 여기에서 점차 양자 사이에 교육의 품위에 있어서 수준의 차이가 있음이 드러날 것이다. 1차 소재에서 스승의 위치를

33) X를 소재로 진행하는 상구교육의 약호.

차지한 갑은 제자의 위치를 차지한 을에 비해서 상구교육의 품위가 높음에 비해서 하화교육의 품위가 낮을 수 있다. 혹은 그 반대의 경우도 가능하다. 이처럼 1차 소재와 2차 소재의 품위가 불일치하는 경우에, 그 선·후진의 순서가 달라짐에 따라 메타교육은 불가피하게 그때그때마다 교육의 소재를 달리하면서 교류교육을 진행시켜야 할 것이다.

교육적 상호교섭에는 항상 상대하는 파트너에 대한 기대와 요구사항이 있기 마련이다. 1차 소재로서의 수도계의 품위와 2차 소재로서의 교육의 품위 간의 불일치는 교육이 진행되는 동안 갈등과 오해의 주된 원인이 된다. 이것들이 제대로 조정이 되지 않는 경우, 전자의 교육에도 지장이 생긴다. 예컨대, 1차 소재를 중심으로 이루어지는 과정에서 제자가 외재적 교육을 기대함에 비해서, 스승은 내재적 교육을 하는 상황, 혹은 그 반대의 상황이 전개될 수도 있다. 혹은 제자는 순차를 지향하는데, 스승은 그것에 역차로서 호응하는 데 실패하는 경우도 있을 수 있다. 이런 상황에서 그 활동의 목표와 방식뿐만 아니라 그 평가방식의 상충이 일어나며, 상대에 대한 좌절, 회의, 분노, 저항 등의 부정적 반응을 받을 것이다. 따라서 스승과 제자가 서로 자신들이 가지고 있는 교육의 품위를 의식하고 그것을 조율하는 일은 매우 중요하다(김지현, 2003). 그것은 교육적 관계를 유지하고 교섭을 진행함에 있어서 결코 외면할 수 없는 과제다.

교육에서 봉착하는 갈등은 단순히 힘의 사용, 다수에 의한 투표, 협상, 혹은 물질적 홍정으로 해결될 성질의 것이 아니다. 이런 경우 그 갈등과 부정적인 반응은 서로의 협력에 의해서 해소되어야 한다. 여기에는 두 가지 해결방안이 가능할 것이다. 그 하나는 교육의 파트너 가운데 하나의 품위가 다른 하나의 품위에 순응하는 것이다. 그러나 그 자체가 어려운 과제일 뿐만 아니라 잠재된 문제를 피상적으로 접어놓은 것에 불과하다. 보다 근원적이고 적극적인 두 번째 방법은 서로의 교육의 품위의 차이를 소재로 메타교육을 병행하는 것이다. 교육은 항상 품차를 중심으로 교육적 교섭을 통한 상향적 일치를 모색하는 중요한 계기를 마련한다. 그 내재율을 교육의 품위에 적용한다면, 교육의 문제를 교육에 의해서 해소할 뿐만 아니라, 교육 자체를 강화시키는 결과도 얻게 되는 것이다.

앞서의 논의에서는 특정한 1차적 교육의 소재 X를 중심으로 진행하는 교육에서 메타교육을 부차적으로 고려하는 방식을 다루었는데, 더욱 본격적인 메타교육은 애초부터 교육을 1차 소재로서 삼아 이루어질 수 있다. 그 구분을 분명히 하기 위해서 전자를 특수메타교육이라고 하고, 후자를 일반메타교육이라고 하자. 일반메타교육의 경우, 그 소재로서 교육의 품위가 반드시 사전에 밝혀져야만 메타교육이 가능한 것은 아니다. 우리는 후자를 통해서 전자가 밝혀질 수도 있음을 이미 앞의 논의에서 시사한 바 있다. 만약 얼마만큼의 교육의 품위가 분명하게 밝혀진다면, 그것만을 소재로 삼는 좀 더 순수한 의미의 교육이 진행될 수 있을 것이다. 이처럼 소재가 단일화됨으로써 그 관심과 노력, 그리고 실천의 집중력이 더 살아날 수 있다. 그러나 이런 본격적인 메타교육의 계획과 실행은 현 단계에서 더 많은 연구, 시간, 경험, 실험의 경과를 기다려야 한다.

그 어떤 것이든 간에 메타교육에서 강조되어야 할 것은 교육의 총체성이다. 이것은 바로 시간의 계열로 보아 그 시작과 끝의 경험을 모두 포함하는 것을 의미한다. 대부분의 세계가 그러하듯이, 교육은 눈에 보이지 않는 과정이다. 교육의 품위는 교육에 대한 총체적인 체험을 전제로 한다. 그 체험소의 결핍은 교육에 대한 의미를 창출하지 못한다. 누차 강조했듯이, 교육은 교육의 요소가 구조연관을 가지고 하나로 모아질 때 우리에게 절실한 실재로 현상하는 것이기 때문에, 교육에 대한 체험소는 그 여타의 것, 그리고 그것이 속한 전체의 맥락 속에서 회득되어야 한다. 교육에 대한 균형 있는 체험만이 품위로서의 각 체험소의 형성과 결합을 보장한다. 이 점은 메타교육에서 늘 유의해야 할 사항이다.

처음부터 단 1회의 교육에서 최고의 교육품위를 기대하는 것은 비현실적이다. 그것은 또한 메타교육을 위해서 바람직한 상황도 아니다. 메타교육의 목표는 일단 교육 주체가 가진 현재의 교육의 품위를 한 단계 개선하는 데 있다. 교육의 품위가 일시에 높아질 수 없다. 최선 최고의 교육을 처음부터 기대하는 것은 잘못이다. 메타교육은 현재의 상태에서 점진적으로 해보는 것에서 시작된다. 이런 방식으로 교육의 문제사태를 교육에 의해서 해명하면서 우리는 상구계와 하화계의 더 높은 품위를 자증하고 더 나아가 타증할 수 있는 것이다. 삶의 한 양상으로서 더 나은 교육이 무엇이냐 하는 것은 그 교육의 소재가 되었던 수도계의 내재적 평가기준과는 별개의 것이라는 사실이 결국 그런 경로에 의해서 점차 판명될 것이다.

교육의 실재성과 그 내재적 가치의 입증은 논리나 언어보다는 교육 자체에 대한 체험을 통해서 이루어질 수 있어야 한다. 교육의 내재적 가치를 정당화시키는 것은 바로 교육 그 자체이다. 품위의 가치는 그것을 실현시키고 공유함에 의해서 그 보편성을 인정받을 수 있다. 메타교육을 통해서 더 높은 수준의 교육에 대한 판단이 형성되고, 그것이 바로 교육을 평가하는 기준이 된다. 교육의 내재적 가치의 심층성에 대한 탐색은 메타교육을 통해서 이루어진다. 교육의 품위가 높아졌다면 교육에 대한 체험 자체가 달라졌다는 것과 동시에, 그것에 대한 평가기준도 더 높아지게 된다. 이런 과정을 거쳐서 더 높은 교육에 대한 판단이 누적되면, 그것이 바로 교육의 질적 차이를 감별하는 능력, 즉 교육의 내재적 평가기준이 된다.

교육활동 가운데 언어는 매우 중요한 위치를 차지한다. 이런 교육에 대한 적절한 체험과 가치기준의 발전과 더불어 그것에 해당하는 교육어를 습득하는 것도 중요하다. 교육어에 대한 올바른 이해는 그 이해를 할 정도의 체험을 한 사람에게만 가능하다. 이미 체득된 것은 언어적 소통의 근거가 될 수 있지만, 체험이 수반하지 않은 교육어는 공허하다. 교육어의 사용은 그 소통의 성공에서뿐만 아니라, 소통의 실패 혹은 오해를 찾아내는 단서로서도 중요한 기능을 한다. 같은 교육어를 쓰면서도 교육의 현품에 따라 그 의미가 다를 것이며, 그 다름의 확인이 또 한 차례의 메타교육을 필요로 하는 계기가 될 수도 있다. 이처럼 교육적 체험이 동반된 교육어의 습득은 교육적 교섭을 조정하는 데 있어서 매우 중요한 소통의 수단이 될 것이다.

2.7 4대 스승의 메타교육

앞에서 메타교육의 의의와 그 내용을 개념과 이론의 수준에서 논의하였다. 그것이 매우 추상적으로 이루어졌기 때문에 혹시 가공적인 것이 아닌가 하는 의아심을 가진 독자가 있을지 모르겠다. 그 의혹을 불식시키는 방법은 구체적 사례를 제시하는 것이 될 것이다. 교육적 사례를 드는 것은 그 맥락에 대한 자세한 기술을 필요로 한다. 그것을 면제받는 하나의 방편은 우리에게 이미 알려진 역사적 사례에 의존하는 것이다. 그런 이유에서 우리는 메타교육의 사례를 이미 우리가 앞에서 검토한 바 있는 4대 스승의 경우와 결부시켜서 검토하고자 한다.

석가, 공자, 소크라테스, 예수를 인류의 '4대 스승'으로 칭송하는 것은 그들이 역사상 어느 누구보다도 훌륭한 교육적인 삶의 전형을 보여주었기 때문이다. 그들은 모두 교육의 내재율에 따랐을 뿐, 강제적인 제도에 의존하지 않았다. 누구나 가입과 탈퇴의 자유가 주어졌음에도 불구하고, 그들의 교육공동체가 왕성하게 유지될 수 있었던 핵심에는 교육 자체의 내재적 가치가 작용하였다. 그들을 진정 교육이 무엇인지를 알 수 있는 거점으로 삼는 것은 바로 그런 역사적 사실 때문이다. 그들은 자신들의 삶 자체로서 후대의 사람들에게 메타교육을 수행해 왔다고 말할 수 있다.

실제로 인류역사를 통해서 오늘날까지 교육이 우리의 삶의 일부로서 존속하고 있는 이면에는 상당 부분 메타교육이 진행되고 있기 때문이다. 우리는 앞 절(2.2)에서 4대 스승들이 한편으로 어떻게 세속의 범주를 초월하면서 외도교육을 지양하고, 다른 한편으로 교육적 시숙을 배려하면서 공덕교육을 지양하였는지를 구체적인 문헌상의 자료를 근거로 삼아 자세하게 살핀 바 있다. 그런 모범을 상기하는 것만으로도 우리가 논의한 메타교육이 단지 이론을 위한 이론이 아니라는 것을 입증하는 셈이다.

본 절에서 논의하려는 것은 그런 일반적인 의미의 것을 넘어서는 좀 더 직접적인 의미의 메타교육이다. 여기에서 직접적이란 4대 스승들이 그들의 삶에서 제자를 상대로 의도적으로 메타교육을 병행했다는 의미이다. 비록 제한된 자료이기는 하지만, 교육의 내재율이 위협을 받거나 혹은 그 내재율에 적응하지 못하는 상황이 일어나면, 그들은 예외 없이 그 상황 자체를 소재로 메타교육을 진행하였다는 점을 보여준다. 이제부터 우리는 그들 각각의 사례를 따로 나누어 살펴보고, 마지막으로 그들이 현대를 사는 우리에게 던져주는 과제를 언급하는 것으로 앞 절에서 논의한 것에 구체성을 부여하는 순서를 밟고자 한다.

4대 스승들은 각각 특정한 수도계를 창도하고 그것을 어떻게 지속하고 발전시키느냐 하는 특수한 과제에 봉착하였다. 자식은 육체의 연장이며, 제자는 정신의 연장이다. 자신의 정신을 계승하고 발전시킬 제자를 확보함으로써만 자신의 정신이 후대에 알려질 수 있다. 그러나 아무리 훌륭한 하화교육을 한다고 하더라도 그것을 받아들이는 제자의 상구의 품위가 낮으면 그것이 제대로 이루어질 수 없다. 이 때문에 4대 스승의 교육에는 예외 없이 제자들의 상구의 품위를 향상시키는 특별한 의미의 하화의 과정이 언제나 포함되어 있다. 그런 겹침에 의해서 그들이 함께 생활한 공간은 교육공동체가 되었다.

필요에 따라 하화교육에 대한 하화도 병행했다. 교육공동체를 논의할 때, 겹제자라는 특별한 존재를 지적한 바 있다. 4대 스승은 모두 그들의 제자가 단지 제자로서 그칠 것이 아니라 다른 사람의 스승이 될 것을 권유하고 장려하였다. 겹제자를 양성하는 것은 미래의 씨를 뿌리는 것과 같다. 4대 스승들은 스스로 하화교육의 모범을 보이면서 그들의 제자들도 자신들이 가진 하화교육의 품위에 접근할 수 있도록 유의했다. 4대 스승들의 제자들도 겹제자로서 그들의 스승이 추구한 품위를 계승하고 전파하여 후대에까지 그의 위대함을 인정받을 수 있게 하였다. 그들의 스승이 이미 사멸한 오늘날까지도 우리가 그들의 위대함을 접할 수 있는 것도 바로 메타교육의 성공에서 그 원인을 찾을 수 있다.

물론 이런 결론을 얻음에 있어서 자료의 한계가 있음을 지적해야 하겠다. 교육은 단지 언어적 전달이 아니다. 교육의 품위도 많은 체험과 반성에 의해서만 체득될 수 있다. 메타교육의 실상은 그 언어 이상의 실천에 대한 구체적인 증거를 보일 수 있어야 함에도 불구하고, 우리는 그 메타교육의 과정에서 제자들이 스승이 남긴 것으로 기억하는 언행만을 접할 수 있을 뿐이다. 그런 제한된 자료를 토대로 4대 스승과 그들의 제자 사이에 이루어진 메타교육을 유추해 보기로 한다.

2.7.1 석가의 메타교육

교육은 일종의 놀이로서 협동을 요구한다. 석가는 일생의 상당한 부분을 자신보다 낮은 품위를 가진 후진들을 상대로 하화교육을 하는 데 보냈다. 그 하화는 물론 그에 상응하는 제자의 상구를 전제한다. 그 부분에 대한 석가의 말을 인용해 본다.

"마치 저 암탉이 그 새끼를 잘 길러 때를 따라 꼭 안아 주고 차고 더움을 알맞게 하여 주면 그 새끼들로 하여금 방편을 써서 스스로 알을 쪼아 나오지 않게 하려 하더라도, 그 여러 새끼들은 스스로 능히 방편을 써서 안온하게 껍질을 나올 것이다. 무슨 까닭인가? 그 암탉은 때를 따라 꼭 안아주었기 때문이다. 이와 같이 비구도 방편을 잘 닦으면 번뇌가 다해 해탈하려고 하지 않더라도 그 비구는 저절로 번뇌가 다해 마음의 해탈을 얻을 것이다(잡1:275)."

교육과 관련하여 항상 인용되는 '줄탁동시(啐啄同時)'라는 말은 이 발언에서 유래한 것이다. 병아리가 껍질 밖으로 나올 때 달걀 속에서 껍질을 쪼는 것을 말하는 '줄(啐)'과 이것을 감지한 어미 닭이 병아리가 밖으로 나오도록 밖에서 부리로 달걀껍질을 쪼는 '탁(啄)'이 잘 맞아들어야만 교육이 원활하게 진행될 수 있다. 이는 교육에 있어서 불가피한 두 가지 내재율을 동시에 함축하고 있다. 그 하나는 품위의 발전은 스승과 제자 간의 일정 단계의 교육적 시숙이 이루어지도록 노력해야만 한다는 점을 강조하는 비유이다. 충분한 시간을 기다리지 않고 급하게 서둘러 진행한다면 교육은 그릇되기 마련이다. 다른 하나의 의미는 그런 과제는 스승의 일방적인 노력만으로 이루어질 수 없고 제자와 함께 수행되어야만 한다는 점이다. 석가 자신도 그런 내재율을 따르는 제자를 확보해야만 비로소 그들과 교육적인 공조를 할 수 있게 된다. 이런 직접적인 필요성 때문에 석가는 수시로 제자들을 상대로 상구에 대한 하화를 첨가하였다.

교육의 내재율은 단계별 진전이다. 이는 오직 스승에게만 주어진 과제가 아니다. 아무리 석가가 역차의 내재율을 따른다고 하더라도 제자가 자신이 밟아야 할 순차의 단계를 모르거나 따르지 않는다면 서로 알맞은 보조를 취하기 어렵다. 이런 이유에서 석가는 제자가 자신의 상구에서 유의할 순차의 내재율을 "때를 안다"는 말로 늘 강조하였다.

"어떤 것을 비구가 때를 아는 것이라고 하는가? 이른바 비구가 지금은 하상(下相)을 닦고, 지금은 고상(高相)을 닦아야 하며, 지금은 사상(捨相)을 닦아야 할 것을 아는 것이다. 만약 어떤 비구가 때를 알지 못한다면, 그는 지금은 하상을 닦고 지금은 고상을 닦아야 하며 지금은 사상을 닦아야 할 것을 모르는 것이니라. 만일 어떤 비구가 때를 안다면, 그는 지금은 하상을 닦고 지금은 고상을 닦아야 하며 지금은 사상을 닦아야 할 것을 아는 것이니라(중1:1-2)."

교육의 과정에서 그 결과에 큰 비중을 두는 오류를 범하기 쉽다. 제자들 가운데 조급한 마음에서 순차의 내재율을 따르지 못한 경우가 자주 발생했다. 다음은 그 한 사례이다. 비교적 부유한 가정 배경을 가진 이십억이라는 이름의 비구는 수련을 해도 번뇌에서 벗어나지 못하는 것을 한탄하고 도중에 포기하고 속세에 돌아가려고 하였다. 이 소식을 들은 석가는 그를 불러 이렇게 지도한다.

"'너의 생각에는 어떠하냐? 네가 거문고를 탈 때에 만일 그 줄을 조이면 미묘하고 부드럽고 맑은 소리를 내게 할 수 있던가?' '아닙니다. 세존이시여.' '그 줄을 어떻게 늦추면 과연 미묘하고 부드럽고 맑은 소리를 내던가?' '아닙니다. 세존이시여.' '어떻게 줄을 잘 골라 너무 늦추지도 않고 조르지도 않으면, 미묘하고 화하고 맑은 소리를 내던가?' '그러하였나이다. 세존이시여.'"

석가는 이 비유[34]를 말하고, 이십억에게 이렇게 충고한다. "정진이 너무 급하면 그 들뜸을 더하고, 정진이 너무 느리면 사람을 게으르게 한다. 그러므로 너는 마땅히 평등하게 닦아 익히고 거두어 받아, 집착하지도 말고 방일하지도 말며 모양을 취하지도 말라(잡1:256)." 이런 지도를 받은 이십억은 석가의 충고에 따라 상구를 계속하여 나중에 아라한이 되었을 뿐만 아니라 동일한 내재율을 적용하여 후진들을 지도하는 입장이 되기에 이른다(중2:187-190).

석가의 제자 가운데 산만한 마음 때문에 상구에 좌절하는 제자들이 더러 있었다. 이 생각을 하다가 저 생각을 하면서 그 결과에만 집착하고 필요한 수행을 건너뛰려는 경향을 보였던 것이다. 그 때마다 석가는 자신의 경험에 비추어 그들의 개별적인 문제를 진단하고 그 해결방안을 제시하였다. 다음은 그 경우에 봉착하여 소재에 대한 철두철미한 집중을 강조하는 대목이다.

"나는 마음보다 빠른 어떤 법도 보지 못하였다. 그것은 비유할 수도 없다. 마치 원숭이가 하나를 놓자 하나를 잡아 마음이 안정되지 않은 것처럼 마음도 그와 같아서, 앞생각 뒷생각이 동일하지 않은 것은 어떤 방편으로써도 모색할 수 없다. 마음의 돌아다님은 진실로 빠른 것이다. 그러므로 비구들이여, 범부로서는 마음을 관찰할 수 없다. 항상 마음을 항복 받

---

34) 흔히 우리가 어떤 상황을 놓고 "심금(心琴)을 울린다"는 말을 쓰는데, 그 어원은 바로 이 비유에서 연유한 것이다.

아 착한 길로 나아가도록 공부하여야 하느니라(증1:65).”

우리는 교육적 관계를 논의할 때 주로 하나의 스승에 대한 하나의 제자를 상정하였지만, 그것은 설명의 편의를 위한 방편에 불과하다. 여러 명의 스승과 제자를 두는 것이 오히려 더 바람직하다. 석가 역시 제자를 지도할 때 자신만이 스승이라고 생각하지 않았고, 항상 그들이 접할 수 있는 모든 선진을 찾아 상구하기를 제자들에게 요구하였다. 이때 가장 중요한 것은 올바른 스승의 선택이다. 그 부분에서 제자들 자신의 현명한 판단이 필요하기 때문에 석가는 그 점을 이렇게 지도하였다.

“나쁜 벗이나 어리석은 이와 함께 일하지 말고 착한 벗이나 지혜로운 이와 항상 더불어 사귀어 통하라. 사람은 본래 악이 없지만 악한 사람과 친하면 뒤에는 반드시 악의 인(因)을 이루어 나쁜 이름이 천하에 퍼지리라(증2:392).”

이런 충고의 사례는 너무도 많다. 가령 ≪구대사경(求大師經)≫에는 석가가 여러 비구들에게 어떤 스승이 훌륭한 스승인지를 밝히는 과정에서 적어도 58가지 항목을 나누어 자세하게 설명하는 부분이 있다(잡1:164). 그 내용의 치밀함은 실로 놀랍다.

나이가 들자 석가는 사촌동생인 아난타(阿難陀)를 시자로 삼았다. 그와 자주 접했던 만큼 불경에는 그들 사이의 메타교육의 사례가 자주 등장한다. 그중 몇 가지만을 들어보자.

우리 주변에는 수많은 선진들이 있지만, 제자로서 갖추어야 할 자세의 부족 때문에 그들을 스승으로 삼지 못하는 안타까운 경우가 너무도 많다. 다음은 석가가 그 점을 유의하여 아난타에게 훌륭한 제자의 자세를 충고하는 부분이다.

“아난아, 어떤 것이 제자가 스승에 대해서 사랑할 만한 일을 행하고 원망스러운 일을 행하지 않는 것인가? 만일 스승이 제자를 위하여 설법하고, 가엾이 여기고 불쌍하게 생각하며, 진리를 구하고 이익을 구하며, 안온과 쾌락을 구하여 자비심을 낸다면, 이것은 이익을 구하고 쾌락을 구하며 이익의 즐거움을 구해서이다. 그러므로 만일 그 제자가 공경하고 순종하며 지혜를 세우고, 그 마음은 법과 다음 가는 법으로 나아가며, 바른 법을 받아 가지고 스승의 가르침을 어기지 않아서 능히 정을 얻으면, 이러한 제자는 스승에 대해서 사랑할만한 일을 행하고 원망스러운 일을 행하지 않는 것이니라(중3:189)."

품위의 상승은 그 체험구조의 변형을 요구한다. 불가에서 개념이나 해설의 언어문자에 의존하는 것을 경계하고 수행을 강조하는 것은 이 때문이다. 그런데 아난타는 그 점에서 큰 흠결이 있었다. 아우로서 곁에서 항상 수행하면서 석가의 말을 단지 듣는 데는 능통했지만 수행에는 소홀한 편이었다.[35] 다음은 이와 관련된 석가의 질책과 아난타 자신의 반성을 잘 반영한다(불교성전, pp. 406-407).

석가가 아난타에게 말한다.

"수행하는 사람들이 겨우 아라한을 이루는 것은 모두 이 생사(生死)하는 망상에 집착하여 진실한 것인 줄로 알기 때문이다. 그러므로 너는 지금 많이 듣기만 했지 성과를 이루지 못했다."

이에 아난타는 자신의 잘못을 시인한다.

"제가 부처님을 따라 출가한 뒤로부터 부처님의 위력만 믿고, 애써 닦지 않아도 부처님께서 삼매를 얻게 하여 주리라 생각했습니다. 몸과 마음

35) 이 때문에 아난타를 석가의 10제자 가운데 다문제일(多聞第一)로 칭한다.

은 본래 대신할 수 없는 줄을 알지 못하여 제 본심을 잃었으니, 몸은 출가하였으나 마음은 도에 들어가지 못한 것이, 마치 가난한 아들이 아비를 버리고 달아난 것과 같습니다.[36] 아무리 많이 듣는다 할지라도 몸소 수행하지 않으면 소용이 없다는 것을 알았습니다. 음식 이야기를 아무리 늘어놓아도 배부르지 않는 것과 같습니다."

교육은 세속과의 차이와 그 관계가 분명하게 정립되어야만 한다. 이 때문에 석가는 번민과 고통을 쌓는 원인인 세속적 삶과 거리를 둘 것을 제자들에게 늘 강조하였다. 그런데 아난타는 한때 매우 화려한 외모로 치장하고 걸식의 길에 오른 일이 있었다. 석가는 그를 불러들여 이렇게 꾸짖는다.

"너는 지금 이름 있는 집 자제로서 그것은 율행(律行)에 맞지 않는다. 견고한 믿음으로 집을 나와 도를 배우면서 왜 다시 그런 아름다운 옷을 입고 몸을 다듬고 슈라아바스티에에 들어가 걸식을 하려는가? 저 속인들과 무슨 차별이 있느냐?(증1:172)"

만나면 헤어짐이 있다. 두 자연인의 교육적 관계가 영속될 수는 없다. 석가가 죽음에 임했을 때, 아난타가 그에게 마지막으로 가르침을 줄 것이 없느냐고 물었다. 그때에 석가는 이런 상구에 필요한 자세를 하화하는 것을 잊지 않았다.

"아난아, 마땅히 자기를 등불로 삼고 법을 등불로 삼아라. 부디 다른 것을 등불로 삼지 말라. 자기에게 귀의하고 법에 귀의하라(장:60)."

---

36) 이는 가난한 아들이 부자인 아버지를 만났으나 아버지인 줄 모르고 두려워 달아났다는 ≪법화경≫의 내용이다.

이 충고는 석가가 제자들에게 평소 늘 강조한 부분이다. 상구자는 혼자서 행동하고 타인의 칭찬과 비난에도 흔들려서는 안 된다. 비난을 받더라도 두려워하지 말고, 칭찬을 받더라도 우쭐거려서는 안 된다. 중요한 것은 자신의 판단이다. 그 판단을 포기하지 않고 교육의 내재율에 따라 교육공동체가 함께 상구하며 함께 하화할 수 있다면, 그 구성원의 하나인 석가라는 자연인의 죽음은 제자들에게 큰 타격이 될 수 없다.

불경은 주로 석가의 삶을 위주로 기술되었기 때문에, 교육의 관점에서 하나의 잘못된 편견이 작용한다. 그것은 석가를 오로지 스승의 입장에서 보는 것과 그와 늘 상대하는 사람을 오로지 제자로 보는 것이다. 그러나 그것은 석가 자신의 의도와 다르다.

교육에서 겹제자의 역할이 크다. 차츰 일정 수준의 깨달음에 도달한 제자들이 확보됨에 따라 석가는 일정 수준에 오른 제자들에게 자신보다 후진인 사람에게 스승의 역할을 할 것을 항상 강조하였다. 그 점은 그의 지도를 받은 모든 비구들에 대한 요청사항이기도 하다.

“나는 이미 인간과 천상의 ≪밧줄≫을 벗어났다. 너희들은 인간 세상에 나가 많이 제도하고 많이 이익 되게 하여 인간과 하늘을 안락하게 하되, 짝지어 다니지 말고 한 사람 한 사람씩 다녀야 한다. 나도 지금 우르벨라 야촌으로 가서 세간에 돌아다니리라(잡3:154).”

석가는 제자들이 대중들에게 하화하는 일을 허락하였다. 대중들에게 가장 가깝게 접근하여 하화하는 데 유리한 집단을 선정하고, 그들을 통해서 가르침이 아래로 연결되도록 하는 장치가 필요하다. 이런 겹제자에게 하화에 대한 하화는 필수적인 과정이다. 다음의 에피소드는 그 단면을 짐작하게 한다.

“부처님께서 말씀하시었다. ‘나는 이미 간략히 법의 가르침을 말하였다. 너는 어디에 가서 머무르고자 하는가?’ 푸우리나는 부처님께 여쭈었

디. '세존이시여, 저는 서방 수나아로 가서 세상에서 노닐고자 하나이다.' 부처님께서 말씀하시었다. '서방의 수나아 사람들은 거칠고 모질며 가볍고 성급하며 폐스럽고 사나와 꾸짖기를 좋아한다. 푸우리나여, 네가 만일 그들의 거칠고 모질며 가볍고 성급하며 폐스럽고 사나우며 꾸짖기를 좋아하여 헐고 욕하는 말을 들으면 마땅히 어떻게 하겠느냐?'(잡1:366)"

이 질문에 대해서 푸우리나는 설마 그들이 자기를 죽이지는 못할 것이며, 욕됨이 있을 때는 참겠다는 해답을 얻어낸다. 그는 결국 서방에 가서 불법을 널리 선파하고 500의 승가람을 세운 것으로 알려졌다. 이는 석가 혼자만으로 거의 불가능한 업적이다.

그처럼 제자를 통해서 석가가 자신의 설법을 전달하려고 할 때, 가장 중요한 것은 그 제자의 하화능력을 키우는 것이다. 무턱대고 하화의 기회를 주면 그 하화의 전통 자체가 무너지고, 따라서 겹제자의 의미도 소멸될 위험이 있기 때문이다. 이 때문에 메타교육을 통해서 그 위험성을 지양하고자 노력했다. 그 부분은 특별히 석가의 10대 제자의 경우에 나타난다. 석가는 그들에게 메타교육을 하고, 그 메타교육을 그들의 제자에게 다시 위임하는 치밀함을 보인다.

교육을 하는 것 자체가 바로 교육의 실습이 되는 것이다. 이 때문에 석가는 가끔 피곤할 때 큰 제자로 하여금 자신을 대신해서 하화할 기회를 주었다.

예컨대, 석가는 10제자의 한 사람인 대가섭(大迦葉)에게 이렇게 말한다.

"그대는 여러 비구들을 위해 설법하여 가르치고 훈계하라. 왜 그러냐 하면, 나는 항상 여러 비구들을 위해 설법하여 가르치고 훈계하였기 때문이다. 그대도 그렇게 하여야 하느니라(잡3:203)."

석가를 대신하여 대가섭이 비구들에게 설법을 할 때, 그것에 대해서 강평하거나 인정함으로써 제자 쪽의 하화에 대한 상구를 지원했다. 석가의 오른팔 격인 제자 사리불의 경우도 마찬가지다.

“샤아리푸트라여, 너는 모든 비구들을 위하여 설법하기를 법답게 하라. 나는 등에 병이 나서 이제 조금 쉬고자 한다(중2:42, 장:188).”

석가는 이런 사리불의 하화를 옆에서 지켜보고 나서 그의 설법내용을 많은 제자들 앞에서 인가(印可)하여 준다.

큰 스승이 한참 낮은 품위를 가진 작은 제자를 상대로 하화를 하는 것은 그 자체가 어려운 일일 뿐만 아니라 비능률적이다. 이 때문에 석가는 자신의 하화를 큰 제자에게 위임하게 되는데, 이때 작은 제자는 큰 제자의 하화능력에 대해서 의혹을 가질 수 있다. 다음은 석가가 큰 제자인 사리불에게 흑치라는 작은 제자의 지도를 위임하면서 흑치에게 그 의혹을 불식시키기 위해서 일러주는 말이다.

“흑치야, 그렇고 그렇다. 만일 내가 하룻낮 하룻밤을, 다른 글과 다른 글귀로서 샤아리푸트라 비구에게 그 이치를 묻더라도 샤아리푸트라 비구는 반드시 능히 나를 위해 하룻낮 하룻밤을 다른 글과 다른 글귀로써 그 이치를 대답할 것이다(중1:112).”

하화를 위임할 때 그것이 제대로 되었는지를 확인하는데, 그 방법의 하나가 그 위임받은 제자의 제자, 즉 작은 제자의 반응을 참고하는 것이다. 석가의 제자가 다른 비구에게 설법을 하고 그 설법의 내용을 다시 석가에게 고함으로써 그 겹제자에 대한 인가가 이루어졌다.

“착하고 착하다. 샤아리푸트라여, 여러 비구들을 위해서 설법하기를 법답게 하였다. 너는 마땅히 다시 모든 비구들을 위하여 설법하기를 법답게 하라(중2:45).”

이와 같은 방식으로 석가는 큰 제자와 작은 제자를 두고 그들 간에 교육적 교섭을 권장하고, 혹시라도 그 가운데 부족한 점이 있는 경우 그 큰 제자를 대상으로 개별적으로 지도했다. 그 교육이 만족스럽게 이루어진 경우, 석가는 그가 수행했던 메타교육조차도 그 제자에게도 의뢰한다.

서방에서 온 많은 비구들이 고향으로 돌아가려고 석가에게 하직인사를 하러 왔을 때, 석가는 고향에 가서 어떻게 설법할 것인지를 이른다. 그래도 부족한 부분이 있다고 생각하여 그가 신임하고 있는 수제자인 사리불에게 추가적인 지도를 부탁한다. 이에 따라 사리불은 이런 저런 경우를 들어 그들이 어떻게 고향에 가서 그곳 사람들을 가르쳐야 할 것인지를 다음과 같이 소상하게 지도한다(잡1:134).

"샤아리푸트라가 말했다. '너희들은 세존님께 하직을 아뢰었는가?' '이미 아뢰었습니다.' '너희들이 만일 서방으로 돌아간다면 반드시 너희들에게 <너희들은 세존에게서 좋은 설법을 들었으면 반드시 받아 가지고 잘 관찰해 들어갔으리라>고 물을 것이다. 그러면 너희들은 능히 그들을 위해 자세히 설명하여 부처님을 비방하는 것이 되지 않게 할 수 있겠는가? 또 그들이 힐난하고 꾸짖을 때에 그들에게 지지 않을 수 있겠는가?' 모든 비구들은 샤아리푸트라에게 아뢰었다. '우리들은 법을 듣기 위하여 존자님께 나왔습니다. 원컨대, 존자님은 우리를 가엾이 여기는 마음으로 자세히 말씀해 주십시오.'"

위의 사례는 석가의 메타교육이 2대를 거치는 것을 잘 입증한다. 메타교육이 대대로 이어지는 이런 현상은 문헌에서 석가의 다른 10제자인 아니루타(阿尼樓馱), 아난타(阿難陀) 등의 경우에도 반복해서 나타난다.

석가의 제자들은 일시에 구경의 지혜를 얻어 열반에 도달하는 데에 큰 관심을 보였다. 이런 공덕교육의 양태는 대부분의 제자들에게 실패를 안겨주기 마련이다. 석가는 제자들에게 그것의 최고의 지혜를 보장해 주겠다는 허황한 약속이라기보다는 그 과정을 지도해 주는 데 불과하다는 점을 강조했고, 또한 그 강조는 다시 그 제자들의 제자들에게까지 하나의 전통으로 이어진다. 이제 마지막으로 그 부분에 대한 문헌상의 증거를 들고 석가의 메타교육에 대한 소개를 끝내기로 하자.

다음은 제자인 아니루타로 하여금 스승인 석가를 대신해서 비구들에게 이른바 '카티나법'을 하화하라는 부탁을 받았을 때 나온 내용의 일부이다.

"여러분, 마치 촌에서 멀지 않는 곳에 다락집과 높은 집이 있어, 그 안에 층계를 두어 10층 혹은 20층을 두었는데, 사람이 와서 그 집에 오르기를 원할 때에, 만일 이 사다리의 제1층을 오르지 않고 제2층으로 오르고자 한다면 그것은 끝내 그리 될 수 없는 것이요. 만약 제2층을 오르지 않고 제3 · 4층으로 올라 그 집에 오르고자 하면 그것도 끝내 그리 될 수 없는 것과 같이 만일 비구가 계를 범하고 계를 부수며, 계를 깨고 계를 구멍내며, 계를 더럽히고 계를 검게 한 자로서, 계를 의미하고 계를 세우고, 계를 사다리로 삼아, 위없는 슬기의 집과 바른 법의 누각으로 오르고자 한다면, 그것은 그리 될 수 없는 것이다(중1:440-441)."

이는 석가가 강조해 온 순차의 내재율과 일치한다. 각 단계의 품위에서 상구자가 한 단계 더 발전하는 것을 목적으로 삼는다면, 그들의 삶은 교육적인 성공을 보장한다는 이런 아니룻다의 설명을 옆에서 듣고 있던 석가는 그를 높이 칭찬한다. 제자의 메타교육을 석가가 인정해 준 셈이다.

이처럼 메타교육이 제자를 통해서 전승되고 반복되는 사례는 석가의 시자이며 제자인 아난타의 경우에도 찾아볼 수 있다. 다음은 아난타가 그의 제자인 우세에게 스승과 제자는 이미 알고 있거나 혹은 너무 동떨어진 품위가 아니라, 제자의 차상품을 접경으로 할 때 가장 생산적인 상호작용을 할 수 있다는 점을 강조하는 대목이다.

"우세여, 비구가 널리 배우고 많이 들어 기억하여 잊지 않고, 널리 들은 것을 쌓아 모으나니, 이른바 법은 처음도 묘하고 중간도 묘하며, 마지막도 또한 묘하여, 뜻도 있고 문채도 있으며, 밝고 깨끗하여 범행을 나타내면, 그리고 이렇게 모든 법을 널리 배우고 많이 듣고, 외워 익히어, 뜻으로 해득하기에 이르러, 환히 보고 깊이 통달하면, 우세여, 만일 이렇게 그 비구의 지극히 많이 아는 것을 보면, 우리는 모두 그 비구를 공경하고 존중하며, 공양하고 받들어, 예로써 섬깁니다(중2:340)."

이런 표현은 앞에서 이미 몇 차례 지적했듯이, 교육이 제대로 되어 가는 상황을 묘사할 때 불경에서 흔하게 나타난다. 석가와 그 제자들의 교육에서는 이처럼 교육의 내재율이 교육 자체에 의해서 재생되고 강화되는 면모를 수없이 발견할 수 있다.

2.7.2 공자의 메타교육

공자 역시 교육이 하나의 과정이며, 그것이 도달할 궁극의 목표가 없다는 점을 누구보다 강조하였다. 중요한 것은 우리가 각 단계에서 지니고 있는 품위를 소재로 하여 교육을 더 충실하게 진행하는 것이다. 공자 자신이 그 부분에서 항상 모범을 보였다. ≪논어≫에는 그 부분이 여실하게 나타난다.

"공자께서 말씀하셨다. '성인이나 인자(仁者) 같은 행위를 내가 어찌 감히 할 수 있겠는가? 고작 스스로 배우기를 싫증내지 않고 남을 가르치는데 지치지 않는다고나 말할 수 있을까?' 이 말을 듣고 공서화가 말했다. '바로 그것을 제자들이 본받지 못합니다(술이33)."

인간의 한계가 있기 마련이다. 그럼에도 불구하고 우리에게는 최종의 어떤 것, 궁극적인 것을 상정하는 버릇이 있다. 뿐만 아니라 자신이 가진 현품을 그 최종의 것으로 혼동하기도 한다. 이처럼 교육의 내재율에 어긋난 행동을 보이는 제자들이 가끔 있었다.

그중 한 사람이 그를 가장 가까이서 모시고 다녔던 자로이다. ≪논어≫에는 그를 상대로 한 공자의 메타교육이 자주 나타난다. 모르는 것을 모른다고 솔직히 시인하는 일이 상구의 출발이다. 상구자에게 중요한 덕목의 하나는 지금 모르는 것은 모르는 것으로 판단을 보류해 두어야 한다는 것이다. 그런데 자로는 자주 속단을 내리거나 혹은 남에게 지기를 싫어해서 아는 체를 잘했다. 공자는 그에게 이렇게 말한다.

"자네에게 아는 것이 무엇인지 가르쳐 줄까? 아는 것은 안다고 하고 모르는 것은 모른다고 하는 것이 아는 것이다(위정17)."

공자는 모든 것을 포괄하는 교조적인 확신과 별다른 이유도 없는 회의주의 사이에서 적절한 균형을 찾고자 노력했다. 대개 사람들이 자신의 신념에 확신을 가지는 것은 어수선하게 받아들인 단편적인 정보의 차원이다. 그런 낮은 수준의 인식론에 근거하여 '안다'거나 '모른다' 혹은 '맞다'거나 '틀렸다'는 건방진 판단이 당장 나오는 것이다. 그런데 놀랍게도 공자는 그런 수준의 인식론을 능가한다. 그는 제반 정보의 집적이 아니라 그것들을 하나로 모아서 일관성 있는 체제로 동화할 때 비로소 참된 지식이 될 수 있다는 통찰을 가지고 있었다. 그 부분에서 품위는 항상 상대적인 것이 되는 것이다. 이 점을 공자는 자공에게 충고한다.

"공자가 자공에게 '사야, 너는 내가 많이 배우고 또 모두 그것을 외우고 있으므로 도리를 아는 것으로 알겠지?' 하고 묻자, 자공이 '그러하나이다. 잘못입니까?' 하고 되물었다. 이에 대해 공자는 이렇게 말했다. '안 그렇다. 나는 오로지 하나의 도를 가지고 만사를 관철할 따름이다(위령공2).'"

교육의 양 날개에서, 하화는 자신이 가진 품위에 대해서 어느 정도 확신이 필요한 것이지만, 상구는 반대로 자신의 품위에 대한 겸손의 태도를 가질 필요성이 있다. 공자는 자공이 이 뒷부분에서 결함이 있음을 알고 타인을 선진으로 대하고 그에게 상구하는 자세를 갖출 것을 종용했다. 자공이 공자에게 인(仁)을 이룩하는 요령을 묻자, 공자는 이렇게 대답한다.

"백공이 일을 잘하고자 할 때, 반드시 먼저 연장을 예리하게 잘 갈듯이, 인을 이룩하려면 좋은 스승과 벗을 사귀어야 한다. 따라서 어느 나라에 머물든 우선 현명한 대부를 섬기고 인덕 있는 선비와 벗하여라(위령공9)."

이런 종류의 충고는 자로에게도 주어진다. 자로가 선비의 덕목에 대해 시 물었을 때 공사는 이렇게 대답한다.

"간곡히 서로 선을 권하고 잘못을 고치도록 애쓰고 또한 화락하여 자비로우면 선비라고 할 수 있다. 즉 친구에게 간곡히 선을 권하고 잘못을 고치도록 애를 쓰고 형제간에는 부드럽게 화락하느니라(자로28)."

우리 모두에게는 결함이 있기 때문에 상구교육의 끝이 있을 수 없다. 공자가 자로에게 이른바 '육폐(六蔽)'에 대한 것이 무엇인지 묻고 그가 모른다고 대답하자, 그것을 이렇게 가르친다.

"인애를 좋아하고 배움을 좋아하지 않으면 그 폐단은 어리석고 맹목적이요, 슬기로움을 좋아하면서 배움을 좋아하지 않으면, 그 폐단은 무절제요, 믿음을 좋아하면서 배움을 좋아하지 않으면, 그 폐단은 의를 해치는 것이요, 곧음을 좋아하면서 배움을 좋아하지 않으면 그 폐단은 가혹한 것이 된다. 용맹을 좋아하면서 배움을 좋아하지 않으면 그 폐단은 난폭해지는 것이요, 굳셈을 좋아하고 배움을 좋아하지 않으면, 그 폐단은 망발과 광적이 되기 마련이다(양화8)."

이는 아무리 좋은 품위라고 하더라도, 더 이상 개선할 여지를 인정하지 않는다면, 오히려 부정적인 것임을 깨우쳐 주려고 하는 것이다. 이른바 결과 위주의 교육이 갖는 오늘날의 폐단을 공자는 그때에 이미 꿰뚫어보고 있었던 것이다. 그 맹점을 공자는 제자들에게 자주 경고하였다. 이런 충고는 자로에게 어느 정도 성과를 거둔 듯하다. 그 점은 자로 자신의 말에서 입증된다.

"군자에게도 허물이 있지요. 그러나 군자는 소인과 달리 감추지 않기 때문에 사람들은 그것을 보고서 군자에게도 저런 잘못이 있구나 놀라는데, 마치 월식이나 일식을 보고 놀라는 것과 같습니다. 그러나 군자는 허물을 고치기 때문에 '과연 군자로군.' 하고 우러러보게 됩니다. 마치 가렸던 것이 벗겨진 해와 같이 그 찬란한 빛을 다시 우러러보게 되는 것과 같습니다(자장3)."

우리는 공자가 그의 교육에서 수인이교(隨人異教)의 내재율을 적용했음을 앞에서 살핀 바 있다. 그 내재율이 그의 메타교육에서도 그대로 적용된다. 상구를 함에 있어서 부족함을 갖는 것은 당연하다고 하지만, 그것이 지나쳐 자신감을 잃을 정도면 상구에 오히려 악영향을 준다. 후자의 경우, 충고는 전자의 것과 달라야 한다. 그 점은 염구와 공자가 나눈 다음의 대화에서 잘 드러난다.

"'스승님의 도는 좋기는 합니다만, 제 힘이 모자라 따라갈 수 없습니다.' '참으로 힘이 모자라는 사람은 하다가 그만두게 됩니다. 그런데 지금 그대는 해 보지도 않고, 미리 금을 그어 힘의 한계를 정하는구려! 좀 더 용기를 내시오(옹야10).'"

스승의 입장에서 예견되는 겹제자의 상실은 마치 자신의 혈통을 이을 자식의 상실만큼 불행한 일이다. 공자 만년(70세)에 가장 뛰어난 제자로 여겼던 안회가 젊은 나이에 사망했을 때, 그것은 그에게 큰 충격이었다. 그는 그 소식을 듣고 "아아! 하늘이 나를 망치는구나! 하늘이 망치는구나!

(선진8)" 하고 통곡했다고 알려지고 있다.

그러나 다행히도 공자의 정신을 이어받은 겹제자는 많았다. 공자의 제자 가운데 특히 하화활동에 두드러진 사람은 자유(子游), 자장(子張), 자하(子夏), 증삼(曾參)으로 알려져 있다(Greel, 1949). 증삼의 경우 약 70명[37]의 제자를 거느린 자신의 학파를 이루었으며, 이들이 ≪논어≫를 편찬하는 데 상당한 역할을 하였다는 주장이 있으며, 맹자는 그를 선생으로 불렀다고 한다.

흥미있는 사실은 교육의 내재율을 따랐던 공자의 교육적 실천이 그의 겹제자들이 다시 그들의 제자를 가르치는 데 하나의 전범으로 논의되고 있다는 점이다. 이 부분이 공자와 그 제자들 사이에 메타교육이 얼마나 철저하게 이루어졌는지를 짐작하게 하는 대목이다. 이 점은 ≪논어≫에서 그 제자들 상호간의 대화에서 자주 찾아볼 수 있다.

교육과 관련하여 ≪논어≫에서 핵심적으로 이해할 만한 개념이 바로 공자의 '군자불기(君子不器)(위정12)'라는 것이다. 군자는 교육에서 달성하고자 하는 인물인데, 공자는 군자가 단지 인간으로서의 자기완성을 꾀하는 사람이며, 요즘 말로 '쓸모 있는 사람' 혹은 전문적인 기술자가 아니라는 점을 강조했다. 공자의 제자 자하는 공자가 한 이 말을 이렇게 다시 되새긴다.

"비록 작은 기술이라 할지라도 반드시 도리가 있고 볼 만한 것이 있겠지만, 심원한 군자의 도리를 얻고자 할 때 그 작은 기술에 구애되고 방해를 입을 우려가 있습니다. 그러니까 군자는 자기 몸을 닦고 사람을 다스리는 큰 도에 힘써야 하고 그런 작은 기술은 배울 필요가 없습니다(자장4)."

상구교육의 목표는 스승의 품위에 도달하는 데 있지 않다. 상구자는 자신의 품위를 한 단계 높이는 놀이에 충실해야 하는 것이다. 다음의 말은

37) 사실 스승인 공자도 숫자상 이 정도의 제자를 가진 것으로 알려지고 있다(Greel, 1949).

자하가 상구교육이 바로 현재의 위치에서 시작해야 한다는 점을 강조한 부분이다. 이 점 역시 공자의 메타교육을 이어받는 대목이다.

"인(仁)으로 지향하는 사람은 넓게 배워야 하고 배운 것을 명심해야 합니다. 배워도 깨닫지 못하는 것은 열심히 물어서 이해하도록 하며, 마음을 먼 곳에만 두지 말고 가까이 있는 실제 문제를 생각하고 공부해야 합니다. 여기에 인(仁)이 있습니다(자장6)."

공자의 메타교육은 제자들, 그리고 그 제자의 제자들에 의해 널리 퍼지면서 가치를 발휘하게 되었는데, 그 내용은 서로 완전히 일치하는 것은 아니었다. 앞에서 지적했듯이 공자는 수인이교의 원칙을 메타교육에도 적용했기 때문에 그 소재가 일정한 교육의 품위에 고착되지 않았을 것이다. 이 때문에 제자들 사이에도 공자가 강조한 교육의 내재율에 대한 이해나 해석의 차이가 가끔 나타나기도 한다. 그 해석의 차이가 겹제자들 사이에 메타교육의 소재로 사용되기도 한다. 다음은 그 좋은 사례의 하나이다(자장12).

"자유가 말했다. '자하의 제자인 어린 사람들은 물을 뿌리거나 소제하거나, 손님을 응접하거나, 들어가 물러가는 그런 적은 예절은 잘 하지만 그것은 소소한 말단의 일입니다. 윤리의 근본에는 전혀 볼 만한 것이 없습니다. 어찌된 일이요.' 이 말을 자하가 듣고 말했다. '아하! 자유는 틀린 말을 하는구려, 군자가 가르치는 데는 순서가 있소. 가르치는 데 전후의 차별은 없고, 누구에게나 한결같이 가르치지요. 그러나 배우는 사람에게 차이가 있으므로 이에 따라 가르치는 법도 다르오. 어린 제자에게는 작은 예절부터 먼저 가르치고, 다음에 높고 먼 근본을 가르칩니다. 예를 들면 초목의 대소와 종류를 나누고, 알맞게 심은 것과 같지요. 처음부터 높고 먼 것을 가르치면 배우는 사람을 속이는 것이 아니겠소? 순서도 없이 근본만을 가르치는 억지를 하지 않지요. 시작도 있고, 끝도 있소. 곧 도의 본만을 겸할 수 있는 것은 성인뿐이며, 그 아랫사람을 적은 일에서 큰 도(道)로 이르도록 사람의 능력에 따라 가르쳐야 하오.'"

이 대화에서 등장한 자유나 자하는 공자의 곁제자에 속한다. 그런데 그들 사이에 교육의 내재율에 대한 이견이 있다. 자유가 자하의 하화교육의 잘못을 지적하고 있다. 중요한 것을 미뤄두고 소소한 예절을 제자에게 가르치는 것이 못마땅하다는 것이다. 이에 대해서, 자하는 그럴 만한 이유가 있음을 들어서 반박한다. 그들 사이에 나누는 대화의 내용으로 보아서, 자하가 자유보다는 교육의 내재율의 면에서 공자의 모범을 잘 이어받은 듯하다. 앞에서 교육적 시숙의 원리와 관련하여 살폈듯이, 공자도 너무 일찍부터 높은 수준의 것을 배우려는 제자에게 우선 허드렛일을 먼저 시킨 사례를 남긴 바 있다(헌문47). 자하는 위에서 자유에게 그 사례를 상기시키고 있다. 그러나 여기서 우리가 주목할 부분은 그 가운데 어떤 방법이 옳은 것이냐에 있지 않다. 교육 자체를 소재로 스승과 제자, 그리고 제자들 상호간에 교류교육을 하고 있다는 점이다. 더욱 놀라운 것은, 이런 논의가 공자를 기점으로 하는 교육적 관계에서 2대 혹은 3대에 걸쳐서 이루어지고 있다는 사실이다.

"자하의 제자들이 자장에게 벗 사귀는 도리를 물었다. 자장이 되물었다. '자네들의 스승인 자하는 무어라고 가르쳤소?' '스승님은 사귈 만한 좋은 사람이면 사귀고 좋지 않은 사람이라면 거절하라 하셨습니다.' '내가 스승 공자에게 들은 말은 다르오. 군자는 물론 어진 사람을 존경하고 사귀지만, 뭇사람을 조용하고 선한 사람은 칭찬해 주고, 무능한 사람이라도 불쌍히 여기고, 버리지 말라고 하셨소. 내가 만일 대현(大賢)이라면 사람으로서 어찌 사람을 받아들이지 않을 수 있겠소. 또 내가 만일 현인이 아니라면 사람이 나를 거부할 것이오. 그러니, 어떻게 내가 사람을 거부할 수 있겠소? 사람이 사람을 버릴 여지는 없소(자장3)."

사람을 사귈 때 어떤 사람을 선택해야 하느냐 하는 문제와 관련하여 위의 논의에서 자하의 제자와 자장 사이에 서로 다른 의견을 가진 듯하다. 그러나 이런 이견은 상구교육과 하화교육의 어느 부분이라는 지칭이 없어서 나온 것으로서, 알고 보면 자하의 제자들이나 자장 모두 그 답이 틀리지 않다. 사실은 자하의 제자들은 스승을 선택할 때 필요한 내재율을 말하고 있으며, 자장은 반대로 제자를 선택할 때 필요한 내재율을 말하고 있는 것이다.

자장과 자하가 공자의 직계 제자니까 자하의 제자는 자장의 입장에서 그 아래에 속한다. 공자에서 시작한 메타교육은 그 세대를 거듭하여 이렇게 이루어진다. 공자의 유가사상을 계승하여 다른 제자백가의 사상을 열심히 비판했던 맹자도 사실은 공자의 손자인 자사(子思)의 제자의 제자인 것이다. 다시 말하자면, 학파의 학풍은 스승과 제자라는 법통을 통해서 이어받은 것이다. 맹자는 단순히 공자의 학설을 계승하는 데 그치지 않았다. 사실 맹자는 공자의 사상에 특정한 의미를 부여함으로써 유가사상을 더욱 드러내고 발전시켰다.

그렇다면 후대의 메타교육의 경우는 어떤가? 사실 맹자의 단계에서 오히려 교육의 내재율이 더욱 심화된 느낌마저 든다. 맹자가 강조한 이른바 '대장부(大丈夫)'의 개념은 그중 하나이다. 맹자는 이를 이렇게 정의한다.

"세상의 가장 넓은 곳[즉, 인(仁)의 도덕정신]에 살며, 세상의 가장 올바른 자리[즉, 예(禮)]에 서서, 세상에 가장 정대한 길[즉, 의(義)]을 걸어야 합니다. 뜻을 얻었을 때는 백성들과 함께 그 길[道]을 가야 하고, 뜻을 얻지 못했을 땐 홀로 그 길을 지며 나가야 합니다. 많은 재산[富]과 높은 지위[貴]도 마음을 흔들어 놓지 못하며, 곤궁함[貧]과 비천한 처지[賤]에도 변심하지 않으며, 위협적 무력에도 뜻을 꺾지 않을 수 있어야 합니다. (그래야만) 대장부라고 할 만합니다(≪맹자≫, 등문공 하)."

이 부분이 교육과 사회화가 갈라지는 분기점이라는 것은 이미 독자에게 분명해졌을 것으로 본다. 누차 강조했듯이, 교육의 소재인 수도계는 이처럼 세속적 이해관계를 떠나야만 제대로 추구될 수 있는 세계인 것이다. 그것이 이해되는 단계에서 비로소 외도교육의 양태 이상의 교육이 가능해진다. 앞(2.7.2)에서 교육적 시숙과 관련하여 맹자가 제자의 품위를 일시에 높은 수준으로 끌어올리려는 것을 마치 벼가 잘 자라지 않는다고 그것을 뽑아 올리는 것과 같이 어리석은 것으로 비유한 '조장(助長)'의 개념도 공덕교육의 양태 이상의 교육의 품위를 지적한 것이다. 이 단계에 이르러야 비로소 교육과 문화화가 갈라지는 지점을 이해할 수 있다.

2.7.3 소크라테스의 메타교육

우리는 지금 1차 교육이 진행되는 가운데 이루어지는 특수메타교육의 사례를 검토하고 있다. 그런 사례는 소크라테스의 경우에도 흔하게 발견된다. 그는 당대에 지혜를 가진 사람으로서 상당한 인기를 누렸다. 플라톤의 대화편 ≪향연≫에는 이런 에피소드가 소개된다. 여러 사람들이 좌담을 나누는 자리에서 사람들로부터 주제에 대한 좋은 해답을 요구받고, 소크라테스는 이렇게 말한다.

"지혜가 물과 같아서 몸의 접촉을 통해 더 많은 지혜를 가진 사람으로부터 지혜를 덜 가진 사람에게 흘러들어간다면 아주 멋질 거야, 아가톤. 마치 두 개의 잔 중에서 물이 가득 찬 잔의 물이 덜 차 있는 잔으로 털실을 통해 흘러들어가는 것처럼 말일세(Platon, /1987, p. 191)."

이것은 통념의 오류를 지적하는 소크라테스다운 농담이다. 많은 사람들이 지혜가 마치 물건을 나누는 방식으로 쉽게 전달하거나 전달받을 것으로 생각한다. 소크라테스는 그 생각이 그릇됨을 이미 알고 있었다. 그렇다면 교육은 어떤 것인가? 그 해결방식이 바로 산파의 개념이다. 그는 당시 지식이 외부로부터 강요나 주입에 의해서 주어지는 것이 아니라, 깊은 심연에서 사람들이 본성에서부터 이미 알고 있었던 것을 ‘회상(re-collection)’하는 것이라고 생각했다. 이 때문에 그는 시대의 지도자로서 군림하여 사람들에게 자기의 주장을 강요하는 방식을 피했다. 대신 그의 어머니의 직업을 따라 자신을 ‘영혼의 산파’라고 자처하고 사람들로 하여금 참된 지혜를 회상해서 깨닫게 하는 역할을 택했다.

중요한 것은 강요될 수 없고 다만 상대에 의해서 발견되고 동화될 수 있을 뿐이라고 주장한 소크라테스는 그 교육의 방식을 자신에게 국한시키지 않고 주위 사람들에게도 설득시키고자 하였다. ≪메논≫의 대화편에서 우리는 그런 메타교육의 한 전형을 확인할 수 있다. 소크라테스는 귀족집안의 젊은이인 메논에게 자신의 교육방식을 시범으로 보여준다. 메논을 수행한 노예소년이 그 시범의 대상이 되었다. 소크라테스는 소년이 기하학적 도형의 문제를 해결하도록 돕는 과정에서 그가 알고 있는 것을 주입시키기보다는 소년이 스스로 자신의 해법을 찾아가도록 유도하는 과정을 보여준다.

그런 메타교육 역시 산파의 내재율에 충실하게 이루어진다. 소크라테스는 산파술을 알고 있고 메논은 아직 모르고 있다. 이런 상황에서 소크라테스는 메논에게 곧바로 자기 답이 정당하다는 것을 주장하지 않는다. 그의 답에 상대가 동조하도록 강요하지도 않는다. 대신 자기류의 사고를 하화의 과정을 통해 유도해 내고 난 다음에, 메논이 자신의 답에 대해서 공감을 할 수 있는지를 확인하는 정도에 그친다. 한동안 어떤 주제를 가지고 교육의 과정이 진행된 후, 소크라테스는 “… 생각하지 않는가?”라고 묻고, “소크라테스님, 단연코 그런 것 같습니다”라는 동의를 얻은 다음에, “우리는 …에 대해서 동의했네”라는 식의 결론을 맺는다.

소크라테스가 우리에게 주는 가장 인상적인 메타교육의 메시지는 “자신을 알라”는 것이었다. 여기에서 ‘안다’는 것은 바로 ‘무지에 대한 자각’을 의미한다. 인간으로서 자신의 한계를 알라는 내용은 공자가 잘난 척하는 자로에게 준 가르침과 일맥상통한다. 이런 교육의 내재율은 말하기는 쉬워도 실제로 따르기는 어렵다. 다른 사람의 부족한 점을 잘 지적해 내면서도 정작 자신의 약점은 일지 못하고 알려고 하지 않는 것이 세상 사람들의 일반적인 경향이다. 그러나 의문과 자신의 부족함에 대한 자각이 없이는 상구교육이 일어날 수 없다. 그것은 비유컨대, 마치 다 채워진 그릇 속에 물을 부어도 소용이 없는 경우이고, 목마르지도 않은 말을 물가에 끌고 가는 경우와 같다. 모르는 것을 모르면 묻지 않을 것이고, 묻지 않으면 끝내 모르게 될 것이다. 그렇기 때문에 소크라테스의 산파술은 상대에게 무엇을 채워주는 것이 아니라, 오히려 이미 채워져 있는 것을 탈취하는 방식을 취한다.

두 자연인의 관계에서 어떤 주제를 가지고 상구하는 사람이 하화하는 사람보다 후진이라는 교육적 공조의 내재율이 있다. 소크라테스는 그것을 누구보다 잘 알고 이용할 줄 알았다. 플라톤의 대화편에 등장하는 소크라테스는 대부분 처음에는 보잘것없는 위치에서 시작되지만, 그 진행과정과 종료시점에서는 그들 가운데 가장 현명한 사람으로 밝혀진다. 교육적 교섭을 통해서 선진과 후진 간의 품위상의 차이를 입증하는 이런 교묘한 방식은 그로 인한 오해와 갈등의 여지를 피하면서 그 품위상의 차이를 상대편에서 인식시키는 최선의 방편인 것이다.

소크라테스는 평소에 세상에 대해서 잘 알고 있다고 뻐기는 사람들을 상대로 그들의 지식 수준을 시험한다. 이때 사람에 대한 소크라테스의 평가기준은 보통의 상식과 다르다. 그는 자기를 어질다고 생각하고 있는 사람이야말로 참으로 어리석다고 보았다. 오히려 자기를 어리석다고 알고 있는 사람에게는 그만큼 현명한 구석이 있다고 보았다. 이 특이한 내재율을 염두에 두고 사람들을 대할 때, 소크라테스는 스스로 무지한 자임을 선언하면서 먼저 청학한다. 상대에게 일련의 질문을 던지고 마치 상구자가 된 것과 같은 자세를 취하는 의도는 상대로부터 대답을 얻기보다는 그가 알고 있다고 생각하는 것의 근거를 공허한 것으로 만들기 위함이다. 이런 방식은 상대방으로 하여금 자신이 소크라테스에게 하화할 스승의 위치에 있는 것이 아니라 오히려 그를 스승으로 모셔야 할 제자의 위치에 있음을 은연중에 깨닫고 시인하도록 만든다.

교육의 귀재인 소크라테스는 이런 교육적 반전의 논리를 이용하여 그가 아테네에서 가장 지혜로운 사람이라는 델포이의 신탁의 말을 확인시켜 나갔다. 그 설득의 대상 가운데에는 당시의 정치가나 시인들이 포함된다. 소크라테스는 그 전략을 ≪변명≫의 대화편에서 이렇게 고백한다.

"나는 그들에게 가면, 내가 그들보다 더 무지하다는 것을 그 자리에서 당장 알게 될 것이라고 생각했습니다. 나는 그들의 작품 중에서 가장 정성을 들였다고 여겨지는 구절들을 제시하고, 그들이 나에게 무엇인가 가르쳐 주리라고 생각하면서, 이 구절들이 의미하는 바를 물었습니다. 여러분은 나를 믿으시겠습니까? 나는 진실을 털어놓는 것이 부끄러울 지경이지만 동석했던 사람들이 그들의 시에 대해 작가 자신보다도 더 훌륭한 설명을 했다는 사실을 말하지 않을 수 없습니다. 따라서 나는 시인이 지혜가 있어서 시를 쓰는 것이 아니라, 일종의 소질과 영감에 의해 시를 쓴다는 것을 알았습니다. 그들은 훌륭한 말을 하지만 그 말의 의미를 이해하지 못하는 예언자나 점쟁이와 같습니다. … 그래서 내가 정치가들보다 우월한 것과 똑같은 이유 때문에 그들보다는 우월하다는 것을 믿으며 그들과 헤어졌습니다(Platon, /1987, pp. 16-17)."

스승을 선택하는 것은 바로 우리 자신이 더 나은 사람이 되느냐 나쁜 사람이 되느냐 하는 문제와 관련되어 있기 때문에 메타교육의 중요한 부분을 차지한다. 앞에서 우리는 석가와 공자의 사례를 들면서 그들이 이 점에서 공통성이 있음을 살핀 바 있다. 그 부분은 소크라테스의 경우에도 예외 없이 등장한다. 소크라테스가 스승의 자격과 관련하여 특별히 주목한 부분은 교육적 실천을 세속적 상업행위와 구분하려고 한 점이다.

당대의 희랍에는 주로 수사술에 호소해서 지식이 없으면서도 지식인으로 행세하면서 '교육'을 앞세워 상거래를 하고 대중을 혼란시키던 소피스트들이 많았다. 그럴듯하게 선전해서 지식을 상품처럼 파는 사람, 사실은 지식을 가지고 있지 않으면서 그런 척하는 가짜선진, 혹은 지식은 가지고 있다고 할지라도 하화하는 능력이나 교육에 대한 생각에 있어서 의문스러운 점이 있는 경우도 있었다. 그들을 무조건 스승으로 받아들이는 것은 참으로 위험하다.

소크라테스의 그런 우려는 예컨대, ≪프로타로라스≫라는 대화편에서 당대 최고의 소피스트인 프로타고라스를 스승으로 삼고자 하는 히포크라테스의 생각에 대해 소크라테스가 하는 충고에 잘 드러나 있다.

"자네는 그 프로타고라스란 인물을 알지도 못하고, 또 한 번도 말을 주고받은 일이 없다고 하였네. 단지 소피스트라고 일컬어질 뿐, 소피스트가 도대체 어떤 인물인지도 자네는 몰라. 그런데 정체를 알 수도 없는 그에게 자네 몸을 맡기려고 하다니?(Platon, /1965, p. 94)"

진정 스승이 될 수 있을 정도의 품위를 갖추었는지를 알기 위해서는 그들과 교육적 교섭을 해 보면 알 수 있다. 앞 장(2.3.5)에서 교육적 관계에 관한 논의를 하는 가운데 교육 안에는 그것에 참여하는 사람들의 품위의 차이를 알 수 있는 내재율이 포함되어 있다는 점을 지적한 바 있다. 무식한 사람이 실력자를 가르치려는 경우에 "공자 앞에서 문자를 쓴다"는 말을 한다. 그런 것은 웃음거리가 될 뿐, 더 이상 의미 있게 진전되기 어려운 것이다. 그것이 교육의 내재율이고, 바로 그 점에 의해서 특정한 주제에 관한 선진과 후진이 결정되는 것이다.

소크라테스는 진정 프로타고라스가 히포크라테스의 스승이 될 수 있는지를 실제로 검증하기 위해서 프로타고라스가 있는 곳에 같이 가서 이런 방식으로 그와 실력을 겨누어 본다. 그 품위의 차이를 가리는 일은 오직 교육의 내재율을 따름으로써만 가능하다. 당시 프로타고라스의 명성으로 인해서 그 내재율이 무시될 우려가 있기 때문에 소크라테스는 프로타고라스와의 대결에서 그 내재율의 준수를 강조하면서 확약을 받는다. 다음은 구체적인 사례를 암시하는 대목이다.

"스파르타인들이 철학과 언론에 있어서 최고의 교육을 받고 있다는 것을 다음과 같은 사실로써 알 수 있겠지요. 곧 여러분 중 어느 분이든 스파르타인 사이에서 가장 보잘것없는 인물을 뽑고, 그 사람과 함께 이야기를 해 보십시오. 사람들은 그 인물에게서 처음에는 언론에 있어서 어떤 평범한 소질밖에 찾아보지 못할 거예요. 그러나 마침내 토론을 해 나가는 사이에 기회가 오면, 그는 마치 창던지기의 명선수처럼 깜짝 놀랄 만큼 짧게 압축된 말을 던질 것입니다. 그래서 그와 이야기를 하던 상대자들은 자신이 어른 앞에 선 어린아이처럼 느낄 경우가 있을 것입니다. 이리하여 참으로 이 사실을 깨닫고, 스파르타주의란 본래 체육을 사랑하기보다는 오히려 훨씬 지혜를 사랑하는 데 있다는 사실을 명백하게 알게 되었는데, 이런 사람들은 지금이나 옛날이나 결코 적지 않았습니다(Platon, /1965, p. 124)."

소크라테스가 묘사했듯이, 당시 스파르타인들이 사실상 그렇게 현명했는지에 대해서 여기서 깊이 따질 필요는 없다. 그러나 한 가지 분명한 사실은, 교육의 과정을 통해서 그 소재의 선진과 후진이 구별될 수 있다는 점이다. 사전에 확약을 받은 내재율에 따라 소크라테스는 프로타고라스와 하화와 상구의 차례를 서로 번갈아가면서 바꾸어 보는 과정을 밟는다. 그 과정에서 둘 중 하나가 '어른 앞에 선 어린아이'처럼 자신의 위치를 깨닫게 되는 것이다. 그런 상황을 바라보는 주위 사람들도 그 절차에 근거하여 그들 사이의 실력의 우위에 대한 객관적인 판정자의 구실을 하게 된 것이다. 상대를 논파하려고 하다가 오히려 설득을 당하여 가르침을 따르는 경우가 많은데, 이 경우 그 사람은 상대가 자신의 현품을 넘어서서 당장 미치지 못할 인물임을 누구나 인정하게 되는 것이다. 이와 같은 방식으로 소크라테스는 히포크라테스에게 스승을 구하는 방법을 손수 시범하여 주었다.

위의 사례에서 분명해졌듯이, 소크라테스는 그 자신 이전의 소피스트와는 다른 교육적인 삶을 살았고, 더 나아가 그 교육이 진정 무엇인지, 그 내재율이 무엇인지를 교육을 통해서 손수 입승하려고 하였다. 이런 그의 메타교육적인 삶은 그를 따르는 많은 주위의 젊은이들에게 지대한 영향을 주었다. 그 점은 그의 ≪변명≫에서 암시되어 있다.

“할 일이 별로 없는 부유층의 청년들이 자진해서 나를 따르고 있습니다. 그들은 내가 지혜가 있는 체하는 사람들을 시험해 보는 것을 듣기 좋아하고, 그들도 가끔 나를 모방하여 다른 사람들을 시험해 봅니다(Platon, /1987, p. 18).”

소크라테스가 재판을 받는 법정에 출석한 제자들을 지적한 숫자만도 적지 않다. 크리톤, 크리토볼로스, 에피게네스, 파랄로스, 아폴로도로스, 아데이만토스와 그의 동생인 플라톤 등이 언급된다. 소크라테스의 위대함은 지금까지 세상에 널리 알려지고 있다. 여기에는 많은 제자들의 역할이 작용했지만 특히 플라톤이 겹제자의 역할을 훌륭하게 수행했다. 소크라테스의 열망의 혼이 오늘날에까지 우리에게 알려진 것은 그를 추모하는 마음에서 그의 행적을 기록해 놓은 플라톤의 ≪대화편≫을 통해서라고 해도 과언이 아니다. 그러나 플라톤이 단순히 스승이 지녔던 사상의 충실한 계승자로 그친 것은 아니다. 그는 그 나름의 독창적인 사상을 체계화하여 한 걸음 앞서 나갔다. 이는 스승으로부터 배운 교육적 반전의 적용으로 해석될 수 있다. 플라톤의 이런 정신과 태도는 그의 제자인 아리스토텔레스에 의해서 다시 반복되어 철학은 그 후에도 계속 발전의 과정을 밟게 된다(장상호, 1999). 이 전통이 바로 오늘날 학문이 종교와는 다른 경로로 독립하여 아직까지 교육적 진화를 성취하고 있는 상황을 설명하는 핵심이 되지 않을까 한다.

소크라테스의 메타교육과 관련하여 마지막으로 지적해야 할 부분이 있다. 그것은 플라톤에 의해서 지금까지 전승되고 있는 소크라테스의 교육적 삶의 전형이다. 플라톤은 20세에 소크라테스를 만나고 나서부터 그의 영향을 받아 철학의 연구에 전념하고, 28세 때 스승이 사형을 당할 때까지 그의 곁을 떠나지 않았다. ≪국가≫의 대화편에 담긴 동굴의 신화는 플라톤이 그의 스승인 소크라테스의 삶을 의식하면서 만든 교육관인 것은 널리 알려진 사실이다(장상호, 2005a). 이 신화에서 동굴에 갇힌 사람 가운데 한 명이 동굴 밖을 향해서 기어올라 넓은 세계를 체험하고, 아직도 동굴에 갇힌 동료들에게 그 체험을 전하기 위해서 동굴로 되돌아오는 과정이 극적으로 묘사되어 있다. 그 오르내림의 상황은 물론 소크라테스의 교육적 삶을 은밀하게 시사한다. 당시 희랍사람들은 마치 동굴에 남아 있던 사람들처럼 소크라테스를 자기네들이 가지고 있는 자명성을 너무도 현혹시킨 사람으로 간주하고 사약을 마시게 했다. 이는 이후에도 철학 분야에서 교육을 이해하는 데 가장 전형적인 비유로 인정받기에 이르렀다.

2.7.4 예수의 메타교육

메타교육의 사례는 예수의 경우에도 예외 없이 발견된다. 우리들 삶에서 예수가 주는 가장 두드러진 메타교육의 메시지는 오류에 대한 태도이다. 인간이면 죄를 지을 수 있다. 아니, 기독교적으로 말하면, 누구나 원죄를 지니고 있는 것이다. 예수는 서기관과 바리세인이 간음하다가 현장에서 붙잡힌 한 여인을 두고 사람들에게 모세의 율법에 따라 돌로 치라고 명령하는 것을 보고, 이렇게 외쳤다.

"너희 중에 죄 없는 자가 먼저 돌로 치라(요8:7)."

그의 이 말은 고발자의 마음을 회개시키는 효과를 얻어냈다. 자신들의 죄를 깨달은 주위 사람들은 모두 맥이 풀려 아무도 그 여인에게 돌을 던지지 못하고 흩어졌다.

예수가 이 여자의 죄가 옳다는 것을 시인하는 것은 결코 아니다. 다만 이런 선택의 상황에서 그 여자가 회개하는 것을 보고 그것을 용서하는 것이 얼마나 중요한 것인지를 알리려는 것이다. 그 뒤에 예수는 그 여인에게 그의 깊은 뜻을 감추어 말했다.

"나도 너를 정죄하지 아니하노니 가서 다시는 죄를 범치 말라(요8:11)."

교육은 모든 인류의 오류나 잘못을 자각하고 그것을 서로 극복하는 데 협력하는 삶의 양상이다. 그 시작과 끝이 다르다. 끝이 더 나은 것이라면 굳이 그 시작을 탓할 필요는 없다. 그런 의미에서 예수는 이렇게 역설한다.

"너희는 스스로 조심하라. 만일 네 형제가 죄를 범하거든 경계하고, 회개하거든 용서하라(눅17:3)."

남의 허물을 말하기 쉽다. 그러나 우리는 가장 가까이에 있는 자기 자신이 오류 속에 갇혀 있다는 것을 대개 알지 못한다. 이 때문에 예수는 각자 인간으로서의 한계에 대한 자각을 먼저 강조한다. 이는 앞에서 살핀 소크라테스의 "네 자신을 알라"라는 경구와 그대로 대응한다.

"어찌하여 형제의 눈 속에 있는 티는 보고 네 눈 속에 있는 들보는 깨닫지 못하느냐(마7:3)."

누구나 예외 없이 허물을 가지고 있다면, 그것에서 벗어나는 순서는 먼저 자신을 구제하고, 그 다음에 좀 더 개선된 자신의 토대 위에서 타인을 돕는 것이다. 교육의 내재율 가운데 자리와 이타가 바로 그 부분에 해당한다.

"외식하는 자여 먼저 네 눈 속에서 들보를 빼어라. 그 후에야 밝히 보고 형제의 눈 속에서 티를 빼리라(마7:4-5; 눅6:41)."

허물을 가진 것은 어쩔 수 없다. 그 허물은 교육의 소재가 되며, 교육을 통해서 점차 벗어날 수 있다. 중요한 것은 그 교육의 세계 속에 뛰어드는 것이다. 그렇다면 그 구체적인 자세와 방법은 무엇인가?

교육은 그 부족함을 가진 것을 깨닫는 것으로부터 시작한다. 제자들이 누가 하늘나라에서 제일 높은 사람이 될 것이냐 하는 우선권의 문제를 놓고 다투는 것을 보고, 예수는 마침 길에서 노는 어린아이를 불러서 무릎에 앉히고 이렇게 말했다.

"진실로 너희에게 이르노니 너희가 돌이켜 어린아이들과 같이 되지 아니하면 결단코 천국에 들어가지 못하리라. 그러므로 누구든지 이 어린아이와 같이 자기를 낮추는 그이가 천국에서 큰 자니라(마18:3-4)."

어린아이와 같이 되지 않으면 결코 하늘나라에 들어가지 못할 것이라고 말한 것은 상구자의 겸손을 요구한 것이다. 예수는 이 부분을 다시 다음과 같이 대비하여 충고한다.

"누구든지 자기를 높이는 자는 낮아지고, 누구든지 자기를 낮추는 자는 높아지리라(마23:12)."

잘못을 시인하고 난 다음의 과제는 그것을 줄이거나 시정하는 것이다. 그것이 쉬운 일인가? 그 어려움을 감당하지 못한 대부분의 사람은 자신의 결함을 그대로 짊어진 채 무거운 인생을 보낸다.

"멸망으로 인도하는 문은 크고 그 길이 넓어 그리로 가는 자가 많고, 생명으로 인도하는 문은 좁고 길이 협착하여 찾는 이가 적다(마7:13-14)."

예수는 사람들에게 하늘나라에 들어가고자 하는 사람은 스스로 노력하지 않으면 안 된다는 것을 주지시켰다. 이 세상에서 자신을 구원해 줄 사람이 따로 있는 것이 아니다. 설사 구원을 바란다고 하더라도 피동적으로 주이지는 것은 그 힘을 제대로 발휘할 수 없다.

"구하라 그러면 너희에게 주실 것이요, 찾으라 그러면 찾을 것이요, 문을 두드리라 그러면 너희에게 열릴 것이니 구하는 이마다 얻을 것이요 찾는 이가 찾을 것이요 두드리는 이에게 열릴 것이니라(마7:7-8; 눅11:9-10)."

이 세상에는 수많은 선진들이 있다. 그들을 스승으로 모시고 도움을 청하는 것이 상구교육의 요령이다. 이와 관련하여 석가는 '줄탁동시'라는 비유를 든 바 있다. 예수 역시 제자편의 적극성을 한편으로 독려하면서 그 적극성에 자신의 하화를 가미하는 방식을 택했다.

"너희 중에 아비 된 자 누가 아들이 생선을 달라 하면 생선 대신에 뱀을 주며, 알을 달라 하면 전갈을 주겠는가?(눅11:11-12)"

예수의 부름으로 회개하고 믿는 사람은 수천 명이었으나 예수는 자신이 떠돌아다니면서 이 사람 저 사람을 붙들고 전도하는 데 만족하지 않았다. 그는 사후에도 그의 메시지가 온 세상에 전파되도록 준비하는 것이 중요함을 느꼈다. 그 계획은 바로 그의 겹제자에 대한 의식에서 드러난다. 예수는 자신의 제자가 장차 스승의 위치가 되면 더 많은 제자를 갖게 될 것을 미리 예정하였다.

"내가 비옵는 것은 이 사람들만 위함이 아니요 또 저희 말을 인하여 나를 믿는 사람들도 위함이니(요17:20)."

예수는 자연스럽게 자신을 따르는 사람들보다 좀 더 엄선된 제자들이 필요하다는 것을 느끼고 그의 편에서 겹제자를 선택하는 방식을 취했다. 그 삶의 여러 가지 환경에서, 즉 가정이나 일하는 현장에서, 혹은 사적인 관계나 공적인 업무를 보는 중에 그들 가운데 더 많은 계시와 지식을 얻고 책임감과 진보를 겸할 수 있는 사람이 그 후보자가 되었다. 그 선택은 영적 진리에 대해서 반응하는 것을 기준으로 무조건 따라다니는 수많은 무리, 그 가운데 믿는 무리, 70인, 12제자[38]의 순서로 수렴하였다(막 3:13-14; 눅6:12-13).

대중이 점차 자신에게서 이탈해 나가는 상황에 봉착하여, 예수는 결국 12제자를 후계자로 선정하고 이들에게만 비밀을 토로하고 결속을 촉구한다. 그는 그들과 함께 생활하면서 생애 전체와 삶 자체를 교육의 공간으로 활용하였다. 기쁠 때, 두려울 때, 곤경에 빠졌을 때, 먹고 마시는 일 등 다양한 상황에서 그 상황이나 경험, 그 환경들을 이용하면서 제자들을 지도하고, 그들에게 그의 인격과 생활 자체를 보여주었다.

메타교육 역시 그 총체적 삶의 틀 안에서 자연스럽게 진행되었다. 예수는 제자들에게 자주, 자신이 그들을 '사람을 낚는 어부'로 만들겠다고 말했다(마4:18-19; 막1:16-17). 그 약속대로 예수는 제자들이 직접 예수가 설교하는 현장에 동반여행을 하게 하면서 제자에게 하화에 대한 모범을 보여주었고 그들도 그를 본받아 하화생활을 하도록 하는 일에 특별히 유의하였다. 하화에 대한 하화가 이렇게 수행되었다.

죽음을 앞두고 예수는 자신이 제자들에게 가르친 것이 그 제자들을 통해서 다른 사람들에게도 전파되어야 할 것을 종용했다. "너희가 거저 받았으니 거저 주어라(마10:8)"라는 언급은 가장 직접적인 것이다. 이런 부탁도 있다. "예수께서 나아와 일러 가라사대 하늘과 땅의 모든 권세를 내게 주셨으니, 그러므로 너희는 가서 모든 족속으로 제자를 삼아 아버지와 아들과 성령의 이름으로 세례를 주고 내가 너희에게 분부한 모든 것을 가르쳐 지키게 하라(마28:18-20)." 제자들의 발을 씻어 주면서 예수는 그 씻음의 의미를 이렇게 말한다. "너희가 나를 선생이라 또는 주라 하니 너희 말이 옳다. 내가 주와 또 선생이 되어 너희 발을 씻겼으니 너희도 서로 발을 씻기는 것이 좋으니라. 내가 너희에게 행한 것같이 너희도 행하게

---

38) 12라는 숫자는 유대인에게 상징적인 숫자였다.

하려 하여 본을 보였노라(요13:13-15)."

자신의 메시지를 전파하기 위해서 예수는 11명[39]의 제자 이외에 70인의 전도대를 파송하였다. 이때 그는 하나님, 자신, 그리고 제자를 거의 동일한 인격으로 삼는 발언조차 주저하지 않는다.

"너희 말을 듣는 자는 곧 내 말을 듣는 것이요, 너희를 저버리는 자는 곧 나를 저버리는 것이요, 나를 저버리는 자는 나 보내신 이를 저버리는 것이다(눅10:16)."

성경의 곳곳에서 예수가 그의 제자들에게 하화를 위임할 때마다 스승으로서 유의해야 할 세부사항에 대해서 자세하게 지도를 하는 것을 볼 수 있다(마10:5-42; 막6:8-11; 눅9:1-6).

"보라, 내가 너희를 보냄이 양을 이리 가운데 보냄과 같도다. 그러므로 너희는 뱀같이 지혜롭고 비둘기같이 순결하라(마10:16)."

하화교육이 반드시 대중의 환영을 받는 것은 아니라는 것을 알고 있는 예수는 다음과 같은 예언과 격려를 한다.

"너희가 내 이름으로 인하여 모든 사람에게 미움을 받을 것이나 나중까지 견디는 자는 구원을 얻으리라(마10:22)."

아울러 앞에서 누차 강조했듯이, 품위의 수준의 조정과 관련된 매우 중요한 교육의 내재율을 상기시킨다.

"거룩한 것을 개에게 주지 말 것이며, 너의 진주를 돼지 앞에 던지지

39) 예수를 배반한 가룟 유다를 제외한 11제자.

말라. 저희가 그것을 발로 밟고 돌이켜 너희를 찢어 상할까 염려하라(마 7:6).”

이 내재율이 얼마나 중요한 것인지는 예수 자신이 겪은 죽음에 의해서 역설적으로 입증되었다. 그의 메시지는 적어도 일반대중이 이해하기에는 너무 급진적이었다는 사실은 이미 앞에서 검토한 바 있다.

사실상 12제자들조차도 예수의 고독과 그 내면을 헤아리지 못했다. 가룟 유다가 배신한 것을 출발로 예수가 무기력하게 죽음을 맞이하는 것을 보고, 제자들은 모두 그 스승을 떠나게 된다. 스승이 비록 현실에는 무력하지만 더 높고 더 영원한 것을 추구했다는 것을 새롭고 찬란하게 해석할 계기를 갖는 것은 그 이후이다. 겁쟁이, 비겁자이던 그들이 이제 죽음을 두려워하지 않고 박해받으면서 순교도 불사하는 굳센 집단으로 변해 갔다. 그것은 아마도 생전에 예수가 끈질기게 말한 것이 점차 체험을 동반하면서 그들의 마음속에 깨달음을 가져왔기 때문일 것이다.

말은 쉬우나 행동으로 보이기는 어렵다. 이와 관련하여 우리가 알고 있는 한 가지 사실은 최후의 만찬에서 제자들의 배반가능성에 대하여 예수가 언급한 것이다. 예수가 그것을 예견했을 때, 당시 베드로는 “모두 주를 버릴지라도 나는 언제든지 버리지 않겠나이다(마26:33)”고 맹세하였다. 그러나 그는 결국 예수의 예견대로 새벽닭이 울기 전에 세 번이나 예수를 모른다고 부인하였다. 예수는 그 차이를 알고 제자들에게 이렇게 질책한 바 있다. “너희는 나를 불러 주여, 주여 하면서도 어찌하여 나의 말하는 것을 행하지 않느냐? 듣고 행하지 않는 자는 주초(柱礎)도 없이 흙 위에 집을 지은 사람과 같으니 탁류가 부딪치면 집이 곧 무너질 것이다(눅 6:46-49).” 이 점은 우리의 상구교육이 말보다는 실천에 토대를 두어야 한다는 것을 여실하게 말해 주고 있는 것이다.

흔히 베드로가 그런 깨달음에 이른 과정을 계시라는 것으로 설명한다. 그러나 그 계시는 그 체험 위에서 얻어진 것이다. 예수와 같은 수준에 오르려면 예수의 말을 외우는 것으로 부족하다. 예수를 진정으로 이해하는 데 필요한 것은 예수가 걸어간 길, 즉 그가 하늘나라로 들어가는 데 받은 수난, 환난, 고난, 능욕, 핍박을 겪는 길을 걷는 것이다. 예수는 이전에도 베드로에게 "나의 하는 일을 네가 이제는 알지 못하나 이후에는 알리라(요13:7)"라는 말로 그 취지를 밝힌 바 있다. 예수의 예언처럼 베드로가 예수를 안 것은 그 스스로가 종교적으로는 유대교의 도전과 박해, 정치적으로는 로마의 압제, 문화적으로는 헬라 사상으로부터 위협을 받고 그것에 대처하는 과정에서였다.

복음서에서 우리는 예수의 메타교육이 제자들에 의해서 다시 재생되는 것을 발견할 수 있다. 이 경우도 체험동반의 내재율은 메타교육에 그대로 적용된다. 그중 베드로의 경우만 살펴보자. 그는 박해받아 흩어져 사는 신자들을 격려하기 위해서 그의 말년에 쓴 글에서 "선을 행하고 고난 받는 것이 하나님의 뜻일진대 악을 행함으로써 고난 받는 것보다 나으니라(벧전3:17)"고 충고한다. 그는 또한 그의 제자들에게 이렇게 간곡하게 부탁한다.

"너희 중 장로들에게 권하는데, 나는 함께 장로된 자요, 그리스도의 고난의 증인이요, 나타날 영광에 참여할 자로다. 너희 중에 있는 하나님의 양 무리를 치되 부득이함으로 하지 말고, 오직 하나님의 뜻을 좇아 자원(自願)함으로써 더러운 이(利)를 위하여 하지 말고, 즐거운 뜻으로 하며, 맡기운 자들에게 주장하는 자세를 하지 말고, 오직 양무리의 본이 되라(벧전5:1-3)."

추측건대, 베드로의 제자들도 스승을 따라 이런 메타교육의 내재율을 다시 그들의 제자들에게 전달하였을 것이다.

예수의 계획대로 메타교육으로 무장된 겹제자들의 출현과 더불어 예수의 메시지는 그가 예상한 바대로 기하급수적으로 전파될 수 있었다. 이 점은 예수의 씨앗뿌리기의 비유에 잘 표명되어 있다.

"좋은 땅에 뿌렸다는 것은 말씀을 듣고 깨닫는 자니 열매를 맺어 혹 백

배, 혹 육십 배, 혹 삼십 배로 되느니라(마13:23; 막4:20; 눅8:11-15).”

예수의 사후, 그에게는 바울이라는 겹제자가 있었다. 플라톤이 없는 소크라테스를 상상할 수 없듯이, 만약 바울이 곧바로 뒤를 따르지 않았다면 예수의 행적과 이름은 그의 이야기를 들은 그 세대의 소멸과 함께 아주 완벽하게 사라져 가고 말았을 것이다. 바울 역시 예수와 마찬가지로 그 자신의 겹제자를 양성하였다. 바울은 고린도 교회 교인들에게 이렇게 촉구한다.

“내가 그리스도를 본받는 자 된 것같이 너희는 나를 본받는 자 되라(고전11:1).”

오늘날 예수의 메시지가 세계 방방곡곡에 전해지는 것은 바울과 같은 겹제자들이 아직도 존재하고 있기 때문일 것이다. 그러나 그들에게 이루어진 메타교육이 매번 성공하기를 기대할 수는 없다. 메타교육을 통해서 교육의 내재율과 그 전통을 살려 나가려는 예수의 의도가 곡해된 경우도 발견된다.

복음서에는 흔히 잘 주목받지 못하는 예수의 발언이 있다. 그것은 제자들에게 그들이 마침내 그가 한 것보다 더 크고 나은 일을 할 것이라고 말한 부분이다.

“내가 진실로 너희에게 이르노니 나를 믿는 자는 나의 하는 일을 저도 할 것이요, 또한 이보다 큰 것도 하리니 이는 내가 아버지께로 감이니라(요14:12).”

이 언명은 예수가 그의 제자들에게 교육적 반전을 기대했음을 보여주는 중요한 대목이다. 교육적 진화가 이루어지기 위해서는 제자들이 스승에게 전적으로 의존해서는 안 된다. 하화는 상구를 촉진하는 하나의 수단이며, 상구를 대신해 줄 수는 없다. 자신이 자신을 변형시키는 행위를 하여야 하며, 그때마다 여러 가능성 가운데 무수한 선택을 해야 하기 때문에 자기 자신을 다스리는 마음이 없다면 올바로 길을 찾아갈 수 없다. 진정한 사랑은 동정의 단계를 훨씬 넘어서서, 강자의 도움이 없이도 자신을 지켜나갈 수 있는 자립심을 고취하는 것이다. 노예의 행복으로부터 해방되고, 신들과 숭배로부터 구제되고, 두려움이 없고, 자신의 길을 가는 데 있어서 고독함을 이겨낼 수 있는 의지를 키워주어야 한다.

앞 소절(2.7.4)에서 살폈듯이, 소크라테스는 이런 교육적 반전의 사례를 제자들에게 보여줌으로써 그의 메시지가 단지 교조에 그치지 않고 역사적으로 학문이라는 수도계가 끊임없이 교육적으로 진화하고 발전할 수 있는 길을 열어주는 데 기여하였다. 그러나 예수의 경우는, 앞에서와 같은 예수의 발언에도 불구하고, 제자들이 그 기대를 저버린 듯하다. 그의 제자들은 그의 메시지뿐만 아니라 예수 자신을 믿게 되었고, 이러한 믿음은 그 후 예수를 메시아, 하느님의 아들 혹은 하느님과 같은 숭앙의 대상으로 고착시켜 갔다. 인간에게 더욱 높은 절대적 권위자가 있다는 이런 믿음은 종교의 영역에 속한 것으로서 당시까지 야만주의에 빠졌던 서방세계를 오늘날에 이르기까지 재창조하는 데 일익을 담당했다는 것은 누구도 부정할 수 없는 역사적 사실이다. 그럼에도 불구하고, 인간으로서의 예수가 이렇게 일방적인 종교화의 변용을 거친 것은 우리가 본 저서를 통해서 논의하고 있는 수도계와 그것을 소재로 삼는 교육 본래의 범주를 어쩔 수 없이 벗어난다.

2.8 메타교육의 현대적 과제

메타교육은 교육발전의 선결조건이다. 이미 살핀 바와 같이, 4대 스승은 분명 교육과 교육 아닌 것의 경계를 알고 있었으며, 교육을 통해서 그들 자신과 제자들의 삶이 그 경계를 이탈함이 없이 교육 안에 머물도록 배려했다. 그 통로를 통해서 우리의 선인들은 교육의 고유한 삶의 양상이 가진 내재가치를 향유할 수 있었을 뿐만 아니라, 바로 그 고유성으로 인해서 교육이 그 나름으로 여타의 삶에 공헌할 수도 있었다.

지금으로부터 최소한 2,000년 전에 실존했던 그런 실천적 지혜와 그 역사적 사례가 주는 시사는 엄청나다. 메타교육은 교육을 발전시키는 데 있어서 결정적인 역할을 한다. 1차 소재의 교육에 그치는 교육은 그 교육을 단지 반복한다는 점에서 단순재생산이라고 말할 수 있다. 그러나 거기에 교육 자체를 2차 소재로 삼는 메타교육이 첨가된다면 적어도 두 가지 점에서 교육은 확대재생산의 과정을 밟는다. 첫째, 메타교육은 지금 진행되고 있는 교육의 품위를 한 단계 격상시킨다. 이 점에서 우선 교육을 질적으로 확대재생산한다고 말할 수 있다. 둘째, 메타교육은 겹제자의 양성과 직접적으로 관련되어 있다. 그들을 통해서 교육적인 삶을 일반 대중에게 기하급수적으로 보급한다는 점에서, 메타교육은 교육의 양적 확대재생산에 공헌한다.

이런 메타교육의 특성과 전통에 주목하고 선인들이 닦아 놓은 삶의 양상으로서의 자율적인 교육의 향기와 전통을 오늘에 되살리는 것이 매우 중요하다. 그러나 불행히도 그 전통은 오늘날 제대로 전승되고 있지 못하다. 그중 가장 큰 걸림돌은 교육에 대한 그릇된 관점이다. 오늘날 그 고유한 알맹이는 빼놓고 단지 그 기능만 강조하는 괴이한 교육관이 지배하고 있다. 그 역사의 퇴행을 주도하는 세력의 전단에 교육학이 위치하고 있는 안타까운 현실이 전개되고 있다. 그릇된 관점은 교육을 왜곡시킬 뿐만 아니라, 이미 진행되고 있는 사실조차 은폐시키는 부작용을 가져온다. 이제 그 병폐에 종지부를 찍을 수 있어야 한다.

특정한 장소와 시간이 교육을 보장하지는 않는다. 그 맹점은 이미 누차에 걸쳐서 지적되었다. 학교에서 하는 것이 교육이라는 생각이 큰 문제이다. 기왕 학교와 교육을 개념적으로 연결시키고자 한다면, 전자를 우리와 무관하게 존재하는 어떤 객관적인 사실로 규정하는 것을 경계해야 할 것이다. 진정한 학교는 우리들의 마음속에 있다는 말이 있다. 교육은 교육할 수 있는 사람들의 것이다. 잠재된 교육능력을 최대로 실현하는 사람도 있고,

반대로 그렇지 못한 사람도 있다. 그 개인차는 한 개인이 일생 동안 교육의 세계에 얼마만큼 종사할 수 있느냐 하는 중차대한 문제와 관련되어 있다.

시대에 따라 교육에 대한 관점도 변하고 있다. 역사상 18세기에서 시작된 공립학교와 결부시켜 일반인들이 가지고 있는 교육관은 한 시대에 국한된 특징과 한계를 가지고 있다. 다행히 오늘날 '평생교육'이라는 말이 유행하고 있는데, 이는 교육이 다시 한 번 삶의 보편성에 참여할 수 있는 호기가 도래하고 있음을 예견하게 한다. 다가오는 시대에는 누구에게나 출생에서부터 죽음에 이르는 교육의 기회가 전개될 것이다. 단, 그 기회는 오직 교육적인 삶을 체득한 사람들의 것이 될 것이다. 우리는 그 점을 교육적 공간의 확장이라는 주제로 이미 앞(2.3)에서 살핀 바 있다.

교육에 참여하는 데 연령이 특별히 문제되지는 않는다. 그러나 교육의 능력을 염두에 둘 때, 한 개인의 일생에서 그것을 확보하는 시기를 고려하는 것은 매우 중요하다. 교육은 인간의 가능성을 개발하는 것과 관련되어 있고, 그것이 이루어지는 시기가 바로 일생 가운데 유년기에 속하기 때문이다. 이 시기에 드러나는 교육의 능력의 차이는 그 후의 교육에 지대한 영향을 주기 때문에 한 개인의 일생에서 조기에 메타교육이 이루어지도록 하는 것은 절대적인 요청사항이다.

오늘날의 삶에서 메타교육을 되살리는 데 있어서 논의되어야 할 수많은 항목 가운데 본 소절은 교육학, 가정, 학교의 역할만을 간략하게나마 검토하고자 한다. 지금의 교육학에는 메타교육을 논의할 공간이 없을 뿐만 아니라, 대중의 교육관을 그 역방향으로 오도하는 오류를 범하고 있다는 점에서 큰 반성을 요한다. 만약 그 개념상의 오류를 청산할 수만 있다면, 메타교육의 측면에서 가장 중추적인 역할을 할 것으로 기대할 만한 공간이 바로 가정과 학교이다. 그 안에서 어떤 메타교육이 가능한가? 아니, 어쩌면 메타교육이 그 안에서 이미 진행되고 있는데도 불구하고, 개념의 부재로 그것을 제대로 감식하지 못하고 있는지도 모른다. 그렇다면 메타교육과 관련하여 이 공간 안의 어떤 측면을 주목할 것인가? 이런 의문에 대한 해답을 찾아보기로 하자.

2.8.1 교육학의 재건

메타교육의 과제를 수행함에 있어서 우리가 먼저 반성해야 할 영역은 현존하는 교육학이 차지하고 있는 역설적인 위치이다. 엄밀하게 말하면, 교육을 잘 이해하는 것과 교육을 잘 하는 것은 별개의 것이다. 그러나 논자는 앞에서 교육과 비교육의 선별이 메타교육의 출발이라는 언급을 한 바 있다. 전자가 후자의 한 요건이 된다는 이유에서 일반대중은 교육학자들이 교육을 개선하는 비결을 가지고 있으리라는 기대를 갖는다. 그런 기대는 교육학자들이 스스로 그런 기능을 할 수 있는 전문가로 자처해 온 것과 무관하지 않다. 그렇다면 교육학자들은 그런 대중적 기대에 부응하는가? 이에 대한 해답은 부정적이다. 오히려 그 반대라고 보아야 할 것이다. 이런 충격적인 단정에 대한 자세한 논의는 이미 이루어진 바 있기 때문에, 여기에서는 목하 메타교육과 직접적으로 관련된 부분만을 짚고 넘어가기로 한다.

현대인에게 가장 벗어나기 어려운 고정관념의 하나가 교육은 학교에서 전문적으로 수행된다는 생각이다. 이런 생각의 근원은 18, 19세기 서구의 국가주의의 이념에까지 소급된다. 국가는 그 이후부터 학교에 들어가는 것을 의무로 규정했으며, 그곳의 모든 생활을 '교육'의 명분으로 치장하였다. 학교생활은 어느 모로 보나, 우리가 앞에서 2000년 전을 거슬러 올라가 살핀 4대 스승의 교육적인 삶과는 판이하다. 그런 전통과 맥을 같이 하면서 우리의 삶의 곳곳에서 일어나고 있는 교육과도 부합하지 않는다. 이처럼 한 시대의 명분과 역사적으로 진행되어 온 교육 사이에는 큰 괴리가 있는 것이다.

교육학의 목적이 교육을 이론적으로 해명하는 데에 있다면, 그 가운데 명분보다는 그 고유한 사실에 주목했어야 한다. 그런데 대학의 교육학과는 그중 도리어 명분을 토대로 형성되었다. 학과 설치의 직접적인 동기는 교사 양성을 위한 학문적 기초를 제공하는 데 있었다(Schneider, 1989). 이에 따라 학교의 실무적인 것 이외에, 대학에서 이미 분과학문으로서 인정받고 있는 철학, 심리학, 사회학, 행정학 등 대학의 제반 학문의 개념이 예비교사들에게 소개되면서 차츰 교육학이라는 또 하나의 명분이 성립된 것이다(Walton, 1974). 교육학에서 '모학문(mother disciplines)'이라는 말로 지칭되는 이런 용병학문들은 지금도 사범대학에서 교육을 이해하는 중요한 교직과목으로 여겨지고 있다.

교육학자들은 대개 그들의 학문을 일종의 응용학문으로 규정하는 방식을 취했다. 그들이 이렇게 응용학문을 표방할 때, 일반대중은 그들이 전문집단으로서 교육에 모종의 해법을 제공하리라고 기대한다. 그러나 그 기대는 언제나 어긋난다. 그럴 수밖에 없는 것은 그들이 말하는 응용학문은 교육학을 교육에 응용한다고 하는 것과 전혀 다르기 때문이다. 교육학이 말하는 응용은 그 응용될 학문이나 그 응용될 대상에 있어서 단지 더 정확한 말을 쓸 수 있는 것들을 교육으로 오도하는 위장에 불과하다. 사태의 진상을 말하자면, 교육학자들이 말하는 교육학은 이미 설명한 모학문들을 지칭하며, 교육이라는 부분은 '학교'를 지칭한다.

그런 개념적 무분별은 메타교육에 치명적인 타격을 준다. 기존의 제반 이질적인 분과학문들을 적용하여 학교를 연구하는 것과 교육을 연구하는 것은 별개의 것임에도 불구하고, 교육학도들은 학교에 교육의 명분을 부여함으로써 이제까지 주로 국가체제하에 진행되어 온 학교체제의 합법성을 정당화시키거나 미화시키는 편을 들어 왔다(최성욱, 2007). 그런 어용적 역사 속에서 표방되었던 각종의 구호와 용어, 그 이면에 숨어 있는 가정, 허위의식, 과장, 그것의 실상과의 일치와 괴리, 의도되지 않은 부작용, 여타의 이해집단이 내세우는 이데올로기와의 관계 등이 그대로 존속하고 있는 상황, 그리고 교육학자들 스스로 교육의 문제를 다루는 전문가로 자처하는 상황 자체가 전반적으로 볼 때 메타교육에 역행한다.

개념은 사실을 드러내는 도구이다. 이것이 학문으로서 교육학이 교육에 봉사할 수 있는 가장 고유한 기능이다. 그런데 교육학자들이 흔히 거론하는 '교육현장'의 문제는 실제로 우리 삶에서 진행되고 있는 교육과 너무도 거리가 멀다. 그들이 교육으로 지칭하는 것은 오직 학교 안의 철학적 측면, 심리적 측면, 사회적 측면, 혹은 경제적인 측면이다. 또한 그들이 그 제반 측면의 문제를 해결한다거나 혹은 사회계층의 문제를 해결할 수 있는 것도 아니다. 그들은 다만 인식의 수준에서 학교에서 전개되는 비교육의 문제를 교육의 문제로 오도하는 일을 할 뿐이다. 교육의 문제를 해결하는 자리에 교육학자를 초대하면, 대개 개념이 정리되기보다는 이 소리 저 소리 더 혼란에 빠지는 것은 바로 이런 이유에서이다.

그런 자체의 모순에도 불구하고, 교육학자들은 마치 올바른 교육관의 전도사처럼 행세해 왔다. 그러니 사태는 그 반대의 쪽으로 진행될 수밖에 없었다. 그들은 앞서 살폈듯이 사범대학의 교직과목을 가르치면서 서로 상응할 수 없는 이질적인 제반 외래적 용병학문의 안경을 통해서 마치 교육의 현상을 바라볼 수 있는 것처럼 예비교사나 현직교사들을 오도하여 왔다(최성욱, 1996). 그 오도의 대상은 교사에 그치지 않는다. 그들은 다시 그들의 통제를 받는 학생과 학부모의 교육관까지 오염시킨다. 이처럼 교육학자들은 가끔 대중의 '그릇된 교육관'을 탓하면서 용병학문들이 모학문에서 밝힌 사실들을 '옳은 교육'으로 규정함으로써 자신들이 범한 범주착오를 일반인들에게 부과하는 오류를 범하고 있으며, 그것을 따르는 일반인의 체험과 개념을 송두리째 왜곡시켜 놓는다.

그런 와중에서 '교육의 위기'라는 문제가 끊임없이 제기된다. 이때, 그 위기에 처한 교육이란 것이 도대체 무엇인지에 대한 보다 더 근본적인 문제가 교육학 내부에서 심각하게 제기되는 경우는 거의 없다. 다만, 아직 이론적으로 밝혀진 바 없는 그 개념의 공백이 서둘러 모학문의 개념으로 대체될 뿐이다. 이른바 '교육의 정책' 혹은 '교육의 개혁론'도 그런 왜곡된 개념을 토대로 범람하는 형국이다. 여기서 우리가 특별히 주목할 아이러니는 그 왜곡된 교육관은 학교의 다양한 측면 가운데 유독 교육만을 소외시키고 배제한다는 점이다. '학교교육의 정상화'에 앞장선다는 모든 노력이 결국 '학교교육의 비정상화'의 원인이 되고 있다. 학교의 비교육적인 측면을 두둔하면서 엉뚱하게도 교육을 개선한다는 명분을 내세우고 있는 것이다.

요즘 일반인들이 교육으로 쓰는 경비와 관련하여 '공교육'이나 혹은 '사교육'이냐 하는 문제가 제기되고 있는데, 이때 논의의 초점은 공이냐 사냐에 있으며, 그 교육의 본질에 있지 않다(강태중, 2008; 김영화, 2004; 김재복, 2006; 한국교육개발원, 2004). 그런 상황에서 교육은 마치 경제생활을 위협하는 어떤 잘못된 현상으로 치부된다. 다른 일부의 교육학자들은 사회적 계층이라는 관점에서 교육의 불평등을 말하는데, 이때 그 교육이 무엇이기에 그 계층적 문제가 나오는지에 대한 해명은 없다. 놀랍게도, 그 계층적 차별을 일으키는 것이 교육이라는 전도된 문제의식이 여기에서 나온다. 용병학문의 종류만큼 온갖 이질적인 논의가 난무한다. 일반인은 대부분 그런 비교육의 사태를 교육으로 연상하며, 교육에 대한 부정적인 태도를 갖는다.

학교중심의 교육학이 일반인들의 교육관을 오도하는 또 하나의 엄청난 국면이 있다. 그것은 그것이 학교 밖에서 진행되는 교육적인 삶을 외면한다는 점이다. 우리가 살고 있는 어느 공간에서나 교육은 실제로 이루어지고 있다. 우리는 앞에서 학교 이외에, 가정, 직장, 혹은 가상공간에서 교육이 진행되는 제반 국면과 그 가능성을 논의한 바 있다. 그런데 막상 용병학문에 토대를 둔 개념, 혹은 학교에서 관행으로 쓰고 있는 용어를 그곳에 적용하려고 하면 그 부분이 드러나지 않는다. 그런 적절한 용어의 부재로 인해서 우리의 삶의 전반에서 일어나고 있는 건실한 교육이 적어도 인식의 수준에서 무시되거나 은폐되는 것이다.

그렇다면 그 해법은 무엇인가? 그것은 학교에 대한 연구와 교육에 대한 연구를 분리시키는 것이다. 학교에 대한 학제연구는 그 나름의 분야로 인정되어야 한다. 이제까지 용병학문들이 그들의 모학문의 개념을 빌어 밝히거나 논의한 것들이 이런 범주에 든다. 그런 논의의 대상은, 정확히 말하면, 학교 안에서 일어나는 온갖 교육 외적 문제로, 각각 학교의 제반 문제를 해결하는 데 있어서 일정부분 중요한 역할을 할 수 있을 것이다. 이런 구분이 갖는 한 가지 장점은 교육이라는 말로 감추어진 다양한 이질적인 주제나 사실들이 서로 상이한 상태 그대로 드러날 수 있다는 점이다.

그 부분의 해명은 당연히 용병학자들이 말하는 이른바 모학문의 공헌으로 돌려주어야 할 것이다.40)

이처럼 기존의 인정받던 교육학을 학교에 대한 학제연구로 되돌려주는 일에는 그 동안 모학문의 맥락에서 사용했던 교육에 대한 용어의 총체적인 해체가 포함된다(장상호, 2005b, 2007). 용병학도들이 사용했던 '교육'이라는 용어는 물론, 그것과 연관하여 지칭되는 것들, 이를테면, '교육학과', '교육학자', '교육학적 지식', '교육자', '교육현장', '교육목표', '교육프로그램', '교육과정', '교육활동', '교육평가' 등이 그 목록에 포함된다. 이 용어들의 의미는 이전부터 그렇게 사용해 왔다는 관례와 통념에 의존하고 있을 뿐, 엄밀한 이론적 검토와 논리에 기초한 것이 아니다. 의미론적으로 볼 때, 이들은 대부분 교육이라는 것과 무관한 것을 지칭하는 더 정확한 말로 대치 가능하다는 점에서 다분히 잉여적이라고 할 수 있다. 이 사태는 다른 것으로 이미 밝혀지거나 존재하고 있는 현상에다 '교육'이라는 말을 아무렇게나 붙인 데서 기인하는 것이다. 이런 관례의 끈질김 그리고 그 쇄신이 어려운 만큼 이들은 우리 삶에서 교육이 봉착한 문제가 정확하게 드러나거나 치유하는 데 장애를 준다.

교육이 원하는 사람은 그것을 진심으로 잘 이해하고 사랑할 수 있는 사람이다. 진정 스스로 교육학자이기를 바라는 사람은 학교와 학교 밖이라는 임의적인 도식을 벗어나 우리의 삶의 곳곳에서 진행되는 교육에 대한 보편적인 이해라는 자체의 고유한 과제를 수행해 나가야 할 것이다. 여기에서 얼마만큼의 개념상의 진전이 이루어지게 된다면 그것에 따른 용어도 새롭게 창조되어야 할 것이다. 기존의 용어들도 새로운 이해의 맥락에서

---

40) 이에 대해서 그 용병학문의 전통적인 노선을 따르는 교육학도들은 자신들이 차지해 왔던 학문의 영역과 범위를 양도하는 것이 아니냐 하는 항의를 할지도 모른다. 그러나 그렇게 생각하고 있었던 것이 바로 용병학문으로서 교육학을 해온 학도들의 착각이었다. 한 분과학문의 영역과 범위는 그 해당 학문의 개념과 이론이 결정하는 것이며, 그것들을 역사적으로 한동안 교육학과에서 사용해 왔다는 데 있지 않다. 학교 안의 모학문의 사실들은 그 모학문의 연구영역에 속해 있다. 따라서 용병학도들에게는 애초부터 양도하거나 축소할 어떤 자산이 없으며, 단지 그 모학문의 개념이 포착한 사실들을 그것 그대로 되돌려주는 것에 불과하다.

재정립되어야 한다. 그런 발전은 다시 문제가 된 교육의 상황에 적용될 수 있으며, 그 적용이 효과를 발휘하는 그것만큼 교육학자들은 교육학다운 교육에 대한 전문적인 공헌을 사회로부터 인정받을 수 있게 될 것이다.

자율적인 교육학의 정립은 메타교육의 선행조건이다. 오늘날 대학의 각 부분을 구성하는 제반 분과학문은 그들이 연구하는 대상세계의 개선에 얼마만큼씩 공헌할 의무가 있다. 학문이 일반적인 삶의 진흥에 공헌할 수 있는 고유한 부분은 그 대상세계에 대한 올바른 이해이다. 정치를 잘 하는 데 정치 자체에 대한 이해가 선행되어야 하며, 경제를 잘 운영하는 데 경제 자체에 대한 이해가 선행되어야 한다. 마찬가지로 이제 새롭게 그 고유의 탐구영역을 추구하는 자율적인 교육학은 교육에 대한 일반 대중의 올바른 이해를 도움으로써 메타교육이 지향할 목표를 교도할 수 있을 것이다. 이제까지 본서에서 삶의 한 공간으로서의 학교와 삶의 한 양상으로서의 교육을 분리시켜 온 교육본위론은 그 출발로서의 큰 의미를 지닌다.

2.8.2 가정의 메타교육

가정은 자녀들이 교육의 세계에 진입하는 가장 중요한 예비단계이다. 부모가 자녀에게 생명을 준 것으로 의무를 다하는 것이 아니다. 앞에서 우리는 부모와 자녀 사이에 교육이 불가피하게 개재한다는 점을 살핀 바 있다. 이보다 더욱 중요한 것은 자녀들이 성인이 될 때까지 삶의 지혜와 정신을 계승하고 발전시키도록 하는 메타교육이다. 그렇게 함으로써 그 자녀들이 삶의 시작단계에서부터 다양한 삶을 기회로 활용하여 일생 동안 교육적인 삶을 누릴 수 있는 토대를 갖추게 되는 것이다. 이것은 부모가 그 자녀에게 베풀 수 있는 선물 중의 선물이 될 것이다.

앞(2.8.1)에서 훌륭한 교육이 이루어지는 가정과 그렇지 못한 가정의 사례를 든 바 있는데, 그것을 결정하는 강력한 결정요소의 하나가 바로 메타교육이다. 정상적인 어린아이들의 일상적 삶에는 상구하려는 의도와 활동이 현저하게 배어 있다. 그 본능적인 성향을 억제하지 않고 장려하는 것만으로 자녀들은 상구의 실습을 가정 안에서 하고 있는 것으로 보아야 한다. 그것이 반드시 상구의 내재율에 부합하게 성공적으로 이루어진다는 보장은 없다. 부모들은 그것을 주시하면서 상구할 수 있는 자료와 요령을 가르쳐주고 그 진전 여부를 피드백을 활용하여 확인한다. 어려움이 예상되는 곳에서 상담기능을 기꺼이 담당한다.

교육적인 삶이란 평범한 말로 '본받고 또 본보기를 보이는 생활'이라고 할 수 있다. 부모가 솔선수범하는 상구하는 삶은 그 어느 설득적인 말보다 자녀에게 큰 영향을 준다. 완전한 인간은 없다. 부모가 자신의 오류를 수긍하고 항상 더 나은 인간이 되려고 노력하는 자세를 자녀들이 보고 듣는 가운데 자녀들은 그 자세 자체를 습득하게 되며, 그렇게 함으로써 자녀에 대한 부모들의 하화교육도 소기의 성과를 더욱 용이하게 얻을 수 있게 된다. 그것은 바로 그들의 하화상대로서 제자의 태도를 갖추게 하는 가장 중요한 절차이기도 하다.

부모가 자녀보다 더 지혜롭다는 점을 입증하는 것은 그것을 단지 과시하거나 그 결과로서의 지혜를 강요하는 것이 아니라, 그것을 얻게 된 과정을 순서에 맞게 자녀에게 재생시킬 수 있는 하화교육의 능력이다. 그 능력은 부모라면 누구에게나 선천적으로 어느 정도 갖추고 있다고 볼 수 있으나 그것만으로 만족스러운 것이 못 된다. 그렇다면 부모의 중요한 교육적 과제의 하나는 하화를 소재로 하는 상구교육이다. 그로부터 얻어진 하화품위의 향상은 자녀들의 하화품위의 향상으로 전이될 것이다. 이 부분의 성공 여부는 자녀들 사이의 교류교육의 정도와도 긴밀한 관계를 가질 것이다.

교육은 기본적으로 그 주체가 어느 정도의 오류를 가진 것을 전제로 한다. 완전한 교육은 불가능하지만, 설사 가능하다고 하더라도 교육을 위해서 좋은 일은 못 된다. 교육의 품위를 향상시키는 것은 우선 교육적인 실습을 해 보는 것이고, 그로부터 모종의 개선점을 찾는 것이다. 자녀 위에 부모, 그 부모 위에 다시 부모, 이런 식으로 관행, 전통, 친숙성에 따라 이전의 것을 반복하는 한, 교육의 개신은 불가능하다. 교육이 신행되는 곳에는 늘 모종의 교육 내재적인 문제와 장애가 있을 것이다. 문제와 장애는 상당 부분 그것을 통제할 수 있는 우리 자신의 능력의 결여에서 비롯한다. 그런 상대적인 해석을 토대로 메타교육은 교육적인 개선을 꾀할 수 있을 것이다.

가정교육을 위한 실습과 반성의 가상적 사례를 생각해 보자. 소통기술이 발전하면서 가상공간에서의 교육의 가능성이 점차 증대되고 있다는 점을 앞(2.3.4)에서 지적한 바 있다. 그런 새로운 가능성에 적응하는 일은 자녀는 물론 부모에게 모두 교육공간의 확장이라는 과제와 직결되어 있다. 일찍부터 성인들이 어린이들에게 인터넷을 교육의 매체로 활용하도록 안내하는 것은 매우 중요하다. 그러자면, 먼저 부모가 그런 방법을 터득하고, 그것을 다시 자녀에게 전달하는 과제를 생각할 수 있다. 혹은 그 반대의 교육적 관계도 가능하다. 여기에서 그 어느 편의 품위가 다른 편으로 이양된 것을 주시하고 그 결과만으로 만족한다면 그것이 허용하는 교육의 가치가 충분히 실현된 것이 아니다. 이런 과정을 통해서 부모와 자녀가 서로 상구하고 하화하는 능력을 시험하고 개선하는 기회를 가짐으로써 자신들의 교육품위의 발전에 따른 독특한 체험과 보람을 느낄 수 있다.

가정은 기본적인 메타교육이 이루어지고, 그것을 토대로 중요한 교육어를 습득할 수 있는 공간이다. 교육에 내재율이 존재하며, 그것을 따르는 것이 마치 놀이처럼 즐겁고 보람 있는 것으로 체험되는 것이 무엇보다도 중요하다(박분희, 2003). 그런 특별한 체험이 구축되었다면, 이제 그 체험을 대신하는 말이 효력을 발휘할 수 있을 것이다. 교육을 하기 위해서 우리가 익히고 사용해야 하는 최소한의 교육어가 있다. 그것은 서로 교육을 청원하고 권장하는 말들이다. "좀 배우고 싶습니다"라거나 "한 수 가르쳐 주십시오." 혹은 "과실을 고쳐주셔서 대단히 감사합니다"와 같은 상구언어, 그리고 "저에게 한 번 배워보시겠습니까?", "달리 할 수 있도록 가르쳐 드리지요" 혹은 "비교적 빨리 배우시는 편입니다"와 같은 하화언어가 그것이다. 이런 교육어들이 적절하고 즐거운 체험과 더불어 가장 자연스러운 일상어로 쓰일 수 있도록 노력하는 것이다.

가정마다 세대로 이어지는 가풍(家風)이 있기 마련이다. 메타교육이 그 일부로 정착할 수 있다. 가령 아버지가 큰아들에게 보인 훌륭한 하화교육은 그 큰아들과 작은 아들 사이의 교육적 관계로 전이될 것이다. 아버지의 입장에서 이 경우 큰아들은 그보다 어린 자녀를 위한 겹제자가 되는 셈이다. 어머니가 보인 김치 만들기의 시범은 큰딸에게 전수되고, 그 큰딸은 작은 딸을 위한 겹제자가 될 수 있다. 대가족의 경우 시어머니와 며느리 사이의 모범적인 교육적 관계는 여타 영역에서 그들 사이에 일어날 수 있는 갈등을 해소하는 기능을 할 것이다. 그런 전통은 그 며느리가 시어머니가 되었을 때 반복될 것이다. 이런 방식으로 그 가정은 점차 우호적인 교육문화를 공유할 수도 있을 것이다. 그것이 다시 가정의 울타리를 벗어나 보편화될 수 있다면, 그런 가정이 모인 사회 전체가 우호적인 교육문화를 이루게 될 것이다.

반대로 빈궁한 가정교육은 자녀들로 하여금 그들이 일생동안 누릴 수 있는 교육적인 삶을 인식하지 못한 채 살아가도록 방치한다. 그중 흔하게 볼 수 있는 예를 들어보자. 부모의 하화의 열정과 자녀의 상구의 열정은 강렬하며, 그 열정의 충족은 자녀와 부모 사이에 이질적이고 상반된 상구와 하화의 스텝을 밟는다는 인식에서만 성립될 수 있다. 그러나 그것을 실현하는 교육의 내재율이 무엇인지에 대한 의식과 합의가 가정구성원 사이에 부족하기 때문에 실패와 좌절을 하는 경우가 많다. 그 실패의 현장에는 부모가 자신의 품위를 기준으로 자녀들이 하는 행동을 평가하면서 상대에게 그것에 일치하도록 요구하는 것을 발견할 수 있다. 그들은 단지 지시, 제한, 규제, 협박, 설교에 의해서 그 문제가 해결될 수 있다고 생각하면서 자녀가 과오를 범해서 좌절하거나 실패하는 것에 대해서 화를 내고 용서하지 않는다. 이에 대해서 자녀는 가급적 자신의 결점이 노출되지 않도록 노력하며, 그들의 일방적인 지시에 대해서 저항하는 태도를 보인다. 이런 결과는 1차 소재의 교육의 실패뿐만 아니라, 교육에 대한 나쁜 선입견의 형성이라는 이중의 손실을 가져온다.

2.8.3 학교의 메타교육

착실한 메타교육이 이루어진 가정의 아이와 그렇지 못한 가정의 아이가 학교에서 적응하는 방식이 다를 것이다. 대개 메타교육이 부실하거나 실패한 가정일수록 부모들은 교육이 학교와 같은 전문기관의 소관이라는 의존심을 보이기 마련이다. 그렇다면 학교는 메타교육에 성공하고 있는가? 이에 대한 해답은 단지 관행이나 제도라는 명분으로 얻어질 성질의 것이 아니다. 우리가 본 저서를 관통해서 문제시한 교육관이 바로 교육은 학교에서 일어나는 것 모두라는 생각이다. 그 그릇된 범주착오가 역사적으로 진행되어 왔고, 또한 지금도 어느 곳에서 진행되고 있는 진정한 의미의 교육을 은폐하거나 왜곡하는 결과를 가져왔다. 그 사태를 역전시켜 극복하는 가장 중요한 방법은 교육을 하나의 특수한 삶의 양상으로 이해하고, 그 양태가 학교 안에서 진행되는 것만큼 학교를 교육의 전문기관으로 인정하는 획기적인 태도의 전환을 기하는 것이다.

오늘날 누구나 학교가 교육을 대표하는 기관이 되기를 기대한다. 이상적으로 말한다면 학교가 교육을 위해서 담당할 가장 중요한 기능은 메타교육이다. 그러나 학교는 그 기대에 부응하지 못할 뿐만 아니라, 도리어 그에 역행하고 있다. 오늘날 학교가 수행하고 있는 기능은 다양하다. 그 모든 기능을 교육이라는 명분으로 합리화함으로써 긴 기간에 걸쳐서 교육에 대한 왜곡된 생각과 태도를 조성하는 것이다. 학교는 이 부분에서 혁신의 계기가 없이 단지 그 관행을 교육이라는 이름으로 지칭하기 때문에 교육에 대한 그릇된 교육을 하고 있으며, 그 악순환은 학교의 경험을 거친 대다수의 사람들에 의해서 반복된다. 그만큼 학교는 결정적으로 우리가 말하는 메타교육에 정확하게 역행하는 길을 걸어왔다.

학교의 기능이 단지 교육이라고 보는 것은 현실을 직시하는 방식이 아니다. 학교가 젊은이들을 효과적으로 수용하는 기관이라는 것은 널리 알려진 사실이다. 기왕 수용소의 기능을 하는 김에 학교는 국가에서 요구하는 인력을 대량생산하는 공장의 기능도 겸하여 왔다. 이런 기능을 극대화한 부분이 교사를 능동적인 존재로 간주하고 반대로 학생을 단지 피동적인 존재로 격하시키는 관념을 주입하였다. 그것은 어느 면에서 불가피한 것으로 인정될 수 있을지도 모른다. 그러나 바로 그런 양태를 곧바로 교육으로 규정하는 것은 잘못된 것이며, 그런 잘못된 관점이 메타교육에 부정적인 영향을 준다.

학교의 기능 가운데 사회적 선발기능이 차지하고 있는 부분도 인정되어야 한다. 흔히 말하는 '교육열'은 이런 맥락과 직접적으로 연결되어 있다. 사회적 선발의 기능을 중시하는 이른바 '입시위주 교육'은 교육의 본질에 대한 학교구성원의 진정한 체험을 가로막는 큰 장애로 작용하고 있다. 중등학교는 대학의 입시를 위한 것이 목적이고, 그런 입시준비를 하기 위한 목적이라면 자증에 이르는 상구과정과 타증에 이르는 하화의 과정은 너무나 구차한 것이다. 자신의 주관적인 자각보다는 이미 만들어진 교과서가 요구하는 절대적인 '정답'에 어김없이 일치해 들어가는 것이 높은 점수를 얻는 비결이다. 이로써 교육의 내재율에 대한 관심은 실종되고, 대신 출세를 위한 '교조화(indoctrination)' 혹은 '조건화(conditioning)'가 그 자리를 대신하고 있다.

문제는 바로 그런 학교의 제반기능과 교육을 혼동하는 것에서부터 메타교육에 치명적인 피해가 일어난다는 점이다. 그것은 전자 가운데 불편한 삶의 부분이 교육에 속하는 것으로 착오를 일으켜 교육을 되도록이면 피하고 싶은 혐오의 대상으로 삼게 된다는 점이다. 젊은이들은 이제 더는 학교생활에 매력을 느끼지 못한다. 그 이유는 첫째, 그곳에서 교육이 제대로 되지 않았다는 것을 의미하고, 둘째, 그곳에서 메타교육을 하는 데 실패하고 있다는 것을 의미한다. 요즘 '학교의 붕괴'라는 말이 마치 '교육의 붕괴'를 의미하는 것으로 받아들이고 있는데, 그것은 천부당만부당한 평가임을 알아야 한다. 보다 정확한 평가를 하자면, 전자는 교육이 제대로 이루어지지 않은 것에 대한 하나의 반발일 것이다. 그런 역설적인 사실을 덮어놓고 학교가 그 해법을 찾으려고 하는 것은 더 이상 설득력이 없어 보인다.

흔히 학교교육의 이름으로 전개되는 실천 이면에는 학교에서 배운 기술과 지식이 일생에 걸쳐서 사용될 수 있으리라는 생각이 지배적이다. 장차 젊은이들이 생활해야 할 직업세계 역시 그런 생각으로 직장에서 당장 필요로 하는 인력을 학교가 공급해 줄 것을 요구한다. 그러나 이것은 지난 세기의 시대착오적인 적응방식이다. 오늘날의 사회는 내일을 예측하기 어려울 정도로 급속하게 변하며, 그 변화에 적응하고 주도하는 사람이나 기업만이 생존할 수 있다. 그런 사람에게 필요한 것은 한 시대의 지식이나 기술이 아니라 기존의 관행을 벗어나서 끊임없이 새로운 것을 창출할 수 있는 능력이다. 이런 상황의 변화는 결과 중심의 교육관에서 과정 중심의 교육관으로의 전환을 요구한다.

이제 학교는 이런 교육의 기본적인 특성을 무시하고는 더 이상 교육기관이라는 명분을 지키기 어려울 뿐만 아니라 교육을 더 이상 지속하지 못하게 될 막다른 골목에 처할 것이다. '교육의 위기'라는 말은 바로 이런 관점의 총체적인 변화를 요구하는 상황을 지칭하는 것으로 새롭게 인식되어야 한다. 무엇이 진정한 의미의 교육인가? 학교제도가 스스로 교육을 왜곡시키지는 않는가? 교육을 위한 제도와 제도를 위한 교육의 차이는 무엇인가? 지금의 상황은 그 중 어느 것으로 평가할 수 있는가? 그런 의문에 대한 해답을 구하면서 학교가 이전의 악명을 떨쳐버리고 진정 메타교육의 모범적인 기관으로 다시 태어나도록 노력해야 할 것이다. 그 과제는 너무도 중요하고도 어려운 것이기 때문에 긴 반성, 연구, 그리고 점진적인 실천을 요구한다.

학교를 통해서 이루어질 수 있는 메타교육의 가능성이 전혀 부재한 것은 아니다. 학교 안에서는 교육뿐만 아니라 온갖 과정이 진행되고 있다. 앞(2.3.2)에서 우리는 학교생활 속에서 교육의 측면이 보강되어야 할 것이 무엇일지에 대한 부분적인 시사를 이미 예시한 바 있다. 교육은 그 결과를 떠나서 그 자체의 구조와 내재적 가치를 지니고 있다. 학교가 그처럼 교육의 내재율에 따라 재구성되고, 그 기준에 따라 제대로 평가와 반성적 실천이 이루어질 수 있게 될 때 그 부분만큼 그 학교는 교육기관이 되는 것이고, 그것이 학교생활의 중심을 차지할 때, 그만큼 학교는 메타교육의 중심적인 역할을 할 수 있을 것이다. 학교생활 자체가 학생들에게 교육을 위한 모범적 삶과 실습의 기회를 제공한다면, 그것을 통해서 그들은 교육의 주체로서의 품위를 향상하게 될 것이고, 그 경험을 나머지의 평생의 삶에 적용할 수 있을 것이다.

학교에서 메타교육을 활성화시키는 데 먼저 해결되어야 할 현실적인 과제는 교사의 재교육이다. 교사들은 학교에서 가장 중요한 위치를 차지하고 있으며, 적어도 제도상 가르치는 일을 본업으로 삼는 것으로 되어 있다. 그 점에서 교육현상에 대한 이론적 이해와 실천적 전문성이 필요하다는 것은 말할 필요도 없다. 그럼에도 불구하고 교사양성기관에서 그들에게 올바른 의미의 교육이 무엇인지에 대한 이해를 돕는 프로그램이 결여되어 있다. 이른바 교직과목으로 이수되고 있는 것들이 현존하는 교육학의 한계를 벗어나지 못하며, 따라서 교사들을 상대로 하는 메타교육의 필요성이 절실하다(박분희, 1999). 이 과제의 문제를 더욱 소급하면, 그 교직과정을 담당한 사범대학 교육학과의 쇄신과도 결부되어 있다.

학교에서 메타교육을 활성화시킬 수 있는 또 다른 방안은 장학과 공개수업이다. 장학은 교사의 실무를 평가하고 그 교육적 실천을 고무하는 활동이다. 여기에 메타교육의 의미를 추가시킬 수 있을 것이다(신기현, 1995). 공개수업을 지금처럼 특별한 이벤트로 생각하는 것은 잘못이다. 교육의 개선을 위한 실습과 반성이라는 취지를 살릴 필요가 있다. 수업을 공개로 진행하며, 원할 때 누구나 그것을 참관할 수 있게 허용해야 한다. 교사나 학생, 그리고 참관자들이 진행된 수업을 두고 교육의 관점에서 어떤 점이 부족하고 어떤 점이 더 보강될 수 있을지에 대한 반성과 평가가 이루어질 수 있다. 이때 그 평가가 제대로 된 것이냐 하는 문제는 그렇게 문제가 되지 않는다. 그것을 바로 메타교육의 한 단초로 사용할 수 있다는 사실에 큰 의미가 있다.

단기간의 논의와 토론을 거쳐서 학교의 구성원이 바람직한 학교교육이 무엇인지에 대해서 어떤 합의에 도달할 수 있을 것으로 생각하는 것은 무리이다. 학교에서 교육에 대한 개념, 실천, 그 평가에 있어서 온갖 수준의 견해가 서로 상충하는 것은 당연하다. 이런 절차를 통해서 교육의 품위가 드러나고, 더 나아가 그것을 소재로 하여 메타교육이 자연스럽게 이루어질 수 있을 것이다. 한 가지 더 추가해서 지적할 점은 메타교육에서 도달하려는 목표는 교육의 이상향이 아니라는 점이다. 교육을 통해서 각자가 교육으로 생각하고 실천하는 것을 점차 개선해 나간다면, 그것 자체로서 훌륭한 메타교육으로 평가받을 수 있다. 이 점은 제3장에서 논의할 주제의 하나이다.

개인의 일생에서 메타교육은 빠를수록 좋다. 우리가 이제까지 주로 가정과 학교에서 필요한 메타교육을 살핀 것에는 그런 취지가 담겨 있다. 메타교육은 평생의 과제이다. 빈도가 아니라 질이 문제가 된다. 저급의 교육을 아무리 열심히 자주 한다고 하더라도 그것들은 저급으로 머문다. 학생의 신분을 벗어나서야 진정 교육이 무엇이며, 그 가치가 무엇인지를 자각했다는 사람도 더러 있다. 가정이나 학교에서 메타교육을 제대로 체험할 수 없었던 개인은 그 이후에라도 직장, 가상공간 혹은 여타의 삶의 공간에서 그 기회를 가질 수 있을 것이다. 그 각각에서 진행되고 있거나 추진할 수 있는 메타교육의 양상, 그리고 활성화시킬 수 있는 방안 등에 대해 더 세부적으로 논의할 수 있겠지만, 여기서는 그 과제를 독자, 혹은 미래의 교육연구의 과제로 남기겠다.

2.9 교육 여건에 대한 배려

교육발전의 목표는 교육을 개인의 삶의 전반으로 확장하는 데 있다. 우리가 삶에서 바라는 만큼의 교육적인 삶을 향유하지 못하는 이유의 하나로 먼저 교육하는 능력과 품위를 문제시했다. 교육능력을 교육의 정체성을 유지하고 그것을 실현시키는 데 있어서 불가결한 요소로 보고, 그것을 증진시키는 방법으로 메타교육에 대한 논의를 주로 하였다. 그렇다면, 교육능력이 교육을 실현시키는 충분조건이 되는 것인가? 그렇지 못하다. 아무리 능력이 있고, 소망이 있다고 하더라도 그 삶을 결정하는 다른 일반적인 제반조건들을 고려해야 한다. 그것은 바로 교육의 외곽에서 작용하는 제반환경으로, 앞(2.4.2)에서 그 부분을 교육발전의 촉진하는 다른 하나의 방법으로 지목한 바 있다.

<그림 2.3>에서 볼 수 있었듯이, 우리의 삶에서 교육환경은 교육을 제외한 모든 외재적 조건을 말한다. 교육의 입장에서 교육환경은 교육 여건에 해당하는 셈이다. 교육은 불변하는 평형 상태보다는 이런 제반 환경과의 규제된 공조와 갈등 속에서 유동적인 모종의 양태로 위치하고 있으며, 그 환경의 조건에 따라 교육이 지속하거나 번창하거나 혹은 소멸될 수도 있다. 이 때문에 교육을 계획하거나 혹은 그 양태를 이해함에 있어서 항상 그 여건을 배려할 수 있어야 한다.

교육본위론은 삶의 다양한 측면들 가운데 교육의 양상을 드러냄에 있어서 배타의 원칙을 취해 왔다. 교육을 말함에 있어서 교육 아닌 것의 배제를 강조해 온 것이다. 그렇다면 이제 와서 교육 이외의 세계에 대한 배려가 있어야 한다는 주장은 교육본위론의 논조와 어긋나는 것이 아닌가 하는 의구심을 불러일으킬 수 있다. 그렇지 않다. 교육본위론은 결코 교육 이외의 세계의 존재나 교육과 그 여타의 세계 사이의 관계의 중요성을 결코 무시한 것이 아니다. 다만 교육의 양상이 그 여타의 세계로 환원되지 않는 방식으로 그 정체성이 드러날 수 있는 방도를 강조한 것이다. 이제 그 작업이 어느 정도 이루어진 이상 교육을 오직 교육 그 자체만으로 보지 않고 여타의 삶과의 관계정립에 그 관심을 확대하는 일이 중요한 과제로 남는다.

하나의 활성적인 생활공간 안에는 어떤 단일한 논리로 환원시킬 수 없는 다양한 요인들이 복합적으로 작용하고 있다. 생활공간은 다양한 세계들의 갈등과 경쟁이 이루어지는 현장으로서 그 본위의 선택이 문제가 된다. 가령 교육을 본위로 할 경우 여타의 세계는 그 여건이 되며, 반대로 여타의 세계를 본위로 하는 경우 교육이 바로 그들의 여건이 되는 것이다. 여건이란 본위가 되는 세계의 수단을 의미하는 것이기 때문에 언제나 그 평가는 그 선택된 본위의 세계가 지향하는 가치에 비추어 평가를 받는다. 예컨대, 교육의 여건으로서 정치는 교육의 내재적 가치에 의해서 평가되며, 정치의 여건으로서 교육은 정치적 가치에 의해서 평가된다.

이런 경쟁적 긴장관계에 대한 배려에서 교육본위론이 택한 입장은 그 전의 기능주의적 교육관과 크게 대조된다. 후자의 경우 긴장은커녕 교육 자체를 개념의 수준에서부터 그 기능으로 종속시켰음에 비해서, 전자는 그 기능으로 환원될 수 없는 교육 자체의 정체성을 규정하고, 더 나아가 자율적인 교육이 여타의 세계와 어떤 관계를 맺을 수 있는지를 고려하려는 것이다. 그렇게 함으로써 우리의 삶에서 교육 자체의 내재적 가치를 인정받을 수 있음과 동시에, 교육이 여타의 삶에 공헌할 수 있는 외재적 가치를 인정받는 정정당당한 면모를 모색할 수 있을 것이다. 말하자면, 교육본위론이 교육을 여타의 삶과 연관을 맺는 부분들과 더불어 총체적으로 이해하는 작업은 그 각각이 자율성을 유지한 채 맺을 수 있는 정상적인 관계를 복원시키려는 전대미문의 혁명적 취지를 담고 있다.

삶의 한 양상으로서 교육은 동서고금에서 이루어졌고, 그것이 맺고 있는 여타의 환경과의 상관관계에 따라 다양한 양태를 보일 것으로 가정된다. 교육의 양태 안에서 그 양상과 그 환경을 따로 개념적으로 분리시키고 관련시키는 연구는 아직 광범한 황무지로 남아 있기 때문에 앞으로의 과제로 남겨두는 것이 좋을 듯하다. 다만, 그 추후의 연구가 단지 추상적인 논의로 그쳐서는 안 된다는 취지에서 우리는 다음 소절에서 두 가지 주제를 시론의 수준에서나마 다루어 보고자 한다. 그 하나는 4대 스승에 관한 제한된 문헌을 통해서 그들의 교육이 당시의 여건과 어떤 관계를 가지고 진행되었는가 하는 점을 단편적으로나마 해석해 보는 것이고, 다른 하나는 가정, 학교, 직장, 가상공간 등 오늘날의 다양한 교육공간이 가지고 있는 현저한 생태적 특징들을 대략적으로 살펴보는 것이다.

2.9.1 4대 스승의 교육 여건

4대 스승들은, 그 지리적 차이에도 불구하고, 역사적으로 동양과 서양에서 같은 시기에 가장 모범적인 교육적 삶을 구가했다. 그럴 수 있었던 원인은 무엇인가? 여기에는 꽤나 복잡한 설명이 필요하다. 우선 그것을 그들의 개인적인 능력이나 특성으로만 국한시켜 이해하는 것은 무리이다. 혹은 앞에서 설명한 교육 내적인 통로인 메타교육만으로 그들의 교육활동을 설명할 수는 없다. 우리가 수영을 할 수 있다고 해서 항상 수영을 하는 것은 아니다. 수영장 등 수영할 수 있는 여건이 조성되어야 그 능력이 실현된다. 마찬가지로, 4대 스승들이 하필이면 그 시대에 교육적인 삶을 이룰 수 있었던 것은, 교육 내적인 요인 이외에, 가깝거나 먼 교육외적인 조건, 즉 교육의 여건이 적합했다고 보아야 할 것이다.

그중 몇 가지 공통점만을 들어보자. 4대 스승들이 살았던 시대는 정치적으로 오늘날과 같은 자유가 주어진 것은 아니지만, 대체로 정치세력이 군소국가들로 다원화되거나 충돌하고 있었고, 그들의 정치적 예속, 폭정 혹은 압제에 대항할 만한 문제의식 역시 상당한 정도로 형성되고 있었다. 경제적으로 사유재산이 발생하고 상품생산이 활발하게 일어나 어느 정도 정신적인 삶에 대한 일반인들의 욕구가 병행하여 나타난 시점이다. 사회적으로 계급 사이의 갈등이 일어나고, 기존의 관습과 질서가 교란되면서, 그 대안을 모색해야 하는 문제가 제기되었다. 지리적으로 다양한 문화가 접촉할 수 있는 지점에 위치하고 있었으며, 따라서 고정된 한 가지 인식보다는 다원화된 사유방식이나 혁신적 사상이 어느 정도 용인되고 있었다.

물론, 그 환경에는 그들 스스로의 통제범위 내에 있는 것과 그렇지 못한 것이 있었으며, 그 가운데 전자의 것은 그의 교육계획에 반영하고, 후자의 것은 그것을 예측하면서 적응해야 했다. 4대 스승들은 모두 크거나 혹은 작은 교육공동체를 가지고 있었다. 모든 공동체에는 그 내부에서 지켜져야 할 규칙과 법칙이 있다. 이것은 수도의 본질을 구성하는 것은 아니지만, 수도를 하는 환경의 일부로 필요했던 것이다. 그들의 주된 관심과 과제는 외부적인 조건을 개선하는 데 있지 않고, 바로 우리의 내부의 상태를 어떻게 향상시키느냐에 있었다. 그들에게 있어서 세속적인 권력, 부, 명예는 중요한 것이 못 되었다. 그럼에도 불구하고, 인간의 삶이 있는 곳에는 늘 세속적인 부분이 있기 마련이고, 따라서 그런 삶의 전체 가운데 어떻게 그런 부분을 선택적으로 받아들이거나 여과할 것인가 하는 문제가 있었다. 교육은 세속으로부터의 후원을 필요로 한다. 예컨대, 물질은 삶을 영위하는 데 필수적인 것이다. 그러나 그것은 어디까지나 수도를 위한 수단에 불과하다. 여기에서 그 구성원은 세속과의 균형을 유지하는 과제를 해결해야만 하였다.

앞에서는 4대 스승들이 공통적으로 누릴 수 있었던 교육 여건을 지적했지만, 그 이질성도 간과할 수 없다. 개인들 혹은 그들의 모임인 특수한 공동체의 교육의 환경이 동일할 수는 없다. 4대 스승들은 그 각각의 고유한 환경과 조우해야만 하였고, 그만큼 그들이 누린 교육의 양태 역시 특수할 수밖에 없었을 것이다. 그 환경과 양태의 특수성을 연결시킬 수 있는 충분한 자료가 있다면 얼마나 좋겠는가! 그러나 그것은 막연한 소망이나 기대로 그칠 수만은 없다. 사실 그 실상을 밝히는 데에는 입수할 수 있는 자료의 한계가 있기는 하지만, 그런 외부조건들을 짐작할 수 있는 자료가 전무한 것은 아니다. 우리는 주어진 문헌상의 자료를 토대로, 석가, 공자, 소크라테스, 예수의 경우가 이 부분에서 다소 성공하거나 실패한 부분들을 비교하여 보기로 하겠다.

먼저, 초기불교의 경우부터 살펴보자. 그 정치와 경제의 배경 가운데 소도시를 중심으로 군소국가가 성립하고 화폐경제가 발전한 점이 주목할 만하다. 새로운 왕족들의 세력과 경제 주체가 등장함에 따라 전통적인 계급제도가 붕괴되고 자유롭고 혁신적인 사상들이 발생하게 된다. 그런 특수한 여건이 주어졌기 때문에 사문들은 당시 브라만에 대립하는 정신적 지도자로서, 한 곳에 오래 머물지 않고 세상을 두루 편력하면서 숲 속에서 수행할 수 있었다. 이들의 주위에는 자연히 그 교설을 따르는 무리들에 의해서 '승가(samgha)'라는 생활공동체가 형성되었는데, 이들 공동체는 사회적, 계급적 신분의 차별 없이 누구나 참여할 수 있는 개방적인 성격을 띤 집단이었다.

석가집단도 이런 우호적인 환경과 배경 속에서 형성되었다. 석가를 따르는 사람들은 남자로서 비구(bhiksha), 여자로서 비구니(bhikshuni)들의 모임이었다(Ambedkar, /1994, 제5장). 제자의 수는 지속적으로 증가하였고, 석가는 그들로 하여금 승려의 삶을 살도록 요구했다. 이들은 세속적인 것과 수도적인 것을 공간적으로 구분하기 위한 방편의 일환으로 출가를 택했다. 여기서 방편으로 보았다는 것은 출가 그 자체가 목적이 아니라는 것이다. 만약 수도의 목적이 출가가 아닌 방법으로도 이루어질 수 있다거나, 혹은 수도의 목적이 그런 방법으로 이미 달성되었다고 생각한다면, 다시 세속에 들어가는 것도 무방하였다. 다음의 사례가 바로 그것을 말해 준다.

"세존이시여, 저에게는 본래 집을 나와 도(道)를 배우고는 돌아가서 부모를 뫼옵겠다는 약속이 있었나이다. 세존이시여, 저는 이제 하직하고 돌아가 부모를 뫼옵고 본래의 약속을 지키려 합니다(중2:232)."

이론적으로 수도공동체와 교육공동체는 구분된다. 후자는 교육을 구현시키는 것을 주된 목적으로 모인 집단을 일컫는다. 석가 역시 상당한 부분 그의 공동체를 그런 목적을 구현하는 범위 안에서 영위했다. 그것에 대한 가입과 탈퇴는 자유다.[41] 위의 글에서 나타났듯이, 석가는 그 구성원의 요청에 대해서 세속으로 돌아가는 것을 쾌히 허용한다. 석가는 그런 사문들에게 과거의 생활로 다시 되돌아가지 말고, 그 체험을 배경으로 세속에서 해탈하지 못한 사람들을 지도하는 겹제자의 역할을 맡아줄 것을 특별히 기대하고 권유했다.

격리된 공간에서 출가자들만의 이런 정신적인 구도는 세속의 관심과

41) 이 점은 오늘날의 학교공동체와 크게 대비된다. 그들은 오로지 교육의 내재율에 대한 자발적 복종에 의존하였다는 것을 의미한다.

간섭에서 자유를 허용했다. 출가자는 산업이나 생산활동에 종사하지 않고 오로지 수도에만 전념하였다. 그런 입장은 노동을 하면서 일하는 것을 미덕으로 여기는 사람의 눈에는 비난받아야 할 삶으로 비쳐졌다. ≪경전경(耕田經)≫은 이런 예화를 담고 있다. 어느 때 석가가 걸식을 하고 있을 때, 마침 그곳에서 밭을 갈고 있던 바라문이 석가를 보고 이렇게 물었다.

"고오타마시여, 나는 지금 밭을 갈고 종자를 뿌려 그것으로 먹고 살아가야 하나이다. 사문 고오타마께서도 또한 밭을 갈고 종자를 뿌려 그것으로 자시고 살아가셔야 하나이다."

만약 그 비난이 정당화된다면, 그 방편은 대중과의 연결점을 약화시키고 그 지지기반을 잃게 하는 원인이 될 수도 있을 것이다. 이 때문에 석가는 그 비난을 무마하고 세속의 이해를 구하는 어려운 문제에 봉착해야만 하였다.

앞선 비난에 대해서 석가는 이렇게 대답한다. "나도 또한 밭을 갈고 종자를 뿌려 그것을 먹고 살아가느니라." 석가는 수행자의 수행정진이 정신적 노동에 해당한다고 생각한 것이다. 그런 말이 금시초문이라는 식으로 빈정대는 바라문에게 석가는 곧 다음과 같은 게송으로 응답한다.

"믿는 마음을 종자로 삼고, 괴로이 행하는 것을 비[雨]로 삼으며, 지혜를 보습의 자루로 삼고, 부끄러워하는 마음 멍에로 삼아, 바른 생각으로 스스로 보호하면, 그는 좋은 어자(御者)라 이름하나니(잡1:109)."

이 언급에서 주목할 부분은 세속계의 경작과 불교계의 수행 사이의 차이를 정확하게 구획하고 그들 사이의 원만한 관계의 정립을 모색한 것이다. 공통점에 대한 언급은 그 차이의 이해를 위한 방편이며, 석가가 진정으로 설득하려고 한 것은 그 차이의 존중에 따르는 상호보완의 가능성이다. 세속의 경작과 불교의 경작은 각각 제 나름의 특징을 살려 나감을 통해서 양쪽 모두에게 이익을 가져오게 할 수 있다. 이른바 '법시(法施)'와 '재시(財施)'가 바로 그런 것이다. 전자는 불가가 세속의 사람들에게 정신적인 내용을 베푸는 것이고, 후자는 그에 대한 보답으로 세속의 사람이 불가의 수도인을 위해 물질적인 지원을 하는 것을 말한다.

석가의 불법이 왕성했던 것은 당시 마가다국의 왕인 빔비사라 왕이나 신흥 경제세력인 장자들의 재정적 지원이 있었기 때문이다. 석가집단은 승당, 승방, 암자 그리고 최소한의 침구, 의복, 음식, 주거, 의약품이 필요했다. 이 부분은 왕, 귀족, 상인, 여성들의 시주와 공양에 의존하였다. 불교수행자는 그 공양을 받아 수용하면서 그들이 어떤 경로를 거쳐서 자신에게 들어왔는가를 깊이 생각하고 최선을 다해 깨우침과 지혜의 나눔으로 보답해야 할 방도를 궁리한다.

≪아함경≫에는 석가가 당시 경제적으로 혹은 정치적으로 유력한 인사들로부터 많은 후원을 받은 사례가 떳떳하게 나온다. 예컨대, ≪등견품(等見品)≫에는 빔비사라 왕이 얼마나 석가를 극진하게 예우하였는지 분명히 드러난다.

"빔비사라 왕은 세존께서 라아자그리하의 대숲동산에 오셨다는 말을 듣고 곧 보배깃수레를 타고 세존께 나아가 머리를 조아려 그 발에 예배하고 한쪽에 앉아 세존을 사뢰었다. '저는 한적한 곳에서 이렇게 생각하였나이다. 나는 지금 의복·음식·침구·의약 등을 이바지할 수 있다'고. 그리고 다시 빈약한 집을 생각하고는 곧 신하들에게 말하였나이다. '너희들은 제각기 음식을 장만하여 차례로 부처님께 공양하라'고. '어떻나이까? 세존이시여. 이것은 옳나이까, 옳지 않나이까?' 이에 대해서 세존께서 말씀하셨다. '장하고 장하오. 대왕이여. 그것은 많은 이익이 있소. 천상과 인간을 위해 좋은 복밭을 만들었소(증2:23).'"

사문에 대한 보시는 수행자들이 재물의 제약을 받지 않고 오직 수행에 정진하게 하는 수단이라는 점에서 정당화될 수 있다. 그런 지원에 대해서 석가는 큰 과보(果報)를 얻을 수 있을 것으로 응답한다. ≪회락경(喜樂經)≫에는 물적 지원을 하겠다는 어떤 장자의 청원을 수락하면서 석가가 말하는 부분이 나온다.

"착하다! 장자여, 3개월 동안 의복 · 음식과 병에 따르는 탕약을 공양하였다. 너는 위의 길을 장엄하고 깨끗이 다스림으로써 미래 세상에서는 반드시 안락한 과보(果報)를 얻을 것이다. 그러나 너는 지금 잠자코 그 법을 즐겨 받지 말라. 너는 마땅히 부지런히 힘써 때때로 기쁨과 즐거움을 멀리 떠나기를 배워서 완전히 몸으로 증득하라(잡1:507)."

석가는 외부의 물질적인 공양에 대해서 어김없이 정신적인 공양으로 보답하였다. 대개 석가는 공양한 왕과 장자를 위해 갖가지로 설법하고 하화하고 상대를 기쁘게 한 뒤 그 자리를 떠난다.

앞에서도 강조했지만, 세속과 수도의 이런 상호보완은 서로가 자신의 속성을 잃지 않는다는 조건에서만 가능하다. 그런데 여기서 그 각각의 속성을 그대로 지키기 어려운 미묘한 문제가 가끔 생긴다. 그것은 공양을 받는 사람 쪽에서나 공양을 하는 사람 쪽에 모두에게 일어날 수 있다. 전자의 경우는 공양에 매력을 느껴서 그것을 이익으로 챙기는 경우이다. 일단 그런 유혹에 빠지면, 그는 그 대가에 응해야 하고, 그렇게 되면 더 이상 수도계에 머무를 수 없게 된다. 또한, 불가에서 말하는 공양이란 순수한 것이어야만 한다. 공양을 통해서 참으로 과보를 얻는 방식은 그것에 따른 즐거움조차도 떠날 수 있을 때 얻어지는 것이다. 그것이 바로 해탈이기 때문이다. 그런데 후자는 공양을 해 놓고 그것을 큰 공덕으로 생각하는 것이다.

석가는 그런 유혹을 제거하기 위해서 재시에 여러 가지 조건을 부여했다. 그는 첫째, 마음에 없는 보시, 혹은 대가를 바라는 보시를 거절했다. 둘째, 석가는 자기 집단에게만 보시를 하라고 하지 않았다. 계율을 지키면서 자기수련을 하는 사람이라면 누구에게나 보시하는 것이 바람직하다고 종용했다. 셋째, 그 보시하는 사람 자체의 마음의 정화를 의식했다. 석가가 앞의 언급에서 "복밭을 만든다"는 말은 바로 그것을 의미하는 것이다. 넷째, 그는 절대 과분한 보시를 원하지 않았고, 보시를 받은 비구들에게 항상 절제하기를 요구하고, 오직 보시를 그들의 수련에 도움이 되는 경우에만 받아들이도록 하였다.

"행걸하는 비구로서 의복·음식·침구·의약 등 네 가지 공양을 받고 빛깔·소리·냄새·맛·닿힘을 얻으려고 하는가? 나는 항상 훈계하였다. '행걸에는 친할 것과 친하지 않아야 할 두 가지가 있다. 혹 의복·음식·침구·의약 등을 얻더라도 그것이 나쁜 법을 더하고 좋은 법이 없으면 그것을 친하지 않을 것이요, 만일 의복·음식·침구·의약 등을 행걸해 얻어서 그것이 좋은 법을 더하고 나쁜 법을 더하지 않으면 그것은 친할 것이다'라고(증2:337)."

동기의 순수함이 요구되는 편은 수행자 쪽이다. 만약 세속이 수행자로 하여금 세속적인 것에 더 큰 비중을 두게 하면, 세속적 지원을 받는 것이 수행의 수단이 아니라 수행의 목적이 되어 버리는 가치전도가 일어난다. 그렇게 되면 세속과 수도 사이의 상호보완도 기대할 수 없다. 물질에 집착하는 마음이 앞서면, 몸과 입과 뜻이 수행과는 다른 방향으로 나아가게 되며, 이로 인해서 세속계는 마땅히 수도계로부터 기대했던 법시를 받을 수 없게 되는 것이다. 이 때문에 석가는 제자들에게 늘 이런 충고를 한다.

"이제 너희 비구들이 법의 보시를 생각하고, 재물의 보시를 생각하지 않으면, 좋은 이름이 사방에 퍼지게 될 것이요, 법을 공경하고 재물을 탐내지 않으면, 거기에는 부끄러움이 없을 것이다. 왜 그러냐 하면 여래 제자는 법의 보시를 좋아하고 재물의 보시를 탐내지 않기 때문이다. 비구들이여, 이것을 '법의 보시를 생각하고 재물의 보시를 좋아하지 말라'고 하는 것이다(증1:161)."

비구들은 최서의 검약한 경제생활을 요구받았다. 석가의 제자들은 탁발(托鉢)[42]로 목숨을 유지하고 늘 삼의일발(三衣一鉢)[43] 이외에는 아무것도 지니거나 저축하지 못하게 하였다.[44] 승가에서 설정한 이런 규정은 그 진정한 지도자인 석가에게도 예외 없이 적용되었다.

물질적 지원만으로 교육이 가능한 것은 아니다. 누구나 상구하고 하화하는 자유가 보장되어야 하며, 이를 위해서는 불가피하게 정치적인 지원이 필요했다. 석가는 빔비사라 왕에게 정치적인 간섭을 배제하고 석가집단이 그 고유한 목표를 수행할 수 있도록 요구했으며, 왕은 이를 기꺼이 수락했다. 더 나아가, 왕은 비구들이 전쟁에 나가지 않아도 된다는 특별한 배려를 베풀었다.[45]

승가와 세속 간의 이런 공생은 결탁과 구분되어야 한다. 결탁이란 하나가 다른 것의 수단으로만 전락하는 경우를 말한다. 가령 불교의 주술적인 힘을 빌어 정치의 통치력을 강화하려고 한다거나, 혹은 승가가 세속적 야망을 달성하는 장소로 타락하는 경우를 들 수 있을 것이다. 석가는 제자들에게 "국왕의 은혜에 의지하지 말라"는 충고를 함으로써 그런 타락을 미연에 예방하고자 하였다. 그러나 그런 충고는 가끔 먹혀들지 않은 경우도 있었다.

불경에는 이런 에피소드가 전해진다. 석가의 사촌인 데바닷타는 경쟁심을 가지고 항상 석가에게 도전한 비구로서, 마가다국의 왕자 아자세에 접근하여, 왕자에게 아버지인 빔비사라 왕을 축출하여 왕이 되고 자기도 석가를 대신하여 교단의 지도자가 되자는 야합을 하고, 왕자의 환심과 신임을 얻어 날마다 공양을 받았다. 공생이 아니라 야합이 이루어진 것이다. 그 불행한 소식을 듣고, 석가는 이렇게 말한다.

---

42) 손에 발우를 들고 집집마다 다니면서 먹을 것을 얻는 것.

43) 세 가지 종류의 옷과 밥그릇 하나.

44) 이는 자산가 계급이 승가로 들어오는 것을 방지하기 위한 규정이기도 하다.

45) 이런 특별한 배려가 가끔 출가의 원인이 되는 폐단조차 있었다.

"만일 임금으로서 정치와 교화의 바른 도리를 행하지 않으면 그때에는 대신들도 법이 아닌 일을 행할 것이요, 대신들이 법이 아닌 일을 행하면 그 때에는 왕태자도 법이 아닌 일을 행할 것이요, 신하와 관리들이 법이 아닌 일을 행하면 백성들도 법이 아닌 일을 행할 것이다. 백성들이 법이 아닌 일을 행하면 그 때에는 군대들이 법이 아닌 일을 행할 것이요, 군대들이 법이 아닌 일을 행하면 그 때에는 해와 달이 운행을 잘못해 때를 맞추지 않을 것이다(증1:156)."

데바닷타는 왕자의 후원을 받음으로써 그 이름이 널리 퍼져 많은 추종자들을 얻게 되고, 석가집단 안에서도 그것을 부러워하는 비구들이 생겨났다. 그러나 석가는 이에 연유하여 세속적인 욕망과 명예 · 재산 등이 출가자에게는 오히려 자기를 파멸하는 원인이 된다는 것을 알고 있었기 때문에, 다음과 같이 그 사태를 경고하고 훈계한다.

"비구들이여, 너희들은 그런 마음을 가지고 데바닷타의 호강을 탐내지 말라. 왜 그러냐 하면 저 어리석은 데바닷타는 몸과 입과 뜻의 세 가지로 나쁜 짓을 행하면서도, 마침내 무서워하지도 않고 두려워하지도 않는다. 만일 저 어리석은 데바닷타는 지금의 그 온갖 복이 끝나게 되면 마치 사나운 개가 그 코를 잡아 때리면 더욱 사납게 되는 것처럼, 저 어리석은 데바닷타도 그와 같아서 그 호강을 받음으로써 드디어 뽐내게 될 것이다. 그러므로 비구들이여, 물질에 집착하는 생각을 내지 말라(증1:259)."

데바닷타의 집단은 물질에 집착하는 마음이 앞섰기 때문에, 예상대로 스스로 몸과 입과 뜻의 나쁜 행을 지어 해탈과는 다른 방향으로 나아갔다. 이를 계기로, 석가는 교육공동체를 유지함에 있어서 그것을 예방하는 일정한 정도의 집단내규가 필요하다는 것을 느끼고, 그때마다 계율을 제정해 나갔다.[46] 이는 우리의 개념에 따른다면 교육에 유리한 사회적 환경의 조성에 해당한다고 볼 수 있다.

계율의 제정과 관련하여 한 가지 주목할 점은, 그것이 그 자체에 목적이 있는 것이 아니라 교육공동체의 수련과 교육을 위한 수단이라는 데 그 취지를 둔다는 점이다.[47] 이 때문에 그것은 선험적인 규정이 아니라 경험적 사실에 토대를 둔 규정이다. 석가는 비구들의 수행에 어긋나는 상황이 일어날 때마다 그 사건이 다음에 다시 일어나지 않게 하기 위한 율법을 특별히 제정한다. 그것이 실효가 없다거나 다른 부작용이 있는 경우, 그것을 수정하는 일을 거듭한다.

이처럼 경험적 자료와 최선의 판단을 토대로 제정된 계율에 복종하지 않으면 교육공동체가 그 본래의 속성을 유지하기 어렵게 될 것이다. 이 때문에, 극단의 경우 그런 비구들은 그 공동체에서 추방을 당하기도 했지만, 석가는 많은 경우 반성을 통해서 그들의 시정을 촉구하고 재적응을 요구했다. 그 계율 가운데 예컨대, 공동으로 식사하는 것이 있었는데, 존자 밧다알리가 이에 불만을 품고 집단을 떠나 있다는 말을 듣고, 석가는 그를 크게 꾸짖었다.

"밧다알리여, 그와 같이 너는 참으로 바보 같고 미치광이 같으며, 멍텅구리 같고 나쁜 놈 같았다. 왜 그러냐 하면, 나는 비구들을 위해 한 번 앉아 먹는 계를 널리 설명하고, 모든 비구들은 모두 계와 세존의 경계와 모든 미묘한 법을 받들어 배우는데, 오직 너만은 감당할 수 없다고 말하고 곧 자리에서 일어나 떠나갔던 것이다. 너는 구족계 및 세존의 경계와 모든 미묘한 법을 배우지 않기 위해서이었느니라. 밧다알리여, 만일 네가 너

---

46) '계(戒)'의 원어는 원래, 본성, 성격, 습관, 행동을 의미하는 말로서 '좋은 습관' 혹은 '선한 행동'으로 쓰인 것이다. 말하자면 이것은 금지의 명령에 따른 것이 아니라 자발적인 요청에 의한 것이었지만, 차츰 정주화, 집단화가 진전됨에 따라 보다 광범위하게 확대되어 승가에 있는 한 누구나 따라야 할 규칙이 된 것이다. 여기에는 다섯 가지의 기본(산목숨을 해치지 않는 것, 남의 물건을 훔치지 않는 것, 음행하지 않는 것, 거짓말 하지 않는 것, 술을 마시지 않는 것)을 포함하여 비구에게는 250개 항목, 비구니에게는 348개 항목이 있다. 이른바 그 자격을 인정하는 구족계를 받은 사람은 이에 복종해야 하는 것이다.

47) 이런 입장은 각종의 제도가 오히려 교육을 규제하는 오늘날의 사태와 크게 대비된다.

에게 있는 허물을 보고 스스로 뉘우쳐 지금부터는 조심하여 다시는 범하지 않으면 밧다알리여, 만일 그렇게 하면 이 거룩한 법률에 있어서 이익이 있고 손해가 없을 것이다. 만일 네가 너에게 있는 허물을 보거든 지금부터는 조심하여 다시는 범하지 않아야 하느니라(중3:214-215).”

그에, 밧다알리는 그 잘못을 인정하고 스스로 뉘우쳤다. 이처럼 교육공동체 안에서 적용된 계율은 교육 자체의 내재적인 속성은 아니지만, 그 내재적 속성을 유지하는 사회적 환경으로서 석가의 교법과 교단을 유지하는 생명선의 역할을 할 수 있었음을 입증한다.

불경에는 이 이외에도 석가공동체가 어떻게 교육의 환경을 조성하는데 세심한 배려를 하였는가를 보여주는 수많은 예화가 있다. 이에 비해서, 공자, 소크라테스, 그리고 예수의 경우 석가만큼의 교육환경에 대한 예화나 자료가 별로 없는 편이다. 이 점은 석가집단의 지혜가 여타의 4대 스승의 집단에 비해서 탁월했다는 사실을 보이는 단서일까? 이 질문에 대한 속단은 금물이다. 왜냐하면, 석가의 경우 그것을 전하는 자료의 풍부함에도 그 원인이 있기 때문이다.

우리에게 남겨진 자료만 풍부하다면 석가를 제외한 4대 스승의 경우도 교육환경의 조성과 관련하여 마찬가지의 흥미있는 사례를 제시할 수 있었을 것으로 본다. 그런 아쉬움이 있지만, 그렇다고 해서 그 단서조차 전혀 접할 수 없는 것은 아니다. 이제부터 그 양태에 주목하여 보기로 한다.

교육환경과 관련하여 공자, 소크라테스, 예수 모두에게 공통적으로 논의할 수 있는 주제가 있는데, 그것은 그들의 교육공동체가 정치와 관계를 맺고 있는 부분이다. 공자가 거느린 교육집단은 중국의 전국시대에 맹자가 주창한 왕도정치론과 일맥상통한다. 맹자는 정치를 힘을 내세우는 패도정치와 덕을 내세우는 왕도정치로 나누었다.

“힘에 의지해 인(仁)의 명분을 빌리는 것이 패(霸)이다. 패가 되려면 반드시 큰 나라를 소유해야 한다. 덕에 근거해서 인정을 실행하는 것은 왕

(王)이다. 왕이 되려면 큰 나라일 필요가 없다. 탕(湯)임금은 사방 70리의 영토로써 그 과업을 성취했고, 문(文)왕은 사방 70리의 영토로써 그 과업을 성취했다. 힘으로 남을 복종시키는 것은 마음에서 복종하는 것이 아니다. 힘이 부족하기 때문이다. 덕으로 남을 복종시키는 것은 마음 속에서 기뻐서 진심으로 복종하는 것이니, 70제자가 공자에게 복종하는 경우와 같다(≪맹자≫, 공손추 상).”

맹자사상의 핵심은 군주절대주의, 즉 획일적이며 강제적인 패도의 추구를 부정하고, 지식인들의 자율성을 보장하는 가운데 민생의 안정과 상이한 계층들 사이의 사회적 조화를 실현하려는 왕도이다. 이것은 오늘날의 민주주의 사상에 유사한 것으로서, 당대의 객관적 변화에 비추어 급진적인 사상이었다. 공자를 논의해야 하는 부분에서 이처럼 맹자의 왕도정치론을 먼저 인용하는 것은 그 사상의 원류가, 위의 인용문의 끝에 지적했듯이, 바로 공자의 교육집단이기 때문이다.

공자가 생존했던 춘추전국시기에 대소 봉건귀족들은 개인의 정치적, 군사적, 행정적 및 경제적 목적을 효과적으로 달성하기 위해서 새로운 지식인 또는 전문가(士)를 개인 관료로 기용하였다. 이런 지식인들을 통틀어 우리는 보통 ‘제자백가(諸子百家)’라고 부르고 있다. 그중의 한 부류를 대표했던 공자는 당시 사회를 ‘천하무도(天下無道)’의 위기적 상황으로 규정했다. 특히, 사대부 귀족들의 강권과 물질적 이익의 추구를 도덕적 타락의 원인으로 진단하면서, 그 대안으로서 덕치(德治)의 이념을 제시하였다. 천하에 덕의 개념이 살아나고 통치자가 그것을 실행에 옮기면, 일반백성들은 정치에 대해 이러쿵저러쿵 불만을 하지 않고 스스로 복종하게 된다는 것이다.

공자와 그들의 제자는 늘 정치에 참여할 기회를 찾았고, 일부는 실지로 높은 관직을 수행했다.[48] 그러나 정치에서 덕치주의를 표방했던 그들이

---

48) ≪논어≫에 나오는 공자의 제자 21명 중 9명은 상당히 높은 지위를 가졌다(Greel, 1949).

정치가에게 기대했던 것은 권력과 부를 축적하는 능력이 아니라, 백성의 행복과 복지를 가져올 수 있는 능력이었다. 공자는 그런 능력을 가진 사람을 '군자(君子)'로 규정하고, 그런 군자를 양성하는 방법으로 교육을 생각했다. 그런데 여기에 가치전도라는 미묘한 우려가 개재할 수 있다. 이 때문에 공자는 제자들에게 군자가 되기 위한 수도에 전념할 것을 독려하면서, 아울러 세속과의 관계와 관련하여 이런 충고를 하는 것을 잊지 않았다.

공자는 물질생활과 관련하여 자신의 학단에게 이렇게 강조한다.

"군자는 '도'를 구할 뿐, 밥을 구하지 않는다. 농사를 지으면 그 안에 있으나 배우면 봉록을 얻을 수 있다. 군자는 '도'를 걱정하지, 빈한을 걱정하지 않는다(위령공32)."

공자가 말한 군자에 대립된 개념이 바로 '소인(小人)'이다. 이들은 덕에 관심이 없이 일상의 생활에 파묻혀 사는 세속인들을 지칭하는 것이다.

"군자는 의(義)에 밝고, 소인은 이(利)에 밝다(동인16)."

여기에서 분명하게 밝힐 점은 공자는 결코 물질생활을 간과하지 않았다는 점이다. ≪논어≫의 자로편(9)에는, 산업을 일으키고 난 후 여유생활을 할 때 교육을 할 수 있다는 식으로, 전자가 후자에 선행해야 한다는 주장을 하는 대목이 나온다. 공자가 위나라에 갔을 때, 염유가 당시 인구가 많은 상황을 보고, 이렇게 물었다. "정말 인구가 많습니다만, 또 그 위에 무엇을 하면 좋겠습니까?" "백성이 부(富)하게 해야 하오." "백성이 부유하고 생활이 향상된 다음에는 또 무엇을 해야 합니까?" "백성을 가르쳐야 하오." 그러나 이런 발언은 일반 백성을 두고 생각한 것이고, 부귀는 정치를 바로 세울 집단인 군자가 관심을 가지고 추구할 목표는 아니다.

공자는 정치와 관련하여 자신의 학단에게 이렇게 상소한다.

"굳게 믿어 배우기를 좋아하고, 죽음으로써 도를 높여라. 위태로운 나라에는 들어가지 말고, 어지러운 나라에서는 살지 말라. 천하에 도가 있으면 나타나고, 도가 없으면 숨어라. 나라에 도가 있는데 가난하고 미천하면 부끄러운 노릇이요, 나라에 도가 없는데도 부하고 고귀하면 부끄러운 노릇이다(태백13)."

이는 공자가 군자집단이 당대의 정치에 순응하는 것을 극히 경계했다는 사실을 말해 준다. 앞에서 석가가 비구들에게 했던 경계와 거의 동일한 맥락에서 해석될 수 있는 부분이다. 정치가 군자집단을 매수하거나, 혹은 군자가 정치인의 구미에 맞는 충고를 하여 아부하거나 하면, 그 양자 사이의 협조란 기대할 수 없다. 그 우려스러운 상황을 공자는 이렇게 묘사한다.

"비루하고 이상이 없는 사나이와 함께 임금을 섬길 수 있습니까? 그런 자들은 지위나 부귀를 얻기 전에는 어떻게 하면 얻을까 그것만 걱정하고, 이미 얻고서는 이제 그것을 잃을까 걱정합니다. 이리하여 얻은 것을 잃지 않으려고 할 때, 그 지위를 갖기 위해서는 수단과 방법을 가리지 않고, 파렴치하게 무슨 짓이나 할 것입니다(양화15)."

공자학단에서도, 석가집단에서의 재시(財施)와 법시(法施)에 해당하는 호혜적 교환이 있었다. 군자집단과 세속 역시 일정한 거리를 두고 서로 올바른 방향을 모색하도록 보완해 나가려고 노력했다. 예컨대, 공자가 살던 시대에 노나라의 실권을 가지고 있던 집안인 계씨의 종주가 된 계강자(李康子)는 공자학단의 중요한 세속적 후원자였다. ≪논어≫에 자주 등장하는 계강자는 중요한 문제가 있을 때마다 공자의 견해를 듣고자 하였으며, 공자는 그에게 거의 훈계와 비난이 뒤섞인 형식으로 답한다. 예컨대,

계강자가 국가에 도적이 많음을 근심하여 그것을 방지하는 방법을 공자에게 물었다. 평소에 그가 부정한 방법으로 부를 축적하는 것을 알고 있는 공자는 그 자신의 반성을 촉구한다.

"진실로 당신 자신이 탐내지 않으면, 상을 준다고 해도 백성들은 도둑질을 하지 않을 것입니다(안연18)."

세속적 지원자에 아부하지 않고 직언하는 공자의 이런 충고의 원칙은 노나라의 왕에게도 적용된다. 당시의 노나라는 군주인 애공(哀公)의 손을 떠나서 합의체제로 집정되고 있었던 만큼, 그들 중에는 인사상의 문제에 있어서 많은 비리가 있었다. 다음의 상황은 그런 정치의 현실에서 애공에 대한 공자의 충고가 담겨 있다.

"애공이 '어떻게 하면 백성이 복종하리까?' 하고 묻자, 공자가 말하기를 '마음이 정직한 사람을 마음이 굽은 소인배 위에 놓으면 백성이 복종하고, 마음이 정직하지 못한 사람을 등용하여 정직한 사람 위에 놓으면 백성은 복종하지 않을 것입니다'고 대답했다(위정19)."

이는 공자가 내세웠던 덕치의 요체이다. 백성들에게 행정명령만을 통해서 지도하고 사법명령만을 써서 강제하면 백성들은 (규정된) 죄만을 짓지 않으려 할 뿐이며, 진정으로 부끄러워하는 마음은 (오히려) 없게 된다. 그러나 이끌기를 '덕(德)'으로써 하고 '예(禮)'를 써서 그들을 규율한다면 백성들은 부끄러워할 줄 아는 마음을 가질 뿐 아니라, 진심으로 복종하게 된다는 것이다. 공자는 애공에게 정직하지 못한 사람들이 윗자리에서 백성을 오도하고 있는 당시의 현실을 넌지시 비판하면서, 위와 같이 정치가 바로 갈 방향을 충고한 것이다.

이런 공자의 충고는 오늘날 정치현실을 설명하기에는 비현실적인 면이 없지 않다. 정치와 도덕은 결코 동일시될 수 없다. 정치는 권력의 논리를 따르고, 도덕은 교육의 논리를 따른다. 후자로서 전자를 동세할 수 있다고 생각하는 것은 지나친 기대일 수 있다. 정치를 담당하고 있는 계강자나 애공도 그들 나름의 고충이 있었을 것이다. 그러나 적어도 제한적으로나마 교육을 통해서 정치에 영향을 주려고 할 때, 공자의 충고는 지금도 교육에서 지켜져야 할 부분이다.

수도계에서 더 나은 선진에게 복종하거나 혹은 더 나은 품위를 선택하는 것은 마음으로부터 그렇게 하지 않으면 안 되는 승인과 명령이 있기 때문이다. 공자의 제자들이 공자를 존경하면서 복종한 것은 공자가 어떤 정치적인 강제력을 가지고 있다거나 경제적인 보상을 줄 수 있다거나 사회적 지위를 약속해 줄 수 있기 때문이 아니었으며, 맹자가 말한 바와 같이 '충심에서 우러나오는 진지한 성복(誠服)'[49]이었다. 그런 요소가 없다면, 교육에 의한 타증은 무의미하게 된다.

이런 덕치주의는 공자뿐만 아니라 서양의 플라톤의 사상이 가지고 있는 핵심이다. 교육을 통한 정치의 개선이라는 공자집단의 과제는 놀랍게도 소크라테스의 예화를 다룬 대화편에서도 거의 똑같이 나타난다. ≪국가≫ 편에서 국가의 통치자가 철인(哲人)이 되어야 한다는 주장이 나온다. 공자가 강조했듯이, 이들은 세상의 명예나 물욕을 초월하여야 할 것으로 보았다. 소크라테스는 이렇게 철인을 설명한다.

"그들은 통치의 대가로 드러내놓고 보상을 요구함으로써 고용인들로 불리기를 바라지 않으며, 또한 스스로 통치를 구실로 몰래 보상을 취함으로써 도둑들로 불리길 바라지도 않을 것이기 때문일세. 그렇다고 해서 명예 때문에 그럴 일도 없다네. 그들은 결코 명예를 사랑하는 사람들이 아니기 때문일세. 따라서 그들이 정작 통치하려는 마음을 갖도록 하려면, 그들에겐 어떤 강제나 벌이 가해지지 않으면 아니 되네. … 스스로 통치하려는 마음을 갖지 않을 경우에, 그에 대한 최대의 벌은 자기보다 못한 사

---

49) ≪맹자≫, 공손추 상, "以德服人子 中心悅而誠服也 如七十子之服孔子也"

람들한테 통치를 당하는 것일세(Platon, /1997, p. 101).”

소크라테스는 다수의 의견에 따르는 중우정치(衆愚政治)를 경계했다. 중우정치는 대중의 상식과 어리석음에 호소해서 무슨 수를 써서라도 그들의 지지를 얻어내려고 한다. 당시 막강한 세력을 가지고 있던 소피스트들은 진리의 발견보다는 젊은이들이 말재주를 부려서 논쟁에서 이김으로써 정치적 생활에서 성공을 거두고 권력을 손에 쥐게끔 준비하는 역할을 맡았다. 소크라테스는 군중의 눈치를 보면서 그들의 기분을 좋게 하는 선동가와 그들의 조작에 따르는 시민들로서는 어떤 사회적인 개선도 불가능하다고 보았다. 그렇다면 그 대안은 무엇인가? 그것은 바로 철인에 의한 통치이다. 위의 인용에서 세속의 통치에 철인들이 참여하는 이유는 “자기보다 못한 사람들한테 통치를 당하는 것”을 바라지 않기 때문인 것으로 묘사되어 있다.

문제는 그런 철인들을 확보하는 방법이다. 소크라테스는 교육을 그런 통치자를 양성하는 통로로 규정했다. 그뿐만이 아니다. 교육은 더 나아가 그 통치자가 시민을 설득시키는 방법이기도 하다. 소크라테스는 참된 인간만이 참된 시민이 될 수 있다고 믿었다. 통치자 역시 법률에 의한 강제적 다스림보다는 교육과 설득, 또는 권고에 의한 자발성의 근본적 유발에 호소해야 할 것을 지적했다. 말하자면, 진정한 의미의 교육은 사람들로 하여금 어릴 때부터 정당하게 다스리고 다스림을 받을 줄 알도록 하는 것이다.

이런 조건은 공자의 덕치의 개념만큼이나 사실상 실행하기 어려운 유토피아 사상이고, 소크라테스도 그것을 스스로 인정한다. 소크라테스는 사회가 유지되기 위해서는 상호주관성을 기초로 한 사회적 약속이 있어야 하고, 그것이 준수되어야 할 필요성을 인정했다. 사회의 유지를 위해서 시민이 법률을 지켜야 한다고 생각했기 때문에, 그는 다수의 합의에 의해서 그에게 내려진 사형선고라는 재판의 결과가 부당함에도 불구하고, 그리고 더 나아가 감옥을 탈출할 기회가 있었음에도 불구하고, 법에 항거하거나 법을 어기는 선택을 포기하였다. 그는 아무런 저항이나 후회도 없이 죽음을 맞는다.

그렇지만, 소크라테스는 그의 ≪변명≫에서 그를 죄인으로 고발한 밀레토스에게 교육의 기회를 주지 않은 것을 다음과 같이 아쉬워한다.

"당신은 개인적으로 나를 불러서 경고하고 타일렀어야 옳았을 것입니다. 만일 충분한 충고만 해 주었다면 나는 나도 모르는 사이에 저지르고 있던 일을 그만두었을 것입니다. 분명히 그만두었을 것입니다. 그러나 당신은 나에게 아무 말도 하지 않으려고 했으며, 가르치기를 회피했습니다. 그리고 지금 와서 훈계가 아니라 처벌을 하는 자리인 이 법정에 나를 끌어냈습니다(Platon, /1987, p. 23)."

이 부분이 교육과 세속 사이에 존재하는 긴장관계와 그것들을 어떻게 공립시키느냐 하는 처방에 있어서 중요한 해결의 실마리를 암시한다. 세속은 사회적 합의를 근거로 잘못을 규정하며, 처벌을 내린다. 그러나 교육은 누구나 잘못을 저지를 수 있다는 것을 전제로 하며, 그것을 소재로 진행된다. 만약 소크라테스에게 그가 원하는 교육의 기회를 제공했다면, 단지 사회적 합의에 그치지 않는 대중의 자각이 크게 작용했을 것이다. 그의 죽음은 그 사이에 존재할 수 있는 모종의 타협과 같은 해법을 발견하는 데 실패한 증거로 남아 있다.

불행히도 우리는 그런 실패의 사례를 예수의 경우에도 발견한다. 유대민족은 그리스, 이집트, 시리아, 파루치아, 그리고 로마에 걸쳐 거의 500몇십 년 동안 외국의 지배하에 있었다. 그런 상황에서 갈릴리의 민중들은 제각기 메시아로서 예수에게 꿈을 기대하고 있지만, 그 꿈과 현실의 예수는 너무도 현격한 차이가 있음이 머지않아 드러났다. 당시 유대나라는 로마제국의 속국이 되어 있었다. 유대인들의 주된 관심은 그런 조국을 구원하는 것이었다. 성경에는 상세하게 나타나 있지 않지만, 그 상황이 예수와 그 제자들의 교육활동에 어떤 방식으로든 영향을 주었고, 또한 그들의 활동이 얼마만큼 그 상황에 영향을 주었을 것이다. 그러나 대중의 오해와 그것을 이용하려는 계략에 의해서 그 양자의 타협이 불가능했다. 당시 종교적 지배세력을 형성하고 있었던 바리세인들과의 충돌도 상당 부분 정치적으로 해석할 여지가 있다. 이런 정치와 교육 사이의 불화에 대한 논의는 앞(2.2.4)에서 이미 살핀 바 있기 때문에, 더 이상 중복된 논의를 할 필요는 없을 것이다.

교육과 그 환경을 논의하는 주제에 비추어 성경에 단편적으로 나타난 한 가지 주목할 사실을 여기에 추가해 보자. 그것은 경제문제에 있어서 예수의 의도와 일반인들 사이의 기대의 차이이다. 예수가 진정 실현하려는 것은 무엇인가? 그것은 '영생의 양식', 즉 예수가 터득한 품위를 나눔에 의한 정신적인 혁명이었다. 그것은 가시적인 성과가 아니라, 우리의 마음 안에 있는 영혼의 소생이었던 것이다. 예수에게 있어서 물질은 영생의 양식에 비해서 중요한 것이 못 되었다.

"우리가 세상에 아무것도 가지고 온 것이 없으니, 또한 아무것도 가지고 가지 못한다. 우리가 먹을 것과 입을 것이 있으니 족한 줄 알 것이니라(딤전6:7-8)."

"그대들이여, 신과 부를 함께 섬겨서는 안 된다. 그런 까닭에 그대들에게 이르노니, 무엇을 먹고, 무엇을 마실까 생명에 관해 걱정을 하고, 무엇을 입을까 몸을 걱정하지 말라(마6:24-25)."

성경에는 예수가 떡 5개와 물고기 두 마리를 가지고 오천 명을 배불리 먹였다는 이른바 '오병이어(5餠2魚)'의 기적이 논의된다(마14:15-21; 막6:35-44; 눅9:12-17; 요6:5-13). 이것을 오늘날의 과학으로 설명할 길이 없고, 또 오늘날 그것을 액면 그대로 믿을 사람은 아마도 드물 것이다. 그러나 우리가 만약 그 떡을 물질로서가 아니라 정신적인 것, 즉 품위로 생각할 수도 있는 것이다. 품위는 물질의 경우와는 달리 나눌수록 줄어드는 것이 아니라 기하급수적으로 늘어날 수 있다. 예수가 진정으로 여러 사람들에게 나누어 주려는 것은 그가 터득한 품위였을 것이다.

그러나 당시의 사람들은 그 의도를 이해할 만큼 현명하지 못했다. 사람들은 예수의 높은 품위를 식별할 수 없었기 때문에, 예수는 겉으로 보이는 기적을 방편으로 이용했다. 이때 사람들이 그 방편에만 관심을 가지고 몰려드는 것을 보고, 예수는 실망과 환멸을 느껴야만 하였다. 오병이어의 기적에서도 예수는 "내가 진실로 너희에게 이르는데, 너희가 나를 찾는 것은 표적을 본 까닭이 아니요, 떡을 먹고 배부른 까닭이로다(요6:26)"라는 말로 사람들의 무지함을 한탄한다.

그러나 예수가 물질의 존재가치를 전적으로 부인한 것은 아니다. 물질은 세상을 살아가는 데 필요한 수단이다. 그것의 소중함은 선한 일을 위해서 쓰일 수도 있다는 점이다. 예수는 그 이외의 용도를 경계하였다. 성경에는 이렇게 이 부분이 표현되어 있다.

"네가 이 세대에 부한 자들을 명하여 마음을 높이지 말고 정함이 없는 재물에 소망을 두지 말고 오직 우리에게 모든 것을 후히 주사 누리시게 하는 하나님께 두며, 선한 일을 행하고 선한 사람에 부하고 나눠주기를 좋아하며 동정하는 자가 되게 하라(딤전6:17-18)."

"네가 온전하고자 한다면 가서 네 소유를 팔아 가난한 자들을 주라. 그리하면 하늘에서 보화가 네게 있으리라(마19:21)."

교육적인 삶은 재물이 유용하게 쓰일 수 있는 영역의 하나이다. 예수와 그의 제자들도 삶을 위해서는 경제생활이 불가피했을 것이다. 그들은 굶주린 나머지 안식일에 밀밭에 들어가 이삭을 잘라 먹을 정도의 경제적인 어려움도 겪는다. 그럼에도 불구하고, 예수는 석가나 공자의 경우처럼 재물을 자신들이나 혹은 일반인들의 교육을 위한 하나의 중요한 여건으로 수락하는 여유를 보이지 못한다. 적어도 성경에 나타난 것으로 볼 때, 수도와 경제의 대립적인 부분에 대한 우려가 더 크게 부각된다.

교육을 실현시킴에 있어서 배타와 타협의 양면이 필요하다. 이들은 그 자체만으로 서로 양립하기 어려워 보이지만, 그 진행과정과 국면에서 반드시 필요하다. 배타란 교육 자체의 정체성을 유지하는 데 필요하다. 그것은 다른 삶의 양상과 다른 것임이 인정되어야 하며, 그 다양한 삶에서 우선 교육을 선택하는 태도상의 결단을 요구한다. 이렇게 그 자체의 정체성이 보장되는 단계에 이르면, 이제 그것을 본위로 하는 삶의 조정이 필요하다. 삶은 복합적이다. 그 삶 가운데 교육에 불리하고 유리한 환경이 무엇인지를 살피고, 후자의 것보다는 전자의 것을 선택하는 지혜가 따라야 한다. 후자와는 타협이 필요하다.

이 원칙에 비추어 문헌에 드러난 증거를 정리해 보면, 4대 스승 가운데 소크라테스와 예수의 공동체보다는 석가나 공자의 공동체가 더 진전을 보여준 것으로 평가할 수 있을지 모른다. 예수와 소크라테스는 정치와 수도, 그리고 정치와 교육 사이의 차이를 인정하지 않은 대중을 상대해야만 하는 상황에 있었다. 이 때문에 그들에게는 그 차이를 인식시키기 위해서 수도계 혹은 교육의 배타적인 측면만을 부각시켜야 했고, 세속계를 상대적으로 좀 더 간과하는 길로 나아갔다. 이에 비해서 석가나 공자는 그 단계를 넘어서서 자신들이 그들이 처한 시대와 민족의 여타의 세속적 상황 속에서 세속과 화해하면서 자신들의 수도계와 교육을 유지하고 발전시키려는 노력을 한 것으로 보인다.

우리는 교육본위론에서 설명하려는 교육적인 사례로서 4대 스승의 경우를 활용하였다. 교육의 발전양상, 그것을 가능하게 하는 두 방법으로서 메타교육의 활성화와 교육 여건의 개선이라는 측면이 그들의 삶에서 어떻게 반영되어 있는지를 보인 것이다. 그들의 사례가 본 저서에서 왜 그토록 자세하게 분석되는가 하는 이유에 대한 것은, 그들의 사례를 도입할 때 간략히 언급한 바 있지만, 여기서 한 번 더 정리해 보기로 한다. 먼저, 그들이 역사상 교육적인 삶의 전형을 보여주었다는 점을 들 수 있다. 그 시실을 부인힐 사람은 없을 섯이다. 그럼에도 불구하고, 기존의 교육학적 체제나 연구는 그것을 제대로 포착할 개념체제를 갖추지 못하고 있다. 그들의 교육적 삶이 오히려 외래적 사실에 의해서 왜곡될 가능성이 많다. 교육본위론은 그처럼 무시되고 잃어버린 역사적 사실을 재조명하면서 기존의 교육학보다 상대적으로 우위에 있음을 입증하고자 하였다.

다른 하나의 불가피한 사정은 '교육의 사례'라는 규정과 관련되어 있다. 이미 그 안에 교육이라는 개념규정이 포함되어 있는 셈인데, 이 점에서 교육본위론과 기존의 교육학 연구 사이에 큰 균열이 있다. 교육을 고유한 현상으로 밝히려고 할 때 가장 중요한 점은 그것이 차지하고 있는 구체적인 맥락인데, 기존의 교육학의 개념체제를 부인하는 교육본위론의 입장에서는 이제부터 그 새로운 맥락에 부합하는 특수한 사례를 이용해야만 한다. 그런데 4대 스승의 사례는 일반 독자들이 그 구체적인 맥락에 대한 세부적인 정보를 따로 제시할 필요가 없을 정도로 그들에 대한 선이해를 포함하고 있다는 장점을 갖는다.

그런 편의에도 불구하고, 4대 스승의 사례가 지나치게 두드러지게 부각됨으로써 오해가 생길 우려도 있다. 그중의 하나는 교육이 4대 스승과 같은 탁월한 사람들에게만 가능하다거나, 혹은 지금의 상황에서 그것을 재현하는 것은 불가능하다는 식의 역사주의적 태도이다. 이는 교육본위론의 의도와 상치된다. 그런 역사적 사례의 분석이 갖는 진정한 의미는 그 사례들이 오늘날 우리가 처한 상황과 무관한 것이 아님을 입증함으로써 더욱 분명하게 드러날 수 있을 것이다. 그들의 교육적인 삶의 전통을 오늘을 사는 우리는 어떻게 받아들여야 하는가? 그들과 우리가 처한 상황과 여건의 차이는 무엇인가? 오늘날 교육을 발전시킴에 있어서 필요한 지침과 극복되어야 할 조건들은 무엇인가? 이런 질문을 그 사례들에 투사시킬 수 있을 때, 비로소 4대 스승들의 사례는 박물관에 진열되는 것 이상의 가치를 가질 수 있게 될 것이다.

2.9.2 각종 생활공간의 교육 여건

앞 절(2.3)에서 가정, 학교, 직장, 가상공간 등에서 교육본위론에 부합하는 교육이 어떻게 실현될 수 있는가를 묘사하면서, 그 내용이 다분히 유토피아적인 것임을 자인했다. 그 주된 이유는 그 실현에 부대되는 제반 제약조건을 고려에서 제외시켰기 때문이다. 그 조건에는 크게 그 안의 구성원이 교육을 그 고유한 내재율에 따라 진행할 수 있는 교육 주체로서의 능력과, 그 능력을 실현시킬 수 있는 제반 외부의 여건이 포함된다. 교육공동체로서 이런 교육공간의 구체적인 기획은 장기간에 걸쳐서 우리가 점차 실험해 나갈 도전적인 과제이다. 이 점에서 앞으로 많은 시행착오와 반성적 실천이 뒤따라야 한다는 것은 말할 필요조차 없다. 그중 교육의 능력에 해당하는 부분은 메타교육과 관련하여 앞 절(2.8)에서 간략히 검토한 바 있다. 교육 여건의 주제를 다루는 본 절에서도 주제에 대한 그 정도의 검토를 하기로 한다.

교육 여건과 관련하여 앞에서 예시한 각각의 삶의 공간은 그 나름의 특수성을 가지고 있을 것이다. 가정과 학교의 경우처럼 비교적 넓은 범위의 특수성이 있는가 하면, 가정이라고 하더라도 갑의 경우와 을의 사례에 따른 보다 좁은 범위의 특수성도 있을 수 있다. 그 특수성은 그 각각의 생활공간에서 이루어지는 교육의 양태를 결정하는 중요한 변인으로 작용할 것이다. 그러나 그 부분들에 대해서 현재로서 구체적인 발언을 할 수 있는 자료는 아직 확보되지 않았기 때문에 앞으로의 조사나 연구가 그 공백을 점차 채워주기를 기다려야 한다. 그러나 마냥 기다림이 능사가 아니다. 본 소절은 그 공백을 메우는 데 요망되는 사고의 실험과 전환, 그리고 당장이라도 검증이 가능한 특수한 연구문제 및 가설들을 간략하게 예시해 보고자 한다.

가. 가정의 교육 여건

사회의 최소단위로서 가정은 그것보다 더 큰 사회체제의 영향을 받고 있다. 그로 인해서 오늘날 가정은 자체로서 급격한 변화를 겪고 있을 뿐만 아니라 그 양태도 다양해서 어떤 공통성을 지적하기 어려울 정도이다. 그 다양성의 항목에는 물론 교육환경의 차이에 해당하는 부분이 포함되어 있다. 가령, 서구식 핵가족 형태에서의 교육과 이전의 동양적인 대가족 형태의 교육은 분명히 서로 다른 교육의 여건이다. 그들이 가정교육에 영향을 줄 것이다. 그 가운데 어떤 것이 플러스 환경이고, 어떤 것이 마이너스 환경으로 작용하는지 아직 해명된 바 없다. 그 이외에도, 가정과 관련하여 고려해 볼 수 있는 교육 여건의 항목들은 많다. 그 가운데 몇 가지 예를 살펴보자.

가족은 하나의 공동운명체이다. 온갖 여건의 변화에도 불구하고, 그것은 그 안에서의 고유한 안정성을 추구한다. 이런 특성이 가족 사이의 교육적 교섭에 플러스 요인으로 작용할 수 있는 독특한 환경적 맥락들이다. 그 구성원은 혈연관계를 통해서 이루어져 있기 때문에, 어느 사회관계보다 정서적 유대가 강하고 자연스럽고 지속적이다. 구성원은 그 안에서 어느 정도 안정적인 일 대 일의 관계를 장기간 유지할 수 있다. 가정 밖에서의 생존경쟁은 치열하지만 가족 사이의 경쟁은 비교적 적으며, 이 점이 가족이 서로 결속할 수 있는 강력한 요인으로 작용한다. 일상생활의 우연적인 사건들이 교육의 소재가 될 수 있다. 특별히 시간의 제약을 받을 이유가 없다. 일치해야 할 외부적 제약이 없기 때문에, 서로 교육의 리듬에 맞출 수 있다.

그럼에도 불구하고, 여기에 다른 삶의 공간과는 다른 마이너스의 교육환경의 맥락이 강력하게 작용하고 있음도 부정할 수 없다. 가정에서 가장 지배적인 범주는 혈연에 의한 가부장적인 서열이다. 동양적 가치관의 장유유서는 가족구성원 간의 자유로운 교류교육을 방해할 수 있다. 가령, 어떤 소재영역에서 동생이 형보다, 그리고 형이 부모보다 더 높은 품위를 가질 수 있지만, 그들 사이에 스승과 제자의 관계를 맺기가 어렵다. 세속적 출세에 큰 비중을 두는 가족의 연대성에 대한 집착도 문제이다. 한 가족의 성원이 출세하면, 그 덕에 여타의 가족도 그 출세에 편승할 수 있는 유리함이 있다. 이 때문에 다수의 부모가 은연중에 자녀에 대해서 세속적 대리자로서의 역할과 성취를 기대하며, 그 조급한 기대에 따른 고압제와 저압제, 그리고 그에 따른 감정의 개입, 갈등 혹은 반발의 소지가 늘 잠복해 있다.

가정의 특수한 교육의 환경을 두고, 위의 경우처럼 쉽게 그것을 마이너스나 플러스의 한 부류로 분류하는 데는 위험이 따른다. 왜냐하면 그것은 활용하기에 따라 달라지기 때문이다. 한 가지 예를 들어보자. 가정은 그 구성원 사이의 경험의 간극이 어느 사회적 관계에서보다 크다. 그 차이는 그 관계가 갈등과 교육적 협력의 가능성을 동시에 가지고 있으며, 이 때문에 후자를 통해서 전자를 어떻게 극복하느냐 하는 것이 가정교육의 실현에 중요한 변인으로 작용할 것이다. 그 품위의 수준이 다르기 때문에, 부모와 자녀는 같은 것을 두고 서로 다른 판단을 하며, 서로가 자신의 판단을 포기하지 않으면 갈등의 사태에 봉착할 것이다. 그중 한편의 강압과 다른 한편의 포기가 즉각적인 해결을 가져오는 방안으로 생각될지 모른다. 부모들이 "더 잘 알고 있으니까", "현명하니까", "오래 살았으니까", "경험이 더 많으니까", 자녀는 더러 무조건 따르라고 하는 식이 그것이다. 결과로 보면 그 해결이 타당할지 모르나, 이는 자녀에게 독립심과 자신감의 감소, 권위에 대한 맹목적 추종에 따른 굴욕감, 불신, 미숙한 저항과 같은 흠집과 흔적을 남기기 마련이다. 이는 자녀들이 문제를 스스로 소유하는 책임과 자신들의 노력으로 그 문제를 해결할 기회를 방해하거나 박탈하는 결과를 가져오기도 한다.

경험의 차이에 대한 교육적 해결은 이와는 전혀 다르다. 이것을 교육의 소재로 전환시키기 위해서는 그 갈등을 적당히 무마하지 않고 양자가 그것을 우선 시인하는 일이 중요하다. 아울러 부모와 자녀 사이에 그 판단에 경험의 차이가 개재할지도 모른다는 가정에 합의할 수 있다. 그런 가정을 토대로, 두 사람 사이에 한동안의 교육적 교섭이 진행되었다고 가정하자. 그 결과는 이전의 갈등 상태와는 전혀 다르게 나타날 것이다. 결국 자녀는 부모의 판단이 자신의 것보다 더 현명한 것임을 깨달을 것이다.

그럼으로써 자녀들은 부모에 대해서 스스로 존경심을 갖게 될 뿐만 아니라, 그들 사이의 갈등도 원만하고 건설적으로 해소하는 결과를 얻을 수 있을 것이다.

나. 학교의 교육 여건

젊은이들이 하루 중 가장 많은 생활을 하고 있는 학교의 교육 여건은 어떠한가? 이와 관련하여 먼저 그 마이너스 요인으로 지적할 수 있는 부분은 학교에서 일어나는 것과 교육을 동일시하는 관례이다. 그에 따르면, 흔히 우리가 쓰는 '학교교육'은 동의어의 반복에 불과하며, 교육의 환경은 학교 밖의 사태를 지칭하는 것으로 되어 버린다. 그런 통념이 지배하는 상황에서는 우리가 논의하고 있는 학교 안의 교육과 그것을 둘러싼 환경을 분리시켜 고려할 여지가 없으며, 오히려 후자가 전자를 대치하거나 지배하는 상황이 일어난다. 이 때문에 학교교육을 정상화시키는 데서 가장 필요한 교육의 여건은 바로 사고전환이다. 학교 안에서 진행되는 온갖 비교육적 사실들을 그 다양성 자체로 인정하고 그것들을 교육의 여건으로 고려하는 것이다. 그런 개념적 구분이 없이 이를 동일한 것으로 혼동하는 어떤 정책적 묘안도 그 성공가능성이 희박하다.

여건 가운데 사회적인 측면을 들어보자. 강력한 국가적인 제도에 근거하여 출범한 학교는 법률, 규칙, 규제, 관습, 습관 등에 의해 교육기관으로 인정받고 있다. 19세기 초부터 국가의 힘으로 '보통교육'의 체제가 발전됨에 따라, 오늘날 거의 모든 젊은이들이 학교에 수용되었고, 우리나라의 초중등학교에는 국가공무원의 대략 1/4이 고용되어 있다. 이처럼 많은 인구들이 좁은 공간에서 공동으로 생활하는 데 있어서 출석과 복장의 점검 등 최소한의 질서를 유지하는 것은 필수이다. 교사와 학생이라는 고정된 역할 구분은 불가피하며, 전자가 후자에게 일정 부분 억압적 통제와 체벌을 가하는 것은 집단의 유지를 위해서 이해될 수 있는 부분이다.

이런 사회적 측면이 학교 안에서 강력하게 작용하고 있다는 것을 부인할 필요가 없다. 교육 여건을 고려함에 있어서 부인되어야 할 고질적 사고는 이들을 곧바로 교육적 사실로 받아들이는 것이다. 이미 살폈듯이, 이런 사회적 측면은 교육 자체라기보다는 교육의 환경에 해당하는 부분이다. 그럼에도 불구하고, 학교당국이나 그 구성원이 학교의 관례를 마치 교육의 일부인 것처럼 합리화시키려는 데 문제가 있는 것이다. 그렇게 되면, 교육은 국가의 권력과 권위를 배경으로 그 자체를 유지하려는 학교라는 특정한 기관을 존속시키는 수단의 위치로 전환되고 만다.

학교가 교육 이외의 다양한 기능들을 수행한다는 사실을 인정하는 것도 학교의 교육 여건을 고려함에 있어서 절실하게 필요한 사고의 전환이다. 일반사람들이 자녀들을 학교에 보내는 가장 큰 동기가 세속계적인 출세의 관문에 통과하기 위한 것이라는 것은 부인할 수 없는 사실이다. 학교의 대학입시 준비라는 것도 젊은이들이 장차 차지할 사회적 지위의 결정이라는 불가피한 사정에서 비롯하는 것으로 보아야 한다. 그 실상을 있는 그대로 떳떳하게 인정하고 드러내지 않으면서, 그것이 마치 교육의 기능인 것처럼 생각하는 것이 교육을 크게 오도하는 근본적인 원인의 하나인 것이다. 이제 사회적 선발의 기능은 바로 교육 자체가 아니라 교육에 작용하는 환경의 하나로 고려되어야 할 성질의 것이며, 그에 따라 입시준비 경쟁은, 누구나 인정하듯이, 교육의 입장에서 볼 때 마이너스 환경의 하나로 마땅히 고려되어야 할 것이다.

교육의 경제적 환경이라는 점에서도 개념의 혼동이 큰 장애로 작용하고 있다. 전 인구의 1/4 정도가 생활하는 공간으로서 학교를 운영하는 데 엄청난 예산이 필요하다는 것은 말할 필요도 없다. 그 예산은 '교육을 위한 경비'로 산출되어 매년 국회의 승인을 받으며, 그 규모가 늘 논란의 대상이 되어 왔다. 그러나 우리의 계산에 의하면, 그것은 지나치게 과장되어 있다. 가정에서 생활비와 교육비를 구분하는 방식으로 학교생활을 운영하는 경비와 학교가 교육을 위해서 사용하는 경비는 엄연히 구분되어야 할 성질의 것이다(김신애, 2005; 최성욱, 2003). 그 모든 경비가 진정 교육을 위한 경비인가? 상황이 어떤 경우라고 하더라도, 또한 어떤 계산방식을 택한다고 할지라도, 교육의 경비는 학교생활비의 일부로 산정되어야 마땅할 것이다. 또한 교육의 경비는 학교에서만 필요한 것은 아니다. 여타의 생활공간에서 전개되는 교육도 그에 상응하는 경비가 필요할 것이다. 그런데 정부가 상정하는 교육예산에는 학교 밖에서 일어나는 교육의 예산이 거의 고려되지 않고 있는 실정이다.[50)]

학교생활은 일상의 검토되지 않은 관습, 관료적 형식과 편의성에 근거하고 있다. 다수의 인구가 생활함에 있어서 이른바 '커리큘럼(curriculum)'[51)]과 같은 일률적인 생활의 설계가 필요하다는 점은 인정된다. 생물학적 연령에 따른 학년의 구분, 학문중심의 교과목 편성, 일률적인 교과서의 채택, 일률적인 일성의 사전계획, 그리고 그에 따른 성적평가가 서로 연관성을 가지고 계획된다. 성적의 결정은 그 시험의 양식과 출제의 방식에 달려 있다. 학교에서 성적은 대개 학생의 반응이 교과서의 내용과 일치하는 정도에 따라 결정되며, 여기에 교사나 학생이 관여할 여지는 거의 없다. 학교에서 커리큘럼이라는 명분으로 유지되는 것 자체가 교육의 목표일 수는 없다는 사실은 아무리 관례에 예속된 사람이라 할지라도 동의할 것이다. 이들은 다양한 학교의 기능들과 관련하여 검토될 수 있으며, 교육은 그 가운데 단지 한 부분을 차지할 것이다.

그 커리큘럼 가운데 교육의 환경에 해당하는 부분을 식별하려 한다면 그에 따른 별도의 근거와 정당화를 필요로 한다. 그 근거는 바로 교육의 내재율이다. 학교의 관례구조를 반복하는 것이 아니라, 교육의 내재율에 따라 그것을 재조정하는 문제가 남아 있다. 그것이 교사나 학생들이 학교에서 교육적인 삶을 유지하는 데 특별한 요인으로 작용할 수 있어야 할 것이다. 예컨대, 단위학급에서 한 명의 교사와 다수의 학생이 있기 마련이

50) 우리나라의 경우 이 부분은 특별히 각종 '학원교육'과 관련하여 가급적 배제되어야 할 대상으로 간주된다. 그러나 배제되어야 할 것은 바로 그런 결론에 이르는 빈약한 사유체제이다.

51) 언어란 가끔 사람들에게 그것이 지칭하는 것 이상의 기능을 한다. '커리큘럼(curriculum)'에 대한 우리나라의 번역이 '교육과정'인데, 그것 자체가 교육의 과정이라는 착각이나 오해를 불러오는 요인이 되고 있다. 그 점은 일반들은 물론 교육학도들조차도 흔히 범하는 사고의 오류이다.

다. 학교의 관례에 젖어 있는 사람들은 그것이 마치 교육의 조건인 것처럼 생각하는 경향이 있는데, 그것은 교육의 내재율에서 나온 것이 아니라 제도적 방편에서 비롯한 것이다. 그 부분에서 마이너스의 측면은 없는가? 이 외에도 교육소재의 한정, 일률적인 교과서, 교육적 시숙이나 음률과 무관하게 책정된 규격화된 일정과 시간계획, 개인보다는 집단에 더 큰 비중을 두는 진행 등은 교육을 위한 여건으로서 높게 평가받을 수 없다. 그렇다면, 기존의 커리큘럼에 학교구성원들의 즐거운 교육놀이를 위한 효과적인 수단의 요소들을 어떤 방식으로 가미할 수 있는가? 이에 관해서 하고 싶은 제언은 태산 같으나, 지면관계상 지나칠 수밖에 없다.

다. 직장의 교육 여건

개인에게 있어서 학교는 인생의 초년기에 거치는 삶의 공간에 불과하며, 그 나머지 성인으로서 가장 왕성한 활동을 하는 생활공간은 바로 직장이다. 이 때문에 평생교육을 말할 때 그곳에서 이루어지는 교육과 그에 따른 여건을 고려하지 않으면 안 된다. 직장에는 정도의 차이는 있지만 세속적인 것, 수도적인 것, 그리고 교육적인 것 등 복합적인 요소들이 병존한다고 보아야 할 것이다. 직장교육을 활성화시키려고 할 때, 그것들을 어떻게 갈등이 없이 조정하고 조화를 유지하도록 하느냐 하는 것이 매우 중요한 관건이 될 것이다. 직장교육의 여건이란 개념상 교육을 제외한 제반 맥락과 조건을 지칭하는 것이다. 그중 교육을 위해서 플러스나 혹은 마이너스에 속하는 조건에 해당하는 것은 무엇이며, 그것을 어떻게 통제할 것인가?

먼저, 학교와 직장을 하나의 교육체제로 연결시키는 국가적 정책이 직장교육에 유리한 여건이 될 수 있다. 한 개인의 일생에서 젊은 시절의 학교생활과 그 후의 직장생활이 너무 급격한 변화를 수반한다. 그것은 교육에 있어서 관점의 빈궁에서 비롯하는 경우가 많다. 학교에서는 젊은이들에게 생활의 구체적인 경험이 언어에 의해서 대치되거나, 혹은 그 축소된 형태의 경험을 제공한다. 이는 교육의 내재적 필요성에 의한 것이라기보다는 학교라고 하는 제한된 공간의 특수성에 따른 불가피한 사정 때문이다. 이에 비해서, 직장은 실무가 이루어지는 현장이다. 그만큼 직장은 교육에 필요한 현장의 체험이 가능한 맥락상의 유리한 조건을 미리 갖추고 있다고 말할 수 있다. 사실 그런 플러스 측면은 이른바 '도제교육'이라는 역사적 사실, 혹은 오늘날에는 직장 안에서 산학협동체제에 의해서 입증되어 온 사실이다.

직장교육을 활성화시키는 여건의 하나는 직업에 대한 개념이나 의식이다. 흔히 직업을 오로지 경제적인 관점에서 보는 것은 그 경제생활 자체의 효율이라는 점에 비추어 보아도 바람직하지 않다. 오늘날 지식사회에서 스스로 지식을 만들고 공유하는 과정을 무시하는 직장이 존속하기 어렵게 되었다. 품위는 교육을 통해서 기하급수적으로 확장될 수 있으며, 그것은 경제적으로 환산하기 어려울 정도의 엄청난 생산성 향상으로 연결될 수 있다. 그 교육의 효과를 의식한다면, 그 교육의 내재율 역시 존중되어야 할 것이다. 자신이 하는 일에서 자아성취의 보람을 얻을 수 있고, 그런 직업일수록 그 구성원에게 삶의 만족을 충족시킨다. 이처럼 직업이 자아성취와 연관을 맺기 위해서는 그 직업과 소질의 적정한 배정에 따른 적재적소의 정책이 뒷받침되어야 하며, 그로 인해서 조성된 교육의 활성화는 다시 경제적 생산성의 증진과 연결될 것이다.

교육에 대한 관례적 관점도 재정립되어야 한다. 앞에서 지적했듯이, 교육의 효과는 교육이 정상화되었다는 것을 전제한다. 직장 안에서 이루어지는 이른바 '직장교육'을 고용자가 그 종사자들에게 지배의 도구로 삼는다거나, 혹은 그 반대로 노동자의 투쟁과 협상의 대상으로 삼기도 한다. 그러나 이것은 이미 교육의 영역을 벗어난다. 지배와 투쟁은 교육의 범주와 독립된 정치적인 범주이다. 또한, 직업교육이 그 자체의 내재성을 벗어나 선별과정과 승진의 기회와 연계되어 주로 그런 동기에 의해서 강화된다면, 그것 역시 그 본연의 정체성을 유지하기 어렵다. 직장 안에 존재하는 그런 정치 혹은 경제적인 여건을 역전시키는 공식은 직장의 종사자들이 재정립된 교육을 먼저 그 삶의 중심부에 놓고, 그 다음에 그 여건에 대한 고려를 하는 순서를 밟는 것이다. 각종의 압력과 협상의 과정을 거쳐서 가령, 시설, 공간과 시간의 확보, 혹은 프로그램의 자율적인 운영이나 조직과 같은 규정과 교육의 여건이 보장받도록 하는 것이다.

집단의 구조나 기능을 성원의 접촉형식을 토대로 분석할 때, 1차적 집단과 2차적 집단을 구별하기도 한다. 전자로서는 보통 가족집단, 근린집단, 놀이집단을, 그리고 후자로서는 회사나 군대집단을 예로 든다. 그러나 회사나 군대와 같은 2차적 집단 안에도 정도의 차이는 있으나 1차 집단과 같은 관계의 형성이 가능하다. 대면집단에서 성원은 심리적인 일체감을 가질 수 있으며, 나아가서는 구성원 상호간의 인격 형성에도 영향을 줄 수 있다. 교육공간으로서 직장은 이중에서 1차 집단의 성질을 갖추는 것과 관련되어 설명될 수 있을 것이다. 직장에서 개인의 업적과 팀의 성과에 각기 동일한 비중을 두는 인사평가와 보상체계를 도입하면, 그 팀 안에서 교육이 더 활성화될 가능성이 있다. 그들은 서로가 당면한 문제를 상의하면서 그 집단의 능력을 최대한으로 높여야 하기 때문이다.

근래에, 미국을 위시한 선진국에서는 기업경영에 이른바 '능력주의 인사관리'를 도입하기 시작하였다. 이는 인사나 노무관리의 기준을 사원의 직무수행 능력에 두는 제도로서, 연공주의에 비해 진일보한 제도이긴 하지만, 사원 상호간의 경쟁을 부추기는 경향을 가져왔다. 직장에서 그 구성원은 수행하는 능력과 능률에 따라 평가가 이루어진다. 학력이나 연공서열에 의한 획일적인 인사관리가 아니고, 사원 개개인의 능력에 따라 채용·배치·승진·교육훈련·보수 등에 차별을 둠으로써 사원 상호간에 경쟁이 생기고 능력을 최대한으로 발휘하게 되어 업무능률이 상승하는 장점이 있다. 그러나 오로지 이처럼 경쟁에 의존하여 업무의 증진을 도모하는 데에도 한계가 있다.

그런 직장의 관리방식이 갖는 근시안적인 측면의 하나는 바로 교육에 대한 부정적인 영향이다. 직장 안의 경쟁체제가 교육에 주는 부작용 역시 크다. 이처럼 구성원의 성공적인 업무수행만을 강조하는 직장은 상대적으로 선진과 후진 간의 교육적 협력을 경감시키는 결과를 가져오고 있다.

진급을 위한 치열한 경쟁 속에서 교육적 협력이 가능하냐 하는 문제들이 남아 있다. 직장에서 교육적 관계가 정립되려면, 그 안에 있는 기존의 사회적 위계와의 차이가 먼저 검토되어야 한다. 직장의 사회적 지위가 특정한 소새에서의 선진과 후진의 위치와 반드시 동일한 것은 아니다. 양자의 일치는 그 사회적 위계가 직업적 수행의 숙련성과 비례하는 범위에서만 허용될 수 있다. 사내교육에 참여하는 정도와 공헌도는 교육의 관점에서 평가되어야 하며, 일을 소재로 하는 상구와 하화의 협력이 전체의 직무에 대한 평가의 한 부분으로 반영될 수 있어야 한다.

직장교육과 관련하여 생각해 볼 수 있는 또 다른 필요조건의 하나는 아마도 노동에서 해방된 여가시간의 확보일 것이다. 이 조건은 일견 직장의 능률과 모순되어 보인다. 그러나 관점을 전환시키면 그 문제가 쉽게 해결될 수도 있을 것이다. 목전의 생계 문제에 완전히 빠져버린 시간 안에서는 교육의 여지가 없다. 지나친 외부적 요구와 압력이 놀이로서의 교육에 대한 자발적인 참여를 훼손시킨다. 일은 어떤 목적 달성을 위한 수단이므로, 일 자체는 고통이 따르게 되고 강제성도 있다. 그와 반대로, 놀이는 활동 자체가 즐거움과 만족을 주고 어떠한 강제성이 없이 자발적으로 행해지므로 일반적인 어떤 목적이나 목표와 독립된다. 즐거움이 보장되는 교육은 직장에서의 성인에게는 일상생활이나 일에서 생기는 스트레스를 해소하고 기분을 전환하며, 피로를 풀고 새로운 생산의욕을 높이기 위한 수단으로서의 효용으로 직장에 보답할 것이다.

라. 가상공간의 교육 여건

이제 마지막으로, 가상공간 안에서 이루어지는 교육의 여건을 간략하게 검토하고 본절의 주제를 끝내기로 하자. 먼저 전자공학과 소통기술의 발전이 얼마나 교육에 유리한 환경을 조성할 수 있는 것인지를 잘 입증하고 있다. 인류의 역사상 최근에 등장해서 우리의 삶을 지배하기 시작한 가상공간은 우리가 공간과 시간의 제약을 받지 않고 교육적인 교섭을 할 수 있는 가능성을 열어 놓았다. 서로 접촉할 수 없었던 지리적 거리, 국가 사이의 정치적 장벽이 무너졌다. 이는 한 학급 안의 좁은 공간 안에서만 교육적 관계가 가능하다는 전제 아래 그 독점적 위용을 자랑했던 전통적인 학교교육의 개념에 큰 변화를 요구하고 있다.

가상공간에서 교육이 누릴 수 있는 또 하나의 유리한 환경요인이 있다. 그것은 사회적 지위와 관련하여 역사상 그토록 말썽이 되어온 교육의 평등문제와 관련된다. 사회적 계층, 인종, 성별에 따른 불평등이 마치 교육이 지닌 내재적 속성의 일부인 것으로 착각할 정도로 우리의 삶을 지배해 왔다. 우리는 4대 스승들이 그 장벽을 거부하고 제거하는 데 각별한 노력을 했음을 앞에서 살핀 바 있다. 가상공간의 등장은 그런 교육의 불평등의 원인이 되어 왔던 교육 외적 범주를 일거에 해소할 수 있게 하였다는 점에서 교육 여건과 관련하여 특기할 만한 역사적 사건으로 평가될 수 있을 것이다.

이상적으로 말하면, 가상공간은 각 개인이 언제 어느 때나 아무런 사회적 제약이 없이 교육의 주체로서 자신의 역량을 마음껏 시험할 수 있는 곳이다. 교육의 소재가 될 만한 정보와 자료, 자신들의 생각과 궁금한 점, 자신의 교육적인 소망 등을 데이터베이스로 저장해서 입력해 놓고, 그것들을 단순히 교육의 내재율에 맞게 조정하면 곧바로 교육이 진행될 수 있는 것이다. 시간과 공간의 제약을 덜 받기 때문에 필요와 요청에 따라 특별한 시간, 예산, 노력, 혹은 제도적 제약을 별로 받지 않고도 그 규모를 손쉽게 면대면 개인에서 출발하여 소그룹을 거쳐서 대규모의 것으로 무제한으로 확장할 수 있다.

그러나 장점 이면에는 단점도 공존하기 마련이다. 예컨대, 정보의 범람은 그것이 이해되지 않는 한 소화되지 않은 부담으로 남는다. 그 자료가 하나의 체계 혹은 구조가 되었을 때 비로소 지식의 위치에 진입할 수 있다. 우리 자신과 세계에 대한 진정한 의미의 이해는 정보의 다양한 측면이 서로 관련성을 가지고 획득된 것을 의미한다. 그런데 가상공간에서의 자유로운 소통은 소신 있는 삶과 결부되지 못하고, 단지 상황의 변동에 따라 편리하게 사용되는 경향으로 치닫기도 한다. 자신의 주체적 관점을 정리할 노력과 시간을 투여하지 않고 단지 외부의 권위만을 믿고 서로 아무 연결도 없는 단편적인 항목들을 인지의 수준에서 받아들이는 현대인의 단점을 어떻게 극복하느냐 하는 것이 가상공간에서의 교육과 결부하여 깊이 반성할 부분이다.

가상공간의 영토를 차지할 수 있는 가장 큰 권한과 힘은 그것을 활용할 수 있는 능력에 있다. 가상공간은 상당한 인프라 구축, 최소한 그것에 접근할 수 있는 컴퓨터의 확보, 그리고 컴퓨터를 활용할 수 있는 능력을 가진 사람에게만 접근이 허용된다. 더구나 그 정보는 언어라는 매체로 이루어지며, 그 언어에 대한 이해가 필요한 것이다. 여기에서 다양한 문화 사이의 불균형과 독점가능성이라는 위험요소가 개재한다. 그중 상업주의, 기술의 보호, 정보의 독점, 선진국 위주의 이데올로기는 인류 공통의 교육을 실현시키는 데 마이너스로 작용할 수 있다.

이제까지 우리는 교육과 그것을 둘러싼 환경 사이의 관계에 주목하면서 교육의 발전이라는 주제를 다루어 왔다. 교육환경은 우리들의 교육적인 삶을 제약하거나 촉진하는 요인으로 작용한다는 사실, 그리고 그것을 우리가 부분적으로 관리하거나 통제할 수 있다는 정도의 이해가 이루어졌다면, 앞선 논의의 목적은 달성된 셈이다. 이 부분에 대한 세부적인 연구는 지금부터 체계적으로 진행되어야 할 과제이다. 그런 맥락에서 다음 절에서는 그 연구영역의 활성화를 촉구하는 의미에서 교육과 그것을 둘러싼 환경이 공존할 수 있는 일반원칙을 논의하고, 그에 대해 우리가 검증할 수 있는 일반적인 가설의 제시와 사유실험을 하고자 한다. 이를 검증할 수 있는 자료를 수집하고 검증하는 방법은 제3장에서 교육의 평가와 관련하여 더 구체적으로 논의할 것이다.

2.10 교육과 그 환경의 공존원칙

우리의 일상적 삶은 모든 것의 혼합물이다. 그 안에 서로 환원할 수 없는 이질적인 세계가 잠복되어 있음이 해당 분과학문에 의해서 밝혀져 왔다. 각각의 세계는 여타의 다양한 세계와의 관계에서 유기적인 관계를 맺으면서 존속된다. 관계라는 개념의 조건은 이들이 서로 다른 삶의 구조, 가치, 목표, 양식을 가지고 있다는 사실을 인정하는 것이다. 그 조건에 부합한 적절한 말이 이른바 '상대적 자율성'이라는 개념이다. 서로의 고유성을 먼저 인정하고 그 사이의 관계를 생각하는 것이 올바른 접근이다. 사실의 측면에서 상이한 세계들 사이의 영향관계로서 두 가지의 형태를 생각해 볼 수 있을 것이다. 그중 하나는 그들이 각각 자체의 내적 법칙성을 어느 정도 완전하게 실현하는 방식으로 영향을 주고받는 것이고, 다른 하나는 그 하나가 다른 하나의 것에 일방적으로 작용하여 그 속성을 환원시켜 버리는 방식으로 작용하는 것이다. 이 가운데 두 번째의 영향관계는 양자의 상대적 자율성을 인정하는 정상적인 관계로 보기 어렵다.

다양한 가치들을 어느 한쪽으로 환원시키려는 것은 전체의 균형 있는 삶을 위협하는 태도이다. 우리가 흔히 지탄하는 '황금만능'의 병폐가 그런 것이다. 경제적 가치에 매력을 느껴서 그것을 이익으로 챙기는 유혹에 모든 사람이 빠지면, 우리는 그 대가에 응해야 하고, 그렇게 되면 더 이상 그 여타의 삶을 정상적으로 지탱하기 어렵다. 경제를 위한 학문, 예술, 도덕, 기예는 결국 수도의 가치를 경제로 일원화시키는 결과를 가져온다. 경제를 위한 교육 역시 마찬가지다. 이런 진로만을 선택한다면, 삶에 불균형을 가져올 뿐만 아니라 경제계 자체의 유지와 발전을 위해서도 불행한 결과를 가져온다. 넓게 생각하면, 우리의 삶에서 경제도 그 자체로서 존립되는 것이 아니라 여타의 세계를 환경으로 하여 비로소 지속하고 발전할 수 있다. 이 때문에 만약 여타의 세계를 경제의 종속적 지위에 격하시킨다면, 경제는 그런 외부환경을 잃게 되는 것이다.

우리의 삶에 잠복된 세계들 사이의 건전한 상호작용은 서로가 그 정체를 잃지 않는 방식으로 일어나야 한다. A가 B의 수단이 된다고 할 때, A의 수단성은 그 고유한 자율성을 보장하는 조건에서 얻어질 수 있다. '경제의 논리에 따르는 교육'과 '교육의 논리를 따르는 경제', 이 모두는 범주착오이다. 경제와 교육은 각자의 논리를 따르되, 그들 각각의 속성으로 호혜적 관계를 맺을 수 있다. 그들 사이에 서로가 상대의 수단이 되는 범위 내에서 상호협력이 이루어진다. 그러나 우리는 항상 그 호혜적 관계만을 생각해서는 안 된다. 충돌가능성도 있다. 경제적인 지원을 해놓고 그것에 대한 직접적인 대가를 교육에 요구할 때, 후자가 전자에 호응하지 못할 수도 있다. 그 반대의 경우도 가능하다. 혹은 그 하나의 목적을 추구하는 데 다른 것이 장애가 될 수도 있는 것이다.

서로 다른 세계들 사이의 보충과 조화뿐만 아니라 견제와 갈등이라는 미묘한 문제가 우리가 여태까지 사용한 특정한 세계의 '본위'라는 말에 함축되어 있다. 본위란 우리의 삶에서 특정한 세계를 삶의 중심에 놓고 그 안의 것을 내재적인 것 혹은 본질적인 것으로 보고, 여타의 세계를 외재적인 것 혹은 지엽적인 것으로 간주하는 관점과 태도를 지칭한다. 살아가면서 우리가 어느 세계를 본위로 선택한 경우, 일시적이든 혹은 장기적이든 우리의 삶은 한 편에서 다른 편으로의 쏠림이라는 것을 피할 수 없다. 이 때문에, 한편으로 우리는 본위의 선택도 중요하지만, 다른 한편으로 전체적인 삶의 균형발전을 위해 여타의 세계에 대한 배려라는 딜레마를 적절히 해결해 나가야 한다.

그런데 이제까지의 교육학은 적어도 교육의 입장을 제대로 대변하는 데 제 몫을 하지 못했다. 그 인식의 단계에서부터 교육을 그 자체로서 자율적인 세계로 규정하기보다는 그것을 모학문적 사실로 환원시키거나, 혹은 모학문적 사실을 실현시키는 모종의 기능이라는 관점에서 규정하려고 하였다. 교육 자체의 본질을 밝히지 않은 상태에서 여타 세계에 대한 교육의 기능적 유용성만을 강조해 온 것이다. 이런 관행은 교육과 그 외부세계를 혼동하게 하였으며, 실천적으로는 교육을 그 환경의 일부로 환원시키는 이론적 역행에 주된 통로를 제공하는 결과를 가져왔다. 그것이 바로 세속계를 본위로 하는 외도교육의 양태, 그리고 수도계를 본위로 하는 공덕교육의 양태이다. 이처럼 타 분야의 가치와 논리가 교육에 적용될 때, 교육적인 사실은 비실재적, 비본질적, 피상적, 무가치한 것으로 배제되며, 타율화의 길을 걷게 된다.

외도교육의 양태는 세속을 본위로 하고 교육을 그것에 공헌하는 하나의 여건 혹은 환경으로 취급하는 전도된 사태이다. 그런 관점이나 실천이 교육에 주는 타격은 심각하다. 교육을 말하면서 그것을 단지 정치적 목적을 실현시키는 수단으로 종속시키는 경우, 교육의 자율성이 위협받으며, 종국에는 교육이 정치의 시녀로 전락하게 된다. 돈을 벌어들이는 목적에 의거해서 교육이 이루어지면, 그 순간부터 교육은 경제적 거래가 되고 만다. 경제적인 수입만을 고려하는 학원의 경우, 그것은 교육의 속성을 잃고 구성원 사이에 교육을 파는 판매자와 그것을 사는 구매자의 관계로 전락할 위험에 처한다. 교육을 단지 사회적 제도를 유지하고 보강하는 수단으로 환원시키는 경우도 마찬가지다.

다른 한편으로, 공덕교육의 양태는 수도계를 본위로 하고 교육을 그것에 공헌하는 하나의 환경으로 간주하는 사태이다. 공덕교육의 양태는 내재교육의 경우처럼 경제나 사회적 제도를 수도계의 발전을 위한 수단으로 본다. 그러나 그런 양자의 유사성에 주목하여 그들을 동일하게 취급한다면 서로의 자율성이 침해된다. 만약 교육을 수도계의 품위를 올리는 수단으로만 생각하면, 역시 교육의 본질적인 특징이 소멸될 뿐만 아니라 교육의 발전에 크게 도움이 되지 못한다. 우선 수도계의 발전을 가져오게 하는 것은 교육만이 아니라는 점을 주목해야 한다. 아무리 높은 품위를 형성했다고 하더라도, 그것이 바로 교육에 의존해서만 가능한 것은 아니다. 만약 품위의 형성에 있어서 교육 이외의 과정이나 요인이 더 효과적이라는 결과를 가져오는 경우, 그만큼 교육의 수단적 가치는 줄어들어 그 여타의 방법으로 대치될 것이다.

교육은 자체의 내재적 동기와 가치에 의해서 유지될 수 있고, 또한 유지되고 있다. 그런데 외재적 동기는 항상 내재적 동기를 부식시킬 가능성을 동반한다는 사실을 주목할 필요가 있다. 이를 입증하는 흥미있는 연구결과가 있다. 심리학의 연구에서, 내재적 동기에 의해 잘 유지되는 어떤 활동에 외부적인 보수가 도입되면, 그것 자체에서 얻는 만족감도 그만큼 줄어든다는 것이 발견되었다(Deci & Ryan, 1985). 이는 교육의 내재적 동기를 무시하고 여타의 가치, 보상, 혹은 유인체제에 의존하는 교육은 그에 대한 참여의 에너지를 배가시키는 것이 아니라 교육에 오히려 위해를 줄 수 있음을 시사한다. 말하자면, 그 경우 교육 주체는 놀이로서의 순수한 교육 자체의 내재적 가치를 잊고 그 외재적 가치에 매달리는 본말전도의 상황으로 추락할 위험이 있다.

교육이 오직 여타 세계의 가치실현을 위한 수단이 되어 그 본래의 특성을 잃게 되면, 종국적으로 고유한 의미에서 여타의 세계를 위한 수단의 기능도 제대로 수행되기 어렵게 된다는 점에서 그 손실은 크다. 여기에서 소수의 엘리트 교육과 보편교육 간의 예리한 가치갈등을 생각해 보자. 수도계의 입장에서 최고의 품위를 습득하는 사람이 이하의 품위를 지배한다. 이 때문에 자연히 공덕교육은 소수정예주의를 지향한다. 그 품위가 가져오는 경제적인 수익과 인적 자원의 확보라는 관점에서 보더라도, 소수의 두뇌를 개발하는 데 필요한 재정적 지원이 다수의 보편교육을 확장하는 것보다 유리하다. 이 때문에 당장 그 투자가치만을 생각하여 이른바 뛰어난 인재만을 양성하는 것은 일시적인 효과일 뿐, 장기적으로 손해를 가져올 수 있는 것이다. 높은 산은 연산(連山)의 정상(頂上)이다. 높은 품위의 교육도 결국 낮은 품위의 교육의 토대 위에서 가능한 것이다. 그런데 전자에게만 집착하면 그 저변 확대에 소홀할 수 있다. 어린이나 일반사람들을 소외시킨 수도계는 그것을 인정하고 지원할 기반을 상실할 것이다.

이제까지 교육과 그 환경 사이의 공존을 위협하는 것 가운데 그 목표와 가치의 전도를 살폈지만, 더 큰 문제는 당연히 그 환경으로 취급되어야 마땅할 사실을 가끔 교육으로 착각한다는 점이다. 그들 사이의 긴밀한 관계를 말할 때 우리가 범하는 오류가 있는데, 그것은 “그러니까 그들은 같은 것이야!” 하는 그럴 듯한 논법이다. 그러나 그것이 오류인 것은 바로 차이와 다름이 없는 것들끼리의 관계란 논리적으로 무의미하다는 점에서이다. 불행히도 그런 오류투성이의 논법이 오늘날의 교육학을 유지하는 기저를 이루고 있다. 외래학문을 받아들인 용병학문이 대학의 교육학과를 점유하고 있는 구실은 그 모학문의 사실과 교육이 서로 긴밀한 관계를 갖는다는 것이다. 그렇게 강조할 때, 전자의 것은 강조하면서 막상 그 관련항인 교육에 관한 이론적 논의는 거의 생략된다. 교육에 관한 학문적 연구나 논의 자체가 교육을 외래적 사실로 환원시켜 버리는 선도적인 역할을 하고 있는 셈이다.

역사적으로 서로 긴밀한 관계를 가져왔다는 사실 때문에 그들을 동일한 것으로 간주하는 논리적인 오류의 한 사례를 우리는 ‘제도화된 교육’이라는 개념에서 찾아볼 수 있다.[52] 교육을 본위로 선택할 때, 여기서 말하는 제도란 그 자체의 유지에 목적이 있는 것이 아니라 교육을 효율화시키고 관행화하기 위한 것으로 보아야 할 것이다. 그런데 그 취지를 망각하고, 단지 제도를 위한 제도에 그친다면, 그것은 필연적으로 타락의 길을 밟는다. 그런 위험성을 자각하지 못한 제도교육은 당분간이나마 교육에 안정성을 보장하지만, 그 안정된 제도는 어느 단계에서 교육의 요구를 더 이상 충족시키지 못하는 ‘낡은 제도’로 변화하고, 그 본연의 목적을 이루어내기가 어렵게 된다. 만약 그 제도가 교육을 지원하기 위한 세력으로서의 지위를 떠나 현상유지를 고수한다면 그것은 단지 형식상의 교육, 즉 실질적인 내용이 소실된 교육이 되며, 그 경우 필연적으로 사회체제로서의 제도의 존속과 교육 사이의 긴장은 불가피하다. 교육의 입장에서 그 긴장상태는 다시 ‘비제도적 교육’으로 되돌아가거나, 혹은 기존의 제도를 개혁해야 하는 과제를 남긴다.

사회적 제도와 체제의 하나로서 학교는 이와 관련하여 반성의 여지를

52) 우리가 늘 문제시해 온 ‘교육=학교태’의 등식도 그중의 하나이다.

남기고 있다. 장구한 세월에 걸친 교육의 역사로 볼 때 국가적인 규모의 공립학교는 비교적 늦은 시기, 즉 근대에 와서야 생겨났다. 그 안에서 공간과 시간의 부속장치, 한정된 교과목, 교사의 전문화와 그에 따른 선발, 특정한 일정에 따른 커리큘럼, 그에 맞춘 사전준비와 진행 등이 이루어졌다. 만약 그 학교가 명실상부한 교육기관으로 불릴 수 있으려면, 그런 관행이 어떻게 교육에 우호적인 환경이 될 수 있는지를 늘 점검해야 할 것이다. 그런데 사람들은 어느 단계에서 그 제도의 명분, 즉 '교육기관'이라는 것에 모든 정당성을 부여하는 단계에 이르고, 그 내부는 단지 타성과 형식에 그치고 만다.

불행하게도 우리나라의 학교도 그 오류의 함정에 빠져 있다. 학교는 국가의 권력과 재정을 지원 받거나 혹은 수업료를 징수하여 안정된 교육의 물리적, 정치적 혹은 경제적 환경을 유지하고 있지만, 그 외부 지원세력의 요구에 호응해야만 한다. 교육의 이름으로 출석을 강요한다. 오로지 특정한 국가에서 인정한 교과서만을 요구한다. 외도교육의 양태와 공덕교육의 양태가 마치 교육의 내재적 속성인 것처럼 오해받고 있다. 성적에 근거를 둔 상급학교에로의 진학경쟁이 '교육'이라는 명분으로 젊은이의 삶을 구속한다. 대중의 관심이 되었던 '학교붕괴' 혹은 '교실붕괴'의 현상은 교육적인 삶의 부재에 대한 학생들의 항거로 해석될 여지가 많다.

위에서 살핀 내용을 이해한다면, 다시 우리는 교육이 무엇이냐 하는 좀 더 본질적인 질문을 던지고, 그 다음에 그 환경을 재정비하는 절차를 밟아야 할 것이다. 그것이 바로 우리에게 필요한 타협의 논리이다. 교육의 가치를 논함에 있어서 순수하게 그 내재적 가치만을 강조하는 것은 본연의 사명을 잊는 결과를 가져올 수 있다. 우리의 삶의 일부로서 교육은 그 자체의 실현과 더불어 여타의 삶에 대한 공헌을 동시에 고려해야 한다. 그러나 다시 강조하지만, 그 내재적 가치와 외재적 가치 모두를 살리는 해답은, 먼저 교육이 그 자체의 자율성을 유지하는 배타적 태도를 유지하면서, 그 자율성으로서 여타의 세계에 공헌할 수 있는 타협의 길을 모색하는 데서 찾아야 한다.

타 분야에 대한 교육의 고유한 공헌은 그 본질에 충실할 때 가능해진다. 교육은 그 내재적 가치를 인정하는 사람들의 지지를 얻어야만 그 고유성을 지닐 수 있다. 교육 자체가 의미 있고 보람 있는 활동이나 실천 영역으로 정착되어야 하고, 그 다음 그것이 어떤 결과를 부차적으로 가져오는지를 고려해야 한다. 그 최종적인 열매에만 욕심을 두는 농부는 아무것도 얻을 수 없다. 대신 훌륭한 농부는 성장의 각 단계를 충실하게 거치는 것을 목표로 삼는다. 좋은 열매를 얻는 방법은 싹이 날 때 싹을 튼튼하게 만들고, 줄기가 날 때 줄기를 튼튼하게 하고, 잎이 날 때 잎을 튼튼하게 하고, 꽃이 필 때 꽃을 튼튼하게 하는 것이다. 그런 다음에야 비로소 튼튼한 열매를 거둘 수 있게 되는 것이다.

교육본위론이 외재교육의 양태를 문제시하고 대신 내재교육의 양태에 주목한 것은 바로 그런 호혜적 순환관계를 회복하는 첫 출발이다. 이미 살폈듯이, 내재교육은 교육을 그 나름의 구조와 내재율을 가진 자율적인 실체로서 규정하고, 여타의 세계들을 그 환경으로 취급한다. 교육과 그 환경은 상호간에 영향을 주고받는다. 교육의 자율성을 인정하는 것은 그 내재성의 유지라는 측면에서뿐만 아니라, 그 장기적인 효과의 면에서 볼 때 더 나은 결과를 가져올 수 있다. 예컨대, 과학 분야에서 모든 품위의 선진과 후진 사이에 이루어진 내재교육은 과학 자체의 내재성을 보장해 주며, 더 나아가 현존의 지식을 초월하는 더 나은 지식의 생산자로서의 자질을 갖게 한다. 그것은 과학의 발전뿐만 아니라 나라의 경제발전에도 크게 공헌할 수 있는 기초가 될 것이다.

이와 관련하여 현실적으로 이루어지고 있는 숱한 '교육개혁'의 문제를 지적해야겠다. 흔히 국가의 권력을 배경으로 이루어지는 이 운동이 불행히도 소기의 성과를 얻지 못하고 있는 데에는 크게 두 가지 원인이 있다. 그 하나는 교육에 대한 개념의 범주착오이다. '교육개혁'을 표방할 때 그 대상은 무엇인가? 그것은 대체적으로 국가의 통제 아래 있는 학교체제를 의미하며, 따라서 그 초점은 교육이 아니라 정치 혹은 여타의 이해관계를 재조정하는 데서 그친다. 다른 하나의 원인은 외부의 지원에 의한 교육의 개선 노력은 그 지원자가 가지고 있는 교육관을 벗어나지 못한다는 사실에서 찾아진다. 아무리 외부로부터 교육에 대한 지원이 있다고 하더라도 교육 자체에 대한 개념이 잘못된 것이라면 그 지원의 효과는 기대하기 어렵다.

가령, 정상적인 교육을 실행함에 있어서 필요한 것은 경제적 지원이다. 그런데 이때 '교육 = 학교태'라는 잘못된 개념이 적용되면, 그 지원은 학교체제의 과보호에 그칠 것이다. 그 비근한 예가 '교육재정'이라는 것이다. 이것은 말 그대로, '교육을 위한 재정'이 아니라, 사실은 학교를 운영하는 경비를 지칭한다. 말하자면 전 인구의 1/4에 해당하는 사람들이 학교에서 생활하는 데 필요한 모든 비용을 교육재정으로 과대하게 지칭하고 있는 것이다. 이처럼 그 명목과 실질 사이의 괴리가 있기 때문에, 그 규모가 엄청남에도 불구하고, 실상 학교 안에서 이루어지는 교육, 더구나 학교 밖에서 이루어지는 교육에 쓰이는 실질적인 경비는 극소하다. 이 모두가 일차적으로 교육에 대한 개념의 반성이 없는 데서 비롯하는 것이다. 이처럼 학교에서 무엇을 하든간에 그것은 교육으로 치장되고, 국가는 그 내용보다는 제도와 형식을 지원해 왔다.

교육이 잘못되고 있을 때, 대중은 그 책임을 국가에 전가시킨다. 국가 역시 그 책임을 수락하고, 모종의 비법을 찾는다. 그것이 바로 '교육개혁'을 추진하는 '교육정책'이다. 그러나 이 역시 개념적 오류에 빠져 있다. 이론적으로 따지면, '교육정책'은 교육과 정치 사이의 미묘한 갈등과 화해 가능성을 지닌 개념이다. '정치를 위한 교육'과 '교육을 위한 정치' 사이의 조화는 정치와 교육이 서로의 자율성을 침해하지 않는다는 보장에서만 가능하다. 그런데 정치와 교육이라는 양자의 관계가 정상적으로 정립되어 있지 못하다. 정치와 정책이 앞서고, 교육은 뒷전으로 밀려난다. 아니, 정확하게 말한다면, 교육의 자율화는 학교의 자율적 운영으로 해석되며, 그 해석은 결국 정치적 범주의 관심에 의해서 교육의 자율성을 침해하는 사례만을 만들어 낸다.

이는 교육이 오로지 정부의 정책에 의존한다는 것에 근본적인 한계가 있음을 말해 준다. 그렇다면 그 사태를 극복하는 방법은 무엇인가? 그것은 바로 교육계 스스로의 자생에 의존하는 것이다. 우리는 앞에서 교육발전의 두 가지 방법을 논의하는 가운데 메타교육이라는 내재적 방법과 외부의 지원이라는 외재적 방법을 들었다. '교육개혁'과 '교육정책'은 전자가 부재한 상태에서 이루어진 후자가 얼마나 잘못된 것인가를 보여주는 좋은 예이다. 이 때문에 교육은 메타교육의 경우처럼 그 자체의 세속화와 부패를 방지할 그 나름의 자기성찰과 자율적인 교정수단을 갖추고 있어야 한다. 교육 자체의 실천에 의해서 교육을 개선하는 메타교육의 메커니즘이 제대로 작동한다면, 일반인들이 좀 더 고급화된 교육의 품위를 가지게 될 것이며, 이는 교육정책결정에 영향을 주는 정치적인 압력으로 작용할 수 있다.

결론적으로, 교육은 그 자체의 고유성을 인정하는 범위 내에서 그것을 둘러싼 환경을 평가할 수 있어야 한다. 교육의 발전을 촉진하거나 저해하는 환경은 무엇인가? 이것이 바로 교육본위의 입장에서 여타의 삶을 규정하는 방식이다. 다른 한편으로 우리의 삶은 교육의 실현만을 목표로 하지 않는 것도 엄연한 사실이다. 이 때문에 교육이 그 자체만을 고려하고 그것이 가져오는 여타의 삶에 대한 배려를 하지 않는 것도 큰 문제이다. 여기에서 교육 이외의 관점, 즉 <그림 2.3>에서 나타난 여타의 환경의 관점에서 교육을 평가하고 규제하는 통로를 동시에 열어놓아야 할 이유가 성립한다. 교육이 그런 여러 상이한 세계의 발전을 촉진하거나 저해하는 조건이 되는 경우는 무엇인가? 이런 배려까지 포함할 수 있을 때, 비로소 앞에서 우리가 제기한 큰 딜레마, 즉 특정한 세계의 하나로서 교육을 본위로 삼는 것과 여타의 우리의 삶 사이에 일어날 수 있는 갈등이 해소될 수 있을 것이다.

교육과 여타의 세계 사이에는 이처럼 서로 고유한 속성을 유지하면서 상대에게 서로 상보할 수 있는 방정식을 찾아야 한다. 여타의 세계가 교육을 수단으로 삼아 발전하려면 그 교육 자체의 내재성을 인정하고 그것의 고유한 속성을 침해하지 않는다는 조건이 충족되어야 한다. 국가권력에 의한 교육정책은 "지원은 하되, 간섭은 하지 않는다"는 원칙에서 이루어져야 할 것이다. 경비가 많이 드는 교육과 그렇지 않은 교육이 있다. 여기서 경제와 교육 사이의 현실적인 타협은 불가피하다. 교육의 결과가 경제적 소득의 원천이 되고 그 경제적 수입이 교육을 위해 사용된다면, 경제와 교육 간의 우호적 관계가 성립되는 셈이다. 돈 벌기 위해서 교육하는 것은 아니지만, 교육으로 인해서 돈이 생긴다면, 그것을 거절할 이유는 없다. 제도의 틀이 없는 사회는 무질서하다. 그러나 교육의 내재율에 맞지 않는 교육의 제도는 불가능하다. 또한 정치적인 이데올로기에 맞고, 경제적인 가치가 있으며, 동시에 사회적으로 인정받을 수 있는 교육의 소재 선택이 이루어질 수도 있을 것이다. 이와 같은 방식으로 우리는 세속적 가치, 수도계적 가치, 그리고 교육적 가치를 동시에 공존하게 하는 방식을 모색할 수도 있을 것이다.

우리의 삶에서 모든 가치는 공존하고 협력할수록 좋다. 각각의 세계가 그 자율성을 가지고 그 자체의 목적을 추구하면서, 동시에 여타의 환경에 대해서 플러스의 환경이 되는 삶이 가장 바람직하다고 할 수 있다. 그러나 그런 공식만으로 사태가 진전되는 것은 아니다. 우리의 삶의 하위체제는, 그 내적 분화과정에서 전체의 동력을 저해하는 일탈현상이 일어나면, 마치 유기체의 과정과 같은 내부의 메커니즘을 통해서 곧 균형이 회복된다는 입장이 있다. 그런가 하면, 그 하위체제들 사이에 개재하는 갈등현상에서 우리의 삶에 대한 더 많은 이해에 도달하려는 입장도 있다. 후자의 입장에서 보면, 교육과 그 환경의 관계를 위의 경우처럼 단지 우호적인 것으로만 보는 것은 너무 일면적인 것으로 보일 수 있을 것이다. 교육과 그 환경에는 분명 임계 상황에서 공생하는 상생점과 서로 균열을 일으키는 파빙점이 분명히 있을 것이다. 그 갈등과 불협화를 어떻게 극복할 수 있는가? 이런 것들에 대한 냉철한 고려도 아울러 필요하다.

그러나 우리는 그 복잡한 문제를 해명한 연구물을 아직도 확보하고 있지 못하다. 그렇다고 해서 그 부분을 공백으로 남겨두는 것도 무책임한 일이다. 본서에서 그 상황을 벗어나는 방식으로 택한 해법은 그 부분을 당분간 가설의 형태로 메우는 것이다. 여기에서도 그 방식에 따라 그 상생점에 관한 가설을 개략적으로 제시하기로 한다. 교육의 환경에 들어갈 포괄적인 항목을 제시하는 것은 불가능하다. <그림 2.3>은 그중 생태·심리·정치·경제·사회·문화·종교를 포함시켰다. 본절에서는 그 항목을 염두에 두면서 자연적인 환경, 즉 생태와 심리의 부분을 먼저 간략하게 취급하고, 나머지 각각에 대한 것은 다시 세속계와 수도계라는 별도의 항목에 넣어 그들과의 관계에 관한 가설을 예시할 것이다. 자연적 환경은 교육의 환경으로서 교육에 주로 영향을 주는 측면만을 다루고, 나머지는 교육과 영향을 주고받는 쌍방의 관계를 다루려고 한다. 그 쌍방의 관계에서 교육에 영향을 주는 환경의 측면은 '교육의 여건'으로, 그리고 반대로 교육이 그 환경에 영향을 주는 측면은 '교육의 외재적 기능'으로 지칭될 수도 있을 것이다. 이런 분류는 제3장에서 평가의 문제를 다룸에 있어서도 매우 유용하다.

교육과 그 환경의 관계는 우연적인 관계로서, 끊임없이 발견되고 경험에 의해서 입증되어야 할 성질의 것이다. 입증되기 이전의 논의는 엄밀한 의미에서 가설의 영역에 머물러야 한다. 그러나 가설이 중요한 역할을 하는 것을 알아야 한다. 가설이 없는 경험적 자료 역시 문제가 된다. 모종의 선입견이 우리의 관찰을 의미 있게 교도하고, 얻어진 자료가 그 가설을 긍정하거나 부정하거나 수정할 수 있는 근거로 작용한다. 그런 취지에서 논자는 미래의 연구들이 발상의 전환을 위해서 특별히 유념했으면 하는 일단의 작업가설을 이하에서 예시하고자 한다. 이것들은 물론 증거에 의한 좀 더 엄밀한 검증을 필요로 하는 부분이라는 것을 먼저 밝혀둔다. 그 확실한 증거의 수집의 방식에 관한 것은 제3장에서 다룰 것이다.

교육의 원활한 참여를 보장하는 외부의 환경으로 물리와 생태적 환경을 고려할 수 있을 것이다. 잡사나 외부의 불필요한 방해를 받지 않고 교육 자체에만 에너지를 집중하면서 장기적이고 계속적인 서로의 교육적인 교섭과 흐름을 허용하는 건물과 시설의 지원, 그리고 교육적 상호교섭을 촉진하는 좌석의 배치가 필요하다. 유기체로서 생태적 조건을 고려하는 것도 빠뜨릴 수 없다. 의식주는 어느 삶의 현장에서나 필수적인 최소한의 조건이다. 최적의 신체조건으로서 수면도 고려되어야 할 것이다. 이 모든 것은 서로 유기적인 연관을 갖는다. 예컨대, 수면은 하루 6, 7시간으로 충분하며, 충분한 수면은 사람들을 기만하고 정력적이며 생동감을 넘치게 한다. 그러나 지나친 수면은 과식과 같이 사람들을 게으르게 할 뿐이다. 조급하지 않은 방식으로 편성된 시간의 확보와 외부의 강요에서 해방되어 자발적으로 교육적인 교섭을 할 수 있는 공간의 배치가 중요하다.

긴 역사의 안목에서 보면, 다양한 지정학적 조건이 교육적 교섭을 방해하는 주된 요인이 되있음을 알 수 있다. 지리적 고립을 극복하는 도로·항구·철도·항공, 그리고 각종 통신수단의 발달이 그 문제를 해결하는 중요한 매체가 되었다. 앞에서 가상공간의 교육과 관련하여 언급한 바 있듯이, 최근에는 정보를 무진장하게 저장할 수 있는 마이크로칩과 그 저장된 정보를 신속하게 전달하는 광섬유의 개발에 힘입어 사람들은 원하기만 하면 효과적인 접촉과 교육적 교섭을 할 수 있게 되었다. 공학적 기술문명의 발전에 의거한 삶은 딱딱하고 인위적이며 영적으로 공허하게 될 것이라는 우려가 있었다. 그것을 어떻게 교육적인 삶의 자발성과 깊이를 회복할 수 있도록 활용하느냐 하는 문제는 우리에게 주어진 큰 과제의 하나이다.

물리나 생태라는 자연환경 못지않게 중요한 것이 심리적 환경이다. 소란스럽고 무관한 심리적 방해요소의 제거, 세속적 관심과 소란으로부터 정신이 산만해지는 것을 방지하는 특별한 배려, 자신의 한계를 알고 그것을 극복하는 데 적극적인 실험을 할 수 있는 분위기, '노력이 동반되는 낙관주의(effortful optimism)', 자신의 한계나 오류를 억압하거나 외면하지 않고 있는 그대로 드러낼 수 있는 안정된 심리적 분위기, 모험과 실수를 허용하는 분위기, 겸손하지만 과감하게 자신을 실험하는 분위기, 다양한 선택지가 있는 개방적인 분위기, 문제해결에 있어서 언제든지 높은 수준의 이해, 포용, 애정, 수용, 관심, 신뢰를 가지고 주위로부터 지원을 받을 수 있는 분위기, 자신의 선택과 증거에 따라 자신의 목표와 발전의 방향을 주체적으로 결정할 수 있는 분위기 등이 교육의 심리적인 플러스 환경이다.

상구와 하화를 거쳐서 서로를 도움으로써 모두 승리하는 사회적 상호작용의 규칙이 필요하다. 교육을 위한 사회심리적 체제는 경쟁보다는 협동적이어야 한다. 협동은 교육에서 기본적인 조건이다. 경쟁적 분위기는 사람들을 서로 소외시키며 사람들이 서로 교육적 협력을 하는 것을 어렵게 만든다. 세속적 범주를 벗어나 선진과 후진을 인정하고 그들과 교육적 관계를 맺는 데에는 심리적으로 민주적인 성격구조를 가지고 있어야 한다. 상구교육과 하화교육은 어떤 하나의 목표를 위해서 경쟁하는 것이 아니라 상호 보완하는 관계이다. 스승과 제자는 각각 하화자와 상구자로서 자신의 활동에 책임을 지고 충실하며, 서로의 이질적인 목표를 의식하고 그 목표가 동시에 이루어질 수 있도록 상대의 활동을 촉구하고 격려하면서 총체적인 교육의 구성에 동참할 수 있어야 한다.

2.11 교육과 세속계와의 관계

전통사회에서는 수행되고 있는 기능이 한정적일 뿐만 아니라 특정구조에 의해 독점되는 경향이 있다. 사회가 발전할수록 여기서 든 세속계라는 영역도 정치, 경제, 사회 등 서로 환원될 수 없는 구조와 기능의 분화가 이루어진다. 교육은 이들과 일정 정도의 긴장 속에서 쌍방 사이의 관계를 형성하는 것으로 예상할 수 있다. 그 관계 정립은 앞에서 지적했듯이 그 각 분야가 교육의 고유한 삶의 영역을 인정하는 것에서 시작한다. 교육과 세속계와의 관계에서 먼저 분명히 해야 할 부분은 교육이 사람들을 인정, 위협, 공포, 권위에 대한 복종 등 모든 방법을 동원하여 사회적 목표에 일치시키는 사회화와는 구분되는 삶의 영역이라는 것이다. 그런 구분을 분명하게 인정받을 수 있을 때 비로소 교육은 사회의 목표, 가치, 규범에 일치하게 하는 사회화가 담당하지 못하는 고유한 기능을 수행할 수 있게 된다.

세속계의 입장에서 교육은 사람들이 향유해야 할 최소한의 생활의 질을 보장하는 복지의 차원으로 바라볼 성질의 것이다. 앞에서 교육공동체를 논의할 때 그것에 대한 세속적 후원의 필요성을 지적한 바 있다. 교육이 필요한 곳에서 사람들은 그것을 위한 특별한 집단을 만들고 국가에 대해서 제도의 정비와 재정의 지원을 요구할 수 있어야 한다. 민주적이고 인간중심적인 권력, 경제적 가치를 수단시하는 사회풍조, 오류를 인정하지 않지만 그 오류를 교정할 수 있는 특별한 기회를 보장하는 사회에서는 교육이 번창할 것이다. 정치와 사회의 혁명과 개혁은 지적으로나 정서적으로 기존의 체계로부터 해방된 사람들에 의해서 성취될 수 있다. 교육적인 삶은 그 자체로서 특수한 복지의 목적을 달성할 뿐만 아니라, 그런 것을 보장해 준 세속계의 건전한 발전의 한 동력의 역할을 할 수 있게 된다. 이제부터 교육계와 세속계 사이에 존재할 수 있는 쌍방의 우호적인 관계를 정치, 경제, 사회의 순서로 나누어 예상해 보기로 한다.

2.11.1 교육과 정치

정치란 통치와 지배, 이에 대한 복종 · 협력 · 저항 등을 포함하는 사회적 활동을 총칭한다. 사회적 · 경제적 · 이데올로기적 대립의 항쟁관계 속에서 상대방을 복종시키고 스스로의 주장을 관철시키는 활동을 정치의 본질로 보는 견해도 있다(Brecht, 1959). 이런 견해는 위로부터의 통치뿐만 아니라 아래로부터의 항쟁 및 그 밖의 활동도 정치활동에 포함시킨다. 정치를 하는 곳이 따로 있는 것이 아니다. 정치과정은 하나의 독자적인 양상으로서 국가체제, 정치체제, 혹은 정부 형태와 같이 법률적 기반을 가진 것에서부터 다수의 행위주체의 상호교섭 아래 영위되는 정치의 모든 측면에까지 우리의 삶의 어느 곳에나 세분화되고 확대된다. 이를테면, 회사 · 노동조합 · 교회 · 학교 · 가정 등 어디서나 발생되는 이해관계의 대립이나 의견의 차이를 조정해 나가는 통제의 작용도 모두 정치에 해당한다. 국가체제, 정치이념, 정치제도 등 수많은 정치 내재적인 변인들의 차이가 교육에 서로 다른 작용을 할 것이다.

정치는 권력을 추구하며, 이런 권력이 부재한 곳에 공공의 약속된 복지 문제가 해결될 수 없다. 권력이 가지고 있는 많은 이점 가운데 하나는 선(善)을 추진할 수 있다는 것이다. 권력이 직접 선을 제공하는 것은 물론 아니다. 다만 그것의 실현을 위한 기회와 조건을 마련해 준다. 국가는 정신적, 물질적 생활가치, 교육의 거의 전부에 대해서 그 배분상태를 결정할 수 있는 강제력을 가지고 있다. 정치에는 정파가 있으며, 이것은 권력의 논리에 의해서 지배하고 지배받는다. 앞에서 지적했듯이, 정치는 복지를 배분하는 기능이 있으며, 권력의 정당한 지지를 받지 못한 교육은 마치 동력장치가 없는 자동차처럼 무력하다.

정치와 교육은 전혀 다른 삶의 양상이다. 가령, 정치는 지배와 복종이 중요한 차원이 되지만, 교육에서는 그 차원이 개입할 여지가 없다. 그렇다면 이들 간의 바람직한 관계는 어떤 것인가? 이 질문과 관련하여 정치적 통제는 곧바로 자유의 억압을 의미한다는 선입견을 벗어나야 한다. 교육은 하나의 사회적 사건의 맥락 속에서 일어나기 때문에 사회적 통제와 규칙이 필요하다. 자유를 위한 통제와 규율도 가능하듯이, 교육이 자율적으로 이루어져야 한다면 그것을 보장해 주는 권력 또한 필요하다. 교육의 자율성을 인정하는 교육법의 제정과 그에 따른 법률적 강제력이 있어야만 정치적 이해관계와 간섭이 배제된 교육의 자율적 운영이 가능하다.

정치가 교육을 지원한다고 할 때, 그것은 엄밀한 의미에서 학교에 대한 지원과 구분되어야 한다. 이 점은 앞에서 국가 규모의 '교육개혁'의 한계와 관련하여 이미 시사된 바 있다. 교육행정 분야에서 흔히 거론하는 '교육자치'와 교육본위론에서 지칭하는 '교육의 자율화'는 전혀 다른 차원의 것이다. 전자의 주장처럼 학교를 주민의 손에 맡겨 운영하도록 한다고 해서 반드시 학교가 교육의 내재율에 따라간다는 보장이 없다. 본서가 주장하는 교육의 발전은 역시 걸핏하면 교육학자들이 강조하는 '공교육 강화'와도 그 범주가 전혀 다르다. 교육의 주체는 국가가 아니라 국민 개개인이며, 정치력은 그 개인들의 폭넓은 교육적 삶을 보장하는 데 필요한 조건이 되는 것이다. 이런 점을 고려할 때, 학교 밖의 교육에 대한 진흥법,

그리고 흔히 말하는 '학력'을 철폐하는 법률제정도 교육에 대한 정치적 환경을 개선하는 일환으로 깊이 있게 고려되어야 할 부분이다.

교육을 위한 수단으로서의 법률이란 후자를 전자에 종속시킬 수 있을 때 비로소 인정될 수 있다. 부당한 법률에 복종하게 하는 것은 비교육적이다. 이 때문에 불의가 정의를 지배하는 사회에서는 교육이 큰 시련을 받는다. 자유가 없는 교육은 불가능하다. 교육은 사상, 언론, 표현, 집회, 결사의 자유가 보장되는 때에 가능하다. 사람들은 서로 다른 사상을 자유롭게 알고 가질 수 있어야 한다. 양심에 따라 자유롭게 말하고 논할 수 있어야 한다. 이들은 우리가 다양한 교육적 관계를 맺고 교육집단을 자유롭게 가입하고 탈퇴할 수 있는 최소한의 조건들이다.

모든 사람에게 교육의 권리와 자유를 인정하는 부분에서도 정치력이 필요하다. 국가는 모든 사람을 똑같은 인간으로 취급하고 그들에게 교육의 기회를 제공할 필요가 있다. 이것은 교육의 주체가 국가라는 주장과 구분해서 이해되어야 한다. 우리는 목하 국가를 교육에 작용하는 환경이라는 관점에서 논의하고 있다. 교육적 관계는 세속적 범주와는 무관하다는 점을 우리는 앞에서 살폈다. 정치적인 강자와 약자는 수도계의 품위와 다른 차원이다. 이 때문에 정치 권력자가 백성을 가르치려고 하는 것도 방지되어야 한다. 교육에는 자기의 국토나 적과 아군의 구별이 없다. 피지배민족으로부터 얼마간의 문화를 배우는 것을 허용하는 정책은 정치와 교육의 차이를 분별하는 엄청난 예지를 포함한다고 볼 수 있다.

강제력을 가진 법률은 주인이 아니라 하인이다. 우리나라의 현행 헌법은 제10조에서 "모든 국민은 인간으로서의 존엄과 가치를 가지며 행복을 추구할 권리가 있다"는 행복추구권을 규정하였다. 또한, 제34조에서 "모든 국민은 인간다운 생활을 할 권리를 가진다. 국가는 사회보장 · 사회복지의 증진에 노력할 의무를 진다"고 규정하여 사회복지국가의 실현을 위한 국가의 의무를 선언하고 있다. 이런 큰 틀 안에서 비교적 저능아, 노약자, 불구자, 저소득 빈민자 등 세속적으로 불리한 집단에게 교육의 기회를 가급적 공평하게 제공하는 법규와 행정이 필요하다. 정부가 민간인의 교육에 대한 기부금에 대해서 세금공제의 혜택을 주는 것도 경제적 지원을 구체화하는 정책적 묘책의 하나가 될 것이다.

그렇다면 그런 정치적 환경을 어떻게 조성할 수 있는가? 이에 대한 가장 확실한 해답은 정치적 논리에 따라 얻어져야 한다. 정치는 그 생리상 자기편에게는 가장 우호적인 단결과 협력을 제공하고, 상대편에게는 적대적인 태도를 취한다. 오늘날 정치를 움직이게 하는 경로는 특정한 사회 내에서의 엘리트나 권력집단의 형성과정, 선거제도라는 일정한 범위 내에서의 전술과 영향력 행사방법을 추구하는 선거과정, 파벌과 적대집단 간의 항쟁과정 등으로 나눌 수가 있다. 이익의 분화, 다원화가 진척되고 있는 오늘날의 고도산업사회에 있어 정치집단에는 정당 · 정치단체를 비롯하여 기업 · 노동 · 농업 · 의료 · 종교 · 교육 등에서 활동하는 각종 단체들이 있다. 그 가운데 교육에 대한 이익을 대변하는 집단은 그 마지막의 것으로서, 이들이 교육적 삶의 양상에 유리한 정파나 이해집단과의 갈등 해소, 타협, 협력 등을 포함하는 제반 정치활동을 활발히 전개시켜 나가야 할 것이다.

정치를 좌우하는 강력한 힘은 대중의 여론이다. 여론의 힘에 맞설 수 있는 정치집단은 없다. 통사정이나 애원 등은 정치인을 다루는 방식이 못된다. 그런 식으로 나약함을 보이기보다는 지역구 주민의 여론을 조성하는 것이 더 효과적이다. 교육에 대한 대중의 올바른 이해가 정치권에 하나의 압력으로 작용할 수 있어야 한다. 교육의 품위가 높은 국민들은 여론 조성 혹은 선거를 통해서 교육이 정치의 논리에 의해 좌지우지되는 것을 막고, 더 나아가 정치가들을 교육에 유리하도록 유도할 수도 있을 것이다. 경우에 따라 대중은 자신의 교육의 권리와 이익을 수호하기 위하여 부단히 저항하고, 적극적으로 요구하며, 그것을 실현시키기 위하여 다양하고도 조직적인 노력을 경주할 수 있어야 할 것이다. 이 모든 방법의 근본 전제는 대중들의 성숙된 교육관과 교육의 품위이다. 이와 관련하여 메타교육에 의한 교육의 자구책을 앞에서 강조한 바 있다.

대가가 없는 삶이란 지속되기 어렵다. 정치로부터 그 자율성을 보장받은 교육은 우리의 선제석인 삶에서 정치가 자체적으로 해결하기 어려운 부분을 보완하거나 혹은 정치에 공헌할 수 있는 부분을 증대하게 될 것이다. 그 한 가지 통로를 예상해 보자. 정치체계는 역시 그 참여주체의 의식수준의 고도화를 전제한다. 한 나라에 전제정치가 횡행하는 것은 반드시 전제를 펴는 정권이나 관리의 죄라고만 할 수 없다. 실은 많은 부분 국민이 무식하기 때문에 스스로 그런 불행한 정치를 불러들이고 있는 것이다. 소수에게 권력이 주어지는 독재정권은 자의적인 권력을 행사하며, 자체에 위협을 주는 세력을 억압한다. 물론 경우에 따라 한 명의 냉정한 판단이 백 명의 협의보다 더 현명할 수 있다. 그럼에도 불구하고, 우리가 후자를 택하는 것은 전자를 미리 식별하는 데 큰 애로가 있기 때문이다. 이런 상황에서 그 자율성이 보장된 교육이 일정부분 정치체계의 수준을 높이고 증대시키는 요인으로 작용할 수 있을 것이다.

국민의 무지를 악용하는 정치와 그것을 교육을 통해서 극복하는 정치가 있다. 전자는 국민이 무지하니까 권리를 빼앗거나 대행할 수밖에 없다고 주장하며, 후자는 국민이 무지하니까 그 권리를 유익하고 신중하게 행사할 수 있는 능력을 갖추도록 해야 한다고 주장한다. 이 두 가지 권력 가운데 어느 것이 안전할까? 자기가 저지를 수 있는 우행과 사행을 알지 못하는 권력은 위험하고 불안정하다. 더구나 국민이 몽매한 상태에서 현명한 정치를 기대하기는 어렵다. 국민을 다루기 쉬운 난쟁이로 만든 국가치고 번영한 경우를 역사에서 찾아보기 어렵다. 그렇다고 해서 민주주의가 무조건 그 정치적인 안정을 보장한다고 볼 수도 없다. 민주주의 정치체제에서는 국민의 수준이 정부의 수준이다. 민주주의의 정치체제에서 유권자의 무지는 모든 사람의 안전을 손상시킨다. 다른 한편으로, 국민을 현명하게 만들고 그들의 지배를 받는 국가는 번창한다. 투표함에 용지를 넣는 것이 중요한 것이 아니라, 어떤 사람이 어떤 사람을 선택하여 권력을 대행하게 하느냐 하는 것이 중요하다. 교육은 이처럼 중우정치를 극복하는 효과적인 도구의 하나가 될 수 있을 것이다.

정치발전이란 정치적 지향이나 태도가 종교성이나 신성화된 전통에서 해방되어 입헌주의를 확립하는 것을 말한다. 전통사회에서는 정치권력이 비일상적 권위에서 나오기도 하고, 전통을 신성시하여 사회의 유동성을 약화시키기도 한다. 국민은 그러한 사회질서를 당연한 것으로 받아들이며, 자신을 정치에서의 주체적 존재라고 생각하지 않는다. 이와는 대조적으로, 발전된 사회에서는 규칙도 권력자의 자의에 의하지 않고 적법한 절차를 밟아 규정되기 때문에 사회관계의 예측이 가능하다. 이로써 국민들은 전면적으로 전통에 지배되는 일이 없이 스스로 정치 상황에 대해서 판단을 내리고 자발적으로 정치과정에 참가하는 주체로서 자신의 자리를 차지하게 된다. 민주주의의 관건이라고 할 수 있는 건전한 여론의 형성이 보장되는 셈이다.

정치적으로 자율성이 보장된 교육은 사회의 변화에 따른 정치변동에도 긍정적인 영향을 준다. 인간생활의 연속과정으로서 정치는 늘 변동하는 상태에 있기 때문에 지금까지의 역사 속에서 변동을 흡수하기 위하여 여러 가지 제도와 기구가 창출되어 왔다. 이를테면, 근대 서구의 대의제 민주주의는 그런 변동을 흡수할 수 있는 고도의 제도화된 형태로 볼 수 있다. 그러나 그것이 새로 발생하는 변동까지도 모두 흡수할 수 있는 것은 아니다. 따라서 제도와 변동 사이에는 항상 격차가 있다. 이러한 격차는 경우에 따라 제도의 개선과 정치 그 자체의 활성화를 가져다주지만, 반대로 정치체계의 파괴로도 이어진다. 즉, 변동을 흡수하는 능력은 그 정치체계의 유지 및 안정성과 밀접한 관련성을 가지고 있다는 것이다. 대부분의 제3세계 국가에서 정치적 혼란과 폭력적 정권교체가 자주 일어나는 한 가지 이유는 변동에 대한 국민의 대응능력이 미숙하기 때문이다.

이와 관련하여 우리의 오랜 역사가 입증해 온 사실들이 있다. 최소한의 덕과 논박에 의해서 견뎌 낼 수 있는 대의명분이 바로잡히지 않고 오직 힘에 의존하여 남을 통솔하는 권력은 오래가지 못한다. 자신의 품위 이상의 권세를 가지면 무리한 결과를 가져온다. 스스로 덕을 얻으려고 노력하지 않는 권력은 부패하고 망한다. 권력자가 의로운 사람이 아니면 대신이나 관리들도 악인이 되고, 시민들도 그들에 따라 악에 물들게 될 것이다.

그러나 반대로 권력자가 의로운 사람이라면 대신이나 관리들도 올바른 사람이 될 것이고, 나아가서는 시민들도 올바른 사람이 될 것이다. 불의의 편에 있는 국가를 지지하는 국민은 애국자라고 할 수 없다. 설사 실정법에 저촉될 경우라도 진언(眞言)하고 간언(諫言)하는 지식인의 역할이 중요하다. 이로써 강자가 정의를 대표하는 것이 아니라 정의가 강자를 대표할 수 있는 길이 열린다.

정권의 정당성과 입안된 정책에 대해서 어떻게 대중적인 지지를 얻어 내느냐 하는 문제를 두고 교육을 통해서 설득하는 방법과 힘을 통해서 조작하거나 굴복시키는 방법의 차이는 참으로 크다. 법과 정책은 불완전하다. 부당한 법과 정책의 수행은 그 자체로서 하나의 폭력이다. 그것들이 언제나 변경되지 않은 채 유지되는 것을 허용해서는 안 된다. 그것들에 대한 힘에 의한 굴복은 그 힘이 작용할 때에만 효력을 갖는다. 맹목적인 복종을 요구하는 정권이나 정책에 대한 원망, 반발, 저항이 일어날 것은 당연하다. 사람을 통치함에 있어서 자발적인 지지의 기반이 얼마만큼은 확보되어야 정치가 안정된다. 부도덕하고 정의롭지 못하고 폭력적인 권력과 교육은 상응할 수 없다. 마음으로부터의 복종이 아니라 힘의 부족에 의한 굴종을 강요하는 것은 교육의 내재율과 상충한다. 그 상충하는 교육의 내재율에 의존하는 설득은 종국적으로 정치적 안정과 연결되어 환영을 받는다. 이 차이는 마치 꽃이 뿌리가 있느냐 없느냐의 차이만큼 크다.

정치와 교육을 관련지음에 있어서 마지막으로 지적할 것은, 인간생활에서 후자가 전자의 약점을 보충할 수 있는 여지를 가지고 있다는 점이다. 인간의 품위는 보편성을 지니고 있다. 다른 한편으로, 그것을 소재로 하는 교육은 사해동포적인 인간적 유대를 추구한다. 교육은 국가의 요소인 영토, 국민, 그리고 법률의 제한을 초월한다. 교육 주체의 조국은 그가 태어난 곳이 아니라 세계이며, 그들의 동포는 전 인류이다. 적과 아군의 구분이 없이 높은 품위는 국경을 넘어선다. 무지한 친구보다는 현명한 적을 택하는 것이 교육의 논리이다. 이 때문에 대의명분이 바로잡히지 않은 권력은 항상 현자와 싸워야 했다. 체제의 침식을 막기 위한 부정한 정치검열을 교육 주체는 통과한다. 그로부터 쟁취된 것이 정치적인 자유이다. 자유는 그것을 누릴 능력과 태도가 없이는 너무도 위험하고 부담스러운 것이다. 스스로 복종하기를 원하는 사람들에게는 자유의 길이 열려 있어도 그것을 구가하지 못한다. 진정한 자유는 자기 자신이 원하는 인간성을 성취해 나가는 능력에서 찾아진다. 교육은 비인간성을 요구하는 세력에 불복하고 저항하는 힘을 가지고 있다. 이런 맥락에서 교육은 정치의 권력행사가 참된 인간성의 실현에 배치하지 않는 방식으로 이루어질 수 있게 하는 최소한의 제동장치로 작용할 수 있다.

2.11.2 교육과 경제

경제는 교육과 긴밀한 관련을 맺고 있는 또 다른 환경이다. 경제는 생존자료 및 생활수단의 생산, 어떤 규칙에 따른 생산물의 분배, 분배된 것의 소비 · 낭비 · 축적 · 소비와 축적에 의한 차기 생산수준의 유지와 확대라고 하는 경로를 밟으면서 순환된다. 금전은 오늘날 자본주의사회에서 교육의 기회를 사는 도구가 되고 있으나 그것이 교육을 대행해 주는 것은 아니다. 경제와 교육은 이 점에서 서로 자율성을 보존하는 방식으로 상호 조화로운 관계를 맺을 수 있는 접점을 찾아야 한다. 지상의 생활은 물질적이며, 그것을 굳이 회피할 필요는 없다. 사람이 살아나가기 위해서는 재화가 필요하다. 경제가 교육의 충분조건은 되지 못하지만 어느 정도의 경제적 조건이 교육의 필요조건이라는 것은 말할 필요조차 없다. 재화가 보장될 때 물질생활을 윤택하게 하고 그로 인한 여유는 사람들로 하여금 생리적으로 생존한다는 것 이상의 자아실현의 욕구를 자극할 것이다. 그것이 다시 교육활동을 윤택하게 할 수도 있을 것이다. 다른 한편으로, 불평등한 소득은 교육기회의 불평등의 원인이 될 수 있다.

물질의 가치는 삶에서 불가결할 뿐만 아니라 정신에 비해서 쉽게 눈에 띈다. 오늘날 물질적인 것이 모든 것을 좌우하는 척도가 되는 까닭은 바로 여기에 있다. 요즘 이른바 '교육사업'이라는 점잖은 말에서부터 시작하여 교육을 시장의 논리에 맡기나는 정책도 바로 그런 표피적 경향에 동조하는 것으로 해석될 수 있다. 교육에 대한 지원은 교육 자체에 대한 일반의 요구, 그리고 그 교육이 가져오는 여타의 효과에 의존한다. 그런데 교육에 대한 투자의 효과가 비교적 늦게 나타나기 때문에 그 표피적이고 단기적인 안목과 상충할 우려가 항상 개재한다. 이런 논리에 순응하여 교육을 단지 경제의 일부로 환원시키는 경로는 전체적인 삶의 다원화라는 면에서 그 자체로서 문제가 될 뿐만 아니라 경제 자체를 위해서도 결코 환영할 만한 것이 못 된다.

교육에 대한 투입과 투자의 확충은 경제의 입장에서 일견 소비처럼 보이지만 긴 안목에서 보면 산업부문에 폭넓은 연쇄작용을 함으로써 산업발전에 기여한다. 경제의 과정은 크게 생산력과 생산관계라는 두 가지 계기로 이루어진다고 볼 수 있다. 이 가운데 교육은 후자와 관련되어 있다. 생산력, 생산수단 자체도 사람이 만든 것이지만, 그것이 풍부할수록, 그리고 그 질이 우수할수록 동일한 노동으로 보다 많은 생산물을 얻을 수 있다. 기초과학의 육성에서 예증될 수 있듯이, 교육에 의해서 개발되고 확산된 지식은 많은 부분 생존하는 자원으로서 생산에 환류되어 경제발전을 위한 잉여의 축적과 연결될 수 있다.

빈곤은 재앙도 죄도 아니지만, 지독하게 불편한 것이다. 앞에서 교육을 위한 물질적 지원이 요청된다고 했지만, 오늘날 그것을 조성하는 것은 결국 경제력과 상관관계를 갖는다. 교육의 공간은 최소한의 물리적 시설과 환경을 요구한다. 그런데 이 부분에서 개념적 혼동과 편파가 작용한다. 흔히 학교에서 쓰이는 경비를 총칭하여 '교육예산'으로 산정하는데, 여기에는 개념상의 문제가 있다. 학교생활을 보장하는 제반 경비 가운데 교육이 차지하는 것은 그 일부이며, 진정한 의미의 교육예산은 교육을 하는 데 필요한 부분에 한정된다. 건물, 실습실, 시청각실, 어학실습실, 폐쇄회로시설, 교육자료와 정보보관소, 실험실, 강당, 세미나실, 강의실, 체육관 등은 다양한 목적으로 사용될 수 있으며, 이런 시설의 확보와 더불어 그것에 대한 효과적인 운영방식 역시 중요하다. 그중 교육에 필요한 부분에 한해서 교육예산이 투입되어야 할 것이다. 이에 더하여 간과해서는 안 되는 부분이 있다. 그것은 그런 의미의 한정된 예산이 학교뿐만 아니라, 가정, 직장, 가상공간 등 여타의 교육의 공간에도 필요하다는 점이다.

경제적 투입은 더 나아가 즉각적인 경제적 이해를 떠나 복지의 일환으로 이루어져야 한다. 모든 행동의 제일원리는 노동이 아니라 여가이다. 비교적 자유롭고 여유 있는 영혼만이 인류문명의 발전을 위한 창조력을 발휘할 준비가 되어 있다. 경제적 빈곤은 불명예는 아니지만 창조적인 삶을 영위함에 있어서 적지 않은 걸림돌이 된다. 자본주의의 시장경제체계 속에서 생활하는 사람들은 경제적인 보상이 없이는 생활을 영위할 수 없다. 교육의 발전도 경제적으로 윤택할 수 있게 하는 조건과 긴밀한 관계가 있다. 이를 위해서 교육이 경제로부터 끌어내야 할 두 가지 협조가 필요하다. 그 협조의 한 가지 형태는 교육활동에 의한 보상과 경제적 보상을 어떤 방식으로든 병립시키는 것이고, 다른 형태는 사람들이 경제적 삶의 조건에서 해방되어 교육적 활동을 할 수 있게 보장하는 것이다.

높은 경비를 요구하는 교육은 어느 시대 어느 나라에서도 특권계급의 독점물이었다. 이처럼 자신이 처한 경제적 지위나 상태 때문에 교육에 대한 접근이 어렵다면, 그것은 인간적인 사회라고 볼 수 없다. 배분의 불공정성에 따른 교육의 불평등도 우리의 관심의 대상이 되어야 한다. 목전의 생활문제의 해결에 급급한 조건 안에서는 교육의 여지가 그만큼 줄어든다. 교육은 언제나 직업이 부과할 수 있는 압력으로부터 자유로울 것을 요구한다. 이 때문에 복지국가는 적당한 수준의 경제성장에 의하여 얻어지는 국민소득 총액의 증대를 바탕으로 조세정책, 일부 산업의 국유화, 완전고용, 쾌적한 의식주의 확보, 질병자·실업자·노인의 사회보장, 국민연금 등에 의하여 국민들로 하여금 최저한의 건강하고 교육적인 생활을 누리도록 보장하는 것이다. 국가는 가능한 범위 안에서 누구라도 경제적인 이유로 교육의 기회를 잃지 않도록 재정보조를 할 수 있어야 할 것이다. 대기업은 단지 부의 증식에만 치중하지 않고 그 부를 사회에 환원한다는 의무를 수행할 수 있어야 한다. 장학사업은 그 기업의 이미지 쇄신에 공헌할 것이다.

이제 교육이 경제로부터 앞서의 제반 지원을 받았다고 가정하자. 일방적인 지원은 호혜의 원칙에 어긋날 뿐만 아니라 그 지속성을 보장받지 못한다. 그렇다면 교육이 경제에 되돌려줄 수 있는 것은 무엇인가? 앞에서 우리는 정치를 다루는 하나의 방식은 여론의 힘에 의존하는 것이라고 하였다. 말하자면 정치의 지원을 얻으려면 정치적인 보상을 제공할 수 있어야 한다. 교육이 경제로부터 지원을 보장받는 방식 역시 마찬가지다. 경제에 도움이 되는 모종의 교육적 특성을 부각시키고 보답하는 것이 바로 경제의 지원을 받고 유지하는 가장 확실한 방법이 되는 것이다.

경제의 본질은 그 근원에 있어서 물질적 재화의 생산에 있기 때문에, 교육이 경제를 통제하는 방법은 결국 이윤이라는 미끼를 이용할 수밖에 없다. 이는 정치를 움직이려면 정치적인 논리가 필요하다는 것과 같은 원리이다. 경제는 재화의 증식을 목표로 하며, 수익률은 투자액에 대한 생산성의 차액으로 산정된다. 이 이익이 전제되지 않은 투자정책은 있을 수 없다. 경제발전의 주된 요인으로는 기술진보 · 자본축적 · 인구증가 등 세 가지가 열거되는데, 이들은 여러 경로를 통하여 경제발전에 영향을 끼친다. 일인당 소득의 증가에서 뺄 수 없는 노동생산성의 상승에 대한 영향에 대하여 본다면, 기술진보는 생산기술의 혁신을 통하여, 또 자본축적은 근로자 일인당 자본량을 증가시키거나 신기술 도입을 촉진시키거나 하여 각각의 노동생산성을 높인다. 그런 순환관계에서 교육은 경제의 발전에 불가결한 요인이 된다.

신성한 노동은 우리 자신의 인간성을 스스로 창조해 내는 일이다. 이와 관련하여 일찍이 마르크스(Marx, /1867)가 내린 자본주의적 생산양식 안에 내재된 모순을 경청할 필요가 있다. 그는 자본주의체제가 노동을 보다 높은 인격 형성을 위한 수단으로 보지 않고, 오히려 노동자를 비개성화시키면서 생산과 관리의 비인격적인 과정에 합치하도록 적응시키려고 한다고 비판하였다. 이와 다른 호혜적 경로가 있다. 자아실현의 요소가 충만한 실천으로서 일에 대한 개념이 그것이다. 모든 사람들이 생계 유지를 위해서 직업을 가져야 한다. 그러나 그 직업은 반드시 마지못해 하는 노동일 필요는 없다. 우리는 노동을 통해서 인간됨을 실현해 나갈 수 있으며, 이런 방식으로 직업세계를 구성할 수도 있을 것이다. 지나친 휴식은 지루하고 견딜 수 없는 고통이다. 이처럼 물질적 생산과 더불어 정신적인 갱생을 꾀하는 교육이야말로 우리의 삶에서 경제의 개념을 한 차원 높게 확장할 수 있는 부분이기도 하다. 경제계가 그 개념을 받아들인다면 일을 소재로 하는 교육이 가능할 것이다. 그렇게 보면 교육에 대한 경제의 지원은 정신적 활동에 대한 물질적 지원이 되는 셈이다.

품위는 배분하고 거래될수록 증대된다. 한 개인에게 있어서 상구교육은 저축에, 그리고 하화교육은 소비에 비유할 수 있다. 그런데 괴이한 것은 교육에서 저축과 소비는 반드시 상반되는 관계에 있지 않다는 점이다. 저축할수록 소비할 수 있는 양이 많아지지만, 많이 소비한다고 해서 저축에 축이 나는 법은 없다. 따라서 교육에서 검약은 미덕이 아니다. 교육에서는 상구한 것 이상의 품위를 하화할 수 없다. 따라서 품위의 과용과 낭비는 걱정할 필요가 없다. 이런 방식의 재화창출은 단순히 물질적 재화의 경우처럼 수확체감의 개념으로 이해할 수 없는 부분이다. 그런 품위가 세속계의 발전에 기여할 수 있고 그만큼 무형의 보물인 품위는 교육의 내재율에 따라 그것을 주거나 받아들일 자격이 있는 사람에게만 서로 공유된다. 그 공유된 품위가 가져오는 경제적 가치는 매우 클 것이다. 이 점에서 이 세상에서 가장 생산적인 봉사는 교육이다.

교육이 제대로 이루어지는 사회에서는 자아실현의 요소가 충만한 직업을 탐색하고 그곳에 진출할 가능성이 많아진다. 시장가치가 없는 품위의 개발은 경제적으로 볼 때 손실이며 합리적인 것이 못 된다. 이 때문에 경제적인 입장에서 보면 이득이 되는 품위의 개발에 대한 투자가 경제의 원리에 맞다. 천리를 달릴 수 있는 말도 쥐 잡는 일을 시키면 오히려 늙은 고양이만 못하다. 천부의 소질과 유관한 직업 선택이 개인의 경제적 가치를 한층 높이는 통로를 보장한다. 높은 품위일수록 경제적 희소가치가 높다. 품위를 얻는 데 소요되는 교육과 품위의 상품적 가치는 비례한다. 경제계에서 늘 요청하는 고급인력의 확보는 바로 이런 논리에 의해서 진행되어야 할 것이다. 능력이 부족한 사람에게 무거운 책임을 지우면 필경 일을 망친다. 교육은 각 단계의 품위에서 가능하며, 각 수준은 그 나름의 기능을 할 수 있다.

경제생활의 적극적인 개선은 부자를 가난하게 만드는 것이 아니라 가난한 사람을 부유하게 하는 데서 찾아야 한다. 앞서 경제적인 이유에서 교육으로부터 소외된 집단에게 재정지원이 필요하다는 점을 지적했는데, 그것은 단지 복지라는 차원을 넘어서서 건전한 경제의 개선에 공헌한다. 부가 교육을 낳지는 못하지만, 교육은 부를 낳는다. 부자를 가난하게 하지 말고, 가난한 사람을 부유하게 하는 정책의 일환으로 교육을 생각할 수 있을 것이다. 사회는 보통사람들을 위주로 운영된다. 경쟁에서 뒤진 장애자는 경제적으로 적응하여 살아가기가 힘들다. 교육은 그들을 동일한 논리상에서 똑같은 인간으로 취급하고 또한 경제적으로 자족할 수 있는 능력을 준다. 이런 노선에 따르는 경제정책은 그렇지 않았을 때 지불해야 하는 엄청난 사회적 경비를 줄인다. 교육은 어느 품위에서나 가능하며, 그것은 끊임없이 한 단계 위의 품위의 획득으로 순환된다. 장애인, 특수아가 이런 교육의 내재성을 통해서 노동생산성을 높이는 인력으로 전환되어 경제적인 자립을 하게 하는 경우, 그만큼 사회는 안정된 경제 조건에 도달할 수 있을 것이다.

교육과 경제의 관계를 논의함에 있어서 마지막으로 지적할 것은, 인간생활에서 전자가 후자의 약점을 보충할 수 있는 여지를 가지고 있다는 점이다. 대개 우리가 '잘 산다'는 표현을 할 때 그것은 경제적인 풍요를 지칭한다. 그러나 진정 그러한 것인가? 우리는 모든 행복의 척도를 경제에 두는 천민자본주의가 지배하는 사회에 대한 반성을 할 때가 되었다. 경제는 그 자체가 목적이 아니라 결국 행복을 위한 수단이다. 수단이 삶의 궁극적 목표로 되는 것을 경계해야 한다. 그 세력을 날로 넓히고 있는 자본주의 사회는 마치 경쟁이 생존에 필수적인 것으로 선전한다. 이런 풍토는 반교육적이다. 우리가 살펴왔듯이, 교육은 협력적인 삶의 양상이며, 오랫

동안 그런 방식으로 그 내재성을 유지해 왔다. 교육은 바로 그런 것으로서 경쟁만능의 삶에서 벗어나는 하나의 청량제가 될 수 있을 것이다.

2.11.3 교육과 사회

이제 세속계의 마지막 항목인 교육의 사회적 환경에 대한 논의에 들어가 보기로 하자. 넓게 보면, 앞에서 논의한 정치와 경제의 분야가 사회의 범주에 포함된다. 그러나 여기에서는 사회를 매우 협소한 의미로 국한시키고자 한다. 그것은 일정한 경계가 설정된 영토에서 규범, 관습, 법률, 가치관 등을 상호 공유하고 특정한 제도와 조직을 형성하여 질서를 유지하고, 그 구성원을 재생산하면서 존속하는 인간집단과 그 안에서 이루어지는 과정을 지칭한다. 집단은 특수한 목적을 띤 비밀결사와 같은 소규모 집단에서 가족과 친족만으로 형성된 자연적 공동체, 다수 언어와 다수 인종으로 구성된 대규모 집단에 이르기까지 다양하다.

가장 현저한 사회적 사실의 하나는 집단 안에서 구성원 간의 상호작용의 관례가 정형화한 제도이다. 성숙된 사회는 서로가 상대의 인간성의 향상에 도움이 되는 방식으로 처신할 수 있는 상호작용의 형태를 갖추고 있다. 다른 한편으로, 교육은 그 사회적 사실이나 제도와 구분된다. 그럼에도 불구하고, 교육은 그 내재율에 부합한 제도의 지원을 요청한다. 교육의 주체로서 모든 사람들이 모든 상황에서 교육에 대한 결정을 그때그때 해 나갈 필요는 없다. 만약 사회가 교육행위를 가능하게 하는 질서와 사회적·제도적 장치, 체제와 조직을 허용하고 장려하면, 그만큼 불필요한 노고를 경감할 수 있을 것이다. 자발적인 교육을 수용하고 지원하는 융통성 있는 역할체제, 제도, 기구, 연맹, 조직의 도입은 환영할 일이다.

전근대적 의미의 신분사회와는 달리, 오늘날 시민사회에서는 신분적 속박에서 벗어난 개별 성원들이 계약을 통하여 자유로운 교환행위를 한다. 앞 소절(2.3.6)에서 우리가 논의한 교육공동체를 그런 시민사회의 하나로 편입시킬 수 있다. 교육을 목적으로 형성된 이 특수한 공동체에서는 그 안의 제도를 교육의 내재율에 종속하도록 허용한다. 주목해야 할 점은, 이것은 교육을 사회적 제도로 환원하여 규정하는 통념과는 반대 방향의 규정이라는 사실이다. 구성원 누구에게나 상구한 부분만큼 하화하는 기회를 주는 공동체야말로 가장 이상적인 교육의 제도를 갖추었다고 보아야 한다. 교육공동체 안에서는 인종, 계급, 나이, 성별과 같은 사회적 범주는 교육의 내재성을 구성할 수 없다는 특성으로 인해서 그 효력이 정지된다. 교육은 모든 품위에서 일어날 수 있다. 이는 교육공동체의 모든 교육 주체가 각각 평등한 교육의 기회를 갖도록 허용해야 한다는 것을 의미한다. 품위수준에 상응한 인증방식이 교육적 관계맺음에서 선진과 후진을 가리는 별도의 노력을 생략하는 제도적 장치가 될 수 있다. 이처럼 교육의 내재율이 그 안의 제도를 결정하도록 끊임없는 피드백이 이루어져야만 교육공동체의 속성을 지킬 수 있으며, 그렇지 못하면 그것은 이미 그 본질에서 이탈한 것으로 보아야 할 것이다.

교육은 학교와 같은 특수한 공간에서만 일어나는 것은 아니다. 정도의 차이가 있겠지만, 교육의 내재율에 부합하는 요소가 있는 전경을 이루는 것만큼 우리들의 삶 자체가 교육의 공간이 된다. 그만큼 사회가 교육에 봉사할 수 있는 범위도 확대된다고 말할 수 있다. 봉사 받는 것과 봉사하는 것의 차이는 크다. 사회를 후자의 입장에 놓고 보면, 어떤 것은 흔히 사회적 속성 자체를 교육을 위해서 포기할 수 있을 정도의 내용이 포함될 수도 있다. 우리는 보다 책임을 질 수 있는 교육의 주체가 사회적 집단이 아니라 개인이라는 점을 강조했다. 이는 사회보다는 개인을 우선시하는 사회적 풍토를 요구한다. 차이와 오류가 교육적 협력의 계기가 된다. 이를 감안해서 일반 사회는 교육 주체가 설사 사회의 규칙에 다소 이탈하더라도 그것을 양해와 관용으로 대할 것을 요청받는다.

이와 같은 방식의 협력을 사회로부터 보장받을 수 있게 되었을 때, 그만큼 우리들의 삶은 더욱 왕성한 교육으로 충만할 것이다. 그렇다면, 그 교육이 다시 사회에 보답하는 것은 무엇일까? 그 하나의 해답은 통상 사회가 그 속성에 의해서 놓치기 쉬운 삶을 보완해 준다는 것이다. 사회학에서 '사회(society)'라는 개념은 신분제도와 경제 외적 강제로 유지되어 온 봉건시대의 집단적 특성인 공동체(community)에 대비되는 개념으로 사용되기 시작하였다(Tönnies, /1957). 그 역사적 배경에는 이윤 추구를 지향하는 자유교환 행위 및 자본주의 경제의 형성이 있다. 이런 형태의 인간관계가 진정한 의미의 사회적 통합과 상호간의 결속이라고는 할 수 없다. 교육은 그런 이윤, 경쟁, 강제의 영역을 벗어나 서로의 협력과 자발적 일치에 의해서 인간적인 연대감을 갖게 한다. 교육공동체에 의거한 해법은 앞에서 지적했듯이, 전근대적인 공동체로 환원되는 방식과는 근본적으로 다르다는 점에서 미래지향적이다. 교육에 의한 계층 사이의 사회적 통합은 귀속보다는 성취, 계급 고착보다는 사회적 이동과 변화를 허용한다.

그 자체의 유지와 존속을 위해서 사회는 그 구성원에게 큰 사회에서 작은 부속물이 되는 것을 자랑으로 느끼도록 고무한다. 사회생활을 하면서 우리는 스스로 설치하지 않은 무대 위로 나아가고, 우리 자신이 우리가 스스로 만들지 않은 행위의 일부라는 것을 발견한다(장상호, 1980). 단지 그처럼 미리 만들어진 대본과 규칙을 기계적으로 조심스럽게 따르는 것보다 인간으로서 취약할 수밖에 없는 측면을 노출할 수 있는 공간의 제약을 받는다. 인간은 원래부터 과오와 실수를 하는 불완전한 존재다. 그런데 세속의 삶에서는 오류와 실수가 경쟁에서 불리한 조건이 되기 때문에 그것을 노출하지 않고 은폐한다. 이로써 외면과 내면의 불일치가 이루어진다. 진리가 다양한 수사에 의해서 감추어지고 왜곡되며 서로 상대를 불신하고 내면의 것을 드러내는 것을 꺼리는 사회풍조에서는, 서로 가식적인 무대행위로 서로가 상대의 허수아비로 행세할 뿐, 자신의 부족함을 보충하고 향상시킬 기회를 갖기 어렵다.

사회의 입장에서 인생에 대한 성공과 실패가 주어진 역할을 얼마나 충실하게 수행하느냐의 여부에 따라서 평가되며, 그것들 자체를 추구하는 가운데 인간성 자체를 그것에 종속시키고 그에 따른 인간성의 황폐화를 제도적으로나 심리적으로 조장한다. 의문이나 비판적 사고가 경쟁에서 뒤지는 나약함의 징후이다. 그것을 억제하는 적응방식이 사회화에 포함되어 있다. 이런 상황이 지속되는 어느 단계에서 개인은 사회적 모순에서 얼마나 격리되어야 하느냐 하는 선택의 문제에 봉착한다. 사회의 목표와 개인의 목표 사이에 갈등이 크면 클수록 개인은 이 위험한 대립 사이에서 번민하게 된다. 그러나 여기에 그 해법이 없는 것은 아니다. 그 해법의 하나는 사회적인 적응과 교육적인 삶을 병행하거나 조화시키는 것이다.

사회에 잘 적응하는 것은 비유컨대, 우리가 건물에 적응하는 것과 같다. 아무리 자유로운 사람이라고 하더라도 그 부분을 전적으로 회피할 수 없다. 그러나 그런 것이 삶의 전체는 아니라는 점도 명백하다. 교육은 사회생활이 요구하는 판에 박힌 삶의 틀을 벗어나 다음의 인생여행을 위한 활력을 줄 수 있는 오아시스의 역할을 할 수 있다. 우리는 사회의 일원이자 동시에 교육적 주체가 될 수 있다. 이들은 전체 삶 속에서 적절하게 공존할 수 있다. 사회는 우리가 옳다거나 진리라고 생각하는 것을 말하기보다는 오히려 거짓을 말한다. 그런 상황에서 우리가 자신의 인간적인 취약점을 서로 드러내어 인정하고, 상처처럼 어루만지고, 그것을 자신들의 페이스에 맞게 교정해 나가는 제도를 보장하는 것이 교육공동체다. 그곳의 한 구성원이 됨으로써 사람들은 사회의 허수아비로서의 그 공허감을 벗어나 진실한 자신을 대면하고 자신의 인간으로서의 부족함을 보충할 수 있다.

주어진 관습과 제도의 극복은 그것을 통달하고 대안을 찾는 데 있다. 제도에 속박된 인간에게 그 제도의 내용에 의문을 제기하고 인간적인 자각에 이르도록 돕는 과정이 필요한 것이다. 제도가 인간적인 것이냐 아니냐 하는 의문은 그렇게 높은 수준의 것이 못 된다. 그 자체가 인간적인 것이라는 것은 의문의 여지가 없다. 보다 세련된 의문은 그것이 진정 인간성을 고양시키는 내용이냐 아니냐 하는 선택에 관한 것이다. 한때 그 목적에 봉사하던 제도가 다른 때에 역행할 수 있다. 그런 경우, 제도나 조직에 맹종할 것이 아니라 그것의 존재 이유가 무엇이며, 이것이 진정 불가피한 것인지를 추궁할 수 있어야 한다. 그런 가능성은 주어진 사회에 잘 적응한 사람이 아니라 바로 교육에 적응한 사람에 의해서 열린다.

현명한 사람들이 덜 현명한 사람들을 지배하는 것은 인류의 오래된 소망의 하나이다. 그런데 사회는 대개 평균을 지향하는 특징을 갖는다. 그 운영원리는 인간성의 열등함을 극복하고 더 높은 인간성을 추구하는 수도계적인 추구 개념과 갈등할 수 있는 여지를 남긴다. 위대한 선구자가 있다는 것과 그가 사회로부터 인정을 받는다는 것은 별개이다. 이것이 겹친다면 그것처럼 다행한 일은 없을 것이다. 대중의 판단에 의존하고 다수의 의견이 모든 결정의 축이 된다면, 수도계의 가치추구의 과정에서 중간 정도의 품위가 더 높은 품위를 저압제할 가능성이 높아진다. 인류의 역사는 당대의 지혜를 뛰어넘는 위대한 성인들이 대중의 여론에 따라 판단되고, 더 나아가서 그 기준에 의해서 화를 당하는 불행한 경우를 보여 왔다. 그런 사회는 그 자체가 건전하게 발전할 수 있는 통로를 차단하는 셈이다. 교육은 세속계적, 양적 우위보다는 수도계적, 질적 우위를 인정하고 보장하는 과정으로서, 다수에 의한 소수의 탄압이라는 위험성을 완충한다. 천차만별의 선진과 후진이라고 하더라도 그에 따른 위험성을 완충하는 교육의 측면에서는 서로 평등하다는 점도 참으로 기묘하다.

사회발전은 변화를 전제하지만, 변동의 속도, 범위, 방향에 따라 다르다. 보수세력은 개혁보다는 체제 강화를 선호하는 방향으로 나아간다. 다른 한편으로, 혁신세력은 기존의 사회구조나 가치를 부정하고 새로운 것으로 그것을 대체하고자 한다. 후자가 급격하고 철저할 경우, 혁명으로 이어진다. 그러나 이런 양분된 세력의 하나가 다른 것을 전적으로 굴복시키는 방식은 사회의 건전한 발전에 도움이 되지 못한다. 양자 사이의 균형이 요망되는 상황에서 이들 사이의 충돌과 갈등은 소모적이다. 질서는 외부로부터 사회에 가해진 압력이 아니라 내부로부터 세워진 점진적인 개선과 형평이다. 그 내부에 상구로서의 혁신과 하화로서의 보수라는 양쪽 날개를 가진 교육은 그들 사이의 충돌과 갈등을 지양하고, 서로의 설득과 공감이 일어나게 하는 메커니즘을 원천적으로 지니고 있다는 점에서, 건전한 사회발전의 기회를 확대시켜 준다.

사회생활에서 늘 문제가 일어나기 마련이다. 이 때문에 문제의 부재를 꿈꾸기보다는 그것을 올바르게 해결하는 과정을 정당화하는 것이 건강한 사회의 지표가 된다. 절차를 존중하지 않으면 민주주의와 독재는 구분되지 않는다. 합의에 이르는 과정에서 다양한 관점을 수용하고 부단한 비평을 허용하는 것이 민주주의이다. 교육 역시 결과보다는 과정을 중시한다는 점에서 일면 정치 분야에서 민주주의와 맥을 같이한다. 그러나 교육에 의한 사회적 문제의 해결은 민주주의보다 더 탁월하며 근원적이다. 인간의 오류와 능력의 차이에 따른 사회적 갈등은 그것이 억압된 상태에 있을 때 큰 혼란을 가져오거나 사회의 붕괴를 가져올지도 모른다. 자만과 질투, 우월감과 열등감, 상호간의 비방, 불신, 적대감은 인간관계에 파괴적인 영향을 준다. 교육은 서로 문제의 발단이 근원적으로 인간적인 오류에 있음을 인정하고, 그 잘못을 단지 비방하거나 징계하기보다는 서로 협력하여 시정하고 극복하는 방식으로 문제해결을 도모하기 때문에, 집단의 통합과 생산성에 기여한다.

2.12 교육과 수도계와의 관계

우리는 이제까지 교육과 관련된 주된 세계의 하나로서 '수도계'를 상정하였다. 본서의 모든 부분에서 그러했듯이, 이 개념은 세상 사람들이 통칭하는 세계를 그대로 수용한 것이 아니고 교육본위론의 맥락 안에서 이론적으로 새롭게 정의되는 과정을 거쳐 왔다. 더 나아가, 그 새로운 의미의 수도계를 기반으로 삼아 교육의 양상을 드러내는 방편을 취해 왔다. 그런 경로를 거쳐 왔기 때문에 교육은 오직 수도계와 관계를 맺고 있는 것으로만 착각하는 독자가 아직도 있을지 모른다. 그러나 하나의 자율적인 세계로서 교육이 관련을 맺고 상호작용하고 있는 세계의 종류나 수는 거의 무한대로 보아야 한다. 그 가운데 우리는 앞에서 겨우 정치, 경제, 사회를 포함하는 세속계적 환경을 검토한 바 있다. 이제부터 논의할 부분은 다시 교육과 수도계의 관계에 관한 것이다.

이제까지 우리는 인간의 삶을 대충 정치 · 경제 · 사회 · 문화 · 종교 · 교육이라는 범주로 분류하는 방식을 택하고, 그 마지막의 범주인 교육이 여타의 것과 어떻게 구분될 수 있는가 하는 문제를 해결하는 노선을 따라왔다. 교육본위론에서 상정하는 수도계는 이 가운데 문화와 종교의 범주와 가장 가까운 인척관계를 가지고 있다. 수도계는 문화와 종교의 세계 모두를 총칭한 것이 아니라, 그 가운데 어떤 것을 감하고 가한 부분에 해당한다고 볼 수 있다. 예컨대, 수도계는 문화에서 외형적, 물질적인 측면을 제거하고, 종교에서 절대성을 배제한 부분이라고 생각할 수도 있다. 그렇다면 교육과 그 환경을 논의함에 있어서 감하기 이전의 문화와 종교가 교육과 어떤 관계를 가지고 있느냐 하는 문제를 다루어야 한다. 따라서 우리의 다음 논의는 다소 중복되는 느낌이 있더라도 교육이 문화와 종교의 세계와 각각 어떤 관련을 맺고 있는지를 다루고, 다시 가감의 과정을 거쳐서 다시 정의된 수도계와 교육이 어떤 관계를 갖는지를 따져보고자 한다.

2.12.1 교육과 문화

문화라고 하면 현대적 편리성이나 혹은 문화인 · 문화재 · 문화국가 등을 연상하지만, 현재의 사회과학 특히 문화인류학에서는 미개와 문명을 가리지 않고 모든 인류가 문화를 소유하고 있다고 본다. 문화(culture)[53]란 인간이 자연의 상태에서 벗어나 이룩해 낸 물질적 · 정신적 소득을 총칭한 것으로서, 언어 · 관념 · 신앙 · 관습 · 규범 · 제도 · 기술 · 의례 등 다양한 요소를 갖는다. 이처럼 문화를 유전에 의한 것이 아니라 단지 후천적인 사회문화적 경험에 의해서 습득하고 전달받은 것 전체를 포괄하는 것으로 규정할 때, 그 내용은 반드시 인간성이 고양된 것으로만 볼 수 없다. 어떤 문화는 한편으로 인간성을 해방시키는가 하면, 다른 문화는 인간성

---

53) 이 용어는 라틴어의 cultura에서 파생한 culture를 번역한 말로 본래의 뜻은 경작(耕作)이나 재배(栽培)였다.

을 억압하는 양면성을 가지고 있다.

인간성의 해방과 관련된 문화내용의 하위요소로서, 우리는 철학·예술·과학·각종 기예 등을 들 수 있다. 그러나 이들이 문화의 범주로 불릴 때, 그 강조점에 있어서 교육본위론에서 지칭하는 수도계와 다소 맥락의 차이가 있다. 문화의 범주에서 이들 제반 분야는 내면뿐만 아니라 그 표현매체의 독자성에 큰 비중을 둔다. 각종 상징과 기호로 나타난 학술이론과 예술품, 각종 유형의 구조물, 발명품, 도구 등이 문화의 내용이 된다. 그 점에서 문화는 수도계에 비해서 그 물질성이라는 요소를 배제하고 논의할 수 없다. 아무리 우리 내면의 풍부한 체험을 포함하고 있다고 하더라도, 그것이 외부로 표현되지 않는다면, 문화의 범주에 포함하기 어렵다.

상징체계로서의 문화는 외재적 존재이며, 개인으로 환원되지 않는다. 문화결정론(cultural determinism)에 따르면, 문화는 개인을 초월한 하나의 자립적 존재로서 그 집단의 구성원의 삶에 거의 절대적인 지배력을 가지며, 개인은 그 문화 앞에서 무력하다(White, 1959). 문화는 마치 자연의 경우처럼 하나의 실재를 구성하며, 특정한 문화권에 사는 사람은 그 실재에 적응해야 한다. 이 때문에 인간은 '문화의 수인(prisoner of culture)'이라는 말이 성립한다(이문웅, 1991). 인류 역사에서 지역마다 문화에 차이가 있으며, 그중 특정한 문화는 어떤 사회집단 구성원들 모두가 지니게 되는 특성을 가지고 있다. 오늘날 현대적인 삶을 유지하기 위해서 자동차의 운전, 컴퓨터의 사용이 불가피한 것은 그 좋은 예가 될 것이다. 이들은 대부분 타인들에 의해서 제작된 것이며, 대부분의 사람들은 그 제작된 것에 적응하는 방식으로 생활한다.

시력이 떨어지는 사람이 안경을 쓰는 것처럼, 문화는 한 마디로 자연으로서의 인간이 갖는 부족함을 보충하는 기능을 한다. 문화가 비자연적인 것이듯이, 그것을 공유하는 과정도 자연적으로 이루어지는 것이 아니다. 문화 자체는 점차 축적되는 경향을 갖는다. 그러나 그것을 계승하고 건네주는 과정은 전혀 다르다. 각 세대는 항상 전세대의 경우처럼 출발점에서 다시 시작해야만 하며, 문화인류학자들은 그런 특징을 드러내는 기제로서

'문화화'라는 사실을 부각시킨다. 우리는 그런 문화화와 교육을 개념적으로 구별하여 왔다. 문화화는 특정한 문화내용의 공유라는 결과 자체에 의해서 규정되지만, 교육은 문화와 같은 수준에서 그 결과에 의해서 규정되는 것이 아니라 그 나름의 고유한 내재율에 따른 하나의 삶의 양상이라는 점이 강조되었다. 문화화는 그 적응의 필요성에 의해서 축적된 문화내용을 일시에 다음 세대에 주입하는 것을 용인하지만, 교육은 단지 기존 문화에 대한 종속보다는 그 문화내용 가운데 인간성의 고양과 관련된 부분만을 소재로 그것이 만들어진 과정을 다음 세대가 점차적으로 재생하도록 한다. 바로 이런 차이가 교육과 문화가 각각 상대적인 자율성을 가지고 서로 갈등하거나 상호 보완할 부분에 대한 별도의 논의를 요구한다(윤여각, 2001).

교육의 플러스 환경으로서 생각할 수 있는 문화는 어떤 것인가? 그 해답은 인간성을 그 자체에 종속시키기보다는 그 인간성을 발전시키는 특별한 과정으로서 교육의 필요성을 인정하는 데서부터 시작되어야 한다. 앞에서 지적했듯이, 학문, 예술, 각종 기예 등이 가진 수도계적 내용이 문화화의 과정에 내맡겨질 때 고압제의 위험성에 노출된다. 이는 인간성을 해방시키기보다는 구속하는 결과를 가져올 수 있다. 그 위험성을 피하기 위해서 문화는 특별히 그들을 그 자체의 소재로 완충하고 여과시키는 교육에 그 특별한 몫을 양도할 수 있다. 그 양도는 문화 자체를 위한 수준 높은 투자일 수 있다. 문화에 의해서 그 자율성을 인정받은 교육은 바로 그 자체의 특성에 의해서 문화화와는 다른 방식으로 다시 문화발전에 긍정적인 영향을 줄 수 있기 때문이다. 그런 상생가능성을 다음에 간결하게 정리해 보기로 한다.

교육은 다양한 종류와 수준의 품위를 그 소재로 제공하는 문화적 환경에서 번창한다. 역사적으로 이질적인 문화가 서로 접촉하고 교차하는 지역이거나 혹은 그런 것을 관용하는 사회에서 교육이 왕성하게 이루어질 수 있었던 것은, 그 구성원이 그들의 소질과 품위수준에 맞는 교육소재를 선택할 수 있었기 때문이다. 이에 반해서, 수도계의 다양성과 그 각각의 수준을 혼란으로 간주하고 일치를 강요하는 일원석 문화풍조에서는 교육이 그만큼 제한을 받는다. 그렇다면, 인류가 오랜 역사 속에서, 그리고 다양한 문화와 지역에서 사용했던 교육의 소재영역으로서 과연 어떤 것들이 있었는가? 이에 대한 해답은, 엄밀하게 말하면, 각각의 문화가 갖는 기준이 어느 것이나 옳다는 식의 이른바 '문화상대주의(cultual relativism)'의 관점과는 다른 맥락에서 찾아질 성질의 것이다. 왜냐하면, 교육소재는 특정한 문화로부터 결정되는 것이 아니라, 인류가 보편적으로 추구할 수 있는 가능태에 근거하고 있기 때문이다. 인간이 보편적으로 추구할 수도계의 입장으로 볼 때, 어떤 문화의 내용은 상대적으로 낮거나 혹은 높다는 평가를 받을 수 있으며, 그 수준의 차이가 있는 문화 사이에 교육의 과정이 개재할 수 있다.

그 범위를 어떻게 확장하든 간에, 특정한 문화는 그 속성상 동질성을 추구하는 경향이 있기 때문에, 교육이 요구하는 만큼의 소재의 다양성을 충분히 제공하기 어렵다. 그런 제한조건에서 문화가 교육을 위해서 특별히 배려할 수 있는 통로가 바로 '교육문화'이다. 하나의 문화권 내에서도 또 그 하위의 문화가 있다. 예컨대, 불교는 원래 살생을 금하는 음식문화를 수용하였으며, 역사적으로 불교음식이 그 내규에 맞게 발전되었다. 마찬가지로, 문화는 사회 전체의 문화 혹은 여타의 하위문화와 구분하여 교육의 특수성을 반영하는 교육문화라는 특별한 하위문화를 인정할 수도 있다. 이 부분은 교육공동체가 사회적 특성을 가지고 있지만 그 특성 안에 일반적 사회규범을 이탈할 수 있는 여지를 갖는 특성을 부여받는 경우와 같다. 이런 하위의 문화가 각종 사고체제, 관습, 풍속, 행사, 의례, 생활예절 등 일반문화가 허용하기 어려운 교육의 특수성을 별개로 반영할 수 있도록 한다.

교육을 본위로 할 때, 문화가 교육을 결정하는 것이 아니라 교육의 본질적 내재율에 따르고 조화를 이루는 경로가 중요할 것이다. 일반적인 문화적 관례나 상하의 위계를 따지는 것이 한 사회에서 '미풍양속'에 속하는 부분으로 인정받을 수 있지만, 그것들이 교육을 실천함에 있어서 제약이 되거나 번거로움을 줄 수 있다. 이 경우, 교육을 하는 동안에는 그것에 무관하거나 방해가 되는 일상적 형식과 예의를 생략하거나 다른 형태의 것으로 대체하는 것이 가능하다. 그런가 하면, 교육적 체험이 가지고 있는 고유성으로 인한 특수한 절차, 의례, 노래, 글, 일련의 몸짓이나 소리, 어떤 장식예술의 작품, 어떤 상징이나 형상들과 같은 문화적인 요소들과 간접적인 표현수단이 부차적으로 추가될 수 있을 것이다.

평이하게 말하면, 교육은 문화요소 가운데 통상 인간의 자아실현에 해당하는 부분, 그리고 그 자아실현을 개인의 성장의 단계를 거쳐서 점차적으로 실현하는 부분과 관련되어 있다고 볼 수 있을 것이다. 그 과정의 어느 위치에서 각각의 개인은 상구교육과 하화교육의 일정한 부분을 담당할 수 있으며, 그 인간적 유대는 각 교육이 요구하는 내재율에 따름을 전제한다. 이처럼 문화가 교육의 내재율에 부합하는 방식으로 적응하면서 교육에 유리한 방식의 환경으로 작용할 때, 교육이 그 문화 전반에 되돌려줄 수 있는 긍정적인 영향은 무엇인가? 이 질문에 대한 해답을 다양한 부분으로 나누어 길게 제시될 수 있겠지만, 여기서 최소한 우리의 삶을 단지 문화화에 맡길 때 간과하거나 놓치게 되는 어떤 결핍을 보완할 수 있는 몇 가지 교육의 기능에 국한시켜 예시하고자 한다.

오늘날 우리가 향유하고 있는 각종의 문화적 산물이나 혹은 학문과 예술은 그 첨단의 품위를 가진 소수의 사람들에 의해서 창조되었으며, 그 밖의 사람들은 여가시간에 오직 관객과 소비자로서만 가끔 참여할 뿐이다. 이것은 얼핏 보기에 인력의 효율적인 관리로 평가될 수 있으나 그 평가가 놓치고 있는 부분이 있다. 다수가 그것을 창조하는 과정을 알지 못하고 그 결과만을 이용하고 있는 문명은 마치 뿌리가 없는 나무처럼 그 생존의 기간이 짧다. 교육은 그 구성원 각자가 문화를 창조하면서 그 자체로서 가치 있고 향유될 속성으로 경험할 뿐만 아니라, 기존의 문화를 비판적으로 수용하여 그것을 좀 더 인간적인 속성에 맞게 새롭게 창조하거나 개혁할 수 있는 능력을 부여함으로써 문화화가 갖는 맹점을 보완한다.

앞에서 우리는 문화의 하위요소로서 학문 · 예술 · 과학 · 각종 기예를 소개할 때, 그 표현성을 필요조건으로 규정했다. 그러나 문화의 표현을 단지 모방하여 편리하게 활용하는 것과 그 표현을 가능하게 하는 체험을 구축하는 것 사이에는 큰 차이가 있다. 말과 글 자체가 무엇을 의미한다고 생각하는 것은 잘못이다. 그것에 어떤 의미를 부여하는 것은 인격체들이며, 언어는 그들의 수단일 뿐이다. 마찬가지로, 한 진술이 그 자체로서 참이거나 거짓일 수 있다고 생각하는 것 역시 그릇된 견해이다. 참이나 거짓인 것은 진술 자체가 아니라, 진술이 의미하는 것이다. 동일한 진술이라고 하더라도 상이한 사람들에게 상이한 것을 의미하게 될 때 엄청난 중요성을 지니게 된다. 그런데 문화화는 그 개별석인 의미 자체를 간과하면서 진술의 의미나 진리가 그 진술하는 사람과는 독립적인 진술을 구성하는 것을 이상으로 삼는 경향이 있으며, 많은 사람들은 그것의 활용에서 그 진술의 타당한 근거를 찾는다. 다른 한편으로, 교육은 인격적 성숙과 언어의 의미를 직접 결부시킴으로써 그런 피상적인 적응과 맹목성을 보완하는 작용을 한다.

오랜 역사를 통해서 축적된 문화의 저장고는 날로 거대해지고 있다. 그것들은 단순히 선택을 가능하게 하는 다양성의 의미를 벗어난다. 이것은 향유해야 할 대상의 범위를 넘어서서 오히려 감당하기 힘든 무거운 부담이 되고 있다. 오늘날의 신생아는 적어도 그들이 성인생활을 하기 전의 짧은 기간 안에 그 엄청난 내용의 필수적인 요소를 거의 모두 내면화해야만 한다는 요청에 노출되어 있다. 능력 이상의 것을 당장 요구하는 사태에 봉착하여 그 속도만을 의식하여 일시에 기존 문화를 모방하는 것이 불가피한 적응의 기제가 되며, 이런 적응은 설사 일시적으로 큰 성과가 있어 보이지만 피상적인 이해를 보여줄 뿐, 그 수도계의 내재적 가치를 감식하고 그것을 혁파하고 발전시키는 창조성을 발휘할 수 없다.

문화와 관련하여 흔히 생산자와 소비자를 구분하는 방식은 그런 병폐를 가중시킨다. 최고수준의 천재들에 의해서 문화가 만들어지고, 나머지의 다수는 그것에 적응해야 한다는 것이다. 그 적응은 그 창출과정에 대한 체험이 생략된 채 이루어지기 때문에, 공연된 것의 모방과 기능적 효과에만 그 초점이 맞춰진다. 소수가 다수의 문화적 기능을 대행하는 이런 경로는 그 문화의 향유뿐만 아니라 창조의 면에서 바람직한 것이 못 된다. 이에 비해서, 교육은 품위의 발생적 단계를 빠짐없이 모두 거치게 함으로써 어린이들이 거대한 문화적 하중으로부터 해방하여 정상적인 성장과 재창조의 과정을 향유하도록 돕는다.[54] 문화적 소산물은 그 창출과정에 대한 재생의 체험이 생략될 때, 교육적인 가치를 인정받지 못한다. 이런 교육의 조건은 문화의 창조자의 수를 증진시키는 결과를 가져올 것이다.

높은 탑을 세우려면 그 기초를 넓게 잡아야 한다. 생활수준의 향상 및 교육보급의 확대에 따른 문화 향수(享受) 능력의 향상과 매스커뮤니케이션의 발달은 종래 지극히 한정된 일부 계급 · 계층에 국한되었던 문화적 향수 범위를 확대하여 대중문화 성립의 기반이 되었다. 그러나 이런 문화의 대중화는 산업과 결부되어 있으며, 이제 대중은 문화산업이나 매스컴 산업의 이윤대상이 되고 있다. 매스컴 기업이 이윤추구만을 경영목적으로 하는 한, 저속한 프로그램이 횡행한다거나 문화의 창조자가 대중에 영합해서 저속한 작품을 양산(量産) · 상품화하여 대중사회의 저속화 · 퇴폐화를 가져온다는 우려도 제기되고 있다. 문화기업에 의해 일률적으로 대량생산되어 공급되는 문화내용은 필연적으로 정형화된 사고와 행동을 낳게 되어 본래 창조적이어야 할 문화는 대중의 생활 속에서는 나오지 않게 된다. 이로 인해서 전통문화는 더욱 쇠퇴하고, 새로운 문화의 창조와 향수는 이윤과 영합을 축(軸)으로 해서 움직인다.

여기에도 교육적 해결의 여지가 보인다. 교육은 문화를 최고수준에서 규정하는 것이 아니라 각 단계를 인정하고 그 모든 수준의 교육을 허용함으로써 낮은 수준과 높은 수준 간의 협력과 연결점을 갖게 함으로써 이에 따른 부작용을 해결할 수 있다. 이와 관련하여 우리가 일반적으로 특별히

---

54) 하나의 비유가 이에 대한 설명을 보충할 수 있을지 모르겠다. 좋은 열매를 얻는 방법은 싹이 날 때 싹을 튼튼히, 잎이 날 때 잎을 튼튼히, 꽃이 날 때 꽃을 튼튼히 하는 것이다. 말하자면 성장의 각 단계를 충실하게 거치면 훌륭한 열매를 얻을 수 있다. 처음부터 열매를 생각하고 씨를 열매로 만들려고 하면 아무것도 얻을 수 없다.

더욱 강조하고 주목해야 할 문화적 측면이 있다. 그것은 경쟁과 협력이라는 문화적 특징이다. 경쟁의 논리가 앞서 논의된 문화의 세속화를 지배한다. 수도계에서도 경쟁이 불가피하다. 그러나 그 경쟁은 세속적 의미에서의 승리를 위한 것이 아니라 모든 사람들의 잠재된 능력의 실현과 성취를 위한 것이라는 점을 염두에 두어야 할 것이다. 자기 자신과의 경쟁 혹은 개인 간의 더 나은 품위의 입증을 위한 경쟁이 불가피한 것이다. 그렇다면, 모든 삶에서 경쟁의 논리가 적용되어야만 할 이유라도 있는가? 그 경쟁은 선천적인 것인가? 그렇지는 않다. 경쟁의 반대편인 협력 역시 보편적인 삶의 형태거나 혹은 선천적인 것은 아니다. 모두가 후천적인 경험을 통해서 습득되고 전달되는 우리 자신의 속성이며, 더 나아가 문화 형태이다.

경쟁과 협력, 이 두 가지를 가치로 비교할 때, 어느 것이 더 바람직한가? 분야마다 다르다는 것이 그 정답에 가까울 것이다. 우리의 삶에서 경쟁적인 것을 배제할 수 없다고 하더라도 교육이 이루어지는 공간에서는 예외가 적용될 수 있어야 한다. 그런데 교육이 마치 경쟁과 불가분의 관계를 가지고 있는 것처럼 세상사람들이 인식하는 것은 그들이 교육뿐만 아니라 경쟁에 대해서도 잘못된 인식을 가지고 있는 데서 비롯한다. 불행히도 우리의 삶에는 협력하는 방법을 모르기 때문에 서로 경쟁하는 경우도 많다. 우리는 아주 어릴 때부터 경쟁을 무비판적으로 받아들인다. 서구적인 소규모의 핵가족에서 자란 아이들은 부모로부터 경쟁에 이기도록 고무된다. 이런 풍조가 학교라는 공간에까지 확장된 것이다. 그러나 학교의 기능과 교육은 엄연히 구분된다는 것이 여러 차례 강조되었다. 교육은 선진과 후진이 서로 배타하고 경쟁하는 것보다는 그것을 소재로 서로 결속하고 협력하는 방식이며, 따라서 교육문화는 그것을 문화의 형태로 받아들일 수 있어야 한다.

다시, 교육을 통한 고급문화와 대중문화의 접점에 대한 앞선 주제로 돌아가 보자. 군중의 수준을 무시하거나 아부하는 것 어느 것도 바람직하지 않다. 교육은 각각의 문화수준을 인정하며, 그것들을 가진 대중들을 단지 수동적인 문화소비자로서가 아니라 주체적인 문화수용자로 전환시킨다.

고급문화의 저급화도 교육을 위해서 필요하다. 이렇게 함으로써 고급문화는 그 저변을 확대하고, 또 대중을 자기편으로 상승시키는 중간다리를 놓을 수 있게 된다. 이것은 교육만의 공법이다. 이에 따라 어린이들의 교육에서 그 발달단계에 알맞은 품위를 활용하는 것은 교육을 위하는 길일 뿐만 아니라, 수도계 자체의 발전을 위한 길이기도 하다. 그렇게 함으로써 고급예술의 저변 확대가 이루어지며, 대중문화는 고급문화로 진입할 수 있게 될 것이다.

대중문화와 고급문화의 이런 접목방식은 서로 다른 문화 사이의 접촉에도 확대하여 적용될 수 있다. 일반적으로 동화란 개인이나 집단이 다른 문화를 지니는 개인이나 집단으로부터 그 문화를 받아들여 공통문화를 가지게 되는 과정을 말하며, 이것이 특히 정책의 형태로 일방적이고 강제성을 띨 경우를 일컬어 동화정책이라고 한다. 동화정책의 경우에는 쌍방이 집단이 되는데, 주로 한쪽 집단은 이민(移民)이나 인종적 또는 민족적 소수자 집단이 되며, 다른 한쪽 집단은 우세한 세력을 가지고 정치·경제·사회·문화 생활을 지배하는 경우가 많다. 거기에는 선택과 거부가 동시에 작용하므로, 필연적으로 반항과 불복종 운동이 일어난다.[55] 이 역사적 사실을 거울삼아 근래에 다양한 문화끼리의 관계를 두고 이른바 자민족중심주의에 대한 문화상대주의의 관점이 주목을 받는다. 종전에 상대의 문화를 자신의 입장에서 이해하거나 연구되는 것을 지양하여 각 문화는 그 문화의 맥락에 의해서 이해되고 해석되어야 한다는 것이다.

그러나 문화상대주의의 관점이 항상 존중되거나 혹은 존중되어야 하는

---

55) 과거 한국에 대한 일제의 동화정책도 그 예외는 아니다. 일본은 1910년의 국권침탈 직후 무단정치(헌병정치)시대의 우민정책을 실시하다가, 1919년 3·1운동이 일어나자 제1차 세계대전 후 세계를 휩쓴 민족자결주의의 조류에 밀려 한때 문화정치라는 미명하에 기만적인 동화정책을 폈는데, 그 본질은 바로 민족문화를 말살하려는 의도에서 나온 것이었다. 특히 그들은 식민지 교육정책을 강요하면서 우리 민족문화를 왜곡하고 그들의 문화를 미화시키는 한편, 우리 어문(語文)의 사용 금지, 일본어 사용 강요, 일본식 창씨개명(創氏改名) 등 그 수법이 세계에서 유례를 찾기 힘들 정도로 악랄하고 야만적이었다. 동화정책이 어떤 형태나 수법으로 행해지든 간에 지배민족이 그들의 식민지에서 동화정책을 완전히 성공시킨 예는 일찍이 볼 수 없었다.

것은 아니다. 현실적으로 두 개 이상의 문화가 접촉하면 그들 사이에 문화접변이 일어난다. 그 가운데 어떤 문화요소는 상대의 것에 비해 더 높은 수준의 것으로 인정될 수 있으며, 이 경우 낮은 것이 점차 높은 것으로 전환되는 계기를 삼을 수도 있다. 문화접변은 그 발전단계가 서로 비슷한 것끼리 이루어지기도 하고, 그 수준이 전혀 다른 것끼리 이루어지기도 한다. 이때 문화는 그 자체의 보존성에 의해서 충돌·배타·저항의 경로로 치달을 수 있다. 다른 한편, 교육은 문화적 경계나 장벽을 초월한다. 따라서, 자기문화의 전통과 인습의 테두리 밖에도 또 다른 넓은 세계가 있음을 알린다.

품차가 있는 개인들 사이에 있는 고압제의 경우처럼, 앞에서 지적한 문화의 식민지화는 위험이 많다. 고도의 발전된 문화가 이처럼 아직 미발달한 문화 속으로 갑작스럽게 강제로 유입되는 현상은 결코 바람직한 문화전파라고 할 수 없다. 교육적 시숙의 내재율을 갖는 교육이 대신 그 병폐를 예방할 수 있다. 각각의 문화가 서로의 문호를 개방하여 서로의 교류교육이 증진됨으로써 양쪽의 문화를 동시에 격상되게 하는 결과를 가져올 수 있는 것이다. 구체적으로는, 미래의 국제적인 문화공동체를 형성하기 위한 이념·조직의 연구를 비롯하여 인물교류, 유학생제도, 각국 문화의 상호이해를 촉진시키기 위한 각종 교육공간의 확충 등이 그 항목에 포함될 것이다.

2.12.2 교육과 종교

이제 종교와 교육 사이의 관계로 그 주제를 바꾸어 보자. 문화라는 것이 그러했듯이, 종교(religion)라는 세계 역시 그에 대한 의미가 통일성을 가지고 따로 규정된 것은 아니다. 그 말 자체가 지성인들이 만들어 낸 근세의 개념이다(Eliade, 1969; Smith, 1978). 종교적 전통이란 역사적 산물이며, 그것에 참여하는 자들에 의해서 계승되며, 끊임없이 형성되는 산물이다. 종교는 주물숭배, 자연숭배, 샤머니즘, 우상숭배 등 원시적인 수준에서부터 불교 · 유교 · 도교 · 힌두교 · 유대교 · 기독교 · 이슬람교 등 상당한 정도의 체계적인 교리를 갖춘 것까지 다양한 것을 포괄한다. 오늘날 불교, 기독교, 이슬람교 등과 같은 세계종교는 종교의 역사에서 비교적 후기의 것이며, 온전히 이질적이다.

이처럼 다양한 얼굴을 가진 종교도 그 공통성은 있다. 그것은 초월적이며 신비적인 대상에 관여하고 있기 때문에 처음부터 합리성의 영역에 속하지 않으며, 그 본성 속에 역설과 모순적 표현들을 포함한다는 점이다. 종교현상들은 관찰자에게 어리둥절할 만큼 다양하고 풍부한 파노라마를 보여주기 때문에, 그 현상에 대한 해석 역시 그만큼의 불협화가 있다. 관찰자는 운동을 보지만 참여자는 그 운동이 가리키고 있는 것을 본다. 지금까지 제안된 종교에 대한 관찰자의 정의가 그 참여자에게 설득력을 갖지 못하며, 아직까지 종교에 대한 어떤 일반화도 만족할 만한 수준에 접근하지 못한 것은 이런 이유에서이다. 그러나 그런 개념규정의 난점을 핑계삼아 우리가 종교적 삶과 교육이 관련된 양태에 대한 논의를 피해갈 수는 없다.

종교적 삶의 핵심은 그 안에서 인간이 한계를 초월한 어떤 것으로 인도된다는 것이다. 아직 파악되거나 이해되지 않은 것들에 대한 두려움을 그것에 대한 신뢰, 헌신, 복종으로 환원시키는 것이 종교를 찾는 우리의 심리상태이다. 우리는 자신보다 위대하면서도 신비로운 실재와의 체험적 관계에 직접적 · 내면적 · 개인적 · 생동적 · 실존적으로 참여하면서 불안, 죽음의 문제, 심각한 고민 등을 해결하려는 기본적인 욕구를 가지고 있다. 종교는 그런 욕구를 토대로 지고한 존재에 대한 경이, 공포, 경외, 달램과 의존, 죽은 자의 숭배, 사후세계에 대한 약속, 예배, 제의, 기도, 공희(供犧), 정화(淨化), 금욕, 신탁, 신화, 경전, 교설, 성스러움에 대한 추구 등의 형식으로 나타난다. 보다 높은 실재와 가치에 봉사하려는 궁극적인 충성심과 의지의 헌신 등의 필연적인 요소를 갖는 종교는 그 효용성의 범위를 벗어난다. 효용성을 가장 주요한 과제로 삼는 종교는 그만큼 타락했다는 증거가 될 수 있다.

종교는 이타의 세계처럼 어떤 인간적인 필요성에 의해 만들어진 것이다. 왜 종교를 믿는가? 그에 대한 가장 확실한 해답은 믿음 자체를 위해서라는 것이다. 어둠 속에서 헤맬 때 밝은 빛을 찾는 것과 같다. 종교적인 교리는 삶에 대한 총체적인 해답을 제공한다. 이처럼 신앙은 그 근본에 있어서 삶과 세상사의 불확실성을 확실성으로 환원시키려는 동기에 기초하고 있기 때문에, 그 대상에 대한 전폭적인 신뢰와 확신을 요구한다. 믿을 수 없는 것을 믿는 것은 자기모순이다. 그 종교의 내용을 전달하는 방식 역시 바로 그런 심리 상태와 일치하지 않으면 안 된다. 그것에 부응하는 것이 바로 교조화(indoctrination)라는 방법이다. 종교의 주요 내용은 종파의 교의, 성전, 종파의 역사, 성인의 사적, 실천상의 윤리, 찬송가와 기도문, 종파의 축제일 의의 및 의식 등이 있을 수 있는데, 교조화의 목적은 그 속에 일말의 한계나 불확실을 허용하지 않는 방식으로 전달하는 것이다.

여기에서 한 가지 놓쳐서는 안 될 부분이 있는데, 그것은 흔히 종교의 범주로 지칭되는 것 가운데에는 우리가 후에 더 자세하게 다룰 수도계의 요소를 지니고 있는 것도 있다는 점이다. 불교의 경우는 오늘날 종교의 범주에 넣고 있지만, 그것이 이루어질 초기에는 우리가 검토해 왔던 수도계의 성격을 순수하게 띠었다. 초기의 불교에서 그 목표인 열반에 드는 것은 어떤 절대적인 것에 대한 의존이나 경배로서가 아니라, 오직 개인 자신의 힘에 의해서만 가능하다. 이처럼 우리가 자신의 한계를 벗어나는 모험과 정복을 통해서 신비로운 것을 자명한 것으로 동화시켜 놓는 것을 목표로 삼는 경우, 교육본위론이 지칭하는 수도계의 목표에 일치한다.

이 점은 오늘날 예수를 인간 이상의 신으로 생각하고, 그를 예배의 대상으로 삼는 기독교의 경우와 대조되는 측면이다. 기독교에서는 역사의 시작에 인간이 원죄를 진 것으로 전제한다. 그것은 바로 인간이 신의 의지에 반하는 데서 발단하였다. 그 원죄로부터 인간을 구원하는 존재가 바로 신이다. 인간은 신을 배반했다는 죄의식을 벗어나기 위해서 그 자립성을 버리고 신의 절대적 권위를 받들 때, 그의 구원이 성립하는 것으로 되어 있다. 물론 불교의 경우도, 그것이 더욱 대중 속으로 확장되면서 그 내용이 점차 가공되어 종교로 변질되는 과정을 거친다. 이 점은 앞 절(2.7)에서 4대 스승의 교육적인 삶과 그들의 메타교육이라는 주제를 다루면서 이미 시사한 바 있다.

그렇다면, 종교가 교육에 플러스 환경이 되는 조건은 무엇인가? 그 첫째는 그런 교조화와 교육의 차이를 감안하여 전자가 놓치기 쉬운 부분을 후자로부터 보충하도록 허용하는 것이다. 종교 분야에서 흔히 지칭하는 '종교교육'은 교육본위론이 드러내려고 했던 것과 다른 과정이라는 것이 분명하다. 그 용어에 내포된 종교와 교육이 역사적으로 밀접한 관계를 가지고 있었지만, 전자가 주로 특정한 종교에 대한 교조화에 치우치고 있는 점이 문제시되어 공립학교에서는 그것을 교육과 분리시키려고 하는 시도가 꾸준하게 이루어졌다.[56] 종파적 '종교교육'을 오늘날 종교에 관계있는 사립학교나 종교단체의 교육기관에 한정시키는 것은 그런 노력의 일환으로 볼 수 있을 것이다. 물론, 여기에서 쓰이는 교육이라는 개념 역시 학교라는 특정한 제도를 전제로 하고 있다는 점에서 문제가 없는 것은 아니지만, 이런 진전은 교육에 선택권을 준다는 점에서 교육을 위한 우호적인 환경으로 해석될 수 있는 부분이다.

오늘날 많은 대학에 '종교학과'가 있다. 그렇다면, 그곳에서 교육이 일어난다고 할 수 있는가? 혹은 적어도 교육의 환경이라는 부분에서 어떤 제약이 있는 것은 아닌가? 이 문제에 대한 해답을 얻는 데 있어 먼저 고려해야 할 것이 있다. 그것은 종교와 그것에 대한 학문의 차이이다. 후자는 특정한 종파의 교리에 대한 교조화와는 다른 목적을 갖는다. 종교학은 그야말로 종교현상 자체에 대한 학문적 이해를 목적으로 삼으며, 그로부터 비롯하는 지식은 다른 분과학문의 경우와 마찬가지로 진리의 기준에 의해서 판정받는다. 그런 지식은 교육본위론이 가정하는 품위의 일종에 해

56) 우리나라의 경우, 교육법 제5조에 "국립 또는 공립의 학교는 어느 종교를 위한 종교교육을 하여서는 아니 된다"라고 규정한다. 그러나 이 법률의 해석에 있어서 논란의 여지는 남아 있다. '종교교육'이라는 합성어에서 '종교'와 '교육'이 각기 무엇을 의미하는가 하는 점에 대해서는 서로 다른 견해를 가질 수 있을 것이다(김재웅, 2006).

당하며, 그것을 소재삼아 교육적 교섭이 가능하다. 말하자면, 대학에서 이루어지는 종교학과의 교육은 우리가 이제까지 논의한 교육의 개념과 모순 없이 잘 어울릴 수 있다.

이처럼 교육에 유리한 환경을 종교 혹은 종교학으로부터 기대할 수 있다면, 그 반대의 경로는 어떠한가? 이제 교육이 바로 종교에 공헌할 여지는 무엇인가? 그에 대한 한 가지 분명한 해답은, 신앙도 교육이 동반될 때 더욱 건전해질 수 있다는 사실이다. 종교적 심성은 마치 양날을 가진 칼과 같다. 그것은 인간을 정화시켜 보다 높은 이상으로 고양시키는 반면, 다른 한편으로 자신의 고정된 편견과 독선을 앞세워 극도의 잔인함과 파괴력을 정당화하거나 행사할 수 있다. 우주 안에 내재하는 질서나 도리는 그 내용이 무한하다. 그 내용 역시 절대적일 수 있다. 다른 한편, 그것을 이해하는 우리 자신은 늘 유한하다. 이 때문에 전자를 후자에 의해서 파악하려면, 우리는 현재의 관점에서 그 대상을 고정시킬 것이 아니라 끊임없이 자신을 변혁시키는 자기 수행을 하여 그것을 생성의 과정으로 볼 수 있어야 할 것이다.

우리의 삶에는 믿음 못지않게 일정 부분 의문을 갖는 것을 요구한다. 종교의 경전에는 분명히 환상적인 요소들, 즉 지옥과 천당이라는 관념, 믿기 어려운 신화, 전설, 모든 기적, 그리고 논리의 모순점이 포함되어 있다. 종교적 광신자는 그것을 절대적인 진리로 믿고 여타의 생각을 상대주의로 매도하고 주변의 불확실한 현실세계를 경멸한다. 중세의 교회가 자연과학에 대해 극단적인 의심을 보냈던 것은 그 좋은 예이다. 그로써 불확실한 세계 속에서 다소의 확실성을 찾아내려고 애쓴 수많은 과학자들이 희생을 당하고 박해를 받기도 하였다. 이런 불행하고 부당한 역사는 종교적 신념과 과학 사이의 목적의 차이를 인정하지 못하고, 후자를 전자의 것으로 환원시키려는 데서 비롯한 것이다. 교육은 이런 광신의 독성에 대한 훌륭한 해독제가 될 수 있다.

지구상의 종교의 종류는 이루 헤아리기 어렵다. 그들 사이의 공존이 보장될 수 있어야 한다. 그런데 그중 기독교의 경우처럼 유일신을 믿는 종교는 타종교를 이단으로 간주하고 받아들이지 않는다. 사태가 더욱 어려운 것은 기독교 자체도 그 역사의 발전단계에서 분파, 교파, 당파로 분열되고, 각각은 자신의 것이 정통을 대표하는 것으로 주장하며, 이 때문에 이들은 종종 서로 적대적인 입장을 취하며 충돌한다는 점이다. 우리는 무지하고 열광적인 기독교집단이 무고하게 특정한 인간과 문화를 악마나 악마의 것으로 규정하면서 파괴한 많은 예를 알고 있다. 이런 사태는 신앙 자체의 선택을 어렵게 한다.

교육은 그런 사태의 진전을 완충한다. 우리가 이질적인 문화와 관련하여 앞에서 논의했듯이, 교육은 이질적인 종교와 종파의 어느 것에 특별한 애착을 가지지 않고 중립을 지킴으로써 그들이 서로 충돌하지 않고 서로 조화를 이루며 공존할 수 있는 길을 열어놓을 수 있다. 교육은 인간의 삶에 대한 총체적인 해답을 가정하지 않는다. 우리는 다양한 수도계에 대한 다양한 이해의 길이 있다는 전제하에 교육에 참여한다. 그중의 어느 것이 다른 것보다 더 중요하다는 제약도 없다. 그것들이 많을수록 그것을 교육의 소재로 삼을 수 있는 가능성의 폭이 넓어지는 셈이다.

종교에서는 그 교리를 절대적인 것으로 혹은 항구적인 것으로 규정하고 있다. 그것은 믿음을 목표로 삼는 세계의 입장에서 당연한 논리이다. 그러나 역사적으로 볼 때, 그 절대성과 항구성의 본질은 그 종교 안에 있는 것이 아니라 그것을 받아들이는 사람들 안에 있다고 보는 것이 옳을 것이다. 완전한 것이 신이라면 그를 온전히 이해하거나 기술할 수 있는 존재는 신의 지위를 갖추어야 할 것이다. 이런 요구사항에 비해, 인간은 항상 불완전하고 유치하다. 그런 인간을 통해서 역사적으로 절대자가 규정되어 왔다는 사실을 감안할 때, 신의 개념은 항상 인간의 영혼이 도달하고 감지할 수 있을 완전성에 대해서 당시의 사람들이 갖고 있는 최고의 이상을 대변한다고 보아야 할 것이다. 그런 규정은 그 집단이 속한 낮은 수준의 품위에서 나올 수 있다. 그 사실을 인정한다면, 교육은 종교의 대상을 자신의 품위로 후퇴시켜 맹목적으로 숭배하기보다는, 그 창시자가 인간으로 발전한 변모를 스스로 재체험하게 하는 새로운 역할을 부여받을 수 있다.

종교에서 말하는 인간의 '구원(salvation)'이란 하나의 상태로부터 다른 상태로 전이됨을 의미하는데, 그 이행에 있어서 그것을 신적인 힘에 의존하거나 혹은 그 자신의 노력에 의존해야 한다.[57] 이런 점은 가끔 가혹한 자연조건 혹은 사회적 압제의 상황에서 고통받고 억압받고 소외된 대중이 메시아나 절대자에 의존하고 그 위안과 구원을 지상이 아닌 천상에서 받아들이는 도피처로서 종교를 이용하고, 그런 대중의 심리를 종교계의 지도집단이 현존 체제의 현상유지 혹은 여타의 세속적 목적을 달성하는 수단으로 악용하는 소지를 만든다. 교육은 이런 퇴행성을 제지할 수 있는 보루가 될 수 있다. 교육은 자신의 구원자를 유한한 인간에서 찾는다. 인간의 문제는 인간 스스로의 적극적인 활동에 의해서 해결되어야 한다. 교육 주체로서 이런 인간의 자각은 신을 내세운 억압과 종속에 철저하게 대결한다.

2.12.3 교육과 수도계

앞에서 우리는 문화와 종교라는 영역이 교육과 관련을 맺을 수 있는 쌍방의 양태를 주로 긍정적인 측면에 초점을 맞추어 논의하였다. 이제 마지막으로 남은 주제는 교육과 수도계의 관계이다. 교육본위론에서 지칭하는 수도계는 문화와 종교와 독립된 영역이 아니라, 그 양쪽의 특정한 부분을 가감하면서 개념화되었다. 먼저 수도계는 흔히 학문, 예술, 각종 기예 등 문화의 영역 가운데 인간성의 보편적인 발전에 해당하는 부분과 겹친다. 그러나 문화 안에서 그것들이 차지하는 맥락과 교육 안에서 그것들이 소재로서 차지하는 맥락에는 차이가 있다. 문화에서는 이 각각의 표현매체로서의 물질성을 무시하기 어렵지만, 수도계의 입장에서는 그것의 체험으로 충분한 것이다. 문화는 그 구성원에게 문화내용에 직접 적응하기를 요

---

57) 물론, 종교에서 항상 절대자의 우호적 구제만을 말하는 것은 아니다. 예컨대, 불교의 '업(業)'의 개념에는 보통 '윤회'와 '전생'의 관념이 결부되어 있다(정승석, 1999).

구한다. 그러나 교육은 문화가 교육에 적응해야 한다는 그 반대의 경로를 요구한다.

우리의 삶에서 그 효용성이 발휘될 수 없는 곳, 그것들이 모두 쓸모없게 된 삶의 단계에서 비로소 종교가 요청된다. 거기에도 자신의 변신에 의해서 일상에서 체험하기 어려운 세계로의 진입이라는 수도계의 취지가 다소나마 포함되어 있다. 그러나 종교가 인간이 자신의 나약함을 극복하기 위해서 자신 밖의 어떤 절대적인 타자를 세우고 거기에 의지할 것을 구하는 것이라면, 그것은 수도계와 다른 면모이다. 예컨대, 역사적 존재인 석가가 사람들에게 무한한 수명, 광명, 신통력을 지닌 전지전능한 존재로 변할 때, 그는 수도계의 선진이기보다는 종교의 대상이 되는 것이다. 설사 이 세상에 어떤 절대적인 품위가 있다고 하더라도 그 해석에 있어 한계가 있기 마련이며, 그 한계를 넘어서는 것으로서의 종교의 내용은 수도계의 범주에서 제외된다. 그 정도의 차이는 있을지언정, 인간의 품위에는 오류와 무지가 있다. 교육은 그 오류를 전제로 하는 선진과 후진이 그런 절대자에 대한 의존에서 깨어나 자기의 본질적 의지로 돌아감으로써 진입할 수 있는 세계이다.

이것이 이제까지 본서에서 교육의 세계를 새롭게 드러내는 데 방편으로 사용해 온 새로운 의미의 수도계의 면모이기도 하다. 그런 경로와 방편을 이용하여 교육의 실체가 밝혀진 지금의 단계에서, 수도계의 위상은 달라졌다. 종전의 기능론적인 교육관에 따르면, 교육은 수도계의 품위를 향상시키는 수단의 위치를 차지할 뿐이다. 그러나 교육본위론은 그런 기능적 관계 이전에 교육 자체가 무엇인지를 해명하는 방식을 취해 왔다. 교육 자체가 그 나름의 자율성을 갖고 있는 세계라면, 그것이 맺을 수 있는 환경세계들은 무수할 수밖에 없다. 이제 수도계는 그 환경의 하나로서 교육과 협력뿐만 아니라 갈등할 수도 있다. 그런 현재의 논의 맥락에서, 교육과 수도계의 관계를 정리해 보는 것도 그 나름의 의미가 있을 것으로 보인다.

수도계와 교육은 그 가치판단의 기준과 목적에 있어서도 구분되지만,

특정조건에서 상보한다. 이들이 만나는 접점의 영역에서 이들은 서로가 상대의 수단으로서 작용한다. 수도계를 본위로 할 때, 교육계가 그것을 향상시키고 입증하는 수단이 되고, 교육계를 본위로 할 때, 수도계는 그 나름의 활동이 갖는 내재적 가치를 실현시키는 데 동원되는 소재로서의 가치를 갖는다. 교육은 어떤 특정한 혹은 절대적인 품위에 도달하는 것이 아니라 그것을 얻어내는 점진적인 과정의 하나로서, 결국 개인은 교육을 통해서 우리가 그 실재를 자각하는 동시에, 그 자각 속에서 실재 자체의 자기실현이 성립한다. 설사 지구상의 모든 수도계가 파괴되는 재앙이 온다고 하더라도 교육계만 살아 있다면, 언제나 그것들은 활기차게 소생할 수 있다는 확신을 우리가 갖게 되는 것은 바로 이런 이유에서이다.

수도계가 교육을 지원하는 방식은 그것이 교육의 내재율에 따르는 측면을 관용하고 허용하는 것이다. 교육은 이론상 특정한 수도계의 종류와 품위의 수준과는 별개로 평등하게 이루어진다. 교육을 할 수 있는 소재의 종류에 있어서 제한이 있을 수 없다. 교육의 입장에서, 교육 주체가 자신의 소질과 처지에 맞게 선택지로서 활용될 수 있는 다양한 소재를 가질수록 좋다. 서양의 희랍시대에는 모든 교과가 '철학'에 수렴되었다. 그러던 것이 오늘날은 수백 개의 분과학문이 이루어진 것이다. 예술에서 각각의 장르의 분화도 학문의 경우처럼 다양한 면모를 보이고 있다. 그 이외에도, 우리가 역사상 수도계라고 지칭할 수 있는 동서고금의 기존 영역, 그리고 앞으로 탐색할 가능성까지를 고려하면 교육소재의 범위는 무한정하다고 할 것이다. 그 모두를 골고루 교육의 소재로 삼음으로써 흔히 일반인들이 '전인교육'이라는 말로 표방하는 바를 성취할 수도 있을 것이다.

더 높은 품위에 도달하면, 그 이전의 품위를 폐기하는 것이 수도계의 관행이다. 그러나 교육에서는 폐기될 품위가 없다. 교육의 소재는 또한 그 각각의 수도계의 품위 가운데 일정한 수준 이상이라거나 이하라는 특정한 경계에 제한받지 않는다. 교육은 수도계적인 결과로서 품위의 평등이 아니라 각 품위를 평등하게 소재로 삼는 것을 지향한다. 마치 높은 곳에 오를 때 사다리의 각 계단이 제몫을 하듯이, 모든 품위는 그 고하를 막론하고 그 각각의 교육에 있어서 똑같은 정도의 교육적 가치를 가지고 있다. 교육은 그 소재가 되는 품위의 출발점이 어디에 있든 간에 동일한 형태로 작용한다는 점에서, 수도계의 모든 수준의 품위가 교육의 소재로서 보존되어야 한다.

교육활동은 끝난 곳에서 다시 시작하는 방식으로 각 품위의 단계에서 다시 동형의 것으로 반복된다. 그 중간의 고유한 과정을 공경하고 숭상하고 사랑하고 아끼는 것만큼 교육적 가치가 증진된다. 이 말은 수도계와 교육계의 내재적 가치가 독립적임을 의미한다. 낮은 수도계의 품위에서 높은 수준의 교육이 일어날 수 있는 것이다. 만약 수도계가 그 자체의 가치를 중시한 나머지 최고의 품위에서의 교육만을 중시하거나, 혹은 그것에 이르기까지의 충실한 교육의 과정을 생략하거나 무시한다면, 수도계와 교육계 사이에 미묘한 가치상충이 일어날 수도 있다. 그들 간에 가장 원활한 공조가 이루어지는 접점은 교육에 참여하는 구체적인 주체가 가진 수도계의 품위에 의해서 결정된다. 상구는 그 현품에서 차상품에 이르는 과정이며, 하화는 그것을 부단하게 촉진하는 과정이기 때문에, 교육의 소재는 항상 상구자의 현품을 기준으로 설정되어야 한다.

수도계의 입장에서 하나의 선진품위가 그 이하의 후진품위를 모두 제압한다. 그 위계를 존중한다면, 후진의 품위는 더 이상 효력을 발휘할 수 없다. 그러나 교육의 입장에서는 그것이 부당하다. 상구 주체의 품위는 각각 다르며, 그들은 교육소재를 결정하는 기준선이다. 만약 그 기준을 훨씬 넘어서는 품위를 추구한다면, 그것은 무리다. 이 원칙을 이해하지 못할 때, 선진은 사다리로 높은 곳을 오르고 나서 그 사다리를 버리는 오류를 범하게 된다. 교육 주체는 그가 가진 상대적인 현재의 품위를 교육의 놀이가 가능하게 되도록 활용할 줄 알아야 한다. 그가 상구하고자 할 때 그것은 부정되어야 할 어떤 것으로 활용되며, 하화할 때에는 그것을 긍정하는 방식으로 활용된다. 이처럼 특정한 보편적 품위에 구애되지 않고 교육 주체의 품위를 기준으로 표적이 설정되는 것을 보장하는 조건에서, 교육은 강요하거나 강요받는 것을 넘어서서 진정으로 사랑하면서 향유할 수 있는 삶의 위치를 보장받는다.

인간이 미완성 상태라는 것이 다행스럽게 느껴지는 곳이 바로 교육현장이다. 이곳의 가장 바람직한 삶은 역설적이게도, 진과 위, 선과 악, 미와 추가 공존하는 상황이다. 그런 상황에서 비로소 교육의 수레바퀴가 돌아가게 되며, 그것이 활발하게 작동함으로써 다음에 더 세부적인 설명이 이루어질 항목들, 즉 수도계의 선진과 후진 사이의 갈등 해소, 진보와 보수의 조화, 수도계의 저변 확대, 심열성복에 따른 수도계적인 가치의 형성과 입증, 그리고 수도계의 진화라는 다양하고 놀라운 기능을 한다. 이것들이 수도계의 플러스 환경으로서 교육의 몫으로 치부될 수 있는 부분들이다.

각 개체가 점유한 품위의 수준은 적어도 그 자신에게는 수도계적인 발전을 대표하며, 선진과 후진 사이에는 해당 수도계의 규정과 사실, 가치판단의 기준에 있어서 갈등, 대립, 몰이해가 개재한다. 교육은 수도계의 종석 차이의 수준을 매개하는 세계라고 말할 수 있다. 교육은 바로 그 간극을 자료로 그 모순과 갈등을 지양하는 어떤 매개적 협력체계로서 작용한다. 그것이 바로 상구와 하화의 상호작용이다. 흔히 선진을 존경하고 따르며, 착한 행실을 좋아하는 친구를 사귀라는 충고는 바로 상구를 위한 것이다. 그렇다고 해서 게으르고, 놀기를 좋아하고, 나약하고, 아첨을 좋아하고, 올곧지 못한 사람이면 사귀지 말아야 한다는 것은 아니다. 교육적인 삶은 그런 사람들과의 사귐도 중요하다. 그러나 이 경우는 상구가 아니라 하화를 위한 것이 되어야 할 것이다. 이처럼 교육은 선진과 후진 사이의 항쟁, 갈등을 화해시키고 그들 사이의 연속성을 보장하는 고리의 역할을 할 수 있다.

우리의 삶에서 보수와 혁신은 흔히 서로 충돌이 불가피한 것으로 간주되며, 그런 대립이 파괴적인 결과를 가져올 수 있다. 그러나 교육의 체제는 인간성의 형성과 관련하여 그 모두를 불가분의 요소로 포함하고 있을 뿐만 아니라, 그들 사이의 조화를 요청한다. 서로 장점과 단점을 보완시키는 스승과 제자 간의 궁합은 절묘하다. 교육 주체의 현품을 중심으로 규정할 때, 상구교육은 혁신의 내재율을 따르며, 하화교육은 보수의 내재율을 따른다. 상구는 주체가 장차 어떤 결과를 가져올지도 모르는 새로운 품위를 과감하게 얻는 것으로 귀결됨에 비해서, 하화는 주체에게 자신의 과거의 품위를 부활시키고 재생시키는 것으로 마무리된다. 그 결과는 하위품위의 상위품위에로의 점진적인 교체이다.

저급의 것이라는 이유에서 수도계의 발전과정에서 드러난 품위의 어떤 것을 과소평가하거나 배제해 버리는 것은 나무의 뿌리를 제거하는 것과 같은 위험이 따른다. 그럼에도 불구하고, 이런 일은 유감스럽게도 흔하게 발견된다. 수도계의 최고품위와 대중 혹은 미개한 새 세대의 젊은층의 품차가 점점 커지고 그들 간의 교육적 유대가 없는 경우, 그에 대한 신비적 추종, 강요 혹은 피상적인 동화에 그칠 공산이 크다. 최정상의 품위만을 인정하고 그 이외의 품위를 오류로 규정하는 수도계의 평가방식은 대중과의 거리를 갖게 하여 그 지지기반을 잃게 한다. 고상하고 고귀한 것은 그 저변의 비천함이라는 기반 위에서만 존립할 수 있으며, 따라서 고급품위에 대한 감상층의 확대는 수도계의 존립에 필수적이다. 어떤 특정한 품위를 소재로 교육이 활발하게 진행되면 그 수도계적인 희소가치는 점차 떨어진다. 그러나 교육은 그 각각의 품위가 동일한 교육적 가치를 갖는 것으로 보고 그들을 연결시킴으로써 수도계의 입장에서 볼 때 일종의 저변 확대로 이어지게 되고, 그것이 종내 그 발전에 지대한 긍정적 요인으로 작용한다.

몇 년을 걸려야 증득할 수 있는 품위를 일시에 요구하는 것은 두 가지 문제를 야기한다. 그 하나는 겉으로 성과가 있어 보이지만 다분히 기계적인 모방에 그칠 공산이 크다는 점이다. 이로써 그 품위가 가진 내재적 가치는 큰 손상을 입는다. 둘째는 그것이 교육을 왜곡시킬 뿐만 아니라 품위의 정상적인 발전을 저해한다는 것이다. 그런 위험성을 무시하는 교육은 강제와 그것에 대한 수동적 대처와 동일시되며, 외재적 보상이 더 추가되지 않는 한 가급적 회피의 대상이 되는 것이다. 그러나 알맞은 정도로 상구의 표적을 정하는 것은 그 상구 경험 자체를 즐겁게 할 뿐만 아니라 바람직한 결과를 가져온다. 성공에 대한 걱정에서 해방되어 그 자체에 몰입함으로써 수도계의 내재적 가치의 방향을 그 획득의 과정을 통해서 검증할 수 있게 된다.

수도계의 내재적 가치가 제대로 전달받고 전달될 수 있는 최선의 조건은 그 고유한 내재율을 충실하게 따르는 교육이다. '갑'이 자신이 체험한 진리의 보편성을 검증하려면 '을'로 하여금 자신이 그것을 체험할 수 있었던 활동을 권고하고 촉진해야 한다. 그것이 '을'의 입장에서는 '상구'이고, 갑의 입장에서는 '하화'이다. 저변을 포함한 각 품위의 단계에서 그 단계가 허용하는 수도계의 가치추구에 대한 증언이 이루어지는 이런 과정을 통해서 우리는 수도계의 추구에서 나와 타인이 처한 품위상의 위계를 상호주관적으로 확인할 수도 있다. 이처럼 교육적 시숙을 통하여 자연스럽게 품위의 우월성을 인정하는 실천으로서의 교육은 높은 품위가 낮은 품위를 일방적으로 매도하는 고압제나, 혹은 그 반대로 단지 사회적으로 다수라는 힘에 의해서 선진의 품위를 격하시키는 저압제와 같은 강요된 일치 과정과는 엄정난 차이를 가져온다.

수도공동체의 진화는 선단에 있는 문제나 장애를 돌파하는 혁신자의 출현에 의해 이루어진다. 이와 관련하여 우리는 앞 절(1.3)에서 교육적 진화의 과정을 논의한 바 있다. 그 진화에서 독행상구와 매개상구 사이에 하나의 특이한 딜레마가 존재한다. 하화를 동반하는 매개상구는 선진에 의해서 불확실성이 제거된 상태에서 이루어지기 때문에, 그 결과의 면에서 하화자의 품위 수준까지 쉽게 도달할 수 있게 한다. 다른 한편, 그 결과만을 의식하여 지나치게 매개상구에 의존한다면, 그 과정적 체험의 부실함에 의해서 상구자의 독창성과 상상력을 손상시킨다. 이런 딜레마를 해결하는 해답은 역시 그 중간의 형태, 즉 수도계의 저변에서부터 고급에 이르는 품위를 고르게 소재로 하여 진행하는 점층적인 방식에 의해서 해소될 수 있다. 특정한 품위의 결과에 고착하기보다는 그것을 소재로 자립하여 상구교육의 과정에 충실한 사람이 바로 교육적 반전의 주인공이 되는 것이다. 이처럼 당대의 최고 품위를 돌파할 독창성과 상상력은 이제까지 역사에서 진행된 품위를 단계별로 착실하게 재창조하는 기반 위에서만 싹튼다.

제 3 장

교육과 평가

어느 실천영역이든 참여자가 고유의 목표를 내세우고, 그 목표에 비추어 그것을 달성하려는 실천을 반성하고 평가할 수 있을 때, 비로소 자율적인 발전이 보장될 수 있다는 사실은 삶에 작용하는 본위의 문제를 다루어 오면서 거듭 강조해 왔다. 완전한 실천은 피안의 것이며, 차안의 것이 될 수 없다. 차안의 부분적인 개선이 우리가 얻어낼 수 있는 최선의 것이다. 평가는 어떤 방식으로든 다음의 실천에 영향을 준다. 긍정적 평가는 기존의 실천을 보강하는 효과를 가지며, 부정적 평가는 사태의 개선을 요구하는 계기로 작용한다. 그런 순환을 순조롭게 진행시키는 일은 결코 용이한 것이 아니다.

우리의 삶의 이면에는 정치 · 경제 · 사회 · 문화 · 종교 · 교육 등 서로 환원될 수 없는 독특한 양상을 가진 세계들이 병존해 있고, 이들은 그들 나름의 독자성을 가지고 상이한 가치와 목적을 추구한다. 그들이 각각 규정하는 사실의 본질과 그것에 부여하는 가치기준이 서로 다르기 때문에, 한 분야에서 주된 관심이 되고 높게 평가받을 수 있는 것이 다른 분야에서는 무시되거나 낮은 평가를 받을 수 있다. 우리가 매일 접하는 구체적인 생활세계는 그들 사이에 협력 혹은 긴장과 갈등이 가능한 현장이기도 하다.

교육평가의 목적은 교육을 반성하고 개선하려는 것이다. 이 말은 교육평가가 평가의 일반적인 범주를 벗어나 보다 특수성을 가져야 함을 의미한다. 우리가 본연의 교육평가로부터 기대하는 것은 바로 여타의 분야와 상이한 양상의 첨예한 대립에서 교육이 차지해야 할 고유한 위치를 바로 잡아 주는 고유한 의미의 평가이다. 불행히도 실제는 그런 기대와 요구에서 너무도 멀리 떨어져 있다. 우리의 삶에서 교육이 잘못되었다거나 잘 되었다는 온갖 평가가 있지만, 혼란과 중구난방이라는 인상을 지울 수 없다. 대개 교육이 잘 되었다는 것보다는 잘못되었다는 불만이 주조를 이루고 있으나, 그것들이 교육의 본질적인 문제의 해결로 건설적으로 연결되지 못하고 있는 실정이다.

교육평가는 그것을 논하는 사람의 교육관과 가치관에 의해 규정될 수밖에 없다. 교육 자체에 대한 이론적 탐구를 생략한 교육학의 결정적인 약점은 교육평가 분야에서 더욱 여실하게 나타난다. 현재 교육평가라는 이름으로 진행되고 있는 분야의 내막을 들여다보면, 평가대상, 그리고 그 대상에 적용하는 기준에 있어서 용납할 수 없는 심각한 범주착오(categorical mistake)를 범하고 있다. 세상사람들은 학교와 교육을 동일시하고 있다. 교육학자들은 그런 상식의 오류 위에, 교육을 서로 다른 모학문의 이질적인 사실들로 환원시키는 이중의 오류를 범하여 왔다. 이런 상황에서 지금의 교육평가는 그 대상, 가치평가의 기준, 평가의 목적, 그리고 평가에 참여하는 사람의 면에서 혼동과 전도가 일어나고 있다. 정체불명의 것이 항상 그러했듯이, 이 분야에서도 용어상의 혼미와 혼동이 심하다. 따라서 이하에서는 편의상 씻어내야 할 교육평가와 그것을 대치해서 새롭게 정립되어야 할 교육평가를 구분하기 위해, 논자는 전자의 경우 따옴표를 활용할 것이다.

현존하는 교육학의 체제에서 이루어지는 '교육평가'는 대체로 학교의 과학적 운영이라는 특수한 목적에 봉사하는 방식으로 전개되어 왔다. '교육평가'는 주로 학생들의 수행능력을 측정함으로써 학교라는 기관의 책무성(accountability)을 따지는 것으로 되어 있다. 이와 관련하여 학교는 정부, 일반대중, 그리고 여러 자격심사기관으로부터 압력을 받고 있지만, 여기에 어떤 합의가 있는 것도 아니다. 그 주체에 따라 그 강조점도 다르다. 그 책무성의 비중을 정부 쪽에서는 학교에서 얼마나 유능한 인재를 양성해 내느냐에 두는 데 반해, 일반대중은 학교가 자녀의 사회적 지위를 획득하는 데 얼마나 공헌하는가에 둔다.

본장의 논의는 이런 '교육평가'의 관점과 실천을 해체시키는 데서부터 시작할 것이다. 앞에서 지적한 종류의 평가가 학교생활에서 필요한 것은 말할 필요조차 없다. 학교는 삶에 작용하는 온갖 가치가 침투하는 공간이며, 그들 사이에 갈등과 타협이 이루어지는 현장이다. 이 때문에 학교의 면모가 다양한 가치기준에 의해서 평가되는 것은 극히 자연스러운 현상이다. 그중 어떤 것이 학교의 목표로 선정되며, 그에 따라 평가가 이루어지는 것을 나무랄 수는 없다. 그러나 그것들을 통칭하여 교육평가의 범주에 넣은 것은 부당하다. 그것들은 학교에 대한 평가는 될 수 있지만, 교육에 대한 평가일 수는 없다. 더 정확하게 말한다면, 지금의 교육학 체제 인에서 이루어지는 평가는 교육을 제외한 사항들의 평가에 해당한다.

모든 생활영역은 각 분야의 평가의 교차점에 있다고 말할 수 있다. 교육과 관련하여 여기에서 제안하는 평가의 차원은 학교뿐만 아니라 모든 생활영역에 적용된다. 학교는 그 가운데 하나이다. 따라서 여기서 제안하는 평가는 이제까지 이루어지고 있는 '교육평가'를 대체할 것을 주장하는 것이 아니다. 다만 대체되어야 할 것은 후자의 명칭을 교육을 제외한 '학교평가'라는 말로 바꾸는 것이다.[1] 학교는 온갖 종류의 평가가 가능한 삶의 영역이다. 그 안에는 여러 사실들이 공존하며, 다양한 가치기준이 작용한다. 이들은 서로 갈등할 수 있으며, 이 때문에 각 영역은 그 나름의 평가를 그 안에서 적용하도록 서로 치열하게 경쟁할 수도 있다. 교육평가는 그 모든 것을 총칭하는 것이 아니라 경합에 참여할 수 있는 추가적인 것

---

1) 그 명칭을 바꿈으로써 교육의 이름으로 전문성을 표방해 왔던 관행에 타격을 받을 수 있기 때문에 정치적 · 행정적 · 제도적 · 인적 저항은 클 것이다. 이것은 학교생활을 교육인 것으로 잘못 인식한 교육관을 바꾸는 문제인 만큼 용이한 일이 아니다. 그만큼 '교육평가'라는 용어의 사용에 대한 헤게모니의 문제가 있다.

의 하나로 인식되어야 한다.

생활공간의 하나로서 학교 안에서 이루어지는 모든 종류의 평가와 교육의 평가는 범주적으로 구분된다. 그렇다면, 후자가 차지해야 하는 본 자리는 어디에 있는가? 이 질문이 이제부터 새롭게 정립되어야 할 진정한 의미의 교육평가의 과제를 지시한다. 이와 관련하여 본장은 교육본위론의 해답이 무엇인지를 제시할 것이다. 이제까지 강조해 왔듯이 교육적인 삶의 특징은 정치, 경제, 사회, 문화, 종교적인 삶과의 대비에서 찾아야 한다. 앞의 논의를 통해 우리는 교육이 다른 것과 구분될 수 있는 울타리를 획정하는 지점까지 도달할 수 있게 되었으며, 그것에 준해서 고유한 의미의 교육발전이 무엇인지에 대해 길게 논의한 바 있다. 여기서 제안되는 교육평가는 바로 그 개념체제와 동조한다.

교육을 위한 평가는, 대상에 대한 규정과 그것에 적용될 가치선별과 관련하여, 여타 분야에서 이루어지는 평가와 구분되는 고유한 특징을 갖는다. 이와 관련하여 교육발전의 평가, 메타교육의 평가, 교육 여건의 평가, 교육의 외재적 기능의 평가, 품위의 평가, 교육을 통한 품위평가의 정당화, 교육평론이라는 이전에 존재하지 않았던 새로운 주제와 영역을 여기에서 밝힐 것이다. 교육평가가 갖추어야 할 고유한 특징들을 찾아가는 이런 시도는, 좁게는 교육에 대한 규정 자체를 소홀히 하면서 이루어지는 지금의 '교육평가'에서 전적으로 배제되어 온 부분, 그리고 넓게는 교육학도들이 당연히 자기의 영토 안에 넣어 관리했어야 함에도 불구하고 여태까지 불모지로 남겨 두었던 부분에 대한 본격적인 탐구와 개발에 해당한다.

진정한 의미의 학교교육의 정상화는 그 안에서 생활하는 교사와 학생들이 교육적인 삶을 최우선시할 때 가능하다. 그 핵심에는 학교 안에서 이제까지 학교의 실무자나 교육학도들에 의해 추진된 학교평가와 본장에서 제안하는 교육평가가 엄격하게 구분되고, 후자가 전자를 압도할 수 있을 때 비로소 가능해진다. 교육과 관련하여 정상화되어야 할 생활공간은 단지 학교에 국한되지 않는다는 사실을 다시 한 번 강조하여 되새길 필요가 있다. 우리는 이와 관련하여 가정, 직장, 가상공간 등 교육이 일어날 수 있는 수많은 생활공간의 확대를 교육의 발전지표로 삼은 바 있다. 본장에서 도입하는 새로운 평가의 측면은 궁극적으로 교육의 보편화와 연결될 수 있어야 한다.

3.1 '교육평가'의 평가

교육과 평가라는 주세의 논의에서 먼저 평가되어야 할 것은, 아이러니컬하게도, 이제까지 교육평가의 영역으로 주창해 온 온갖 실천과 그것을 지원해 온 제반 이론들이다. 앞에서 지적했듯이, 따옴표가 붙은 교육평가를 정당화시켜 주는 것은 단지 관습과 관행일 뿐, 그 안에 어떤 이론적인 근거도 갖추지 못하고 있다. 그 실상을 들여다보면, 오히려 교육의 고유성을 철저하게 왜곡하고, 외면하고, 소외시켜 왔다고 볼 수 있다. 본절은 그 사실을 대중의 인식과 관심, 목표달성평가모형, 기능주의 교육관의 문제, 과학주의의 한계, 비교육 영역의 옹호라는 다섯 가지 차원에서 냉정하게 드러내고자 한다.

3.1.1 대중의 인식과 관심

'교육평가'는 학교 당국과 세인들의 비상한 관심사의 하나이다. 그 좋은 결과를 얻기 위해서 학생들은 불철주야 분투하며, 성적의 높고 낮음에 따라 학부모는 일희일비하는 세월을 보낸다. 그 실상을 이해하고 논증함에 있어서 불가분하게 다루어야 할 두 가지 중심축이 있다. 하나는 출세에 대한 학부모의 욕구이고, 다른 하나는 교육학자들의 그릇된 교육관이다. 현재의 살벌하고 소란스러운 사태는 전자가 현저하게 작용하는 상황과 후자의 전문적인 봉사가 적당하게 타협한 것이라고 해석한다면 과히 틀리지 않을 것이다. 이 부분들을 차례대로 살펴보기로 하자.

역사적으로 공립학교가 보편화되는 과정에서 세인들은 그곳의 생활이 교육을 보장한다는 통념을 끈질기게 주입받아 왔다. 그러나 모든 생활공간이 그러하듯이 학교에서 진행되는 사태는 교육이라는 단일한 현상으로 규정할 수 없는 복합성을 띠고 있다. 학교를 유지하는 것 자체가 목표는 될 수 없다. 그렇다면 학교가 수행하거나 해야 하는 기능을 어떻게 규정하느냐 하는 것이 언제나 문제가 된다. 학부모들이 학교에 자녀를 보내는 이유는 무엇인가? 국가에서 학교에 기대하는 것은 무엇인가? 이 질문에 대한 해답에 어떤 일률적인 규정이 있을 수 없으며, 더 정확한 사실의 확인이 필요하다.

학교의 목표나 기능은 특정한 시대와 장소에서 학교를 장악하고 있는 집단에 의해 결정된다고 보아야 할 것이다. 오늘날 학교는 다양한 형태가 있고, 그것들에 대한 기대는 결코 일률적인 것이 아니다. 그런 양태는 예컨대, 사립학교의 자기주장, 그리고 흔히 '교육자치'라는 개념에서 분명하게 드러나고 있다. 그곳에서 생활하는 교사와 학생들의 동기 역시 복합적이다. 거기에는 개인적인 차원에서 정치적 권력, 경제적 부, 사회적 출세에 대한 요구가 포함되어 있고, 국가적인 차원에서도 국가 사이의 경쟁에서의 생존, 21세기의 지식사회에 부합하는 인력 양성, 과학의 진흥, 혹은 민족문화의 창달 등의 드높은 표어가 부과된다. 더 그럴듯한 명분 세우기와 정당화가 여기에 얼마든지 추가될 수 있을 것이다.

학교의 성과에 대한 평가는 학교의 기능을 어떻게 규정하느냐에 따라 달라진다. 우리가 다루려는 '교육평가'와 관련하여 우리의 삶에서 세인들이 특별히 관심을 갖고 주목하는 학교의 기능은 사회적 선발이다. 사회에는 높거나 낮게 평가받을 수 있는 지위가 있으며, 학교는 그 구성원이 될 젊은이들의 지위를 결정하는 중요한 역할을 한다는 것은 동서고금의 어느 곳에서나 보편적인 현상이다. 학교는 모든 젊은이들을 수용할 수 없다. 또한 학교에도 그 수준의 차이가 있다. 이 때문에 학생들을 선발하거나 좋은 학교와 그렇지 못한 학교를 구분하는 일은 불가피하며, 이 점에서 새삼스러울 것도 없다. 다만 우리에게 새삼스러운 것이 있다면, 그것이 진성 교육의 기능이라고 할 수 있는 것인가 하는 의혹이다.

이해관계의 충돌은 삶의 자연스러운 현상이다. 사회적 선발의 면에서 정부와 일반대중 사이에 또한 미묘한 충돌이 있음을 간과할 수 없다. 정부의 입장에서 보면, 그런 학부모의 관심은 교육을 오도하는 것으로 간주된다. 그 대신, 학교가 인력을 생산하고 그 가운데 유능한 인재를 골라내줄 것을 기대한다. 우리나라의 근대학교는 '동도서기(東道西器)'의 관점에서 서구의 학문을 인력 양성의 수단으로 삼아 왔다. 서구의 지식을 담은 교과서의 양은 날로 많아지며, 학교는 그것들을 학생들에게 모두 습득시켜야 한다는 강박관념에 사로잡혀 있다. 경이적으로 팽창하고 있는 최고의 지식을 총망라하겠다는 의도로 교과의 내용을 주별 혹은 월별로 시간을 배정하여 일률적으로 수업을 진행한다.

자녀에 대한 학부모의 출세욕과 유능한 인재 양성이라는 국가 목적이 섞이면서 학생들의 학교생활은 괴이한 양태로 변모된다. 가장 우려해야 할 상황은 대중적 관심이 국가 목적을 앞서 나아가고 있다는 점이다. 흔히 우리 사회에 팽배한 '교육열'은 이런 맥락에서 규정될 성질의 것으로, 아직 교육에 대한 열정으로 순화되거나 이해되기에는 참으로 먼 거리에 있다(강창동, 2000; 오욱환, 2000). 학부모들의 주된 관심은 자녀들이 장차 세속적으로 유능한 지위에 오르는 것이다. 될 수 있는 한 좋은 성적으로 좋은 대학에 진학하는 것이 장차 사회적으로 출세하는 것과 직접 관련된다. 이것은 국가 수준의 고급의 인력을 확보하는 것과 많은 경우 상응하지 않는다.

인력 양성과 관련하여 국가가 어떤 좋은 명분을 갖고 있든 간에, 학부모나 학생들의 입장에서 보면, 학교에서 높은 성적을 얻는 것이 무엇보다 중요하다. 더 높은 학교로의 진학, 혹은 더 좋은 학교로의 진학은 점차 소수로 제한된다. 학생과 학부모들은 능력의 개발에 관심을 갖는 것이 아니라 학교에서 주어지는 시험과 점수, 진급과 낙제, 상과 벌에 더 관심을 갖게 되며, 학교는 그 관심에 부응하는 양태로 적응한다. 학생들은 우열의 등급이 정해지는 학교체제에서 탈락하지 않기 위해 치열한 경쟁의 대열에 낀다. 여기서 '입시위주교육'의 병폐가 생긴다. 그것이 병폐인 것은 교육을 위한 평가가 아니라 '평가를 위한 교육'이라는 가치전도를 내포하고 있기 때문이다.

평가가 학교의 교과를 결정한다. 이른바 대학수학능력시험이 고등학교 교육에 주는 큰 영향을 감안하여 출제범위, 시험의 내용이나 형식에 대한 검토가 항상 문제가 되는 것은 이런 역현상의 좋은 사례이다. 시험에서 높은 점수를 얻는 것이 중요하기 때문에, 어떤 내용을 측정하느냐 하는 부분에서 늘 공정성의 시비가 일어나기 마련이다. 이에 대처하기 위해서 학교는 특정한 교과의 영역에서 모종의 절대적인 기준을 찾는다. 이 세상에 진리로 판정받을 수 있는 지식이 부재하다는 사실 자체가 우리의 탐구를 정당화하는 하나의 전제이다. 그럼에도 불구하고, 학교에서 이루어지는 시험에서는 그 역사적 사실이 전적으로 무시된다. 현존하는 평가체제는 이른바 '정답'과 '오답'에 대한 판정을 요구하며, 그 요구는 선택된 교과서 내용과의 일치 여부에 의해서 임의적으로 이루어진다(최성욱, 2009). 이 과정에서 아직 정착되지 않은 불확실한 탐색이 이루어지고 있는 교과 내용은 여지없이 제외된다. 학문의 탐구에서 가장 존중되어야 할 원칙과 이념이 거부받는 것이다.

더욱 개탄할 일은 평가지표와 방법에 대한 준비가 교육에 우선하는 기현상이다. 검사결과의 객관성에 비추어 논술형 검사보다는 선다형의 객관식 검사가 말썽의 소지가 더 적다는 실용적인 판단이 내려지면, 학생들은 객관식 검사에 효과적으로 대응하는 훈련을 받는다. 채점 방법과 결과에 대해서 학부모와 학생들이 제기할 수 있는 시비를 사전에 예방하기 위해 측정의 방법 또한 제한된다. 그 편법이 바로 객관성이며, 입시를 위한 경쟁은 그 기준에 맞게 협소화된다. 객관성이란 서로 관련을 갖는 두 가지 특징을 반영한다. 첫째는 그것을 평가하는 기준이 외부에 있다는 것이다. 앞에서도 지적했듯이, 시험에서의 정답은 교과서의 내용이나 그에 대한 교사의 해석에 의해 이루어지며, 학생들은 그 기준을 맹목적으로 받아들여야만 한다. 객관성의 둘째 특징은 우리 내면의 상태보다는 그것이 외부로 나타나는 징후에 주로 의존한다는 것이다. 그 두 가지 특징을 반영하는 검사체제에서 높은 점수를 얻는 비결은 자신의 주관적인 자각은 일단 접어두고, 교과서에서 요구하는 '객관적인 정답'에 어김없이 일치해 들어가는 것이다.

어떤 수단을 통해서든 그들의 생각을 교과서의 내용과 일치시키는 과정이 진행되면서, 학생들은 수동적으로 그 내용을 있는 그대로 암기하는 전략을 쓴다.[2] 수학자들이 생산한 지식체제나 공식을 이해한다는 것은 매우 어렵다. 그러나 그 공식을 단순히 외우는 것은 가능하다. 그리고 후자가 입시의 상황에서 통한다면 굳이 전자를 택할 이유가 없다. 요즘 지필시험을 보강한다는 의미로 도입되고 있는 면접의 경우도 마찬가지다. 짧은 시간에 이루어지는 몇 마디의 질문과 답변으로 한 사람의 인격을 평가하는 것은 어렵다. 그런 상황에서는 마치 무대의 배우처럼 말과 얼굴 표정으로 위장하거나 겉으로 표방하는 것이 큰 전략으로 작용한다. 어리석은 사람도 유능한 사람의 화법 가운데서 약간의 표현과 억양을 익히고 그것을 빌려 쓸 수 있다. 이런 전략은 결과적으로 유능한 사람이 한 말과 동일한 효력을 갖는다.

그처럼 외부에서 주어진 임의적인 기준을 따라야 하는 학생들의 생활은 극도로 위축된다. 평가결과에 대한 집착과 그로 인한 두려움으로 학교가 요구하는 것에 무조건 혹은 표면적으로 순응하는 허수아비에게만 그 치열한 경쟁의 승리를 안겨준다. 그 승리란 좋은 대학에 진학하는 것이고, 더 나아가 사회에서 출세하는 것으로서, 이는 유능한 인재 양성과는 전혀 다른 방향이다. 이것은 학생이 진정으로 품위에 심열성복(心悅誠服)하는 것과는 별개이다. 이 부분은 차후 전반적인 사회의 병폐와 연관된다. 우리 사회에 마음으로 깨닫지 못한 상태에서 입으로 말만을 유창하게 구사하

---

2) 이 과정에서 학생이 가장 선망하는 것이 컴퓨터이다. 암기한 산더미 같은 정보가 곧바로 지식이 될 수 없고, 더 나아가 컴퓨터는 한 줌의 지식조차 창조할 수 없다는 것을 감안한다면, 학생들이 학교에서 컴퓨터를 그들의 모델로 삼는 것은 크게 잘못된 것이다.

여 흉내내는 사람들이 높은 지위를 차지하고 세상에 명성을 얻는 것은 이런 과정과 무관하지 않다. 이들은 단지 다른 사람의 말을 모방하고 훔쳤을 뿐, 그 말에 확신을 가진 것이 아니다.

흥미롭게도, 이와 같은 선발체제가 학교 자체의 체제 유지와 강화라는 목표와 연계된다. 학교의 목표는 무엇인가? 아마 대부분의 학생들은 이에 대해서 더 높은 학교로의 진학이라는 대답을 할 것이다. 하위학교의 목표는 더 높은 상위학교에로의 진학을 위한 시험에서 높은 성적을 얻는 것으로 전환되고, 하위학교는 그 목표를 달성하는 준비의 형식으로 편성되고 운영된다. 더욱 흥미있는 것은, 이 부분에서 학교가 그 기능을 제대로 하지 못한다는 것이 빌미가 되어 이런 목적에 기생하는 이해집단과 사업체들이 학교 밖에서 번창하면서 유례없이 호황을 누리고 있는 현상이다. 이와 관련하여 공교육과 사교육의 대비가 이루어지고, 그것에 투자하는 학부모의 비용에 불균형이 일어나고 있다고 야단들이다. 거의 시끄러운 잡담에 가까운 이런 피상적 논의의 이면에는 보다 근원적인 원인이 도사리고 있다. 그것은 오늘날 우리나라의 학교가 '입시위주교육'의 병폐를 시정하는 대안세력이라기보다는 그 압력에 굴복한 것에 있다. 그로써 학교체제 유지조차 어려운 지경에 이른 것이다.

학생들이 지금의 시험체제에 적응하여 승자가 되는 것과 자신들의 신념체계나 가치를 수정하고 발전시키는 과정은 전혀 별개이다. 앞에서 살폈듯이, 후자는 전자에 비해서 너무도 낭비적이다. 그렇다면, 시험경쟁에서 성공하기 위해 엄청난 '사교육비'를 지출하는 학부모들은 '입시위주교육'의 병폐를 모르고 있는 것인가? 여기에는 두 부류의 사람이 있을 것이다. 하나는 세태의 흐름에 맹목적으로 편승하는 부류와 다른 하나는 그 흐름에 의문을 제기하는 부류이다. 이 중 후자의 집단은 시험에서 높은 점수를 올리는 것과 그들의 실력을 쌓는 것은 별개라는 것을 대부분 어렴풋이나마 알고 있으며, 자신들이 하고 있는 일이 교육과 무관하다는 것도 통감하고 있다. 다만, 울며 겨자 먹듯이 자녀들의 사회적 지위를 얻는 방편으로서 학교에서의 성공이 가장 효율적인 것이라는 것을 너무도 '현명하게' 계산하고 있다. 여기서 현명하나는 것은 적어도 학교는 오로지 교육하는 곳이라는 통념이 갖는 허구성과 위장을 너무도 잘 꿰뚫어보고 있다는 것이다.

이런 상황의 전개는 국가적 수준의 인력 양성과 전혀 상응할 수 없는 엄청난 국력의 낭비이다. 오늘날의 교육평가 영역을 우리나라에 정착시키는 데 주역을 담당했던 정범모 선생은 ≪한국의 내일을 묻는다(2004)≫라는 저서에서 교육과 관련하여 이 점을 특별히 우려한다.

> 대한민국은 가히 고시 왕국이다. 고시만능의 신앙은 이제 버려야 한다. 본래 인재는 교육이나 훈련으로 길러냄으로써 확보해야 하는 것이지, 길러내야 할 교육은 하지 않거나 등한시하면서 각종 고시로써 그것을 확보하려는 것은 그 자체가 인재개발과 확보의 정도(正道)가 아니다. 법조인은 법과대학 교육을 쇄신하고 충실화하고 엄격화함으로써 확보하는 것이 정도고, 사법고시가 그것을 대신할 수는 없다. 고시, 시험, 테스트는 아무리 정교하게 만들어도 인재에 필요하고 교육이 길러야 할 능력과 특성의 전부를 측정·추정할 수도 확보할 수도 없고, 그 극히 일부만을 표본적·표집적으로 다룰 수밖에 없기 때문이다(p. 375).

이제까지 우리는 주로 학교의 선발기능과 관련하여 전개되고 있는 '교육평가'의 양태를 살폈다. 지금으로서 절실한 질문은 그것이 진정으로 명실상부한 것으로 볼 수 있는 것인가 하는 점이다. 아이러니컬하게도, 그런 평가의 사태는 교육 본래의 면모와 아무런 관련이 없다. 오히려 그 본질에 역행한다고 말할 수 있다. 전체 국민 가운데 유능한 사람만을 선발하여 교육에 참여시킨다는 발상 자체가 우선 의문스러운 부분이다. 무능하고 오류를 범하는 존재라는 것이 교육의 전제이다. 이 때문에 오류의 많고 적음이 교육의 성공과 패배를 결정하는 중요한 척도가 될 수 없다. 교육에서는 오류를 지탄하기보다는 서로 자신의 약점을 노출하도록 하는 것이 중요하다. 지금 진행되고 있는 '교육평가'의 경우처럼 만약 그 약점을 발견해서 외부에 보고하고, 그에 따라 손실이 일어나게 하는 상황에서는 진정한 의미의 교육이 일어나기 어렵다.

'교육평가'와 관련하여 제일 먼저 연상되는 것은 치열한 경쟁이며, 그 결과는 '승자와 패자'의 구분이다. 이런 점수경쟁은 우리가 논의한 교육과 본질상 하등의 연관도 없다. 오히려 깊이 생각해 보면, 그런 것들은 교육의 본질과 역행하는 부분일 뿐만 아니라, 교육을 그릇되게 할 위험성을 갖는다. 개인별 수준의 비교는 교육공동체 안에서 경쟁을 유발시키면서 교육적 상황을 왜곡시킨다. 앞에서 누차 살핀 바와 같이, 교육은 경쟁이 아니라 협동의 논리를 따른다. 높은 점수를 가지고 개인과 개인, 학교와 학교가 경쟁하는 것은 그들 사이의 교육적 교섭과 협력을 파괴시킨다.

그렇다면, 이 사태를 어떻게 교정할 것인가? 그 해법의 첫 번째 관문은 학교가 지향하는 목표와 교육이 지향하는 목표를 개념적으로 분리시키는 것이다. 앞에서 논자는 오늘날의 학교 상황과 관련하여 국가 수준의 인력 양성, 서구학문의 일방적인 주입과 모방, 자녀의 출세, 그리고 그에 따른 '교육열'에 편승한 학교체제의 강화라는 이질적인 목표를 시사한 바 있다. 그 이외에도 이루 헤아리기 어려운 다양한 기능들을 다양한 종류의 학교가 수행하고 있다고 보아야 한다. 이 이질적인 기능과 사태들을 교육이라는 오로지 한 가지 범주에 넣어 논의하는 것은 문제해결에 전혀 도움이 되지 않는다. '학교교육의 정상화'라는 과제의 수행은 교육의 실체를 학교와는 다른 범주에서 밝히고, 그 실체를 정당하게 평가할 수 있는 가치관을 정립한 후, 그 기준에 비추어 오늘날의 학교 사태를 평가하는 긴 이론적 논의를 요구한다. 교육공간은 학교에 그치지 않는다. 교육평가에 대한 올바른 관점은 가정, 직장, 가상공간 등 모든 교육공간에까지 확장되어야 할 것이다.

3.1.2 목표달성평가모형

교육학은 전문적 안목을 제공할 것으로 기대된다. 오늘날 학교의 실천이 상당 부분 교육학의 영향권 속에 있음을 생각할 때, 교육학이 이러한 일을 제대로 못하고 있다면, 그것은 교육학 자체에도 모종의 문제가 있다는 증거이다. 이런 이론적인 부분이 우리가 이제부터 검토할 '교육평가'의 두 번째 축이다. 그 성격을 이해하는 데에는 이것과 특별히 관련된 교육학의 성립배경에 대한 추가적인 논의가 필요하다. 교육학이 자체의 고유한 개념이 없이 대학이라는 학문공동체에 적응하는 방식을 택한 것이 실증주의적인 교육관이었다(Bobbitt, 1924; Tyler, 1942, 1949). 그 정신을 가장 적절하게 반영한 것이 '인간 행동의 계획적인 변화(정범모, 1968)'라는 규정이었다. 우리에게 너무도 익숙한 이 관점은 사회에서 요망하는 인간을 대량으로 배출해야 한다는 공립학교의 설립취지와 콩트(1854)가 제창했던 실증주의적 이념에 잘 어울릴 뿐만 아니라, 그 정체성이 모호할 수밖에 없는 교육계에 마치 과학에서의 실험 절차와 같은 명백함을 부여하는 것 같은 효과를 가져왔다. '교육평가'는 바로 그 과학성을 입증하는 핵심의 위치를 차지했다.

'교육평가'라는 영역의 내부에 다양한 이론이 있기 때문에 그들을 통칭하여 말하기는 어렵다. 역사적으로 '교육평가'는 20세기에 들어와 주로 과학적 검사운동, 그리고 학교 안에서 진행되는 하나의 과정으로서 커리큘럼의 모형과 관련하여 전개되어 왔다. 그 발단까지 더욱 소급하면, 심리학에서 군인들의 배치와 정신상의 건강을 진단하는 목적으로 다양한 검사가 개발되었고, 그런 일반적 경향에 편승한 검사운동이 학교에까지 미치게 되었다. 검사를 통해서 얻은 점수는 학생들을 선발하고, 배치하고, 진급시키는 데 사용되기에 이르렀고, 이후에 '교육의 과학화'라는 명목으로 각종 학교의 프로그램과 시설에 대한 평가 등 학교생활의 관리와 경영에까지 꾸준한 변모와 발전을 거듭하고 있다.

그 중심에서 오늘날에 이르기까지 영향을 미치고 있는 것이 이른바 '목표달성평가모형'[3]이다(곽진숙, 2000; 김지현, 1988). 어떤 인간성이라도 주문만 하면 과학적으로 생산해 낼 수 있다는 실증주의적 시대정신에 걸

---

3) 영어로 'educational evaluation'이라는 정식용어도 이 모형을 제안한 타일러(Tyler, 1942)에 의해서 최초로 도입되었다.

맞은 이 관점의 매력은 교육이 너무도 간결하고 분명한 기능적 절차로 환원된다는 점이다. 먼저 교육에서 배출되어야 할 특정한 인간의 측면을 심리학에서 사용하는 행동이라는 개념을 차용하여 분쟁의 여지가 없을 정도로 분명한 용어로 규정한다.[4] 그것이 바로 '교육목표'에 해당한다. 그 다음에 그것을 실제로 구현시키는 경험내용이 무엇인지를 선별하여 각종의 커리큘럼과 프로그램을 만들고 운영한다. 말하자면, 각종의 '교육프로그램'은 그 행동의 실현에 공헌하는 모든 독립변인으로 규정된다. 그러니까 이는 동일성을 부여할 수 있는 독립적인 실재라기보다는 인과관계에 의해서 어떤 신비한 기능을 하는 마법의 요술상자 혹은 블랙박스로 되어 있다. 이 간결한 도식에서 그 목적과 계획된 실행 사이의 일치를 과학적으로 검토하는 마지막의 절차가 바로 '교육평가'에 해당한다.

그 도식을 잘 살펴보면, '교육평가'는 교육프로그램을 평가하는 것이 아니라 그 교육프로그램이라는 것이 개념상 정당화될 수 있는가를 검증하는 것에 불과하다는 것이 분명해진다. 목표로 설정된 소기의 결과가 나오지 않는 '교육프로그램'은 교육프로그램으로 볼 수 없다는 어처구니없는 결론을 얻게 되는 것이다.[5] 그러나 그런 곡절을 간파할 수 없는 사람들은 교육을 엄밀한 과학적 절차와 결부시킨다는 취지와 더불어 그 논리적인 순환론이 갖는 마법에 홀린다. 교육을 기능적 절차로 환원시키면 모든 개념적인 문제가 너무도 간결하고 분명하게 해결된다. '교육받은 사람'이 무엇이냐고 추궁하면 교육의 결과라고 하고, 교육이 무엇이냐고 추궁하면

---

4) 교육학이 교육의 과학화를 기하는 과정에서 주로 의존한 학문은 심리학이었다. 콩트(Comte, 1854)가 실증주의를 내세울 때, 심리학은 철학에 속하는 것으로 간주되어 그가 말하는 과학의 범주에 포함되지 않았다. 그러나 그후 심리학의 전개는 그가 말하는 사회학보다 더 충실하게 실증주의의 노선을 따랐다. 인간은 자연현상의 하나이고, 그것은 경험적 자료에 의해서 입증할 수 있는 범위 내에서 확실하게 검증되어야 한다. 심리학이 종래의 철학에서 전개한 인간에 관한 논의의 무근거함을 지적하고 인간을 과학적으로 연구한다는 기치를 내세울 때 '행동(behavior)'이라는 개념을 도입했으며, 이것은 인간의 모습 가운데 관찰이 가능하고 수량화시킬 수 있는 측면에 한정되었다.

5) 그럼에도 불구하고 실무자들이나 교육평가전문가들조차도 그 결과를 마치 교육이 잘못된 것으로 규정하는 억지를 부린다. 이런 잘못된 귀인에 관한 것은 후에 더 논의할 기회가 있을 것이다.

교육받은 사람을 만드는 과정이라고 한다. 이로써 교육이 추구하는 목표가 무엇이며, 그것을 달성시키는 실체가 무엇인지를 추궁하는 골치 아픈 문제를 일거에 회피할 수 있다. 이런 기만적인 순환논법은 교육학자들이 세인들로 하여금 우리의 삶에서 교육을 마치 마법의 상자로 인식하게 하는 도구로 널리 활용되었다.

이 모형에서 '교육목표'에 포함시킬 수 있는 바람직한 행동은 어느 특정 영역에만 국한되는 것이 아니다. 우리의 삶을 구성하는 모든 것은 그 나름의 가치를 추구하며, 그 가치에 상응하는 온갖 종류의 바람직한 행동이 있을 수 있다. 이 때문에 우리는 '교육'이라는 명칭 앞에 '정치', '반공', '평화', '경제', '사회', '문화', '종교', '보건', '교통' 등 온갖 영역을 첨가시켜 그 영역의 문제를 해결해 준다고 장담할 수 있다. 자녀들을 학교에 보낼 때 학부모들이 진정 바라는 행동이 시험에서 높은 점수를 얻는 것이라면, 그것이 실현될 수 있도록 행동변화를 시키는 것도 교육이다. 이렇게 되면, 앞에서 우리가 앞에서 그토록 문제시했던 '입시위주교육'도 성립되지 말라는 법은 없다.

모든 평가에는 기준이 작용하기 마련이다. 어떤 기준을 적용하느냐에 따라 그 평가의 결과는 전혀 달라진다. 이 때문에 고유한 가치선택과 가치기준이 적용될 수 있을 때, 교육평가는 제몫을 수행할 수 있게 된다. 그런데 목표달성평가모형은 그 결정적인 부분을 너무도 간단하게 회피해 버린다. 이른바 교육의 목표가 되는 '바람직한 행동'을 평가자 혹은 평가전문가가 스스로 결정한다기보다는 외부의 주문에 응하면 되는 것이다. 마치 실험을 검증하는 절차처럼 다만 그런 행동변화가 일어나는지를 밝히는 기술에서 그 전문성을 인정받고자 한다. 인위적이고 객관적인 상황, 절차, 검사도구가 있어야 한다는 명분을 내세우면서 '교육평가'는 그 기술적인 봉사를 자임한다. 스스로 '가치중립(value neutrality)'[6]을 선언하는 단

6) 이는 일찍이 베버(M. Weber, /1949)가 학문을 탐구할 때 풍속적 가치가 개입하는 것을 차단한다는 의미로 도입한 개념이다.

순한 기술자들이 '교육평가전문가'를 자처하면서 그들만이 교육을 평가할 수 있다는 식의 특권을 향유하여 온 것이다.

단순한 기술자로서 교육평가전문가들이 특별하게 집착한 부분은 점수의 공정성이라는 참으로 지엽적인 문제였다. 그 주된 해법은 실증주의가 내세우는 객관성이다. 흔히 '객관식 검사'라는 말로 우리에게 깊은 인상을 주는 논법은 이제 하나의 수사학적 공식이 되어버린 느낌이다. 가급적 주관성을 배제하고 논란의 여지를 없애는 특정한 방법이나 기법이 평가의 주된 관심으로 등장하며, 그들은 이 부분에서 그들이 향유하는 전문성에 대한 마지막 보루를 확보하려고 안간힘을 쓴다. 그 부분에서 복잡한 개념 혹은 수학적 공식 등 일반인의 이해범위를 훨씬 넘어서는 내용이 포함되어 있기 때문에, 세인들에게 그들이 하는 일이 일견 교육을 평가하는 전문분야라는 인상을 준다.

그러나 그 내막을 자세하게 살피면, 전문적 실천에 앞서 당연히 전제되어야 할 핵심이 빠져 있는 것을 발견할 수 있다. 어떤 것이 좋다, 혹은 나쁘다고 평가할 때, 최소한 두 가지 조건이 성립되어야 한다. 하나는 '그 어떤 것'이 무엇이냐 하는 것이고, 다른 하나는 그것에 어떤 특별한 가치를 선별적으로 부여하느냐 하는 것이다. 정치・경제・사회・문화・종교 등 각 분야의 평가가 그들 나름의 특성을 갖는 것은 바로 이 조건을 만족시키는 데서 찾을 수 있다. 그런데 앞에서 검토한 '교육평가'의 경우는 이런 조건에 대한 심각한 검토 없이 단지 관례에 의존하여 그 명분을 지키고 있다. 사실 그것이 전제하는 교육의 실체가 무엇인지 알 도리가 없으며, 그것이 추구하는 가치나 목표의 면에서 아무런 고유성을 찾아볼 수 없다. 그런 초보적인 조건이나 전제에 대한 논의를 접어두거나, 혹은 이미 해결했다는 가정 아래 단지 측정의 정확성만을 강조하는 것은 한마디로 '맹목과 무지의 확실성'이라고 해도 과언이 아니다. 이제부터 차근차근 그 내막을 점검해 보기로 하자.

3.1.3 기능주의 교육관의 문제

교육평가라고 하면 당연히 그 평가의 대상인 교육이 무엇인지를 한정적으로 밝히는 것이 옳다. 만약 그런 의미의 교육이 있다면, 그것이 수행하는 기능도 있을 것이다. 그것은 아마도 우리가 알고 있는 항목보다 훨씬 많을 것이다. 왜냐하면, 기능이란 규정되는 것이 아니라 차츰 밝혀지는 것이기 때문이다. 그런데 목표달성모형은 그 조건을 위배한다. 교육이 마치 마법의 상자처럼 그 과제나 효용으로 규정되어 있을 뿐, 상자 안의 것이 도대체 무엇인지에 대한 규정을 회피하고 있다. 학생들의 행동을 변화시키는 데 공헌하는 온갖 이질적인 환경을 통칭하여 '교육프로그램'이나 '교육과정'이라는 말로 지칭하지만, 그것은 그때그때 탐색해서 발견해야 하는 과제나 미지수로 남겨져 있다. 미지수에서 확실한 결과나 기능을 논의하는 것도 불가능한 일이다.

기능만을 주장하는 교육은 어떤 기준에 의해서든 선택된 행동을 결정하는 항목인 E(환경)에 해당한다. 그 기능으로 선정되는 행동이 왜 '교육의 목표'로 간주되어야 하느냐 하는 것도 문제지만, 그것들의 형성에 공헌하는 요인 또한 거의 무한정하다고 보아야 한다. 가령 '교육목표'의 하나로 선택된 바람직한 행동을 X라고 할 때, 그것을 결정하는 환경의 요인은 다원적이고, 거기에 다시 Y라는 행동을 추가하면 그 범위는 더욱 확장될 것이다. X와 Y의 어느 것을 선택하느냐에 따라 그 환경은 서로 상반될 수도 있다. 그 모든 것을 교육이라고 본다면, 교육의 외연은 끝없이 확장된다. 오늘날 우리의 삶에는 조건화는 물론, 약물투여, 선전, 세뇌, 광고, 교조화 등 각 개인의 의도와는 별개로 타인의 가치와 목적에 의해서 인간의 본성을 체계적으로 변화시키는 여타의 행동통제의 수단이 작용하고 있다(장상호, 1980). 그 모든 것을 교육이라고 할 수 있는가? 기능주의의 방식을 택하는 경우, 교육은 이 모든 것들과 구분될 수 없다.

그 평가대상에 이어서, '교육평가'가 다음에 점검해야 할 것은 그 평가에 적용하는 가치기준의 선택이다. 대상의 실재가 갖는 속성에 의해서 고유한 가치가 규정되는 것이 보통이며, 삶의 다양한 영역이 그 기준의 선택을 두고 경합하거나 갈등을 유발하는 것이 다반사이다. 사실, 고유한 의미의 특수한 영역으로서 교육에 대한 평가란, 교육 이외의 영역에서는 배제되거나 혹은 도외시하지만, 교육에서는 매우 중요한 가치를 선별하는 전문성을 인정받을 수 있어야 한다. 일상의 삶에서 혹은 평가의 상황에서 교육이 가진 고유한 가치가 무시되는 경우, 그만큼 교육은 손실을 본다고 말할 수도 있다. 그런데 목표달성평가모형은 고유한 가치에 대한 심각한 고려가 없이 애초부터 다른 분야의 가치를 무분별하게 수용하고, 그 모두를 실현하는 수단을 교육으로 치부하는 방식을 취하고 있다.

기능주의 교육관이 '교육목표'로 내세우는 '바람직함'의 기준은 교육 밖의 것, 즉 외재적 기능이나 역할에 해당하며, 이 경우도 범위가 특별히 한정된 것이 아니다. 외재적 가치에 대한 규정도 사실상 분야마다 다르며, 그 결과가 다양하고 이질적인 만큼 그 논의 역시 합의점에 도달하기 어렵다. 이제까지 교육학자들은 내세워 왔던 가치란 대체로 모학문이 그들의 대상세계와 관련하여 취하는 특정한 가치나 이데올로기를 대변하는 것들이었다. 그런데 그 모학문이 다양한 것만큼, 혹은 모학문 안에서 파벌에 따라 그 기준이 다르다. 이 때문에 가치도착, 가치혼란, 방향상실, 기준부재의 상태가 필연적으로 따르기 마련이다. 그 열려진 문을 통해 범위를 한정시킬 수 없는 온갖 외재적 가치가 침입하며, 그들 사이에도 서로 갈등과 모순이 일어날 수 있다. 사태를 더욱 걷잡을 수 없게 하는 것은 학교의 기능과 교육의 기능을 동일시하는 혼란이다.

이쯤 해서 교육 안에 온갖 가치를 초대하고 그것을 실현시키는 것이 무엇이 나쁘냐고 항의할 독자가 있을지도 모른다. 그러나 기능주의 교육관의 큰 문제는 그 가치를 초대하거나 실현시킬 교육의 안과 밖을 구획하는 울타리를 미리 밝히지 않는 점이다. 교육의 실체를 그것의 기능으로 환원시키는 것은 마치 만병통치의 비약을 선전하면서도 그 비약의 실체를 밝히지 않는 거리의 약장수에 비유될 수 있다. 이로써 외부세계에 그 자체의 역량을 벗어나는 근거 없는 약속을 한다. 그 약속을 믿는 모든 사람들은 그만큼 교육에 무한책임을 기대한다. 오늘날 온갖 분야에서 교육이 지탄의 대상이 되고 있는데, 그 근원을 따지고 보면, 바로 이 과장된 허풍에 따른 자업자득인 셈이다.

어떤 결과에 대한 사후설명에는 한계가 있을 수 없다. 무슨 연유에서든 어떤 바람직한 인간이 형성되면, 그것이 교육에서 비롯한 것으로 해석할 만큼 어리석은 사람은 이 세상에 드물다. 그런 해석이 가능하다는 믿음은 기존의 기능주의적 교육론자들만 가질 수 있는 환상이다. 각 분야는 모든 공의 원인을 자신에게서 찾을 만큼 약삭빠르다. 다른 한편, 잘못된 것이 있으면, 그 원인을 교육에 돌린다. 사람들은 교육학자들의 말대로 교육에 대해서 각각 다른 주문을 하게 되고, 그 결과가 나오지 않으면 교육이 잘못되었다고 불평한다. 이것이 삶의 온갖 것들에 대한 공헌이라는 데서 교육의 가치를 규정하는 약장수의 입장이 감수해야 하는 숙명이다.

정치 · 경제 · 사회 · 문화 · 종교 등 우리 삶의 다양한 분야마다 추구하는 가치나 목표는 다르며, 따라서 그 분야가 잘되고 못되었다는 평가는 각 세계의 가치기준에 따른다. 그런데 교육은 교육이 가질 수 있는 내재적 가치를 고려하지 않기 때문에 우리 각자가 자신의 경험범위를 확장시키는 매우 중요한 부분을 간과한다. 그럴 수밖에 없는 것은, 기능주의 교육관에는 교육과 교육 아닌 것의 경계가 없기 때문이다. 그 경계가 없는 상황에서 교육이 가진 고유한 의미의 내재적 가치가 인정받을 수 없는 것은 필연이다. 이 때문에 인간의 삶에 잠복된 무수한 가치의 다양성 가운데 유독 교육의 가치가 평가에서 배제되고, 그 자리를 온갖 외재적인 가치가 차지한다.

이런 외재적 가치규정의 특징은 교육이 더 필요 없는 상태를 지향하는 역설을 포함한다는 점이다. 목표달성평가모형에서는 행동의 항목에 단지 '바람직한'이라는 수식사를 붙여 '교육목표'의 의미를 부여하였다. '교육받은 사람'이라는 피동형의 인간이 자연스럽게 주문되며, 그것은 특정한 개인, 집단, 혹은 국가가 임의적으로 규정하는 방식을 택했다. 이 작업은 교육이 여타의 삶을 실현시키는 수단이라는 명분으로 진행되기 때문에

'외재적 가치'에 의존한다고 볼 수 있다. 여기에서 일단 '교육받은 사람'이 생산되었다고 가정하자. 그렇다면, 그 수단으로서의 교육의 가치는 자연스럽게 소멸된다. 혹은, 수단으로서의 교육은 그 이외의 다양한 수단과 비교되는 처지에 놓이며, 후자가 더 효과적인 경우, 후자의 것으로 대체되는 숙명에 처한다.[7)]

이제 목표달성평가모형이 상정하는 교육의 개념과 가치선택을 교육 고유의 평가로 보아야 할 어떤 근거도 없다는 것이 분명해졌을 것이다. 교육을 측정한다고 하면서도 그 '교육'이 무엇인지를 모르고 있기 때문에, 무조건 과학의 이름으로 쉽게 눈에 띄는 것들만을 계량화하여 측정하는 진기한 현상이 일어나고 있다. '교육측정' 분야에서는 '잴 것을 재는지에 대한 지표'로서 이른바 '타당도(validity)'라는 것을 따지는 경우가 있지만, 그것은 극히 미시적인 관점에서일 뿐, 실제로는 그 측정대상이 교육 자체이어야 한다는 의식과는 거리가 멀다. 앞에서 지적했듯이, 그들 스스로 '가치중립'의 입장을 취하지만, 가치중립의 평가란 그 자체로 모순이다. 가치공백인 생활이 있을 수 없고, 그런 교육도 가능하지 않다. 설사 기능주의 교육관을 받아들인다고 하더라도, 수단의 선택은 궁극적인 분석에서 목적의 선택을 함축한다는 점에서 '가치중립'이란 것 자체가 성립할 수 없기 때문이다. 그렇다면 이 사태를 어떻게 볼 것인가? 정확하게 말하면 이는 가치기준의 배제를 의미하는 것이 아니라, 사회 전반에서 통용되는 가치규정을 그대로 유지하겠다는 것 혹은 다른 분야의 가치를 아무런 선별의 절차도 없이 무턱대고 받아들이겠다는 것을 의미할 뿐이다.

3.1.4 과학주의의 한계

이 모든 점을 고려할 때, 목표달성평가모형은 한 마디로 진정한 의미의

---

7) 오늘날 교육공학자들이 그런 결과를 가져올 수 있는 기술적 진전을 예상하고, 그것으로 교육을 대체할 수 있다고 주장하는 것은 바로 이런 취지와 일치한다.

교육평가가 갖추어야 할 기본적인 전제나 조건조차 아직 갖추고 있지 못하다는 평가를 내린다고 해도 결코 지나친 것이 아니다. 그에 대한 비평은 거기에만 그칠 수 없다. 우리가 다시 더 주시해야 할 것이 있다. 그것은 목표달성모형이 표방해 온 '과학주의'나 '객관주의'가 상당 부분 교육 자체의 규정에 큰 제약을 주고 있다는 점이다. '맹목과 무지의 확실성'만을 추구하는 지금의 '교육평가'는 마치 숲에서 잃은 물건을 가로등 앞에서 찾는 것과 같은 오류 속에 교육을 함몰시키는 결과를 가져온다. 이 부분은 또한 목표와 수단의 전도라는 점에서도 세상사람들이 질타하고 오늘날 젊은이들이 '교육평가'라는 이름으로 고통을 당하고 있는 '입시위주의 교육'과 동일한 맥락 안에 있다. 후자가 '입시를 위한 교육'이라면, 전자는 '과학적 평가를 위한 교육'에 해당한다고 볼 수 있다.

목표달성평가모형이 교육에 부과하는 제약의 하나가 그 '교육목표'를 행동의 개념으로 규정해야 한다는 조건이다. 그 조건을 성립시키는 주된 이유는 과학적으로 측정하기 어려운 인간의 측면은 모호하다는 것인데, 그 모호성의 극복 방안으로 이른바 '조작적 정의(operational definition)'가 도입되었다. 물리현상을 연구할 때 사용했던 이 방법은 특정 외부의 자극에 대한 특정한 반응이라는 도식에서 이루어진다(Bridgman, 1958). 이것은 인간을 과학적으로 연구한다는 취지를 가진 심리학의 경우, 원인과 결과의 해석에서 주관성을 배제할 수 있을 것 같은 절차로 인식되었다. 과학의 한 영역을 표방하는 심리학이 이런 방법을 쓰는 것은 당연히 용인될 수 있는 부분이다. 그러나 과학의 목적과 교육의 목적은 엄연히 다르다. 전자는 기존의 사실에 대한 정확한 이해에 그 목적이 있음에 비해서, 후자는 가능한 인간성의 탐색과 실현이라는 목적을 가지고 있다. 후자를 전자에 종속시키는 목표달성평가모형은 그만큼 교육의 본질로부터 이탈할 수밖에 없다.

조작적 정의에 의한 목표설정과 평가는 결국 인간성을 저급한 경험주의의 도구로 환원시키는 결과를 가져왔다. 이른바 원자주의(atomism)를 따르는 이 관점은 인간성을 단지 서로 분리된 행동들의 합으로 환원시킨다.

일찍이 타일러(Tyler, 1949)는 커리큘럼을 만들 때 "교육목표의 이원분류"를 제안한 바 있는데, 그 한 축인 '행동'의 경우 지(知)(Bloom, et al., 1956), 정(情)(Krathwohl, et al., 1964), 체(體)(Harrow, 1972)의 큰 영역이 구분되고, 그 안에 더 자세한 것들이 세분된다. 다른 한편의 축은 '지식'의 범주인데, 이 역시 교과서의 단원에 따라, 혹은 그 안의 중요한 개념에 따라 더 세분된다. 더욱 놀라운 것은, '교육평가'는 이 두 차원의 조합의 형태인 세부적인 항목들에 학생의 반응이 일치하느냐 않느냐를 기준으로 '정답'과 '오답'이라는 절대적 의미를 부여한다는 점이다.

그 세분된 것들을 산술적인 총계로 합산하는 방식이 무리라는 것은 오늘날에는 심지어 물리현상에서조차 인정되고 있다. 중요한 것은 제반 요인들 사이의 상호작용의 효과이다. 특정한 행동의 의미는 그것의 조합 형태와 그것이 드러나는 상황의 맥락에 따라 전혀 다르다(Barker, 1968). 예컨대, 어떤 사람이 손을 번쩍 들고 있다고 할 때, 그 의미는 상황에 따라 다르게 해석되어야 한다. 의회에서는 동의의 의미, 히틀러 치하의 사열식에서는 그에 대한 존경의 의미, 혹은 체육관에서는 운동의 의미가 있는 것이다. 이런 원칙은 지식의 경우에도 마찬가지다. 지식의 생명은 총체적인 구조의 요소와 그 알맞음이다(Glasersfeld, 1995; Maturana & Varela, 1987). 그것이 세분될 때, 그 세분된 것들은 단지 '정보'로 환원되며, 지식의 영역에서 이미 멀어진다. 세분된 행동과 정보에 절대성을 부여하는 교육목표의 이원분류에 따라 진행되는 평가는 애초부터 유기체로서의 이런 학생들의 체험이 전적으로 배제된다.

목표달성평가모형이 지향하는 이상은 기본적으로 심리학에서 말하는 실험적 조건의 충족이다. 실험에서는 과학적으로, 그리고 객관적으로 측정 가능한 인간성만을 평가의 항목으로 삼아 그것들을 어떻게 측정하느냐 하는 기술적인 문제에 매달린다. 그것을 모델로 삼아 각종의 표준화 검사와 평가도구, 면접의 지수화, 자연적 관찰 등이 '교육평가'에 적용되고 있다. 자극과 반응이 객관적인 지표이며, 객관적으로 관찰될 수 있다는 이유로 평가의 신뢰성을 높이는 계수로 치부된다. 그러나 그 믿음 역시 오늘날 인식론의 발전에 비추어 조야한 경험주의라는 비판을 받고 있으며, 따라서 그 믿음에 토대를 둔 전문적 봉사 역시 근거가 박약한 시대착오라는 비판을 피할 수 없다.

한때를 풍미했던 객관주의는 오늘날 과학적 탐구에서조차 의혹의 대상이 되고 있다(Hanson, 1961; Kuhn, 1970). 객관적 검증은 어떤 판단이 임의의 객관적인 기준에 부합하느냐 않느냐에 의해서 결정된다. 그러나 따지고 보면 그 기준이라는 것이 사실상 모호하며, 설사 그것이 분명하다고 하더라도, 부합 여부를 판단하는 것에 주관이 배제될 수 없다는 점을 은폐하고 있다는 사실이 지적되고 있다. 평가의 자료 확보와 그것에 대한 판단은 구분되어야 한다. 주관을 배제한 관찰은 현미경과 망원경에 불과하다. 객관의 기준은 이 부분에 국한된다. 현미경과 망원경 안에 나타난 것에 대한 판단은 언제나 직관적이며, 주관적이라는 사실을 인정해야 한다. 이 때문에 이러한 판단을 명시하지 않거나 배제하는 객관성은 오히려 근거가 박약한 독단적인 주관이라는 비난을 면하기 어렵다.

이 대목에서 우리나라의 교육평가의 대부로 알려진 정범모 선생의 '객관식 검사'에 대한 증언을 다시 인용할 필요가 있다.

> 많은 사람들이 객관식 테스트가 실은 주관적으로 제작된 주관적 테스트라는 사실을 잊고 있다. 답을 객관적으로 채점할 수 있기 때문에 그럴듯하게 객관적이고 과학적으로 보이지만, 어디에서 어떤 문제 소재를 골라서, 어떤 자료로, 어떤 난이도의, 어떤 답지의 문제를, 몇 개만 만들고, 어떤 식의 채점을 하느냐 등에 따라 천차만별의 테스트가 만들어져 나올 수 있고, 그에 따라 점수의 고저와 그 순서도 크게 바뀔 수 있다. 객관식 테스트란 실은 주관적인 테스트이다(2004, p. 376).

이는 실로 객관적 검사 혹은 객관적 평가라는 오래된 미신과 신화를 단번에 불식시킬 수 있는 통쾌하고 예리한 발언이 아닐 수 없다. 삶에서 주관을 떠난 판단은 불가능하다. 다만 문제가 되는 것은, 어떤 사람의 주관이냐 하는 것과 그것을 어떻게 정당화시키느냐 하는 것이다. 과학이 추구하는 진리란 탐구 주체의 적극적인 감식을 제외하고 수동적으로 혹은 객관적으로 규정될 수 없다(장상호, 2000a). 어떤 자료나 관찰이든, 그것에 대한 판단은 항상 해석자나 관찰자 주관의 여과를 거친다. 자연에 대한 객관적 탐구는 바로 그 주관성을 세련시키는 작업으로 해석되어야 한다. 그 부분에 있어서까지 객관성을 요구하는 것은 평가 자체의 본질을 제대로 이해하지 못한 데서 기인한다. 그런데 이제까지 '교육평가'는 평가전문가 혹은 교사와 같은 타인의 주관성만을, 아무런 동의를 구함이 없이 학생들에게 일방적으로 부과함으로써, 사실상 개별적인 교육 주체의 주관을 유독 배제하는 방식을 택해 왔다.

가치는 자연현상이 아니라 우리의 체험에 의해서 창조되면서 우리에게 타당한 것으로 도입되는 것이다. 인간성의 가치는 오직 그것을 체득한 사람만이 감식할 수 있다. 과학주의의 기치 아래 전문적으로 이루어지는 '교육평가'는 학생 혹은 일반인들의 이런 자주적 판단능력을 무시하고, 단지 전문가가 제시한 외적 기준을 무조건 받아들이게 한다. 그런 객관주의의 구실과 적응방식은 유감스럽게도 교육 자체가 당당히 해결해야 할 문제를 은폐하고 회피하는 셈이다. 우리가 교육을 하는 목적은 그런 감식력을 갖기 위한 것이며, 바로 그런 특수성에 의해서 교육이 지금 당면한 인식론의 문제를 해결하는 능력을 발휘할 수 있다(장상호, 2000a). 그런데 그 부분에서 학생을 전적으로 무시함으로써 그들을 외부의 기준에 일치시키는 데에는 어느 정도 성공하지만, 학생들은 그들 자신의 자주적 판단력을 잃어버리고 외부의 눈치에 따르는 허수아비가 되도록 강요받는다.

과학주의를 표방하는 교육에서는 '참된 교육을 위한 평가'가 아니라 '객관적인 평가를 위한 교육'이라는 뒤틀림이 끊임없이 일어난다. 그 결과 학생들은 교육에서 점차 소외되는 과정을 밟게 된다. 외부로 표현된 증거에만 치중하는 과학적 실증주의의 입장은 우리들 자신이 가진 내부와 외부의 분명한 경계를 모호하게 만들며, 오히려 후자를 토대로 전자를 추정하는 방식을 택하고 있다. 이 때문에 평가의 상황에서 내면적인 만족보다는 겉으로 드러나는 것에 큰 가치를 부여하는 결과를 가져온다(장상호,

1980). 이처럼 인간의 외부기준에 의해서만 그 실증성을 인정하고자 하는 평가모형은 오늘날 학교에서 진행되고 있는 '입시위주교육'을 극복하기는커녕 오히려 그것을 이중으로 조장하고 있다는 비난을 면하기 어렵다.

여기까지가 오늘날 우리나라에서 '교육평가'라는 전문영역의 주류를 차지하고 있는 '목표달성평가'의 특징이며, 한계이다. 이미 살핀 바와 같이, 이것은 하나의 정체성을 가진 교육관이나 가치선택의 입장을 갖춘 것이 아니다. 여기에서는 교육평가의 고유한 특징이 발견될 수 없다. 이 관점의 껍질을 벗겨보면, 심리학이나 행동과학의 영역에서 흔히 사용하는 B=f(E)라는 공식에 교육의 의미를 덧씌운 것에 불과하다. 심리학이나 행동과학이 주장하듯이 행동은 자극에 대한 반응의 형식으로 정확한 규정을 요구하며, 그런 증거를 토대로 과학적인 인과관계를 규정할 수 있다. 행동은 대부분 환경에 의해서 결정되며, 따라서 행동은 대부분 종속변인으로 취급된다. 과학적 측정방법을 강조하는 이른바 교육평가전문가들은 그 평가의 대상으로서 교육에 대한 의미의 명백성을 찾기 위해서 교육을 일종의 심리적인 실험으로 환원시켜 놓고, 교육평가는 오로지 어떤 외부로부터 주어진 대상과 가치에 종속시켜 그 실험의 확실성을 보장받는 근거를 제공하는 것으로 본 것이다.

심리학과 행동과학이 인간행동과 그것을 결정하는 환경의 관계를 과학적으로 규명하는 그 나름의 명백한 목표와 절차를 가지고 있다는 것은 누구나 공인하고 있다(장상호, 1977a, 1977b; Berelson, 1963). 그러나 교육의 의미를 심리학이나 행동과학의 절차에 결부시켜 규정하는 것은 과학에서 허용하는 방법의 올가미 속에 교육을 감금하는 결과를 가져온다. 여기서 우리의 결론은 너무도 분명하다. 행동과학의 도식을 따르는 학교의 커리큘럼은 그것에 적용된 온갖 잉여적인 의미의 교육의 용어를 걷어내고 원래의 행동과학의 용어를 사용함으로써 좀 더 선명하게 그 진상을 드러낼 필요가 있다. 교육은 행동과학의 범위에서 벗어난 그 나름의 독자적인 실재로 규정되어야 하며, 그 방식에 의해서 행동과학의 도식으로 규정되는 커리큘럼에서 빠진 새로운 요소를 추가시키는 방도를 찾을 수 있어야 한다. 이것이 목적과 방법에서 서로 고유성을 찾아가야 할 행동과학과 교육학이 서로를 상대에게서 해방시키는 유일한 길이 될 것이다.

3.1.5 비교육 영역의 평가

일부의 독자는 '목표달성평가'의 도식이 '교육평가' 분야의 모든 것을 대변하는 것은 아니라는 점을 들어 이런 결론에 대해서 항의할지 모르겠다. 전문분야로서 '교육평가'는 그 한정된 범위를 벗어나려는 시도를 꾸준히 진행해 왔다(황정규 편, 1998, 2000). 가령, 그동안 이 분야는 온갖 전문적인 개입이 가능한 각종 평가지수와 그 조건을 충족시킬 수 있는 정교한 통계모형, 그리고 그에 따른 기술적인 방법을 발전시켜 왔다. 그것들이 적용되는 대상이나 영역도 학생의 차별화라는 한계를 벗어나 교사들의 근무능력을 평가하고, 그에 따라 이른바 '장학검열'을 하거나 혹은 그것을 인사나 승진에 반영하는 등으로 확대되고 있다. 학교의 사회적 책무 혹은 공신력에 대한 지역의 주민 혹은 정치가들의 의식이 고조되고, 그에 따라 학교에 대한 지원을 배분하는 문제가 제기되었다. 이와 관련하여 이른바 '책무성'이라는 요소가 첨부되어 근래에는 평가의 단위를 '학력'이나 '행동'과 같은 학생들의 개인적인 특성만이 아니라, 그 결과를 가져오도록 설계된 프로그램까지 포함시키는 경향도 있다(배호순, 2008a; Stufflebeam, et al., 1981; Worthen & Sanders, 1973). 이런 지표에 의해서 산출된 점수는 학교의 행정적 · 재정적 지원을 차별화하는 데 활용된다.

이외에도 앞서 검토한 '목표달성평가'의 범주에 넣을 수 없는 많은 특징들을 '교육평가'의 범주에 추가시키려는 주목할 만한 시도들이 있다. 가령 애초의 목표만을 기준으로 삼지 않고 커리큘럼의 과정에서 발생하는 부수적인 결과의 가치도 포함하자는 주장(Scriven, 1973), 모든 목표가 애초부터 반드시 전제되어야 하느냐 하는 문제를 제기한 부분(Eisner, 1979), 객관성을 벗어나 평가 주체의 평가안목을 고려해야 한다는 입장(Eisner, 1985), 혹은 지필검사를 벗어나 실제 상황의 맥락에서 수행 전체를 평가해야 한다는 논의(배호순, 2000; 백순근, 2000) 등은 그 예들이다. 아울러 실증주의적 접근에 의존했던 편향성을 벗어나야 한다는 것이 과제로 등장하고 있고, 근래에는 현상학, 해석학, 구성주의 등과 같은 비실증주의적 방식을 도입하는 경향도 보인다. 그런 다양성의 추구는 그 자체로서 발전된 면모라고 할 만하다.

그러나 그런 새로운 면모를 인정한다고 하더라도, 지금까지의 '교육평가'는 아직도 그 진정한 의미의 교육평가로서의 정체성을 인정받을 수 없다는 치명적인 결함을 안고 있다. 앞에서 지적했듯이, 교육평가가 전제해야 할 교육이라고 하는 대상규정, 그리고 그것에 적용되어야 할 가치선택에서 아무런 특징도 찾아볼 수 없다. 이제까지 교육학자들은 학교와 교육의 개선을 혼동하고, 주로 학교 안의 비교육적 현상들, 예컨대, 심리적·정치적·사회적·제도적 요소들의 개선에 주력해 왔다. 그 무분별 혹은 정체불명의 틀 안에서 '교육평가'는 단순히 외부로부터 주어진 가치와 목적에 따라 학교 내부의 제반 사실들을 평가하는 기술적인 방식을 택해 온 것이다. 이 문제는 교육학의 성립과 관련하여 지적한 범주착오의 연장선상에 있다는 점에서 근본적인 치유를 필요로 한다.

학교는 온갖 종류의 평가가 가능한 삶의 영역이다. 그 안에는 다양한 사실들이 공존하며, 그것들에는 다양한 가치기준이 작용한다. 이 때문에 학교의 다양한 면모를 다양한 가치기준에 의해서 평가하는 것은 잘못이 아니다. 오히려 극히 자연스러운 현상이라고 할 만하다. 학교가 다양한 이해관계의 복판에 있다는 것은 널리 알려진 사실이다. 그 이해당사자는 정부, 학부모, 학생, 그리고 학교와 유관한 모든 집단이 될 것이다. 이런 이해집단 사이의 갈등과 대립을 하나의 것으로 수렴할 수 있는 근거가 있다거나, 혹은 그렇지 못한 것에 따른 비일관성 혹은 가치충돌을 시행착오나 낭비로 보는 것 역시 잘못이다. 이들은 서로 갈등할 수 있으며, 이 때문에 각 영역은 그 나름의 평가를 그 안에서 적용하도록 경쟁할 수 있다. 학교 안의 특정한 프로그램이나 제도의 효과에 대한 여러 가지 찬반의 주장이 공존한다. 여기에 일관된 동의가 이루어질 수 없음은 물론이다.

다양한 이해당사자들의 요구에 부응하여 올바른 정보와 가치판단을 제공하는 것이 평가의 목적이다. 그것에 따라 그들 간의 의견 조정이 가능하도록 하는 것 역시 중요하다. 그 모든 이질적인 기대, 이해관계, 그리고 가치들을 인정하고 그것에 부합하는 제반 평가체제를 구축하려는 시도는 그 자체로서 이전의 것에 비해 진일보한 것이다. 어떤 정형화된 준칙을 세우기보다는 그들의 이해관계에 따른 압력과 저항에 호응해서 다양한 측면의 평가를 하는 것이 필요하다. 그러나 여기서 우리가 의문을 제기해야 할 것은 그 모든 평가의 내용을 통칭하여 '교육평가'라고 부르는 것이 가능하며, 타당한 것이냐 하는 것이다. 그 평가대상이나 적용되는 가치의 기준에 비추어 그 실상을 정확하게 밝힌다면, 이들의 평가는 학교 안에 존재하는 제반 비교육적 사실들에 대한 평가일 수는 있어도, 교육에 대한 평가는 아니다.

여기에 넓게는 교육학 전체, 혹은 좁게는 '교육평가'의 심각한 아이러니와 역설이 있다. 목표의 설정에서부터 그 평가에 이르기까지, 교육 고유의 관점이 거의 전적으로 배제되어 왔다. 이제까지의 '교육평가'에서는 그것이 평가할 대상이 교육이라는 사실을 망각하였다. 불행히도, 그 개념 부재의 공백을 각종 외래적 관점과 가치로 채웠다. 이런 제반 가치기준을 분별 없이 수용하여 적용하면, 막상 존중되어야 할 본래의 교육은 제대로 평가받을 수 없다. 그 부분을 접어두고 각종 '교육평가'의 모형을 그대로 적용하고 있기 때문에, 현존하는 '교육평가'는 실제로 학교 안의 교육 고유의 경험을 교도하기보다는 교육을 오도하거나 기피하도록 하는 역기능을 하고 있다. 이 점에서 '교육평가'는 일면 현실적으로 평가의 중요한 몫을 수행하고 있음에도 불구하고, 유별나게도 교육에 대해서는 부당한 것이 되고 있다.

여기서 현존하는 '교육평가'가 가진 정체불명이라는 문제를 간단하게 정리해 보자. 어떤 것이 좋다 혹은 나쁘다고 평가할 때, 최소한 기본적으로 갖추어야 할 두 가지 조건이 있다. 그 하나는 "그 어떤 것이 무엇이냐" 하는 것이며, 다른 하나는 그것에 "어떤 종류의 가치를 부여하느냐" 하는 것이다. 우리 삶의 이면에 작용하고 있는 각종의 세계는 그 점에서 그 고유한 평가노선을 모색하여 왔다. 그런데 지금까지의 '교육평가'는 그 모든 부분에서 엄청난 오류를 범해 왔다. 그것은 그 평가의 대상으로 학교를 선택했으며, 가치 선택의 면에서 중립을 선언했다. 단지 그들이 전문성으로 내세운 것은 그 정확성이었다. 그러나 기왕 그 정확성이라는 말을 제대로 적용한다면, 전자는 범주착오이며, 후자는 직무유기에 해당한다. 어긋나고 잘못된 평가가 지배하는 분야가 제대로 발전할 수 없다. 그 점에서 교육발전의 근본적인 과제의 하나는 그 평가의 올바른 진로를 되찾는 데서 찾아져야 한다.

3.2 교육본위의 평가

우리의 삶에서 이루어지는 실천의 개선은 평가를 통해서 모색된다. 평가는 특정한 사실을 선택하고 그것에 합당한 모종의 가치를 부여하는 작업이다. 이때 그 사실이 무엇이며, 어떤 가치기준을 적용하느냐 하는 문제가 그 평가의 내용을 좌우한다. 그 문제의 특수성이 살아날수록 좋은 평가를 기약할 수 있다. 쉬운 예를 들어보자. 전등을 평가할 것인가, 혹은 금을 평가할 것인가? 이것이 결정되면, 그것을 적용될 적절한 평가의 기준을 결정해야 한다. 밝기? 무게? 이 두 기준 가운데 어느 것을 선택하느냐에 따라 그 대상은 전혀 다른 평가를 받게 될 것이다. 전등을 무게로 평가하거나, 혹은 금을 밝기에 의해서 평가한다면, 어떻게 될까? 그 결과는 우스갯거리가 될 것이다. 각 분야는 이 때문에 합당한 평가체제의 개발에 부심하여 왔으며, 그에 따라 발전을 거듭하고 있다. 우리가 진정으로 바라는 교육평가는 분야 사이의 치열한 경합에서 교육의 고유성을 살려나가는 데 주도적인 역할을 수행할 수 있어야 한다.

그럼에도 불구하고, 앞 절에서 살핀 바와 같이, 지금의 '교육평가'는 그 고유성을 살리는 데 실패하였다. 교육현상에 대한 개념도 부재했을 뿐만 아니라 평가의 기준 역시 한계가 없고 부적합했다. 그런 가운데 끊임없이 '교육의 위기'가 지적되고, 그때마다 교육학자들은 모든 해법을 가지고 있는 것처럼 행세해 왔지만, 그들이 가진 부적절한 개념 때문에 유독 교육의 문제를 외면해 왔다. 교육학도들이 내세우고 있는 목표나 그에 따른 평가는 결국 비교육의 영역이며, 대부분 다른 영역의 가치나 이데올로기를 대변하고 있는 실정이다. 거의 아무 여과의 장치가 없는 상태에서 잡입한 여러 분야의 가치가 뒤죽박죽 난무하여 아무 의미조차 찾아보기 어려울 정도이다.

'교육평가'가 교육을 소외시키는 아이러니의 근원을 소급해 올라가면, 현존하는 교육학이 그 동안 자율적인 개념체제를 정립하는 과제를 지연시켜 온 상황과 연결된다. 그런 불행한 연관관계를 유추할 때, 교육평가론자들이 진정 교육을 위하는 길은 그 자신의 환골탈태이다(장상호, 2004; 최성욱 & 신기현, 1998). 진정한 의미의 교육평가는 "교육은 무엇인가" 하는 사실규정과 그것에 적용되어야 할 "가치기준의 특성이 어떤 것인가"에 대한 통렬한 반성에서부터 재출발해야 한다. 논자는 교육본위론의 관점을 통해서 뒤틀린 교육의 정체성을 바로 세우려는 작업을 수행해 왔다. 본 절은 그런 입장을 간략하게 정리하면서 우리가 교육의 잘됨과 못됨을 평가할 때 특별히 주목해야 할 고유한 사실들이 과연 무엇이며, 그때마다 어떤 기준이 선별적으로 적용되어야 하는지에 대해서 명백한 입장을 제시하겠다.

3.2.1 평가대상의 선별

교육평가의 대상은 교육 자체와 그것에서 파생되는 여러 국면의 제반 사실들이 되어야 할 것이다. 이 가운데 전자가 후자를 결정하는 거점이라는 점에서 교육관 자체에 대한 검토가 선행되어야 한다. 우리가 특별히 교육평가와 관련하여 앞으로 지양하고 극복하도록 노력해야 할 교육관은 두 가지로 대별할 수 있다. 그중 하나는 학교에서 이루어지는 모든 것이 교육이라는 제도적 관점이며, 다른 하나는 교육을 단지 다른 삶의 수단으로 규정하는 기능주의 교육관이다. 이 부분은 너무도 중요한 것이기 때문에, 그들이 각각 교육평가와 관련하여 어떤 문제를 가지고 있는지를 다시 점검해 보기로 한다.

학교에서 일어나는 것과 교육을 동일한 것으로 볼 때, 교육의 내외(교육과 교육 아닌 것)를 구분하는 것은 학교의 울타리이다. 물리적으로 그 경계가 분명한 것만큼 양자의 구분은 명백해 보인다. 그 안에서 적용되는 관습, 제도, 상식, 언어의 용례에 세인들은 너무도 익숙하기 때문에 소통의 편리함을 제공하는 또 하나의 장점이 여기에 추가된다. 그러나 이런 편의성에도 불구하고, 이 관념은 생활공간의 개념범주와 삶의 양상이라는 범주를 혼동하는 엄청난 문제점을 가지고 있다. 학교 안의 온갖 비교육적인 사실들이 교육으로 과장되며, 학교 밖의 교육적인 사실들이 전적으로 무시되는 상황이 전개되고 있는 것이다.

학교태를 오로지 교육적인 것으로만 보는 것은 지극히 편협한 관점이다. 학교 안에는 온갖 자연현상, 그리고 정치 · 경제 · 사회 · 문화 · 종교현상이 포함되어 있다. 그 모두를 포괄해서 교육이라고 한다면, 당장 온갖 비교육의 영역들을 교육과 동일시하는 혼돈과 왜곡이 일어난다. 제반 이질적인 사실들이 한 가지로 수렴될 수도 없다. 이런 논의에 동의한다면, 한편으로 그 개별적인 비교육적 사실들을 각기 인정하면서, 다른 한편으로 그들과 차별화된 것의 하나로 교육현상이 별개로 규정될 수 있어야 한다.

교육은 또한 사회적 제도가 아니다. 제도란 우리의 삶을 위한 것이어야 하고, 더욱 특수하게 교육제도란 교육을 위한 제도이어야 한다.[8)] 그런데 교육을 학교라는 제도와 일치시키려는 경향을 가진 세인의 관점은 학교 안에서 일어나는 모든 것을 교육의 이름으로 합리화하는 것을 허용한다.

---

8) 이 부분은 제2장에서 교육의 환경 혹은 여건으로 분류되었으며, 이하에서 그런 범주의 평가에 포함될 것이다.

그것들이 부정적인 것만큼 교육에 대한 실망도 많다. 이제 새롭게 정립될 교육평가는 지난날과 같이 학교체제를 옹호하거나 미화시키는 어용의 역사를 벗어나, 그것이 표방하는 구호와 용어, 그 이면에 숨어 있는 가정, 허위의식, 과장, 의도되지 않은 부작용, 각종 이해집단의 이데올로기와의 관계 등을 실상 그대로 노출시킬 수 있어야 한다.

이에 대한 해결의 실마리는 학교에 대한 평가와 교육의 평가를 범주적으로 구분하는 데서부터 찾아야 한다. 학교 안에는 정치 · 경제 · 사회 · 문화 · 종교 등 다양한 삶의 양상들이 포함되어 있는 만큼 학교는 다양한 분야의 평가를 요청한다. 이들은 서로 다른 측면들이고 그것에 적용되는 가치기준도 다르기 때문에, 그 사실들에 대한 평가는 원칙상 서로 보완적일 것이다. 그러나 다른 한편으로, 다양한 평가 가운데 어느 것을 더 존중하느냐 하는 문제에서 서로 상충하거나 갈등을 일으킬 가능성도 있다. 이들에게 부여할 수 있는 가장 합당한 명칭은 '학교의 평가'이다. 그 명칭이 암시하는 명실상부한 의미의 교육평가는 지금까지 그 관례적 평가에서 배제된 부분에 해당한다.

새로운 교육평가는 기존의 '교육평가'가 부지불식간에 왜곡하거나 외면해 온 현상을 새롭게 조명할 수 있어야 한다. 고유한 의미의 교육평가는 학교에 적용할 수 있는 다양한 평가 가운데 하나가 될 수 있을 것이다. 이렇게 보는 우리의 입장에 대해서 일부는 그것의 적용범위가 축소되는 것이 아니냐 하는 반문을 던질지 모른다. 그러나 알고 보면, 그 범위는 이전의 것보다 훨씬 확장된다. 학교는 교육이 일어날 수 있는 삶의 한 가지 특수한 공간에 불과하다. 교육현상은 학교의 울타리를 벗어나 가정, 직장, 가상공간 등과 같이 다양한 생활공간에 존재한다. 이들 모두가 고유한 의미의 교육평가를 요청한다.

고유한 의미의 교육평가를 모색하기에 앞서, 극복해야 할 또 하나의 고질적인 교육관이 있다. 그것은 본서가 시종 문제시해 왔던 기능주의 교육관이다. 이는 애초부터 교육을 어떤 외부의 것을 달성하는 도구라는 관점을 택한다. 그 어떤 외부의 것이란 '교육받은 사람' 혹은 '교육의 결과'로 규정된다. 교육학에서 흔히 '이론'은 제각기 '자아실현', '시민양성', '사회재건', '국가발전' 등을 주장한다. 그 '바람직한 인간상'에 대해서 각 분야, 각 집단, 혹은 개인의 견해가 다른 만큼 그 항목은 얼마든지 추가될 수 있다.

좋은 것이 좋은 것이다. 이 동어반복은 그럴듯해 보이지만, 실은 무분별이라는 오류를 포함한다. 무지한 집단만이 택할 수 있는 입장인 것이다. 좀 더 깊이 생각해 보면, 가치 혹은 바람직함에 대한 규정은 분야마다 다르다. 그 기준이 동질적인 것이 아닌 이상, 그들 사이에 갈등이 있을 수 있다. 가치와 관련하여 가장 고민스러운 과제는 바로 그중 어느 것을 택할 것인지를 분별하는 일이다. 더구나 한편의 것을 성취할 수 있는 것과 다른 편의 것을 성취할 수 있는 수단이 동일할 수는 없을 것이다. 설사 그중의 하나를 택한다고 하더라도, 그것을 가져오는 데 작용하는 것들의 목록은 무한대로 확장된다.

이처럼 교육을 온갖 종류의 소망을 실현시킬 수 있는 만능의 도구로 규정할 때, '교육평가'의 과제는 그런 소망이 실현되었느냐 하는 것에 귀결된다. 여기서 자업자득의 인과응보가 엄격히 작용한다. 과장된 포장과 선전이 가지고 있는 문제는 그 결과에 대해 책임져야 한다는 것이다. 이 세상에 기능주의가 약속하는 만능의 것이란 존재할 수 없다. 이 때문에 대개 교육에 대한 세인들의 소망은 좌절되며, 교육은 스스로 지탄의 대상이 된다. 이것은 교육을 그 자체로 이해하려는 과제를 접어두고, 단지 그것의 가치만을 다양한 기능으로 환치시키는 임시처방이 가져온 당연한 귀결이다. 교육이 책임지지 않아도 될 부분에 대해서 교육학자들이 책임을 부여한 셈이다.

기능주의 교육관이 교육에 가한 타격은 거기에 그치지 않는다. 더욱 심각한 오류는 막상 교육이라는 삶의 양상이 그 자체로서 인정받을 수 있는 고유한 내재가치를 무시한다는 점이다. 교육이 다양한 기능을 한다고 하면서도, 그 자체의 조건이나 현상을 규정하지 않고 다만 그때그때 해결해야 할 과제로 남겨 두었다. 그처럼 교육 안팎의 경계를 획정할 수 있는 개념체제가 부재한 상황에서 그것의 내재적 가치란 애초부터 성립할 수 없다. 이를 간과함으로써 교육이 삶에서 차지하는 고유한 가치가 목표의 설정에서부터 평가에 이르기까지 철저하게 소외되고 무시되고 억압당해 왔다. 그것이 잘못된 교육관의 선택에서 비롯한다는 것을 생각할 때, 그 책임은 오로지 교육학도들에게 있다.

그렇다면, 그런 상황을 어떻게 타개할 것인가? 그 해결책은 교육과 그로부터 얻어지는 결과를 개념적으로 구분하는 것이다. 인간성의 변화는 교육의 결과이지, 교육 자체는 아니다. 어떤 기지의 분명한 기준에 인간을 일치시키는 과정과 끊임없이 미지의 인간성을 탐색하는 과정은 동일할 수 없다. 이를 위의 논의와 결부시킨다면, 기능주의 교육관에서 상정하는 원인과 결과의 계열을 역전시키는 것에 그 묘책이 있다. 즉, 먼저 교육의 세계를 하나의 자율적인 구조의 형태로 한정시켜 규정하고, 그것이 가져올 수 있는 온갖 결과를 가정하는 것이다. 이런 발상이 곧 교육의 과정을 특정한 결과로 정당화시키는 온갖 종류의 메커니즘(이를테면, 사회화, 문화화, 그리고 행동주의적 조건화를 포함하는 온갖 행동통제의 방법들)과 차별화시키는 결정적인 분기점을 마련한다.

교육평가는 순서상 "평가될 교육이 무엇이냐" 하는 해답을 얻고 난 다음에야 논의될 수 있는 성질의 것이다. 그런데 지금의 형편으로 교육현상은 이해된 대상이 아니라 아직 풀리지 않은 미궁의 대상이다. 그 가운데 다소 분명한 사실의 하나는 교육이 세상사람들이 생각하는 상식보다 더 깊은 심층의 이해를 요구하며, 교육학도들이 무분별하게 수용했던 외래학문의 개념 밖에 존재한다는 점이다. 현 단계에서 교육학도들에게 절실히 필요한 것은 피상적인 이해와 심층적인 이해 사이의 간격과 긴장, 그리고 제반 분과학문들이 자신의 인식대상을 부각시킬 때 가졌던 배타성을 견지하는 것이다. 그 나머지의 백지 위에 진정한 의미의 교육학적 상상력이 투입되어야 한다.

교육학도들이 학문공동체 안에서 고유한 위치를 확고하게 인정받을 수 있는 길은 바로 이런 부분에서 탁월한 전문성을 발휘하는 데 있다. 세상 사람들이 교육의 문제로 생각했던 것을 지엽적인 것으로 돌리고, 교육 이외의 타 분야의 것을 본래의 위치로 환원시킨 공백지대에 새로운 교육학의 과제가 드러난다. 이런 상황 판단과 일반적인 원칙에 따라 본서는 '교육본위론'이라는 새로운 지평을 이제까지 애써 모색하여 왔다. 이 관점의 특징은 교육을 학교의 울타리를 중심으로 그 안쪽의 것으로 규정하지 않고, 정치 · 경제 · 사회 · 문화 · 종교의 경우처럼 삶의 양상의 하나로 파악하려고 했다는 점이다. 이런 의미의 교육은 그 구조와 내재율에 충실하게 적응하는 조건에서는 어느 곳에서나 항상 진입하고 향유할 수 있다. 그것을 이해하는 데 종전의 통상적인 개념을 해체시키고 전혀 새로운 개념과 용어를 도입하는 것이 불가피하였다.

교육을 여타의 세계와 차별화하여 독자적인 실재의 동일성을 확보하는 방법은 그 전체에 대한 이해이다. 그 방법은 대상세계의 전체와 부분의 연관관계에 주목한다. 간단한 비유를 들면, 마치 우리가 얼굴을 하나의 유형으로 이해하는 방식과 같다. 얼굴은 머리, 눈, 코, 입, 귀 등의 요소로 구성되어 있지만, 그 개별적인 것들을 단순히 합한 것은 아니다. 그 요소들을 한꺼번에 통째로 보아야 얼굴이 식별된다. 그것들이 적당한 위치에 있어야 하고, 그 위치의 기점은 서로가 결정한다. 그 관계가 제대로 이해되면, 얼굴은 전체로서 신체의 다른 부분, 예컨대, 몸통과 그 경계가 분명해진다. 그들과의 기능적 관계는 실체적 구분을 한 이후에야 가능하게 된다.

그렇다면, 교육의 전체는 도대체 어떤 것인가? 이 질문은 교육학자들이 탐구해야 할 영구적인 과제이다. 그중의 하나로서 교육본위론은 그 해답을 구하는 데 포괄보다는 배제, 산술적 합보다는 내적 응결력의 원칙을 따랐다. 여기에서 배제는 교육 이외의 것, 혹은 교육과 관련이 있는 것들을 포함시키지 않는 것을 의미한다. 아직 분명하지 않은 요소의 세부적인 묘사는 오히려 논의를 필요 이상으로 복잡하게 할 뿐이다. 따라서 교육 자체에 포함되는 요소는 현 단계에서 가급적 최소한의 것으로 제한한다. 그 원칙에 따라 교육의 내용으로 포함된 요소들은 개별적으로 존재하는 것이 아니라, 서로가 다른 것의 의미규정에 참여할 수 있을 정도의 연관관계를 가져야 할 것이다. 이 때문에 그 연관관계가 분명하지 못한 요소들은 최소한의 원칙에 따라 배제되었다.

그 잠정적인 결과의 하나가 바로 '수레바퀴모형'이다. 교육의 요소들이 서로 결속하면서 총체성을 규정하는 데에는 크게 상의관계(相依關係)와 대위관계(對位關係)가 작용한다. 상의관계는 상구교육과 하화교육 각각에서 자체의 요소가 결속하는 방식이고, 대위관계는 상구교육과 하화교육이 그 이질성에 의해서 서로 결합하여 협동교육이라는 새로운 전체를 구성하는 방식이다. 이들은 서로 다른 명칭으로 규정되고 있지만, 서로 연관되어 있기 때문에, 실상 강조하는 측면이 다를 뿐 전체의 의미구성에 참여하고 있다. 이 가운데 대위관계는 서로 이질적이기 때문에 결속할 수 있는 성질을 가지고 있다. 한편에서의 상구교육과 다른 편에서의 하화교육이 동시에 이루어지면서 자체의 본질에 충실하게 임하는 것이, 마치 남편과 아내의 경우처럼, 상대에게 적응하는 최선의 방식이 된다.

더욱 구체적으로 기술하면, 교육의 세계는 '상구교육'과 '하화교육'이라는 두 가지 과정을 포함한다. 상구교육은 자리-혁신-존현-순차-자조-자증의 요소를 가지며, 하화교육은 이타-보수-존우-역차-원조-타증의 요소를 갖는다. 얼굴의 경우가 그러하듯이, 교육은 그 요소들의 산술적인 합 이상의 것이다. 그들이 서로 의미를 갖는 것은 그 결속의 관계 속에서이다. 예컨대, 상구교육의 한 요소인 자리는 나머지 요소인 혁신, 존현, 순차, 자조, 자증을 전제하는 요소로서의 의미를 갖는다. 또한, 상구교육의 자리는 이타라고 하는 요소와의 대비에 의해 하화교육의 것과 대비되며, 하화교육의 이타는 나머지 요소인 보수, 존우, 역차, 원조, 타증의 요소를 내포한다.

여기서 주목해야 할 교육의 구조상의 특징은 그 요소 각각이 교육 주체에게 복종을 요구하는 내재율을 포함한다는 점이다. 삶의 한 양상으로서 교육은 일종의 놀이에 비유될 수 있다. 놀이는 놀이를 하는 사람의 의식으로부터 독립된 그 나름의 내재율을 따름으로써만 그 놀이에 참여할 수 있다. 놀이를 하는 사람은 놀이의 내재율에 맞추어 자신을 표현하며, 그렇게 함으로써 그 놀이가 제공하는 독특한 체험을 맛볼 수 있다. 마찬가지루, 교육도 그런 자발성에 근거하고 있는 것이며, 그 자체의 맥락에서 연유하는 내재율에 복종함으로써만 고유한 체험이 보장된다. 본서의 제1장은 그 내재율 안에서 생활하는 것과 그것으로부터의 이탈을 세부적으로 기술하였다.

교육본위론은 교육평가의 주제를 다룸에 있어서 기능주의 교육관이 가진 한계를 벗어나 우리가 교육과 관련하여 이전에 왜곡했거나 간과했던 새로운 대상, 사실, 현상을 드러내 준다. 그들은 교육의 수레바퀴 안에서 진행되는 모든 것들을 포함한다. 다양한 인간의 활동 가운데 교육활동 역시 특별히 앞의 내재율에 부합하는 온갖 활동들이 교육의 내재변인으로 추가될 수 있을 것이다. 많은 종류의 인간관계 가운데 교육적 관계는 특별히 앞의 내재율에 부합하는 측면을 지칭한다. 그에 따른 수많은 인간의 측면과 유형이 교육의 내용의 한 축을 이룰 것이다. 이 이외에도, 외부의 것들과 차별될 수 있는 교육의 더 세부적인 특성 혹은 사실들이 그 내재적 변인으로 편입될 것으로 기대된다. 그 모두가 교육평가가 다루어야 할 평가의 대상이 되어야 한다.

교육본위의 평가가 그 대상으로 삼아야 할 항목은 더 추가된다. 그 가운데 중요하고 새로운 사실의 항목들은 교육과 그것을 둘러싼 외부환경 사이에 있을 수 있는 온갖 관계이다. 이 세상의 어떤 것이든 교육과 연결되는 문과 열쇠가 있다. 그 외부환경이 다양한 것만큼 그 관계 양상도 복잡할 것이다. 제2장에서 상세하게 다루었듯이, 여기에는 크게 두 가지 측면, 즉 교육이 여타의 세계로부터 영향을 받는 측면과, 반대로 교육이 여타의 세계에 영향을 주는 측면이 포함된다. 우리는 앞 장에서 전자를 교육의 여건, 그리고 후자를 교육의 기능이라는 범주로 특별히 다룬 바 있다. 이런 사실들은 가치론적으로 교육과 다른 세계들 사이의 수단과 목적이라는 기능적 평가를 가능하게 한다. 이 부분 역시 기능주의 교육관에서 전혀 포착하지 못한 새로운 측면이기도 하다.

3.2.2 평가기준의 선별

우리는 앞에서 교육평가의 대상이 되는 교육 자체의 안쪽 내용이 무엇이며, 그것이 관계를 맺고 있을 환경이 무엇일까에 대한 해답을 얻기까지 본서를 통해서 우리가 걸어온 경로를 되새겼다. 이 질문은 가끔 "어떤 것이 좋은 교육인가?", "무엇이 교육에게 유리한 환경인가?", 혹은 "교육이 삶에 공헌할 수 있는 것은 무엇인가?"라는 질문과 혼동된다. 그러나 엄격하게 말하면, 사실규정과 가치평가의 질문은 서로 구분되어야 할 성질의 것이다. 사실에 대한 올바른 이해가 그것에 대한 올바른 평가에 대한 필요조건은 될 수 있으나, 충분조건은 아니다. 평가는 그 사실을 모종의 가치기준으로 가늠하는 것으로서, 그 기준을 어떻게 선택하느냐 하는 어려운 문제를 해결해야만 한다.

고유한 의미의 평가는 고유한 사실에 합당한 가치기준을 부여할 수 있을 때 인정받을 수 있다. 이 말을 할 때 그 고유한 것이 무엇이냐 하는 규정에 모종의 가치 선택이 포함되어 있다. 그 점에서 사실의 규정 안에 모종의 특정한 가치가 부여되어 있다는 점도 인정된다. 사태 안에는 무수한 사실들이 복합되어 있다. 우리는 이때 복합된 사태의 전체 가운데 어떤 특정한 사실에 주목한다. 그것은 다시 말하면, 그 이외의 다른 사실들을 무시하는 것으로 해석될 수 있다. X라는 대상이 선택되었으면, Y라는 대상은 선택에서 제외된다. 그것이 인식론적 선택이라면, 평가는 그 선택된 사실에 모종의 새로운 가치를 부여하는 셈이다.

교육이 일어난 곳에서는 반성과 평가가 반드시 수반되어야 한다. 그렇다면, 교육의 성공을 평가하는 기준은 무엇인가? 어느 경우에 높은 수준의 교육이 일어났다고 할 수 있는가? 무엇이 잘 되었고, 무엇이 문제인가? 그 근거는 어디에서 찾을 수 있는가? 교육은 어떻게 개선될 수 있는가? 이 질문들에 대한 해답은 결코 우리 주변에서 부족한 편이 아니다. 세상 사람들은 교육이 '잘 되고 있다' 혹은 '잘 안 되고 있다', 교육에 '성공했다' 혹은 '실패했다'고 한마디씩 하면서 누구나 교육에 대한 평론가로 자처하고 있는 듯하다. 그러나 교육에 대한 일반사람들의 비평은 중구난방이라는 인상을 지울 수 없다.

우리는 앞 소절에서 교육과 교육 아닌 것을 변별하는 인식론적 가치의 문제를 따졌다. 중구난방에는 우선 인식의 오류가 작용한다. 가치논의에서 평가의 대상으로 삼는 교육에 대한 개념상의 혼동이나 모호함이 작용한다. 그중의 하나는 역시 '교육 = 학교태'라는 도식이다. 학생, 학부모, 그리고 크고 작은 집단은 학교가 어떤 것을 수행해 줄 것으로 기대한다. 그들의 기대가 제각기 다르다. 그것들이 좌절될 때, 교육이 잘못된 것으로 판단한다. 교육학도들조차 학교의 기능과 교육의 혼동에서 비롯하는 가치 혼란에서 한 발자국도 벗어나지 못하고 있다. 앞 절에서 살폈듯이, 이전의 '교육평가'는 이 부분에서 거의 맹목이었다고 혹평을 받을 만하다.

다른 한편, 기능주의 교육관은 개념규정의 단계에서부터 교육을 온갖 외부의 가치를 실현시키는 수단으로 환원시키고, "좋은 것이 좋은 것"이라는 애매한 관점에서 모든 가치들을 한 주머니에 넣으려는 포괄주의를 추구해 왔다. 수습하기 어려운 그 복잡한 사태를 회피하는 방편으로, '교육평가 전문가들'은 이른바 '가치중립'을 표방하였다. 그러나 앞에서도 살폈듯이, 가치기준이 없는 평가란 그 자체로 모순이다. 평가의 사태에서 가치기준이 배제될 수 없다. 그렇다면, 이를 어떻게 해석해야 하는가? 그것은 교육평가 전문가들이 가치선별의 임무를 방기하거나 포기하고, 그 부분을 외부에 맡긴 것을 의미한다.

그런 함정에서 탈출하는 하나의 전제로서, 교육본위론은 교육의 안과 밖이 무엇인지에 대한 분명한 입장을 택했다. 이는 그 경계뿐만 아니라 경계를 사이에 두고 이루어지는 사실들의 관계에 대한 선별도 가능하게 만들었다. 교육 안의 것이 교육 밖의 것을 결정하는 부분과, 반대로 교육 밖의 것이 교육 안의 것을 결정하는 부분을 분명하게 구분할 수 있게 되었다. 말하자면, 교육평가가 주목해야 할 두 가지 사실의 선택이 이루어진 셈이다. 그렇다면, 그 각각의 것을 평가함에 있어서 적용할 수 있는 올바른 가치기준은 무엇인가? 교육평가가 제 본령을 찾는 이 과제의 일반적

해법을 이하에서 살펴보기로 한다.

평가는 목표를 어디에 두느냐에 따라 달라질 수 있기 때문에, 어떤 대상, 활동, 인간관계, 혹은 인물을 평가할 때 어느 세계의 입장에서 평가하느냐를 변별하는 것이 중요하다. 우리가 봉착하는 구체적인 삶의 사태는 서로 구조와 내용이 다른 다양한 활동들로 구성되어 있다. 이와 관련하여 적절한 기준의 선택이 이루어지지 않을 경우에, 우리는 '가치혼란' 혹은 '가치도착'이라는 용어를 쓸 수 있다. 가령, 어떤 물체의 무게를 측정해야 할 상황에서 그 밝기를 평가기준으로 삼는다거나, 특정한 정신적 형식을 가진 영역들을 물질의 범주들로 판단하는 것은 잘못이다.

우리는 다차원적인 삶을 산다. 우리 생활은 서로 구조와 내용이 다른 다양한 활동으로 구성되어 있다. 이 세상에는 또한 무수한 가치기준들이 있다. 이 세계의 모든 것은 그 가치기준의 종류만큼 다양한 측면에서 평가받을 수 있다. 세속계의 주된 관심의 대상이 수도계에서는 무시될 수 있고, 수도계에서 높게 평가받을 수 있는 것이 교육계에서 낮은 평가를 받을 수 있다. 이런 갈등을 다루는 올바른 순서는 특정한 활동의 규정과 그것과 긴밀한 관계를 갖고 있는 적절한 가치규정을 살피는 것이다. 각 분야가 자신의 고유영역을 유지하고 발전시키기 위해서는 가치선택을 올바르게 해야 한다.

각 분야는 '내재적인 가치(intrinsic value)'와 '외재적인 가치(extrinsic value)'라는 가치구분을 한다(Lemos, 1994; Lewis, 1945). 대부분의 활동이 갖는 가치의 총체는 내재적 가치와 외재적 가치 모두를 합산한 것이 될 것이다. 그 내재가치와 외재가치가 모두 바람직한 것이라는 데는 이견이 있을 수 없다. 내재가치는 하나임에 비해서 외재가치는 무한정하다. 그 점에서 외재가치의 양이 내재가치에 비해 훨씬 많다고 할 수 있다. 그럼에도 불구하고, 우리가 특정한 분야 혹은 그 분야 안에서 이루어지는 가치를 따질 때, 그 외재적 가치보다는 내재적 가치를 더 소중하게 다룬다. 그 이유는 후자는 오직 그 내부에서만 실현될 수 있다는 사실에서 비롯한다. 그 분야 혹은 활동이 부재하면, 그 외재적 가치 역시 소실된다.

이 중요한 원칙을 정구의 예로 살펴보자. 그 나름의 독자적인 구조를 가진 활동으로서의 정구는 탁구, 배구 등 여타의 스포츠와 다르다. 우리가 잊어서는 안 되는 것은, 정구를 통해서 얻을 수 있는 외재적 가치는 일단 정구라는 활동의 발전을 전제한다는 것이고, 그 고유한 발전은 그 내재적 가치를 인정해 줄 때 가능하다는 사실이다. 정구가 우리의 삶에서 고유성을 유지하면서 존속되는 것은 그 활동을 사랑하는 동호인들이 있기 때문이다. 만약 정구가 주는 특정한 결과에만 관심을 기울인다면, 그 특정한 결과를 가져오는 데 정구보다 효과적인 수단이 생기면 정구는 그것으로 내제될 것이고, 그렇게 되면 결국 앞에서 든 정구의 외재적 가치조차 보장받을 길이 없게 된다. 이런 맥락에서, 우리는 각 세계가 그 발전을 위해 고유한 가치와 목표의 설정, 그리고 그에 따른 평가를 최우선 순위에 두는 곡절을 이해해야 한다.

교육 역시 이질적 가치가 작용하는 우리의 삶에서 교육의 순수한 가치를 내세우고, 옹호하고, 조장할 수 있어야 할 것이다. 오직 교육을 통해서만 그 가치를 실현할 수 있는 것이 교육의 내재적 가치이며, 앞에서 밝혔듯이 그 내재적 가치가 제대로 구현되어야 교육이라는 세계의 독자성이 확립되고 유지된다. 교육의 외재적 가치의 실현은 그 다음에나 기대할 수 있다. 그러나 아이러니컬하게도, 현행 교육학의 논의에서는 교육의 내재적 가치가 목표의 설정에서부터 평가에 이르기까지 전 과정에서 철저하게 배제되어 있다.

그런 불행한 사태가 발생한 이유를 재확인해 보기로 하자. 내재적 가치와 외재적 가치의 구분은 그것이 적용되는 대상 혹은 세계의 실재가 확연하게 여타의 것과 구분되는 경계가 있을 때에만 가능하다. 즉, 이러저러한 것이 교육이고, 내재적 가치는 그 안에서 발생하는 것, 그리고 외재적 가치는 그 교육이 다른 것을 위해 봉사하는 것이라는 방식의 논의를 전개했어야만 하였다. 그런데 이제까지 교육학은 교육의 경계를 확정하지 않은 상태에서 각종 외래적 가치를 무분별하게 도입하는 방식을 택해 왔다. 교육의 목표설정과 그에 따른 평가가 모두 그런 무정체성을 노정하고 있는 실정이다.

교육본위론은 교육을 자율성을 지닌 삶의 양상으로 규정하고, 정치·경제·사회·문화·종교 등의 삶과 경계를 구획하여 이런 고질적인 문제를 해결하고자 하였다. 그 각각의 세계는 그것이 추구하는 목적이 다른 만큼 그 발전을 평가하는 기준도 다르다는 것은 널리 알려진 사실이다. 교육본위론은 그 모든 것을 인정하면서 특별히 교육이 차지할 독자적인 가치선택을 우리의 삶 속에서 인정해야 할 것을 주창한다. 그 용어 안에 포함된 '본위'라는 말 자체가 교육이 추구하는 목표나 가치가 제한되어 있음을 함축하고 있다. 우리가 살필 교육의 내재적 가치와 외재적 가치의 구분도 그 제한된 특수성을 반영한다. 우리가 목하 논의하고 있는 교육평가 역시 평가의 일반적인 범주를 벗어나 보다 특수해야 할 것이다.

다른 곳에서는 어떻든 간에, 적어도 교육의 현장에서는 교육의 내재적 가치가 그 핵심을 차지할 수 있어야 한다. 교육에 종사하는 것 자체가 삶의 크나큰 보람이 될 수 있다. 우리는 교육이 다양한 삶의 공간에서 일어날 수 있음을 지적하였다. 교육평가의 가장 중요한 부분은 모든 삶의 공간에서 그 내재적 가치에 부응하는 교육이 얼마나 성실하고 풍부하게 진행되는지를 검토하는 것이다. 이 부분은 그 고유성에 비추어 마치 시장 안에서 얼마나 경제활동이 활발하게 이루어지고 있느냐를 평가하는 것에 비유될 수 있다. 이런 이유에서, 교육의 내재적 가치의 중요성은 아무리 강조해도 충분히 강조된 것이 아니다.

교육을 하나의 놀이로 보는 비유는 우리로 하여금 교육이 가질 수 있는 내재적 가치의 측면을 주목할 수 있도록 돕는다. 놀이를 하는 사람은 여타의 관심사나 욕망을 접어두고 놀이 자체의 목적에 자신을 맡긴다. 마찬가지로, 삶의 한 양상으로서의 교육은 여타의 삶이 제공해줄 수 없는 독특한 경험을 포함하고 있다. 우리는 그것이 가져오는 결과나 효과를 제외하고도 그 자체에 흥미를 가지고 열광, 몰입, 몰아, 심취, 전념하면서 독특한 삶의 보람을 느낄 수 있다. 이런 '교육삼매(教育三昧)'는 우리의 삶에서 흔하게 일어난다. 그 부분이 차지하는 삶의 가치는 오로지 교육을 통해서만 실현될 수 있으며, 그 점에서 교육의 입장에서는 그것이 마땅히 여타의 가치들과 구분되어야 할 가장 고유한 가치로 등재되어야 하는 것이다.

교육이 있음으로써 발생하는 가치의 총체는 그 내재적 가치와 외재적 가치의 합이다. 그 가치의 차이를 더 구체적으로 이해하기 위해서, 사람들에게 "왜 교육놀이를 하는가?"라고 질문하는 상황을 가정하자. 그에 대한 해답은 "왜 정구를 하는가?"라는 앞선 질문에 대한 해답과 똑같은 방식으로 내려질 수 있다. 그 이유를 대별하면, 내재적 가치 혹은 외재적 가치로 나누어질 것이다. 그 가운데, "그저 교육하는 것 자체가 재미와 보람을 주기 때문"이라고 대답한 사람은 교육의 내재적 가치에 큰 비중을 둔다고 말할 수 있으며, 우리는 앞 장에서 그 부분과 결부하여 '교육발전'을 규정하였다. 다른 사람들은 교육이 가져올 수 있는 여타의 기능에 큰 의미나 비중을 둘 수 있다. 그 기능은 하나가 아니라 다양하다. 그만큼 외재적 가치의 종류도 서로 다를 수 있다.

그 범위나 중요성에서 교육이라는 특수한 활동의 가치에 더 주목하는 사람은 이 두 부류 가운데 내재적 가치를 선택한 사람이다. 그 첫째 이유로서, 교육의 내재적 가치는, 교육의 기능들과 관련된 무수한 외재적 가치들에 비해서 그 범위나 비중이 미미하게 느껴질지 모르지만, 오직 교육을 통해서만 실현될 수 있다는 점을 꼽을 수 있다. 이에 비해서, 외재적 가치들은 교육뿐만 아니라 다른 활동을 통해서도 실현될 수 있다. 둘째 이유는, 교육의 외재적 가치도 결국 내재적 가치의 존중을 전제하고 요구한다는 점이다. 교육활동의 외재적 가치는 활동 자체의 독립된 실재성이 먼저 규정되고, 그 활동이 왕성할 때에 비로소 부수되는 것이다. 이와는 반대로, 교육이 주는 특정한 결과에만 관심을 갖는다면, 그 결과를 가져오는 다른 유효한 수단이 생길 때 교육은 그것으로 대체될 것이고, 그렇게 되면 교육의 외재적 가치조차 보장받을 길이 없게 될 것이다.

그러나 우리의 삶을 평가하는 거점이 교육에만 있는 것은 아니라는 사실을 인정하는 것 역시 중요하다. 이 세상의 모든 것이 교육과 어떤 방식으로든 연결된다. 그 경험적 관계는 항상 쌍방적이며, 가치의 면에서 어느 정도 서로가 상대의 목표달성에 수단으로 기능한다. 그 가운데 우리는 교육이 여타의 세계에 긍정적인 영향을 줄 수 있는 부분에 주목했을 뿐, 그 반대의 방향, 즉 여타의 세계들이 교육에 공헌할 수 있는 수단으로서의 가치에는 주목하지 않았다. 이를 교육평가와 관련짓는다면, 전자는 교육의 외재적 목표에 대한 평가에 해당하는 부분이며, 후자는 교육 여건의 평가에 해당하는 부분이다. 이 부분 역시 교육평가에서 간과해서는 안 될 중요한 국면이다.

사실상 그동안 '교육개혁' 혹은 '교육혁신'이라는 구호가 나돌았지만, 대부분 실패한 주된 원인은 애초부터 교육이 무엇인지에 대한 규정 자체도 모호했을 뿐만 아니라, 그것에 영향을 주는 다양한 환경을 세부적으로 구분하여 따지고 고려하지 않은 데서 찾아볼 수 있다. 기능주의적 교육관은 외재적 가치로 교육 자체를 규정하는 오류를 범하였다. 그처럼 밖의 것을 안의 것으로 착각하는 마당에, 교육의 여건이라거나 혹은 교육의 기능이라는 논의 자체가 불가능하였다. 따라서, 교육의 내재적 가치와 외재적 가치라는 인식의 구분이 새삼스럽게 더 논의될 필요가 있어 보인다.

이 논의에 요구되는 당연한 선행개념은 특정한 세계의 내재적 가치가 그 이외의 세계에서는 외재적 가치에 해당한다는 점이다. 그 점에서 교육의 내재가치는 여타 세계의 입장에서 외재가치이며, 여타 세계의 내재가치는 교육의 입장에서 외재가치이다. 그런데 기존의 교육론에서는 교육의 내재적 가치와 여타의 세계들이 가진 내재적 가치를 동일시하는 경향도 보인다. 그중에 가장 전형적인 것이 수도계의 내재적 가치와 교육의 내재적 가치를 동일시하는 것이다(이홍우, 1985; 정범모, 1997). 그러나 그 각각은 서로 다른 종류의 내재적 가치에 해당한다. 수도계와 교육계의 영역은 명확히 구분되며, 그 경계를 중심으로 수도계에서 내재적인 것이 교육계의 입장에서는 외재적인 것이며, 반대로 교육계에서 내재적인 것이 수도계의 입장에서 외재적인 것이 된다.

이 대목에서 수도계와 교육계는 그 본위의 선택에 따라 수단과 목적의 관계로 전환된다는 교육본위론의 주장이 이전보다 더 자연스럽게 논의될 수 있을 것 같다. 앞에서 이미 지적되었듯이, 수도계의 품위는 교육의 입장에서는 하나의 외재적 가치, 즉 교육을 위한 수단의 하나에 불과하다. 학문의 품위를 소재로 하여 진행되는 교육과 예술의 품위를 소재로 하여 진행되는 교육은 모두 교육의 독특한 체험이라는 측면에서는 동일하다. 어떤 교육 주체에게 학문의 품위가 예술의 품위보다 더 유리한 교육놀이를 보장한다면, 그 주체는 후자보다는 전자를 택할 수 있다. 또한, 그 각각에서 높은 품위를 소재로 진행되는 교육이든, 낮은 품위를 소재로 진행되는 교육이든, 마찬가지의 교육적 체험을 보장한다.

이 후자의 사실은 특별히 상구교육에서 순차, 그리고 하화교육에서 역차라는 내재율과 관련하여 이미 충분히 강조된 바 있다. 교육은 경험의 연속성을 고려하여 장기적인 안목을 가지고 단계적으로 이루어져야 한다. 그 과정을 생략하고 열매만 거두려는 조급한 태도는 잘못이다. 순차와 역차는 상구교육과 하화교육에서 요구하는 불가결한 내재율이다. 상구자는 일시에 최선의 품위를 구하기보다는 항상 차선의 품위를 표적으로 하여 전진해야 한다. 다른 한편, 하화자는 자신이 가진 현재의 품위를 당장 후진이 가질 수 있다는 기대를 접어두고, 후진이 위치한 곳까지 역진하여 그곳에서부터 하화를 추진해야 한다. 이렇게 교육 주체가 처한 개별적인 품위를 중심으로 교육의 내재적 가치를 규정하게 되면, 그 고유한 가치는 여타의 가치와는 별개로 교육을 평가할 수 있는 기준으로 삼을 수 있다.

수도계의 품위를 평가할 때, 가치적용의 우선순위를 놓고 수도계의 내재적 가치와 교육계의 내재적 가치가 서로 다르며, 따라서 서로 상충할 수 있다. 그 예를 들어보자. 우리는 흔히 교육을 '초등교육', '중등교육', '고등교육'으로 구분한다. 여기에는 이전보다 이후의 것이 더 가치 있다는 판단이 개재되어 있다. 평가에서 '정답'은 자연히 고등교육의 기준에 따르며, 그것에 일치하기 위해서 빠른 진도와 속도가 강조된다. 그 차원은 정확하게 말하면, 수도계의 내재적 가치에 의거한 것이다.[9] 이 기준에 따르면, 소수의 정예주의 교육이 높이 평가될 수밖에 없다. 초등교육은 중등교육을 위한 수단이 되며, 중등교육은 고등교육을 위한 수단이 된다. 이처럼 이전의 교육은 이후의 교육을 위한 준비에 불과하다.

수도계 본위의 이런 논리는 교육의 내재적 가치에 큰 손상을 줄 수 있다. 이 점은 동기에 관한 연구에서 간접적으로 증명된 바 있다. 어떤 활동에 외부적인 보수가 도입되면, 활동 자체로부터 얻는 만족감이 그만큼 줄어든다는 흥미있는 사실이 발견된 바 있다(Deci & Ryan, 1985). 교육의 경우에도 마찬가지다. 수도계라는 외재적 목표나 가치기준, 혹은 그에 따르는 '교육평가'는 교육의 내재적 가치가 보장되는 품위의 선택과 어긋날 수 있다. 교육 주체가 위치한 품위수준을 고려하지 않고 임의로 정한 높은 품위를 얻는 데 목표를 두어 그것의 달성으로 성공 여부를 평가한다면, 그로 인해서 차상품을 소재로 하는 교육 자체가 정체성을 잃을 위험에 노출된다.

내재교육은 교육의 내재적 가치의 실현을 중심부에 정치시킨다. 교육적 체험의 흥취와 보람을 느낄 수 있게 하는 것이 교육의 고유한 목표이며, 교육평가는 그것의 이행 여부를 점검할 수 있어야 한다. 이는 '초등교육', '중등교육', 그리고 '고등교육'이라는 거의 관행화된 수도계 중심의 위계와는 다른 차원의 교육의 위계를 요구한다. 예컨대, 그 새로운 차원의 기준에 미달하는 '고등교육'을 '저급교육'으로 평가하고, 그에 접근하는 '초등교육'을 '고급교육'으로 평가할 수 있는 또 하나의 독립된 차원이 생긴다. 이 부분은 교육을 단지 여타의 세계를 위한 수단이나 기능으로 환원시켰던 외도교육의 양태나 공덕교육의 양태로부터 해방시키는 중요한 가치의 축이 될 수 있다.

이처럼 교육의 내재적 가치를 강조하는 입장은 결코 교육이 그 이외의 여타의 삶에 공헌할 수 있는 외재적 가치를 결코 부인하는 것은 아니다. 강조점은 전자가 인정될 때 후자가 성립할 수 있다는 것이다. 모든 놀이가 그러하듯이, 교육놀이는 그 자체의 흥취 이외에, 다양한 기능을 가지고

9) 이 부분이 다른 곳(1.1.4)에서 '공덕교육의 양태'로 지칭된 바 있다.

있다. 예컨대, 상구와 하화라는 교육의 과정을 통해서 품위가 위로 확장되고 아래로 확산된다. 이 경우, 교육은 각종 수도계의 발전을 위한 중요한 수단이 될 수 있다. 그 이외에도, 흔히 교육과 결부시켜 세상사람들이 관심을 갖는 사회적 지위 향상, 직장에서의 승진, 자아의 확장, 긍정적 자아개념의 형성, 혹은 국가 차원의 온갖 목표와 정책의 달성에 교육이 공헌할 여지도 있을 것이다. 교육의 의미를 여타의 삶과 연관시켜 부여하는 이 부분은 교육이 그 자체의 내재적 목표의 달성과 더불어 그 밖의 세계에 자체의 중요성을 알리고 호소하는 또 하나의 통로이기도 하다.

이런 경로를 통해서 규정되는 교육의 외재적 가치는 기능주의 교육관에 근거한 것과는 전혀 다르다는 점도 재차 강조될 필요가 있다. 교육평가와 관련하여 전자는 두 가지 점에서 후자와 전혀 새로운 특징을 갖는다. 첫째, 교육의 외재적 가치는 기능주의자들이 주장하듯이 단지 개념규정이나 선언적 주장만으로 성립되지 않는다. 그것은 교육과 그것이 공헌할 수 있는 세계를 개념적으로 구획하고, 그들 사이의 사실적 관계를 검증해야 한다. 전문적인 용어를 써서 보다 정확하게 말한다면, 그 사실관계에서 교육은 독립변인이 되고, 공헌하는 삶의 영역은 종속변인이 될 수 있어야 하는 것이다. 둘째, 교육의 외재적 가치는 그 총량을 포괄적으로 미리 결정할 수 있는 성질의 것이 아니다. 교육이 다른 삶의 영역에 영향을 준다고 할 때, 다른 세계란 부단한 탐색의 여지가 있다.

앞에서 우리는 수도계와 교육계의 독립된 목표와 평가의 가능성을 논의했지만, 우리가 교육과 구분하여 변별적으로 다루어야 할 환경, 그리고 그에 적용되어야 할 평가의 적절한 가치선별은 그에 국한되지 않는다. 예컨대, 세속계는 역시 또 다른 범주로 다루어야 할 교육의 중요한 환경이다. 누차 강조했듯이, 세속적 차원과 맥락은 교육의 본질적인 속성의 일부가 될 수 없다. 그러나 교육계와 세속계는 우리의 삶에서 상대의 환경을 구성하며, 어떤 방식으로든 불가분의 관계를 가지고 긍정적이거나 부정적인 영향을 줄 것이다. 따라서, 이 두 세계가 어떻게 서로 수단과 목적의 관계로 성립될 수 있을지에 대한 탐구는 교육평가에서 결코 배제되어서는 안 될 것이다.

이제 논점을 정리해 보자. 지금의 '교육평가'는 무분별한 가치들의 범람, 가치도착, 혹은 가치혼란이라고 할 만한 부분들을 노정하고 있다. 그런 가운데 유독 교육이 지닐 수 있는 내재적 가치는 제외되는 아이러니가 연출되었다. 그 주된 이유의 저변에는, 한 마디로, 교육과 비교육의 경계를 획정하지 않은 채 전자를 후자를 위한 기능으로 환원시킨 기능주의 교육관이 도사리고 있다. 우리는 교육본위론을 토대로, 이 문제에서 해방될 수 있는 분명한 해법을 찾았다. 그 해결의 단초는 교육의 구조를 밝힘으로써 구조 안의 것과 밖의 것을 분명하게 구획함에 있었다. 이로써 앞 절에서 지적했듯이, 교육 자체, 교육과 비교육 사이의 경험적 인과관계라는 독특한 사실을 주목할 수 있게 되었다.

고유한 의미의 교육평가를 정립함에 있어서 해결해야 할 다음의 과제는 그 사실들에 어떤 가치기준을 적용하느냐 하는 것이다. 그에 대한 해답을 본 소절에서는 내재적 가치와 외재적 가치의 범주구분을 통해서 얻었다. 우선 우리는 교육이 그 자체만의 내재적 가치를 지니고 있다는 점을 강조하였다. 이 기준을 적용하여 우리는 교육의 발전을 평가할 수 있다. 교육의 여건 역시 교육의 내재적 가치가 적용되어야 할 부분이다. 마지막으로, 교육이 비교육에 영향을 주는 기능적 측면은 교육이 영향을 주는 비교육 영역의 제반 가치에 의해 평가되어야 할 성질의 것이다. 이처럼 원래 교육평가에서 적용되어야 할 가치선택에는 어떤 모호함도 개재할 수 없다.

3.2.3 교육을 위한 평가

본장은 '교육평가'에 대한 통상적인 해석에 포함된 허위의식을 드러내서 해체시키는 부분과 새로운 의미의 교육평가를 건립해 나아가야 할 부분을 포함했다. 그중 본절은 그것이 주목해야 할 특수한 대상과 그것에 적용될 특수한 가치의 측면에서 혁명적인 관점의 전환이 필요하다는 결론에 도달했다. 그러나 그 논의만으로는 아직 불충분한 점이 있다. 우리가 관행적으로 생각해 왔던 것을 반성해야 할 다른 부분은 교육평가가 진정으로 지향해야 할 목표가 무엇인가 하는 점이다.

어떤 종류의 평가든 간에, 그것이 그 자체로서 목적이 될 수는 없다. 이 때문에, 그 평가가 진정 어떤 목적을 지니느냐 하는 문제를 심각하게 고려하지 않는다면, 맹목이라는 평가를 면하기 어렵다. 평가의 목적은 비교적 자명하다. 간단히 말해서, 그 평가하는 대상세계의 목적에 종속해야 한다. 정치를 평가하는 것은 정치발전을 위한 것이어야 하고, 경제를 평가하는 것은 경제발전을 위한 것이어야 한다. 그 얻어진 정보가 관련 분야에 반영되어 다음의 실천에 플러스 요인으로 작용해야 한다.

발전하는 분야와 그렇지 못한 분야는 그 안의 실천을 얼마나 충실하게 이행하느냐 하는 부분에서 제대로 된 평가가 끊임없이 이루어지고 있느냐의 여부에 의해 갈라진다. 교육의 경우도 예외가 될 수 없다. 교육평가는 우리의 삶의 일부를 이루는 교육을 지원하고 향상시키는 방식으로 이용되어야만 존립의 이유를 충족시킬 수 있다. 교육은 여타의 세계와는 다른 고유한 목표를 가진다. 가치의 측면에서 교육의 고유한 목표는 더 나은 교육에 끊임없이 접근하는 것이다. 교육평가는 그것을 지원하고 향상시키는 방식으로 이용되어야 한다. 그 교육평가가 바로 서고 정상화될 때, 교육발전도 가능할 것이다.

불행히도, 그 자명한 사실이 실종된 것이 현실이다. 우선 현존하는 '교육평가' 안에는 도저히 납득하기 어려운 범주착오가 내재되어 있으며, 그로 인해서 이 분야는 오히려 교육의 발전을 저해하고 있다. 우리가 살핀 '교육평가'는 학교교육의 정상화를 위한 수단이 아니라 비정상의 원인이 되고 있다. 이들은 사실상 학교 안에 존재하는 모학문의 사실들, 즉 비교육에 주목하며, 그것들에 적용하는 가치판단에서도 외재적인 가치를 대변하거나, 혹은 이른바 '가치중립'의 입장에서 기존의 잡다한 가치를 무분별하게 수용하고 있다.

더욱 혹평을 받아야 할 부분은 그 평가의 목적에 대한 인식의 실종이다. 그것은 '교육을 위한 평가'라기보다는 '평가를 위한 교육'이라는 전도된 진풍경이다. 그에 대한 일반인들의 보다 정확한 용어는 '입시위주교육'이다. 이는 학교의 사회적 선발기능에 대한 대중적 관심, 가치중립이라는 기치 아래 평가전문가들이 추구하는 맹목의 정확성, 그리고 기능주의적 교육관의 합작으로 보인다. 적어도 교육의 입장에서 기능주의 교육관은 깊이 생각하기를 싫어하는 사람들이 아무렇게나 남발하는 허풍에 불과하다. 그러나 그 허풍에 근거하는 숱한 '교육평가'가 심각하게 이루어진다. 다시, 그 평가를 위한 '교육'이 이어진다. 이처럼 교육 자체의 내용이 실종된 상태에서 평가만 반복된다.

이런 관행은 교육평가의 본래의 모습이나 그 목적에 대한 잘못된 인식의 소산일 뿐이다. 그 잘못된 인식이나 관행은 교육평가에 대한 또 다른 치명적인 편견을 파생시킨다. '교육평가'라는 용어 자체가 학생들이나 학부모들에게 가능하면 회피해야 할 혐오나 공포의 대상이 되는 것이다. '교육평가'와 관련하여 연상되는 것들은 출세를 위한 점수경쟁, 불안과 공포, 가능하면 피하고 싶은 어떤 것, 학교성적, 교과서 위주의 일률적인 정답, 객관식 시험, 평가방식에 적응하는 훈련, 능력의 우열에 따른 승자와 패자, 만족과 좌절 등이다. 이런 의미의 '교육평가'는 사람들로 하여금 부정적인 학교 경험을 연상시켜 교육에 대해 부정적인 태도를 갖게 하는 주된 요인이었다. '학교 붕괴'라는 유행어가 지칭하듯이, 근래에 학생들이 학교 체제를 선호하지 않는 주된 원인 가운데에 이런 그릇된 '교육평가'가 포함되어 있다.

우리가 진실로 소망하는 교육의 정상화는 그런 그릇된 관행에 종지부를 찍고, '올바른[10] 교육평가'가 그 자리를 대신할 때에만 가능할 것이다. 교육평가는 정치 · 경제 · 사회 · 문화 · 종교 등에서 이루어지는 평가와 대비될 수 있어야 할 것이다. 교육평가는 그 평가의 대상과 가치의 선별에

---

10) 이런 수사는 사실상 불필요한 부분이지만, 이전의 '교육평가'와 구분할 필요성에서 마지막으로 쓰기로 하자.

시 분명한 특징을 갖는다. 그리고 이것은 학교에서만 이루어지는 것이 아니라 모든 삶의 현장에서 이루어질 수 있어야 한다. 무심히 지나칠 수 있는 모든 것이 가치선별의 대상이 될 수 있다는 점에서 새로운 교육평가가 갖는 응용의 범위는 매우 광범위하다. 삶의 공간의 면에서 보더라도, 교육은 학교뿐만 아니라, 가정, 직장, 놀이터, 박물관, 도서관, 전시실, 가상공간 등 각종 생활공간에서 진행된다. 그 모든 교육이 자체의 고유한 의미에 대한 정당한 평가를 요청한다.

교육평가는 다양한 삶의 공간에서 진행되고 있는 교육 이외에도, 우리의 과거에 존재했던 유적, 자취, 기념물, 혹은 현재에 존재하는 각종 인물·자료·작품·프로그램·지역사회 서비스·운동·경향·정책·사건·활동·사물 등에도 적용될 수 있다. 이들은 그저 그것들 자체에 불과하다. 그러나 이것들이 교육평가의 대상이 될 때, 그 의미는 더욱 풍부해질 수 있을 것이다. 이 분야의 전문가는, 마치 예술평론가가 독특한 예술적 안목을 가지고 일반대중을 예술의 세계로 안내하듯이, 그 나름의 독특한 교육적 안목과 가치관을 가지고 일상생활 속에서 전개되는 교육현상을 감식하고 평가할 수 있을 것으로 기대된다.

흔히 교육평가가 오로지 전문가 집단에서만 가능하다는 생각을 한다. 그러나 그것은 부자연스럽고 근거 없는 편견에 불과하다. 평가 자체가 일상적 실천의 일부라는 점을 이해할 필요가 있다. 그 한 가지 비유를 들어보자. 어떤 사람들은 한 판의 바둑을 두고 나서 복기(復碁)를 한다. 어디에 잘못된 점은 없었는가, 또는 어떻게 두는 것이 최선의 것인가를 몰라 고심했던 착점 등을 바둑을 둔 사람 서로가 검토한다. 그것을 통해 자기를 반성하는 한편 상대방으로부터 상구하려고 하는 것이다. 그리고 그 반성을 다음의 기회에 반영하여 자신의 급수를 높이려고 하는 것이다. 이에 비해서, 다른 사람들은 복기를 싫어할지도 모른다. 승부의 결과에만 집착하여, 복기보다는 그 시간에 한판이라도 더 두고 이기고 싶어서이다. 그 결과는 급수의 반복, 즉 발전의 부재이다.

이런 대조적인 차이는 교육 주체에도 그대로 적용될 수 있다. 사실 우리는 통상 교육을 하는 동안에 끊임없이 그것이 옳게 이루어지고 있는지를 검토하고 반성할 수 있어야 한다. 교육평가는 교육이 진행되는 과정에서, 그리고 그것이 끝난 후, 더 나은 교육을 위해서 부단히 지속되어야 할 활동이다. 한 번의 교육은 다음에 더 좋은 교육과 연결되어야 하며, 전자는 후자의 것에 중요한 정보를 제공할 수 있다. 그 점을 유의하여 일부의 사람들은 기꺼이 스스로 교육평가를 교육활동의 일부로 편입시켜서 매번 실행할 것이다. 이에 비해서, 다른 사람들은 매번 교육을 하면서도, 그것에 대한 반성을 생략하고 넘어갈 수 있다. 그 결과는 마치 바둑에서 복기를 싫어하는 사람들의 경우처럼 이전의 것과 다름없는 관행의 반복이 될 것이다.

이 말은 교육평가의 주체와 교육의 주체가 일치해야 함을 요청한다. 다음 소절에서 교육평가의 제반 국면을 소개하겠지만, 그중 대부분은 전문가들이 쉽게 접근하기 어려운 일상적인 부분이 포함된다. 그 임무는 교육주체에 의해서 수행되어야 할 성질의 것이며, 그것은 그들의 이해범위를 확장하는 범위 안에서만 긍정적이고 건설적인 결과를 얻을 수 있다. 이와 관련하여 처음부터 완벽한 교육평가를 기대하는 것은 무리이다. 만족한 평가만을 기대할 수 없다. 부족한 평가는 교육을 가능하게 하는 또 다른 소재로 활용될 수 있다. 교육을 통해서 교육에 대한 평가를 개선할 수 있는 것은 교육만이 가질 수 있는 고유한 특징의 하나이다. 그 내부의 메커니즘을 유의한다면, 아무나 교육평가의 주체가 되는 것에 주저할 이유가 없다. 다만, 그것이 제멋대로 이루어져도 된다는 의미와 사뭇 다른 맥락 안에 있음을 잊지 않으면 되는 것이다.

3.3 교육평가의 제반 국면

우리는 기능주의 교육관에 토대를 둔 '교육평가'의 문제점을 지적하고, 그것에서 탈피할 수 있는 정초작업을 수행했다. 교육평가의 대상이나 그것들에 적용될 가치기준들이 여타의 평가와 구분되어야 함이 분명해졌을 것이다. 이제 우리는 그 새로운 인식을 토대로 교육평가가 다루어야 할 서로 다른 제반 국면들에 대한 보다 구체적인 논의에 들어가려고 한다. 그 제반 국면이란 교육발전의 평가, 메타교육의 평가, 교육 여건의 평가, 그리고 교육의 기능평가라는 네 가지 고유한 범주이다.

3.3.1 교육발전의 평가

교육평가의 첫 번째 국면은, 그 핵심에 속해야 함에도 불구하고, 현존하는 '교육평가'의 사각지대에서 소외되고 도외시되어 온 부분이다. 우리가 살펴왔듯이 교육은 여타의 삶과 경계를 이루며, 그것에 대한 평가는 바로 내부의 것이 생활세계 속에서 얼마나 충실하게 실현되느냐 하는 것에 주어져야 할 것이다. 삶의 구석구석에서 되도록 많은 사람이 되도록 많은 교육 경험을 자주, 그리고 풍부하게 하는 것이 바로 교육발전이다. 정치, 경제, 사회, 문화, 종교 등 다양한 분야의 발전과 더불어 고유한 가치를 인정받을 수 있어야 할 이 부분의 평가는 우리가 본절에서 다룰 여타의 평가, 즉 메타교육과 교육 여건의 평가를 가늠하는 궁극적인 지표가 된다.

원래부터 교육은 완벽과는 거리를 두는 세계이다. 교육은 우리에게 결함이 있기 때문에 가능하며, 그 교육 자체도 항상 얼마만큼의 결함을 내포하기 마련이다. 그 결함을 따져서 더 나은 실천으로 지향해 나가려는 활동이 바로 교육평가에 해당하는 부분이다. 삶의 현장에서 완전한 의미의 교육발전이란 상상할 수 없다. 교육발전이 된 상태냐 혹은 그렇지 못한 상태냐를 판가름하는 이원적 분류는 너무 거칠다. 다만, 그 정도를 판가름하는 다양한 기준으로서 질적인 측면과 양적인 측면이 고려의 대상이 될 수 있을 것이다. 이 가운데 양적인 것은 기본적으로 질적인 것을 전제한다는 점에서, 질의 측면에서부터 논의부터 시작하는 것이 옳을 것이다.

교육의 질을 생각할 때, 우선 유념할 것은 교육이 세속적 활동이나 그것의 성공과는 기본적으로 다른 범주의 것이라는 점이다. 교육은 스스로 품위를 향상하고 남들도 그런 품위 향상에 참여할 수 있도록 하는 활동이며, 그것은 우리에게 부귀영화와는 다른 차원의 삶의 보람, 의미, 그리고 만족감을 준다. 4대 스승의 사례에서 증명되었듯이, 세속에 대한 집착이 상대적으로 교육에 충실한 삶을 감쇄시킨다는 이유로 후자를 위해서 전자를 포기하기도 한다. 교육의 위계와 세속의 위계가 서로 다르다. 세속의 낮은 계층에서 높은 수준의 교육이, 반대로 세속의 높은 계층에서 낮은 수준의 교육이 이루어질 수 있다.

수도계의 권위와 교육의 권위도 반드시 일치하지 않는다. 교육은 언제나 수도계의 중간표적을 거쳐 진전되며, 그 목표는 교육 주체가 처한 위치에 따라 다르게 설정된다. 누차 강조했듯이 교육적 교섭이 일어나야 할 품위는 상구자의 차상품이다. 하화자는, 비록 자신에게는 마땅하지 않지만, 자신의 품위를 일단 보류하고 제자의 품위에서부터 하화의 실마리를 찾아야 한다. 낮은 품위가 높은 품위에 비해 교육소재의 측면에서 더 높은 가치를 가질 수 있다. 이 때문에 수도계의 높은 품위에서 저급의 교육이 일어날 수 있고, 반대로 수도계의 낮은 품위에서 고급의 교육이 일어날 수 있다.[11)]

그렇다면, 교육의 질과 관련하여 관점의 전면적인 전환이 필요하다. 그 대상은 무엇인가? 그것은 사람들이 그 내부에 얼마나 충실한 삶을 영위하느냐 하는 것이며, 더 구체적으로 말하면 교육의 내재적 구조와 내재율에 대해서 적응하고 순응하는 정도이다. 교육에서는 과오가 없음을 높게 평가하는 것이 아니라, 그 과오를 잘 고치는 일에 성실하게 임하는 것을 더 높게 평가한다. 이 부분에 주목하면, 그 질에 있어서 천차만별의 수준 차이가 있음을 발견할 수 있다. 교육의 기회는 설사 동등하다고 할지라도,

---

11) 그 구분을 분명하게 하기 위해서 우리는 앞(1.1.5)에서 흔히 학문의 수준에 따라 구분하는 초등, 중등, 고등 교육과 대비해서 저급, 중급, 고급 교육이라는 용어를 도입한 바 있다.

어떤 곳, 어떤 시대, 혹은 어떤 사람은 교육의 품위에 비추어 저급에 속하고, 다른 곳, 다른 시대, 혹은 다른 사람은 고급에 속할 수 있다. 교육평가의 작업은 그 독특한 범주에서의 차별을 정교하게 가려낼 수 있어야 한다.

제1장에서 우리는 교육 안에 머무는 것과 교육을 이탈하는 것 사이의 경계를 애써 구분하려고 하였다. 우리는 교육의 두 날개로서 상구교육과 하화교육을 구분하였고, 그들 사이의 협동은 각각의 것이 자체의 속성과 내재율에 충실할 때 보장된다는 사실을 살핀 바 있다. 그 협동의 양상은 상의관계(相依關係)와 대위관계(對位關係)로 나누어진다. 상의관계는 상구교육과 하화교육 각각에서 그 자체의 내적 요소가 결속하는 방식이고, 대위관계는 상구교육과 하화교육이 그 이질성에 의해서 서로 결합하여 협동교육이라는 새로운 전체를 구성하는 방식이다. 이들은 서로 다른 명칭으로 규정되고 있지만 서로 연관되어 있기 때문에, 강조하는 측면만 다를 뿐, 전체의 의미구성에 동등하게 참여하고 있다.

경계는 내부의 고유한 결속을 강화하고 외부의 간섭이나 침입을 막는다. 교육이라는 놀이는 상구자와 하화자로 하여금 그 놀이 안의 내재율을 따르도록 규제한다. 교육적 관계가 우리들이 일상생활에서 유지하고 있는 여타의 인간관계와 구분되는 것은 그 내재율에 일치할 때이다. 또한, 우리가 늘 하고 있는 활동 가운데 교육활동으로 변별되는 것도 그 안에 얼마나 교육의 요소, 즉 우리의 관점에서 볼 때 얼마나 교육의 내재율에 충실히 따르느냐 하는 정도에 의해서 규제받는다. 이런 것들이 적용됨으로써 교육은 이를테면, 사회화, 문화화, 조건화, 혹은 여타의 행동통제와 대비될 수 있게 된다.

우리는 교육의 양상과 양태를 구분하였다. 내재율은 전자를 규정하는 데 적용되며, 후자에서 그 완벽한 일치를 주장하는 것은 무리이다. 뿐만 아니라, 제1장에서 교육본위론이 잠정적인 거점으로 제안한 내재율 또한 우리가 생각하고 추구해야 할 최고의 수준도 아니다. 모든 것들이 그러하듯이, 그 정도가 문제이다. 잘 되고 있지 않는 것을 발견하는 것은 잘 되고 있는 것을 발견하는 것 못지않게 평가의 중요한 항목이다. 교육의 내재적 평가는 그 정도의 차이에 주목하면서 특정한 삶의 공간, 집단 혹은 개인을 구분하는 과제를 수행해야 한다.

교육의 질에 대한 평가에서 마지막으로 놓쳐서는 안 될 항목은 삶에서 교육만이 제공할 수 있는 내재적 가치를 존중하는 것이다. 교육 주체는 얼마나 높게 출세하느냐, 혹은 얼마나 높은 품위에 도달했느냐보다는 주어진 삶의 기간 동안 교육을 얼마나 절실하게 실현하고 체험하느냐에 최종적인 의미를 부여한다. 교육의 내재적 가치는 다른 여타의 가치를 통틀어서 비교해 볼 때 미미한 것일지도 모른다. 그러나 그것이 가장 두드러지게 귀중한 가치로 대접받아야 할 곳은 바로 교육계라는 사실을 잊어서는 안 된다. 만약 여기에서조차 그 가치가 냉대를 받는다면, 삶의 다양성에 추가할 수 있는 독특한 인간적인 가치가 망실된다는 점에서 큰 손실이 될 것이다.

각 분야에서 탁월성을 보유하고 있는 사람은 자신의 기술이 가져오는 소득보다는 그것을 자신의 것으로 보유하고 있다는 것 자체에 더 많은 보람을 느낀다. 교육의 내재적 가치는 그것이 가져오는 결과에 대한 평가를 제외하고도, 그 자체에 몰입, 몰아, 심취, 전념하는 '교육삼매'에 의해서 적나라하게 드러난다. 이처럼 단지 상구하고 하화하는 데 보람을 느껴 만난 인간관계라면, 세속계적인 구분은 물론 수도계적인 구분도 초월해서 진정 교육의 세계를 탐닉한다고 말할 수 있다. 바로 그 부분이 있음으로써 교육 주체는 경우에 따라 여타의 부분에서 손실과 희생을 감내하기도 한다. 이런 이유로 우리는 교육의 가치를 오직 기능의 관점에서 평가하는 것이 부당하다는 입장을 일관성 있게 견지해 왔다. 교육평가의 질적인 측면은 바로 이 점을 놓치지 말아야 한다.

이런 질적인 측면에 대한 평가와 관련하여 다음의 질문들이 검토될 수 있을 것이다. 우리들은 얼마나 교육에 자원해서 능동적으로 참여하는가? 교육에 대한 태도는 호의적인가? 교육 주체가 각각의 활동 자체에 얼마나 흥취, 즐거움, 보람을 느끼는가? 각자에게 잠재된 상구와 하화의 열정은 충분히 발산되고 충족되었는가? 고유한 의미의 상구체험과 하화체험을 할 수 있었는가? 이전의 교육이 이후의 교육에 더 흥미를 주고 다시 시작하는 계기를 마련하였는가? 그 질문들에 대한 해답은 종국적으로 교육 주체를 통해서 얻어져야 할 성질의 것이다. 이에 대한 긍정적인 해답은 교육의 내재적 가치가 실현되고 있다는 증거이다.

교육 발전의 양적인 측면은 이상의 질적인 측면을 기본적으로 전제한다. 교육에서 포함되거나 배제되어야 할 인구가 따로 있는 것이 아니다. 교육은 누구나 그 내재율을 따르는 사람에게 허용될 수 있는 세계이다. 그 정도의 한계를 어떻게 구획하느냐 하는 문제는 항상 남아 있지만, 교육이 인류역사의 깊이만큼 장구하게 일어났고, 현재에도 광범위하게 일어나고 있는 것이 사실이다. 질에 대한 평가가 절대적일 수 없듯이, 양적인 측면에서도 어떤 절대적인 기준이 있을 수 없다는 것은 말할 필요조차 없다. 양의 경우에도 여러 수준의 편차가 있을 것이다.

양의 측면에서 주목할 점은 전체 민중의 교육적 욕구와 요구가 얼마나 수용되느냐 하는 것이다. 이와 관련하여 역사상 기록되어 있거나 현존하는 사건, 생활공간, 인물을 교육의 관점에서 평가하는 작업이 필요하다. 얼마나 많은 사람에게 교육의 기회가 보장되는가? 교육에는 상구와 하화의 측면이 있다. 사람들은 현품을 중심으로 언제나 교육의 양 날개에 진입할 수 있으며, 그 가운데 한 측면에만 치중하는 것은 조화로운 교육적인 삶이라고 보기 어렵다. 그렇다면, 민중은 진정 상구한 것만큼 하화하는 삶을 영위하는가?

여기서 기회의 공정성이라는 문제가 나올 수 있다. 교육은 원칙상 세속과는 별개의 범주이며, 따라서 세속적 지위에 따른 차별이 없이 모든 사람들이 평등하게 참여할 수 있는 기회를 갖는 것이 마땅하다. 그러나 그것은 도달해야 할 높은 이상이고, 실제는 그 정도에 있어서 항상 거기에 못 미칠 것이다. 어떤 특정한 계층이나 부류의 사람들의 삶에서 교육이 상대적으로 배제되지는 않는가? 권력과 재화에서 이미 유리한 고지를 점하고 있는 상위계층에게만, 혹은 효율성에만 주목하여 소수의 엘리트만을 선별하여 그들에게만 교육의 기회를 주는 것은 아닌가? 교육의 기회와 향유의 범위에 있어서 남녀노소의 차별은 없는가?

원칙으로 따지면, 교육은 수도계의 모든 종류와 수준의 품위에서 가능하다. 그 사실을 고려한다면, 이런 질문들에 대한 해답을 점검하는 것이 큰 의미를 지닌다. 모든 종류의 수도계에서 교육이 잘 진행되는가? 고의적으로 편중되는 일은 없는가? 수도계의 각 품위에서 교육의 수레바퀴가 얼마나 골고루 돌아가는가? 일정 수준 이상의 인구에게만 하화의 기회를 갖게 하고, 여타의 사람은 상구에만 치중하는 것은 아닌가? 그 결과에 집착하여 높은 품위의 교육에만 치중하는 것은 아닌가? 진도가 느리다는 이유로 특정 사람들의 교육을 무시하지는 않는가? 이 역시 실제는 이상과는 항상 얼마만큼의 거리가 있을 것이다.

이상에서 우리는 교육발전의 평가와 관련하여 그 질적인 측면과 양적인 측면을 평가하는 문제를 다루었다. 그 기준이 적용될 대상은 위에서 지적한 것 이상으로 확대될 수 있겠지만, 여기서는 이후의 연구과제로 남겨두기로 하자. 다만, 그 논의에 구체성을 부여할 필요는 있다. 그런 취지에서, 학교에서 일어나는 교육발전에 대한 평가를 살펴보는 것이 다소 도움이 될지 모르겠다. 누차 강조되었듯이, 교육은 학교의 안과 밖을 경계로 정의되는 것이 아니다. 학교를 많이 설립하고, 그 기능의 내실을 충실히 한다고 해서, 교육이 발전하는 것은 아니다. 학교 안에서 이루어지는 교육발전은 그와는 별개로, 앞에서 논의한 것처럼 별도의 기준에 의해서 평가되어야 한다. 구체적으로 말하면, 그것은 학교 안의 이질적인 사실들을 제외한 교육의 요소를 다루거나, 학교 안에서 적절한 개념과 가치선별이 적용되지 않아서 제대로 주목받지 못한 부분에 추가되어야 할 항목이다. 그 결과는 아마도 우리의 상식에 큰 충격을 줄지도 모른다.

흔히 일반인들이나 교육학도들에게 학교는 가장 모범적인 교육이 일어나는 곳으로 생각되어 왔다. 교육본위론은 지금의 상태 그대로는 학교를 교육기관으로 인정하는 것을 거부한다. 그런 통념에 영합하는 것은 마치 중세 교회에 무조건 종교기관이라는 명칭을 부여할 때 보였던 것과 같은 타락을 정당화할 우려가 있다. 교회가 종교활동에 충실한 부분만큼 종교기관이 되는 것이며, 그 역은 성립할 수 없다. 마찬가지로, 제도가 교육을 규정하는 것이 아니라, 교육이 제도를 규정하는 방식으로 교육기관이 규정되어야 비로소 교육을 위한 제도 혹은 기관이 성립될 수 있다. 말하자면, 학교에서 일어나는 모든 것이 교육이 아니라, 그 가운데 교육이라는 부분이 살아나야 비로소 그곳이 교육기관이라는 명분의 정당성을 얻을 수 있게 된다.

실제로 학교가 그 기대에 부응하고 있는지에 대한 사실규명은 놀랍게도 아직까지 이루어진 바 없다. 하나의 삶의 공간으로서 학교는 한 분과 학문의 전유물이 되기에는 너무 복합적이다. 이 때문에, 그것을 이해하기 위해서 학제적 관점이 필요하다는 것은 말할 필요도 없다. 그러나 제반 학문의 관점은 각자의 사실들을 밝힐 뿐, 교육을 밝히는 것이 아니다. 따라서 교육의 고유한 현상으로 밝히는 이론체제를 구축하는 일을 소홀히 하고, 단지 학제적 관점에만 의존하는 지금의 교육학은 필연적으로 비교육적일 수밖에 없다. 우리는 앞 소절(3.15)에서 이제까지 진행되고 있는 '교육평가'가 사실상 학교 안에서 이루어지고 있는 교육이 아니라 오히려 비교육의 영역이나 사실들에 대한 평가라는 점을 살폈다.

학교를 교육발전의 측면에서 평가하는 작업에 필요한 최소한의 요건은 관례적인 개념과 용어를 초월하는 것이다. 새로운 이론적 안목이 선행되어야 한다. 먼저, 학교가 교육만을 수행하는 기관이 아니라는 사실을 인정하는 것이 중요하다. 교육만을 수행하는 학교는 현실적으로 불가능하다. 또한, 그런 상황은 많은 시간을 학교에서 보내야 하는 오늘날의 젊은이들의 다양한 요구에 비추어 반드시 바람직한 것도 아니다. 학교가 수행하는 교육 이외의 중요한 기능을 인정할 필요가 있다. 그 점을 고려하면, 이른바 탈학교론자들(Holt, 1972; Illich, 1971)이 그러하듯이, 학교가 교육을 제대로 수행하지 않는다는 이유를 들어 학교를 폐지하라고 주장하는 것은 너무도 낭만적이다. 학교의 다양한 기능을 인정하면서, 그와 병행하여 그 안에서 어떻게 교육적인 삶이 진행되고 있는가 하는 점이 우리가 주목하고자 하는 학교의 교육발전에 대한 평가에 해당한다.

교육발전과 관련하여 학교가 평가받아야 할 핵심적인 부분은 그 안의 구성원이 얼마나 놀이로서 교육적인 삶을 향유하느냐 하는 것이다. 그중 몇 가지 항목의 예를 들어보겠다.

· 학교의 목표와 기능은 단일하지 않다. 학교의 일부를 차지하는 교육이 그 안에서 진행되는 여타의 삶과 항상 조화를 유지하는 것은 아니다. 오히려 가치기준의 면에서 그들 사이에는 모순과 대립이 더 많을 수 있다. 그렇다면, 학교의 목표설정과 의사결정에서 교육의 내재적 가치를 반영하는 비율은 어느 정도인가?

· 학교의 구성원인 교사와 학생은 균등한 교육의 기회를 보장받을 수 있어야 한다. 가정의 사회적 지위로 인해서 학교에서 그 기회를 박탈당하거나 교육에 의해서 좌절을 경험하는 경우는 없는가? 학교가 결과에 집착하여 높은 품위를 지향하는 교육에만 치중하는 것은 아닌가?

· 교사와 학생은 자신이 가진 현재의 품위를 중심으로 언제나 상구교육과 하화교육에 진입할 수 있다. 그중 한 부분에 치중하는 것은 조화로운 교육적인 삶이라고 보기 어렵다. 각 품위에서 교육의 수레바퀴가 얼마나 골고루 돌아가는가? 혹시 일정 수준 이상의 사람에게만 하화의 기회를 갖게 하고, 여타의 사람은 상구에만 치중하는 것은 아닌가?

· 스승과 제자라는 교육적 관계는 교사와 학생이라는 제도적 역할과는 별개의 범주이다. 흔히 등장하는 '교사와 학생의 비율' 혹은 '다인수 학급'의 문제는 단지 경직된 제도에서 비롯한다. 교사와 교사, 교사와 학생, 학생과 학생끼리의 다양한 교육적 관계를 허용하는가? 그들은 얼마나 교육의 내재율을 따르는가?

· 학교 안에서 강의, 교습, 집단토론, 세미나, 개인지도, 역할수행, 도상연

습, 게임놀이, 실험과 실습 등 다양한 활동이 진행되고 있다. 그 자체를 곧바로 교육활동의 범주에 넣는 것은 성급하다. 그것을 정당화하는 것은 그것이 얼마나 교육의 내재율에 따르느냐에 의해서 결정된다. 이들을 얼마나 교육활동으로 평가할 수 있는가?

· 놀이로서의 교육은 그것에 종사하는 것 자체만으로 독특한 의미의 삶의 보람을 느낄 수 있어야 한다. 실제로 학교 안에서 교사와 학생은 교육 자체에 가치를 두면서 생활하고 있는가? 학교생활과 교육적 삶은 전직으로 일치하는 것은 아니다. 학교생활이 교육의 내재율에 어긋나게 진행되고 있고, 그로 인해서 학생들이 학교생활을 혐오하고 있지는 않는가?

· 학교의 운영은 커리큘럼에 의존한다. 목표설정에서 교육의 내재적 가치의 실현이 얼마나 고려되는가? 커리큘럼의 계획과 실행에 교육의 내재율이 얼마나 반영되는가? 그 종류와 수준에 있어서 교육의 소재는 다양성을 반영하고 있는가? 그들에 대한 선택의 자유가 얼마나 보장되는가? 일정이나 진도에 대한 계획은 학생들의 개인차를 고려하고 반영하는가?

· 교육은 그 자체에 대한 평가와 반성을 통해서 개선될 수 있다. 우리는 그 가운데 교육발전과 관련하여 학교에서 검토할 항목들의 예를 들었다. 그렇다면, 그런 항목들이 얼마나 학교의 전반적인 평가에 반영되느냐 하는 것이 또 하나의 중요한 항목으로 추가될 수 있다. 위의 제반 교육발전에 대한 지표들이 얼마나 학교의 평가와 개선에 반영되고 있는가?

이른바 '학교교육의 정상화'는 말 그대로 학교 안에서 교육이 제 위치에 정착하도록 하는 것이다. 이것이 지금처럼 단지 오랜 소망이나 기원에 그치는 것은 그에 응당 따라야 할 고유한 의미의 교육평가가 제대로 이루어지지 못하기 때문이다. 넓게는 국민, 학교정책을 세우는 기관, 그리고 학교생활을 하는 교사와 학생들은 학교에서 하고 있는 일이 곧 교육이라는 생각에 젖어 있다. 앞에서 지적했듯이, 그 안에서 이루어지고 있는 온갖 종류의 평가를 교육평가로 오인하고 있다. 이처럼 교육이 곡해되고 고유한 가치의 맥이 끊어진 오늘날의 시기에 여기서 제안하는 새로운 의미의 교육평가가 교육제도로서 학교의 진면목과 정당성을 판가름해 줄 것이다.

우리는 교육이 다양한 삶의 공간에서 일어날 수 있음을 지적하였다. 그동안 마땅한 개념의 결여로 적어도 교육공간의 많은 부분은 아직 은폐되어 있다고 말할 수 있다. 앞에서 학교의 교육발전을 평가할 수 있는 몇 가지 측면들을 살폈는데, 그것은 사례의 하나일 뿐 우리가 평가해야 할 교육공간은 이보다 더 확장된다. 우리는 교육본위론에 근거하여 앞에서 가정, 학교, 직장, 가상공간에서 일어날 수 있는 교육의 양상을 살펴본 바 있다. 그 외에도 학원, 문화센터, 도서관, 매스미디어, 여가체제, 협회, 문화단체, 조합, 종교단체, 지역사회에서도 다양한 종류의 교육적 경험이 가능하다. 그 각각의 곳에 교육평가의 밝은 빛이 비춰져야 한다.

만시지탄(晩時之歎)의 느낌이 들지만, 이들 각각의 생활공간에서 진행되는 교육발전의 양상에 대한 실증적 자료를 얻어내야 한다. 뿐만 아니라, 그 대상 선정의 역사적 시기도 확대되어야 한다. 오랜 세월 교육은 우리 삶의 일부를 이루며 진행되어 왔음에도 불구하고, 학교체제에 집착하는 현존의 교육학은 학교의 역사와 교육의 역사를 동일시하고, 주로 전자의 것만을 교육의 역사에 포함시킨다(김재웅, 2008). 이제 우리는 그 한정된 시대의 통념에 묻혀 도외시되어 온 교육과 그 발전을 역사 안에 포섭할 수 있어야 한다. 예컨대, 우리가 앞에서 다룬 4대 스승들의 교육적 삶을 검토한 바 있지만, 그것은 인류가 오랜 역사를 통해서 실현한 전체의 교육에 비하면 해변의 모래알에 불과하다. 이 분야에서 앞으로 많은 발굴이 필요하다.

평가는 절대적이기보다는 상대적이다. 다양한 교육공간의 평가를 함에 있어서 그 비교의 준거는 크게 세 가지로 구분될 수 있다. 첫째 주어진

공간(예컨대, 학교)에서의 교육을 그 이외의 다양한 공간(가정, 학원, 직장, 가상공간, 여가체제, 문화센터, 도서관, 박물관, 종교단체, 지역사회단체 등)에서 일어나는 교육과 비교하는 것이다. 둘째, 각각의 공간은 교육 이외의 다양한 기능을 한다는 사실을 염두에 두어야 한다. 그렇다면, 그 삶의 공간에서 이루어지는 제반 양상 가운데 교육이 차지하는 부분은 과연 얼마나 되는가를 가늠해 볼 수 있을 것이다. 셋째, 여기에 시간의 추이에 따른 변화를 가미할 수 있다. 시대가 변함에 따라 가정이라는 공간이 차지하는 교육발전의 양상은 그 좋은 예가 될 것이다.

교육발전의 평가를 누가 어떻게 하느냐 하는 문제가 있다. 먼저 그 방법의 형태는 사태의 정확한 기술이다. 현장 속에 뛰어들어 적절한 항목의 것을 선택하고 그것에 대해 단서가 될 만한 것을 수집하고, 적절하게 해석하는 과정이 필요하다. 이와 관련하여, 각종 '조사(survey)', '현장연구(field research)', 혹은 '평가연구(evaluation)'의 방법들이 동원될 수 있을 것이다(Backstrom & Hursh-Cesar, 1981; Babbie, 1973; Fowler, 1984; Johnson, 1975; Rosenberg, 1968; Schatzman & Strauss,1973; Weiss, 1972). 어떤 부분에서는 평가되는 대상이 의식하지 못하는 방식의 기술적인 증거수집이 필요하다(Webb, et al., 1981). 그동안 만연했던 양적인 방법과 더불어 요즘 '질적 방법(qualitative methodology)'이 등장하고 있다(조용환, 1999;[12] Denzin & Lincoln, 2000; Filstead, 1970). 그 외에도 전기적 방법(신기현, 1999) 혹은 각종 역사적 방법 등이 추가될 수 있을 것이다.

이렇게 보면, 교육발전을 평가하는 방법과 기술은 상당부분 전문성을 요구한다. 그 이유를 들어서 독자들 가운데에는 일반 사람들의 것과 이른바 '교육평가전문가'의 것을 양분하고, 후자에 더 큰 권위와 타당성을 부여하는 관행에 쉽게 찬동할지도 모르겠다. 그러나 이 절의 서두에서 지적

---

12) 이 저서에서 주로 설명하는 문화기술지(ethnography)는 기본적으로 각종 문화현상을 밝히는 방법이다(Mehan & Wood, 1975). '교육에 관한 문화현상'과 '교육현상'은 엄연히 구분되어야 할 것이다. 후자는 문화구성원의 신념이 아니라 교육학자들의 이론적 개념을 통해서 구명되어야 할 성질의 것이다.

했듯이 지금의 '교육평가전문가'라는 집단은 그 자체로 심각한 문제를 갖고 있다. 그들의 대부분은 학교를 중심으로 한 외재적 사실의 평가에 길들여져 있으며, 내재교육에 대한 기본적인 소양조차 아직 제대로 갖추고 있지 못하고 있다. 그들이 진정 교육발전의 평가에 가담할 수 있으려면, 상당 기간 '메타교육'을 통해서 교육에 적용할 자신들의 평가기준을 향상시킬 수 있어야 한다. 이제 새로운 의미의 전문가 양성이 절실하게 요구된다.

교육평가는 오직 전문가에게만 맡길 수 있는 성질의 것이 아니다. 불가피한 부분을 제외하고 교육평가는 그것에 참여하는 사람이 함께 수행할 과제이다. 이전의 '교육평가'에서 거의 외면된 이 부분이 이제 정상의 궤도로 복권될 수 있어야 한다. 교육본위론은 교육 주체를 국가가 아닌 개인으로 보았다. 교육 주체인 개인은 매회 교육이 진행되는 동안, 혹은 그것이 종료된 이후에 자신이 경험한 교육의 과정을 회고하고, 반성하고, 평가하여 차후의 개선점을 찾아내는 최종적인 책임을 질 수 있어야 한다.

교육 주체가 교육발전의 평가에 가담할 수 있는 부분은 크게 두 가지이다. 그 하나는 교육 주체가 얼마나 교육의 내재율에 충실하게 임하느냐 하는 부분이다. 여기에서 일종의 교육의 품위라는 기준이 작용하며, 교육 주체는 자신의 교육, 그리고 교육의 파트너인 상대의 교육을 평가할 수 있다. 다른 하나의 항목인 양의 평가는 교육의 주체가 자신의 교육활동에서 얼마나 그 내재적 가치를 마음속으로부터 느끼느냐 하는 것이다. 아무리 내재율에 일치한다고 하더라도 교육이 단지 외부의 강요에 따르거나 혹은 기능과 수단에 의미를 둔 것이라면, 그 내재적 가치를 인정할 수 없을 것이다. 이 부분에 대한 증거는 궁극적으로 교육 주체의 주관적 판단에 의존할 수밖에 없다. 이제부터 두 가지 항목 가운데 첫 번째의 것부터 검토해 보기로 하자.

교육 주체에게 있어서 협동교육은 이인삼각(二人三脚)의 상황이다. 교육놀이에 참여함에 있어서 스승과 제자는 교육에 대한 가정, 태도, 활동에서 공조해야 한다. 스승은 제자의 상구에 의존하며, 제자는 스승의 하화에 의존한다. 이 말은 서로 상대를 보조하는 활동이 불가피하다는 것을 의미한다. 여기에서 교육 주체의 평가가 교육활동의 중요한 부분을 차지할 수밖에 없다는 결론에 도달하게 된다(최성욱 · 신기현, 1999). 상구교육과 하화교육은 각각의 내재율에 따라 서로 상보하는가? 그 문제점은 무엇인가? 이런 질문이 교육이 진행되는 동안 제기되는 것은 너무도 자연스러우며, 그것에 대한 지속적인 검토 없이 협동교육은 원만하게 진행될 수 없다.

교육적인 삶을 영위함에 있어서 해결해야 할 과제 가운데 가장 중요한 것은 훌륭한 스승과 제자를 발견하고 선발하는 것이다. 훌륭한 스승과 제자는 단지 소재의 면에서 전자가 선진이고 후자가 후진이라는 것 이상이다. 여기서 스승은 하화의 내재율을 따라야 하고, 제자는 상구의 내재율을 따를 것이 기대된다. 그러나 실제 이루어지고 있는 교육은 그 내재율과 다소 거리가 있을 수 있다. 교육을 진행하는 과정에서 스승과 제자는 서로의 파트너로서 항상 상대의 교육활동을 반사시켜 주는 거울의 몫을 수행해야 한다. 그런 것이 실천과 동시에 이루어지는 바람직한 교육평가의 한 양상이다.

그런 평가를 서로 자주 허용함으로써 교육 주체는 파트너를 통해서 자신의 교육의 품위에 대한 귀중한 정보를 얻을 수도 있다. 교육적 교섭에서 교육의 품위가 서로 어긋나는 경우에 봉착할 것이다. 1차 소재를 기준으로 볼 때, 제자가 상구품위가 높고 스승은 하화품위가 높다는 보장은 없다. 교육의 품위는 1차 소재의 품위와는 독립된 것으로서, 그 감식안의 수준에 대한 평가는 교육을 얼마나 높은 수준에서 하고 있느냐에 따라 달라진다. 1차 소재가 되는 스승의 품위에 대한 평가를 내리는 것은 섣부른 일이지만, 스승의 하화에 대한 평가를 내리는 것은 정당화된다. 교육품위에 대한 평가는 스승과 제자가 서로의 교육적 교섭을 조율하는 데 불가피한 요소이다. 예컨대, 제자가 품위를 순차적으로 상구하기를 원하는 데 스승이 여기에 호응하지 못한다거나, 반대로 스승이 역차의 내재율에 일치하려고 하는 데 제자는 성급하게 스승의 품위에 직접 도달하려고 할 경우, 상대에게 문제를 제기하고 합당한 호응을 요구할 수 있다.

교육발전에 관한 평가에서 교육 주체의 판단에 의존해야 할 두 번째 항목은 활동의 내재적 가치에 관한 것이다. 상구교육과 하화교육은 협동교육이라는 하나의 구조를 이루지만, 그 양상이나 내재율이 서로 다르며, 그 품위 역시 독립적이다. 이 점에서 목표설정, 가치적용, 그리고 평가의 측면에서 양자는 세분되어야 할 것이다. 이렇게 볼 때, 우리는 이들과 관련하여 각각의 목표를 두 가지로 분리시켜 고려할 수 있게 된다. 하나는 상구교육과 하화교육이 갖는 각각의 내재적 가치이다. 상구의 내재적 가치는 하화의 내재적 가치와 다르다. 다른 한편으로, 이들은 서로가 상대의 수단이 된다는 점에서 상대에 대해 외재적 가치를 갖는다. 교육 주체는 교육이 진행되는 가운데 이 모든 부분의 가치들이 실현되고 있는지를 점검할 필요가 있다.

상구활동의 내재적 가치는 소재의 품위와는 무관하게 자신의 품위를 한 단계 더 끌어올리는 상구활동의 내재율에 충실하게 임하는 가운데 실현된다. 이에 비해서, 하화활동의 내재적 가치는 소재의 품위와 무관하게 후진의 품위를 한 단계 끌어올리는 하화활동의 내재율에 충실하게 몰입함으로써 실현된다. 그 단서는 다양한 방식으로 나타날 것이고, 또한 다양한 방식을 요구할 것이다. 그 부분에서 다음의 질문들에 대한 해답을 구해야 한다. 상구는 그 자체로서 즐겁고 보람된 일인가? 그렇지 못하다면 그 이유는 무엇인가? 마찬가지로 하화는 그 자체로서 즐겁고 보람된 일인가? 그렇지 못하다면 그것은 어떤 이유에서인가? 여기에서 후자의 것이 전자의 것을 압도할 때, 그 교육은 내재적인 것이 못 된다는 증거가 될 것이다.

상구교육과 하화교육은 서로 이질적인 것이므로 말미암아 결속한다. 그것이 바로 대위관계의 본질이다. 한편에서의 상구교육과 다른 편에서의 하화교육이 동시에 이루어질 때, 서로가 자체의 본질에 충실하게 임하는 것이 우선 상대에게 적응하는 최선의 방식이다. 상구와 하화가 내재율에 충실하게 진행될 때, 그것에 대한 감탄과 칭찬은 상대의 행위를 더욱 강화하고 신나게 한다. 이것은 마치 서로 동질적인 부부보다는 서로 이질적인 부부, 즉 가장 남편다움과 가장 아내다움을 유지하는 부부가 그 고유의 특성을 지킴에 의해서 서로 잘 결합하는 것에 비유될 수 있다.

진정 제대로 된 협동교육이 이루어진다면, 상구는 하화의 수단이며, 하화는 상구의 수단이 되는 방식으로 서로를 증진하고 보강할 수 있다. 상구자인 제자가 하화자인 스승의 하화에 대해서, 그리고 하화자인 스승이 상구자인 제자의 상구에 대해서 교육의 파트너로서 상대의 활동을 평가할 수 있다. 혹은 반대로, 스승 편에서 자신의 하화가 제자의 상구에 얼마나 도움을 주는지를 자성하고, 제자 편에서 자신의 상구가 얼마나 스승의 하화에 공헌하는지를 살필 수도 있다. 서로가 상대의 도움을 받음으로써 상구자와 하화자가 각각 자신의 활동에서 내재적 가치의 실현이 증대된다는 증거를 확인할 수 있다면, 그 관계는 지속될 것이고, 그렇지 못할 때, 관계는 더 이상 지속되기 어려울 것이다.

교육의 품위에 대한 평가는 이처럼 교육활동을 주시하면서, 그리고 그 교육활동을 통해서 일어나야 한다. 이 점에서 평가를 전문가라는 특별한 사람들의 전유물로 생각하는 것은 기본적으로 잘못이다. 사실 교육에 참여하는 사람은 누구나 교육에 대해 모종의 평가를 하고 있다고 보아야 한다. 여기에서 말하는 평가는 교육의 파트너로서 상호작용하면서 상대에 대해 반응하면서 대처해 나가는 것의 일부를 이룬다. 그것은 우리가 어떤 실천을 하든 간에 자연스러운 경로이다. 스승과 제자는 교육 고유의 문제를 주시하고, 각각 상대의 입장에서 자신의 활동을 조명하는 서로의 책임을 수락해야 한다. 교육에 대한 올바른 이해, 교육내재율의 변별, 그 과정에서의 옳은 가치판단, 생활공간의 활용, 환경의 조성 등이 문제로 등장하면서 그에 대한 새로운 해법이나 대안이 이후의 교육에 반영될 수 있어야 한다.

평가는 교육이 진행되는 동안 스승과 제자에 의해 개별적으로 이루어지는 것이지만, 경우에 따라 하나의 교육공동체 안에서 집단의 규모로 이루어질 수도 있다. 각자 자신의 평가를 은폐하지 않고 공개하는 것이 기본적으로 바람직하다. 교육이 종료된 단계에서 이루어지는 강평회가 한 예가 될 것이다. 일반적으로 강평회는 사회자가 있으며 순서에 따라 진행되는데, 발표자에게 설명과 반성의 기회를 먼저 준 다음에 참관자와 토론한다. 토론은 먼저 주제를 정해야 하며, 발표자와 참관자의 일문일답식 토론이어서는 안 된다. 토론에 참가한 전원은 감정적인 노출보다는 건설적이고 발전적인 방향에서 의견을 교환하여야 한다. 지도적인 위치에 있는 사람도 다른 참관자와 동등한 위치에서 발언해야 하며, 직위나 직권에 의한 권위의식을 나타내어 독단적으로 결정하거나 강평해서는 안 된다. 각 참여자가 그들 나름의 평가기준을 유감없이 드러낼 수 있어야 한다.

이와 관련하여 이제까지의 평가이론에서 충분히 고려되지 못한 부분이 있다. 그것은 평가의 불일치함이 종전의 '교육평가이론'에서는 마치 평가의 결격사항으로 보아 금기시하는 경향이 있다. 그러나 그 불일치가 억제되는 것은 바람직하지 않다. 평가의 상황에서 다양한 의견과 가치가 개입되는 것은 자연스럽고 불가피하다. 같은 교육에 참여했다고 하더라도 모든 참여자들의 평가가 동일하게 나올 수는 없다. 그 각자의 평가 자체가 그 평가자의 품위를 반영한다. 교육 주체는 교육에 대해 평가하면서 교육에 대한 자신의 품위를 드러낸다. 이 때문에 자신이 옳고 타인이 그르다는 식의 판단이 나온다. 그것을 중요한 자료로 삼아 평가의 정당화 문제를 다음에 풀어나갈 수 있게 된다.

교육의 품위가 서로 다를 때, 교육 주체들 사이에 주어진 교육적 사태에 대한 평가 사이에 갈등이 일어날 것이다. 그러나 이것은 모든 품위의 평가가 정당하다는 문제와는 전혀 다른 차원이다. 모든 사람의 평가를 동등하게 타당한 것으로 취급할 수는 없다. 그것을 방치하는 것은 혼란을 초래할 뿐만 아니라, 실천에서 혼선을 빚게 된다. 이때, 그 갈등을 조정하거나 해결해야 하는 과제가 등장한다. 교육평가는 그 평가의 진상을 안다는 것 이외에, 평가의 갈등을 원만하게 혹은 서로가 납득할 수 있는 방식으로 해소할 수 있어야 한다. 문제는 그 해법이 무엇이냐 하는 것이다.

여기에 몇 가지 금기사항들이 부대된다. 교육평가는 더 나은 교육을 위한 개선책을 강구하기 위한 것이므로, 서로의 결점만을 지적하거나 인신 공격의 방식으로 발언해서는 안 된다. 또한, 자기중심적 평가에 기인하는 갈등의 문제를 보상과 벌, 사회적인 일치, 힘이나 권위에 의존하여 해결하는 것은 성과 면에서나 교육의 내재율에 비추어 결코 바람직한 것이 아니다. 강요에 의해 이루어지는 가치의 입증은 그 내부에 모순을 포함하고 있을 뿐만 아니라 한계가 있다. 이 때문에 개별적인 평가를 주시하고 서로가 납득할 수 있는 방식으로 조정하고 정당화하는 것은 교육발전을 평가하는 과정에서 해결해야 할 또 하나의 도전이다.

교육본위론은 이에 대한 해답의 실마리를 교육에서 찾는다. 품위평가를 정당화시키는 비방에 관련하여 뒤(3.4)에 더 자세한 설명이 있을 예정이지만, 그중 하나 적용되어야 할 교육적인 원칙은 후진이 자신의 품위를 기준으로 선진의 품위를 평가하는 저압제는 부당하다는 것이다. 고압제 역시 회피되어야 할 항목이다. 선진이 자신의 품위를 기준으로 후진을 평가하면, 후진은 그것에 쉽게 동의할 수 없다. 후자는 아직 높은 수준의 교육을 감식할 능력이 없다. 그 문제를 해결하는 근본적인 방법은 평가에 작용하는 품위의 차이를 소재로 서로 간에 교육적 교섭을 모색하는 데 있다. 그 과정을 통해서 선진은 후진의 품위를 점차 자신의 수준까지 올려놓고 자신의 판단에 대한 후진의 동의를 구할 수 있다.

3.3.2 메타교육의 평가

여기에서 편의상 구분하는 교육평가의 소주제들은 중복되거나 서로 얼기설기 미묘하게 관련되어 있다. 교육은 내재적 가치의 실현뿐만 아니라 교육 자체의 발전을 위한 수단이 된다. 이 말을 유별나게 성립시키는 것이 바로 메타교육이다. 메타교육의 평가는 그것이 교육이라는 점에서 상당부분 앞에서 살핀 교육의 내재적 가치의 실현이라는 범주 안에서 다룰 수 있다. 이에 더하여, 이것은 교육발전을 촉진하는 수단적 가치를 갖는다. 본 소절의 전반부에서 그 부분에 대한 추가적 설명이 간략하게 이루어질 것이다. 그 이후의 논의는 교육의 품위에 대한 평가와 관련되는 것으로, 앞 소절의 마지막 논의에서 제기한 문제의 해결방안이 될 것이다.

이제까지의 교육관이 갖는 특징의 하나는 교육하는 주체와 교육받는 피동체가 구분된다는 점이다. 인간행동을 계획적으로 변화시키려고 하는 편이 있는가 하면, 그 계획에 따라 변화되는 편이 따로 있다. 국가, 학교, 교사와 같은 특별한 전문기관이 전자에 속하고, 일반 대중은 대개 후자에 속하는 것으로 되어 있다. 18~19세기 서구에서 발원한 상품의 대량생산 체제를 연상시키는 이런 관점을 교육본위론은 단호하게 거부했다. 교육의 역사는 그보다 훨씬 더 소급되며, 특정한 시대의 제도의 한계를 벗어난다. 이미 살펴왔듯이, 그 나름의 내재율을 가진 삶의 한 양상으로서 교육의 세계는 그 내재율을 준수하는 어느 누구에게나 진입을 허용한다.

교육의 내용은 그 요소와 그 관계들의 총체이다.[13] 하나의 요소는 여타의 요소의 존재나 의미를 함축하고 있기 때문에 그 개별 요소에만 주목하는 것은 잘못이다. 그 핵심은 요소들 사이의 관계와 그것이 이루는 유형이다. 최소한의 요건을 갖춘 하나의 사례로서 수레바퀴 모형이 제시되었으며, 그것에 따라 교육의 내용과 가치를 규정하여 왔다. 그 첫 단계로 그 내재율에 주목하였지만, 그 내용은 전반적인 교육의 양상에 비추어 왜소한 부분에 불과하다고 보아야 한다. 그보다 훨씬 더 교육의 본질에 충실한 내재율이 과거에 있었을 것이고, 또한 미래에도 얼마든지 새롭게 모색되거나 추가될 수 있을 것이다.

교육은 고정된 실체가 아니다. 그 자체의 발전이 가능하다. 교육이 지향하는 바는 그 본질에 충실한 내재율을 좀 더 정교하게 발전시키는 것이다. 이 부분에서 우리는 교육의 품위를 따라 그들을 싣고 높은 곳을 향해 전진해 가는 좀 더 정교한 교육의 수레바퀴와 그것이 지향하는 발전의 길을 연상할 수 있다. 그 위계가 바로 교육의 품위라는 개념이다. 교육의 품위를 규정하는 내재적 기준은 우리가 논의한 품위의 일반적 기준과 다를

13) 이 단계에서 이것이 커리큘럼론자들이 말하는 '교육내용'과 얼마나 다른지를 독자들이 실감할 수 있기를 바란다.

바 없다. 그것은 교육이라는 특수한 세계의 종류에 유관한 우리 자신들의 총체적인 체험구조로 되어 있으며, 그 구조는 점차 개선되면서 하나의 위계를 형성해 나갈 것이다. 교육의 품위는 이처럼 교육에 대한 서로 다른 수준의 체험구조를 대표한다.

그 발전하는 교육의 품위가 구체적으로 무엇일까? 이 전모에 대한 결론을 한 개인이나 한 시대의 이론으로 확정하는 것은 불가능하다. 왜냐하면, 모든 품위가 그러하듯이 그것은 끊임없는 탐색의 대상이다. 품위는 평면적 규정을 거부한다. 그 위계를 따라가면서 그 실재를 판명하는 도리밖에 없으며, 따라서 체험한 바의 내용에는 항상 한계가 있기 마련이다. 역사의 진행을 미리 알 수 없는 유한자인 우리가 가질 수 있는 위안이 있다면, 그것은 품위의 발전을 실현하고 입증해 나갈 수 있는 기제가 교육에 내재한다는 점이다. 여타의 품위가 그러하듯이, 교육의 품위 역시 그것을 소재로 하는 교육, 즉 메타교육을 통해서 점차 드러날 것으로 가정된다.

교육의 품위는 1차 소재인 수도계의 품위와 독립적이다. 누차 강조했듯이, 절대적인 품위란 실제로 존재하지 않는다. 교육의 품위 역시 그 수준의 정도로 나타나며, 상대적으로 규정된다. 교육이 진행되거나 끝나는 시점에서 부단히 자체의 가치와 내재율에 따라 평가하는 일은 필수적이다. 그중 어느 것을 기점으로 교육의 품위를 말하든 개인들 사이에 품위의 차이가 드러날 것이다. 매회의 교육은 다음의 더 나은 교육을 위한 실습의 의미가 있다. 그 품차는 언제나 교육이 가능한 공간이며, 개인들은 교육의 품위를 2차 소재로 삼아 교육을 할 수 있게 된다. 이것이 바로 메타교육에 해당한다.

메타교육은 교육이 그 자체의 능력에 의해서 자율적으로 발전할 수 있는 통로라는 점에서 그 중요성은 아무리 강조해도 충분하다고 말할 수 없을 것이다. 제1장에서 살폈듯이, 교육이 이루어진 오랜 역사 속에서도 그런 증거를 찾아보기란 어렵지 않다. 지금도 삶의 곳곳에서 메타교육에 해당하는 현상이 진행되고 있다. 바로 그런 경로를 통해서 지금까지 교육의 원형이 보존되고 지양되고 발전되어 왔을 것이다. 그러나 그동안 개념의 부재로 인하여 이 중요한 부분이 교육학이나 일반인들의 관심에서 제외되거나 은폐되어 왔다. 개념 정립이 이루어진 지금의 단계에서는 그 사실들을 입증하는 자료와 증거가 점차 드러날 수 있을 것으로 본다.

그 메타교육을 어떻게 평가할 수 있느냐 하는 것이 목하의 주제이다. 어떤 가치기준을 적용하느냐 하는 문제에서 내재적 평가와 외재적 평가의 두 가지 측면으로 나누어 고려할 수 있다. 교육의 내재적 가치를 따질 때 그 소재의 종류는 본질적인 것이 아니기 때문에, 뒤로 후퇴한다. 2차 소재를 가지고 진행되는 메타교육의 내재적 가치를 평가하는 방식이나 논리는 1차 소재로 이루어진 교육의 경우와 마찬가지이기 때문에, 그 부분에 관한 한 앞선 소절에 더 추가할 사항이 없다. 다만, 메타교육의 질의 평가라는 특수한 질문에 우리가 관심을 갖고 있다면, 메타교육에서 봉착하는 난관, 문제, 애로를 얼마나 잘 극복하면서 그 내재율을 더 완벽하게 쇄신하고, 그 과정에 몰입할 수 있느냐를 밝힐 수 있어야 할 것이다. 그 양의 평가는 예컨대, 1차 소재로 진행되는 교육과 2차 소재로 진행되는 교육의 빈도를 비교하는 방식으로 이루어질 수 있을 것이다.

그 다음의 과제는 메타교육이 교육 이외의 세계에 어떤 영향을 주느냐 하는 질문에 대한 자료를 얻는 것이다. 메타교육의 외재적 가치에 대한 평가에 해당하는 이 부분 역시 우리에게 이전의 사고방식에 대한 전면적인 전환을 요구한다. 기능주의 교육관에서 그 기능은 단지 선언적으로 정당화되었다. 그러나 교육본위론의 입장에서 그 외재적 가치의 입증은 사실적인 인과관계의 해명을 요구한다. 전문적인 용어를 빌리면, 메타교육이 독립변인이 되어야 하고, 그 여타의 것이 종속변인이 되어야 한다. 메타교육에 내포된 다양한 양상에 대한 논의는 앞(2.6)에서 자세하게 다룬 바 있다. 이제 중요한 부분은 그 제반 양상들이 독립변인으로 여타의 사태에 어떻게 영향을 주느냐를 밝히는 것이다.

그 일차적인 관심은 그것이 교육의 품위를 높이는 데 진정 얼마나 공헌하느냐 하는 것이다. 누차 강조했듯이, 교육은 바로 교육할 수 있는 사람의 것이다. 오늘날 많은 사람들이 평생교육을 말하고 있다. 그 시작은 유아기이며, 끝은 늙어서 죽을 때이나. 평생 계속되는 교육의 삶에서 우리가 얼마나 풍요한 삶을 사느냐를 결정하는 핵심적인 요인이 교육의 품위이다. 교육은 모든 삶의 영역에 침투해야 하며, 각각의 생태적 환경에서 자생력을 가질 수 있어야 한다. 그러자면 각 개인이 최소한의 교육적 품위를 갖추는 것이 필요하다. 인간의 교육능력이 오직 유전적인 요인에만 근거한다고는 볼 수 없다. 이로부터 메타교육이 우리의 삶에서 어떤 방식으로든 작용하고 있다는 추정이 성립한다.

정약용이 공자의 제자인 안회(顔回)의 사례를 들어 언급했듯이, 내재적 가치는 "그것을 맛본 사람하고만 말할 수 있고, 맛보지 못한 사람에게는 아무리 말해도 알지 못한다(박희병 편역, 1997, p. 171)." 메타교육은 후진이 교육의 품위를 향상시키면서 선진의 교육품위에 승복하는 과정을 자체 안에 포함하고 있다. 메타교육을 통해서 후진의 '훌륭한 교육'에 대한 평가기준 자체가 더 나은 수준의 교육품위에 도달하면, 그 이전의 것으로 되돌아갈 수 없다. 이런 경로의 반복이 후진의 가치기준을 선진의 것까지 점차 끌어올릴 수 있게 될 것이다. 그 수렴이 이루어지지 않는 메타교육은 아직 충분한 것이 못 된다.

교육은 눈에 보이는 실재가 아니다. 교육의 실재성은 마치 모든 놀이가 그러하듯이 각 주체의 자발적인 참여하에 입증될 성질의 것이다. 또한 그 가치가 먼저 주어진 것도 아니다. 교육평가는 불가피하게 교육 주체의 자주적 판단능력에 의존한다. 교육에 대한 다양한 평가 사이에 갈등이 일어나는 것은 자연스럽다. 그 모든 것을 옳은 것으로 수용할 수는 없다. 메타교육은 그 갈등을 해소하면서 품위의 위계를 정당화하는 방법의 하나이다. 이 내재적 자구책은 이제까지 주창해 온 교육의 내재적 평가를 주어진 현실 속에 안착시키는 데 중요한 역할을 할 것이다.

교육적 교섭이 제대로 작동하는 상황에서는, 품위의 평가는 물론 그 평가의 위계를 정당화하는 일도 자연스럽게 이루어진다. 그것은 비유컨대, 밥을 먹고 배부른 것을 알게 되거나 등산을 하면서 산의 높이를 알 수 있게 되는 것과 마찬가지다. 품위의 상승은 기본적으로 교육 주체의 자증과 타증에 의해서 입증된다. 이것은 교육 주체가 메타교육을 진행하면서 교육의 품위 향상을 입증할 수 있다는 말이 된다. 메타교육은 교육의 품위 향상을 위한 수단이자, 그것을 평가하는 방법과 그 방법을 정당화하는 절차를 내포하고 있는 셈이다. 본 소절의 서두에서 전 소절의 후반에서 제기한 주제를 해결하겠다고 약속한 이 미묘한 부분을 이제부터 간략하게 해명[14]하겠다.

교육평가는 교육활동의 일환이라는 점을 여기서 상기하자. 교육의 과정에서 교육의 주체는 그가 봉착하는 문제와 장애를 끊임없이 진단해야 한다. 어떻게 교육이 실행되고 있는가? 어떤 어려움이 있는가? 어떤 오류를 범하였는가? 어떤 변화가 요구되며, 어떻게 교육을 성공적으로 수행할 수 있는가? 이 질문들에 대한 해답은 교육 주체마다 다를 것이며, 그 개인차는 바로 그 해답자의 교육의 품위를 반영한다. 그 각각은 자체를 기준으로 교육을 평가한다. 협동교육의 경우, 교육 주체는 자신과 상대자를 동시에 고려하면서 상대방에 대한 기대와 교육의 품위를 조율해 나가는 일이 거의 불가피한 과제로 등장한다.

그 과제를 수행함에 있어서 후진이 선진의 품위를 자신의 품위를 기준으로 평가하는 저압제와 선진이 후진의 품위를 자신의 품위를 기준으로 평가하는 고압제의 작용을 배제해야 한다. 전자는 아직 경험하지 못한 높은 품위의 교육을 평가한다는 점에서 부당하며, 후자는 상대가 아직 경험하지 못한 교육의 품위를 일방적으로 강요한다는 점에서 부당하다. 그 경험의 부재를 보충하는 활동이 그 부당함을 대신해야 한다. 교육의 진전에 대한 평가는 단순히 그에 대한 이론에 근거하는 것으로는 부족하고 자신의 경험에 근거해야 한다. 교육품위의 변혁과 향상이 없이 교육의 고유한 가치를 체험할 수는 없다. 그 문제해결의 요체는 교육의 품위를 소재로 하는 교육, 즉 바로 메타교육에 있다.

---

14) 이 과정은 다시 '품위의 평가'라는 주제로 다음 절(3.4)에서 더 자세하게 다루게 될 것이다.

가치는 단시 입으로 유창하게 말하거나 흉내낼 수 있는 것이 아니다. 교육의 내재적 가치의 습득은 마음속으로부터 승인을 요구한다. 메타교육은 교육품위의 점진적 향상을 도모하면서 상향적 합의에 도달하는 과정이다. 스스로 후진으로 가정하는 사람은 선진의 품위를 획득하는 상구교육에 충실하고, 스스로 선진이라고 가정하는 사람은 하화교육에 종사함으로써 상구자의 파트너가 되도록 노력해야 한다. 여기서 순차와 역차의 내재율이 필요함은 말할 필요도 없다. 그런 교육적 관계가 지속될 때, 선진과 후진에 대한 애초의 가정이 옳았다는 결론을 얻을 수 있게 될 것이다. 이로써 적어도 스승과 제자는 해당하는 교육품위의 위계에 대한 정당화에 성공하는 셈이다.

이쯤에서 메타교육에 의한 교육의 품위 향상과 그 평가의 기준에 대한 합의나 정당화의 이론적 해명을 마치기로 하자. 이제 나머지 주제는 그것을 어떻게 실제에 활용하느냐 하는 부분일 것이다. 우리는 앞 절(3.1)에서 '교육평가'가 평가되어야 할 대상과 그 기준에 대한 범주의 규정에서 벗어난 채 중구난방으로 이루어지고 있음을 살폈다. 이와 관련하여 우리가 주목할 부분은 먼저 세상사람들이 내리는 교육평가이며, 다음에 교육학자 혹은 교육평가전문가의 평가이다. 그들이 교육을 평가하는 데 적용하는 기준은 교육의 품위는 어느 정도인가? 만약 그 평가에 적용되는 기준의 저급함과 그 불일치 때문에 교육에 대한 온갖 불만만 커지고 있다면 그 혼란스러운 상황을 해결하는 방법은 무엇인가? 이런 질문들이 메타교육과 긴밀한 관련을 가지고 있다.

이와 관련하여 먼저 지적할 것은 세인들의 교육에 대한 감식력이다. 그들은 무엇을 교육이라고 생각하며, 그 교육을 평가하는 기준은 무엇인가? 결론부터 말하면, 여기에는 엄청난 범주착오와 왜곡이 존재한다. 세인들은 학교의 기능과 교육의 목표를 동일시한다. 학교의 기능은 그것을 주관하는 기관이나 주체에 따라 달리 규정되는 것이지만, 그중에서 세인에게 현저한 관심과 주목을 받는 것은 사회적 선발의 기능이다. 이 사실은 동서고금의 어느 곳에서나 보편적으로 인정되고 있는 사실이다. 사회에는 높거나 낮게 평가받을 수 있는 지위가 있으며, 학교는 그 구성원이 될 젊은이들에게 그 지위를 결정하는 중요한 역할을 한다. 흔히 우리 사회에 팽배한 '교육열'은 바로 이런 관점에서 규정된다. 이들이 조장하는 것은 바로 '입시위주교육'이며, 그 성공과 실패의 기준 역시 그 범위를 벗어나지 않는다. 더욱 우려스러운 것은 학교의 경험을 거친 대다수의 사람들의 상식 속에 왜곡되고 오도된 교육관과 가치관이 더욱 굳게 뿌리를 내리는 악순환이다.

그런 관점과 기준이 잘못된 것이라면, 그것을 올바르게 교도해야 할 위치에 있어야 하는 것이 바로 교육학자들임은 말할 필요도 없다. '교육학자'나 '교육평가전문가'가 '교육현장'의 개선에 공헌하여야 한다는 투철한 소명을 가지고 있다는 점을 의심할 필요는 없다. 그러나 번쇄한 활동에도 불구하고, 그들은 교육 고유의 경험을 교도하기보다는 교육을 오도하거나 기피하도록 하는 역기능을 하고 있다는 비평을 면하기 어렵다. 문제는 그들이 그 소명에 충실하려고 하면 할수록 교육은 그 자체로부터 점차 더 소외되고 왜곡된다는 점이다. 그들은 자신들의 저급한 기준을 '교육평가'의 전반에 적용하였으며, 그로 인해서 우리의 오래된 역사와 현대의 각 삶의 공간에서 실현되고 있는 진정한 의미의 내재교육이 감추어져 왔다고 볼 수 있다.

교육학자들의 교육에 대한 인식의 수준은 어느 정도인가? 이 질문에 대한 본 저서의 해답은 아이러니컬했다. 이들은 적어도 인식의 측면에서 오히려 일반인들의 것보다 더 체계적으로 잘못된 길로 교육을 오도하고 있다. 우리는 현존하는 교육학이 기본적으로 '교육 = 학교태'라는 도식에서 출발했음을 지적했다. 여기에 온갖 모학문의 사실을 교육으로 치부하는 또 한 차례의 왜곡과 혼란을 조장하고 있는 것이 교육학의 현장이다. 그들의 교육에 대한 증언은 크게 그 범위를 벗어나지 않는다. '공교육의 강화', '학교교육의 정상화', '교육의 평준화', '사교육비의 절감' 등등이 이런 범주착오를 반영하는 구호들이다. 그 구호 자체가 실제로 반영하는 것은 모학문의 관심에 따른 학교체제의 강화이다. 그런 구호의 범람에서 교육 자체는 항상 무방비 상태로 남아 있거나 소외된다.

교육의 잘됨과 못됨을 전문적으로 평가하는 분야가 '교육평가'로 알려져 있다. 그러나 이미 앞 절(3.1)에서 살폈듯이 이들에게도 교육의 가치 또는 맥락에 대한 개념이 없다는 점은 마찬가지다. '교육평가전문가'들은 다만 기술자로서 '가치중립'을 표방하고 있다. 그들이 기술자로 봉사하는 집단의 교육관은 기능주의적이다. 우리의 일상적 삶 속에는 세속에서 낮은 계층에 속하지만 교육에 충실한 삶을 영위하는 사람들, 혹은 수도계의 낮은 품위를 갖고 있지만 역시 교육에 충실한 사람들이 많다. 주로 학교 안의 비교육적 사실에 관심을 갖고 있는 '교육평가전문가'는 학교 내외에서 일어나는 그런 현실을 외면해 왔다. 오직 어제의 관습을 오늘에 적용하면서 자기 보존만을 추구하고 있는 놀라운 상황이 아직 세상 사람들에게는 잘 알려져 있지 않다.

의도와 실제의 결과적 영향이 서로 배반하는 그 얽힌 고리를 차단하는 시작은 교육학도가 그들의 오류를 인정하고 본연의 과제를 성실하게 수행하는 것이다. 기능주의 교육관에서는 교육의 내용이 무엇인지는 밝히지 않고 결과만 미리 규정되며, 그것을 가져오게 하는 모든 것을 교육으로 간주한다. 이런 관점은 교육의 외연을 무의미할 정도로 확장시킬 뿐, 그것 자체의 고유한 실재성을 감추어 놓는다. 그 요인들은 너무도 많기 때문에 검은 상자의 교육을 그 자체로서 평가하는 일은 불가능하다. 이 문제를 극복하는 방안은 여타의 분과학문과는 다른 자율적인 학문체제로서 교육학을 정립하는 일과 결부되어 있다.

누차 강조했듯이, 삶의 한 양상으로서 교육은 그것이 가져오는 특정한 기능이나 외부의 결과와 분리될 수 있어야 한다는 점이 강조되었다. 교육에 대한 내재적 평가의 기준은 예컨대, 외도교육의 양태에서 볼 수 있듯이 얼마나 사회적 지위 상승에 도움이 되었느냐, 혹은 공덕교육의 양태에서 볼 수 있듯이 얼마나 수도계의 높은 품위에 도달했느냐 하는 결과에 있지 않다. 교육은 그 자체로서 하나의 자율적인 세계이며, 고유성에 의해서 많은 기능을 하지만 그 기능을 제외하고도 그 자체로서 인정받아야 할 가치를 갖는다. 우리는 그것을 교육의 내재적 가치로 규정하고, 그 가치를 드러낼 수 있는 교육평가의 도식을 제안하고 있다.

교육의 내재적 평가는 교육의 결과는 일단 접어두고 그 과정의 성실성, 내재적 가치의 실현에 초점을 둔다. 교육 자체를 드러내고 평가하는 장소에서는 어떤 것은 유별나게 드러나고 다른 것은 배경으로 소멸한다. 그 선별된 밝힘이 바로 교육의 내재적 평가의 요체인 것이다. 하나의 세계에로의 올바른 진입은 그것이 존립하도록 펼쳐진 독특한 공간 안으로 들어가는 것을 말한다. 하나의 자율적 세계로서의 교육은 각각의 요소로 환원될 수 없는 그 나름의 구조와 맥락을 갖는다. 교육의 평가는 그 맥락 안에서 일어나야 한다. 평가되는 대상이 바로 그 맥락에 위치해서 그 고유한 가치로 평가될 수 있어야 한다.

이 문제가 해결되었다고 하더라도, 일반인들이나 '교육평가전문가들'이 내재적 교육평가의 필요성에 얼마나 공감하고 동참할 수 있느냐 하는 것은 숙제로 남는다. 우리는 교육이 외재교육에서 출발하여 점차 내재교육에 이르는 자율화의 과정을 예상한 바 있다. 그러나 그것은 낙관적인 가정이며, 긴 시간을 소요한다. 그 기능적 자율화의 과정을 메타교육의 논리에 의해서 촉진할 수 있는 방법은 없는가? 교육의 품위를 말해야 할 목하의 논의에서는 그 종적인 축의 깊이를 따지는 것이기 때문에 교육을 그 내재율에 충실한 것만으로 규정할 필요는 없다. 교육의 품위를 넓게 규정한다면, 그 품위의 차이를 소재로 더욱 광범위한 메타교육의 운동을 전개시키는 것도 교육의 자율화를 앞당기는 유망한 전략이 될 수 있다.

앞에서 이미 암시했듯이, 그 운동에 참여해야 할 대상은 일반인에 국한되지 않는다. 그보다 더 절실한 대상은 이제까지 교육을 개선하는 주체로 자임해 온 제1기 교육학자와 '교육평가전문가들'이다. 교육을 위해 헌신하겠다는 약속을 하기 이전에 그것을 실천으로 옮길 수 있는 최소한의 자질을 갖추는 자체의 반성과 정화가 선행되어야 한다. 앞서 논자는 메타교육과 관련하여 교육학자들이 장애가 되고 있다는 문제제기(2.8.3)를 한 바 있다. 그 장애를 극복하는 해법은 바로 메타교육에 투신하는 것이다. 그 과정을 통해서 그들 스스로 교육에 적용할 교육의 내재적 가치가 무엇인지를 스스로 체득해야 할 것이다.

이제까지 메타교육의 외재적 평가를 주로 교육의 품위에 맞추어 논의하였다. 그러나 메타교육이 영향을 줄 수 있는 부면은 그 이외에도 허다하게 많을 수 있다. 또한 세상만사가 그러하듯이, 그 영향관계는 일방적인 것만이 아니다. 교육평가의 일차적인 목적은 교육 자체를 개선하는 것이다. 그렇게 해서 교육평가가 제대로 일어나고 그 정당성이 확보되면, 그것 역시 메타교육의 성과를 얻는 데 기여할 수 있는 상호촉진의 관계를 갖게 된다. 그런 교육의 일반적인 기능에 대한 논의는 다음의 소절(3.3.4)에서 더 자세하게 다루게 될 것이다.

그러나 그 일반적인 논의에서 빠진 부분이 있다. 그것은 메타교육을 통해서 직접적으로 혹은 간접적으로 교육의 자율성을 유지하고 발전시킬 수 있다는 가정에 대한 확인이다. 이 점은 메타교육 자체로 볼 때 외재적 기능에 해당한다. 그러나 그 주장 역시 선언적인 것으로 그칠 것이 아니라, 증거를 수반하는 검증을 필요로 한다. 그 평가연구에서 독립변인은 메타교육의 다양한 양상이 될 것이며, 종속변인은 다양한 교육발전의 지표가 될 것이다. 후자와 관련하여 질적 측면과 양적 측면에서 다양성이 있을 수 있음을 앞 절에서 살핀 바 있다.

메타교육의 외재적 가치에 대한 평가연구는 여기에 그치지 않는다. 의문은 꼬리를 물고 계속된다. 또 하나의 관심을 여기에 추가한다면, 각 생활공간에서 이루어지고 있는 메타교육의 성과를 비교하는 것이다. 앞선 논의(2.8)는 가정과 학교에서의 메타교육의 중요성을 부각시키고자 했다. 그 역시 작업가설의 사례에 불과하며, 증거로 입증되어야 할 성질의 것이다. 두 생활영역의 메타교육의 차이가 평가될 수 있으며, 더 나아가 각각의 영역에서 한 가정과 다른 가정, 혹은 한 학교와 다른 학교도 비교될 수 있다. 만약 그 성과에 차이가 있다면, 그것은 어떻게 설명할 수 있는가?

메타교육의 효과는 단기간에 나오기보다는 훨씬 후에 나타난다. 여기에서 예상할 수 있는 하나의 가설은 악순환의 연쇄적 고리이다. 가령, 가정의 부실한 메타교육이 학교교육에 좋지 못한 영향을 줄 수 있다. 학교 안에서도 메타교육이 요망되는데, 그 점에서 우리의 상황은 낙관보다는 비관적인 측면이 강하다. 오늘날 우리나라의 젊은이들이 학교를 꺼려하는 것은, 첫째 그곳에서 교육이 제대로 되지 않았다는 것을 의미하고, 둘째 메타교육을 하는 데 실패하고 있다는 것을 의미한다. 교육에 주는 부정적인 타격은 후자가 전자보다 더 심각하다. 이는 학교가 교육하는 기관이라는 일반적인 생각과 정면으로 역행하는 것이다. 그러나 이것은 하나의 비관적인 추정이며, 그 추정을 검증하는 체계적인 증거가 필요하다.

우리는 메타교육의 한 장애요인으로 현존하는 교육학을 포함시켰다. 교육학도들이 들어서 기분이 좋을 리가 없는 이 모난 주장은 본 저서의 제1장, 즉 그것이 교육의 이해를 돕기보다는 교육을 체계적으로 왜곡하거나 은폐하는 범주착오를 범하고 있다는 진단에 근거한 것이다. 외래의 모학문에 근거한 용병학자들은 '교직과목'을 통해서 장차 교직에 들어갈 사람들의 교육의 이해를 방해하고 있으며, 그것은 학교의 실제, 더 구체적으로 학교의 메타교육에 부정적으로 작용할 소지가 있다. '교육학자들'이 이제까지 표방해 온 입장과는 전혀 다른 아이러니한 측면에 대한 지적 역시 하나의 작업가설로서 합당한 입증자료를 요구한다.

메타교육과 교육발전의 경험적 관계에 대해 체계적인 증거를 수집하는 데에는 어느 정도 전문적인 소양을 필요로 한다. 우리의 삶에는 온갖 변인들이 작용하며, 그들은 상호작용한다. 그 가운데 한 변인 혹은 일단의 변인들이 다른 변인 혹은 다른 일단의 변인들을 어떻게 결정하느냐 하는 것을 구명하는 일은 관련된 변인들을 조작하고 여타의 변인들을 통제하는 절차를 요구한다(장상호, 1977b; Campbell & Stanley, 1963; Cook & Campbell, 1979; Kerlinger, 1979). 그런 제반 조건을 고려해서 이루어지는 것의 전형이 이른바 '실험(experiment)'이다. 메타교육의 외재적 가치를 평가하는 경우 메타교육을 하나의 독립변인으로 하고, 여타의 것을 종속변인으로 하는 실험사태를 구안하여 그 증거를 얻어낼 수 있어야 한다. 그러나 대부분의 경우 그런 엄밀한 의미의 실험은 불가능하다. 그 경우, 차

선으로 그들 사이의 상관관계로 그 관계를 추정하는 하나의 증거로 삼을 수 있다. 그러나 이는 엄밀하게 말하면, 추정이나 예언을 가능하게 할 뿐 인과관계에 대한 확증은 되지 못한다.

전문적 실증연구는 평가의 대상을 하나의 객관적인 사실로 환원시키고, 그것에 대한 증거를 관찰에 의존하여 구한다. 이전의 '교육평가' 역시 객관성을 평가의 필수적인 지표로 삼아 왔다. 우리는 그것이 갖는 부분적인 문제점을 이미 살핀 바 있다. 주관이 배제된 관찰이란 불가능하다. 정작 중요한 것이 바로 주관이며, 그 주관의 수준이 품위에 해당한다. 따라서 주관이 배제된 관찰에 의해서 품위를 평가하는 것은 불가능하다. 연구에 참여하는 교육평가전문가들의 교육품위가 은연중에 객관적 연구에 작용하는 것은 어쩔 수 없다. 그러므로 객관적 증거에 대한 연구를 말하기 전에, 그 증거를 얻는 데 작용하는 연구자들의 교육품위가 어느 수준의 것인지에 대해 근본적인 의문을 제기하여야 한다.

교육평가가 오직 전문가에 의해서 이루어져야만 한다는 통념을 벗어날 필요가 있다. 그런 부분이 없는 것은 아니지만, 전문가의 연구가 능사는 아니다. 여기에 이전의 '교육평가' 혹은 여타의 평가이론에서 주목하지 못한 고유한 과제가 놓여 있다. 교육평가의 주체는 교육 주체와 무관할 수 없다. 교육발전의 평가에도 교육 주체의 평가가 포함되어야만 할 분명한 이유가 있다. 또한, 그 품위의 평가에서 평가의 기준은 교육의 품위이며, 더구나 이 부분에서 일반인과 전문가 사이의 차이가 현재로서 크지 않다는 점을 앞에서 살폈다. 그들 모두에게 환골탈태가 요망된다. 이런 실제적 과제와 원칙은 다음에 다룰 교육평가의 항목에서도 여전히 적용된다.

3.3.3 교육 여건의 평가

우리의 삶의 공간 안에는 온갖 세계가 공존한다. 그 다양한 세계의 하나로서 교육의 순수한 양상은 그것을 바라볼 수 있는 이론적 안목에 의해서만 포착될 수 있는 것이다. 교육본위론은 이제까지 그 순수한 의미의 교육에 해당하는 부분만을 조명하고자 했다. 눈으로 직접 확인하기 어려운 그 교육의 동일성을 유지하는 일과 그것을 삶의 공간 속에 정착시키는 일은 별개의 문제이다. 전자는 배제와 자율의 논리를 요구하고, 후자는 포함과 호혜의 논리를 요구한다. 앞에서 논의한 메타교육의 평가는 전자와 부합하며, 이제부터 다룰 여건의 평가는 후자의 것과 부합한다.

교육본위의 삶에서 여타의 세계들은 원칙상 환경의 위치로 바뀐다. 이렇게 말할 때, 그 환경이란 그 개념에 있어서 지금까지 우리가 흔히 말해왔던 '교육적 환경'과 다르다는 점을 먼저 지적해야겠다. 기능주의의 교육관은 교육에서 생산해야 할 바람직한 인간상을 규정해 놓고, 그것을 형성하는 데 공헌하는 모든 요소를 총칭하는 데 '교육적 환경'이라는 용어를 사용한다. 이런 도식에서 그 환경은 사실 교육 자체와 구분하기 어렵다. '교육적 환경'이 바로 교육인 셈이다. 이에 비해서, 교육의 동일성을 구획하는 경계를 구획한 교육본위론의 관점에 따르면, 교육환경은 그 동일성 밖에 있는 다양한 삶의 양상 전체를 포괄한다.

현존하는 교육학의 별칭은 용병학문이다. 그들이 '교육'이라고 지칭하는 것은 '모학문'의 사실에 속한다. 그 점에서 교육본위론의 교육환경은, 정확히 말하면, 용병학자들이 말하는 교육에 해당한다. 용병학문은 이 두 부류의 항목을 별개의 성질을 가진 것으로 보지 않았기 때문에, 그들 사이의 경험적 관계에 관한 연구를 할 수 없었다. 이 부분에 대한 교육평가 역시 부재하다. 그러나 그 양자의 이질성을 강조해 온 교육본위론의 입장에서, 그들 사이의 관계를 구명하는 일은 매우 중요한 과제의 하나이다.

교육과 외부세계 사이의 영향관계는 일방적인 것이 아니라 쌍방적이다. 그 쌍방의 어느 것에 주목하느냐에 따라 교육평가는 교육 여건의 평가와 교육의 외재적 기능의 평가로 구분된다. 우리는 교육평가가 다른 분야와 구분될 수 있는 고유한 점은 그것이 주목하는 사실과 그것에 부여하는 가치기준이라는 점을 살폈다. 이 두 종류의 평가는 이 점에서 서로 대조된다. 교육 여건의 평가는 교육이 여타의 환경으로부터 영향을 받는 사실에 주목하며, 그 사실들은 교육발전의 기준에 비추어 평가받는다. 이에 비해서, 교육의 외재적 기능의 평가는 교육이 여타의 환경에 영향을 주는 사실들에 주목하며, 그 사실들을 여타의 환경에 속하는 개별적인 세계의 가치들에 비추어 평가한다. 이 가운데 본 소절에서 다룰 주제는 교육 여건의 평가에 해당한다.

교육의 양태는 상당부분 교육 주체의 능력 이외에 외부조건에 의해서도 제약을 받는다. 후자의 측면이 교육 여건에 해당한다. 교육과 그 여건의 관계는 나무와 그것이 뿌리내린 토양에 비유할 수 있다. 나무와 토양이 서로 다르다는 것은 분명하다. 그러나 토양이 없는 나무는 상상할 수 없다. 교육은 그 자체만으로 존재할 수 없고, 여타의 삶과의 관계 속에서 실현되는 조건에 처해 있다. 앞에서 우리는 교육 자체의 평가를 주목했지만, 교육이 삶의 터전에 뿌리를 내리는 것을 용이하게 하거나 반대로 그것에 악영향을 주는 것 모두가 교육 여건에 해당한다.

앞 장(2.11과 2.12)에서 논자는 교육본위론이 규정하는 교육이 여타의 조건들, 이를테면 물리·생물적 조건, 세속계적 조건, 수도계적 조건 등으로부터 어떤 긍정적 영향을 받을 수 있을지를 가설의 형식으로 제시한 바 있다. 그때 교육과 환경의 이질성을 뚜렷하게 부각시키려는 의도에서 이들 사이의 일반적 관계를 주로 강조했지만, 그 관계는 보다 특수화될 수 있을 것이다. 후자의 경우를 잘 나타내는 용어로서는 내재변인(endogenous variables)과 외재변인(exogenous variables)의 구분이 있다. 항상 그러하듯이, 여기에서 내재와 외재의 내용은 본위의 선택에 의존한다. 예컨대, 정치체제 안에서 작용하는 모든 변인은 정치의 입장에서는 내재변인이지만, 교육의 입장에서는 외재변인이 되는 것이다. 그래서 정치의 내재변인들 가운데 어떤 것이 교육의 내재변인 가운데 어떤 것에 어떤 영향을 주느냐 하는 방식으로 그 가설은 특화될 수 있을 것이다.

교육 여건의 평가에 포괄되어야 할 환경의 요소들은 무엇인가? 그것들은 미시적인 것에서부터 거시적인 것까지 거의 무한대라고 할 만한 다양성을 가지고 있기 때문에 확정된 해답을 제시하는 것 자체가 거의 불가능하다. 그 모든 것이 우리의 관심사일 수는 없다. 이보다 더 현실적이고 구체적인 질문은 그 여건의 어떤 특수한 부분을 한정시키는 것이다. 이 문제는 그때그때의 관심과 필요성에 의해서 결정되어야 할 과제로 항상 우리 앞에 열려 있다. 어떤 사람은 기존의 분류에 불만을 가지고 더욱 유망한 것을 제안할 것이고, 다른 사람은 이전의 논의에서 도외시된 부분을 탐색할 것이다.

그런 경로로 선택된 교육의 외재변인 Y가 교육의 내재변인 E에 어떤 영향을 주는가? 이에 대한 해답은 단순히 추측에 그쳐서는 안 된다. 경험적 자료에 근거하여 그것을 입증할 수 있어야 한다. 그 영향관계는 단순히 변인들 사이에 공유하는 변량을 따져 한 쪽의 변인을 가지고 다른 쪽의 변인을 예측하거나 예언하는 정도 이상의 자료를 요구한다. 메타교육의 평가에서 지적했듯이, 그 인과관계를 해명하는 가장 확실한 방법은 실험이다. 실험에서 연구자는 어떤 처치 Y를 가하고 그것이 E에게 어떤 영향을 주는지를 체제적으로 관찰하여 후자의 변량을 결정하는 데 전자의 것이 얼마나 작용하는지를 가늠하게 된다. 그것은 대개 확률적으로 판결되며, 비교의 준거는 우연성이다. 그 변량이 우연성에서 얼마나 벗어나느냐 하는 확률을 따져서 그 인과관계의 사실 여부에 대한 판단을 한다.

그러나 그 사실 자체를 밝히는 것만으로 교육 여건의 평가가 이루어진 것은 아니다. 주어진 사실에 어떤 가치기준을 적용하느냐 하는 부분이 남아 있다. 어떤 가치기준을 택하느냐에 따라, 똑같은 사태 혹은 사실이 높이 평가될 수도 있고, 낮게 평가될 수도 있다. 그런데 교육의 내재적 평가와 관련하여 지적된 것이지만, 이 부분에서 이전의 '교육평가'는 거의 맹목이었다고 혹평할 만하다. 교육과 관련하여 그 여건이 '좋다'거나 '나쁘다'는 평가는 무수하게 많았지만, 그것이 어떤 가치기준에서 그러한지에 대한 심각한 고려가 별로 없었다. 그 와중에서 온갖 종류의 가치관이 난무하는 상황이 전개되어 왔다.

우리는 앞 소절(3.2.2)에서 교육평가에 적용될 올바른 가치선택의 문제를 이미 상당한 정도로 논의해 왔다. 그 논의를 바탕으로 교육 여건을 평가하는 데 적용해야 할 적합하고 타당한 기준은 무엇인가? 여기에 망설임이나 혼란이 개재할 여지가 없다. 교육 여건은 교육의 수단이라는 위치에 있기 때문에 교육발전, 혹은 교육의 내재적 가치가 그 평가의 기준이 되어야 한다는 해답이 옳다. 어떤 여건은 많은 사람들에게 교육의 기회를 주는가 하면, 다른 것은 그 기회를 박탈한다. 어떤 것은 교육삼매에 몰입하게 하는 데 도움이 되고, 다른 것은 그것을 방해한다. 이처럼 교육의 양과 질에 영향을 미치는 요인들은 무엇인가? 또한 교육을 촉진하는 요소는 무엇인가? 이런 교육의 내재적 가치의 실현에 공헌하는 정도만큼 교육 여건은 긍정적인 평가를 받을 수 있을 것이다.

여건의 경험적 속성이란 참으로 미묘해서, 우리의 관습과 상식을 얼마든지 벗어날 수 있기 때문에, 선험적 독단이나 검증되지 않은 가설에 의존하는 것은 금물이다. 예컨대, 교육에는 경제적인 지원이 필요하다는 것은 누구나 수긍할 만하다. 그러나 그것이 충분조건이 될 수는 없다. 경제적 지원은 그것을 받는 사람이 처한 상태에 따라 다른 결과를 가져올 수 있다. 또한, 그 양에 있어서도 항상 얼마만큼의 한계조건이나 예외가 있음도 사실이다. 단순히 많은 경제적 지원이 교육의 좋은 여건이라고 생각하는 것은 속단이다. 어떤 사람, 어떤 상황, 혹은 어떤 분야의 교육에서는 과도한 경제적 지원이 오히려 교육을 저해하거나 교육에 장애가 될 수도 있는 것이다.

여건은 교육 주체에게 숙명적으로 주어진 것이거나, 무조건 적응해야 할 것만은 아니다. 얼마만큼의 선택과 통제가 가능하다. 실증적 자료를 얻는 평가연구가 진전됨에 따라, 교육의 여건을 어떻게 분류하는 것이 좋을지에 대한 것도 점차 분명히 밝혀질 것이다. 우리가 최종적으로 관심을 갖는 것은 교육발전에 공헌하는 플러스 환경과 장애가 되는 마이너스 환경이다. 그 분류가 제대로 된 다음에는 해명된 것을 그때그때의 구체적인 상황에 적절하게 적용하는 것이 필요하다. 그중에 선택과 통제가 가능한 항목에 드는 경우, 플러스 환경은 드러내서 높이 평가하여 권장하고, 마이너스 환경은 그 맹점을 지적하여 개선을 촉구할 수 있게 될 것이다.

교육 여건의 작용은 이보다 더 복잡한 양상을 띨 수도 있다. 우리는 앞

(1.8.2)에서 가정, 학교, 직장, 가상공간 등 생활공간마다 생태적 환경이 다르며, 따라서 교육의 여건 또한 상이할 것이라는 시사를 한 바 있다. 환경은 결국 복합적으로 작용한다. 그 상호작용을 감안한다면, 극단의 경우 같은 여건이 공간에 따라 서로 다른 효과를 가져올 수도 있다. 이들을 입증하고 평가하기 위해서는 앞으로 수많은 가설과 자료가 요구된다. 여기서 드러내고자 하는 요점은 그 질문의 지평이 갖는 새로움과 필요성에 있기 때문에, 다만 설명의 필요상 학교의 교육 여건에 대해서 우리가 가질 수 있는 질문의 몇 가지들을 예시해 보겠다.

그 예시에 앞서 먼저 지적할 것은 '학교의 환경'과 '교육의 환경'이 전혀 다른 범주라는 초보적인 인식이다. 그동안 '교육개혁', '교육혁신' 혹은 '학교교육의 정상화'라는 다양한 구호가 나돌았지만, 그것들이 대부분 실패한 주된 원인은 애초부터 교육이 무엇인지에 대한 규정 자체가 모호했을 뿐만 아니라, 그것에 영향을 주는 다양한 환경을 세부적으로 구분하여 따지지 않는 데서 찾을 수 있다. 이제 독자에게 분명해졌으리라 보지만, 이런 논의나 정책은 교육에 대한 개념의 부재나 혹은 왜곡된 교육관에 기초를 두고 있다. 제1기 교육학자들은 학교의 개선과 교육의 개선을 혼동하면서 이제까지 주로 학교 안의 비교육적 현상들 예컨대, 심리적 · 정치적 · 사회적 · 제도적 요소를 개선의 대상으로 삼아 왔다.

교육본위론은 교육을 그 결과가 아닌 과정의 실체로 규정하며, 교육이 다양한 삶의 양상과 공존한다는 사실을 강조해 왔다. 제1기 교육학에서 탐구하는 사실들은 후자에 속한다고 보아야 한다. 이제 학교교육의 여건을 평가할 때, 그런 사실들이 학교 안에서 어떻게 교육에 플러스나 마이너스의 환경으로 작용하느냐 하는 것이 검토되어야 한다. 앞 소절(3.3.1)에서 학교에서 실현되어야 할 '교육발전'에 대한 구체적인 지표 몇 가지를 예시한 바 있다. 그런 교육적인 삶이 학교에서 제대로 이루어지거나 혹은 그렇지 못하다면, 그럴 만한 이유가 분명히 있을 것이다. 그 이유로서 우리는 교육 자체의 자율적인 메커니즘인 메타교육과 교육 외부적인 조건이라는 두 가지 항과 연관되어 있을 것으로 가정했다. 후자인 교육 여건은 학교 안에서 작용하고 있는 미시적인 것에서부터 학교 밖의 거시적인 것까지를 포괄한다. 그러나 여기에서는 교육 여건의 포괄성이나 강도보다는 구체성을 지적하려는 의도가 더 크기 때문에 그중 미시적인 것만을 몇 가지 예시하겠다.

· 학교의 가장 현저한 특징은 물리적 조건이다. 구체적으로 말하면, 특정한 보급품, 자료, 장비, 건축, 물리적 시설, 좌석배열, 조명, 소음 수준 등이 교육발전에 모종의 영향을 줄 것이다. 그중 플러스 환경과 마이너스 환경은 어떤 것인가? 그것들에 대한 배려는 충분히 이루어지고 있는가?

· 학교에서 직접 눈에 띄지 않으면서 미묘하게 작용하는 교육 여건의 하나가 교사와 학생들의 심리적인 속성과 그들이 경험하는 심리적인 분위기이다. 심리학에서 밝혀진 다양한 개인차, 이를테면, 지능, 성격, 동기, 인지양식, 자아개념 등이 어떻게 학교교육에 영향을 주면서 작용하는가? 교육놀이는 참여자의 심리적인 개인차뿐만 아니라 학교의 심리적인 분위기에 큰 영향을 받을 것이다. 교실은 과오를 관용하는 분위기인가? 그 분위기는 경쟁적인가, 혹은 협동적인가?

· 학교 안에는 각종 정치적 과정이 작용한다. 정부로부터 학교에 하달되는 공문의 내용, 학교의 인사 충원, 권위의 구조, 학교의 의사결정구조, 학칙, 자원의 배정, 조직, 체제유지와 확장 등 제반 행정적 기능은 학교 구성원의 교육적 삶과 호응하는가 혹은 충돌하는가? 정치적 과정에서 흔히 교사와 학생이 단지 피동적인 위치에 놓여 있는 것으로 생각하는 것은 잘못이다. 교사의 협의체나 학생회를 거쳐서 나온 발언은 교육의 내재성을 얼마나 존중하고 보장하는가?

· 경제는 우리의 삶의 기층을 이루면서 모든 부분들을 결정하는 요인으로 작용한다. 우리는 교육의 여건으로 물리적 측면을 지적했지만, 그것

을 실제에 반영하는 역량은 학교 안의 교육을 위해서 투입되는 재정적 지원이다. 그 규모는 어느 정도인가? 학교의 설비가 모든 면에서 교육적인 상호교섭의 활성화에 플러스 요인으로 작용하는 것은 아니다. 그렇다면, 진정 교육을 위한 물질적 지원의 성격과 한계는 무엇인가? 기숙사를 운영하여 의식주 문제를 해결하고, 실습실과 도서실을 확충하고, 교원의 급여를 향상시키고, 학생들에게 생활비와 학용품을 지급하는 것이 교육을 위한 것인가? 불우한 경제계층에 속한 자녀들이 교육에 참여할 수 있게 하는 지원대책은 무엇인가?

· 교사와 학생 등이 학교 안에서 향유하는 교육놀이는 집단의 크기와 구성, 집단과정, 집단표준, 집단역동성, 상호작용의 유형, 역할체제, 자아의 제시, 상호간의 지각 등 사회적 과정으로부터 전적으로 독립적일 수 없다. 어떤 종류의 집단이 가장 활발한 교육적 교섭을 보장하는가? 학교 안의 사회적 제도나 규범은 교육의 내재율과 상응하는가, 충돌하는가?

· 문화는 언어, 관념, 신앙, 관습, 규범, 제도, 기술, 의례 등 다양한 요소에서 각각 특징을 갖고 있다. 삶의 공간마다 그 문화의 특징이 다를 수 있다. 학교공간에서 작용하는 문화는 그 울타리 밖의 일반문화와 다소의 차이가 있을 수 있다. 전자의 것을 '학교문화'라고 한다면, 그중 교육에 긍정적이거나 부정적인 영향을 주는 부분들은 무엇인가?

· 종교적인 삶은 교회에서만 찾아질 수 있는 것은 아니다. 예컨대, 오늘날 학교에서 교과서의 내용을 절대시하고 그것에 전적인 일치를 강조한다거나, 혹은 평가의 상황에서 정답과 오답을 선명하게 구분하는 것은 교육의 속성에서 비롯했다기보다는 종교적 욕구에 부합한 것으로 해석될 수 있다. 그것이 교육적인 삶과 조화를 유지하거나 갈등할 수 있는 가능성은 없는가?

· 인간이 그 자체로서 내재가치를 지니는 본질을 계속 추구하는 부분에 주목하여 수도계라는 세계의 존재를 개념적으로 분리해 냈다. 이들은 또한 교육놀이의 소재로서 중요한 가치를 갖는다. 학교구성원의 소질과 수준이 다양한 만큼 소재의 폭이나 깊이에 다양성이 있어야 하고, 교육적 관계에서도 선택의 여지가 많아야 한다. 학교교육이 허용하고 수용하는 교육의 소재는 충분한가? 특정한 문화, 혹은 사회계층에 유리한 것만으로 교육의 소재를 제한하는 것은 아닌가? 교육의 소재는 학생들의 수준에 맞게 적절하게 선택되고 있는가? 어떤 학생들에게는 터무니없는 목표가 설정되지는 않았는가? 수준뿐만 아니라 진행속도에도 차이가 있을 수 있는데, 교육 파트너 간에 그것을 조율하는가?[15]

위의 예시들은 단지 교육 여건의 설명을 위한 방편일 뿐, 포괄적인 논의가 아니라는 것은 말할 필요도 없다. 요점은 이제까지 별로 주목하지 않고 간과했던 수많은 비교육의 세계가 교육에 영향을 주고 있으며, 그 영향의 옳고 그름에 대한 가치평가는 교육의 내재적 가치에 따른다는 분명한 관점이다. 이제부터 그 부분에 대한 연구와 평가가 끊임없이 이루어져야 한다. 그렇다면, 그 작업을 담당할 주체는 누구인가? 이제 그 문제를 다루면서 교육 여건의 평가에 대한 논의를 마치기로 하자.

교육과 환경의 관계는 우연적인 것으로서 추론과 가설이 입증된 사실로 받아들여지기 위해서는 엄격한 연구가 필요하다. 그 부분에 관한 한, 평가자에게는 어느 정도 자신들의 전문성을 인정받으려는 노력이 요망된다는 것은 더 말할 필요도 없다. 전문적인 학자들이 두 항의 개념적인 차이를 분리해 내고, 후자가 전자의 발전에 얼마나 공헌하는지를 밝혀나가

---

15) 흔히 학교에서 '공부하기 싫어하는 학생'으로 규정되어 지탄이나 무관심의 대상이 되는 학생 부류가 있다. 그러나 학생들이 공부를 싫어하는 이유는 학생의 개별적인 수준, 흥미, 자발성을 무시하고 미리 배당된 교과목의 일정에 의해 일방적으로 주입하는 방식으로 학생들을 다루고 있기 때문이다(이수연, 1998). 학생들의 능력의 한계를 염두에 두고 소재를 결정하는 교육프로그램이라면, 학생들이 그 교육을 기피할 이유가 없을 것이다.

야 할 것이다. 그렇다고 해서, 평가연구를 오로지 전문가의 몫으로만 돌리는 것은 책임 회피이다. 교육평가에는 어느 부분에서나 교육 주체의 몫이 있다는 것이 우리의 일관된 주장이다. 교육 여건의 선택과 평가의 경우도 그 예외가 될 수 없다.

이 문제와 관련하여 먼저 우리가 상기해야 할 것은 교육 주체가 참여하고 있는 교육 자체가 늘 일종의 실험에 해당한다는 점이다. 삶에서 교육은 어느 경우나 다른 것과의 관계 속에서 일어나기 마련이며, 이에 대한 교육 주체의 반성과 성찰이 필요하다. 주어진 여건에서 자신의 교육행위에 영향을 주는 것은 무엇인가? 이런 질문을 할 수 있다면, 그는 이미 교육 여건의 평가에 가담하고 있다. 이에 대한 해답을 얻기 위해서 교육 주체는 기존의 평가연구의 결과를 참조할 수 있다. 그러나 연구가 충분하게 이루어진 것은 아니고, 설사 이루어졌다 할지라도, 교육 주체가 처한 상황은 더 많은 구체성과 특수성을 포함하기 마련이다. 대개 전문가 연구는 그런 상황의 맥락을 충분히 고려하지 못한다.[16)]

언제 어느 장소에서 교육을 실천하든 간에 교육 주체는 특수한 환경의 맥락 속에 처하게 된다. 교육에 참여할 때, 주체마다 그 상황과 관련하여 자기 나름으로 판단을 내리고, 그 판단의 옳고 그름을 검증할 수 있을 것이다. 그가 처한 특수한 상황의 맥락 안에서 교육적인 삶을 촉진하거나 방해하는 것들은 무엇인가? 교육 주체는 그에 대한 해답을 단순히 관례에서 찾거나, 혹은 자신이 처한 특수한 사정이나 반성적 사고를 거칠 수도 있다. 후자의 경우라면 그것은 이미 연구자의 태도라고 할 수 있다. 환경에 대한 실무적인 정보를 얻거나 플러스 환경을 조성하는 데에 무관심하거나 무능한 사람은 그만큼 교육의 주체로서 결격사항을 가지고 있다고 보아야 할 것이다.

교육 여건에 대한 평가는 교육이 진행되는 특정한 맥락에서 그 주체가

---

16) 경험 연구에서는 이를 '변인들 사이의 상호작용'의 효과로 다루고자 하지만, 거기에는 언제나 한계가 있다.

그때그때 결정해서 해결해야 하며, 거기에는 시행착오와 임기응변이 이루어질 것이다. 슬기로운 교육 주체는 더 나아가, 그가 예견하고 통제할 수 있는 범위 안에서 자신의 자율적인 교육과 교육삼매를 유지하는 여건을 만들고, 그 예견이 맞는지 확인하려는 노력을 할 수 있을 것이다. 그 판단이 언제나 예상대로 나올 수만은 없다. 거기에 문제가 발생할 것이고, 그때그때 그것을 해결해 나가는 방식이 있을 것이다. 이런 개인적인 경험과 반성에 따른 문제해결은 각 개인들의 경계를 넘어서서 교육공동체의 본보기가 될 수 있을 것이다.

사실상 인류의 역사에는 시혜로 삼을 수 있는 숨겨진 전통들이 많으며, 이들을 좀 더 체계적으로 검토하여 오늘날의 교육에 활용할 여지가 있다. 경험 연구보다는 주어진 자료와 사례에 대한 체계적인 해석을 필요로 하는 이 분야에서는 역사를 교육의 관점에서 바라볼 수 있는 안목, 그리고 그것을 교육의 수단이라는 관점에서 평가할 수 있는 투철한 가치선별이 전제되어야 한다. 이런 취지에서, 이하에서 불가(佛家)의 풍부한 문헌에서 발견할 수 있는 흥미있는 사례를 살펴보기로 한다.

불교의 성전은 크게 석가가 가르친 내용을 총괄하는 경장(經藏), 그 뜻을 해석하여 변론한 것들을 모은 논장(論藏), 그리고 교단의 규칙을 집대성한 율장(律藏)의 세 가지로 나눈다. 이 중 율장의 계율이 만들어진 계기를 살펴보면, 그것은 대개 교단의 유지를 위협하거나 수도에 장애가 되는 작고 큰 문제가 석가에게 알려진 데서 비롯한다. 석가와 그를 따르는 수도공동체는 이에 대한 사태를 정확하게 파악한 뒤에, 그때마다 비구들이 지켜야 할 행동규범을 제정하기에 이른다. 율장은 그 규범이 제정된 이유와 내용을 자세하게 설명하여 후대에 전달하고 있다. 이를 불가의 교육에서는 지금도 매우 중요한 지혜의 보고로 삼고 있다. 그 풍부한 사례를 여기에서 모두 소개할 수는 없고, 다만 그 가운데 설일체유부에 의해서 전해진 ≪십송률≫에 묘사된 사례를 살펴보고자 한다(이한정 역, 1955, pp. 659-664). 먼저 사례를 들고, 그것이 교육 여건의 평가에 어떤 시사를 주는지를 살펴보기로 한다.

석가가 사위국에 있을 때 수많은 비구들이 안거하고 있었다. 불가에서 안거란 우기를 맞아 약 3개월 간 일정한 장소에 모여 비구들이 수행에 전념하는 중요한 행사이다. 큰 집단이 모여 있기 때문에 수행에 지장을 가져오는 크고 작은 문제가 늘 발생하였다. 그때마다 그것이 왜 문제인가 하는 교육평가의 필요성이 제기되며, 그 사태에 대처할 방안이 제시된다. 그 대처방안이 언제나 최선의 결과를 가져온다는 보장은 없다. 이렇게 대처하면, 저런 문제가 나오고, 그 문제를 다른 평가를 토대로 해결해 나가는 끊임없는 과정이 진행된다. 다음은 그런 시행착오의 과정 가운데 일부이다.

수련의 과정에서 큰소리를 내어 소란을 피우는 것이 수행에 도움이 되지 않는다는 불평이 제기되었다. 여기서 주목할 점은 그 인과관계에 대한 추론, 그리고 사실의 평가에 적용하는 기준이 우리가 검토한 교육 여건의 평가논리와 정확히 일치한다는 사실이다. 그 판단을 전제로 비구들 사이에 대책에 대한 필요성이 교육공동체 내부에서 논의된다. 이 상황에서 석가는 "말없이 조용히 지내는 것을 청허한다." 여기서 '청허(聽許)'란 비구들이 제안하는 사항에 대해서 허락한다는 것을 뜻한다.

이런 대처방안의 제안과 허락은 계속된다. 좌선을 하다가 많이 조는 비구들이 있기 때문에 여럿이 한 방에 머물렀으면 하는 요청이 다시 나온다. 이에 석가는 "대중이 한 방에 머무는 것을 청허한다." 그 조처에도 불구하고 여전히 잠이 오는 것을 참을 수 없다는 문제가 다시 제기된다. 이에 대해, 석가는 "물을 머리에 끼얹는 것을 청허한다." 여전히 조는 비구들이 있기 때문에, 석가는 "손으로 두들겨주는 것을 청허한다." 그것도 졸음을 제어하는 데 충분하지 못하다는 소청이 나온다. 이에 대해, 석가는 "선장(禪杖)[17]을 사용하는 것을 청허한다." 선장의 날카로운 끝에 의해 상처를 입는 문제가 생기자, 석가는 "마땅히 헝겊으로 선장의 끝을 싸매도록 청허한다."

17) 대나 갈대로 만들고, 좌선을 할 때 조는 사람이 있으면 잠을 깨도록 하는 도구

이런 개선책으로도 문제는 쉽게 해소되지 않았다. 다시 선상을 사용하는 사람의 태도가 문제시되기에 이른다. 이에 대해, 석가는 다음과 같은 다섯 가지 법도를 설한다.

첫째는 채찍을 받는 사람을 불쌍히 여기는 것이고, 둘째는 다른 사람을 번거롭게 만들지 않은 것이고, 셋째는 잠을 자는 것이고, 넷째는 머리를 벽에 기대는 것이고, 다섯째는 발을 뻗는 것이니라(p. 665).

다음은 또 다른 일련의 상황전개이다. 석가의 설법을 들을 비구들이 자리를 잡기 위해 서로 엇갈려 오고가며 소란을 피우는 문제가 발생했다. ≪십송률≫은 석가가 그것에 대처하는 방식을 다음과 같이 자세하게 전한다.

이에 대해 부처님이 말씀하셨다. "마땅히 기러기가 날아가는 것처럼 순서대로 경청해야만 하느니라." 경행하는 때에 하좌가 상좌와 어깨를 부딪치게 되자, 이러한 일을 부처님께 말씀드렸다. 이에 부처님께서 말씀하셨다. "경행할 때에 하좌는 상좌와 어깨를 부딪쳐서는 안 되나니, 하좌는 상좌의 뒤를 따라서 경행하되 상좌에 가까이 가서는 안 되느니라(p. 664)."

석가의 설법을 들을 때 비구들의 좌석배치가 문제되자, 상하의 순서대로 자리를 잡는 묘안이 채택된 것이다. 그러나 완전한 해결은 세상에 없는 법이다. 이제 그 방법이 좋지 않은 부작용을 일으키는 다른 문제사태에 봉착한다. 그것은 상좌비구가 늦게 도착하였을 때, 차석이 되는 하좌비구들이 순차적으로 일어나야 했기 때문에 대중이 혼란스러워 설법을 듣는 것에 방해를 받았다. 이때 석가는 위의 원칙에 다음과 같이 수정을 가한다.

지금부터 설법을 들을 때에는 상좌가 오더라도 하좌를 앉은 자리에서 일어나게 해서는 안 되나니, 자리에서 일어나게 되면 돌길라죄[18]가 되느니라(pp. 622-623).

위에서 든 간단한 사례가 교육 여건의 평가에 주는 시사는 참으로 많다. 그중 하나는 그 평가가 교육이 일어나는 구체적 맥락에서 그때그때 이루어진다는 점이다. 우리는 교육의 평가가 겨냥해야 할 가장 본질적인 측면을 교육발전에 두었다. 되도록 많은 사람이 교육의 내재율에 따라 몰입할 수 있어야 한다. 그런데 이를 방해하는 외부적 상황이 전개된다. 이것은 교육 여건의 평가에서 중요한 항목이 된다. 여기에는 적어도 해당하는 사실에 대한 확인과 그 사실에 대한 적절한 가치판단이 개재되어 있다. 그 평가는 바로 교육 주체에 의해서 이루어진다.

'조는 것', 혹은 '소란피우는 것'은 교육에 몰입하는 데 도움이 되지 않는다는 평가가 이루어진다. 교육 주체들 사이의 합의에 따라 그에 대한 대책을 청원한다. 일정한 기간 교육이 그 대책에 따라 진행된다. 그러나 그것은 결코 그 자체가 목적이 될 수 없는 수단에 불과하다. 만약 그것이 교육발전이라는 목적의 수단으로 제대로 기능하지 못한다면, 폐기되거나 수정되어야 한다. 위의 사례에는 이런 목적과 수단의 선별이 너무도 분명하게 이루어져 있다. 이처럼 불가의 계율은 긴 역사적 체험을 통해 서로 다른 맥락에서 검토와 수정을 거쳐 오늘에 이른 것이다.

사실, 위의 내용을 교육 여건 평가의 사례로 든 취지는, 각 교육 주체가 자신은 물론 후대의 교육을 위해 그런 역사적 지혜의 누적에 참여하는 길을 시사하기 위함에 있다. 여기에서 독자는 이런 반성적 실천이 결코 유별난 것이 아니라는 점을 인식할 수 있어야 한다. 실천은 누구나 할 수 있고 해야만 하는 절차에 불과하다. 그와 같은 실천에 반성이 주어지고 그것이 하나의 전통으로 연결될 때, 그 역사적 지혜를 만든 사람은 그 한 사람의 것에 한정되지 않는다. 문제는 그 숱한 교육의 장면에서 그것이

18) 불가에서 말하는 계율의 죄명으로, 몸과 입으로 지은 나쁜 죄업을 말한다.

제대로 이루어지지 못하고 있다는 점이다. 이 때문에, 여기서 소개되는 선대의 지혜를 단순히 따르는 것을 넘어서서, 그것을 만들어 나가는 방식에 더 주목할 필요가 있다.

엄청난 비리가 무반성에서 비롯한다. 오늘날 학교에서는 주어진 여건에 복종하는 것 자체가 마치 교육의 본질적인 것으로 규정하는 가치전도가 흔하게 일어나고 있다. 그 왜곡된 사태를 개선할 소명과 과제가 바로 교육 주체라는 점을 여기서 재차 강조하지 않을 수 없다. 깨어 있는 의식이 없는 사람은 주어진 사태를 단지 관망하거나 그것에 맹목적인 노예가 된다. 교육과 관련하여 본서에서 시종 문제시하고 있는 점이 바로 이런 상황이다. 가령 교육 여건에는 학교의 규칙이나 교육의 제도가 포함된다. 이들은 그 자체로는 목적이 될 수 없는 수단에 불과하다. 그렇다면, 그것들은 수단적 가치의 면에서 평가되어야 하고, 필요에 따라 수정되거나 보완될 수 있어야 할 것이다.

3.3.4 교육의 기능에 대한 평가

앞서 논의한 세 가지 평가, 즉 교육발전의 평가, 메타교육의 평가, 교육여건의 평가는 교육이 어떻게 고유한 정체성을 유지하면서 존립하느냐 하는 문제와 직접적으로 관련된다. 일상에서 얼마나 교육적인 삶이 향유되는가? 그것을 촉진하는 자율적인 메커니즘으로서 메타교육은 제대로 작동하고 있는가? 외부의 여건은 교육에 우호적인가? 이전의 '교육평가'에서 전적으로 배제되어 왔던 이런 질문은 그 영역이나 대상이 종전에 생각해 왔던 것보다 훨씬 광범위할 뿐만 아니라, 평가되어야 할 사실과 가치기준의 면에서 고유한 특성을 가지고 있다.

교육본위의 평가는 여기에 그치지 않는다. 교육은 그 자체로서의 가치뿐만 아니라 여타의 삶에 공헌하는 수단으로서의 가치를 갖는다. 교육은 자체의 구조와 내재율을 가진 세계로서 뚜렷한 경계와 실재성을 갖고 있다. 그 경계 내의 사태와 밖의 사태가 어떤 방식으로든 영향을 주고받고 있으며, 이 가운데 교육의 기능평가는 전자가 후자의 가치실현에 얼마나 공헌하느냐를 가늠한다. 교육의 의미를 여타의 삶과 연관시키는 이 부분은 교육이 고유한 내재적 목표의 달성과 더불어 그 밖의 세계에 교육의 중요성을 알리고 호소하는 통로이기도 하다.

교육의 기능을 따지는 곳에서는 교육의 내재적 가치보다는 외재적 가치들을 내세운다. 교육의 외재적 가치는 고유가치인 내재적 가치보다 훨씬 더 풍부하고 다양하다고 말할 수 있다. 교육이 다른 세계에 줄 수 있는 영향을 몇 가지로 분류해서 그 외연의 한계를 규정할 길은 없다. 엄격하게 말하면, 교육이 영향을 주는 세계는 교육과 관련을 맺고 있는 삶의 전체라고 할 수 있다. 그것이 전혀 새로운 영역이기 때문에 이에 대한 체계적인 평가연구가 아직 이루어진 것은 아니지만, 앞 장(2.1.1과 2.1.2)에서 정치, 경제, 사회, 문화, 종교, 수도계로 나누어 그 양상을 광범위하게 예시한 바 있다.

교육이 어떤 것에 영향을 준다는 말이 성립하려면, 그 교육은 본래의 양상을 지킬 수 있는 것이어야 한다. 이 때문에 교육의 외재적 목표나 성과를 평가하기 위해서는 교육이 무엇인지에 대한 정체규명이 선행되어야 한다. 또한 그것이 어떻게 규정되든지 간에, 외재적 목표를 수행하는 최선의 전략은 그 외재적 사태에 대해 교육의 자율성을 유지해야 한다는 사실을 잊어서는 안 된다. 더 쉽게 말하자면, 교육의 기능은 내재적 속성을 잃지 않는 조건에서 성립한다. 이는 교육이 단지 외재적 사태에 적응하거나, 혹은 환원되는 것과는 전혀 다른 경로이다.

"효과적인 교육이란 무엇인가?"라는 말로 대변되는 교육의 기능에 대한 검증은 이제까지 교육학도들 혹은 일반 사람들이 너무도 많은 관심을 가져왔기 때문에 별도의 항목으로 분리할 성질의 것이 아니라고 생각하는 독자가 혹시 있을지도 모른다. 그런 노파심을 불식시키기 위해서 여기서 말하는 교육의 기능에 대한 평가는 이전의 '교육평가'가 교육의 기능을 평가할 때와 판이하다는 점을 지적해야겠다. 전자는 후자가 가진 이론적 맹점을 극복한 전혀 새로운 영역이다. 그렇다면, 후자의 특징과 맹점이 무잇인가 하는 점이 먼저 밝혀져야 할 것이다. 이를 세 가지 항목으로 나누어 정리해 보겠다.

첫째, 기능주의 교육관에 따르는 종전의 '교육평가'는 교육에 대한 실체적 규명은 접어두고 단지 그 기능만을 내세우는 순환론에 빠졌다. 가져올 결과를 예상하고, 그것을 가져오게 하는 것을 교육이라고 규정하는 도식의 문제를 가리켜, 논자는 교육을 단지 그 기능으로 환원시킨다는 표현을 써서 지적한 바 있다. 수단과 목적의 논리적인 순환은 사실의 규정에 있어서 모호함과 내부의 모순을 내포하고 있다. 어떤 결과를 가져오는 과정으로서 바라볼 때의 교육은 경험적인 우연성에 기초하고 있으며, 그 외연을 확정할 수 없다. 이 도식에서 '교육평가'는 정의에 함축된 사실들이 일어나고 있는가를 검증하는 부분으로 되어 있다. 여기에서 결정적인 문제가 발생한다. 만약 소기의 결과가 나오지 않는다면, 기능주의 교육관은 교육에 대한 원래의 규정을 부인해야만 한다.[19]

둘째, 교육이 가져와야 할 결과는 교육의 입장에서는 외재적인 것일 수밖에 없다. 외재란 앞에서 지적했듯이 거의 무한대로 확장될 수 있다. 가령, 외도교육의 양태는 세속계의 목적을 내세우고, 공덕교육의 양태는 수도계적 성과를 기대한다. 가치기준의 선택에 있어서 구분되어야 할 것들이 다만 '바람직하다'는 막연한 범주에서 한데 엉켜 있다. 가령 '입시를 위한 교육', '경제발전을 위한 교육', 그리고 '학문 발전을 위한 교육'처럼 상당 부분 서로 공립하기 어려운 것들이 많다. 그럼에도 불구하고, 이들이 하나의 교육의 목표로 표방되기도 한다. 더욱 아이러니컬한 것은, 모든 가치가 넘나드는 그런 자유지대에서 유별나게 교육의 내재적 가치와 목적은 애초부터 배제되고 있다는 점이다.

셋째, 기능주의 교육관은 교육의 다양한 외재적 가치를 강조하는 듯하지만, 실제로는 교육에서 결과할 사항들의 범위를 '행동'과 같은 조작적

19) 그런데 교육평가전문가들이 이런 정도의 양식을 가진 경우는 드물다. 그들은 이런 상황을 자신들이 가진 개념의 잘못으로 규정하기보다는 오히려 교육의 잘못으로 규정하는 것이다.

정의가 가능한 인간적 측면에 한정시켜 왔다. 그것은 다분히 그 결과를 과학적으로 검증해야 한다는 '교육평가'의 요청을 받아들여야 했기 때문이다. 교육본위론은 수도계의 품위라는 개념을 통해 그와 같은 협소함을 벗어나고자 하였다. 교육이 품위의 향상에 공헌하는 부분의 평가는 품위의 평가와 관련하여 다음 절(3.4)에서 충분히 다룰 것이다. 그러나 교육이 수도계의 품위를 소재로 진행된다고 해서, 교육에 의해 결과하는 것이 오직 품위라고만 생각하는 것은 잘못이다. 교육이 가져올 결과는 '교육소재'와 같이 단일한 항목의 범위를 벗어나, 그 환경을 구성하는 다양한 세계, 즉 정치 · 경제 · 사회 · 문화 · 종교 등 몇 가지 항목으로 요약할 수 없을 만큼 다양하다.

교육을 어떤 바람직한 인간을 만드는 마법의 상자로 부각시킨 기능주의 교육관은 겉으로 보기에 큰 성과를 거둘 듯하지만, 그것은 단지 논리적 순환의 공허한 말잔치에 불과하다. 그 말잔치는 그것을 믿는 모든 사람들에 대해 교육의 무한책임을 자임하면서, 동시에 그들로부터 지탄의 대상이 되게 하는 원인을 제공한다. 교육학자들의 근거 없는 과장된 선전과 그 선전을 아무런 검토 없이 맹목적으로 믿는 일반인들의 기대, 그리고 그에 따라 일희일비하는 관행에 교육본위론은 이제 종지부를 찍고자 한다. 우리가 논의하려는 교육의 기능평가는 그것이 주목하는 사실과 적용되는 가치기준에 있어서 이전처럼 모호하고 혼란스러운 것들이 작용할 여지를 허용하지 않는다.

교육본위 평가의 한 항목으로서 교육의 기능평가는 기능주의 교육관을 토대로 했던 것과 전혀 다르다. 그 원칙과 절차는 앞 소절에서 밝힌 교육여건의 평가와 정확히 정반대로 이루어진다고 보면 된다. 여기에는 교육의 내재적 발전, 외재하는 세계의 개별적인 선택, 전자가 후자를 결정하는 인과관계에 대한 사실에 대한 증거의 확보, 그리고 그 사실에 외재하는 세계의 고유한 가치의 부여라는 과제를 동반한다.

삶의 공간에서 작용하는 인과관계는 대체로 쌍방적이다. 교육은 다른 세계에 어떤 방식으로든 영향을 주면서, 또 그 세계로부터 영향을 받고 있다고 보아야 한다. 교육의 외재적 기능의 평가는 이중 전자에 대한 관심을 반영한다. 삶에서 아무리 좋은 것이 일어난다 하더라도, 그것이 교육의 내재성에 기초한 것이 아니라면, 그 성과를 교육의 것으로 치부할 수 없다. 우선 한정된 실체로서의 교육이 그 환경에 속하는 여타의 사태 혹은 세계에 어떤 영향을 주는지에 대한 경험적 자료를 수집하고, 발견된 사실에 대해서 해당하는 세계의 서로 다른 가치기준들을 선별하여 판단을 내린다.

원인으로서의 교육과 그것이 가져오는 결과는 논리적인 필연에 근거한 것이기보다는 사실이라는 우연성을 따르는 것이기 때문에 항상 경험적으로 입증되어야 한다.[20] 교육의 어떤 세부적인 변인(들)이 교육 외부의 어떤 세부적인 변인에 어떤 영향을 주는가를 밝혀나가는 작업을 수행해야 할 것이다. 이를 전문적으로 말하면, 전자를 독립변인으로 하고, 후자를 종속변인으로 삼는 가설을 설정하고, 그 가설을 확증하는 실증적인 자료를 갖추어야 한다. 여기에는 연구설계, 통제, 실행, 결과보고와 같은 복잡한 절차를 요구한다. 경험주의의 방법과 그에 부수하는 통계적 기법은 나날이 발전하고 있다. 변인 하나하나의 관계가 아니라 많은 변인들 사이의 복수적 관계를 지수로 나타내는 기법들도 날로 개발되고 있다.

교육은 만능이 아니다. 멋대로 그 기능을 주장할 성질의 것도 아니다. 교육의 효율성의 지표는 교육이 관련을 맺는 세계, 즉 종속변인을 어떤 것으로 규정하느냐에 따라 달리 규정된다. 여기에서도 교육 여건의 평가와 대조되는 특성이 드러난다. 교육 여건의 평가에서 종속변인인 교육의 범위는 한정되어 있지만, 독립변인인 여건은 거의 무한대로 확장된다. 그 중 특정한 독립변인의 선택이 필요하다는 점을 지적하였다. 교육의 기능 평가의 경우는 그 반대이다. 독립변인인 교육의 변인들은 한정되어 있지만, 종속변인인 외부사태나 세계는 무한하다. 그만큼 교육의 기능은 총괄

---

20) 이는 기능주의 교육관에 터한 '교육평가'의 경우처럼, 경험적인 사실입증이 부인되는 경우 선언적으로 규정된 교육을 부정해야만 하는 것과 같은 모순된 논법과는 크게 대조되는 부분이다.

해서 열거하는 것이 불가능하다. 이 때문에 평가자는 그때그때의 필요성에 의해서 그중 어떤 특정한 사실의 측면에 주목할 수밖에 없다.

이런 사실규명은 평가의 전제에 불과하다. 다음의 과제는 그 사실에 적절한 가치를 부여하는 것이다. 그 기준의 선택에서 교육의 외재적 평가는 내재적 평가와 판이하게 대조된다. 여기에는 필연적으로, 본위의 선택과 전환이 요청된다. 교육은 그것 이외의 것을 위해 다양한 기능을 할 수 있고, 그 다양한 기준에 비추어 '쓸모 있음'과 '쓸모 없음', 혹은 '좋은 교육'과 '나쁜 교육'이라는 평가를 받을 수 있다. 교육 이외의 세계가 다양한 만큼 외재적 가치기준 또한 다양하다는 것은 말할 필요조차 없다. 이런 이유에서 교육이 공헌하려는 세계에 대한 가치규정이 없거나 모호한 상태에서 교육의 효율성을 평가하는 것은 금기되어야 할 사항이다.

삶의 다양하고 복합적인 세계들에는 그들 나름의 고유한 가치기준이 작용하며, 그 가운데에는 상응하기 어려운 것도 있다. 극단의 경우, 교육의 어떤 측면은 정치적으로나 경제적으로 나쁜 결과를 가져오지만, 문화의 면에서는 좋은 수단이 될 수 있다. 또한 경제, 혹은 문화의 하위부분에 대한 평가도 다르게 나올 수도 있기 때문에 교육에 대한 외재적 평가는 그 외부적 세계의 기준이 무엇인지에 대해 더욱 분명하고 세부적인 명시가 필요하다. 이런 미묘한 가치선택 혹은 가치갈등을 이전의 '교육평가'는 단순히 '바람직함'이라는 모호한 기준으로 은폐하였으며, 그때그때의 이해관계에서 제 몫을 챙기고 큰 소리를 치는 분야가 국가규모의 '교육정책'을 좌우하도록 방조하여 왔다고 볼 수 있다.

교육의 결과는 너무도 다양하기 때문에 그 모든 것을 예측하는 것은 사실상 불가능하다. 생활공간 안에는 교육 이외의 다양한 세계가 있고, 그 안에서 작용하는 가치가 다양한 만큼 교육의 외재적 가치는 한정될 수 있는 성질의 것이 아니다. 이 말은 어떤 외재적인 세계를 선택해서 교육의 기능을 판별했다고 하더라도, 그것이 교육의 기능 전체를 대변할 수 없다는 기본적인 원칙을 요구한다. 교육의 기능에 대한 포괄적인 평가는 미리 예측할 수 없는 교육의 영향을 끊임없이 탐색함으로써 이루어질 수 있다.

이것은 마치 '아스피린'이 효과와 부작용이 아직까지도 검증되고 있는 사실에 비유될 수 있다. 그 무한대의 가치들 가운데 어떤 것들이 있는지를 새롭게 발견하여 추가하는 일은 교육의 총체적인 가치를 규명해야 하는 교육평가의 항구적인 과제이다.

우리의 삶에서 효율과 합리의 개념은 도구적 결과 혹은 효과를 밝히고, 그중 더 효과적인 것의 선택을 의미한다. 어떤 것을 위한 기능 혹은 수단에 대한 평가는 어느 면에서 상대적인 것이다. 교육의 기능은 그 대상을 어느 분야로 택하느냐에 따라 긍정적이거나 부정적일 수 있다.[21] 이것을 교육 여건의 평가에서 적용한 마이너스와 플러스 환경으로 분류한다면, 외부세계의 입장에 교육은 이 두 가지 가운데 어느 것으로 분류될 수 있을 것이다. 교육과 여타의 세계가 상대의 발전을 촉구하는 플러스 환경으로 판명될 경우도 있고 그렇지 않은 경우도 있을 것이다. 전자의 경우는 서로가 수단과 목적의 관계를 가지기 때문에 가장 바람직한 결과이지만, 후자의 경우 가치선택에서 갈등이 있을 수 있다. 따라서 후자의 경우, 무엇에 더 우선권을 주어야 하는 본위의 문제가 제기되며, 그만큼 제반 정책의 결정이나 운영에서 진통과 고민이 따를 것이다.

교육 여건의 평가에서 그러했듯이, 교육의 기능의 평가에도 미시적 부분과 거시적 부분의 구분이 가능하다. 미시적인 부분은 특정 생활공간에서 이루어지는 교육의 내재적 목표, 교육적 관계 맺기, 교육활동, 내재적 교육평가가 여타의 생활에 직·간접적으로 끼치는 영향을 평가하는 것이고, 후자는 그 생활공간의 울타리를 벗어나서, 이를테면 국가의 정치, 경제, 사회적 부면 등과 같이 좀 더 넓은 의미의 삶에 얼마나 공헌하느냐를 가늠하는 부분이다. 가정, 학교, 직장, 가상공간 등 각종 생활공간에서 이루어지는 교육이 이 부분에서 어떤 특징을 갖는가를 평가하는 것도 이 분야에서 수행해야 할 중요한 과제이다.

---

21) 교육만능의 기능주의적 교육론자들의 입장에서는 이 부분을 인정하기가 어려울 것이다.

이제까지 교육의 기능평가에 개재된 사실과 가치선택의 문제를 개괄했는데, 이는 독자들에게 다소 생소한 느낌을 주었을 것이다. 따라서 '교육발전의 평가(3.3.1)'라는 주제를 다룰 때 그러했듯이, 그것에 구체성을 부여할 만한 사례를 드는 것이 그것을 이해하는 데 도움이 될지 모르겠다. 이 목적을 위해, 여기서는 다양한 삶의 공간 가운데 역시 학교에서 이루어질 수 있는 교육의 기능평가의 한 가지 미시적 사례를 가상해 보기로 하겠다. 여기에는 또 다른 의도가 있다. 그것은 우리가 여기에서 논의하고 있는 교육의 기능평가가 흔히 보통 사람들이 생각하는 평가와 얼마나 다른 것인지를 대비하기 위함이다.

일반 사람들은 물론 대부분의 교육학자들조차도 학교에서 일어나는 것이 바로 교육이라고 생각하고, 그들이 학교에 대해 기대하는 바와 일치하느냐에 따라 교육의 공과를 따진다. 그러나 우리의 분석에서 드러났듯이, 학교 안에는 교육 이외에 많은 삶의 양상이 있다. 이들은 사실의 측면에서나 그것에 적용하는 가치의 측면에서 하나로 수렴될 수 있는 성질의 것이 아니다. 그렇기 때문에, 학교 안의 다양한 삶들이 초래하는 잡다한 것들에 대한 책임을 모두 교육에 지우는 것은 범주착오이다. 우리는 그 범주착오를 벗어나기 위한 긴 논의를 거쳐왔다. 이 새로운 관점에 따르면, 학교교육의 기능의 평가는 학교 안에서 이루어지는 많은 것들 가운데 그 일부를 구성하는 교육에 한정된다.

우리는 교육의 기능에 대한 논의가 교육이 그 내재적 속성을 잃지 않는 조건에서 가능하다는 점을 강조하였다. 이 조건을 학교에 적용하게 되면, 학교교육의 기능을 따지기 위해서는 우선 그 안에 교육이라고 할 만한 것이 일정 부분 진행되어야 한다는 것을 의미한다. 교육발전의 면에서 높은 평가를 받느냐의 여부가 학교가 표방하는 제도의 명분을 인정할 수 있느냐를 판가름하는 준거로 작용한다. 더러는 이 조건을 만족시키지 못한 학교도 있을 수 있을 것이다. 그 경우에는 교육의 기능의 평가란 애초부터 불가능하다. 가령, 오직 사회적 선발에만 유념하고 교육이라 할 만한 것을 찾아볼 수 없는 학교는 교육의 기능평가를 하기에 부적절한 사례가 될 것이다.

많든 적든 간에 교사와 학생이 다른 종류의 삶에서 향유할 수 없는 교육 고유의 보람을 느끼면서 생활하고 있거나, 혹은 그런 생활을 보장하는 여건을 갖추고 있는 학교가 있다고 가정하자. 이 부분의 중요한 항목이 어떤 것인지에 대한 것은 '교육발전의 평가(3.3.1)'와 '교육 여건의 평가(3.3.3)'를 다루는 자리에서 밝힌 바 있다. 그만큼 그 학교 안에서 교육의 내재가치가 실현되었다고 평가할 수 있다. 그렇다면, 그것만으로 학교교육의 목표와 가치가 충분히 검증되었다고 할 수 있는가? 그렇지 못하다. 교육은 내재적 가치뿐만 아니라 이루 헤아리기 어려울 정도의 수많은 외재적 가치를 지닐 가능성이 있다. 그 부분을 따지는 것이 학교교육의 외재적 기능에 대한 평가에 해당한다.

우리는 학교의 기능이 다양함을 여러 차례 지적해 왔다. 교육적 기능은 그 다양성 가운데 하나를 차지한다. 이 점을 새삼스럽게 지적하는 것은 이 말이 일반적으로 사용되는 경우와 매우 다르게 쓰이고 있음을 상기시키기 위함이다. 앞에서 지적했듯이, 세인들, 그리고 많은 경우 교육학자들도 학교의 기능과 교육의 기능을 구분하지 않고 거의 동일한 의미로 사용하는 잘못된 습관을 갖고 있다. 그런 범주착오가 교육에 주는 타격은 참으로 크다. 그 가운데 하나는 학교가 수행하고 있는 여타의 잘못된 기능을 교육의 잘못으로 평가받는 경우이다. 이제 정상적인 교육평가를 통해서 그 공과를 명백하게 구분할 필요가 있다.

학교의 기능 가운데 가장 주목의 대상이 되는 것은 사회적 선발이다. 우리는 현실적으로 학교의 기능 가운데 더 좋은 상위 학교로의 진입이 포함된다는 점을 인정했다. 이런 목적에 비추어 학교교육과 그 이외의 과정, 예컨대, 조건화, 사회화, 문화화, 교조화 중 어느 것이 더 효과적인가를 비교하는 평가연구를 수행할 수도 있을 것이다. 그 결과는 교육이 만능이라는 주장과 다르게 나올 수 있다. 현행 우리나라의 학교체제를 두고 연구하면, 이 부면에서 문화화나 교조화가 교육보다 더 효과적인 것으로 나올지도 모른다. 더 효과적인 방법은 학생들로 하여금 '교육평가전문가들'이 만들어 내는 각종 객관식 검사에 적응하는 특수한 기술과 요령을 집중적으로 훈련시키는 것이다. 그보다 더 간편한 방법은 지상에 가끔 보도되듯이 학교당국이 나서서 '내신성적'을 슬쩍 부풀리는 것이다. 학교교육의 효과는 이런 간단한 편법보다 더 높은 평가를 받기 어려울 것이다.

학교의 기능에는 이 이외에 다른 것들도 포함된다. 학교가 '교육기관'이라는 명분이 물론 그중의 하나다. 이것이 학교를 운영하면서 선택하는 많은 방법들이 제한을 받아야 하는 최소한의 양심적 제약과 부채이다. 그렇다면, 학교교육이 위에서 예시한 제반 방법에 비해서 다소나마 높게 평가받을 수 있는 부분은 어떤 것인가? 이런 질문이 학교교육의 기능을 따질 때 절실하게 필요한 사고의 전환이다. 예컨대, 앞에서 문화화가 특정한 부분에서 교육보다 더 우수한 가치를 인정받을 수 있다고 했지만, 다른 한편으로 그것이 우리의 삶에서 차지하는 진정한 가치를 탈색시키고 그것을 자연화하고 객관화시키는 원인이 될 수 있다. 학생들이 지배적인 문화 형태에 일치하도록 강요받기보다는 문화의 발생과정을 재차 체험하는 교육에 참여하게 되면, 그들은 단순히 문화의 수인(囚人)이 아니라 문화의 창조자로서의 자격을 가질 수 있을 것이다. 이런 부면의 효과들까지 고려할 수 있는 당국자만이 교육의 고유한 기능에 대한 제대로 된 감식에 도달할 수 있을 것이다.

위의 예에서, 우리는 교육의 기능에 대한 평가가 얼마나 특수하고 한정된 의미를 갖는지를 이해할 수 있을 것이다. 이런 고유한 기능은 학교라는 생활공간뿐만 아니라 가정, 직장, 가상공간 등 좀 더 광범위한 생활공간과 결부하여 평가될 수 있다는 점을 상기하자. 앞의 가설적 사례에서 보여주었듯이, 설사 학교교육의 기능이 일반 사람들이 생각하는 기준에 비추어 보잘것없다 하더라도, 여타의 생활공간에서 이루어지는 교육의 성과가 그것을 만회하고 남을지도 모른다. 교육이 여타의 삶에 주는 효과에 대한 목록은 너무도 많아서 미리 예상하거나 추론에 의해서 사전에 의도된 것 이외의 모든 것들이 포함된다. 마치 생태적 영향처럼, 교육의 외재적 가치의 부단한 탐색은 우리 주변의 갖가지 헛된 억측과 근거 없는 과장과 수사로부터 교육을 해방시킨다는 점에서, 앞으로 전문가의 특별한 안목과 역할이 크게 기대된다.

그렇다고 해서, 교육의 기능에 대한 규정이나 탐색을 오로지 전문가의 소관사항으로만 보는 것은 잘못이다. 교육 여건의 평가에서도 지적했지만, 이에 대해 직접적인 정보를 얻고 그것을 참조할 최종적인 책임은 교육적인 삶을 영위하는 교육 주체에게 있다. 교육적인 삶을 영위하니까 그것 자체만으로도 만족스럽다. 이 부분이 교육의 내재적 가치에 대한 교육 주체의 판단이다. 그것을 제외하고, 교육적인 삶이 가져오는 손익을 계산하는 것이 지금 논의하고 있는 교육의 외재적 기능에 해당한다. 각 교육 주체는 이 부분에서 모종의 기대를 미리 가질 수 있으며, 그 기대는 부분적으로 충족되거나 충족되지 않을 수 있다. 혹은, 교육적 삶이 예상 밖의 다른 결과를 가져온 경우를 발견할 수도 있을 것이다.

교육의 외재적 가치에 대한 탐색은 교육 주체의 실천과 반성을 통해서 끊임없이 이루어져야 한다. 같은 음식을 섭취하더라도 개인에 따라 그 성과가 다를 수 있다. 교육은 과학적 자료가 없는 일상의 상황에서 진행되어야 하며, 교육 주체의 상황과 사정이 특수한 만큼 그 결과가 다르게 나타날 수 있다. 그 부분을 염두에 두고 챙기는 것이 교육의 기능에 대한 교육 주체의 가장 자연스러운 개별적 평가가 차지할 고유한 자리이며, 그로부터 얻어지는 고유한 소득에 해당한다. 그것이 곧 교육과 그 결과 사이의 관계가 불규칙하다는 것을 의미하지는 않는다. 이는 아직 설명할 수 없는 조건이 거기에 개입되어 있다는 단서가 될 수 있다. 그 부분이 어떤 방식으로 해명될 수 있을 때, 그 경험은 단지 개인뿐만 아니라 모든 사람들을 위한 교육적 지혜의 전통에 추가될 것이다. 그런 전통은 불가의 사례처럼 합당한 해석과 비판적 이해의 과정을 거쳐 후대에게도 전수될 수 있어야 한다.

3.4 품위의 평가

우리는 교육학의 지배적인 패러다임의 하나로 기능주의 교육관을 지목한 바 있다. 그 노선에서 '교육평가'의 지배적 위치를 지금까지 차지해 온 것의 하나가 '목표달성모형'이다. 이 모형은 교육을 통해서 얻고자 하는 인간성을 '행동(behavior)'으로 규정하고, 그것을 평가하는 데 초점을 둔다. 교육본위론이 제안하는 평가도 목표달성모형의 행동에 대응할 만한 인간의 측면에 대한 평가가 포함되어 있다. 그러나 이 부분에 있어서도 그 대상의 속성이나 범위, 적용되는 가치기준, 그리고 교육과 연관되는 방식 등에서 양자 사이에 큰 괴리가 있다. 그것이 바로 본절에서 다룰 품위의 평가이다. 그 논의에 본격적으로 진입하기 전에, 먼저 행동과 품위의 차이가 무엇인지를 분명하게 밝힐 필요가 있다.

3.4.1 행동과 품위의 대비

행동은 교육학도들에게 매우 친숙한 개념의 하나이다. 이 개념이 교육학에서 환영받는 주된 이유는 그것이 과학적 증거를 갖고 있다는 데 있었다. 심리학과 행동과학이 출현한 배경에는 인간현상을 자연의 바깥에서 규정하는 철학을 통한 인간이해가 터무니없다는 불만이 자리잡고 있다. 이들은 자연과 인간을 구분하는 경계를 허물고, 자연현상의 일부로서 인간행동과 그것을 결정하는 환경의 관계를 과학적으로 규명한다는 그 나름의 명백한 목표와 절차를 줄기차게 발전시켜 왔다(장상호, 1977a, 1977b). 심리학이나 행동과학은 행동을 자극에 대한 반응의 형식으로 정확히 규정하고, 그것을 토대로 수많은 인과관계를 규명하고자 했다. 행동은 대부분 환경에 의해서 결정되는 종속변인으로 취급된다.

그런 일반적 도식 안에 교육이라는 개념을 삽입하면, 교육과 관련된 온갖 개념적인 모호함을 일거에 해결할 수 있다고 믿는 사람들 가운데 기능주의 교육론자들이 있다. 우리가 앞(3.1.2)에서 살핀 목표달성평가모형도 그런 배경과 진전 속에 존속해 왔다. 사실 이것은 기본적으로 행동과학의 영역에서 흔히 사용하는 B=f(E)라는 공식에 교육의 의미를 덧씌운 것에 불과하다. 행동은 조작적 정의가 가능한 인간의 특성이다. 여기에서 교육은 그 행동을 결정하는 모든 환경으로 환원된다. 교육평가는 그런 환경적 투입의 성과를 확인하는 절차로서 그 전문적인 위치를 차지해 왔다.

실증주의 인식론은 원자주의의 원칙을 따른다. 이 원칙에 따라 교육이 달성해야 할 목표는 '행동'의 개념으로 세분된다. 다만, 그 각각의 행동항목은 '바람직해야 한다'는 소선이 부대된다. 여기서 사실과 가치의 영역이 구분된다. 과학의 노선을 따르는 '교육평가'가 가치규정에 개입하면, 그것이 추구하는 확실성에 손상을 받을 수 있다. 그것을 회피하는 하나의 방편이 이른바 '가치중립'이다. 그러나 가치가 배제된 평가란 존재할 수 없다. 따라서 이 입장은 그 가치의 기준에 대한 선택을 단순히 외부에 위임하는 편리한 회피수단에 불과하다.

행동의 개념에는 적응이라는 기능성이 전제되어 있다. 무엇을 위한 행동인가? 이것이 결국 '교육목표'의 바람직성을 따지는 근거로 작용한다. 여기에서 분야마다 제 각각의 주문이 이루어진다. 교육은 그 모두를 실현하는 마법을 지닌 존재로 치장된다. 좋은 것이 좋은 것이라는 논의가 뒤따른다. 이 열려진 대문에 세속적인 가치, 수도계적 가치, 그리고 그 이외의 온갖 가치가 무차별하게 몰려들어온다. 상황의 요구와 온갖 우연적인 요인에 따라 그중의 어느 것에 비중이 주어지는 과정이 첨가되며, 교육은 그 선택된 행동을 산출하는 체계적인 혹은 계획적인 환경으로 규정된다.

'교육평가'의 주된 작업은 교육프로그램으로 계획된 환경이 예측대로 작용했느냐의 여부를 검증하는 부분이다. 이제 그 전문성으로서 과학의 객관성이라는 지표가 첨가된다. 행동주체의 주관성을 떠나 예상된 결과와 일치하는 정도에 의해서 '정답'과 '오답'이 규정되며, 그 기준에 비추어 교육의 잘되고 못됨이 기계적으로 평가된다. 그러나 아무리 원인과 결과의 해석에서 주관성을 배제하려고 노력한다 해도 거기에는 불일치가 있을 수 있다. 평가가 엇갈리게 나오는 경우, 불일치의 근원을 주로 평가척도에서 찾는다. 오류는 동일한 것에 관해 다른 점수를 산출하게 하는 검사 자체의 결함이나 상황의 변화에 따른 우연적 요인으로 간주된다.

이처럼 이제까지 이루어지고 있는 '교육평가'의 내막을 깊이 들여다보면, 평가대상으로서의 교육과 그것에 적용하는 기준에 있어서 교육평가라고 할 만한 특별한 사항을 발견할 수 없다. 가장 두드러진 특징이라고 한다면, 그것은 교육 자체에 대한 이해는 접어두고 과학성만을 앞세우는 관행이다. 이 분야가 기반하고 있는 경험주의 인식론과 방법적 전통은 그들이 요구하는 객관적 증거를 확보하지 못한 경험은 비실재적이며, 중요하지 않은 것으로 간주한다. 실증적 평가는 객관적으로 표현된 것의 효용성을 토대로 이루어지기 때문에 내면적인 만족보다는 겉으로 드러나는 것에 더 큰 가치를 부여하는 결과를 가져온다. 이 때문에, 과학적으로 측정할 수 없고, 교육을 통해서 탐색해야 할 광범위하고 귀중한 인간성들이 그 대상 영역에서 제외된다.

교육이 겨냥하는 인간성은 '바람직한 행동'이라는 조건이 부대되기 때문에, 행동과학이 경험적으로 입증할 수 있는 협소한 범위의 행동보다 더욱 협소하게 줄어든다. 그러나 '바람직함'의 가치규정에 있어서 우리는 특별히 '교육목표'라고 특징지을 수 있는 어떤 고유한 가치론적인 선택이나 입장도 찾아볼 수 없다. 이런 방식으로 '교육평가전문가들'은 그들 사이에 작용할 수 있는 본위선택과 가치갈등의 문제점을 간단히 비켜가면서, 그들이 표방하는 '가치중립'의 공백을 기존의 제반가치로 대치하는 안이한 태도를 견지해 왔다. 그 대상과 유관한 가치관이 정립되기 이전에 그 결과를 어떻게 객관적으로 측정하느냐 하는 방법적인 문제가 도입되었다. 이로써 '과학적인 측정을 위한 교육'이라는 전도된 현상이 일어나고 있는 것이다. 이 점에서 지금의 '교육평가'는 오늘날 학교의 현실과 관련하여 늘 지적되어 온 '입시위주교육'과 사실상 동일한 맥락에 있다.

이런 부류의 '교육평가'가 갖는 가장 치명적인 결함은 교육에 대한 개념의 불확실성이다. 선택된 행동을 가져오는 환경은 우연적이다. 환경은 너무 다양하고, 어떤 행동을 선택하느냐에 따라 환경은 서로 모순될 수 있기 때문에, 환경으로서의 교육은 일정하게 규정될 수 있는 실재가 아니다. '교육평가'는 그 선택된 행동을 교육이 사실상 가져오느냐 하는 것을 판별하는 과정이다. 만약 그 작업에서 예정된 결과를 가져오지 못할 때, 그것은 교육에 대해서 잘못된 개념을 적용한 것으로 평가되어야 마땅하다. 이로써 '교육평가'는 많은 경우 애초에 택했던 교육에 대한 규정 자체를 부인해야만 하는 역설에 봉착한다. 그럼에도 불구하고, 교육평가론자들은 흔히 이런 역설을 해결하려고 노력하기는커녕 이를 '잘못된 교육'의 탓으로 돌린다. 자신들이 근거한 교육의 개념에 대한 평가에 엉터리 잣대를 적용하는 것이다.

문제의 근원은 인간을 과학적으로 탐구하는 행동과학과 인간이 가진 가능성을 탐색하고 실현시키는 교육을 동일시한 데 있다. 사실상 이들은 전혀 다른 종류의 세계에 속한다. 주어진 사태에서 관찰이 가능한 인간의 측면에 과학의 논리를 부여하는 것과 이전에 찾아볼 수 없었던 인간의 측면을 발현해 나가는 것을 어떻게 같은 것으로 취급할 수 있는가! 후자를 전자의 것으로 환원시키는 교육평가의 편법과 관행은 부당하게도 교육을 '맹목과 무지의 확실성'이라는 올가미 속에 감금하는 엄청난 결과를 가져왔다. 전자에 후자의 의미를 동반시켜 규정하는 것은 양자 모두에게 불필요하다. 이제 교육은 행동과학의 범위에서 벗어나 그 나름의 독자적인 실재로 규정되어야 하며, 바로 그 점에서 교육학의 새로운 방향이 모색되어야 한다.

이런 혼돈의 늪에서 교육의 정체성을 파악해 나가는 기점의 하나로 교육본위론은 '품위(transtalent)'라는 새로운 개념을 도입하고, 그것이 교육이라는 특이한 삶의 양상과 연관되어 있음을 밝혔다. 이런 전환을 단지 '행동'을 '품위'로 바꾼 또 하나의 기능적인 교육관의 아류로 생각할지 모르겠다. 그러나 그런 해석이 얼마나 잘못된 것인지를 이제 독자들이 능히 납득할 수 있으리라 본다. 교육본위론에서 지칭하는 교육은 단지 품위를 향상시키는 모든 종류의 계획된 과정을 지칭하는 것이 아니다. 품위의 향상에 공헌하는 요인은 교육 이외에 무수히 많을 것이다. 또한, 그 나름의 구조와 가치를 지닌 독자적인 삶의 양상인 교육은 수도계의 품위 이외에 여타의 다양한 환경들과 관련을 맺고 있다.

교육을 이해하는 방식에 있어서 이런 맥락의 총체적인 전환을 떠나서라도 품위는 그 인식론적 속성과 그것에 적용되는 가치의 측면에서 행동과는 총체적으로 다르다는 점을 유의할 필요가 있다. 정확하게 말하면, 품위는 수도계의 속성에 속한다. 우리의 개념에 따르면, 품위는 각종 수도계의 발전과정에서 드러나는 인격상의 위계를 지칭하는 것으로, 개념의 연원으로 따져볼 때 동양에서의 '덕(德)', 그리고 서양에서의 'arete'에 해당하는 것이다. 이에 대한 새로운 이해는 본절의 나머지에서 차츰 이루어지겠지만, 여기서는 품위가 행동과 대비되는 몇 가지 측면들을 미리 간략하게 정리해 보겠다.

첫째, 행동은 과학적 탐구를 위해 상정된 것인 만큼 그 범위가 경험적으로 명백하게 규정될 수 있는 것으로 제한된다. 이미 지적했듯이, 이는 '교육목표 설정'의 한계조건의 하나이다. 이에 비해, 품위는 아직 그 속성이 실현되지 않은 인간의 가능성까지를 포괄하는 개념이다. 그것은 역사적으로 탐색해 왔던 것들, 그리고 앞으로 그 가능성을 실현하면서 점차 밝혀 나갈 것까지를 포함한다. 우리의 기준에 의하면 우리 각자가 실현해야 할 가능성으로서의 품위는 그 외연을 구획할 수 없을 정도로 광대하고 무한하다.

둘째, 행동은 수단적 가치의 대상이지만, 품위는 그 자체의 내재적 가치를 갖는다. '덕'과 'arete'의 개념이 등장하게 된 것도 그 특징에서 유래했다. 그렇다고 해서 이 범주에 드는 인간의 특성들에 수단적 가치가 없는 것은 아니다. 아마도 그 범위는 행동의 것보다 더 광범위할지도 모른다. 그러나 중요한 것은 모든 외재적 가치를 제외하고도 고유한 여분의 가치를 지니고 있다는 점이다. 우리는 그것을 몸에 지니고 사는 것만으로 충분한 삶의 보람을 느낄 수 있다. 이런 이유로 그 내재적 가치의 실현을 위해서 외재적 가치를 포기하거나 희생시키는 경우도 많다.

셋째, 과학에 의한 인간의 이해라는 취지에 비추어 보면, 행동은 그것을 객관적으로 측정하는 것에 그칠 수 있다. 그러나 품위는 단순히 식별 방법이나 절차의 문제로 환원될 수 없는 측면을 내포한다. 품위의 경우에는 그것을 소지한 주체의 주관적 감식과 심열성복이 본질적 속성을 이룬다. 객관적으로 아무리 훌륭한 인간성을 구비하고 있다 하더라도, 그것이 당사자에게 가치 있는 것으로 체험되지 않는 한, 품위로서의 고유한 의미는 상실된다.

넷째, 행동의 평가는 외재적 기준에 의거하며, 평가자는 가치중립적인 입상에서 단지 그 기준을 따르는 것에 그친다. 이와는 달리, 품위는 그 자체 안에 우열을 평가하는 기준을 내재하고 있다. 누구나 자신이 지니고 있는 현재의 품위를 기준으로 관련되는 수도계를 평가한다. 그것을 평가하는 데 있어서 가치중립의 원칙을 고수한다면, 이는 주관의 판단을 외부에서 억압하는 셈이 될 것이다.

다섯째, 품위는 밖에 존재하는 것이 아니라 인식 주체 내부의 통찰의 형태이며, 이런 통찰은 결코 선천적으로 주어진 것이 아니라 후천적으로 습득되는 것이다. 그중 한 가지 과정으로 우리는 교육을 상정한다. 교육의 과정은 그런 실천적 요구에 부응하여 주체가 그것을 실현시키면서 스스로 좋은 경험과 나쁜 경험을 대비시키고, 그중 좋은 것을 체질화시키는 것과 관련된다.

여섯째, 교육은 참여자들이 자신이나 상대가 아직 경험하지 못했던 품위를 얻거나 그 얻음을 돕는 것에 해당한다. 이때 교육은 그 자체로서 내재적 가치를 갖기 때문에, 품위가 교육에 의해서 형성된다고 할 때, 수도계의 내재적 가치와 교육계의 내재적 가치가 동시에 작용한다. 수도계를 본위로 할 때 교육은 품위를 향상시키는 하나의 수단이지만, 교육계를 본위로 할 때 품위는 교육을 위한 수단이라는 가치, 즉 교육소재라는 위치를 차지한다. 경우에 따라서, 이 양자 사이에는 갈등과 협력이라는 과제가 제기된다.

행동과 품위 사이의 이런 차이를 전제하고, 교육의 과정에서 품위의 평가가 차지하는 부분에 대한 논의가 개진되어야 한다. 교육계에서는 수도계의 평가가 객관적인 절차보다는 거기에 참여하는 주체들의 깨달음과 깨닫게 하는 과정을 통해서 이루어진다. 결론적으로 말하면, 교육 주체는 부단히 품위에 대해 판단하면서 교육에 참여하며, 또한 교육을 통해서 그 판단에 대한 최종적인 근거를 얻는다. 다음 소절(3.2.4)에서 밝혀지겠지만, 놀라운 것은 품위에 대한 어떤 인식이든지 간에 최종적인 근거를 제공하는 것은 교육이라는 사실이다.

교육의 과정에서 품위의 평가가 차지하는 부분은 당연하고 자연스럽다. '교육평가'와 관련하여 흔히 연상되는 특별한 의미의 시험이나 검사가 별도로 필요한 것이 아니다. 교육 주체는 언제나 자신의 현재 품위를 기준으로 모든 사태를 자연스럽게 평가하고 있다고 보아야 한다. 문제는 그 점을 억압하지 않고 인정하는 상황을 조성하는 것이다. 이처럼 각자가 그들의 품위를 기준으로 사태를 평가하는 상황에서 적어도 두 가지 문제가 발생한다. 그 하나는 평가기준 사이의 갈등이고, 다른 하나는 평가의 기준이 갖는 상대적인 미숙함과 자격 미달을 어떻게 처리하느냐 하는 것이다.

이 문제들은 교육의 현장에서 수시로 드러날 것이다. 그러나 교육 주체가 가진 현품의 한계에서 얻어진 평가가 그대로 고착되는 것을 허용하지 않는 것이 교육이 갖은 특징의 하나이다. 사실상, 교육은 우리의 판단에 포함된 오류를 인정하며, 그 오류를 교정하는 데 큰 의미를 둔다. 품위의 평가에서도 이 원칙이 그대로 적용된다. 품위의 한계는 우리가 서로의 교육활동을 하기 위한 내부의 자료로 활용될 수 있다. 품위는 교육의 소재로 선택되어 개선의 과정을 거치며, 그 과정에서 교육 주체들은 품위를 올바르게 평가할 수 있는 자격을 갖출 수 있게 된다.

교육을 통해서 탐색할 품위의 범위는 늘 개방되어 있다. 품위의 실체는 오직 그것을 체득한 사람에게만 드러나며, 인간은 자신의 변신을 통해서 실존으로 현존함을 넘어서서 자신을 지향하는 존재인 만큼 얼마만큼의 미궁의 여지가 남는다. 품위는 이제까지 탐색된 것으로서 그 중간목표가 알려졌을 뿐, 절대적 목표는 아직 알려진 바 없다. 품위와 관련된 교육의 과제는 아직 실현되지 않은 기능성을 실현시키거나, 혹은 그 실재가 입증되었다 하더라도 아직 그것을 모르는 사람에게 입증해 나가는 것이다.

교육 주체는 상구교육과 하화교육을 통해서 그 입증에 참여할 수 있게 된다. 상구는 아직 실현되지 않은 품위를 스스로 실현시키는 과정에 해당한다. 후진은 선진을 상대로 충분히 상구함으로써 선진의 품위에 대한 자신의 평가의 정당성을 얻을 수 있다, 다른 한편, 하화는 실재성이 확실하게 입증된 것을 아직 그것을 실현하지 못한 후진이 실현하도록 돕고, 그도 자신처럼 스스로 그 실재성을 확인하게 하는 과정에 해당한다. 자신의 품위를 알아주기를 바라는 선신은 후진이 자신의 품위를 옳게 이해하고 평가할 수 있는 능력을 갖도록 하화교육을 해야만 한다.

교육적 교섭은 후진의 품위에서 선진의 품위에로의 접근 혹은 전환이라는 결과로 나타나며, 이때 비로소 개별주체가 내렸던 품위의 평가에 대한 확실한 증거와 정당화가 얻어질 수 있다. 우리는 이를 자증과 타증이라는 말로 지칭하였다. 상구자가 한층 더 높은 품위를 획득하고 나서, 이전의 품위가 갖는 어리석음과 새로운 품위의 고귀함을 스스로 깨닫고 그것에 마음으로부터 우러나오는 찬의를 보이는 것이 자증이다. 이에 비해서, 하화자가 후진을 자신의 품위수준에 가깝게 올려주고 그의 품위가 후진의 것보다 높은 것임을 추후에 깨닫게 하는 것이 타증이다. 이 두 가지 입증이 일치할 때, 품위의 평가에 대한 보편적 타당성은 더욱 확실하게 보장된다.

이제까지 우리는 이전의 '교육평가'에서 이루어진 '행동'의 평가와 교육본위론에서 이루어지는 품위의 평가가 어떻게 다른지를 여러 가지 측면에서 구체적으로 살폈다. 교육의 과정은 품위라는 실재의 파악, 그 실재에 대한 가치 부여, 그리고 사실과 가치부여에 대한 정당화에 긴밀하게 관여한다. 이 점은 기능주의 교육관에 터한 '교육평가'가 '바람직한 행동'을 교육목표로 삼아 그것을 전문적으로 측정하는 데 주된 관심을 두었던 경위와 모든 점에서 총체적으로 대조된다.

3.4.2 품위의 제반 인식론적 측면

품위는 인류공동체 모두가 계속 탐색하고 있는 실체이기 때문에, 그 구체적인 내용이 어떤 것이냐 하는 것을 확정하기보다는 그것을 인식해 나가는 과정과 방법에 더 큰 비중이 주어질 수밖에 없다. 모든 인식은 선택적인 것이다. 그것은 밝히려는 대상은 제외하고 여타의 것을 은폐시킨다. 여기에 그 대상을 찾는 방법적 선택이 중요한 변수로 작용한다. 품위를 이해하려고 할 때, 행동의 경우처럼 실증주의 혹은 경험주의와 같은 특수한 방법에 집착하는 것은 부적절하다.

인식론에서는 그동안 경험주의 이외에도 개념분석, 현상학, 해석학, 구조주의, 변증법 등 다양한 방법론이 제시되어 왔다(장상호, 1997). 각각의 방법은 방법적 특징과 내규에 의해서 대상세계의 어떤 측면은 배제하고 제한한다. 각각의 방법적 관점을 동원할 때, 품위는 어떤 양태로 드러날까? 이에 대한 해명은 이미 ≪학문과 교육(중권 I)≫(장상호, 2005a)의 제4장(4.1)에서 자세하게 제시한 바 있다. 여기서는 요약삼아 각각의 특징과 한계를 재차 검토하고, 교육이 그 한계를 어떻게 극복할 수 있는지를 밝히고자 한다.

우선, 품위는 실증주의적 방법의 대상으로서는 부적절하다. 그 주된 이유는 품위가 심리학이 가정하는 자연현상으로서의 행동 밖에 존재하고 있다는 점이다. 체험은 실증주의적인 경험과 대조되는 개념이다. 품위는 외부로부터 일방적으로 결정되는 것이 아니라 우리 각자의 적극적인 실천활동의 소산이다. 우리는 환경과의 접촉에서 그 환경을 주체적으로 조절하는 모종의 여과장치를 가지고 의도를 개입시켜 설계하고, 집행하고, 평가한다. 이는 자극과 반응의 연합, 혹은 원자적인 행동의 단편적인 누적과 다르다. 어떤 세계에 대한 우리의 체험은 항상 종합되며, 대체로 이전 것의 분화, 새로운 요소의 추가, 그리고 재통합의 과정을 통해 이전 것보다 정교한 체험의 복합체가 출현한다.

모든 품위의 발전에서 이전의 품위가 이후의 품위를 결정하는 데 부분적으로 참여한다. 이후의 품위는 이전의 품위가 남긴 미확정된 부분들을 결정해 나간다. 그러나 이 부분에서도 품위는 경험주의의 인과모형으로 해석될 수 없는 예외적인 특징을 갖는다. 상위품위는 하위품위를 토대로 형성되지만, 일단 전자가 형성된 이후에는 기능적으로 그것은 후자와 독립한다. 더 나아가, 전자는 거꾸로 후자를 자체의 존재적 원리의 통제 아래 둔다. 즉, 품위의 상승은 언제나 이후의 것이 이전의 것을 자기 자신의 계기로 끌어내리면서 발전한다. 인과의 계열과 통제의 방향이 분리되는 것이다. 이런 점들이 품위에 대해 결정주의를 적용하는 데 한계요인으로 작용한다.

높은 품위에 의해서 지배되는 국면은 낮은 품위의 원리로 설명될 수 없다. 이 말은 품차를 가진 선진과 후진 간의 상호 이해가 어쩔 수 없이 비대칭적일 수밖에 없다는 것을 뜻한다. 이 점이 행동의 경우처럼 '조작적 정의'에 의해서 품위를 식별할 수 없는 제약조건으로 작용한다. 살아있는 우리 몸 안에 있는 품위를 우리의 눈으로 직접 관찰하는 방도는 없다. 우리가 관찰할 수 있는 것은 그것의 외면적인 징후이다. 선진과 후진의 비대칭성이 매개되며, 품위의 차이가 있는 두 사람의 눈과 귀는 그 외면적 징후에 대해서 서로 불일치한 증언을 한다. 실증주의자들은 이 중요한 사실을 단지 측정도구의 오류에 포함시켜 간과한다.

품위는 자극과 반응으로 설명되기보다는 표현과 이해라는 과정으로 설명될 것을 요구한다. 우리 내면의 품위는 대부분 언어로 표현되기도 한다. 우리가 앞에서 '품위'를 서양의 '아레테(arete)', 혹은 동양의 '덕(德)'이라는 개념에서 찾으려고 했던 것은 그 좋은 예가 된다. 그것이 추구하는 가치도 세분하여 학문계는 '진(眞)', 예술계는 '미(美)', 그리고 도덕계는 '선(善)'이라는 언어로 대변되는 가치를 추구하는 것으로 되어 있다. 이 외에도 불가(佛家)에서 말하는 '해탈(解脫)', 혹은 유가(儒家)에서 말하는 '인(仁)·의(義)·예(禮)·지(智)' 등 이루 헤아릴 수 없이 많은 언어적 흔적들이 있다. 이 부분에서 이른바 '개념분석'이라는 방법론을 적용할 가능성이 엿보인다. 논리실증주의자들은 우리가 무엇을 인식할 수 있는가 하는 문제는 언어의 한계에 의해서 규정되므로 언어의 의미와 규칙을 분석하면 인식의 문제를 해결할 수 있을 것으로 생각한다.

그러나 이 역시 난제에 봉착한다. 품위와 흔적, 기호, 혹은 언어는 독립적인 것이다. 품위는 우리의 체험구조이다. 체험구조를 갖는다는 것은 그것의 표현을 논리적으로 전제하지 않는다. 언어가 실재하는 외부의 세계를 재현하거나 모사한다는 초기의 분석철학의 가정은 그릇된 것으로 밝혀지고 있다(Rorty, 1979; Saussure, 1959; Wittgenstein, 1953). 엄밀하게 보면, 언표의 구조와 체험의 구조는 별개의 것이다. 이들의 관계는 아무런 필연성도 없는 자의적인 것으로서 늘 불분명한 것으로 남아 있다. 언어의 의미를 결정하는 것은 외부세계의 재현이 아니라 그 언어를 구성하는 것들 간의 차이와 관계에 의해서이다. 이는 용어가, 그것이 쓰이는 맥락에 따라, 전혀 다른 의미를 발생시킨다는 것을 의미한다. 그 맥락의 의미를 규정하는 것은 그것을 구성하는 개별적인 개념에서 나오는 것이 아니라 세계 전체의 구조에서 나오기 때문이다. 이는 '빛'이라는 개념이 물리학, 예술, 종교에서 각각 다른 의미공간에 처하게 되는 이치와 마찬가지다.

사태를 더욱 복잡하게 하는 것은, 그 개별적인 해석의 맥락도 하나의 정태적인 상태로서 고정되어 있는 것이 아니라 역동적으로 변화한다는 점이다. 모든 개념은 다층적인 변천과 개선의 역사가 있기 때문에 평면적으로 이해해서는 안 된다. 수도계의 각 단계에서 이전에 쓰던 용어를 전승할 때, 언어의 용법은 파손되지 않을 만큼의 연속성을 유지하지만, 맥락적 의미가 조금씩 달라져서 시간의 흐름과 더불어 일관된 소통이 불가능할 정도로 의미가 심화되고 변질되는 경우가 많다. 이 말은 명칭의 의미가 계속 변경되고 확장되면서 그 의미의 확정이 계속 미루어진다는 것을 뜻한다. 이처럼 사용하는 용어의 의미는 부단하게 변용, 보충, 대체, 발전의 과정을 거치기 때문에 고정된 근원을 찾는 것은 거의 환상이다.

이런 언어의 속성을 감안한다면, 우리가 쓰고 있는 언어의 의미를 확정지으려는 분석철학의 시도는 처음부터 현실과 유리된 것처럼 보인다. 우선 그들이 가정하는 바는 우리가 앞에서 살핀 언어의 속성을 전혀 무시하고 있다. 언어의 구조나 맥락적 의미는 분석철학사들이 택한 원자주의와 동조하지 않는다. 뿐만 아니라, 형식논리학은 알려진 품위를 되풀이하는 데 이바지할 뿐, 결코 변천하는 양상을 포착하지 못한다. 탐색하는 개념에는 항상 모호함이 있으며, 따라서 모호하면 무의미하다는 분석철학의 가정은 위험하다. 서로 수준이 다른 품위 간에는 패러독스, 아이러니, 논리적인 간극, 비통약성이 나타난다. 그들은 다만 발생적 필연성에 의해서 연속성을 유지할 뿐이다.

언어 속에서 의미를 찾으려고 할 때, 흔히 표현과 해석의 일치를 기대한다. 그런데 이 부분에서 품위의 차이가 나는 선진과 후진은 근본적인 애로에 봉착한다. 발생적 연속선상에 있는 선진의 사고구조와 후진의 사고구조, 그리고 그에 대응하는 언어는 총체적으로 차이가 있다. 선진과 후진은 서로 수준이 다른 기의를 가진 기표를 사용한다고 말할 수 있다. 또한, 그들은 상대의 언어를 자신들의 품위수준으로 번역해 버리는 경향이 있다. 낮은 체험수준 위에 쌓여진 무수한 고급언어들은 그것들의 체험적 의미를 상실하기 때문에, 선진의 품위를 언어적 소통에 의해서 후진에게 전달할 수 있다는 생각은 전도된 착각이다. 선진의 언어는 후진에게는 이해될 수 없기 때문에 이들 간의 합리적인 의사소통은 불가능하며, 불가피하게 오해가 발생할 수밖에 없다. 그들 사이에 소통이 가능한 경우는 두 가지일 것이다. 하나는 선진의 언어를 후진의 수준으로 낮추는 것이고, 다른 하나는 후진이 자신의 사고와 언어를 포기하고 선진의 것에 일치하는 방향으로 변하는 것이다.

언어의 습득과 그 언어가 나타내려고 하는 체험의 습득은 다른 것이다. 아무리 언어를 앵무새처럼 흉내낸다고 해도 품위는 형성되지 않는다. 체험과 더불어 언어를 배우는 것이며, 그 역은 성립하지 않는다. 품위는 언어로 표현될 수 있지만, 그 언어가 바로 품위는 아니다. 품위의 의미는 그것을 전달하려는 언어와는 무관하게 체험으로 존재하며, 언어작용에 좌우되지 않는다. 특정한 품위가 무엇인지를 알기 위해서는 그것을 체득하지 않으면 안 된다. 그런 체험과정을 생략한 채 정의되는 품위는 아무런 의미도 없다. 설사 말로 설명할 수 있는 체험이 있다고 하더라도 그 말을 주고받는 사람들 간에 공통의 체험이 있을 때에야 비로소 말은 의미를 주고받는 소통의 수단이 될 수 있다. 이런 경우에, 비로소 언어를 통해서 그 세계의 삶의 형식에 대한 이해도 가능하게 될 것이다.

정신적인 것까지도 자연과학적 방법으로 계량화하고 자연의 속성으로 환원시키려는 소박한 자연주의 혹은 심리학주의에 대한 경고에서 출발한 것이 현상학이다. 현상학은 인식대상의 본질을 구조로서 규정하고 전체를 파악하고자 한다. 이 부분은 실증주의의 원자적 사실에 대한 규명의 원칙과는 대조되며, 품위가 체험구조의 형태를 띠고 있다는 점과는 일치한다. 구조 밖의 것은 품위의 의미에서 제외된다. 주로 의식에 의존하는 현상학적 방법에서 개별적인 체험들은 산발적인 집적이 아니며, 체험들은 하나의 통일된 지향적 목적에 의해 지배를 받는다. 마찬가지로, 품위는 개별적인 요소로 환원될 수 없는 하나의 단일한 대상이라는 특징을 가지며, 그것의 형성은 구성과 종합이라는 활동을 요구한다.

현상학에서 말하는 현상은 나타냄을 말한다. 품위의 현상학적 특징은 그것의 실재성이 그것을 구성하는 과정에서 드러난다는 점이다. 현상으로서 품위는 객관적인 증거로서가 아니라 인식 주체의 명증성에 의해서 그 실재성이 입증된다. 품위는 그것을 구성하는 하위의 경험들이 구비되면서 하나로 완결되었을 때, 우리의 의식에 불현듯 나타난다. 품위를 실현시키는 주체는 구조의 변형을 형성하는 순간, 이전에는 체험하지 못했던 해당 수도계의 더 높은 수준과 접촉한다. 이 순간은 "아하, 그렇구나!" 하는 감탄을 유발시키는 주체적 자각에 의해서 확인된다. 이것이 바로 흔히 말하는 '깨우침'에 해당하는 부분이다.

현상학은 의식으로 떠오르는 품위의 측면을 밝힌다는 점에서 공로를 인정받아야 하지만, 그 한계 역시 지적되어야 한다. 자연주의와 경험적 심리주의를 극복하려는 현상학은 유감스럽게도 자연법칙에 구속되지 않는 의식에 대한 집착에 사로잡혀 있다. 이 때문에 품위의 내용이 단지 의식작용의 일부로만 파악될 수밖에 없다. 그러나 품위의 내용에는 의식적인 것만이 아니라, 점유자의 의식에 의해서 사유되지 않는 배경으로서의 체험이 있다. 이것은 비단 인지적인 경험뿐만 아니라, 정서적이고 가치에 관련된 경험들을 포함한다. 품위는 하나의 체험의 형태로서 의식으로 환원될 수 없는 그 나름의 풍부한 내용을 가진다.

현상학적 방법과 마찬가지로, 해석학은 인문과학의 영역에서 자연과학적 방법을 극복하기 위한 대안으로 출현하였다. 이는 기본적으로 정신세계를 표현한 제반 '텍스트(text)'는 자연현상과는 달리 원인과 결과라는 경험주의적 도식으로 설명될 것이 아니라, 이해될 성질의 것이라는 점에 착안한다. 해석학은 더 나아가, 우리가 진리에 접하려면 우리 안의 모든 선입견을 제거해야 한다는 현상학적 방법의 엄격성을 벗겨나가고 있다. 해석학은 해석에서 선입견이 단지 피해야 할 것이 아니라 오히려 전제되어야 할 것임을 주장한다. 또한, 이 방법은 내면의 품위가 외부로 표현되었을 때 해석의 차이를 어떻게 처리할 것인가라는 문제에서 보다 진전된 고민과 배려를 포함하고 있다.

품위는 자연적인 속성이 아니라 우리가 창조해 낸 작품에 해당한다. 품위는 감추어진 보물과 같다. 이는 언어·문장·몸짓·예법·행적 등을 통해 외부로 나타날 수 있다. 각종의 수도계는 그들 나름의 발전의 역사가 있고, 그 역사에는 그런 외적 단서가 쌓여 있다. 이들은 분명 물질적인 것이다. 이들의 의미를 제대로 해석할 수 없는 사람에게 그것은 의미 없는 사물로 방치된 상태에 머물 수도 있다. 품위를 이해한다는 것은 그것이 드러내고자 하는 의미체제에 진입하는 것이다. 해석학적 작업은 텍스트의 개별적인 부분들을 전체와 통합시킬 수 있는 해석을 찾는 데 주력한다. 그 해석을 위해서 해석학은 현상학에 의해 강조된 '의식'보다 훨씬 포괄적인 체험의 개념을 강조한다.

언어로 표현된 품위가 모든 사람들에게 똑같은 의미로 해석되리라고 가정한다면 그것은 잘못이다. 어떤 경우의 해석이든 체험에 기초를 두고 있어야 한다는 원칙이 적용되어야 한다. 체험의 의미는 그것을 이루는 요소들의 전체적인 맥락 안에서 발생한다. 해석학에서는 이해를 위한 일반 사람들의 체험적 기반을 문화나 역사의 공통적 체험에서 찾는다. 그러나 공통체험에 대한 가정은 근원적인 문제를 갖고 있다. 현실적으로 그 가정이 적용되는 경우는 흔한 일이 아니다. 이미 사멸한 역사적인 인물들의 텍스트와 현존하는 우리들, 그리고 현대라는 같은 시점에서 호흡하고 살지만 품위의 위계에서 차이가 있는 사람들이 공존하고 있다.

품위의 위계가 다른 선진과 후진 사이에는 공통된 체험의 기반이 없다. 이 때문에 후진이 선진의 품위를 반영하는 텍스트를 이해하는 것은 불가능하며, 그들 간의 품위 차이가 클수록 해석에서의 오해와 불일치의 간격은 더욱 커지게 된다. 이런 상황을 모면하는 방법은 후진이 자신의 품위는 접어두고 선진의 텍스트를 정당하게 해석할 수 있을 정도의 체험의 성숙을 기다리거나 그 성숙에 도달하도록 별도의 노력을 기울이는 것이다. 그것이 이루어지는 시점에서 비로소 후진은 선진의 텍스트를 그 충만함 그대로 이해할 수 있게 될 것이다. 이 점에서 해석학은 체험의 간극을 보충하는 별도의 과정을 전제하거나 요구한다.

여기에도 애로가 있다. 근래에 각광받고 있는 구조주의는 세계를 바라보는 하나의 관점으로서 일견 무질서하게 산재해 있는 것처럼 보이는 것들의 이면에 있는 하나의 통일성을 포착하고자 한다. 하나의 세계는 하나의 유형으로 되어 있고, 그 유형 안의 부분과 전체가 서로 그 의미를 구성하는 데 참여한다. 이런 원칙은 사실 현상학과 해석학에서도 가정된 것이기 때문에 새삼스러운 것은 아니다. 현상학에서 대상의 본질을 구성할 때 경계 밖에 있는 어떤 것을 끌어들이지 않는다는 방법적 가정이 포함되어 있다. 마찬가지로, 해석학에서도 텍스트를 해석할 때 그것의 내적 부분들 상호간의 관계성을 배려하는 원칙이 세워져 있다. 우리는 그 부분을 품위의 형성이나 그에 대한 해석의 작업에서도 존중해야 함을 지적하였다.

품위의 평가에서는 실증적 원자주의가 통할 수 있는 여지가 전혀 없다. 품위는 세부적인 요소를 가지며, 그 요소가 전체를 이루어 통합적인 구조를 형성한다. 이 때문에, 구조를 그 요소의 산술적인 합으로 보아서는 이해하기 어렵다. 각 요소는 그 이외의 요소, 그리고 그것이 속한 전체에 비추어 의미를 갖는다. 이 점에서 품위는 해당되는 수도계에 대한 우리 내면의 소우주에 해당한다. 이때, 두 가지 측면이 고려되어야 한다. 하나는 종류의 차이가 나는 횡적 상대성이고, 다른 하나는 각 종류에서 수준의 차이가 나는 종적 상대성이다. 그 가운데 후자, 즉 품위의 발전적 이행의 과정에서 선진과 후진의 차이를 어떻게 극복하느냐 하는 것이 그들 사이의 올바른 이해에서 관건이 된다.

하나의 특수한 체험구조로서 품위는 해체와 재구성을 거치면서 부단히 발전되어야 할 것으로 기대된다. 어떤 가치기준의 방향을 따라 품위의 구조가 해체되고 재통합되면서 점진적으로 질적인 변화를 일으킨다는 것을 설명하기 위해서는 발전의 단계라는 개념이 불가피하게 요구된다. 품위의 변화는 기본적으로 구조 안에 있는 요소들 간의 관계의 변형으로 설명된다. 각 발전의 단계에서 품위의 개별적인 요인들은 서로 간에, 그리고 그것과 전체 간의 관계에 의해서 최선의 중용과 균형을 유지하고 있다. 그러나 우리는 외부의 세계를 직접적으로 경험할 수는 없지만, 그것과 상호작용하고 있기 때문에, 불가피하게 우리의 경험내용에 불균형이 일어난다. 그것에 새로운 요소가 추가되거나 제거되거나, 혹은 수정되거나 생략되는 경우, 그것은 기존의 균형을 파괴하거나 혹은 관계 전체에 변화를 일으키고 다시 균형을 유지하는 변환의 절차를 밟는다. 이런 변화는 실증주의에서 말하는 인과관계에 의한 설명과는 전혀 다른 종류의 설명을 요구한다는 점에 유의해야 한다.

품위가 발전하는 각 단계마다 나름의 구조는 완성되지만, 그 완성은 결코 완전하다고 말할 수는 없다. 각 단계마다 그 나름의 문제가 발생하며, 그것이 해소되면서 다음 단계에 도달한다. 이는 품위의 평가에서 '정답'과 '오답'이 적용될 수 없다는 것을 의미한다. 이것은 이른바 '과학적 지식'에도 그대로 적용된다. 우리가 좀 더 완화된 의미로 '정답'의 개념을 쓸 수 있다면, 각 단계의 품위는 그 단계의 기준에 비추어 '정답'이라고 말할 수 있다. 선진과 후진은 질적 수준이 다른 '정답'을 가지고 있으며, 그것은 서로 상충한다. 선진과 후진은 단지 요소들의 과다에 의해 차이가 나는 것이 아니라, 조합과 결합의 방식에서 차이가 있다. 그렇다면, 그들 간에 어떤 방식으로 품위상의 구조접속이 이루어질 수 있는가? 이에 대한 해답은 이전의 품위가 이후 것의 토대가 되면서 필요한 만큼 반복해서 품위가 해체되고 정립되는 발생적 단계를 거치는 데에 있다.

이런 특징은 변증법적 방법과 일면 통할 수 있는 부분이다. 변증법은 우리에게 품위의 운동, 변화, 발전의 과정을 이해할 수 있는 유용한 직관을 허용한다. 변증법은 모순, 불일치, 불합리함을 수용하지 않는 형식논리를 벗어나서 그것들을 자체의 논리 안에 도입함으로써 이 문제를 해결하고 있다. 그것이 바로 '지양(止揚; Aufhebung)'이라는 과정이다. 이 개념은 모순 이전의 정립과 모순이 지양된 정립에서 후자가 진화된 형태인 것으로 규정한다. 이런 논리는 적어도 각 분야의 발전을 합리적인 과정이나 형식논리를 가지고 설명하려 했던 인식론의 한계를 벗어나고 있다. 새로운 진리가 등장하면서 과거의 것이 오류로 판명되어 소멸되는 끝없는 과정을 가리켜, 헤겔(Hegel, 1808)은 '박커스 축제에서의 도취경'이라고 하였다. 이와 같은 도취경에 의해서 수도계는 미리 규정된 최종적인 목표가 없이도 그것을 추구하는 주체의 선택에 의해서 발전의 방향이 조정될 수 있다.

품위의 이해와 관련하여, 변증법은 적어도 두 가지 중요한 시사를 준다. 하나는 한 단계의 품위가 붕괴되고 새로운 품위로 전환될 때, 이전과 이후의 것은 각자의 관점에서 볼 때 비합리적일 수밖에 없다는 사실이다. 이는 선진과 후진이 상대의 품위를 이해하려고 할 때, 아리스토텔레스의 논리에 따르는 합리성의 한계를 벗어나야 한다는 것을 함축한다. 다른 하나는 모든 품위의 평가에서 그 절대성을 가정할 수 없다는 것이다. "이 품위는 옳은 것인가 그른 것인가?"라는 질문은 적절하지 못하다. 품위의 위계는 생성의 흐름 속에서 체험된다. 한때 옳다고 믿었던 품위가 수정되고 다음의 품위가 나타나며, 발전은 바로 그렇게 계기하는 명증들의 재파악이며 정정에 해당한다.

완전한 품위를 소유한 사람은 이 세상에 존재하지 않는다. 그것을 주장하는 사람은 자신의 한계를 모른다는 점에서, 역설적으로 불완전하다고 할 수 있다. 개인은 항상 자신의 부족함을 느끼고 보다 높은 품위에 이르는 도정에 있다. 완전한 형태는 누구에게나 아직 성취된 것이 아니기 때문에 어떤 것도 개정과 수정으로부터 자유로울 수 없다. 품위는 한 단계에서 완성될 수는 있어도 완전할 수는 없다. 이 점에서 각 품위는 그 안에 모순과 부정의 요소가 포함되어 있다. 아무리 높은 품위라 하더라도, 그보다 높은 품위에 비교하면, 토대에 지나지 않는다. 아래 품위에 대해서는 위쪽에 있지만, 위쪽의 것에 비해서는 아래에 속하는 것이다. 이 때문에 자연인 김은 비교의 서섬을 어디에 두느냐에 따라, 선진이 될 수도 있고, 후진이 될 수도 있다.

상대적인 수준 차이가 있는 선진과 후진이 서로의 품위를 이해한다고 할 때, 변증법이 시사하는 구체적인 실천은 무엇인가 하는 문제가 남는다. 이 부분에서 변증법은 정-반-합이라는 사유의 형식을 밝혔을 뿐, 어떤 구체적인 활동과 절차가 그 안에 포함되어 있는지는 해명하지 않는다. 대부분의 철학자들은 그런 경험이 일어나는 장으로 대화를 생각하였다. 대립된 의견들의 토론을 거쳐 서로 모순되는 것을 비교함으로써 진리에 이른다는 식의 처방인 것이다. 여기서는 주로 물음과 답변으로 구성된 대화 · 토론 · 논증 · 논박 · 설득 등과 같은 언어적 활동이 진행된다. 이 부분은 개념분석의 방법에서 가정한 형식논리에 의한 소통보다 더 복잡하다는 점에서 진일보한 면이 있다.

그러나 여기에도 철학의 전통에서 비롯하는 특유의 낙관과 한계가 있다. 선진과 후진이 품위의 일치를 이루게 되는 것은 논증이 아니라 관련된 체험의 추가와 수정에 기인한다. 흔히 진정한 의미의 대화를 처방할 때, 상대방을 자신과 동등하게 자기 반성적이며 자율적인 타자로 인정하기를 요구하는데, 그 동등함에 대한 가정을 선진과 후진에게 적용하는 것은 부당하다. 그들은 품위의 면에서 동등하지 않다는 사실을 인정하고, 그 차이를 줄여 주관적인 합의와 동의에 이를 수 있는 방안을 찾는 것이 불필요한 갈등과 낭비를 줄이는 실천방안이 될 것이다. 대화는 설사 아리스토텔레스적인 논리를 넘어서서 헤겔적인 것에 따른다고 하더라도, 선진과 후진 사이에 존재하는 체험의 단절을 해소하기에는 불충분하다.

대화가 제대로 이루어지려면, 결국 그들의 언어가 갖고 있는 수준의 차이를 메울 수 있는 체험의 축적과 변형이 일어나야 한다. 그것을 가능하게 하는 것이 다음에 살피려는 교육적 방법이다. 이것은 교육이 가진 독자적인 구조와 내재적 속성에서 비롯하는 방법으로서, 품위에 대한 이해나 평가는 교육을 통해 제반 인식론의 범주를 벗어나 독자적으로 이루어질 수 있음을 시사한다. 이 부분은 '교육의 과정과 품위의 평가(3.4.4)'라는 별도의 소절에서 해명될 것이다. 차츰 밝혀지겠지만 교육적 방법은 품위에 대한 선험적 가정, 실천을 통해 그것을 실현시키는 구체적인 절차, 그리고 가치의 공환에 의한 개인 상호간의 검증이라는 독특한 특징을 갖는다는 점에서 위의 어느 것들과도 구분된다. 더욱 놀라운 것은, 변증법을 포함하는 모든 인식의 방법에서 이 요소들이 배제되거나 간과되는 것만큼 그것들이 불완전할 수밖에 없다는 주장도 성립한다는 점이다.

3.4.3 품위의 두 가지 가치론적 측면

앞에서 품위라는 실재를 접하는 데에 적용할 수 있는 인식론적 특징을 살펴보았다. 그 논의만으로 품위의 평가를 말하는 것은 불충분하다. 그 실재에 가치를 부여함으로써 비로소 평가가 완료된다. 이제 교육이라는 특수한 영역에서 품위에 적용할 수 있는 가치기준의 선택에 관한 문제를 다루어야 한다. 단순히 '바람직하다'는 일반적인 이유를 들어 가치 선별에 별다른 엄격함을 보이지 못한 이전의 '교육평가'를 우리는 지양해야 한다. 하나의 사실로서의 품위는 입장에 따라 그 평가가 뒤바뀐다. 한편에서 높이 평가받는 품위가 다른 편에서는 낮게 평가받을 수 있다.

가치기준은 참으로 다양하다. 원칙으로 보면, 품위는 그것이 속한 수도계의 내재적 가치에 의해서 평가받는 것이 가장 적합하다. 그러나 품위는 내재적 가치뿐만 아니라 외재적 가치도 갖는다는 점이 사태를 복잡하게 만든다. 가령, 우리 주변에서 흔히 듣는 '쓸모 있는 지식'이라는 말은 내재적 가치를 배제한 극히 외재적인 평가이다. 여기에 세속적인 가치가 개입하는 것은 자연스럽다. 이때 그 쓸모에 대한 평가는 이를테면, 정치적인 이해관계, 경제적인 소득, 사회적인 선발 가운데 어느 것을 중시하느냐에 따라 다르기 때문에 서로 미묘한 갈등이 일어날 수 있다.

우리는 편의상 품위의 세속적 가치는 일단 여기서 접어두고, 품위의 평가와 관련하여 수도계의 입장과 교육계의 입장이 어떻게 다른가를 살피려고 한다. 논자는 수도계의 관행과 교육의 편성은 서로 독립적인 것임을 초지일관 밝혀 왔나. 이와 관련하여 적어도 두 가지 상이한 가치론적 입장을 적용해 볼 수 있다. 하나는 교육이 품위를 향상시키는 도구로서 얼마나 공헌하느냐 하는 부분이고, 다른 하나는 그 반대, 즉 품위가 얼마나 교육을 위한 도구로서 가치를 갖는가 하는 것이다. 이 때문에 우리가 앞에서 '교육평가의 제반 국면(3.3)'을 다룰 때 적용한 분류를 따르면, 전자는 교육의 기능의 평가라는 항목에 소속되며, 후자는 교육 여건의 평가라는 항목에 소속된다고 볼 수 있다.

품위의 평가와 관련하여 이 두 가지가 어떻게 다른 종류의 것인지를 이제부터 차근차근 살펴보기로 하자. 여기에는 갈등과 조화의 측면이 공존한다. 그 양태를 드러내기 위해서 전반부에서 먼저 교육의 기능평가라는 측면을 다루고, 후반부에서 교육 여건의 평가라는 측면을 다루게 될 것이다. 이런 관점은 교육이 진행되는 모든 생활공간에 적용될 수 있다는 점은 말할 필요가 없다. 그러나 본 소절은 그 논의의 구체성을 살리기 위해서 그 사례를 주로 학교의 사태와 관련하여 진행시키도록 하겠다.

논자는 이전의 '교육평가'가 가치선택의 면에서 거의 맹목이라는 혹독한 비판을 한 바 있다. 단지 외부에서 주어진 기준과 관행을 기술적으로 지원하는 현상유지의 세력으로 작용하고 있다. 무반성적 관행은 품위의 경우에도 마찬가지로 전개된다. 교육은 품위를 향상시키는 수단이라는 관점이 지배적이었다. 말하자면, 수도계의 내재적 가치에 비추어서 교육의 잘됨과 못됨을 평가해 온 것이다. 그러나 여기서 우리는 각 수도계마다 서로 다른 내재적 가치기준이 있다는 점을 상기해야 한다.

인간성의 폭이 허용하는 것만큼 품위의 종류는 다양하다. 서양에서 분류하는 진, 선, 미의 가치는 각각 학문, 도덕, 예술의 세계를 창출하였으며, 각 세계가 서로 다른 만큼 그것을 체험하는 품위의 종류는 횡적으로 확장된다. 학문의 세계는 다시 분과학문으로 나뉘고, 각각에서의 지식의 종류 역시 더 세분된다.[22] 예술은 다양한 장르로 구분되며, 도덕 역시 그것이 적용되는 영역에 따라 다양화된다. 학문, 예술, 도덕 이외에도 동양에서는 이름을 붙이기 어려운 많은 종류의 품위를 가진 다양한 '도(道)'의 세계를 인정했다. 우리의 삶에서 중요한 영역을 차지하는 각종 스포츠와 취미도 서로 다른 종류의 품위를 추구한다. 이때 교육을 활용하는 기회의 확보와 관련하여, 각종 수도계 사이에 그 우선순위의 갈등이 일어날 수 있다.

그 갈등 양태는 학교라는 제한된 공간에서 쉽게 드러난다. 각 수도계의 입장에서 볼 때, 학교교육은 자신들의 목적을 달성하는 유망한 수단이 될 것이다. 학교는 그 모든 요구를 수용할 수 없기 때문에 그중 어떤 것을 탈락시키고 다른 것을 포함시키는 것이 불가피하다. 학교에서 '중요한 교과목'과 '중요하지 않은 교과목'을 구분할 때, 또 다른 가치기준이 작용하는 것은 이 때문이다. 학교에서 어떤 교과목을 선택하느냐의 문제는 결국 교육의 문제라기보다는 서로 다른 수도계 간의 헤게모니의 분쟁에 해당한다. 그 동안 교육 고유의 가치에 대한 고려가 전혀 없는 학교 상황에서 수도계의 가치가 가장 큰 지위를 향유해 왔다. 우리나라 근대학교의 헤게모니는 주로 서구학문에 의해서 장악되었으며, 그 밖의 수도계는 겨우 '특별활동(extracurricular activities)'의 범주에서 명맥을 유지하고 있는 것이 현실이다. 물론, 학문을 배경으로 한 교과들의 경우조차도 분쟁이 끊임없이 일어나고 있다.

---

22) 여기서 세분된다는 말을 이해하는 데 있어서 경험주의적 원자주의를 연상해서는 안 될 것이다. 품위는 체험구조의 형태를 취하기 때문에 원자주의의 범위를 벗어난다. 다만 여기서 강조하는 것은 총체적 체험을 가능하게 하는 대상 혹은 세계가 다양하다는 의미이다.

가치기준의 면에서 다양한 품위의 종류는 그 나름의 품위수준을 갖는다. 각 수도계에서 품위는 그 자체로 고정되어 있는 것이 아니라, 탁월성의 기준에 따라 끊임없이 변화하면서 그것이 허용하는 깊이만큼의 서로 다른 수준을 만들어 낸다. 이들은 대개 피라미드의 위계를 만들며, 그중 한 단계 위의 품위가 그 이하의 모든 품위를 제압하는 방식으로 진행된다. 이처럼 소수의 정예에 높은 점수를 주는 수도계적 가치평가체제는 올림픽 등위를 판정하는 방식에 잘 반영되어 있다. 순위결정에서 하나의 금메달이 수많은 은메달을 능가한다. 마찬가지로 동메달은 그 수가 아무리 많더라도 은메달 하나만의 가치보다 못하게 평가된다.

학문계에서 하나의 훌륭한 이론이 그보다 열등한 수천, 수만의 이론보다 더 높은 평가를 받는 것도 이런 논리와 이치에서이다. 한 시대의 최고 이론에 비추어 여타의 낡은 것은 폐기처분된다. 이 기준에 따라, 오늘날 아리스토텔레스의 물리학은 틀린 것으로 판정받는다. 그렇게 일단 판명된 지식은 그 효력이 정지된다. 각 분과학문의 공동체별로 각종 경연과 발표회를 거쳐서 이루어지는 이런 가치판정방식은 소수의 성공과 다수의 패배를 만들어 낸다. 그 다수는 선단의 품위를 획득하기 위한 준비 과정을 밟는 것으로 간주된다.

오늘날 학문의 가치가 지배하고 있는 학교교육은 그 원칙에 따라 진행된다. 이전의 지식을 배제하고 그 자리에 최신의 지식으로 대체하는 교과서의 개편이 이루어진다. 학교는 새로운 교과서의 내용에 따라 일률적으로 운영된다. 교과의 지식을 철두철미하게 습득하는 것이 학교교육의 목표가 되며, 그 성과가 바로 '성적'에 해당한다고 볼 수 있다. 학문의 최고 수준을 기준으로 하는 정답과 오답의 이분법적인 기준을 따른다. 말하자면, 적어도 학교에서 사용되는 교과서는 학문의 첨단의 지식이 반영된 것으로 간주되며, 그 기준에 따라 교육의 성패를 판가름한다.

이른바 '입시위주교육'은 여기에 세속적 출세라는 가치기준이 가미된 결과로 볼 수 있을 것이다. '초등교육'에서부터 '고등교육'에 이르기까지 상위학교에 진입하는 학생들의 숫자는 점차 축소된다. 이에 따라 대학이 정상에 위치하며, 여타의 학교는 그것에 진입하는 수단이라는 위치로 떨어진다. 이런 가치선택에서 대학이 요구하는 지식을 갖추거나 그 요구에 쉽게 적응할 수 있는 학생들이 선발되며, 그 기준에 일치하려는 경쟁이 불가피해진다. 그 경쟁에서 성공한 학생과 낙오한 학생에 대한 평가는 극명하다. 전자는 교육의 승리자이며, 후자는 교육의 패배자에 속한다.

이런 종류의 평가, 즉 교육을 품위를 향상시키는 수단으로 보고, 그중 최근의 지식을 그 평가의 일률적인 기준으로 삼는 학교 안에서 누가 승자가 되고 패자가 되느냐 하는 것은 비교적 자명하다. 학문본위의 학교교육의 편성으로부터 학문적 소질과 적성을 가진 학생이 유리하고, 다른 분야의 적성을 가진 학생은 상대적으로 불리하다. 또한, 학문에 소질이 있다 하더라도, 교과서의 내용에 부합할 정도의 우수한 지능을 가진 소수의 학생이 학교교육으로부터 큰 도움을 받는다. 대다수의 학생들은 오직 그들의 승리를 위한 패배의 비교준거로서만 의미를 갖는다.

앞선 선진과 뒤진 후진이라는 수도계적 범주나 차원이 의식의 전면에 부각되어 그들 사이의 경쟁이 이루어지는 사태는 우리가 말하는 교육의 놀이라는 맥락과는 동떨어져 있다. 누차 강조했듯이, 교육은 경쟁이 아니라 협동의 논리를 따른다. 높은 점수를 위해 개인과 개인, 학교와 학교가 경쟁하는 것은 그들 사이의 교육적 교섭과 협력을 파괴한다. 더 높은 점수를 따져 보상이 주어지면, 학생, 교사, 혹은 학교 간에 빈익빈 부익부 현상을 유발한다.

그러나 그런 현상은 평가의 일면을 드러내는 것에 불과하다. 본위의 선택과 입장에 따라 평가는 뒤바뀐다. 이제 품위를 교육을 위한 수단이라는 관점에서 평가하는 방식으로 입장을 바꾸고, 같은 사태를 두고 좋고 나쁨이라는 판단이 어떻게 달리 규정되는지를 대조해 보기로 하자. 그것이 바로 '교육의 여건'이라는 범주 안에서 품위의 가치를 평가하는 양상에 해당한다. 학교에서 실시해 왔던 '교육평가'[23]의 관행에서 거의 도외시된

23) 지금의 '교육평가'는 사실상 '학교평가'에 해당한다는 점을 상기할 필요가 있다.

이 미묘한 부분은 '세속계'나 '수도계' 중심의 평가체제를 진정한 의미의 교육평가로 전환시키고 보완하는 관점의 추가라는 특별한 의미를 갖는다.

나무의 높이를 기저 부분을 재지 않고 단지 말단만을 측정한다면, 높은 산의 정상에 있는 손가락만한 나무도 산보다 높은 것으로 평가받을 수 있다. 그런데 교육은 우리 모두가 협력하여 품위를 탐색하는 것을 과제로 삼는다. 교육에서는 얼마나 높이 오르느냐보다는 그 토대와 과정에 얼마나 성실하게 임하느냐 하는 것에 근본취지가 있다. 이 때문에 평가의 관건은 품위의 결과보다는 그 진전과정이 얼마나 그 고유의 내재율에 충실한가에 주어진다.

수도계의 내재가 교육의 외재이며, 교육의 내재가 바로 수도계의 외재이다. 여기에는 전자의 입장에서 후자의 입장으로 그 본위가 바뀌는 전환을 논의하고 있다. 이 부분에서 교육목표에 대한 앞서의 입장에 전면적인 전환이 이루어져야 한다. 우리는 여기서 앞 소절(3.2.2)에서 강조했던 것, 즉 교육의 내재적 가치는 수도계의 가치와는 독립적이라는 점을 다시 상기할 필요가 있다. 수도계의 각 단계에서 진행되는 교육은 그 자체의 구조와 내재율을 가지며, 그 활동의 내재적 가치는 바로 그 자체에서 나온다. 이제 품위는 교육의 놀이를 증대시키기 위한 수단이라는 관점에서 그 가치가 인정된다.

내재의 규정을 받는 세계에 따른 특별한 가치변별이 필요한데, 이제까지의 '교육평가'에서는 교육의 고유한 가치규정이 거의 전적으로 무시되거나, 혹은 가치전도의 편향을 보여 왔다는 것을 지적한 바 있다. 지금의 단계에서 분명하게 밝혀야 할 것은 수도계의 품위가 교육의 본질적인 부분을 구성하지 못한다는 사실이다. 품위는 교육을 성립시키는 하나의 외재적 조건일 뿐, 교육 자체라고는 할 수 없다. 보다 정확하게 말한다면, 교육을 본위로 할 때, 품위는 그 종류와 수준을 불문하고, 단지 교육을 위한 소재(素材)로서의 가치를 가질 뿐이다.

교육에 대한 유리한 여건을 조성하는 하나의 방법은 다양한 종류의 품위를 소재로 인정하는 것이다. 이 주장은 언뜻 생소해 보이지만, 면면히 이어온 인류의 역사적 사실에 근거하고 있다. 동서고금을 통해서 교육은 학문뿐만 아니라, 예술과 각종 기예를 포함하는 다양한 종류의 수도계와 더불어 공존해 왔다. 무수한 인간들이 교육을 체험했으며, 우리 역시 그들의 품위를 소재로 하여 교육을 다시 체험하고 있다. 우리는 다양한 종류의 수도계에서 진행되는 교육에 같은 비중을 부여해야 할 것이다.

이 점에서 학교에서 중요한 과목과 중요하지 않은 과목을 나누는 것은 교육 외적인 이해관계를 반영한 것으로 보아야 한다. 그 모두를 포용하는 것이 교육에 유리하다. 그럼에도 불구하고, 교육학자들은 전문성을 내세워 그중 편향된 입장을 취하는 경향도 엿보인다. 그들 가운데 일부는 교육의 가치를 서구의 학문적 가치와 동일시하고, 전자를 후자의 것으로 환원시키는 착오를 범하고 있는 듯하여 안타깝다.[24] 오늘날 지나치게 서구적인 것에 치우치고 있는 학교의 이면에는 이런 편향된 범주착오가 은연중에 하나의 정치적 세력으로 작용하고 있는 것이다.

교육 여건으로서 품위를 평가할 때, 특별히 유의해야 할 또 하나의 중요한 항목은 그 수준이다. 교육은 목적이나 활동의 면에서 최고의 품위를 달성하려는 작업이 아니다. 교육의 놀이는 품위의 수준에 관계없이 언제 어디서나 그것에 성실하게 참여하려는 모든 사람들에게 열려 있다. 일정 수준의 품위를 교육의 전제조건으로 삼는 것은 불성실할 뿐만 아니라 불가능하다. 그것은 참으로 임의적인 것이고, 교육이 실현하려는 가능성에 비추어 그 내용의 범위가 너무도 제한적이다. 그렇게 무리한 가정을 하거나 불성실을 위장하지 않고도 우리는 얼마든지 교육을 논의하고 실천해 나갈 수 있다.

교육의 입장에서 품위의 가치는 결코 그 절대성에 있지 않고 얼마나 교육 내재적인 체험을 구현할 수 있느냐에 있다. 교육에서는 품위의 절대성보다는 상대적인 서열이 고려되지만, 후자의 경우조차도 교육적 교섭을

---

24) 이 점에서 일부의 교육학자들(이홍우, 1985; Hirst 1974; Peters, 1966)이 교육의 가치를 서구의 학문적 가치로 환원시키려고 하는 것은 범주착오에 해당한다. 그들은 결코 교육의 내재적 가치를 대변하거나 옹호하는 것이 아니다.

위한 하나의 방편에 불과하다. 각 단계의 교육의 수레바퀴가 내재율에 충실하게 돌아가고 있는가 하는 것이 관건이다. 각 품위에서 이루어지는 교육은 그 품위의 수준에 상관없이, 교육다운 경험을 끌어내는 데 이론상 동일한 가치를 가질 수 있다.

이는 수도공동체에서 최고급의 품위를 가장 가치 있는 것으로 규정하는 가치규정과 독립적이며, 때로는 서로 상충한다. 오늘날 학교의 위계를 '초등교육', '중등교육', '고등교육'으로 나누는 데에는 주로 수도계, 그중에서도 학문의 가치라는 편중된 가치선택이 반영되어 있다. 그것은 앞에서도 지적한 바 있지만, 결코 교육에 대한 배려에서 나온 것이 아니다. 교육 외적 요인이 교육에 너무도 큰 자장으로 작용하고 있는 상황으로 보아야 한다. 소재의 면에서 낮은 수준의 품위를 가지고 높은 수준의 교육을 체험할 수 있다. 이 때문에 품위를 그 높이에 비중을 두어 평가하게 되면, 교육의 소재로서의 가치는 그만큼 손상될 위험에 처한다.

어느 품위를 소재로 하든지 간에 교육활동은 상구자의 현재의 품위에서 시작하여 다음 품위에 진입하는 것을 반복한다. 각 단계의 교육활동을 활성화시키는 품위, 그리고 흐름의 체험을 보장하는 품위는 그 수준이 어떤 것이든지 상관없이, 수없이 반복할 만한 교육적 가치를 내포하고 있다. 이렇게 입장을 바꾸고 보면, 최고의 품위에 비추어 낡은 것을 폐기처분하는 수도계의 오래된 관행과 그 관행에 일치하려는 교과서의 개편은 재검토되어야 할 부분이다. 교육은 목적이나 활동의 면에서 최고의 품위를 재생하려는 작업이 결코 아니다. 오히려 수도의 역사에 있었던 인물들의 상구와 하화의 경험을 각 수준에 해당하는 품위를 소재로 하여 재체험하려는 것이다.

비록 학문계에서 낡은 지식으로 판정받은 것이라 하더라도, 그것을 창안했던 사람들의 교육적 체험과 활력을 재생하는 데 효과를 발휘할 수 있다면, 그것은 훌륭한 교육의 소재로 평가받아야 한다. 학문의 입장에서 평가할 때, 오늘날 아리스토텔레스의 물리학은 틀린 것으로 볼 수 있다는 점을 앞에서 지적했다. 그렇다고 해서, 그 지식이 모든 부분에서 전혀 쓸모없는 것이라고 판단하는 것은 잘못이다. 신화의 세계 속에 살았던 당시의 사람들에게 아리스토텔레스의 지식은 참신한 교육의 소재였다. 현재에도 당시의 수준에 머물러 있는 사람이 매우 많다. 그들에게 아리스토텔레스의 물리학은 최첨단의 물리학보다 교육의 소재로서 더 좋은 가치를 지닐 수도 있다.

품위의 차이 안에서 교육의 놀이가 이루어진다. 따라서 일정 수준을 기준으로 사람들을 교육에서 배제하는 것은 교육 여건의 면에서 결코 높은 평가를 받을 수 없다. 자연인 을은 갑에 비해서는 후진이지만, 병에 비해서는 선진일 수 있다. 이때, 이들은 서로를 상대로 품위를 순환시킬 수 있다. 상구할 필요가 없을 만큼 높은 품위를 가진 사람도 없으며, 하화할 여지가 없을 만큼 낮은 품위의 소유자도 없다. 우리는 각자 자신이 상구한 것만큼 하화할 수 있다. 을은 갑을 스승으로 모시고 상구할 수 있으며, 병을 상대로 하화할 수 있다.

스승과 제자로 교섭한다는 것은 그것의 전제가 되는 선진과 후진이라는 수도계적 관계를 접어두고 하화와 상구라는 새로운 맥락에 들어간다는 것을 의미한다. 이는 갑과 을이 선진과 후진이라는 수도계적 품위의 우열을 떠나서 상구자와 하화자의 수평적 관계로 전환하고, 그들 사이에 개입할 수 있는 위계상의 경쟁을 상구와 하화에 부합한 협동으로 전환한다는 것을 포함한다. 이와 같은 범주와 관심의 전환이 양자 간의 교육적 관계와 활동을 성립시키며, 그것이 현저한 차원과 맥락으로 받아들여질 때 비로소 그들은 협동교육의 놀이마당 안으로 진입할 수 있다.

삶의 곳곳에서 진행되고 있는 교육현상은 이처럼 품위에 대한 관점의 전면적인 역전을 애타게 기다리고 있다. 특정 수도계에서 선진과 후진은 언제나 우열을 놓고 서로 경합하는 관계이다. 여기에 세속적 이해관계까지 추가한다면, 그런 경쟁은 더욱 격렬해질 수밖에 없다. 그런 현상은 교육과 본질상 하등의 연관도 없다는 것이 앞의 논의를 통해서 분명해졌다. 사람들이 그런 경쟁에 동참하면서, 다른 한편으로 그것이 진정 교육인가라는 일말의 의구심을 갖는 것은 이런 점에서 당연하다. 그런 것들은 교육과 역행하는 부분일 뿐만 아니라, 교육 자체를 왜곡시킬 위험을 갖는다. 경합이 주된 차원으로 의도되거나 의식된다면, 그들은 아직 고유한 의미의 교육세계에 진입한 것이 아니다.

교육적 교섭에서 상구자는 혁신하고, 하화자는 보수한다. 그런 자조와 원조가 제대로 이루어지는 상황에서 교육적 반전이 이루어질 수 있다(장상호, 1996, 1999). 제자가 스승보다 더 뛰어나게 되는 이 사건에서 수도계의 입장은 스승을 수도계적 경쟁의 패배자로 평가하기도 한다. 그러나 교육계에서는 이 동일한 사건을 스승과 제자 모두의 승리로 자축한다. 자신보다 더 나은 제자를 배출하는 것은 스승의 영광이다. 또한, 제자가 스승의 품위를 추월하는 것은 '배은망덕'이라기보다 '은혜에 대한 최대의 보답'으로 여겨진다. 이는 교육계가 수도계의 내재율을 초극하고 있음을 보여주는 하나의 증거이다. 이만큼 품위의 평가에서 수도계의 입장과 교육계의 입장은 서로 판이하다.

3.4.4 교육의 과정과 품위의 평가

앞 소절(3.4.2)에서 살폈듯이, 품위에 대한 판단을 내림에 있어서 행동의 경우처럼 한 가지 방법에 집착하는 실증주의 혹은 경험주의의 방식은 부적절하다. 품위에도 양화가 가능한 부분이 있다는 것을 부정할 필요는 없지만, 그것이 미치지 못하는 인식론적 제반 측면이 있다. 여기에는 문자적 표현에 부수하는 개념적인 부분, 수련에 의한 명증으로 드러나는 현상학적인 부분, 기호와 상징 · 글 · 몸짓 · 소리 · 행적으로 표출되는 것의 의미를 찾는 해석적인 부분, 부분보다는 전체에 주목하는 구조적인 부분, 발전의 과정에 나타나는 기준의 변화와 갈등의 지양을 포함하는 변증법적인 부분들이 포함된다. 이 모든 방법이 품위의 평가에 적용되어야 할 것이다.

품위의 평가를 어떻게 해야 하느냐에 대한 해답을 얻는 데 있어서 가장 기초적으로 고려해야 할 사항은 그 종류와 영역의 정확한 범위이다. 우리는 다양한 종류의 수도계를 예시한 바 있다. 그것은 가령, 학문, 예술, 도덕 등의 경우처럼 광범위하게 규정할 수도 있다. 이들 각각은 더 하위영역으로 나누어 그 범위를 좁게 규정할 수 있다. 진리를 기준으로 삼는 학문의 경우 많은 분과학문이 있고, 미를 기준으로 삼는 예술의 영역에서도 하위 장르가 다양하다. 범위를 축소함에 따라 그 안에서 차지하는 각 자연인들의 품위의 위계도 서로 달라질 수 있기 때문에 품위의 위계, 각각의 수준, 혹은 선진과 후진에 대해 판단할 때, 그 한정된 범위를 벗어나지 말아야 한다.

교육의 상황에서 품위의 수준을 누가 평가하며, 그 평가의 정당성을 어떻게 확보하는가? 앞에 든 제반 인식론적인 요소를 고려하여 품위를 엄밀하게 평가하는 일은 결코 용이한 것이 아니기 때문에 전문적 안목이 필요하다는 것은 말할 필요가 없다. 크게 두 가지 전문성을 고려할 수 있다. 그 하나는 해당 수도계에서 인정받을 수 있는 위치의 높은 품위를 가진 사람일 수도 있고, 다른 하나는 앞에서 든 제반 인식론적인 방법에 익숙한 사람일 수 있다. 대개 이들의 힘을 빌어 그 수도계의 선단에 접근하고 있는 사람들의 서열을 정한다. 학문계에서 부여하는 학위, 예술 분야에서의 경연활동의 실적, 각종 분야에서 정례적으로 분류되는 급수 등이 여기에 속한다.

교육의 과정에서 품위의 평가는 불가결하다. 사실상 교육의 성패는 참여자의 품위를 어떻게 다뤄야 하느냐 하는 문제와 직결되어 있다. 그렇다면, 그 과정에서 매번 전문가의 도움을 받아야만 하는가? 이에 대한 교육본위론의 해답은 유별나다. 전문가들이 독점해 왔던 교육을 일반인의 삶의 양상으로 되돌려주려는 것이 교육본위론의 기본취지이다. 교육에서 품위를 평가하는 데에 전문가의 개입이 필요한 것은 아니다. 교육에서는 품위의 선후에 따라 스승과 제자의 관계를 설정할 뿐만 아니라 상대의 품위를 늘 고려해야 하기 때문에, 교육이 진행되는 동안 교육의 주체는 구체적 상황에서 누구나 품위의 평가에 참여하여야 한다. 뒤(3.4.5)에 자세한 설명이 있겠지만 전문가의 평가조차도 결국 교육을 통해서 정당화된다.

이렇게 평가의 과제를 교육 주체에게 부여한다고 할 때, 응당 그에 따른 문제를 예상하고 그것을 해소할 수 있는 방책이 있어야 한다. 이제부터 그 부분을 살펴보기로 하자.

이 문제에 접근하면서 우리가 먼저 인정해야 할 것은 우리는 삶을 영위하면서 항상 우리 자신, 타인, 혹은 주변의 사태나 상황에 대해서 늘 모종의 평가를 수행하고 있다는 엄연한 사실이다. 전문성을 강조하는 오늘날의 삶은 우리로 하여금 이 평범한 사실을 가끔 잊게 만든다. 그렇다면, 우리 각자가 해당 수도계에 관계되는 가치판단을 할 때 적용하는 기준은 무엇인가? 그것은 각자가 위치하고 있는 현재의 품위이다. 장난스러운 실수와 정직하고 심각한 실수를 구분할 수 있다면, 후자는 일단 그 답을 만든 사람의 입장에서는 '정답'에 해당한다고 보아야 한다. 왜냐하면, 그것이 바로 우리가 가질 수 있는 그 나름의 최선의 기준이기 때문이다. 개인은 그가 가진 품위를 그릇된 것으로 자각하지 않는 한, 혹은 그보다 나은 품위를 갖기 전에는 그것을 당분간 옳은 것으로 믿는다.

우리 각자의 판단을 이렇게 용인할 때, 두 가지 심각한 문제가 발생할 것이다. 하나는 판단의 불일치이다. 후진의 입장에서 참되고, 아름답고, 선한 것이 선진의 입장에서 거짓되고, 추하고, 악한 것일 수 있다. 이처럼 각자 자신의 현품을 기준으로 특정한 상황이나 타인을 이해하고 평가할 때, 선진과 후진의 눈과 귀는 상대에게 마치 거짓으로 증언하는 양상을 띤다. 예상되는 다른 하나의 문제는 무정부 상태이다. 갈등하는 기준들을 모두 분별없이 용인하는 것은, 수도계의 존재가치 자체를 부정하는 것과 다름없다. 우리가 여기서 간과할 수 없는 것은 후진에게 바람직한 품위를 선진은 이미 가지고 있지만, 후진은 그것이 무엇인지를 모른다는 사실이다. 그러므로, 후진이 아직 습득하지 못한 선진의 품위에 대해 평가를 내리는 것은 부당하다.

교육 주체에게 품위평가의 권한을 이양할 때, 이런 문제들이 발생할 것이다. 그렇다면, 그에 대한 방책은 무엇인가? 이 부분에서 이전의 인식론이나 평가이론에서 간과해 온 놀라운 해답이 있다. 그것은 교육은 그 방책을 자체 안에 이미 장치하고 있다는 것이다. 앞(3.4.1과 3.4.2)에서 논자는 선후진에 대한 판단을 가능하게 하는 것이 교육이라고 시사한 바 있다. 교육 주체가 교육의 각 단계에서 품위의 선후에 대해 판단하는 것이 교육 활동에 포함되어 있다. 물론 실증주의 방법의 경우처럼 미리 규정된 틀이 있고, 그 절차에 맞추면 기계적으로 문제가 해결된다는 식의 처방을 기대할 수는 없다. 그럼에도 불구하고 그때그때 교육 주체가 해결해야 하는 당면 과제가 있고, 그 과제를 수행할 때 지켜야 할 기본적인 내재율이 있다. 그 내재율을 충실하게 따르는 것이 앞서 제기한 문제를 해결하는 과정을 보장한다.

우선 자연인 갑과 을이 교육의 놀이에 진입할 때, 해결해야 할 첫 번째 과제는 그들 가운데 어느 편이 상구하고 어느 편이 하화해야 할지를 결정하는 것이다. 여기에 적용되는 기본적인 내재율은 선진이 하화하고 후진이 상구하는 특별한 조합이다. 여기에서 당장 품위의 선후에 대한 판단이 요청된다. 이처럼 교육적 관계의 성립에 요청되는 바를 결국 교육이 해결한다. 이는 언뜻 보기에, 모종의 논리적인 딜레마가 있는 것처럼 보인다. 이 딜레마를 어떻게 해결할 것인가? 그 해법의 요지는 교섭 이전에 가정하고, 이후 그 가정을 확인하는 절차이다. 교육적 관계를 맺는 데 필요한 선후진에 대한 판단은 앞으로 교육을 진행하면서 검증되어야 할 가정에 불과한 것이기 때문에 큰 부담으로 작용하지 않는다.

교육적 교섭 이전에 요청되는 선진과 후진이라는 1차적 가정은 어디에 근거할 것인가? 그 1차 가정을 잠정적으로 정당화하는 정보나 단서를 우리 주변에서 찾는 것은 그렇게 어려운 것은 아니다. 그중 몇 가지 예를 들어보자. 그 하나는 외부의 평가를 참조하는 것이다. 우선 앞에서 전문가의 평가와 관련하여 언급한 바 있는, 해당 수도계에서 공인된 서열에 대한 정보를 참조할 수 있다. 각종 생활공간, 예컨대 학교 안에서 교사와 학생, 선배와 후배의 신분도 일단 1차 정보를 얻을 수 있는 지표가 될 수 있다. 그 기준에 비추어 교육 주체는 자신의 품위가 위치하는 곳이 어디인지를 예단할 수 있다. 교육 주체가 자신에게 이미 알려진 선진과 후진을 기점으로 연대적 추론을 할 수도 있을 것이나. 가령, 나의 선진의 선진은 일단 나보다 선진으로 간주할 수 있다. 반대로, 나의 후진의 후진은 나보다 후진일 가능성이 많다.

교육 주체는 직접적인 접촉을 통해서 상대의 선진됨과 후진됨에 대한 정보를 수집할 수도 있다. 수도계의 종류에 따라 그 수준을 판가름하는 특수한 단서가 무엇인가 하는 문제는 앞으로 많은 연구가 필요한 부분이지만, 현재로서도 일반적인 규정이 불가능한 것은 아니다. 예컨대, 자족성과 내면성의 정도, 경험 내용의 풍부성, 까다로운 통과의 기준, 문제와 해결의 고급성, 지각된 문제영역의 증가, 체험구조의 세련성(유형의 분화, 통합, 조화), 본질적 순수성(불필요한 요소의 제거와 필요한 요소의 추가), 적용의 범위(변화가 없이도 시공간의 특수성을 극복하는 적용범위의 폭) 등의 제반 특성을 열거할 수 있다. 이런 차원들이 드러나는 상황에서 교육 주체는 미품으로서의 선진적 이질성과 과품으로서의 후진적 이질성을 감각적으로 파악할 수도 있을 것이다. 그 직관적인 판단을 1차적 가정의 근거로 삼을 수 있다.

선진과 후진의 위치를 교육 주체가 예단하는 다른 방법은 그 예단에 대한 예단이다. 각 개인이 자신의 현품을 기준으로 타인 혹은 우리 주변의 사태를 평가한다. 누차 강조했듯이, 교육에서는 그중의 어느 것이 '정답' 혹은 '오답'이라는 판정을 하기는 어렵다. 그럼에도 불구하고, 사람들이 그런 용어를 자주 사용하고 있다는 점이 중요하며, 그 평가기준의 상대성이 바로 선진과 후진을 가르는 중요한 단서를 준다. 일반적으로 말하면, 교육 주체에게 '정답'인 것을 '오답'으로 평가하는 사람이 선진일 가능성이 많으며, 반대로 자신의 기준에 비추어 '오답'으로 판명된 것을 '정답'으로 생각하는 사람이 후진일 가능성이 많다. 후진은 선진의 품위를 아직 경험한 바 없지만, 선진은 후진의 현품을 과거의 품위로서 이미 경험했다. 이 원칙에 따르면, 제자보다 스승이 교육 소재를 발견하는 데 더 유리한 고지를 점유하고 있다고 말할 수 있을 것이다.

이렇게 판단된 1차적 가정을 토대로, 갑과 을은 서로 스승과 제자라는 교육적 관계를 맺을 수 있을 것이다. 그러나 그것은 확정된 것이 아니라, 교육적 교섭을 진전시키기 위한 잠정적인 가정이라는 점을 다시 상기하기로 하자. 허수아비나 기계가 가치를 판단할 수 없듯이, 외부적 권위에 맹목적으로 의존하여 품위를 판단하는 것은 진정한 의미에서 인간성의 품위를 판단하는 작업에 참여하는 것이 아니다. 설사 수도계의 공인된 서열에 대한 정보가 외부에서 주어져 있다 하더라도, 그것을 자신의 검증 없이 곧바로 받아들이는 것은 용인될 수 없다. 또한, 품위를 판단함에 있어 자신의 한계가 있기 마련이기 때문에, 자신의 직관을 그대로 믿는 것 역시 용인될 수 없다.

교육적 관계나 교섭은 선진과 후진을 전제로 진행되지만, 그 전제는 처음에 판단한 것 그대로 굳어지는 것이 아니라 계속 검증의 과정을 거친다. 사실, 개인들이 내리는 제반 품위의 평가가 고정되는 것을 용인하지 않는 것이 교육만이 가질 수 있는 특징이다. 각자는 교육을 통해서 현존하는 품위의 한계를 극복하면서 더 높은 수준의 평가를 위한 자질의 향상을 기해 나가야 한다. 이런 과정을 통해 우리가 품위에 대한 상호주관적 타당성의 검증에 주체적 책임을 가지고 참여할 수 있는 오묘한 길이 열린다.

먼저 선진으로 가정된 사람이 스승의 위치에서 하화교육에 임하며, 후진으로 가정된 사람이 제자로서 상구교육에 임한다. 그 특수한 메커니즘이란 그 내재율에 충실하게 따르는 것이다. 선진과 후진은 수도계적으로는 비대칭적이지만, 그들이 서로를 상대로 하는 교육으로 태도를 전환하는 경우, 즉 스승과 제자라는 교육적 관계로 만나는 경우에는 상호 조화와 균형, 그리고 대칭성을 유지할 수 있다. 교육적 관계가 성립하기 위해서는 제자는 자리·혁신·존현·순차·자조·자증의 내재율을 따라야 하며, 다른 한편으로 스승은 이타·보수·존우·역차·원조·타증의 내재율을 따라야 한다. 그 가운데서도 품위의 평가와 관련하여 특별히 주목해야 할 점은 존현과 존우, 순차와 역차, 그리고 자증과 타증의 조화이다. 만약 그 교육적 관계나 교섭이 계속 진행될 수 있다면, 그 교육적 교섭 이전에 이루어진 선진과 후진에 대한 1차적 가정이 옳다는 판단을 가능하게 한다.

1차 가정을 토대로 교육적 관계가 성립되었을 때, 특별히 유의해야 할 중요한 내재율은 후진으로 가정된 제자의 존현과 선진으로 가정된 스승의 존우이다. 스승과 제자는 자신의 품위를 기준으로 상대를 평가하는 것을 당분간 보류해야 한다. 제자는 스승이 가진 품위를 획득하기 이전에는 스승의 품위에 대해서 알 도리가 없다. 이 때문에 그는 자신의 판단을 유보하고 자신을 혁신하는 일에 전념해야 한다. 다른 한편, 스승이 자신의 품위를 갖추지 못한 제자에게 그 품위를 당장 인정해 줄 것을 기대하는 것은 무리이다. 이 때문에 스승은 제자가 자신의 품위를 갖추기 이전까지는 제자의 품위를 당분간 인정하면서, 후자가 전자의 것으로 자연스럽게 대체될 수 있도록 이타하고 자신을 보수하는 일에 전념해야 한다.

품위의 평가와 관련하여 지적되어야 할 또 다른 중요한 내재율은 순차와 역차이다. 교육은 문화화의 과정과는 달리, 후진의 품위를 일시에 선진의 품위에 고압적으로 일치시키는 일을 거부한다. 이 때문에 교육적 교섭에서 스승과 제자의 현재의 품위가 현저하게 작용하는 사태는 교육을 위해서는 바람직한 것이 못 된다. 작은 몸에는 작은 옷이 알맞고, 큰 몸에는 큰 옷이 알맞다. 스승과 제자의 교육적 교섭에서 활동을 원활하게 하고, 몰입이나 만족에 결정적인 영향을 주는 품위는 제자의 차상품이라는 사실은 누차 강조된 바 있다. 앞 소절(3.4.3)에서도 지적했듯이, 바로 그 차상품이 교육에 있어서 최고의 소재가치를 갖는다고 말할 수 있다.

어떤 것을 상구하기 위해서는 그 이전에 갖추어야 할 것이 있다. 총체가 어떤 순서로 발생하며 변형되는지 그 계열에 대한 근거를 확보해야만 교육이 구체적으로 진행될 수 있다. 상구자에 맞는 교육소재를 발견하고 마련하기 위해서는 모든 경험을 발생적 연속성을 갖는 흐름의 형태로 정렬할 필요가 있다. 한편으로 그 성취가 걱정할 정도로 어렵지는 않아서 지금의 상태에서 열심히 노력하면 해결할 수 있지만, 다른 한편으로 나태하면 도달하지 못하는 정도의 과제를 상구자에게 제공한다면, 그것 자체만으로 상구교육의 내재적 가치를 실현시킬 수 있다. 이런 상구의 내재성은 다시 하화의 내재성을 강화하는 수단이 된다. 이런 방식으로, 협동교육은 별도의 외적 유인 없이도 지속될 수 있다.

교육소재로서의 차상품은 그것을 사용하는 교육 주체와 무관하게 규정될 수 없다는 사실이 사태를 까다롭게 만든다. 능력과 소질이 다른 인간들을 모두 똑같이 취급하는 것은 정당하지 않다. 마찬가지로, 소재를 차별화하지 않는 것은 교육하는 일 자체를 부인하는 것이나 다름없다. 차상품은 개별적이며, 유동적인 것이기 때문에 교육의 과정에서 그에 대한 끊임없는 주시와 검토가 불가피하다. 교육의 소재는 잘 선택되었는가? 어떻게 알맞은 짝을 지워주어야 하는가? 거기에 어떤 원칙은 없는가? 교육 주체는 교육활동의 과정에서 어떤 방식으로든 이에 대한 정보와 단서를 얻어서 사태를 해결해 나가야 한다.

우리는 이제까지 특정한 세계의 맥락을 중시한 바 있다. 교육의 맥락에서 품위를 평가할 때 특별히 고려해야 할 점은 교육소재에 해당하는 수도계의 맥락을 존중하는 것이다. 평가에서는 인위적인 상황이 아니라 실제의 생활 속에서 자연스럽게 나타나는 직접적인 증거가 더 중요하다. 비록 약간의 인위성과 부자연성이 동반된다 하더라도, 맥락의 유관성과 관련하여 진행되는 각종 수도계의 발표회(논문, 연주, 시범, 경연 등)는 수도계적 현장의 작용을 직접 고려한다는 점에서 이런 조건에 부합한다. 교육이 진행되는 과정에서 이루어지는 교육 주체에 의한 평가 역시 대개 이런 유리한 상황을 확보하고 있다.

교육 주체는 소재영역의 실제적인 상황과 맥락에서 봉착하는 문제나 과제를 수행하고 실습하게 되며, 그 과정에서 자연스럽게 자신이나 타인의 품위를 판단할 수 있는 기회를 갖는다. 과학의 영역이 소재인 경우, 중요한 과제는 어떤 현상에 대한 가설을 검증하는 실험을 수행하고 그에 대한 보고서를 작성하는 일이 될 것이다. 여기에서는 단순히 관찰하는 것이 중요한 것이 아니라 관찰을 하는 방식이 중요하며, 읽는 것이 중요한 것이 아니라 그것을 해석하는 방식이 중요하다. 후자가 바로 한 사람의 품위를 반영하고 있다. 문학이 소재인 경우라면 시문을 읽고 해석하거나 스스로 칭찬하는 것일 수 있고, 미술이 소재인 경우라면 작품을 제작하는 것일 수 있으며, 소재가 수영이라면 실제로 물속에 뛰어드는 상황이 될 것이다.

품위의 수준에 대한 단서를 얻을 때, 유의해야 할 여러 가지 조건 중에서 무엇보다 중요한 것은 그 단서들이 하나의 의미로 모아지는 구조 전체에 주목하는 것이다. 품위의 생명은 통합성에 있으며, 이는 소재의 범위 안에 있는 요소를 모두 갖추고 있는가 하는 문제와 관련된다. 품위는 본질상 유기체적인 구조의 성질을 띠고 있다. 품위에서 지·정·체의 요소는 분리될 수 없다. 따라서 품위의 평가에서 중시되어야 할 것은 과제를 수행할 때 드러나는 총체적인 체험의 요소와 알맞음이다. 그 전체의 유형을 고려한다면, 수준을 결정할 때 옳다거나 그르다는 이분법적 판단은 거의 불가능하다는 것을 알게 될 것이다. 이것은 엄밀성을 강조하는 학문적 지식의 경우에도 마찬가지다.[25] 평가에서 품위의 절대성을 주장하는 것은 대부분 이에 대한 이해의 결여에 기인하고 있다.

품위의 단서는 흔히 부분적인 것이기 때문에, 그 단편을 토대로 '정답'과 '오답'이라는 판정을 하고 그 정답을 합산하는 방식으로 평가하기 쉽다. 그러나 각 부분을 별개의 것으로 취급하면 품위의 단서로서의 기능을 하지 못한다. 부분들은 오직 그것이 속한 전체로부터, 그리고 전체는 부분들과의 내적 조화로부터 이해될 수 있기 때문에 품위의 요소들은 그것이 소속하는 전체 체계에 주목하면서 해석되어야 한다. 전체 속에서 품소들은 일관성 있고 조화롭게 포치되어 있는가? 그들이 하나로 통합하여 그 기능을 제대로 발휘하는가? 이런 질문에 대한 판단에는 불가피하게 직관이 작용한다. 그 직관은 객관적인 절대성을 떠나 판단자의 상대적인 현품의 반영으로 해석될 수 있다.

요즘 우리나라의 학교에 실천의 지침으로 도입된 '수행평가(performance

25) 이 부분에서 학문적 이론에 대한 검증을 연상하면 될 것이다. 절대적으로 옳은 이론을 검증할 수 있는 방법은 아직 발견되지 않았다. 이전의 것보다 상대적으로 더 나은 지식이 있을 뿐이다. 그런데 대부분의 사람들이 특정한 주장이나 명제를 옳다거나 혹은 그르다고 판단하는 것은 그것이 소속한 이론적 맥락에 대해 검토하지 않고, 단지 특정한 부분을 임의적인 맥락에 의해 쉽게 규정해 버리기 때문이다.

assessment)'는 이런 몇 가지 특징을 가미한 것으로 보인다(박도순, 2000; 배호순, 2000; 백순근, 2000). 그러나 이 방법이 적용되는 실제의 상황은 우리가 논의하고 있는 교육소재의 발견이라는 과제와는 거리가 있어 보인다. 그 주된 이유는 평가에 적용하는 가치기준 때문이다. 그 기준은 우리나라에서 교육을 진행시키는 수단 이외의 다른 목적, 이를테면 수도계의 품위상의 우열을 따지거나 '대학입시를 위한 내신성적'을 산출하는 목적과 결부되어 있다. 수행평가가 그런 맥락에서 진행될 때, 설사 그것이 표방하듯이 평가의 공정성과 객관성의 문제, 점수의 표기방식 등 어떤 방비책을 강구하더라도, 교육의 소재를 발견한다는 의미의 취지를 살리기 어렵다.

평가의 방법보다 더 중요한 것이 바로 그 평가의 목적이다. 교육의 소재로서의 품위는 부귀영화를 얻는 세속적 출세나 더 높은 경지에 도달하려는 수도계의 생리에 따라 서로 경쟁하는 상황에서는 정당하게 측정될 수 없다. 사회적 인정이나 물질적 보상을 전제로 이루어지는 품위의 평가는 언제나 교육의 내재적 가치를 왜곡시킬 위험성을 갖는다. 평가를 위한 수행이라는 역현상을 피할 수 없다. 이런 역현상은 선발로서의 '교육평가'의 문제를 다룰 때 지적된 바 있다. 결과만을 의식하는 경우에는 자연스러운 반응보다는 평가자를 만족시키려고 반응할 가능성이 높다. 참된 내면과는 거리가 있는 허수아비의 훈련과 선망은 선발기능을 갖는 상황에서 진행되는 모든 평가가 갖는 한계이자, 해결되어야 할 과제이기도 하다.

교육소재로서 품위에 대한 평가는 교육의 결과를 외부에 공개하거나 보고하기 위한 것이 아니라, 말 그대로 교육 자체를 원만하게 진행시키기 위한 것이다. 교육에서의 품위의 평가는 어떤 과제를 얼마나 능숙하게 수행하는지를 판단하려는 것이 아니라, 참여자가 교육을 시작할 진실하고 정확한 위치를 판단하려는 것이다. 전자는 자신의 결점을 될 수 있는 한 숨기려는 데 비해서, 후자는 결점을 그대로 드러내어 지도를 주고받는 일이 가능하다. 마치 병원에서 의사와 환자, 송사에서의 변호사와 피고, 그리고 고해성사에서의 신부와 신도의 경우처럼, 교육에서는 정확한 사태

파악이 더 중요하다.

교육의 논리에서는 오류의 가능성을 전제하며, 참여자에게 그것을 개선할 수 있는 기회를 제공해야 한다. 평가로 인한 심리적 부담과 과잉반응은 더 높은 점수를 얻으려는 의도에서 비롯한다. 그러나 이것은 교육에서는 용인될 수 없다. 오류를 범하는 것은 교육의 전제이기 때문에, 교육에서는 오류의 많고 적음 혹은 질이 상구의 성공과 패배를 결정하는 중요한 척도는 될 수 없다. 교육은 오류의 지탄이 아니라 그것의 시정에 관계되기 때문에, 서로 자신의 약점을 아무런 제약이나 억압이 없이 노출할 수 있는 분위기를 조성하는 것이 중요하다. 이것이 바로 교육이 진행되는 과정에서 이루어지는 품위의 평가에서 세속의 요소가 제거되어야 할 가장 큰 이유이다.

제자의 현품은 스승의 것보다는 항상 낮은 수준이다. 스승의 입장에서 볼 때, 제자의 자연스러운 반응에는 언제나 오류가 포함되어 있다. 제자마다 품위가 다르기 때문에 그 오류의 정도 역시 다르게 드러날 것이다. 그러나 제자의 현품은 교육의 소재를 판단하는 하나의 이론적 거점일 뿐이라는 점을 이해해야 할 것이다. 실제로 교육적 교섭을 위해서 정확한 판단을 반드시 요구하는 것은 제자의 차상품이다. 여기에서 그 실제적인 문제 해결과 관련하여 추가해서 강조할 것은, 실제의 교육적 교섭에서 제자의 차상품을 발견하기 위해서 그의 현품에 대한 평가가 꼭 필요한 것도 아니라는 점이다. 그렇다면, 제자의 차상품을 직접 발견할 수 있는 단서는 무엇인가?

제자의 입장에서 차상품은 아직 실현된 것은 아니지만, 노력 여부에 따라 성공이 보장되는 중간지점에 해당하는데, 그 지점은 여러 수준의 과제를 제시할 때 보이는 제자의 반응 차이를 보고 판단할 수 있다. 차상품의 과제가 제시되었을 때, 제자는 미소, 고개를 끄덕이는 수긍, 놀라는 눈빛, 특별한 흥미나 집중의 태도를 보인다. 그 과제에 대해서 눈살을 찌푸리거나, 당혹한 표정을 짓거나, 반대로 지루한 표정을 짓거나, 침묵한다면, 차상품의 과제가 아닐 가능성이 많다. 전자는 도전하기에는 너무 수준이 높은 미품에 해당하며, 후자는 이미 성취한 것이기 때문에 매력을 잃은 과품에 해당한다.

교육적 교섭은 제자로 하여금 차상품을 획득하게 하는 활동을 포함한다. 이제 차상품을 표적으로 삼는 스승의 시범과 제자의 실습이 진행될 수 있다. 시범과 실습 사이에는 항상 얼마만큼의 간극이 있기 마련이며, 이것 역시 품위의 평가에서 매우 중요한 부분을 차지한다. 경험의 연접지대를 존중하면서 점진적 단계를 밟는 것을 원칙으로 하는 교육에서, 교육주체는 자신의 품위와 같다고 해서 옳다거나 혹은 자신의 품위와 다르다고 해서 그르다고 판단해서는 안 된다. 스승의 품위를 기준으로 제자를 평가하는 것은 너무도 가혹하다. 그렇다고 해서, 제자의 현품에 그대로 순응하는 것도 성립되지 않는다.

품위에 대한 알맞은 수준의 평가 자체가 교육활동의 일부를 구성한다. 차상품에 이르는 교육적 교섭을 풍부하게 한다는 점에서 제자에 대한 스승의 칭찬과 비판은 각종 경연에서 이루어지는 평가, 혹은 전문가들이 자신의 품위를 기준으로 하는 평가보다 훨씬 너그럽고 풍성할 수밖에 없다. 스승은 제자의 수행과 실습에 대해 적절히 피드백하면서 차상품을 획득하는 활동을 유도할 수 있어야 한다. 스승은 제자의 상구 수행에서 나타나는 품위의 단서를 수시로 점검하고, 제자에게 현재의 수준이 갖는 한계와 문제점, 그리고 진전된 상황을 그때그때 적절하게 피드백하면서 어떤 것이 교정되어야 하며, 어떤 활동이 필요한지를 지도하고 조언할 수 있다. 바로 이 부분이 수도본위의 품위평가가 이룰 수 없는 상구교육의 촉진효과를 발휘한다.

교육적 교섭이 이루어지는 동안, 제자에게는 그의 현품이 기준으로 작용하기 때문에 스승의 차상품적 기준과 그에 따른 평가를 당장 제대로 이해할 수 없다는 것은 당연하다. 그러나 차상품을 표적으로 하는 교육적 교섭의 성공확률은 그 어느 수준의 것보다 높다. 만일 그것이 성공적으로 이루어진다면, 제자는 스스로 이룩한 진도의 상대적인 비교에 의해서 마음속으로부터 자신의 품위가 더 높은 수준의 것으로 발전하고 있다는 확신을 가질 수 있다. 말하자면, 제자는 스승이 자신의 수행에 첨가했던 품위에 대한 피드백과 평가, 그리고 그에 준한 지도와 조언이 왜 정당한 것이었는가를 뒤늦게 이해하게 되는 것이다. 반대로, 스승의 입장에서는 자신의 품위가 제자의 품위보다 우위임을 입증한 셈이 된다. 이 부분이 바로 교육에서의 '자증'과 '타증'의 내재율에 해당한다.

어느 품위를 소재로 하든 간에, 교육활동은 상구자의 현품에서 시작하여 다음 품위에 진입하는 것을 반복한다. 협동교육에서 제자는 끊임없이 품위를 혁신하고 스승은 품위를 보수한다. 앞에서 묘사한 교육의 과정은 한 단계의 품위를 소재로 하는 교육에 해당하며, 그 이후 다시 한 단계 더 높은 차상품이 발견되고, 품위의 위치를 이동하여 교육이 이루어지는 '교육적 시숙'의 과정이 뒤따른다. 이처럼 교육에서는 옳고 그름이라는 이원적 차원이 아니라, 그름에서 옳음으로 기준이 향상되는 것을 보장하는 것이 핵심이다. 그런 진행이 잘 이루어진 경우, 교육이 잘 이루어진 것으로 평가될 수 있을 뿐만 아니라, 교육 주체의 품위의 차이에 대한 애초의 잠정적인 가정이 정당했던 것으로 판명된다. 스승의 품위에 대한 제자의 진정한 이해나 그 평가기준에 대한 합의는 후자가 점차 전자와 동일한 품위에 이르렀을 때 비로소 이루어질 수 있다.

3.4.5 교육을 통한 평가의 정당화

평가는 인간의 고유한 속성의 하나이다. 인류역사의 발전은 바로 이 특성의 활성화와 불가분의 관계를 갖는다. 우리는 자신과 타인을 평가하면서 살아왔고 살아가고 있다. 다만 정치체제나 사회적 관습에 따라 그것을 공개적으로 표현하느냐에 차이가 있었을 뿐이다. 무엇을 평가하든, 모든 사람들이 동의할 수 있는 획일적인 기준이란 존재하지 않는다. 평가의 장면에는 평가자가 가진 다양한 종류와 수준의 가치기준이 작용하기 때문에 평가의 불일치는 불가피하다. 그것 자체를 미연에 방지하려고 하는 것은 무리이다. 다만 그 와중에서 무정부적인 상태에 이르는 것을 방치할 수는 없다. 나머지 해결해야 할 문제는 불일치하는 것 가운데 어떤 것에 어떤 방식으로 더 정당성을 부여할 수 있느냐 하는 것이다.

품위에 대한 평가에도 이런 문제가 일어난다. 모든 사람이 사람답게 사는 것은 아니다. 어느 시대, 어느 장소에서나 품위의 차이는 엄존한다. 이것이 수도계가 존재하는 가장 뚜렷한 이유이기도 하다. 우리의 품위는 각자의 내면의 상태로서 삶에서 다양한 양태로 밖으로 표출된다. 말하자면, 품위는 그 자체로서 이미 강하게 자신의 존재를 발언하고 있다고 볼 수 있다. 다른 한편으로, 그것에 귀를 세우고 경청하는 것이 일상적 삶의 중요한 부분이다. 이 경우, 그 발언하는 품위가 고정된 의미를 갖거나, 혹은 그 의미가 원형 그대로 타인에게 전달되는 것은 아니라는 것이 문제이다. 품위가 표출된 단서에 대한 관찰, 그것에 대한 해석, 그리고 적용되는 가치기준은 무엇일까? 앞에서 논자는 그것이 우리 각자가 가진 현품임을 밝혔다.

더 나은 인간성의 추구가 용인되는 한, 언제나 선진의 품위와 후진의 품위가 존재한다. 그런데 전자는 후자를 부정하고 지양하면서 발전하기 때문에, 선진과 후진은 품위를 평가할 때 언제나 갈등하기 마련이다. 후진과 선진이 자신의 품위를 기준으로 상대를 평가할 때 드러나는 부당한 상황을 지칭하기 위해, 논자는 저압제와 고압제라는 개념을 도입한 바 있다. 저압제는 선진의 품위에 후진의 품위기준이 적용되는 경우이고, 반대로 고압제는 후진의 품위에 선진의 품위기준을 적용하는 경우이다. 이 두 기준이 양보나 양해 없이 동등하게 적용될 때 서로 충돌하는 것은 자연스럽다.

그러나 그런 사태는 결코 바람직하지 못하다. 품위의 위계는 대개 넓은 저층과 좁은 상층을 가진 피라미드의 형태로 되어 있으며, 더 높은 품위의 기준이 그 이하의 기준을 제압할 수 있어야 수도계의 가치가 제 면모를 지킬 수 있다. 이에 비해, 세속은 평등을 강조하며, 문제풀이에서 다수결의 원칙이 적용된다. 세속의 원칙을 확대해 수도계에 적용하면 수도계의 선진이 후진들에게 복종해야만 하는 불상사가 일어난다. 이런 범주착오가 인류역사를 통해서 새로운 수도계를 창도하거나 새로운 품위를 개척한 사람에게 많은 시련을 가져온 원인이 되었다. 학문, 예술, 도덕, 그리고 기타 모든 분야에서 그들은 당대에 다수의 지지를 받지 못하고, 경우에 따라 도리어 그들의 핍박을 받는 경우가 많았다.

능력과 소질이 다른 인간을 모두 똑같이 취급하는 것은 옳지 않다. 선진과 후진 사이에 서로 갈등하는 판단이 어떻게 선진의 것에 일치하는 방향으로 수렴될 수 있느냐의 문제가 품위평가의 정당성과 관련하여 해결해야 할 과제이다. 그 가운데 가장 온건한 해법의 하나는 선진이 후진으로 하여금 자신의 품위를 실현하는 과정을 거치게 하고, 그를 통해 자신의 품위를 올바로 평가할 수 있는 자질을 갖추게 하는 것이다. 그 조건을 만족시킬 수 있는 것이 바로 교육적 교섭이라는 사실을 앞에서 살핀 바 있다. 교육은 참여자가 아직 경험하지 못했던 품위를 스스로 얻거나 그 얻음을 서로 도움으로써 품위의 위계를 상호주관적으로 정당하게 평가할 수 있는 메커니즘을 그 자체에 내장하고 있다. 우리는 이와 관련하여 앞 절(2.2)에서 4대 스승이 교육이라는 탁월한 방법을 선택했던 역사적 사례를 살핀 바 있다.

그러나 4대 스승들이 모든 사람들에게 교육적 방법을 적용하는 데 성공한 것은 아니었다. 문제는 항상 교육의 내재율을 벗어날 때 일어났었다. 소크라테스와 예수는 다수의 저압제로 인해서 결국 죽음을 당하는 불행을 겪어야만 하였다. 그런 불행한 사태에 대한 책임은 다수의 후진에게만 있는 것은 아니었다. 후진의 저압제뿐만 아니라, 선진의 고압제에도 큰 문제가 있었다. 아직 정당하게 평가할 수 있는 능력을 갖추지 못한 사람들에게 높은 수준의 품위를 일방적으로 적용한다면 그것 역시 정당하다고 말할 수 없다. 여기에 앞 소절(3.4.4)에서 밝힌 존현과 존우, 순차와 역차, 자증과 타증에 의한 해법의 지혜가 더 가미되었더라면 하는 아쉬움이 남는다.

그런 불행을 과거의 것으로만 되돌릴 것이 아니다. 우리들의 삶에서 널리 적용되고 있는 평가의 상황과 관련하여, 오늘날 특별하게 반성해야 할 항목의 하나가 전문가들의 평가이다. 오늘날은 전문가의 시대라고 한다. 특별한 사람들의 도움을 받아 각종의 문제들이 해결될 만큼 사회는 다원화되고 있다. 우리는 그들의 해결과 판단에 의존하며, 그런 가운데 우리 자신의 것을 그들의 것에 의탁하는 습속에 젖어들게 되었다. 그래도 되는가? 아니라면, 그것은 어떤 문제점을 갖고 있으며, 교육의 상황에서는 어떻게 받아들여야 하는가? 이 문제를 이제부터 살펴보기로 하자.

수도공동체는 품위의 서열을 공증하는 절차의 하나로, 주기적으로 발표회나 경연을 벌인다. 표현을 가능하게 하는 암묵적인 체험이 품위이다. 품위를 언어나 다른 표현형식(숫자, 도식, 그림, 조각, 음악, 춤, 기타 여러 삶의 징후 등)을 빌려 드러내거나 선언할 수 있다. 품위의 수준은 흔히 그 징후에 근거하여 평가된다. 인식론적으로 볼 때, 품위는 경험주의적인 것에 국한되는 행동보다 더 다양한 양태를 함축하고 있다. 이런 이유를 들어 통상 일정 수준의 품위를 갖춘 전문가들이 평가에 참여하고 있으며, 대중은 여기에서 철저하게 소외된다. 일종의 고압제의 현상이 만연한다.

품위에 대한 전문가의 평가는 품위의 저변 확대와 공증이라는 목적에 역행한다. 전문가들은 그들이 가진 높은 품위를 평가의 기준으로 삼는다. 낮은 품위를 가진 다수는 최고의 품위를 획득하는 영예를 얻기 위한 준비과정에 있는 것으로 간주된다. 그런 도식은 바람직하지 못한 부작용을 동반한다. 높은 품위를 가진 소수의 성공과 그것에 도달하지 못한 다수의 패배를 가져왔다. 그 경쟁에서 낮은 품위의 소지자들은 어떻게든 유리한 고지를 차지하기 위해서 단지 그 평가에서 높은 점수를 얻으려는 온갖 편법들을 택한다. 올바른 길에서 벗어난 그런 실천은 결국 일반 사람들이 전문가의 평가를 제대로 납득할 수 없는 상태에 머물게 한다.

대중은 낮은 품위가 노출되면 전문가의 평가에서 높은 점수를 받을 수 없다는 것을 안다. 전문가의 높은 수준의 평가 앞에서 경연에 참여하는 다수들은 발표 이후에 올지 모르는 부정적인 반응, 비난과 공격을 의식해서 자신의 솔직한 반응을 억압하고 드러내려 하지 않는다. 이로 인해, 품위의 표현에서 솔직성이나 정직성이 훼손된다. 어리석은 사람도 유능한 사람의 화법 가운데서 약간의 표현과 억양을 쉽게 익히고 빌려 쓸 수 있다. 그것은 일시적인 관계에서 마치 유능한 사람이 한 말과 같은 효력을 갖기 때문에, 선진의 말만을 모방하면서 박학의 명성을 얻는 사람도 있다. 그처럼 손쉽게 세인의 이목을 끄는 배우를 양산하는 단기적인 준비과정도 덩달아 번창한다. 불행히도, 세태는 바로 이를 교육인 것으로 착각하고 있다.

결과상의 효과만을 노린 적응방식과 준비는 일정한 기준에 일치하는 데는 성공하지만 불행히도 인격으로서의 품위 증득과 그에 따른 자발적인 헌신과는 거리가 멀어진다. 남의 눈치나 인정, 혹은 강요에 의해서 품위를 추구한다면, 그것은 이미 그 본질을 잃는다. 우리가 품위의 가치를 추구한다는 것은 판단의 옳고 그름, 혹은 조잡함과 세련됨을 서로 검증할 책임을 공유하는 데 있다. 그런 막중한 책임을 단순히 허수아비에 지울 수 없다는 것은 말할 필요조차 없다. 품위의 공증에 참여할 수 있는 사람은 선택의 순간에 자발적인 판단을 할 수 있고, 그 판단에 대해 책임질 수 있는 자질을 갖추어야 한다.

품위의 경연에서 전문가들의 평가가 불가피하다는 것은 이미 앞에서 수긍한 부분이다. 다만, 그런 관행의 불만스러운 점은 그 타당성을 대중으로부터 공증을 받을 만한 절차를 생략하고 있다는 것이다. 품위평가의 문제를 전문가의 대행에 의존하는 것은 우리 각자의 자주적 판단력을 저당한다. 그 판단력이 결여된 대중이 수도계를 지지하는 세력이 될 수 없음도 명백하다. 이 점이 전문가 집단의 평가에서 지금까지 간과된 부분이며, 교육에서 이루어지는 품위평가가 보완할 수 있는 부분이다. 이 부분과 관련하여, 교육은 이전의 인식론 혹은 가치론이 봉착한 문제에 대해 새로운 해결의 열쇠를 갖고 있다(장상호, 1994b, 1996, 1999, 2000a). 이런 해법은 교육과 다른 세계의 차별화를 꾀하면서 전자를 그 자체의 논리 안에서 자율적으로 설명하려는 노력에서 나온 큰 성과의 하나이다.

진정한 의미의 교육은 모든 사람들에게 품위를 평가하는 권리를 되돌려주며, 자체의 과정을 통해서 각각의 평가가 옳은 것인지를 확인하는 메커니즘을 내부에 갖추고 있다. 앞 소절(3.4.4)에서 살폈듯이, 교육은 품위의 평가를 전제할 뿐만 아니라, 품위평가의 정당성을 확인하는 과정을 포함하고 있다. 그 방법상의 제약은 교육의 내재율을 충실하게 따르는 것이다. 교육은 선진과 후진 사이에 품위의 변화를 점차적으로 꾀하면서 그것의 정당성을 상호간에 검증하는 과정을 거친다. 타증에 의한 설득과 자증에 의한 납득의 과정은 단지 외부로부터 주어진 기준에 맹목적으로 굴복하는 것과는 천양지차가 있다.

교육본위론은 모든 사람들이 향유할 수 있는 삶의 양상이라는 점을 강조하여 교육을 종전의 전문가들의 독점으로부터 해방시키고자 한다. 사실상 동서고금을 막론하고, 교육을 통해서 많은 사람들이 다양한 종류와 수준의 품위를 실현해 왔고, 상호주관적인 검증을 통해 품위를 평가해 왔다. 오늘날과 같은 복잡한 인식론 혹은 방법론적 기법에 의존하지 않고서도 많은 선현들이 품위를 검증할 수 있었던 것은 교육의 메커니즘이 그들의 삶 속에서 자연스럽게 작동했기 때문이다(김남희, 2000; 김휘준, 1998; 엄태동, 1996; 장상호, 1999, 2000a; 정연희, 2000).

그 비결의 핵심은 품위를 교육의 목적보다는 수단으로 보는 가치선택과 그에 따르는 평가체제의 구축에 있다. 기존의 인식론이나 가치론에 교육의 과정을 개입시킴으로써 품위의 가치, 발전방향과 수준의 식별에 따른 제반 문제를 해소할 수 있다. 다른 분야는 차치하더라도, 적어도 교육계에서는 마땅히 이 방법을 써야 할 것이다. 그렇다면, 흔히 '교육의 현장'이라고 지칭되는 학교의 경우 그 실정은 어떠한가? 이 의문에 대한 해답은 극히 아이러니컬하다. 여기서는 교육의 이러한 메커니즘이 주목받지 못하거나 적용되지 않고, 오히려 교육과는 전혀 어울릴 수 없는, 더 나아가 교육에 역행하는 평가가 '교육평가'의 이름으로 자행되고 있다.

전문가의 평가가 가진 내부적인 한계를 극복하는 과정이 바로 교육인데, 오늘날의 학교 상황에서 '교육평가'는 그 한계를 오히려 교육에 부과하고 있다. 우선, 학교는 교육과 그 내재율을 무시하고 있다. 오히려 교육의 공간과 우월적 지위를 과학주의라는 틀 안에 감금시키고 있다. 그 자체가 인간성을 경험주의의 도구로 환원시키는 결과를 가져왔다. 먼저 '정답'의 기준이 외부로부터 주어진다. 그리고 그 대상을 협소하기 그지없는 '행동'으로 국한시키고, 교육의 성과로서의 행동의 평가는 전문가들에 의해 제작된 검사나 교사에 의해서만 이루어질 수 있다는 원칙을 적용해 왔다.

조작적 정의에 의한 평가에 문제가 있다는 것은 경험주의 내부에서도 일반적으로 시인되고 있다. 관찰이나 주어진 자료에 대한 해석은 관찰자나 해석자가 어떤 이론을 가지고 있느냐에 따라 다르다. 가령, 학생의 행동을 평가하는 경우, 교사의 기준이 작용하는 것은 불가피하다. 교육의 과정에서 아무리 특별한 시험이나 검사를 도입한다 하더라도, 그에 대한 판단의 일치나 불일치를 검증하는 경우에는 항상 평가자의 판단이 개입할 수밖에 없다. 평가에서는 경험주의 평가자들이 표방하는 가치중립을 유지하는 것이 거의 불가능하며, 평가자가 어떤 가치관과 태도를 갖느냐에 따라 결과는 전혀 다르게 나올 수 있다. 그런데 과학주의의 관행은 그것을 주관적인 판단이라는 이유에서 금기시하기 때문에, 그 주관적 판단이 위장된 형태로 나타난다. 주관의 문제를 회피하면서 객관주의를 표방하는 '교육평가'가 갖는 근본적인 한계가 바로 여기에 있다.

교사는 전문가를 자처한다. 이때, 그 전문성은 교육보다는 교과에 더 큰 비중이 주어진다. 교과의 전문가로서 교사가 학생들의 행동을 평가할 때 드러나는 문제 역시, 그것에 적용하는 기준이 획일적이거나 학생의 수준에 비추어 너무도 높다는 데 있다. 그 수준의 지식을 습득하기 어려운 발달 수준에 있는 학생들은 실패를 피하기 위해 '교육목표'로 설정된 행동의 외적 징후를 모방에 의해 재현하거나, 혹은 '정답'의 근거로 삼는 교과서의 내용에 무조건 일치하려는 '입시전략'으로 적응한다. 이것이 바로 '입시위주교육'의 실상이다(남승완, 2005). 이런 상황에서 대부분의 학생들은 학교에서 추구하는 학문 자체의 목적에서조차 점차 멀어지게 된다.

학교에서는 각종 칭찬과 비난이 난무한다. 그것이 바로 평가에 해당하는 것이다. 당연히 품위에 대한 평가도 그 안에 포함되어 있다. 그런데 문제가 될 부분은, 학교에서는 학생이 행하는 평가를 일방적으로 억압하거나 무시하고, 교사의 것이 무조건 학생의 것을 압도하도록 한다는 점이다.[26] 그런 관행은 대개 교사의 정답이 학생의 정답보다 낫다는 1차적 가정에 근거하고 있으며, 많은 경우 그 가정이 맞을 것이다. 그러나 이런 관행이 가진 근본적인 문제는 품위의 우열에 대한 그 가정이 단지 가정으로만 그치고 있다는 점이다. 그 때문에 앞에서 살핀 전문가의 평가가 갖는 허점과 부작용이 반복된다. 이제 그 1차적 가정의 정당성을 실질적으로 검증하는 과정으로서 교육이 학교 안에서 제대로 작동하도록 해야 한다.

이렇게 바꾸어 생각하자. 학교 안에서 교사와 학생들은 그들 나름의 '정답'을 가지고 생활하고 있다고 보아야 한다. 가령, 우리가 흔히 볼 수 있는 시험 상황에서 학생들이 작성하는 답안은 그 학생의 입장에서는 '정답'에 해당한다. 교사 또한 자신의 '정답'을 가지고 있다. 학생의 정답과 교사의 정답이 불일치할 수 있다. 그 불일치를 줄이는 것이 바로 교육이 담당할 부분이다. 만약 학교 안에서 교사와 학생 사이에 교육본위론에서 규정하는 교육적 교섭이 제대로 이루어졌다면, 학생들은 자신의 정답이 틀리고 교사의 정답이 더 타당하다는 확증을 스스로 얻을 수 있게 될 것이다. 반대로, 만약 학생들이 교사의 평가를 마음으로부터 수긍할 수 없는 상황이라면, 아직 교육이 충분히 이루어지지 않은 것으로 판단할 수 있다. 이 경우, 교사와 학생은 단지 그 상태에 머무르지 않고, 좀 더 진지하게 교육적으로 교섭하려고 노력해야 할 것이다.

3.5 교육평론의 활성화

교육이론과 교육평가는 지향하는 목표가 다르다. 전자는 교육을 제대로 이해하는 작업이며, 후자는 교육을 위한 활동의 일환이다. 교육평가가 바로서야 교육을 발전시키는 일도 가능하다. 그런데 현실은 바로 그 부분에서 거의 한 발자국의 진전도 이루지 못하고 있다. 오히려 그 발전에 장

---

26) 교사의 기준보다는 교과서의 기준을 따른다는 주장도 있다. 그러나 그 교과서의 절대적 의미는 현실적으로 존재하지 않는다. 많은 경우, 그것은 교과서의 내용에 대한 교사의 해석으로 보아야 할 것이다.

애기 되고 있다는 표현이 적절할지 모르겠다. 그런 점 때문에 앞서의 논의에는 '교육평가'에 대한 통상적인 해석에 포함된 허위의식을 드러내어 해체시키는 부분과 올바른 교육평가를 정립하는 부분을 포함했다.

우리는 교육본위론을 토대로 이전에 다루지 못한 교육평가의 제반 국면, 즉 교육발전의 평가, 메타교육의 평가, 교육 여건의 평가, 교육의 기능에 대한 평가라는 고유한 영역을 도출해 낼 수 있었다. 앞 절에서 다룬 품위의 평가라는 주제 역시 그 제반 범주의 일부로 편입될 성질의 것이다. 수도계의 한 요소로서의 품위에 대한 평가는 교육 여건과 교육의 기능에 대한 평가에서 다룰 수 있는 하나의 특수한 사례라고 볼 수 있다. 이런 방식으로 교육평가의 일반적인 범주 아래에서 더 세부적인 영역에 대한 탐색이 앞으로 얼마든지 이루어질 수 있을 것이다.

논자는 마지막으로 우리의 삶에서 매우 중요한 역할을 수행할 교육평가의 새로운 응용영역을 제안하고자 한다. 그것은 바로 '교육평론(educational criticism)'이다. 이 용어는 일찍이 아이스너(Eisner, 1985)가 이미 쓴 것이기 때문에 새로운 것은 아니다. 그러나 그것이 드러내려는 내용에 있어서, 이전의 것과 이제부터 논자가 여기에서 제안하려고 하는 것에는 현격한 차이가 있다. 전자는 전통적인 교육평가에 주로 예술이라는 또 하나의 인식론적 특징을 추가하려고 하였다(강만철, 2008; 곽진숙, 2000). 이에 비해서, 후자는 그 방법보다는 이제까지 전적으로 간과해 온 교육이라는 대상과 그것에 부여하는 가치기준의 특수성을 더욱 강조한다.

3.5.1 교육평론의 목적과 역할

아무리 가치 있는 물건이라고 하더라도, 그 대상의 존재를 인정하고 그에 합당한 가치를 부여해 주지 않는다면, 우리의 삶의 한 부분을 구성할 수 없다. 여기서 말하는 물건은 그 비유에 불과하다. 가치 있는 것일수록 오감의 영역을 벗어나 숨겨져 있다. 그것을 들추어내어 점차 확장해 나간 것이 바로 인간이다. 짐승과 구분되는 인간적인 삶이란 바로 이 점에서 그 특징이 있다. 분야마다 그 부분에서 한몫을 하려고 노력을 경주하는 것도 바로 그런 이유에서이다. 그 노력의 선단에 평론이 자리한다. 평론이란 말 그대로 어떤 대상에게 올바른 가치를 부여하는 글이다. 그 글을 접한 독자는 자신의 가치감각을 쇄신할 수 있는 계기를 얻을 수 있게 된다.

예컨대, 예술 분야에서 사물의 아름다움[美]과 추함[醜]을 들추어내어 그 가치를 판단하는 비평이 중요한 몫을 하고 있다. 비평은 예술을 새롭게 정립해 나가는 과정에서 기존의 관습적 방법으로는 정당한 평가가 불가능한 상황에 부딪쳤을 때, 척도 자체의 타당성 여부를 평가하는 새로운 안목과 기준을 창조해 나가는 역할도 수행하고 있다. 문예비평은 시나 소설의 좋고 나쁨을 판단해서 그들의 가치나 매력을 인정해 주고 그것을 음미한다(Richards, 1963). 통상적으로는 전통이 평가기준이 되지만, 기존의 비평 척도 그 자체도 비평의 대상이 될 수 있다. 새로운 비평에서 출발하는 창조에 의하여 이전의 것을 쇄신하거나 교체할 수 있게 하고, 혹은 장래에 등장할 사태를 가지고 현재를 평가하는 예견력을 발휘하기도 한다. 이 분야가 점차 문학과 예술을 윤리나 과학, 역사 등과 분리시켜 자율성을 확보하고, 작품 자체의 미적 특징, 가치 등을 음미하면서 작가와 독자 사이에 친밀한 관계를 만들어주는 방식으로 작품을 해석하며 즐거움을 느낄 수 있게 된 것은 바로 이런 줄기찬 실천의 결과인 것이다.

인류의 긴 역사를 통해서 교육은 면면히 진행되어 왔고, 현재에도 우리의 삶의 복판에 위치하고 있다. 예술이 그러하듯이, 교육도 하나의 자율적인 세계의 하나이다. 그럼에도 불구하고, 근래에 학교제도의 도입과 더불어 교육은 일상적 관점에 의해서 철저하게 왜곡되고 감퇴되어 왔다. 학교라는 생활공간과 교육을 동일시함으로써 교육이 그 나름의 고유한 맥락이 주목이나 관심을 받기 어려운 상황에 처해 있다. 교육에 대한 일반인들의 감식력은 그들이 경험한 학교생활에 의해 고착되어 있다. 그 고착된 관점을 교정하고 숨겨져 있던 교육 고유의 면모를 적나라하게 드러내는 작업이 활성화되어야 한다.

오늘날 교육의 개선을 부르짖는 주장이 넘쳐나고 있다. 그러나 그 교육이 진정 무엇인지에 대한 신시한 반성이나 담론이 빠져 있다. 일반인들은 학교의 문제를 오로지 교육의 문제로 치부하고 사실상 교육일 수 없는 엉뚱한 것에 너무 큰 의미를 부여하고 있는 실정이다. 그것을 시정할 책임이 있는 교육학자조차도 일반인의 상식을 벗어나기보다는 그 잘못된 상식을 바탕으로 학교 안에 존재하는 제반 이질적이고 비교육적인 것들을 교육으로 왜곡하거나 오염시키고 있는 형편이다. 개선의 대상에 대한 이해가 선행되어야 함은 말할 필요조차 없다. 본 저서에서 더 엄격한 이론적 관점에 비추어 교육을 새롭게 조명하려고 시도했지만, 그것만으로 왜곡된 교육관에서 비롯하는 사태를 교정하기에는 불충분하다. 이 시점에서는 좀 더 직접적이고 감성에 호소해서 일반인들로 하여금 교육과 교육 아닌 것의 경계를 쉽게 알 수 있게 하는 힘찬 글들이 더욱 필요하다. 논자는 여기서 제안하는 교육평론이 그런 기능을 해줄 것으로 기대한다.

평론의 생명은 그 대상에 대한 참신한 해석이다. 통상 익숙한 것을 익숙하지 않게 보게 한다거나, 혹은 낯선 것을 익숙하게 보게 하는 것이 평론의 고유한 기능이다. 평론은 이 시대에 매몰되거나 동조하는 것에 그치지 말고, 그것을 얼마만큼 초월할 수 있어야 한다. 우선, 지금까지 교육의 이름으로 과장된 것 혹은 왜곡된 것을 폭로할 수 있어야 한다. 생활사태의 곳곳에서 지금도 면면히 진행되고 있는 교육은 아직도 그 빛을 보지 못한 채 그것에 적합한 해석과 이해를 늘 기대하고 요청하고 있다. 교육평론가들은 우리의 지나간 역사와 현재의 구체적인 삶 속의 특정한 사태가 어떻게 교육의 한 사례가 되는지를 감식할 수 있는 안목의 지평을 제공하고, 그렇게 함으로써 독자는 교육이 그들의 삶과 직결되어 있다는 것을 이해하고, 그들이 무심코 대면하는 것들이 함축한 교육적인 특질에 대해서 흥미를 가지고 좀 더 적절하고 예민한 반응을 보일 수 있게 될 것이다.

3.5.2 교육평론의 대상

교육이 무엇이냐 하는 이론적인 관심과 구체적인 삶의 현장이 얼마나 교육적인가를 감식하는 평론 사이에는 중요한 차이가 있다. 이론적인 작업은 구체적인 사례에서 일반적인 추상의 틀을 구성해 나가는 과정을 거친다. 이에 비해서, 평론작업은 상황적 구체성을 가진 특수한 사례를 우선적으로 다루는 그 반대의 경로를 택한다. 평론이 얼마나 일반화될 수 있느냐 하는 것은 중요한 사항이 아니다. 특수한 사례에서 교육의 고유한 맥락을 얼마나 선명하게 잘 드러내느냐 하는 것이 주된 관심이다.

교육평론의 대상은 광범위하다. 멀게는 과거부터 존재했던 문헌, 유적, 유물, 기념물로부터, 가깝게는 현재에 존재하는 각종 인물, 자료, 작품, 프로그램, 지역사회 서비스, 운동, 경향, 정책, 사건, 사물, 사상, 인간, 활동, 프로그램, 제도, 관습, 에피소드, 그리고 생활공간 등을 포함시킬 수 있다. 교육평론은 그 가운데 특정한 사례를 선택하는 데서부터 시작한다. 그 선별의 우선성을 결정하는 데에는 손쉬운 것, 가까운 것, 시급한 것, 극단적인 것, 전형적인 것, 유명한 것, 이상적인 것, 대조적인 것, 때로는 주문받은 것 등 다양한 이유가 있을 수 있다.

이런 평론의 대상에 어떤 독립적, 혹은 절대적 의미가 있다는 생각은 잘못이다. 오늘날 해석학은 텍스트에 저자의 고정된 의미가 있다는 차원을 넘어설 필요가 있음을 강조하고 있다. 모든 것이 복합된 우리 삶에서 드러나는 구체적인 대상은 서로 다른 맥락에서 서로 다른 의미의 공간에 정치시킬 수 있다. 구체적인 사태 혹은 대상의 의미는 다양한 해석이 교차하는 총체라고 보면 된다. 교육평론은 이런 자유롭고 개방적인 관점의 하나를 차지할 수 있어야 한다.

이 말은 교육평론이 다른 종류의 평론과 차별화되어야 하며, 전자는 후자를 배제하는 것에서 시작되어야 함을 의미한다. 혼질적인 대상에 어떤 의미를 부여하느냐 하는 문제에서 미묘한 헤게모니가 작용한다. 그 헤게모니의 한 부분으로서의 교육평론은 어떤 고정된 의미가 있다는 식의 경직된 해석에서 벗어나 그 무제한적인 과정에 과감하게 참여하여 자기 몫을 수행할 수 있어야 한다. 이제 위에서 든 제반 대상들에 교육의 관점과 가치를 부여하여 검토하는 일이 중요하다. 그렇게 함으로써 일반 대중은 우리의 생활에 편재되어 있으면서도 은폐되어 왔던 교육을 더욱 선명하고 새롭게 감식할 수 있게 될 것이다.

3.5.3 교육의 의미 부여

사실을 만드는 것은 결국 그것을 바라보는 관점이다. 하나의 사건의 의미는 어떤 특수한 맥락에서만 확보된다. 의식적이든 무의식적이든 무언가를 예시해 주는 성질을 담고 있는 구체적인 사례 혹은 사태를 교육적으로 해석하고 비판하는 것은 하나의 의미 맥락을 다른 맥락으로 옮겨 놓는 활동에 참여하는 것이며, 그 자체가 새로운 것을 창조하는 경험에 해당한다. 삶의 한 양상으로서 교육은 구체적인 것 속에 다양한 표상, 기호, 상징, 혹은 징후로 배후에 숨겨져 있으면서 배타적으로 해석되기를 늘 기다리고 있다. 그것들을 고유한 의미의 것으로 제대로 해독해 준다면 갇혀 있던 의미들이 해방을 맞게 될 것이다.

평론의 대상은 그저 그것들 자체에 불과하다. 무심히 지나칠 수 있는 그들이 우리의 관심과 흥미의 대상이 되는 것은 의미화라는 계기를 거쳐서 이루어진다. 그 의미화란 무엇인가? 그것은 구체적인 사례에 하나의 경험을 추가하는 것이다. 경험을 구성하고 있는 요소들은 처음부터 관련을 맺고 있던 것은 아니며, 더욱이 하나의 통일된 사태 속에 포함되어 있던 것은 아니다. 그러나 그것에 포함된 이질적인 것들을 하나의 통일된 맥락 안에 유기적으로 정치시키면, 하나의 새로운 의미가 출현한다.

일상의 삶이나 역사 속에 형상화된 혹은 구현된 교육적 측면은 고유한 해석의 과정을 거쳐야만 비로소 우리의 이해에 도달할 수 있다. 개별적인 요소는 전체와의 관계 속에서 의미를 갖는다는 '해석학적 순환'의 원칙이 평론교육에도 적용된다. 적어도 하나의 사건이 교육으로서 의미를 가지려면, 단편적인 정보의 조각을 어떻게 하나의 틀 속에 맞추어 넣을 수 있느냐가 관건이다. 구체적인 사례와 관련하여 많은 자료를 차곡차곡 수집하는 것이 일차적으로 필요하지만, 그 정보들이 교육의 의미로 해석되는 데에는 대상과 해석자 간의 부단한 해석학적 순환을 거쳐야 한다.

교육평론은 교육의 맥락 안에서 대상의 의미를 해석하는 것이다. 교육의 맥락은 고유한 구조, 내재율, 그리고 연관성에 따라서 총체적으로 이해되어야 한다. 그 특수한 맥락을 선택한다는 것은, 거꾸로 말하면 교육 이외의 다른 맥락을 잠시 괄호 속에 넣어 보류해 두거나 무시하는 것이라고 할 수 있다. 교육평론가는 맥락을 선별하면서 우리의 삶에서 발견되는 텍스트들을 미시적으로, 분석적으로, 종합적으로 예리하게 관찰하면서 그 근거와 양식적인 특징을 살필 수 있어야 한다. 이를 통해 새로운 발견이 이루어지면, 지금까지 그것을 알지 못했던 이유가 그 대상인 교육의 은밀함에 있었던 것이 아니라 관점의 부재에 있었음을 알게 될 것이다.

교육에 대한 무시, 오해, 혹은 낮은 수준의 문제점을 알고 그것을 극복한 평론가의 새로운 이해의 지평은 다시 독자의 새로운 발견과 연결된다. 평론가는 문제를 해결하고 역전시키는 경험을 한 셈이고, 그런 경험담은 다시 독자의 공감에 의해서 재확인되는 결과를 가져온다. 서로 무관하게 생각했던 것들의 이면에 작용하는 관련성을 발견하는 독자는 이전에 무심히 생각했던 것들이 교육의 사례로 등장하는 것을 봄으로써 새로운 관심과 흥미를 갖게 될 것이다. 여기에서 관심과 흥미라는 말을 했는데, 이해는 의미의 구성과 발견을 중시하며, 단순히 인지적인 앎뿐만 아니라 느낌을 포함한다는 것을 나타내려는 것이다.

3.5.4 적절한 가치기준의 적용

비평의 궁극적인 목적은 그 대상으로 선택된 구체적인 상황이나 특정한 사례에 모종의 가치기준을 적용하여 평가를 가하는 데 있다. 비평가는 단순히 사태를 감상하는 데 그치지 않고, 그 가치를 평가하여 새로운 지평을 여는 사명을 수행해야 한다. 그렇다면, 어떤 가치기준을 택할 것인가? 하나의 인물, 사건, 사물 등은 어떤 가치기준을 적용하느냐에 따라 전혀 다른 평가를 받을 수 있기 때문에, 가치평가를 할 때 적용하는 기준에 대해서도 명백한 입장을 표명해야 한다.

단순히 '바람직하다'는 말로써 이 문제가 해결되지 않는다. 정치에 바람직한 것이 반드시 경제에 바람직한 것은 아니다. 그들 사이에 갈등이 있을 수 있다. 예술 분야에서 바람직한 것이 도덕에 바람직하다는 보장도 없다. 풍속을 저해하는 예술작품이 늘 말썽이 된 것도 그런 이유에서이다. 예술평론가는 그 상황에서도 미라는 가치를 살리려고 노력해 왔다. 그는 가끔 대부분의 사람들이 보기 흉하다고 생각하는 것들 속에서 아름다움을 드러내고 소생시킴으로써 우리들의 아름다움에 대한 감각을 향상시킨다. 그만큼 분야마다 고유한 가치를 선별할 수 있어야 한다.

우리는 이와 관련하여 이제까지 '교육평가'에는 모든 외재적 가치가 거의 여과 없이 무분별하게 침투했음을 문제시한 바 있다. 교육평론가는 이제까지 '교육평가'를 알게 모르게 좌우해 온 다양한 가치체제와 가치관이 어떤 것인지에 대해서 철저하게 분석하고 반성하면서 교육의 고유한 가치에 우선성을 부여할 수 있어야 한다. 우리는 앞(3.2.2)에서 교육의 고유한 가치를 증언하는 큰 책임을 수행할 때 취할 선별의 태도를 명백하게 살핀 바 있다. 사람들이 등한시한 교육의 내재적 가치를 부각시켜 충분히 음미하고 즐기는 것이 교육평론가가 견지할 태도이다. 교육 밖의 환경은 교육의 여건이 되며, 외재적 가치는 내재적 가치의 실현을 전제한다.

객관적 증거가 무사공평한 평론을 만든다는 것은 잘못된 신화이다. 평론에는 항상 주관이 개입하는데, 그 주관을 근거조차 불확실한 익명의 객관을 내세워 숨기거나 이러 저런 이유를 들어 합리화할 필요가 없다. 가치판단은 궁극적으로 자신의 경험에 근거를 둔 솔직한 반응이어야 한다. 그의 판단은 정확하게 누구나 그렇게 보고 느끼는 것이 아니라, 스스로 그가 그렇게 보고 그렇게 느낀 것에 근거한 것이어야 한다. 이런 점이 반영된 평론은 독자로부터 그런 동류의 태도를 불러일으킬 수 있는 역량을 지닐 수 있을 것이다. 그것이 개별자로서 독자가 가치공증에 참여하는 책임의 일부이기도 하다.

3.5.5 대비의 효과

세계의 특징은 그 자체에 대한 규명뿐만 아니라 차이가 첨가되어야 한다. 교육은 그 자체의 내적인 구조뿐만 아니라 그것과 대비되는 것들과의 차이와 대립에 의해서 드러나기 때문에 교육과 비교육의 질적인 대비는 중요하다. 우리는 앞에서 교육을 정치, 경제, 사회, 문화, 종교와 대비하는 방식을 취해 왔다. 이들의 차이는 총체적인 것이기 때문에 한편의 것을 다른 것에 편입시킬 성질의 것이 못 된다. 따라서 하나의 사태를 서로 다른 개념범주와 가치규정의 측면에서 대비하는 일이 교육평론에서 수행해야 할 중요한 과제이다.

인간의 변화라는 주제를 떠나 교육을 규정할 수는 없지만, 그런 변화를 가져오게 하는 것이 교육이라는 기능주의적 관점은 교육과 교육 아닌 것의 경계를 모호하게 만드는 허점을 갖고 있다. 더욱 세밀한 분석의 틀이 적용되어야 한다. 교육평론가는 교육의 실체가 무엇이며, 그 한정된 실체가 어떻게 인간의 변화에 관련되는지를 더욱 선명하게 밝힘으로써 그 경계가 모호한 상태에서 교육이라는 이름으로 관습적으로 자행되고 있는 각종의 행동조작, 은폐, 폭력, 기만, 자기소외 등과 교육 자체를 더욱 선명하게 차별화시킬 수 있어야 한다.

학교라는 생활공간과 교육이라는 삶의 양상이 서로 다른 범주임을 대조하는 것도 교육평론가가 할 수 있는 일이다. 이제까지 교육학은 국가에 의해서 운영되는 학교에서 하는 것이 교육이라는 상식과 제도를 전제로 하는 학문이 되어 기존 제도의 합법성을 정당화시키거나 미화시키는 편을 들어왔다. 이제 교육평론은 그런 어용적 역사를 벗어나 교육의 제도에 의해서 표방하는 구호와 용어, 그 이면에 숨어 있는 가정, 허위의식, 과장, 그것의 실상과의 일치와 괴리, 의도되지 않은 부작용, 여타의 이해집단의 이데올로기와의 관계 등을 폭로할 수 있어야 한다.

학교 안에 비교육이 있는가 하면, 학교 밖에 교육이 있다. 많은 학교가 명분상 교육을 전면에 내세우지만, 실상은 형식치레에 그치고 있다. 오늘날 한국사회에서 많은 사람들이 '입시위주교육'과 그것으로 인한 과열된 경쟁에 시달리고 있다. 그것은 또한 교육에 대한 사랑을 저해하고 혐오감을 갖게 하는 주된 원인이 되고 있다. 다른 한편으로, 역사적으로 면면히 진행되어 왔고, 지금의 학교 밖의 생활공간에서 의미 있는 부분으로 살아 있는 교육이 외면당하고 있다. 그런 현실의 이면에 자신도 모르는 개념상의 오류를 범하고 있거나, 고의적으로 여타의 의도를 숨기는 속임수를 드러낼 수 있다면, 교육은 그만큼 자신에게 부과된 오명으로부터 해방될 수 있을 것이다.

교육은 어떤 특수한 기관이나 전문가들의 몫이 아니다. 교육은 특정 연령과 기간에만 한정되는 것이 아니라, 평생에 걸친 삶의 양상이다. 교육은 표면상 거의 연관이 없어 보이는 생활공간에서 오히려 활발하고 내실 있게 진행되면서 여타의 삶에 긍정적인 기능을 하고 있을 것이다. 학교의 안과 밖을 경계로 사람들의 성취를 무조건 교육의 성취로 판단하는 것에는 잘못이 있다. 학교 안에서는 교육 밖의 요인들이 그 성취에 동시에 공헌할 수 있으며, 또한 학교 밖에서 그런 성취를 이루었다면 그것은 교육에 의한 것이 아니라고 할 수도 없다. 그럼에도 불구하고, 상식의 두꺼운 맹목이나 개념의 부재로 인해서 대부분의 사람들은 학교 밖에서 교육이 가져오는 그런 성취를 의식하지 못한다. 교육평론은 그처럼 많은 사람들의 의식으로부터 소외되어 있는 교육의 풍요로움과 긴장감을 일반 독자들이 자각할 수 있도록 촉매제의 기능을 담당해야 할 것이다.

3.5.6 설득적인 언어의 구사

삶의 현장에 교육의 의미를 부여하고, 그것에 적절한 가치기준을 적용할 수 있는 능력을 갖추었다고 하자. 더 나아가, 교육인 것들과 교육 아닌 것들을 극적으로 대비할 수 있는 구체적인 사례를 접했다고 하자. 그러나 이것이 바로 교육평론의 끝은 아니다. 여기에 글쓰기가 추가되어야만 비로소 평론이 완성된다. 평론은 언어를 매개로 그 안에서 일어난다. 어떤 텍스트든지 간에 그 안에 있는 언어의 의미는 고정되어 있지 않다. 한 단어의 의미·강도·뉘앙스가 그것이 언급된 의미연관과 관련하여 파악될 수 있듯이, 한 문장 그리고 그와 관련된 문장들의 의미는 말의 의미연관, 즉 말의 유기적인 구성과 상호연관성에 관련됨으로써 발생한다.

평론은 통상적인 언어에 의해서 많은 경우 아직 밝혀지지 않고 왜곡되거나 숨겨진 무언가를 드러내고, 선택하고, 실현시키는 언어여야 한다. '진', '선', '미'와 같은 가치언어들에서 예증할 수 있듯이, 언어에는 분명 설득적인 기능이 포함된다. 평론은 현실을 단순히 해석하기보다는 현실에 대한 변혁을 추구한다. 그 기능은 그 말을 쓰는 사람의 가치체험과 열정이 동반되었을 때 기대할 수 있다. 그동안 교육에 대한 무수한 평가언어들이 나왔지만, 가치체험이 동반되지 않은 경우가 많았기 때문에, 다분히 연극적이며 생명이 없는 문구로 남아 있다. 더구나 그 가치언어가 주체의 품위수준을 고려하지 않고 옳다거나 혹은 그르다는 이분법적인 절대언어들로 쓰여 왔기 때문에, 가치 논의에 많은 혼동을 가져오기도 하였다.

문예비평은 뛰어난 문학작품을 읽고 감동한 사람이 그 감동을 표현하고자 한 데서 시작하였다. 감동을 표현하기 위해서는 우선 작품이 어떠한 구성으로 이루어졌는지를 살필 필요가 있을 것이다. 또한 그 구성에 반응하는 독자 자신의 내면 상태도 살피지 않으면 안 된다. 교육평론의 경우도 이 점에서 마찬가지다. 교육적 특징과 가치를 절실하게 체험하고 그것을 글로 드러내는 일은 그렇게 쉬운 일은 아니다. 앞에서 지적했듯이, 평론을 통해서 새로운 의미가 창조되어야 한다. 아무리 어법이나 의미의 미묘한 차이에 민감하더라도 말이란 우리 내부의 체험을 훌륭하게 조정해 주는 대안으로서는 매우 빈약한 것이다. 교육은 우리가 살고 있는 언어의 세계보다 더 포괄적이다. 그것을 어떻게 말로써 사람들이 이해할 만하게 표현할지가 문제이다. 언어를 통한 소통은 그 언어가 나타내려는 우리 내면의 체험이 서로 조율될 때에만 가능하다.

평론의 글은 그런 관점전환을 설득하려는 의도가 가미되어야 한다. 일상의 구체적인 대상을 교육적으로 해석하는 일은 낯설고, 친숙하지 못하며, 의미가 불분명한 것으로 감추어져 있는 진정한 의미의 교육을 낯익은 말로 친숙하게, 그리고 명백한 것으로 밝히는 데 있다. 글을 통해서 사람들에게 교육의 가치를 느낄 수 있게 하려면, 교육을 단지 설명하고 기술하는 것만으로는 불충분하다. 그 밑바탕의 정서를 파악하고 분위기에 동참하면서 그것의 특성을 더듬어야 할 것이며, 교육 고유의 가치를 감동적으로 드러내는 온갖 간접적인 방법을 동원해야 한다.

아무리 뛰어난 평론이라 할지라도 주어진 시대에 사용되는 이해양식의 도움을 받지 않고 이루어질 수는 없다. 그런데 교육평론의 경우, 현 단계에서 그 용어의 선택과 관련하여 하나의 특별한 딜레마에 봉착한다. 앞에서 지적했듯이, 평론의 목적은 교육과 관련하여 일반인들이 가지고 있는 허위의식을 폭로하고 왜곡을 비판하는 것인데, 우리에게 익숙한 학교중심 혹은 외래학문중심의 언어는 그 자체가 교육을 왜곡시키거나 감추고 있다. 이러한 어긋난 언어를 쓰는 한, 교육의 진상은 드러날 수 없다. 뿐만 아니라, 그런 언어는 교육과 무관한 것을 교육의 문제로 오도하여 문제를 더 꼬이게 한다. 제도와 상식의 용어는 그 자체가 가진 견고한 의미체제에 빠져들게 하기 때문에 은폐되고 감추어진 교육을 표명하고 드러냄에 있어서 한계를 갖는다.

우리의 일상적인 용어는 그 맥락이 불확정된 것들이기 때문에 그 부분에서 새로운 의미를 항상 추가할 수 있는 여지를 포함한다. 그것이 바로 일상의 용어에 새로운 이론적 의미를 추가할 수 있는 부분이 될 것이다. 관점의 전환을 지적했는데, 교육평론가는 그것을 드러내는 데에 이전에 쓰여 왔던 진부한 용어 혹은 공허한 문구들이 부적절하거나 더 이상 사용할 수 없는 불가피한 경우에도 직면할 것이다. 새로운 언어의 창조가 그 공백을 채울 수 있다. 새로운 용어의 존속 여부는 진부한 용어에 빠져 있던 독자들에게 신선한 충격을 주면서 전달하려는 새로운 내용에 대해 그들로부터 얼마나 공감적인 이해를 얻어낼 수 있느냐에 달려 있을 것이다.

3.5.7 교육평론가의 자질

교육평론가에게는 어느 정도의 자질이 요구되기 때문에 누구나 아무렇게 할 수 있는 일은 아닐 것이다. 그렇다면 누가 그 과업을 수행할 수 있는가? 이와 관련하여 우리가 손쉽게 할 수 있는 응답은 교육이론과 가치언어를 구사할 수 있는 전문가이다. 그동안 교육학자나 교육자를 자처하는 수많은 '전문가들'이 따로 있어 왔고, 사실상 우리의 주변에 평론가로서의 자격을 갖춘 사람들이 많음에도 불구하고, 그들의 주장이 그 전문가들의 것과 너무도 큰 거리가 있기 때문에, 자신과 주변에서 벌어진 아름다운 교육적 에피소드를 표현하기를 주저하는 사람들도 있을 것이다.

이런 도식적 해법은 재고의 여지가 있다. 교육을 평가할 수 있는 사람이 따로 있다는 생각은 실제로 위험하다. 교육평론가는 자연인의 어떤 한 측면에 해당하며, 누구라도 그런 자격을 갖추면 교육평론가라고 할 수 있다. 이와 관련하여 오늘날 '교육전문가'로 자처하는 사람들이 진정 그 전문성을 갖추고 있느냐 하는 점을 심각히 검토해야 할 것이다. 그들 가운데에는 대부분 교육을 왜곡하는 사람들이 많음을 여기에서 상기했으면 좋겠다. 따라서 만약 교육평론에 전문가가 필요하다면, 그들은 새롭게 양성되어야 할 과제로 남아 있다. 그 점을 전제하면서, 새로운 교육평론가가 갖추어야 할 자질을 다음의 세 가지로 요약해 본다.

첫째 자질은 교육에 대한 올바른 이해이다. 교육평론가는 미확정적인 부분을 하나의 유의미한 형태로 변모시키는 감각을 가질 수 있어야 하는데, 그것은 바로 그가 이해하고 있는 교육에 대한 이론에서 파생한다. 이제까지 논의된 바와 같이 교육에 대한 이해는 여타의 삶의 양상을 이해하는 맥락과 전혀 다르기 때문에, 그 맥락에 대한 조망이 없다면, 설사 우리의 삶에서 교육적 사례가 진행되고 있다 하더라도, 그것을 변별해서 밝혀낼 도리가 없다. 어떤 교육관에 기초해서 교육평론을 전개하든지 간에, 그것은 단순히 한 문장으로 정의할 수 없는 교육에 대한 전반적인 인식체제를 반영해야 할 것이다. 교육본위론은 하나의 예시에 불과하며, 평론가는 그 나름의 독자적인 관점을 확보하고 있어야 할 것이다.

둘째, 교육평론가는 평가에 개입하는 이질적인 가치들을 분별하고 그렇지 못한 상황에서 일어나는 가치의 혼란과 도착을 바로잡아 나갈 수 있어야 한다. 교육관은 말 그대로 하나의 관점에 불과하고, 교육이 갖고 있는 가치체험을 반영하지는 않는다. 여기에서 가치란 단지 이론적인 논의가 아니라 그것에 대한 헌신과 개입이다. 세상사에는 다양한 종류의 가치가 적용되며, 교육은 그 가운데 특수한 가치를 추구한다. 교육은 흔히 바람직하다는 일반적인 범주 밑에 포괄되는 온갖 가치기준들이 무질서하게 적용될 세계가 아니다. 교육의 내재적 가치, 교육의 수단으로서의 환경의 가치, 그리고 교육이 여타의 환경에 공헌하는 수단으로서의 가치는 엄연히 구분될 성질의 것이다. 이런 가치에 관한 감식능력은 학문적인 이론보다는 그 자체의 실천적 체험에 근거한 것이어야 한다.

셋째, 교육평론가에게는 언어의 구사에서 특별한 능력이 필요하다. 평론가는 교육과 관련되어 잘못 사용된 언어를 의식하고 그것을 교정하여 올바로 사용할 수 있는 언어를 선별하거나 만들어 나갈 수 있어야 한다. 평론의 언어는 무엇을 있는 그대로 사진처럼 묘사하기보다는 이전에 감추어졌던 것들을 독자에게 더 선명하게 드러낼 수 있어야 한다. 이런 작업은 일상적인 언어 혹은 기존의 언어가 갖고 있는 맥락을 해체하고 새로운 맥락을 추가하는 작업을 요청한다. 그런 작업을 통해서 잘 다듬어진 언어를 구사하는 평론가는 자신의 글을 통해 교육을 보다 선명하게 새로운 사실로 드러낼 수 있을 것이고, 그런 언어에 접한 독자는 반성 없이 아무렇게나 언어를 사용했던 이전 방식과의 차이를 의식하고 그것을 다시 숙고하는 계기를 갖게 될 것이다.

교육본위론이 도입한 품위의 개념이 그러하듯이, 우리는 어떤 분야의 능력이건 그것을 이원적으로 분류하는 것은 극단적인 판단이라는 것을 시종 강조해 왔다. 단지 제안 수준에 있는 교육평론 분야에 대해 전문가와 비전문가를 구분하는 것 자체가 비현실적이다. 진정 관심을 가져야 할 것은 앞선 제반 조건을 충족시킬 수 있는 정도의 차이이다. 교육평론은 분명

보통 사람들보다 교육에 대해 더 잘 이해하고, 더 잘 판단하고, 더 잘 표현할 수 있는 자질을 요구한다. 교육에 대한 곡해와 고유한 가치의 맥이 끊어진 오늘날에 있어서 교육에 대한 세련된 안목과 가치관을 가진 교육평론가들을 가급적 다량으로 확보하는 일이 시급한 과제로 남아 있다.

3.5.8 교육평론의 수준 문제

우리 주변에서 교육평론이 부재하다고 볼 수는 없다. 교육을 두고, 옳고 그르다는 논의가 끊임없이 일어나고 있다. '입시위주의 교육', '암기식 교육', '교과위주의 교육', '천편일률적인 교육과정', '지나친 교육열', '부실한 교육재정', '가계를 위협하는 사교육비', '경쟁을 부추기는 교육평가', '청소년을 위협하는 학교 주변의 교육환경', '공급자 위주의 교육', '교육주의에서 학습주의로!', '자율학습의 강요', '학교붕괴에 따른 교육의 위기', '고국을 등지는 교육이민', '계급을 고착시키는 교육' 등 무수한 교육의 용어와 평가들이 난무한다. 요즘의 사정으로 보아, 이런 용어를 쓸 때 지금의 교육에 만족하는 사람은 드물어 보인다. 그 사회적 분위기를 틈타 '교육학자들'이 제반 문제를 해결해야 한다는 처방도 나온다.

교육평가가 되도록 많이 활성화되어야 한다는 것이 본절의 주제이다. 이런저런 평가를 제지할 필요는 없다. 그러나 그 양 못지않게 중요한 것이 있다. 그것은 평론가 자신의 교육관과 가치평가에 대한 자기반성이다. 그 평론들이 함축하는 교육은 무엇인가? 지금 항간에 회자되는 교육의 문제와 그 해법에 대한 논의는 거의 말놀이 자체에 포함된 개념과 용어의 모호함, 논리적인 연관성의 결여, 모순, 체계적인 왜곡, 혼란 속에서 벗어나지 못하고 있다. 말하자면, 교육의 문제는 많은 부분 그것에 관한 그릇된 언어 사용에서 비롯한다. 사람들은 대개 하나의 통일된 사태 속에 포함될 수 없는 것들을 생각나는 대로 떠들고, 그 말들의 수렁에 빠져 지쳐버린다. 더구나 사태를 평가하는 기준에 있어서 어떤 정석적인 선택이 있어 보이지 않는다. 그들의 논의에 포함된 가치기준은 십중팔구 도착되어 있다는 것을 쉽게 발견할 수 있다.

엉터리 비평은 오히려 교육의 이해를 망쳐놓을 위험성도 있다. 이 점에서 모든 교육평론에 같은 정도의 비중을 두어서는 안 된다. 우리는 앞에서 교육의 품위를 살핀 바 있다. 우리는 교육발전에 있어서 메타교육의 역할을 밝혔고, 교육의 내재적 평가도 그것과 결부하여 이루어질 수 있다는 점을 지적했다. 그렇다면, 그것은 교육평론의 수준과 어떤 관련을 갖고 있는가? 이에 대한 해답은 관련이라는 말 속에 시사되어 있다. 누차 강조했듯이 관련을 따질 때, 그 관련된 것끼리의 차이가 전제된다는 점을 우리는 강조해 왔다. 일반적으로 높은 수준의 교육평론은 높은 수준의 교육품위를 요구할 것이다. 그러나 교육품위가 높다고 해서 반드시 교육평론의 수준이 높다는 보장은 없다. 이 미묘한 차이를 우리는 인정해야 할 것이다.

말 그대로, 교육평론은 교육에 대해서 평가하는 설득적인 글이다. 논자는 앞에서 그 부분에서 전문가와 비전문가의 이분법을 부정하고, 그 정도의 차이만을 인정하기를 제안했다. 그 정도에 있어서 엉터리에서 고급에 이르는 다양한 수준의 차이를 인정하고 분별할 수 있어야 한다. 한 개인의 감식안은 개인의 능력과 관련되어 있기 때문에, 평론에 대한 평자와 그것을 읽는 해석자 혹은 독자 간의 오해나 적용되는 가치기준의 차이는 자연스러운 사건이다. 여기에서 유의해야 할 것은 교육평론은 그 자체가 끊임없이 개선될 성질의 것이라는 점이다. 교육평론을 평가함에 있어서 해결되어야 할 부분은 평가기준의 일치가 아니라 그 수준들 사이의 합당한 방향의 접근이다.

3.5.9 교육평론의 정당화 문제

교육평론의 절대적인 정답이 존재할 수 없다. 정평을 기대하는 것은 무모하고 어리석다. 그러나 절대적인 기준이 없다는 것은 그 분야에서 무정부상태를 관용해야 한다는 것과는 다르다. 한편으로 양의 면에서 교육에 대한 잘못과 잘됨을 따지는 인구가 점차 늘어나는 것이 중요하지만, 다른 한편으로 그 교육평론의 질을 관리하는 것도 양 못지않게 중요하다. 사실은 교육에 대한 대중의 평가의 질을 개선하는 것이 교육평론의 직접적인 목적이 된다고 말할 수 있다.

우리는 앞에서 평가에 작용하는 기준은 그것이 해당하는 세계에 대한 현존하는 품위라는 점을 지적했다. 교육평론의 수준도 그것에 관해 상구를 통해 얻은 품위수준을 넘어설 수 없다. 이 때문에 서로 수준이 다른 평론이 나올 수 있으며, 그에 따른 반론과 비판을 허용해야 한다. 그러나 품위의 차이로 인해 특정한 교육평론이 오해의 대상이 된다거나 무분별하게 평가되는 것은 그 자체로서 바람직한 것은 아니다. 특히, 이 과정에서 낮은 수준의 품위로 높은 수준의 평론을 제멋대로 해석하는 것은 기피되어야 할 사항이다.

이 문제를 해결함에 있어서 먼저 극복되어야 할 것은 평가의 타당성을 그 평가의 일치에서 구하는 이전의 관점이다. 평가가 불일치하면 그것은 타당한 것이 아니라는 관점이 흔히 객관성과 관련하여 견지되어 왔다. 그러나 엄밀하게 말하면, 객관성은 상호주관의 측면에 해당하며, 그 상호주관의 일치가 반드시 평가가 타당하게 이루어졌다는 증거가 되는 것은 아니다. 평론의 해석에서 평면적인 일치나 합의란 그렇게 의미가 있는 것이 아니다. 합의된 저질의 교육평론이 더 큰 문제로 등장할 수도 있기 때문에, 단순히 합의에 의해서 평론의 수준이나 가치를 평가하는 것은 부당하다.

평론과 그 해석에 대한 수준의 차이나 이견은 통제를 요구하지만, 그것은 자의적인 방법이 아닌 방식으로 이루어질 수 있어야 한다. 아무리 새롭고 참신한 비평 혹은 비평이론이라 할지라도, 무조건 그것을 상대방에게 강요할 수는 없다. 어느 분야든 가치평가는 강제되지 않는 합의에 도달할 때, 공동체의 연대성을 높일 수 있다. 그렇다면, 한편으로 다양한 수준의 교육평론을 인정하면서, 다른 한편으로 그들 간의 품위상의 차이를 정당하게 인정할 수 있도록 하는 안전장치는 무엇인가? 이 부분에서 우리는 교육의 과정이 필요하다는 것을 앞(3.4.5)에서 살폈다. 교육평론 자체에 대한 평가가 교육을 통해서 정당화될 수 있는 길을 찾아야 한다.

이것은 교육평론을 소재로 하는 교육의 문제에 해당한다. 여기에서 분명하게 밝힐 점은, 평론은 교육을 대신하는 것이 아니라, 많은 경우 그것에 관한 논쟁에 포함된 사람들 사이에 단지 교육적 교섭이 이루어질 수 있는 계기를 만든다는 점이다. 이 세상에 오류가 없는 판단이 존재할 수 없다는 것이 교육의 전제이며, 다만 그 정도의 차이가 교육을 가능하게 한다. 당연히 평론에는 수준의 차이가 있기 마련이고, 그에 따른 반론과 비판은 그것을 중심으로 교육적 관계를 맺을 수 있는 품차의 공간을 갖는다. 서로 다른 품위의 노출에 따른 차이, 긴장 혹은 갈등은 그것 자체로서 끝나는 것이 아니라, 교육이라는 건설적인 실천과 연결될 수 있어야 한다.

교육은 흔히 말하는 훈련, 사회화, 문화화, 혹은 교조화와 다른 과정을 내포한다. 교육적 관계는 선진과 후진 사이의 품차에 대한 1차적인 가정과 양해에서 출발하며, 점차 후자의 품위를 전자의 방향으로 한 단계씩 끌어올리는 과정을 거친다. 그들이 그 관계를 유지하는 한, 애초의 품위상의 우열에 대한 가정이 확인되는 것으로 판단한다. 이것은 흔히 소통이론이나 대화이론이 생각하는 과정보다 훨씬 복잡하고 긴 교섭이며, 그 원리는 교육평론에도 그대로 적용된다.

3.5.10 평론을 소재로 하는 상구교육

교육평론은 자기수정의 활동이다. 우리의 삶이 교육으로 충만해 있다 하더라도, 그 대상을 향하여 이해하는 마음을 여는 계기는 드물게 일어난다. 우리의 삶에서 교육은 우리가 아무렇게나 생각하고 말하는 것과는 동떨어진 어떤 곳에 있는지도 모른다. 그렇다면 우리가 교육에 대해서 쉽게 말하고 평가하기 이전에, 교육을 감식할 수 있는 능력에 대해 언제나 자기반성이 앞서야 할 것이다. 교육에 대해서 오류에 찬 말을 사용하여 멋대로 평가함으로써 혐오감을 갖게 하는 일이 얼마나 비일비재한가?

교육평론은 교육에 대한 이전의 문제 제기 자체에 문제가 있는 것은 아닌가 하는 의혹에서 출발한다. 우리는 일반적으로 자신에 대한 반성적 평가보다는 자신을 제외한 타인에 대해 평가하기 쉬운데, 우리 자신은 그 타인에게는 타인이 된다. 그렇게 본다면, 나 자신의 개선이 바로 타인의 개선과 연결된다는 것을 알 수 있다. 말하자면, 교육평론가 스스로가 일반대중의 하나에 속하는 것이다. 일상의 삶에서 교육에 관해서 말할 때 상투적으로 쓰는 언어가 정상적인 것처럼 보이지만, 사실은 그것들이 교육을 억압하거나 감추거나 왜곡시키고 있는 부분이 있을 수 있다. 따라서 대중의 평론에 만족할 수 없는 문제의식을 가진 사람은 그들보다 높은 교육에 대한 감식능력을 확보하려고 노력해야 할 것이다.

교육을 평가하려는 사람이 자기의 평가에 전혀 오류가 없다고 주장할 때, 그는 이미 교육에 대한 올바른 관점에서 이탈하고 있다. 교육의 특징은 그 기준을 그대로 적용하는 것을 일단 보류하고, 그것을 한 단계 격상시키는 데 있다. 이 때문에 교육에 대해 평론하려는 사람은 교육의 품위와 관련하여 자신의 한계를 시인하고, 더 높은 수준의 평론가의 권위를 인정하는 태도가 기본적으로 요구된다. 그 요구에 응하는 것이 바로 교육평론을 소재로 하는 상구에 해당한다. 여기에서 주목할 것은 교육평론의 품위는 단지 교육의 품위로 환원되지 않는다는 점이다. 이들 사이에는 서로 중첩되는 부분이 있지만, 일치하는 것은 아니다. 후자의 것을 전자로 전이시킴에 있어서 추가되는 것은 바로 표현하는 능력이다. 따라서 교육평론가는 자신이 보고 느끼는 것을 가장 적절한 언어로 표현할 수 있는 자질의 향상에도 관심을 가져야 할 것이다.

자신의 평론능력을 향상시키려는 사람은 자신보다 더 나은 품위를 가진 선진의 품위를 접해야 한다. 이때, 유의해야 할 점은 동일한 수준의 감식안을 가진 사람들만이 서로의 것을 정당하게 인식하고 평가할 수 있다는 원칙이다. 따라서 교육평론가는 선진의 교육평론을 단지 낯설다는 이유를 들어 일축하는 일을 스스로 삼가야 할 것이다. 그 내재율에 따라 상구교육에 성공했을 때 교육평론가는 교육에 속하는 사실, 그리고 그것에 적용할 가치와 관련하여 좀 더 높은 수준의 관점과 평가의 안목을 확보할 수 있게 될 것이다. 자신이 문제시했던 이전의 교육에 대한 평가와는 다르게, 구체적인 사태나 사례를 보고 느낄 수 있는 자신의 변모된 입지를 확보하고, 그 진전에 대해서 보람을 느낄 것이다. 그 흥분은 그 자체에 그치지 않고 다른 사람에게 전달하려는 동기와 자연스럽게 연결될 수 있다.

3.5.11 평론을 소재로 하는 하화교육

교육평론이 진행되는 올바른 순서는 각자의 자기반성과 성찰에서 출발하여 그것에서 얻은 결과를 우리 사회에 영향을 미치는 데까지 연장시키는 경로이다. 그러나 평론 자체만을 가지고 독자가 가진 교육의 품위를 변화시킬 수 있다고 한다면, 그것은 지나친 기대가 될 것이다. 평론은 그 자체로서 하나의 작품으로 볼 수 있다. 그에 대한 해석은 항상 해석자 자신이 처한 상황 안에서 존립하기 때문에 그 작품이 누구에게나 제대로 소통되고 이해될 것을 기대하는 것은 너무도 안이하다. 비평은 그 독자의 품위라는 주관의 여과장치를 거쳐서 해석된다. 평론에 대한 독자의 이해나 반응은 그의 교육품위에 따라 다를 것이다. 평론에서 쓰이는 언어는 어느 정도 새로움이 포함되어 있고, 그 때문에 그가 상구를 통해서 개선한 교육에 대한 감식안을 갖지 못한 독자, 즉 그가 상구하기 이전의 감식안에 갇혀 있는 독자들에게는 그의 언어가 아직 미확정적인 것이거나 이해하기 어려운 내용일 수 있다.

여기에서 평론가와 독자 사이에 모종의 오해와 갈등, 그리고 그에 따른 거부감이 발생할 수 있다. 만약 이 부분을 해소할 수 없다면, 평론은 동시대인들에게 혹은 시대를 달리하는 사람들에게 논쟁의 대상이 되거나 단순히 기록으로만 남게 될 것이다. 그 기록물에 의미를 부여하는 것은 결국 평론가의 경험에 공감할 수 있는 독자가 있느냐에 달렸다. 이는 결코 쉬운 일이 아니다. 한 사람이 교육평론을 소재로 하는 상구교육을 통해 얻은 품위의 향상을 인정받는 것은 언어적 전달 이상의 실천을 요구한다. 따라서 논쟁이나 오해를 발달의 한 계기로 삼아 그것을 해소하는 하화활동을 첨가해야 한다.

교육평론가는 독자에게 눈에 띄는 낮은 수준의 이해 혹은 오해의 요소가 포함되어 있음을 알고, 그 오해의 근원을 추적함으로써 독자가 지금 어떤 품위에 있는지를 알 수 있다. 그것을 토대로, 양자는 교육적 관계를 맺을 수 있다. 특정한 평론의 교육적 가치는 반드시 그 품위의 수준과는 비례하지 않는다. 매우 높은 수준의 것은 보통 사람에게 그 교육적 기능을 제대로 할 수 없을 것이다. 이때 특별하게 유의해야 할 하화교육의 내재율의 하나가 역차이다. 이에 따라서 평론가는 자신의 감식안을 주장하고 관철시키려는 욕심을 버리고, 독자의 수준에서 그 감식안의 수준을 한 단계 더 높이는 데 주력해야 할 것이다. 이렇게 함으로써 독자는 점차 적어도 평론가가 바라는 바대로 좀 더 수준 높은 교육적 안목과 가치관을 가지고 일생생활 속에서 전개되는 교육현상을 감식하고 평가할 수 있게 될 것이다.

3.5.12 요약

앞에서 우리는 교육평가의 일반적인 범주를 응용하는 하나의 영역으로 교육평론의 가능성을 살폈다. 여기에서 말하는 교육평론은 별다른 것이 아니다. 좀 완화된 기준을 적용한다면, 교육에 대한 온갖 세평이 여기에 포함된다. 교육평론에 절대적인 기준이 있는 것이 아니다. 그것은 어차피 여러 수준을 반영한다. 관련사실과 적용될 가치의 면에서 다소의 미비함이 있을 것이다. 그것을 억제하거나 억압하거나 일률적인 기준에 일치시키려고 하는 것은 바람직하지 않다. 그렇다고 해서, 그것을 방임하는 것 역시 바람직한 것이 못된다.

진정 바라는 바는 지금까지 무분별하게 이루어지고 있는 평론을 발전하고 성장하는 분야로 정착시키는 것이다. 교육과 무관한 삶을 영위하는 사람은 드물다. 그런 삶의 양상에 관여하고 관심을 갖는 것이 중요하다. 교육에 대해서 누가 어떤 평가를 내리는가? 구체적인 사례의 선택과 내용이 개인에 따라 다를 것이다. 그 제반 교육평론은 끊임없이 그 적합성에 대한 검증을 요구하며, 그 가운데 어떤 것이 폐기되고 수정되고 교체될 수 있어야 한다. 평론가나 독자는 있는 그대로가 아니라 어떤 이유에서건 평론에 의해서 서로 모종의 바람직한 변화를 모색할 수 있다. 이것이 바로 평가 자체가 발전하는 참된 면모이다.

교육에 대한 평가는 교육의 품위와 무관하지 않다. 교육평론가는 그가 평론하는 교육의 면에서 우선 솔선수범을 보일 수 있어야 한다. 아울러 그 사례와 관련해 이루어지고 있는 기존의 관점과 평가를 검토하는 것이 필요하다. 자신의 낮은 품위의 수준을 자각하고 그것을 상구교육을 통해서 개선하려고 노력해야 한다. 그 성과를 언어로 표현한 것이 바로 교육평론이 될 것이다. 다음에, 그는 아직도 자신의 품위수준에 미치지 못하는 독자를 상대로 하화교육을 할 수 있어야 한다. 이렇게 우리는 교육을 통해서 교육평론의 수준을 한 단계 더 끌어 올림과 더불어 자연스럽게 평론 자체이 수준을 검증할 수 있는 고유한 통로를 확보하고 있다.

참고문헌

강만철(2007). "학생 집단에서의 교육적 관계 탐색". ≪교육원리연구≫, 12(1), 145-174.

강만철(2008). "Eisner 교육평가 개념의 비판적 고찰". ≪교육원리연구≫, 13(2), 139-162.

강창동(2000). "한국 교육열의 편십승적 성격에 관한 사회학적 연구". ≪교육학연구≫, 38(3), 1-20. 서울대학교 사범대학 교육연구소.

강태중(2008). "'사교육' 팽창의 교육적 함의 탐색". ≪교육원리연구≫, 13(1), 47-72.

곽진숙(2000). "타일러와 아이스너의 교육평가론 비교 연구". 서울대학교 교육학과 석사학위논문.

김규욱(2001). "듀이 교육이론에 대한 교육본위론적 재해석". 서울대학교 박사학위논문.

김남두(1992). "서구 대화 문화의 그리스적 기원". 크리스찬 아카데미 편, ≪대화의 철학≫. 서울: 서광사. pp.157-196.

김남희(2000). "법화경의 '방편'에 관한 교육학적 해석". 서울대학교 교육학과 석사학위논문.

김소희(2004). "학부모 교육열의 내러티브적 접근". ≪교육학연구≫, 42(2), 271-313.

김신애(2005). "교육비용논의에 포함된 이론적 전제의 비판적 고찰". 서울대학교 석사학위논문.

김영화(2004). "사교육 선호 경향 및 선호 요인 분석 연구". ≪교육학연구≫, 42(2), 335-365.

김재복(2006). ≪공교육 내실화를 위한 교육의 방향과 연구과제≫. 서울: 교육과정평가원.

김재웅(2006). "종교와 교육의 관계 재음미: 교육본위론에서 본 종교교육의 의미". ≪교육원리연구≫, 11(2), 135-161.

김재웅(2008). "미국 교육사 연구의 역사에 대한 비판적 고찰: 교육사 연구를 위한 새로운 접근의 가능성". ≪교육원리연구≫, 13(2), 1-32.

김지현(1988). "교육평가의 일치도 모형에 관한 반성적 고찰". 서울대학교 교육학과 석사학위논문.

김지현(1997). "협동교육의 관점에서 본 부모-자녀의 상호작용: 로고프의 <Apprenticeship in Thinking>을 중심으로". ≪교육원리연구≫, 2(1), 1-44.

김지현(2000). "교육어의 개념에 비추어본 비고츠키의 '고등정신기능의 점유를 위한 언어'". ≪교육원리연구≫, 5(1), 1-48.

김지현(2001). "'교육하는 인간'의 원형으로서의 유아". ≪교육원리연구≫, 6(1), 57-93.

김지현(2003). "교섭을 위한 교육적 지식의 수준조절 원리". ≪교육원리연구≫, 8(1), 31-76.

김지현(2005). "'하화열정'의 교육학적 이해". ≪교육원리연구≫, 10(2), 171-232.

김학주(1988). ≪공자의 생애와 사상≫. 서울: 명문당.

김휘준(1998). "교육본위론적 관점에서 본 예수의 삶". 서울대학교 교육학과 석사학위논문.

남승완(2005). "'입시위주교육'의 논점에 비춰본 중등교원임용교사의 파급효과: 교육학 시험을 중심으로". 서울대학교 교육학과 석사학위논문.

노희관 · 이용남 편(2000). ≪교육학의 새로운 패러다임≫. 서울: 교육과학사.

동국대학교 역경위원회 역(1990). ≪증아함경(1, 2)≫. 서울: 동국역경원.

동국대학교 역경위원회 역(1990~93). ≪중아함경(1, 2, 3)≫. 서울: 동국역경원.

동국대학교 역경위원회 역(1990~93). ≪잡아함경(1, 2, 3)≫. 서울: 동국역경원.

동국대학교 역경위원회 역(1995). ≪장아함경≫. 서울: 동국역경원.

박남기(2000). "'교육열 개념모형'에 터한 과열과외정책 재분석". 오만석(외). ≪교육열의 사회문화적 구조≫. 성남: 한국정신문화연구원.

박도순(2000). "수행평가정책의 방향". 황정규 편, ≪한국교육평가의 쟁점과 대안≫. 서울: 교육과학사. pp. 169-200.

박병기(1998). "인터넷의 교육적 해석". ≪교육원리연구≫, 3(1), 175-196.

박분희(1999). "메타교육의 관점에서 본 교사교육의 반성과 대안 탐색". ≪교육원리연구≫, 4(1), 189-213.

박분희(2003). "가정에서의 메타교육". ≪교육원리연구≫, 8(1), 1-29.

박종현 편저(1996). ≪플라톤≫. 서울: 서울대학교출판부.

박희병 편역(1997). ≪선인들의 공부법≫. 서울: 창작과비평사.
배호순(2000). ≪수행평가의 이론적 기초≫. 서울: 학지사.
배호순(2008a). ≪교육프로그램 평가론≫. 서울: 도서출판 원미사.
배호순(2008b). ≪평가하는 학교사회≫. 서울: 교육과학사.
백순근(2000). ≪수행평가의 원리≫. 서울: 교육과학사.
백순근(2000). "수행평가 정책의 문제점 및 개선방안". 황정규 편, ≪한국교육평가의 쟁점과 대안≫. 서울: 교육과학사. pp. 201-231.
불교성전편찬회(1985). ≪불교성전≫. 서울: 동국대학교 역경원.
성백효 역주(1990). ≪논어집주≫. 서울: 전통문화연구회.
성백효 역주(1991). ≪맹자집주≫. 서울: 전통문화연구회.
신기현(1995). "메타교육의 관점에서 본 임상장학". 서울대학교 교육학과 석사학위 논문.
신기현(1996). "논어의 호학에 나타난 교육적 삶". ≪교육원리연구≫, 1(1), 157-173.
신기현(1999). "교육분야에서의 전기적 방법의 가능성 탐색". ≪교육원리연구≫, 4(1), 89-110.
신기현(2002). "메타교육의 관점에서 본 칼 로저스의 교육적 삶: 한국 교육개혁에의 시사". 서울대학교 교육학과 박사학위논문.
신기현(2003). "구성주의 교육활동을 통한 교사학습자들의 신념변화 연구". ≪한국교원교육연구≫, 20(2), 151-173.
신기현(2008). "학교체제에서의 교육가치와 행정가치의 관계 탐색". ≪교육원리연구≫, 13(2), 197-222.
양미경(1992). "질문의 교육적 의의와 그 연구 과제". 서울대학교 교육학과 박사학위논문.
양미경(2000). "대화의 특성과 조건에 대한 교육학적 해석". ≪교육과정연구≫, 18(1), 253-274.
양미경(2002). "사이버 공간에서의 교육적 관계 형성의 가능성과 한계". ≪교육과정연구≫, 20(3), 173-190.
양미경(2003). "학습자의 오류 분석을 통한 보충과정 교재 개발의 원리 탐색". ≪교육과정연구≫, 21(3), 243-264.
양미경(2004). "교육내용 적정화의 방법 및 제약 요인의 탐색: 교과서 내용 구성 방식을 중심으로". ≪교육과정연구≫, 22(3), 49-71.
양미경(2005). "'교육'본위 교육과정 연구의 논리와 시사점". ≪교육원리연구≫, 10(2), 39-69.
양미경(2008). ≪교육과정 및 교수방법(증보판)≫. 서울: 교육과학사.

엄태동(1990). "≪갈매기의 꿈≫에 나타난 가르침과 배움의 구조". 서울대학교 교육학과 석사학위논문.

엄태동(1993). "교육적 인식론 탐색". ≪교육학 연구 노트≫, 제1호. 서울대학교 사범대학 교육학과.

엄태동(1996). "키에르케고르 간접전달과 교육적 인식론". ≪교육원리연구≫, 1(1), 85-126.

엄태동(1998a). "교육적 인식론 탐구: 키에르케고르와 폴라니의 교화적 방법에 대한 교육학적 고찰". 서울대학교 교육학과 박사학위논문.

엄태동(1998b). ≪교육적 인식론 탐구: 인식론의 딜레마와 교육≫. 서울: 교육과학사.

엄태동(2003). ≪초등교육의 재개념화≫. 서울: 학지사.

엄태동(2006). ≪교육의 본질과 교육학≫. 서울: 학지사.

오강남(2001). ≪예수는 없다≫. 서울: 현암사.

오욱환(2000). ≪한국사회의 교육열: 그 기원과 심화≫. 서울: 교육과학사.

윤병희(1998). "교육과정 연구의 동향과 대안적 접근의 필요성". ≪교육과정연구≫, 16(2), 1-26.

윤병희(2002). "교육과정학의 학문적 정체성과 연구동향". 한국교육과정학회 편. ≪교육과정: 이론과 실제≫. 서울: 교육과학사. pp. 9-55.

윤여각(2001). "교육과 문화의 관계: 갈등에서 상생으로". ≪교육인류학연구≫, 4(2), 33-39.

이문웅(1991). "인간과 문화: 인류학에서 본 인간". 장회익 외. ≪인간이란 무엇인가≫. 서울: 민음사. pp. 131-174.

이수연(1998). "'공부하기 싫어하는 아이'에 관한 반성적 고찰". 서울대학교 교육학과 석사학위논문.

이용남 편(2002). ≪교육학과 교육: 교육학의 현황과 미래≫. 서울: 교육과학사.

이용남(2004). "현행 한국 교육학의 성격과 문제점 분석". ≪교육원리연구≫, 9(1), 251-270.

이종각 · 김기수(2003). "'교육열'개념의 비교와 재정의". ≪교육학연구≫, 41(3), 191-214.

이한정 역(1955). ≪십송률 2≫. 서울: 동국역경원

이홍우(1985). ≪교육의 목적과 난점≫. 서울: 교육과학사.

이홍우(1991). ≪교육의 개념≫. 서울: 문음사.

이홍우(1992). ≪증보 교육과정 탐구≫. 서울: 박영사.

이황(/1985). ≪증보 퇴계전서 5≫. 서울: 성균관대학교출판부.

장상호(1977a). ≪행동과학의 연구논리≫. 서울: 교육출판사.

장상호(1977b). ≪행동과학의 문제와 방법론≫. 서울: 교육출판사.

장상호(1980). ≪인간행동과 자유≫. 서울: 교육과학사.

장상호(1986). "교육학의 비본질성". ≪교육이론≫, 1(1), 5-53.

장상호(1990). "교육의 정체혼미와 교육학의 과제". ≪교육이론≫, 5(1), 21-64.

장상호(1991). "교육학 탐구영역의 재개념화". ≪교육학연구≫, 91-2. 서울대학교 사범대학 교육연구소.

장상호(1993). "학문공동체의 지적 풍토에 관한 소고". ≪사대논총≫, 제47집, 25-59.

장상호(1994a). "또 하나의 교육관". 이성진(편). ≪한국교육학의 맥≫. 서울: 나남출판. pp. 291-326.

장상호(1994b). "교육은 결국 교육에 의해서 개혁되어야 한다". ≪교육개발≫, 87, 10-13.

장상호(1994c). "교육적 방법론". 한기언 편. ≪교육국가의 건설: 교육의 세기와 기초주의≫. 서울: 양서원. pp. 281-321.

장상호(1996). "교육적 관계의 인식론적 의의". ≪교육원리연구≫, 1(1), 1-50.

장상호(1997a). ≪학문과 교육(상): 학문이란 무엇인가≫. 서울: 서울대학교출판부.

장상호(1997b). "교육의 재개념화에 따른 10가지 탐구영역". ≪교육원리연구≫, 2(1), 111-213.

장상호(1998). "교육활동으로서의 언어소통: 그 한계와 새로운 가능성의 탐색". ≪교육원리연구≫, 3(1), 77-128.

장상호(1999). "교육적 반전의 내재율에 비추어 본 고대 희랍의 교육삼대". ≪교육원리연구≫, 4(1), 1-62.

장상호(2000a). ≪학문과 교육(하): 교육적 인식론이란 무엇인가≫. 서울: 서울대학교출판부.

장상호(2000b). "4대 스승의 메타교육". ≪교육원리연구≫, 5(1), 49-127.

장상호(2001). "교육연구의 패러다임 전환을 위한 방략". ≪교육원리연구≫, 6(1), 1-35.

장상호(2002). "교육적 관계와 교육공동체에 관한 소고". ≪교육원리연구≫, 7(1), 1-40.

장상호(2003). "교육발전의 도해". ≪교육원리연구≫, 8(1), 77-123.

장상호(2004). "학교교육의 정상화를 위한 교육평가의 재구성". ≪교육원리연구≫, 9(1), 83-176.

장상호(2005a). ≪학문과 교육(중 I): 교육이란 무엇인가≫. 서울: 서울대학교출판부.

장상호(2005b). "당신은 교육학자인가?" ≪교육원리연구≫, 10(2), 1-17.

장상호(2007). "교육에 대한 개념과 어휘의 해체". ≪교육원리연구≫, 12(1), 31-64.
장상호(2009). ≪학문과 교육(중 III): 교육연구의 새 지평≫. 서울: 서울대학교출판문화원.
전정호(2000). "쇤(D. A. Schön)의 실천적 인식론에 나타난 교육적 실습의 조건분석". 서울대학교 교육학과 석사학위논문.
정민승(2002). ≪사이버 공간과 평생학습≫. 서울: 교육과학사.
정범모(1968). ≪교육과 교육학≫. 서울: 배영사.
정범모(1987). ≪미래의 선택≫. 서울: 나남출판.
정범모(2004). ≪한국의 내일을 묻는다≫. 서울: 나남출판.
정범모 · 정원식 편(1972). ≪교육과 국가발전≫. 서울: 교육출판사.
정승석(1999). ≪윤회의 자아와 무아≫. 경남: 장경각.
정연희(2000). "아함경에 나타난 교육적 관계의 전개 양상". 서울대학교 교육학과 석사학위논문.
정우 · 길상 편(1981). ≪부처님과 그 제자들≫. 서울: 홍법원.
정인성 · 나일주(2004). ≪원격교육의 이해≫. 서울: 교육과학사.
조용환(1999). ≪질적 연구: 방법과 사례≫. 서울: 교육과학사.
차경수(1986). ≪발전교육이론≫. 서울: 교육과학사.
차주환(1984). ≪공자≫. 서울: 삼성미술문화재단.
최성욱(1988). "학교와 교육의 관계에 비추어 본 교육사회학의 학문적 성격 고찰". 서울대학교 교육학과 석사학위논문.
최성욱(1996). "교과교육학 논의의 반성적 이해와 대안적 접근: 교육본위 교과교육학의 가능성 검토". ≪교육원리연구≫, 1(1), 51-84.
최성욱(1997). "교육발전론 재검토". ≪교육원리연구≫, 2(1), 213-244.
최성욱(2003). "교육비 개념의 타당성 검토". ≪교육원리연구≫, 8(1), 125-142.
최성욱(2004). "교사-학생 관계의 비판적 고찰". ≪교육원리연구≫, 9(1), 1-45.
최성욱(2005). "교육학 패러다임의 전환: 기능주의에서 내재주의로". ≪교육원리연구≫, 10(2), 71-135.
최성욱(2007). "국가주의 교육관의 교육 역행성 비판". ≪교육원리연구≫, 12(2), 43-85.
최성욱(2009). "정답 위주 평가체제에 대한 비판적 고찰". ≪열린교육연구≫, 17(1), 129-145.
최성욱 · 신기현(1998). "교육평가의 내재성과 외재성". ≪교육원리연구≫, 3(1), 39-76.
최성욱 · 신기현(1999). "교육평가의 새 영역". ≪교육원리연구≫, 4(1), 141-187.
하용조 편(2000). ≪비전성경≫. 서울: 도서출판 두란노.

한국교육개발원(1978). ≪교육발전의 전망과 과제≫. 서울: 한국교육개발원.

한국교육개발원(2004). ≪사교육 문제에 대한 대책: 공교육 교육력 강화를 중심으로≫. 서울: 한국교육개발원.

한국청소년개발원(1999). ≪학교붕괴 실태 및 대책연구≫. 서울: 한국청소년개발원.

한수연(2004). "학교과학실험에 대한 교육본위론적 반성과 그 연구 과제". 서울대학교 교육학과 박사학위논문.

홍원표(1998). "교육의 내재적 가치에 대한 일고찰: Dewey와 Peters 논의의 비판적 비교". 서울대학교 교육학과 석사학위논문.

황정규 편(1998). ≪교육측정・평가의 새 지평≫. 서울: 교육과학사.

황정규 편(2000). ≪한국교육평가의 쟁점과 대안≫. 서울: 교육과학사.

Allport, G. W. (1961). *Pattern and Growth in Personality*. New York: Holt.

Ambedkar, B. R. (1974/1994). *The Buddha and his Dhamma*. (박희준・김기춘 역. ≪붓다와 그 가르침≫. 서울: 민족사)

Arends, R. I. (1994). *Learning to Teach*. New York: McGraw Hill.

Arkoff, A. (ed.) (1980). *Psychology and Personal Growth*. Boston: Allyn and Bacon, Inc.

Babbie, E. R. (1973). *Survey Research Methods*. Belmont: Wadsworth Publishing Company, Inc.

Backstrom, C. H. & Hursh-Cesar, Gerald. (1981). *Survey Research*. New York: John Wiley & Sons.

Barker, R. G. (1968). *Ecological Psychology*. Stanford: Stanford University Press.

Berelson, B. (ed.) (1963). *The Behavioral Sciences Today*. New York: Harper & Row Publishers.

Berk, L. E. & Winsler, A. (1995/1995). *Scaffolding Children's Learning: Vygotsky and Early Childhood Education*. (홍용희 역. ≪어린이들의 학습에 비계설정: 비고스키와 유아교육≫. 서울: 창지사)

Bernstein, R. J. (1983). *Beyond Objectivism and Relativism: Science, Hermeneutics, and Praxis*. Pennsylvania: University of Pennsylvania Press.

Bloom, B. S., Engelhart, M. D., Furst, E. J. Hill, W. H., & Krathwohl, D. R. (1956). *Taxonomy of Educational Objectives: Handbook I: Cognitive Domain*. New York: David Mckay.

Bobbitt, S. M. (1924). *The Curriculum*. Boston: Houghton Mifflin.

Borsodi, R. (1967). *The Definition of Definition*. Boston: Porter Sargent Publisher.

Brecht, A. (1959). *Political Theory: The Foundations of Twentieth-century Political Thought.*

New Jersey: Princeton University Press.

Bridgman, P. W. (1958). *The Logic of Modern Physics*. New York: The Macmillan Company.

Broad, W. & Wade, N. (1983/1989). *Betrayers of the Truth: Fraud and Deceit in the Halls of Science*. (박익수 역. ≪과학사에 오점을 남긴 배신의 과학자들≫. 서울: 겸지사)

Campbell, D. T. & Stanley, J. C. (1963). *Experimental and Quasi-Experimental Designs for Research*. Chicago: Rand McNally & Company.

Champagne, D. W. (1972). *Teaching Parents Teaching*. New York: ACC.

Chandapilla, P. T. (1974/1985). *Master: Trainer*. (신재구 역. ≪예수님의 제자훈련≫. 서울: 한국기독학생회출판부)

Comte, A. (1854/2001). *Discours Preliminaire sur I'Ensemble du Positivisme*. (김점석 역. ≪실증주의서설≫. 서울: 한길사)

Conford, F. M. (1976/1988). *Before and After Socrates*. (이종훈 역. ≪소크라테스의 철학≫. 서울: 박영사)

Cook, T. D. & Campbell, D. T. (1979). *Quasi-Experimentation: Design & Analysis Issues for Field Settings*. Chicago: Rand McNally College Publishing Company.

Csikszentmihalyi, M. (1990). *Flow: The Psychology of Optimal Experience*. New York: Harper Perennial.

Csikszentmihalyi, M. & Csikszentmihalyi, C. (eds.) (1988). *Optimal Experience: Psychological Studies of Flow in Consciousness*. New York: Cambridge University Press.

Deci, E. L. & Ryan, R. M. (1985). *Intrinsic Motivation and Self-Determination in Human Behavior*. New York: Plenum Press.

Denzin, N. K. & Lincoln, Y. S. (eds.) (2000). *Handbook of Qualitative Research* (2nd ed.). London: Sage Publications.

Derrida, J. (1967/1996). *De la grammatologie*. (김성도 역. ≪그라마탈로지≫. 서울: 민음사)

Dewey, J. (1916). *Democracy and Education*. New York: The Macmillan Company.

Dow, G. (1979). *Learning to Teach: Teaching to Learning*. London: Routledge & Kegan Paul.

Durkheim, E. (1925/1988). *Education and Sociology*. (이종각 역. ≪교육과 사회학≫. 서울: 배영사)

Eisner, E. W. (1979). *Educational Imagination: On the Design and Evaluation of School Program*. New York: Macmillan.

Eisner, E. W. (1985). *The Art of Educational Evaluation: A Personal View*. London: Falmer

Press.

Eliade, M. (1969). *The Quest: History and Meaning in Religion*. Chicago: The University of Chicago.

Feinberg, W. (1983). *Understanding Education*. London: Cambridge University Press.

Filstead, W. J. (ed.) (1970). *Qualitative Methodology: Firsthand Involvement with the Social World.* Chicago: Markham Publishing Company.

Fowler, Jr. F. J. (1984). *Survey Research Methods*. London: Sage Publications.

Frankl. V. E. (1969). *The Will to Meaning*. New York: New American Library.

Freke, T. (1999). *The Jesus Mysteries*. New York: Harmony Books.

Gadamer, Hans-Georg. (1960/1982). *Truth and Method.* (translated by J. C. B. Mohr). New York: The Crossroad Publishing Company.

Glasersfeld, E. (1995). *Radical Construtivism: A Way of Knowing and Learning*. London: The Falmer Press.

Greel, H. G. (1949/1988). *Confucius: The Man and the Myth.* (이성규 역. ≪공자: 인간과 신화≫. 서울: 지식산업사)

Hanson, N. R. (1961/1995). *Patterns of Discovery: An Inquiry into the Conceptual Foundations of Science*. (송진웅 · 조숙경 역. ≪과학적 발견의 패턴≫. 서울: 민음사)

Harrow, A. J. (1972). *A Taxonomy of the Psychomotor Domain: A Guide for Developing Behavioral Objectives*. New York: Longman.

Hegel, G. W. F. (1808/1988). *Phänomenologie des Geistes*. (임석진 역. ≪정신현상학 I, II≫. 서울: 지식산업사)

Heidegger, M. (1988/2004). *Von Wessen der Wahrheit zu Platons Höhlengleichnis und Theätet.* (이기상 역, ≪진리의 본질에 관하여: 플라톤의 동굴의 비유과 테아이테토스≫. 서울: 까치글방)

Hendricks, H. & Hendricks, W. (1995/1996). *Building Character in a Mentoring Relationship as Iron sharpens Iron.* (전의우 역. ≪철이 철을 날카롭게 하는 것같이≫. 서울: 요단출판사)

Hirst, P. H. (1974). *Knowledge and the Curriculum: A Collection of Philosophical Papers*. London: Routledge & Kegan Paul.

Holt, J. (1972). *Freedom and Beyond.* Harmondsworth: Penguin Books.

Illich, I. (1971/1986). *The Deschooling Society*. (김남석 역. ≪교육사회에서의 탈출≫. 서울: 범조사)

Jaspers, K. (1957/1985). *Socrates, Buddha, Confucius, Jesus*. (황필호 역. ≪소크라테스, 불타, 공자, 예수, 모하메드≫. 서울: 종로서적)

Johnson, J. M. (1975). *Doing Field Research*. New York: The Free Press.

Kerlinger, F. N. (1979). *Behavioral Research: A Conceptual Approach*. New York: Holt, Rinehart and Winston.

Kierkegaard, S. (1859/1980). *The Point of View of My Work as an Author: A Report to History*. (임춘갑 역. ≪관점/현대의 비판≫. 서울: 종로서적)

Kohlberg, L. (1969). Stage and sequence: The cognitive development approach to socialization. In D. Goslin (ed.). *Handbook of Socialization Theory and Research*. Chicago: Rand McNally. pp. 347-380.

Kohn, A. (1992/1995). *No Contest: The Case against Competition*. (성재상 역. ≪경쟁을 넘어서≫. 서울: 비봉출판사)

Krathwohl, D. R., Bloom, B. S., & Masia, B. B. (1964). *Taxonomy of Educational Objectives: Handbook II: Affective Domain*. New York: David McKay Company, INC.

Kuhn, T. S. (1970). *The Structure of Scientific Revolutions*. Chicago: The University of Chicago Press.

Lagemann, E. C. (2000). *An Elusive Science: The Troubling History of Education Research*. Chicago: The University of Chicago Press.

Lemos, N. M. (1994). *Intrinsic Value: Concept and Warrant*. Cambridge: Cambridge University Press.

Lewis, C. A. (1945). *An Analysis of Knowledge and Valuation*. La Salle, Ill.: The Open Court Publishing Company.

Lippitt, G. L., This, L. E. & Bidwell, R. G. (eds.) (1971). *Optimizing Human Resources: Readings in Individual and Organization Development*. London: Addison-Wesley Publishing Company.

MacIntyre, A. (1981). *After Virtue: A Study in Moral Theory*. Notre Dame, Indiana: University of Notre Dame Press.

MaGregor, D. (1960). *The Human Side of Enterprise*. New York: McGraw-Hill.

Marx, K. (1867/1967). *Capital: A Critique of Political Economy*. New York: International.

Matlin, M. (1983). *Cognition*. New York: Holt, Rinehart, and Winston.

Maturana, H. R. & Varela, F. J. (1987/1995). *Der Baum der Erkenntis: Die biologischen Wurzeln des menschlichen Erkennens*. (최영호 역. ≪인식의 나무≫. 서울: 자작아카데미)

Mehan, H. & Wood, H. (1975). *The Reality of Ethnomethodology*. New York: John Wiley & Sons.

Montessori, M. (1912/1968). *The Montessori Method*. (translated by A. E. George). New York: Schocken Books.

Netttleship, R. L. (1935/1989). *The Theory of Education in Plato's 'Republic'*. (김안중 역. ≪플라톤의 교육론≫. 서울: 서광사)

Novak, J. D. & Gowin, D. B. (1984). *Learning How to Learn*. Cambridge: Cambridge University Press.

Ogden, C. K. & Richards, I. A. (1923). *Meaning of Meaning*. New York: A Harvest HBJ Book.

Papousek, H. & Papousek, M. (1983). The psychobiology of the first didactic programs and toys in human infants. In A. Oliverio & M. Sappella (eds.). *The Behavior of Human Infants*. New York: Plenum Press.

Perkinson, H. J. (1971/1984). *The Possibilities of Error: An Approach to Education*. (장상호 역. ≪오류가능성의 교육적 의의≫. 서울: 교육과학사)

Peters, O. (1998/2000). *Learning and Teaching in Distance Education*. (김재웅 · 방영숙 역. ≪원격교육학 개론≫. 서울: 교육과학사)

Peters, R. S. (1966/1980). *Ethics and Education. London: Routledge & Kegan Paul*. (이홍우 역. ≪윤리학과 교육≫. 서울: 교육과학사)

Piaget, J. (1969/1970). *Science of Education and the Psychology of the Child*. (translated by D. Coltman). New York: Orion Press.

Platon. (/1965). *Protagoras*. (박양운 역. ≪푸라톤≫. 서울: 광문출판사)

Platon. (/1987). *Apology*. (황문수 역. ≪소크라테스의 변명 · 크리톤 · 파이돈 · 향연≫. 서울: 문예출판사)

Platon. (/1996). *Menon·Phaedo·Republic*. (박종현 역. ≪플라톤: 메논 · 파이돈 · 국가≫. 서울: 서울대학교출판부)

Platon. (/1997). *Republic*. (박종현 역. ≪국가 · 정체≫. 서울: 서광사)

Rando, W. C. & Menges, R. J. (1991). How practice is shaped by personal theories. *College Teaching: From Theory to Practice*. No. 45. Spring 1991, 7-14.

Ravetz, J. R. (1973). *Scientific Knowledge and its Social Problems*. Harmondsworth: Penguin Books.

Richards, I. A. (1963). *Principles of Literary Criticism*. London: Routledge & Kegan Paul.

Rogoff, R. (1990). *Apprenticeship in Thinking: Cognitive Development in Social Context*. New York: Oxford University Press.

Rorty, R. (1979). *Philosophy and the Mirror of Nature*. New Jersey: Princeton University Press.

Rosenberg, M. (1968). *The Logic of Survey Analysis*. New York: Basic Books, Inc.

Saussure, F. de. (1959/1990). *Course in General Linguistics*. New York: Philosophical

Library. (최승언 역. ≪일반언어학 강의≫. 서울: 민음사)

Schatzman, L. & Strauss. A. L. (1973). *Field Research: Strategies for a Natural Sociology*. Jew Jersey: Prentice-Hall, Inc.

Schneider, B. (1989). Tracing the province of teacher education. In T. Popkewitz, S. (ed.). *Critical Studies in Teacher Education*. New York: The Palmer Press. pp. 211-241.

Schön, D. A. (1983). *The Reflective Practitioner*. New York: Basic Books.

Schutz, A. (1973). *Collected Papers I: The Problem of Social Reality*. (edited and introduced by M. Natanson). The Hague: Martinus Nijhoff.

Scriven, M. (1973). The methodology of evaluation. In B. R. Worthen, & J. R. Sanders, J. R. (eds.). *Educational Evaluation: Theory and Practice*. Worthing, Ohio: C. A. Jones Publishing Company.

Simpson, D. (1968). *Learning to Learn*. Columbus, C. E.: Merrill.

Smith, D. E. P. (1961). *Learning to Learn*. New York: Harcourt, Brase & World.

Smith, M. (1990). *Learning to Lean Across the Life Span*. San Francisco: Jossey-Bass Publishers.

Smith, W. C. (1978). *The Meaning and End of Religion*. London: Harper & Row.

Stufflebeam, E. L., et al. (1981). *Standards or Evaluations of Educational Programs, Projects, and Materials*. New York: McGraw-Hill.

Thompson, B. (1973). *Learning to Teach*. London: Sidgwick & Jackson.

Thomson, G. (1961/1992). *The Study of Ancient Greek Society: The First Philosophers*. (조대호 역. ≪고대사회와 최초의 철학자들≫. 서울: 고려원)

Tickle, L. (1987). *Learning Teaching, Teaching Teaching: A Study of Partnership in Teacher Education*. London: The Falmer Press.

Tönnies, F. (/1957). *Community and Society*. East Lansing: Michigan State University.

Taylor, M. (1975). *Kierkegaard's Pseudonymous Authorship: A Study of Time and the Self*. New Jersey: Princeton University Press.

Tyler, R. W. (1942). Purposes and procedures of the evaluation staff. In E. R. Smith, R. W. Tyler, & the evaluation staff (eds.). *Appraising and Recording Student Progress*. New York: Harper & Brothers. pp. 3-34.

Tyler, R. W. (1949). *Basic Principles of Curriculum and Instruction*. Chicago: The University of Chicago Press.

Vygotsky, L. S. (1978). *Mind in Society: The Development of Higher Psychological Process*. Cambridge: Harvard University Press.

Walton, J. (1974). A confusion of contexts: The interdisciplinary study of education.

Educational Theory, 24, 219-229.

Webb, E. T., et al. (1981). *Nonreactive Measures in the Social Sciences*. Boston: Houghton Mifflin Company.

Weber, M. (/1949). *The Methodology of the Social Sciences*. (translated and edited by E. A. Shils & H. A. Finch). New York: The Free Press.

Weiss, C. H. (1972). *Evaluation Research: Methods for Assessing Program Effectiveness.* Jew Jersey: Prentice-Hall, Inc.

White, J. (ed.) (1984/1991). *What is Enlightment?* (김정우 역. ≪깨달음이란 무엇인가?≫. 서울: 정신세계사)

White, L. (1959). *The Evolution of Culture: The Development of Civilization to the Fall of Rome.* New York: McGraw-Hill.

Wittgenstein, L. (1953/1978). *Philosophical Investigations*. (translated by G. E. M. Anscomebe). Oxford: Basil Blackwell.

Worthen, B. R. & Sanders, J. R. (eds.) (1973). *Educational Evaluation: Theory and Practice.* Worthing, Ohio: C. A. Jones Publishing Company.

Wragg, E. C. (1974). *Teaching Teaching* New York: Abbot, David & Charles.

Wright, J. (1982). *Learning to Learn in Higher Education*. London: Croom Helm.

Young, F. D. (1971). *Knowledge and Control: New Directions for the Sociology of Education.* London: Collier-Macmillan.

찾아보기-인명

ㅅ

ㅇ

ㅈ

ㅊ

ㅎ

R

S

T

V

W

Y

찾아보기-주제

ㄱ

ㄴ

ㄷ

ㅁ

ㅂ

ㅈ

ㅊ

ㅋ

ㅌ

ㅍ

Abstract

Academic Discipline and Education:

Educational Life in its own Context

by Sang-Ho Chang

This book is a serial report of the long-term research project titled Academic Discipline and Education, which the author began about fifteen years ago. The overall project was designed to cover three main themes: academic disciplines, education, and the relationship between the two. The second theme, education, has been divided into volumes, I, II, and III, which deal with the context of education, an educational life in its own context, and new horizons of educational research, respectively.

This book, which is the second volume of the second theme, contains three chapters. Chapter 1 theoretically establishes education as an autonomous world. After giving a few examples of different contexts that look at education quite differently, a careful attempt is made to locate the most appropriate context in authenticating what education really is. Educational uniqueness of values, activities, and relationship is defined mainly in reference with a complex of intrinsic rules. The educational relationship is described in detail from its beginning, continuation, and discontinuation.

Chapter 2 introduces the new concept of educational development as an index that people enjoy educational life for its own sake as much as they want. Two main ways toward that goal are indicated: one is a meta-education and the other is various supports from external environments. In order to substantiate the theoretical scheme, historical examples from the lives of Socrates, Buddha, Confucius, and Jesus are explored. Furthermore, the task to revive such a state in our present life is specifically elaborated upon with reference to such loci as families, schools, job places, and cyber-spaces.

Chapter 3 stresses that educational development occurs only when correct evaluative processes prevail. Related to this point, present evaluative practices at schools are critically examined and the conclusion is reached that they rather distort education in terms of the objects of evaluation and the kinds of values applied to them. Four aspects of authentic educational evaluations are identified: a status of educational development, a meta-education, environ- ments of education, and functions of education. Each requires a relevant standard of judgment that differs from each other. In the end, it is conjectured that a new field of educational criticism is necessary to upgrade our daily educational life.

저자 약력

장 상 호

서울대학교 교육학과 졸업(1959~1963)

동 대학원 교육학과 석사(1965 ~ 1967)

한국행동과학연구소 연구원(1968 ~ 1970)

미국 Stanford University 대학원 박사(1970 ~ 1974)

서울대학교 교육학과 교수(1974 ~ 2005)

현 서울대학교 명예교수

현 삶과교육연구소 소장

shchang@snu.ac.kr

저서

≪행동과학의 연구논리≫, ≪행동과학의 문제와 방법론≫, ≪인간행동과 자유≫, ≪발생적 인식론과 교육≫, ≪학습의 인간화≫, ≪교육학 탐구영역의 재개념화≫, ≪인격적 지식의 확장≫, ≪학문과 교육(상권): 학문이란 무엇인가≫, ≪학문과 교육(중권 I): 교육이란 무엇인가≫, ≪학문과 교육(중권 II): 교육본위의 삶≫, ≪학문과 교육(중권 III): 교육연구의 새 지평≫, ≪학문과 교육(하권): 교육적 인식론이란 무엇인가≫, ≪인간주의 교육≫(역), ≪오류가능성의 교육적 의의≫(역), ≪교수, 학습, 그리고 의사소통≫(역), 기타 다수의 논문과 공저

학문과 교육【중 II】

초판 1쇄 발행 2009년 8월 15일
초판 4쇄 발행 2018년 1월 30일

펴낸곳 서울대학교출판문화원
펴낸이 성낙인
지은이 장상호

출판등록 제15-3호

주소 08826 서울 관악구 관악로 1
대표전화 02-880-5252 | 팩스 02-888-4148
홍보마케팅팀(주문 상담) 02-889-4424, 02-880-7995
이메일 snubook@snu.ac.kr
홈페이지 www.snupress.com

ISBN 978-89-521-2013-7 94370
세트 978-89-521-0671-1